STUDIEN ZUR EUROPÄISCHEN RECHTSGESCHICHTE

Veröffentlichungen des Max-Planck-Instituts
für Europäische Rechtsgeschichte
Frankfurt am Main

BAND 156

Vittorio Klostermann Frankfurt am Main
2002

CLAUDIA KRAFT

Europa im Blick der polnischen Juristen

Rechtsordnung und juristische Profession in Polen
im Spannungsfeld zwischen Nation und Europa
1918-1939

Vittorio Klostermann Frankfurt am Main
2002

Die Deutsche Bibliothek – CIP-Einheitsaufnahme

Ein Titeldatensatz für diese Publikation ist bei
Der Deutschen Bibliothek erhältlich.

Druck: Weihert-Druck GmbH, Darmstadt
Gedruckt auf alterungsbeständigem Papier ∞ ISO 9706
Printed in Germany
ISBN 3-465-03224-1

Inhalt

Vorwort

Die vorliegende Arbeit wurde vom Fachbereich Geschichte und Kulturwissenschaften der Philipps-Universität Marburg im Wintersemester 2000/2001 als Dissertation angenommen. Ich lege sie nun in leicht überarbeiteter Form der Öffentlichkeit vor.

Das Interesse an der Rechtsgeschichte der Zweiten Polnischen Republik entstand aus der Frage, ob und wenn ja wie weit die Transformationsanforderungen, die an den polnischen Staat nach 1918 sowie nach 1989 gestellt wurden, vergleichbar sind. Während sich mein Blick zunächst „von außen" auf die Integration des Landes in die internationalen Beziehungen richtete, trat mit der Zeit ein zweiter Blickpunkt hinzu: Mindestens gleichberechtigt waren die innerpolnischen Integrationsbestrebungen zu behandeln, die nach einer Aufhebung der durch die Teilungszeit verursachten Rechtszersplitterung trachteten. Ich wollte die Geschichte der Zweiten Republik nicht als eine von äußeren und inneren Faktoren bedingte defizitäre Entwicklung beschreiben. Mir ging es darum, die Entwicklungspotentiale aufzuzeigen, die diesem Land zu eigen waren, nicht so sehr vor dem Hintergrund angeblicher osteuropäischer Rückständigkeit, sondern vielmehr im Rahmen gesamteuropäischer Entwicklungsprozesse. Ein solcher Blick war über viele Jahrzehnte verstellt, zunächst durch die nationalistischen Durchdringungen der jeweiligen Historiographien, später durch das Klima des Kalten Krieges, das die historischen Entwicklungen der Staaten im sowjetischen Machtbereich oft als Fortsetzung einer seit jeher gegenüber dem Westen defizitären Entwicklung kennzeichnete. Vielleicht machte erst das „Epochenjahr" 1989 einen solchen Perspektivwechsel möglich.

Möglich wurde dieser Perspektivwechsel vor allem auch durch die Unterstützung und den Rat von Kollegen, die die Arbeit begleiteten. An erster Stelle möchte ich hier meinem Doktorvater Prof. Dr. Hans Lemberg danken. Er hat die Arbeit in allen Stadien mit großem Interesse gefördert. Auf seine Hilfe und Gesprächsbereitschaft konnte ich immer zählen. Hochschuldozent Dr. habil. Rolf Ahmann hat meine Aufmerksamkeit auf das Konzept der *international society* gelenkt und damit nicht unwesentlich zur Formulierung der Ausgangsfragestellung beigetragen. Prof. Dr. Włodzimierz Borodziej begleitete die

Arbeit in ihrem Anfangsstadium mit Interesse und hat mir wertvolle Hilfe bei meinen Quellen- und Bibliotheksrecherchen in Warschau geleistet. Für die vielen nützlichen Hinweise zum polnischen Rechtssystem der Zweiten Polnischen Republik danke ich besonders Dr. habil. Leonard Górnicki und Prof. Dr. Adam Lityński. Mein Zweitgutachter Prof. Dr. Stefan Plaggenborg hat durch seine Anmerkungen und Kommentare meinen Blick für viele Fragestellungen und Probleme weiter geschärft. Dr. Andreas Hofmann hat das Manuskript mit großer Genauigkeit und Sachkenntnis gelesen. Viele Freunde und Kollegen haben in Gesprächen über die polnische oder ostmitteleuropäische Geschichte dazu beigetragen, Thesen zu entwickeln und Fragestellungen zu präzisieren. Stellvertretend seien dafür an dieser Stelle Dr. Katrin Steffen und Dr. Martin Schulze Wessel genannt.

Besonderer Dank gilt auch den Mitarbeiterinnen und Mitarbeitern der Archive und Bibliotheken in Polen, die meine Recherchen geduldig und freundlich unterstützt haben. Ermöglicht wurden diese Recherchen durch ein Stipendium des Deutschen Historischen Institutes (DHI) in Warschau. Im Kolloquium des DHI konnte ich meine Arbeitsergebnisse mehrfach zur Diskussion stellen. Den damaligen und heutigen Kollegen sei für ihre klugen Anmerkungen gedankt. In der Anfangs- wie in der Schlußphase der Arbeit unterstützte mich die Hessische Graduiertenförderung durch ein Promotionsstipendium. Danken möchte ich nicht zuletzt dem Max-Planck-Institut für Europäische Rechtsgeschichte in Frankfurt/Main und Prof. Dr. Michael Stolleis für die Aufnahme des Buches in die Reihe „Studien zur Europäischen Rechtsgeschichte" sowie Dr. Karl-Heinz Lingens für die redaktionelle Betreuung.

Die Arbeit an dem vorliegenden Buch hat sich über einen langen Zeitraum hingezogen, den Höhen und Tiefen kennzeichneten. Immer konnte ich jedoch auf den Zuspruch von nahen Menschen zählen. Danken möchte ich dafür Thomas Sauerwald, Almut Weike sowie Inge Kraft und Bettina Dörner.

Warschau, im März 2002

1. Einleitung

1.1. Fragestellung

Die Geschichte der Zweiten Polnischen Republik (1918–1939) wird durch markante historische Daten begrenzt. Sie entstand nach dem Ersten Weltkrieg infolge des Zusammenbruchs des europäischen Mächtesystems des 19. Jahrhunderts. 1939 fiel sie dem aggressiven Expansionsstreben des Deutschen Reiches und der Sowjetunion zum Opfer. Die gut zwanzig Jahre, die ihr zum Aufbau und zur Konsolidierung der eigenen Staatlichkeit blieben, werden aus der Rückschau oft lediglich als Episode eines demokratischen Experiments betrachtet, das aufgrund innerer struktureller Probleme sowie einer sich für Polen zunehmend ungünstig entwickelnden internationalen Lage scheitern mußte. Die Einbeziehung des Landes in die sowjetische Einflußsphäre nach dem Zweiten Weltkrieg bedeutete, daß an die demokratischen Erfahrungen aus der Zeit vor 1939 nicht angeknüpft werden konnte. Erst mit dem politischen und gesellschaftlichen Wandel in Ostmitteleuropa seit 1989 eröffnete sich erneut die Möglichkeit zur demokratischen Umgestaltung des Staates.

Ebenso wie die Zeit zwischen den beiden Weltkriegen häufig auf eine „twenty years' crisis which fills the interval between the two great wars"[1] reduziert wurde, hat man auch die Zweite Republik häufig nur als ein Übergangsphänomen betrachtet. Das Land schien mit allen potentiellen Problemen eines „Nachzüglerstaates"[2] belastet: Aufgrund der Teilungszeit fehlte es an kontinuierlich entwickelter Regierungs- und Verwaltungserfahrung. Die Eingliederung des geteilten Landes in drei unterschiedliche Herrschaftssysteme hatte eine große innere Inhomogenität zur Folge. Minderheitenprobleme belasteten es nicht nur im Inneren, sondern auch das Zusammenleben mit zahlreichen anderen Staaten der Region. Die ökonomischen Probleme, die die Entwicklung des durch den Ersten Weltkrieg stark in Mit-

[1] So Carr, E. H.: The Twenty Years' Crisis 1919–1939. An Introduction to the Study of International Relations, London 1939, S. IX.

[2] So die treffende Bezeichnung der nach dem Ersten Weltkrieg in Ostmittel- und Südosteuropa neu- bzw. wiederentstandenen Staaten bei Tenzer, E.: Nation – Kunst – Zensur. Nationalstaatsbildung und Kunstzensur in Polen (1918–1939), Frankfurt/Main, New York 1998, S. 108.

leidenschaft gezogenen Landes von Beginn an behinderten, nahmen seit der Weltwirtschaftskrise 1929 nochmals zu. Fast zwangsläufig schien daher die Aushöhlung des demokratischen Systems seit dem Staatsstreich von 1926 zu sein, die die parlamentarische Demokratie zunehmend in ein nach autoritären Mustern gelenktes Gemeinwesen verwandelte.

Die Rede von der „Rückkehr nach Europa", welche seit 1989 für Polen wie für viele andere Staaten der Region postuliert wird, suggeriert, daß das Land lange aus dem normalen europäischen Entwicklungsprozeß ausgegliedert war. Die letzten zweihundert Jahre scheinen eine deutliche Sprache zu sprechen: die Teilungen, die nur kurze und krisenhafte Phase der staatlichen Eigenständigkeit, die Kriegs- und Besatzungserfahrungen im Zweiten Weltkrieg sowie das autoritäre sozialistische Regime nach 1945 stehen gleichbedeutend für einen permanenten Ausnahmezustand, der letztlich erst mit der baldigen Aufnahme des Landes in die Europäische Union aufgehoben werden wird.

Im Zuge des politischen und gesellschaftlichen Wandels in Polen nach 1989 kam die Frage nach möglichen historischen Anknüpfungspunkten für den neuen demokratischen Staat, die Dritte Republik, auf. Die Ausgangssituationen der Jahre 1918 und 1989 scheinen durchaus vergleichbar, betrachtet man die Anforderungen, die an die beiden Staaten gestellt werden bzw. wurden. Ohne die Zweite Republik als natürliche Vorgängerin der Polnischen Republik seit 1989 betrachten zu wollen,[3] soll hier untersucht werden, welche Entwicklungspotentiale der Etablierung demokratischer Strukturen im Inneren der Zweiten Republik sowie der Integration des Landes in die internationalen Beziehungen zur Verfügung standen bzw. aufgrund welcher Ausgangsbedingungen diese Prozesse erschwert wurden. Gerade diese doppelte Herausforderung der inneren wie äußeren Aufbau- bzw. Anpassungsleistung umreißt das Spannungsfeld, in dem sich der politische und gesellschaftliche Umbauprozeß sowohl nach 1918 als auch nach 1989 abspielte bzw. noch immer abspielt.

[3] Eine solche bruchlose Traditionslinie scheint allein schon durch die Bezeichnung des postsozialistischen Polens als „Dritte Republik" evident. Die damit angedeutete Ausgliederung der Volksrepublik Polen aus der „normalen" Nationalgeschichte stellt aber nicht den *common sense* im gegenwärtigen Polen dar. Dafür ist das Erbe der Volksrepublik auch im neuen Staat zu offensichtlich. Die sehr differenzierten Auseinandersetzungen bezüglich der historischen Anknüpfungspunkte für die Dritte Republik s. zuletzt bei MAJCHEREK, J.: W poszukiwaniu nowej tożsamości, Warszawa 2000.

Die vorliegende Arbeit möchte die Geschichte der Zweiten Republik nicht von ihrem Ende her als die Geschichte ihres zwangsläufigen Scheiterns betrachten, sondern auf Ausgangsbedingungen hinweisen, die der Garant für positivere Entwicklungen hätten sein können. Das Strukturelement, an dem hierbei die Konsolidierung im Inneren sowie die äußere Integrationsleistung untersucht werden soll, ist das Rechtssystem der Zweiten Republik. Die nach 1918 neuentstehende Rechtsordnung und die rechtlichen Traditionen im polnischen Staat scheinen sich ebenso wie die juristische Profession als ein lohnender Untersuchungsgegenstand anzubieten, will man eine Strukturgeschichte dieses Staates schreiben, ohne ihn von vornherein in einem Kosmos „osteuropäischer Rückständigkeit" zu verorten.

Recht als gesellschaftliche Ordnungskategorie strukturiert in grundsätzlicher Form menschliches Zusammenleben: „Unter Recht wird das in einem sozialen System tatsächlich geltende Regelsystem verstanden, dessen Normen gegebenenfalls auch zwangsweise in einem geregelten Verfahren durchgesetzt werden können. [...] Sachlicher Zweck des Rechts ist eine Vorzugsordnung unter verschiedenen individuellen und sozialen Interessen."[4] Die Betrachtung der Entstehung, Weiterentwicklung und Bewertung rechtlicher Normen erlaubt damit grundlegende Aussagen über das Funktionieren, aber auch über das Selbstverständnis einer Gesellschaft. In seiner vierfachen Bedeutung, die die Ordnungs-, Gerechtigkeits-, Herrschafts- und Herrschaftskontrollfunktion umfaßt,[5] stellt die Rechtsordnung einen elementaren Baustein gesellschaftlicher Ordnung und staatlicher Verfaßtheit dar. Zudem ermöglicht sie Aussagen über die Existenz und den Wandel bestimmter Wertemuster und Verhaltensweisen in einer Gesellschaft, da Rechtsinstitutionen sich nicht allein in konkreten Rechtsnormen sowie dem für ihre Durchsetzung nötigen Sanktionsapparat niederschlagen, sondern auch in den tatsächlichen gesellschaftlichen Gegebenheiten sowie in eingeschliffenen Verhaltensmustern und Praktiken der Sinngebung.[6]

[4] Loos, F. /Schreiber, H.-L.: Recht, Gerechtigkeit, in: Brunner, O./Conze, W./Koselleck, R. (Hg.), Geschichtliche Grundbegriffe. Historisches Lexikon zur politisch-sozialen Sprache in Deutschland. Bd. 5, Stuttgart 1984, S. 231–311, hier S. 231.

[5] Dazu s. Wesel, U.: Geschichte des Rechts. Von den Frühformen bis zum Vertrag von Maastricht, München 1997, S. 45–49.

[6] Dazu s. Starck, C.: Die Flexibilität rechtlicher Institutionen, in: Nedelmann, B. (Hg.): Politische Institutionen im Wandel, Opladen 1995, S. 41–53, hier S. 43–44.

Die Verwurzelung Polens in einem gemeineuropäischen Rechtsraum, der durch römisches und kanonisches Recht gekennzeichnet ist,[7] scheint evident zu sein. In der polnischen Selbstwahrnehmung zeigten Diskurse über den Platz und die Rolle des römischen sowie des kanonischen Rechts in den einzelnen lokalen Rechten dieses Bewußtsein. Die Art der Rechtsschöpfung, die Rationalisierung seiner Geltungskraft sowie die Werte und Standards, denen das Recht entsprechen sollte, waren Gradmesser für die Einordnung Polens in eine gesamteuropäische Rechtskultur.[8] Doch das Nachdenken über die Europäizität der Rechtsordnung blieb auf der Tagesordnung. Fragen nach der Originalität sowie der Effektivität polnischen Rechtsdenkens, die nicht zuletzt aufgrund der innen- wie außenpolitisch krisenhaften Entwicklungen seit dem späten 18. Jahrhundert immer wiederkehrten, weisen auf eine kritische Selbstwahrnehmung hin. Auch in der Außenansicht hatten und haben Topoi der Rückständigkeit oder der Instabilität Konjunktur. Das legitimatorische Potential solcher Äußerungen aus dem Mund der Teilungsmächte ist dabei nicht zu unterschätzen. Dennoch blieb das Land gerade auch durch die Implementierung von Rechtsordnungen unterschiedlicher europäischer Provenienz während der Teilungszeit ein integraler Bestandteil gesamteuropäischer Entwicklungen im Bereich des Rechts.

Betrachtet man die rechtlichen Traditionen, auf die die Zweite Republik zurückgreifen konnte, als ein Reservoir positiver Entwicklungspotentiale, so rückt daneben auch die Instanz der Formulierung und Durchsetzung von Rechtsnormen in den Fokus des Interesses. Die juristische Profession kann als ein gesellschaftliches Strukturelement aufgefaßt werden, das zu untersuchen lohnt, da „Profession" gerade keine typisch osteuropäische Kategorie ist, sondern viel eher mit den fortschrittlichen Staaten Westeuropas in Verbindung gebracht wird.[9] In der Arbeit soll dieser vor allem auf Westeuropa

[7] S. dazu zum Beispiel Schulze, R.: Die europäische Rechts- und Verfassungsgeschichte. Zu den gemeinsamen Grundlagen europäischer Rechtskultur, in: Lityński, A. (Hg.): Państwo, Prawo, Sprawiedliwość – dawniej i dziś, Katowice 1993, S. 38–61.

[8] Borkowska-Bagieńska, E.: Polska w Europie. Refleksje nad europejską kulturą prawną, in: Prawo wczoraj i dziś. Studia dedykowane profesor Katarzynie Sójce-Zielińskiej, Warszawa 2000, S. 61–66.

[9] Vor allem Max Weber charakterisierte die Ausbildung von Professionen als Voraussetzung und Folge des großen westlichen Modernisierungsprozesses, d.h. als Teilprozeß einer umfassenden Entwicklung, die durch Rationalisierung, Systematisierung, Verwissenschaftlichung, Differenzierung und Spezialisierung gekennzeichnet ist.

bezogene Professionsbegriff hinterfragt und auf seine Anwendbarkeit auf Länder geprüft werden, die gemeinhin nicht dem erwähnten Fortschrittsparadigma zugeordnet werden.

An diesem allgemeinen Untersuchungsgegenstand, der bewußt ausgewählt wurde, da er nicht *a priori* regionsspezifische Besonderheiten impliziert, soll nun die Entwicklung der Zweiten Republik gemessen werden. Anhand ausgewählter Beispiele soll vor dem „Lackmuspapier" der Rechtsordnung und der juristischen Profession untersucht werden, welche Hindernisse, aber auch Entwicklungspotentiale die innere staatliche Konsolidierung Polens sowie auch die Integration in ein schon bestehendes internationales System begleiteten.

Die Betrachtung des Rechtssystems der Zweiten Republik soll sich dabei vor allem auf die neueingeführten zivil- und strafrechtlichen Regelungen konzentrieren. Anhand dieses Untersuchungsgegenstandes wird besonders evident, daß die These von der osteuropäischen Rückständigkeit sehr häufig den Blick auf eine unvoreingenommene Betrachtung der Geschichte der Region Ostmitteleuropa verstellt. Indem die seit der Frühen Neuzeit zu konstatierende strukturelle Andersartigkeit dieser Geschichtsregion lediglich als defizitäre Entwicklung gegenüber dem (nord-)westeuropäischen Maßstab betrachtet wird, geraten strukturelle Ähnlichkeiten und parallele Entwicklungen aus dem Blick.[10] Die Teilungszeit bedeutete nicht nur Stagnation, sondern stellte durch die zum Teil fortschrittlichen Gesetzeswerke, die durch die Teilungsmächte eingeführt wurden, den Anschluß an gemeineuropäische Rechtsentwicklungen dar, der bis zur Frühen Neuzeit ohnehin bestanden hatte.[11]

10 Zur Kritik an einem nicht kritisch hinterfragten, vor allem (nord-)westeuropäischen Vergleichsmaßstab, der das Nachdenken über die Geschichtsregion von vornherein mitbestimmt, s. ADANIR, F./LÜBKE, C./MÜLLER, M. G./SCHULZE WESSEL, M.: Traditionen und Perspektiven vergleichender Forschung über die historischen Regionen Osteuropas, in: DIES. (Hg.): Osteuropäische Geschichte in vergleichender Sicht. Festschrift für Klaus Zernack zum 65. Geburtstag (= Berliner Jahrbuch für osteuropäische Geschichte 1/1996), S. 11–43, hier S. 29–30.

11 Gewiß wird eine Betrachtungsweise, die vor allem die nationalen und konfessionellen Antagonismen zwischen der polnischen Gesellschaft und den Teilungsmächten betont, schwerlich zu einer unvoreingenommenen Betrachtung der Rezeption jener Kodifikationswerke kommen können. Es fragt sich jedoch, ob diese Sichtweise nicht wichtige Grundlagen für die gesellschaftliche und politische Entwicklung der polnischen Nation nicht nur während der Teilungszeit, sondern auch nach 1918 aus dem Auge verliert (s. dazu auch Kapitel 2.1.).

Spätestens mit dem Aufgehen der ostmitteleuropäischen Staaten in den Großreichen der Region hat die traditionelle Rechtsgeschichte für diesen Raum lediglich eine defizitäre Entwicklung beschrieben. Der Verlust der Eigenstaatlichkeit wird mit der Stagnation der Rechtskultur gleichgesetzt, abwertend wird davon gesprochen, daß diese Länder zu reinen Rezipienten westlicher Rechtsnormen wurden. Die Ablehnung gegenüber den Großmächten, die die nationalen Aspirationen dieser Völker verhinderte, wird nicht selten mit einer Ablehnung der durch diese Mächte implementierten Rechtsordnung gleichgesetzt. In dieser Sichtweise werden Diskussionen zwischen „Westlern" und „Populisten", die auf eigenständige Rechtsnormen setzten, überbetont.[12] Mit der Übertragung eines stark ethnisierenden Schemas auf die Analyse des geltenden Rechts wird der Blick auf das Allgemeine versperrt, das die Rezeption und Umsetzung von westlichen Rechtsnormen in dieser Region bedeutete.

Dabei hatten bereits nach dem Ersten Weltkrieg vor allem polnische Historiker wie Oskar Halecki und Marceli Handelsman die rein sprachlich-ethnischen Gesichtspunkte der Osteuropaforschung in Frage gestellt. Sie wollten die Geschichte Osteuropas als die Geschichte seiner Europäisierung sehen. Das Schwergewicht ihrer Forschungen lag dabei auf den Fragen nach Verwestlichung, Angleichung und Akkulturation. Diese Aspekte betrachteten sie vor dem Hintergrund der Ausbreitung des antiken Erbes und der christlichen Nachfolgekulturen . Die „Anomalien" der polnischen Geschichte – wie etwa das Zeitalter der Teilungen – fiel bei einer solchen Betrachtungsweise weniger ins Gewicht als die generelle historische Verankerung Polens in Europa.[13] Unter diesem Aspekt erscheint das Rechtssystem und die Rechtsentwicklung in der Zweiten Republik besonders reizvoll. Ohne ein westeuropäisches Entwicklungsmodell als vorbildhaft anzunehmen, kann untersucht werden, wie ein „typischer Nachfolgestaat"

[12] Diese Sicht etwa bei Küpper, H.: Rechtskultur(en) in Ostmitteleuropa: Hemmschuh oder Quelle der Hoffnung auf dem Weg ins 21. Jahrhundert? in: GWZO, Berichte und Beiträge 1999: Öffentliche Vorträge 1998/1999, Leipzig 1999, S. 331–377, hier besonders S. 345–350.

[13] Zu Haleckis Osteuropabegriff s. Zernack, K.: Osteuropa. Eine Einführung in seine Geschichte, München 1977, S. 24–27. Allgemein zur begriffsgeschichtlichen Auseinandersetzung s. Lemberg, H.: Mitteleuropa und Osteuropa. Politische Konzeptionen im Spiegel der Historikerdiskussion der Zwischenkriegszeit, in: Plaschka, R.G. et al. (Hg.): Mitteleuropa-Konzeptionen in der ersten Hälfte des 20. Jahrhunderts, Wien 1995, S. 213–220.

mit einer gemeineuropäisch verwurzelten Struktur umging und wie diese Struktur wiederum auf die Entwicklung des Staates zurückwirkte. Die Betrachtung Polens wird damit an universale und die Geschichtsregion übergreifende Strukturelemente rückgebunden. An ihrem Ausgangspunkt steht die begründete Placierung Polens in einer europäischen Geschichte.

Das Rechtssystem einer Gesellschaft, das auf der einen Seite den normativen Rahmen ihrer Entwicklung vorgibt, unterliegt andererseits einer permanenten Beeinflussung durch seine soziale Umwelt. Recht ist damit ein Faktor sozialer Strukturen, nicht nur eine Begleiterscheinung derselben, die in einer als Disziplin von der allgemeinen Geschichtswissenschaft abgetrennten „Fachgeschichte" des Rechts zu betrachten ist.[14] Die Untersuchung ausgewählter Aspekte des Rechtssystems der Zweiten Republik will zu konkreten Aussagen über den Charakter dieses Staates kommen. Durch die Betrachtung der Bedeutung, die ein vereinheitlichtes Rechtssystem für die innere Nationsbildung einerseits sowie für die Integration Polens in die internationalen Beziehungen andererseits hatte, soll aufgezeigt werden, in welcher Weise die neue Rechtsordnung dazu beitragen konnte, die aus der langen Teilungszeit resultierenden Ungleichheiten im neuen Staat zu überwinden. Zugleich kann eine solche Sichtweise dazu beitragen, das von der polnischen, aber auch von der westlichen Historiographie mehrheitlich skizzierte Bild der zwangsläufigen und quasi natürlichen Entstehung eines polnischen Nationalstaates nach der über hundertjährigen Teilungszeit zu hinterfragen. Zumeist werden die unterschiedlichen Entwicklungsstadien der Teilungsgebiete für die Konsolidierungsprobleme der Zweiten Republik verantwortlich gemacht. Zugleich wird aber die Entstehung einer ethnisch-polnischen Nation aus diesen drei Regionen nicht in Frage gestellt.[15] Eine Betrachtung der Teilungszeit unter

14 Dilcher, G.: Zur Rolle der Rechtsgeschichte in einer Sozialgeschichte des 20. Jahrhunderts (Überlegungen und Thesen), in: Zeitschrift für Neuere Rechtsgeschichte 21 (1999), Nr. 3–4, S. 389–407. Zur prinzipiellen Interdependenz von Recht und gesellschaftlichen Realien s. Weber, M.: Wirtschaft und Gesellschaft. Studienausgabe Tübingen 1980, Halbbd. 2, Kap. 7: Rechtssoziologie, S. 387–513.

15 Dieses Argumentationsmuster verfolgt z. B. zuletzt auch Rudolf Jaworski, der die aus der Teilungszeit herrührenden Entwicklungshemnisse benennt, jedoch die Entstehung eines ethnisch-polnischen Nationalstaats nie in Frage stellt, s. die Kapitel III. Das geteilte Polen sowie IV. Polens kurzes 20. Jahrhundert, in: Jaworski, R./ Lübke, C./Michael, M. G.: Eine kleine Geschichte Polens, Frankfurt/Main 2000, S. 251, S. 307 u. S. 312–314.

dem Aspekt der jeweiligen rechtsgeschichtlichen Entwicklungen wird hier zu Differenzierungen kommen können, indem den Entwicklungen in den Teilungsgebieten eine größere Autonomie jenseits des Nationsbildungsprozeß eingeräumt wird.

Da der Schaffung neuer Gesetzbücher eine bedeutende Rolle bei der inneren Konsolidierung der Zweiten Republik zukam, sollen nicht nur Aspekte des materiellen Rechts untersucht werden, sondern auch die Frage der Entstehung dieser neuen Rechtsnormen beleuchtet werden. Damit rücken die Personen ins Zentrum der Aufmerksamkeit, die maßgeblich an der Schaffung des neuen Rechts beteiligt waren. Der Begriff der juristischen Profession, der in dieser Arbeit breit verstanden wird und alle Berufe umfaßt, auf die ein Jurastudium hinführen kann, wird ein wichtiger Untersuchungsgegenstand sein. Im Zuge der Erarbeitung neuer Rechtsnormen fiel der Profession eine Schlüsselstellung bei der Gestaltung des Staates zu. Im Inneren war sie führend an der Ausgestaltung der politischen und gesellschaftlichen Strukturen und der Formulierung und Durchsetzung von Wertekatalogen beteiligt. In den Beziehungen Polens zu anderen Staaten bzw. zu internationalen Organisationen spielte sie eine wichtige Rolle, da sie sowohl ausländische Rechtsnormen zu rezipieren als auch polnisches Recht im Ausland bekannt zu machen hatte. Gleichzeitig war sie aber nicht nur Rechtssetzerin, sondern ebenso betroffen von den politischen und sozialen Rahmenbedingungen der Zweiten Republik. Die Rückwirkungen dieser Rahmenbedingungen auf die Rechtssetzungspraxis im speziellen wie auch auf das Professionsverständnis im allgemeinen belegen eindrücklich die wechselseitige Bedingtheit rechtlicher und sozialer Strukturen.

Die problematische innere Entwicklung der Zweiten Republik, die an der zunehmenden Aushöhlung des demokratischen Systems und den sich verschärfenden ethnischen und konfessionellen Konflikten abzulesen ist, soll in dieser Arbeit kritisch beleuchtet werden – ebenso wie die Positionierung des Landes in den internationalen Beziehungen, die vor allem seit den dreißiger Jahren durch ein regional bezogenes polnisches Großmachtstreben gekennzeichnet war, das mit zur Destabilisierung der Region beitrug. Doch durch die Betrachtung des Faktors Recht soll ausdrücklich die Kompatibilität zu gesamteuropäischen Entwicklungen aufgezeigt werden. Sicherlich liegt in verfassungsrechtlicher Hinsicht ein Vergleich mit anderen autoritären Staaten in der Zwischenkriegszeit nahe. Solche komparativen Studien liegen bereits in beachtlichem Umfang vor und auch sie beschränken sich zu Recht nicht auf den osteuropäischen Raum.[16] Es stellt sich jedoch die Frage, ob nicht gerade auch die Betrachtung der das Alltagsleben der Bevölkerung in fundamentaler Weise betreffenden Privatrechtsordnung wichtige Erklärungen für die innerpolnischen Entwicklungen beitragen kann. Die großen Privatrechtskodifikationen des späten 18. und frühen 19. Jahrhunderts, die im Zuge der Teilungsgeschichte auch in großen Teilen des ehemaligen polnischen Staates eingeführt wurden, begründeten ein Gesellschaftsmodell, dessen Widerständigkeit gegenüber Einflüssen durch verfassungsrechtliche Entwicklungen nicht zu vernachlässigen ist.[17]

Der Aspekt der Integration Polens in die internationalen Beziehungen unter dem Gesichtspunkt der Entwicklung des innerpolnischen Rechtssystems ist gerade im Hinblick auf die fundamentalen Veränderungen interessant, denen das internationale System nach dem Ersten Weltkrieg unterlag. Mit der in der Satzung des Völkerbundes angelegten Ordnung, die ein System der kollektiven Sicherheit und eine zunehmende Verrechtlichung der internationalen Kontakte vorsah, wurde auch die Kompatibilität der einzelstaatlichen Rechtsordnungen immer wichtiger. Somit entstand ein genuiner Zusammenhang zwischen innerstaatlicher Verfaßtheit und äußerer Integrationsfähigkeit. Das Rechtssystem war somit nicht nur Indikator für das Ausmaß der innerstaatlichen Konsolidierung, sondern auch für die Integrationsfähigkeit der Zweiten Republik in den internationalen Beziehungen.

1.2. Aufbau der Arbeit

Ausgehend von der fundamentalen Bedeutung, die die Teilungszeit für die strukturelle Ausgangslage der Zweiten Republik besaß, soll in

16 Oberländer, E. (Hg.): Autoritäre Regime in Ostmitteleuropa 1919–1944, Paderborn et al. 2001. Borejsza, J.: Schulen des Hasses: faschistische Systeme in Europa, Frankfurt/Main 1999; Szlajfer, H. (Hg.), Economic Nationalism in East Central Europe and South America: 1918–1939, Genève 1990.

17 Dazu Dilcher, Zur Rolle der Rechtsgeschichte. Der Autor bezeichnet die Privatrechtsordnung als die „lange Dünung [...] der Rechtsgeschichte des 20. Jahrhunderts“, ebenda, S. 399. Ein Beispiel für die grundlegende gesellschaftlich strukturierende Bedeutung der zivilrechtlichen Ordnung, die nicht nur auf den von Dilcher vor allem betrachteten deutschen bzw. westeuropäischen Fall zutrifft, ist die privatrechtliche Benachteiligung der Ehefrau, die in allen Kodifikationswerken der Aufklärungszeit festgeschrieben ist und in West- wie in Ostmitteleuropa das Postulat staatsbürgerlicher Gleichheit unterläuft, s. dazu auch Kapitel 5.4.

einem einführenden Teil (Kapitel 2.1.) das Erbe an Rechtsnormen und Rechtsinstitutionen jener Epoche dargestellt werden. Dabei wird gezielt nach den Entwicklungspotentialen gefragt, die die jeweiligen Normen und Institutionen für die polnische Gesellschaft bereithielten. Es geht nicht darum, eine Konfliktgeschichte zwischen der polnischen Gesellschaft und der jeweiligen Staatsgewalt der Teilungsmächte zu schreiben. Vielmehr soll gezeigt werden, inwieweit sich die einzelnen polnischen Teilgesellschaften auch ohne eigenes Staatswesen modernisieren konnten und welche Rolle dabei die jeweiligen rechtlichen Rahmenbedingungen spielten.

In einem weiteren einführenden Kapitel (2.2.) wird es um die Konsequenzen gehen, die die über 120 Jahre lange Abwesenheit eines polnischen Staates von der internationalen Bühne nach sich zog. Dabei ist von besonderem Interesse, daß die internationalen Beziehungen gerade seit der zweiten Hälfte des 19. Jahrhunderts eine besonders dynamische Entwicklung durchliefen. Die Verdichtung der zwischenstaatlichen Kontakte auf internationalen Konferenzen ging auch mit einer zunehmenden Verrechtlichung der Beziehungen einher. Daneben traten immer häufiger nichtstaatliche Akteure als Handlungsträger im internationalen System auf. Vor allem im Bereich der wissenschaftlichen Kooperation bot sich polnischen Juristen bereits vor 1918 die Möglichkeit, am internationalen Austausch teilzunehmen. Gerade für die Polen als Angehörige einer Nation ohne eigenen Staat waren diese Kontakte von großer Bedeutung. Neben den traditionellen diplomatischen Kontakten im Rahmen des Mächstesystems des 19. Jahrhunderts entwickelte sich eine *international society* der Wissenschaftler, Ökonomen oder auch Künstler, innerhalb derer man sich, auch ohne Vertreter eines eigenen Nationalstaats zu sein, profilieren konnte.

Die daran anschließenden Ausführungen beschäftigen sich mit dem Komplex der Rechtsvereinheitlichung und -kodifizierung in der Zweiten Republik (Kapitel 3). Für den erst langsam aus den drei Teilungsgebieten zusammenwachsenden Staat bedeutete die Rechtsvereinheitlichung ein wichtiges Merkmal seiner Konsolidierung. Die Entstehung eines polnischen Rechtssystems konnte als ein wichtiger Schritt auf dem Weg zur inneren Nationsbildung angesehen werden. An das neu zu schaffende Recht wurde eine Reihe unterschiedlicher Ansprüche gestellt. Neben seiner Funktion als technische Verfahrensgrundlage für die Aushandlung von Interessen innerhalb einer sehr inhomogenen Gesellschaft sollte das Recht zudem gesellschaftlich modernisierend und zugleich auch identitätsstiftend wirken. Daher wird an dieser Stelle untersucht, welche Teile der juristischen Profession sich an der Schaffung neuer Gesetzbücher beteiligten, welcher Stellenwert der Rechtsvereinheitlichung sowohl von politischer als auch von professioneller Seite zugeschrieben wurde und welche Kriterien die Erarbeitung des neuen Rechts bestimmten. Dabei wird auch zu berücksichtigen sein, wie stark die beteiligten Juristen durch ihre Erfahrungen der Teilungszeit geprägt waren und welche Beziehungen sie zu dem vor 1918 auf polnischem Boden geltenden Recht hatten. Von Interesse nicht nur für das Selbstverständnis der Profession, sondern generell für den Charakter des neuen Staates ist die Frage, inwieweit europäische Rechtsnormen rezipiert und übernommen wurden bzw. in welchem Ausmaß versucht wurde, auf polnische Rechtsnormen, die noch aus der Zeit vor den Teilungen stammten, zurückzugreifen.

In Kapitel 4 wird es um den Konnex zwischen dem Zwang zur innerpolnischen Rechtsvereinheitlichung und der Integration in eine bereits bestehende europäische bzw. zum Teil auch weltweite internationale Rechtsgemeinschaft gehen. Dabei stehen vor allem privatrechtliche Regelungen im Fokus der Aufmerksamkeit, da diese eine besonders große Rolle für die sich bereits dynamisch entwickelnden internationalen Handelsbeziehungen spielten. Die Tatsache, daß Polen als Neuling in den internationalen Beziehungen einen großen Nachholbedarf an internationalen Rechtsnormen hatte, bedingte, daß auch die innerpolnische Rechtskodifizierung immer diese anzustrebende Integrationsleistung zu reflektieren hatte. Die Neuordnung der internationalen Beziehungen nach dem Ersten Weltkrieg stellte aber auch an die etablierten Staaten neue Anforderungen. Die Multilateralität der internationalen Kontakte, die das System des Völkerbundes an die Stelle der traditionellen Diplomatie zu setzen versuchte, bedeutete, daß nicht nur von den neuen Staaten Anpassungsleistungen gefordert wurden. Gerade im Hinblick auf die heutigen Herausforderungen, die der angestrebte Beitritt zur Europäischen Union an die Reform des polnischen Rechtssystems stellt, wird zu fragen sein, ob in diesem konkreten Fall die Entwicklungen der Zwischenkriegszeit als ein positiver Anknüpfungspunkt betrachtet werden können. Zudem verdeutlichen die Erfahrungen der Zwischenkriegszeit einmal mehr, daß „Integration“ kein einseitiger Prozeß ist, sondern daß auch die etablierten Staaten sich in seinem Zuge verändern müssen.

Ein weiterer Teil der Arbeit wird die Rolle der juristischen Profession im polnischen Staat untersuchen (Kapitel 5), der sich zwar als Nationalstaat verstand, *de facto* aber sehr stark ethnisch und konfessionell fragmentiert war. Dabei steht zunächst der Teil der Profession im Vordergrund, der mit der Unifizierung und Kodifizierung des Rechts beschäftigt war. Von diesem begrenzten Segment, das in dem engen Fachgremium der Kodifikationskommission zusammengeschlossen war, soll dann der Blick auf die Gesamtheit der Profession ausgeweitet werden. Kontrastierend zur Kodifikationskommission, die für den Prozeß der Rechtssetzung zuständig war, soll am Beispiel evidenter innerprofessioneller Diskussionen aufgezeigt werden, welchem Wandel die Betrachtung des Rechtssystems im Laufe der Zwischenkriegszeit unterlag. Immer stärker trat eine Auffassung zutage, die das Rechtssystem als Identitätsfaktor der polnischen Nation und weniger als neutrale Verfahrensgrundlage sehen wollte.

Vor dem Hintergrund dieser spezifischen Umwertung der Bedeutung des Rechts, aber auch im Hinblick auf die sich verschärfenden ethnisch-konfessionellen und ökonomischen Konflikte wird schließlich die Entwicklung der Profession in ihrer institutionellen Verfaßtheit sowie in ihrem korporativen Selbstverständnis beschrieben. Die Aufgabe berufsverbandlicher Autonomie sowie die Segregation der Profession entlang neuer Trennlinien spiegelte auf den gesellschaftlichen Bereich der Juristen begrenzt die gesamtstaatliche Krise von Demokratie und Pluralismus wider. Schließlich soll das sich wandelnde Staats- und Gesellschaftsverständnis am Beispiel der Debatten um das neue Eherecht verdeutlicht werden, wobei das Spektrum der Argumente auch auf nicht professionell-juristische Beiträge ausgeweitet werden wird, um die Bedeutung der Verankerung von Rechtsnormen und -traditionen in der Gesellschaft zu verdeutlichen. Gerade das Eherecht eignet sich besonders gut dafür, das Spannungsfeld zwischen verfassungsmäßig verbürgten Staatsbürgerrechten und tatsächlichen Wertehaltungen in einer Gesellschaft zu umreißen. Somit weitet sich der auf die innenpolitische Entwicklung gerichtete Fokus von dem begrenzten Strukturelement der Profession auf weitere gesellschaftlich relevante Meinungsführer aus.

Kapitel 6 fragt nach der Rolle der juristischen Profession und des sich ausbildenden neuen Rechtssystems in den internationalen Beziehungen. Dabei geht es nicht nur um den polnischen Beitrag im Zuge internationaler Bestrebungen zur Rechtsvereinheitlichung, sondern auch um die Entstehung neuartiger Kontaktformen, die vor allem unter der Schirmherrschaft des Völkerbundes entstanden. Untersucht wird, auf welche Weise polnische Juristen an der internationalen juristischen Kooperation teilnahmen und wie sich die jeweiligen Kooperationsformen im Laufe der Zwischenkriegszeit wandelten. Vor dem Hintergrund zunehmender Konflikte, die vor allem aus Minderheiten- und Territorialstreitigkeiten resultierten, soll überprüft werden, inwieweit die dezidiert durch die Wilsonsche Nachkriegsordnung angestrebte Verrechtlichung der internationalen Beziehungen gelingen konnte bzw. Bestand hatte. Von besonderem Interesse wird dabei sein, welche Rolle das Verhältnis zwischen Fachjuristen und professionellen Politikern bei der Positionierung Polens in der internationalen Rechtsgemeinschaft spielte. Immerhin waren polnische Rechtswissenschaftler bereits vor 1918 in einer internationalen *scientific community* aktiv, während polnische Politiker nach dem Ersten Weltkrieg mehr oder weniger *newcomer* auf dem internationalen Parkett waren.

Die Betrachtung Polens im internationalen System der Zwischenkriegszeit unter der Fragestellung seines Beitrages zur Ausgestaltung der internationalen Rechtsordnung zeigt die wirkungsmächtige Interdependenz zwischen innen- und außenpolitischen Entwicklungen. Der Autonomieverlust der juristischen Profession sowie die zunehmende Ideologisierung des Rechts nicht nur in Polen, sondern auch in zahlreichen anderen Staaten bewirkte eine qualitative Veränderung in den internationalen Kooperationsformen. Ähnlich wie im innerpolnischen Fall erlebte das Recht in den dreißiger Jahren auch in den internationalen Beziehungen eine Umwertung, die in ihrer Konsequenz das Ende der im Rahmen des Völkerbundes angelegten Nachkriegsordnung war. Polen trug durch seine regionalen Großmachtansprüche und seine Weigerung bezüglich jeglicher Souveränitätsabgabe zur Aushöhlung dieser Ordnung bei. Auf der anderen Seite erschienen auch noch in den dreißiger Jahren polnische Juristen als Sachverwalter dieses Systems und bewiesen durch internationale Initiativen, daß auch in Zeiten eines autoritären Regimes im Inneren sowie der Verkürzung der internationalen Kontakte auf rein machtpolitisch inspirierte Bündnisbeziehungen der Faktor Recht ein wichtiges Element bei der Gestaltung der internationalen Beziehungen bleiben konnte.

In der Zusammenschau der innen- und außenpolitischen Integrationsleistungen und -defizite, die durch das Prisma der Rechtsvereinheitlichung und Rechtsanpassung geleistet wird, entsteht somit ein facettenreiches Bild von der Zweiten Republik, das deren strukturelle Schwächen nicht ausblendet, aber auch auf Entwicklungspotentiale und Kompatibilität in einer gesamteuropäischen Betrachtung verweisen kann.

1.3. Quellengrundlage

Die weitgespannnte Fragestellung, die am Beispiel des entstehenden Rechtssystems die Chancen der inneren Konsolidierung wie der äußeren Integration der Zweiten Republik beschreiben will, hat zur Folge, daß in der Arbeit auf eine vielgestaltige Quellengrundlage zurückgegriffen wird. Bei der Betrachtung der Schaffung neuer zivil- und strafrechtlicher Regelwerke werden vor allem die Berichte der dafür zuständigen Kodifikationskommission ausgewertet. Die Kommission veröffentlichte die von ihr erarbeiteten Gesetzesprojekte sowie regelmäßige Tätigkeitsberichte.[18] Zur Untersuchung der in der Fachwissenschaft geführten Debatten um den Charakter des neuen polnischen Rechtssystems kann ein weites Spektrum juristischer Fachzeitschriften herangezogen werden. Diese bieten durch die Ausdifferenzierung entlang regionaler, politischer und generatiosbedingter Trennlinien eine breite Quellenbasis. Um die Verankerung der relativ kleinen Kodifikationskommission innerhalb der juristischen Profession zu veranschaulichen, dient die Lektüre von Rechenschaftsberichten des Dachverbandes der polnischen Juristenorganisationen sowie wissenschaftlicher Institutionen, die die Kommission bei ihrer Arbeit beratend unterstützten.

Die Wechselwirkungen, die zwischen der innerpolnischen Kodifizierungsarbeit sowie dem Beitritt zu internationalen Rechtsabkommen bestanden, sollen durch die Kontrastierung der Einstellungen herausgearbeitet werden, die in bezug auf diese Interdependez bei den Fachjuristen auf der einen sowie bei professionellen Außenpolitikern auf der anderen Seite bestanden. Durch die Hinzuziehung von Archivmaterialien des polnischen Außenministeriums, die im Archiv

[18] Die im Archiv des Justizministeriums aufbewahrten Akten der Kodifikationskommission, die detailliert über den Entstehungsprozeß der einzelnen Gesetzesprojekte Aufschluß gaben, sind im Zweiten Weltkrieg verloren gegangen, s. GÓRNICKI, L.: Prawo cywilne w pracach Komisji Kodyfikacyjnej Rzeczypospolitej Polskiej w latach 1919–1939, Wrocław 2000, S. 9. Die Veröffentlichungen der Kommission sind zusammengestellt bei GRODZISKI, S.: Wykaz wydawnictw Komisji Kodyfikacyjnej, in: Kwartalnik Prawa Prywatnego 1 (1992), Nr. 1–4, S. 30–43.

Neuer Akten (*Archiwum Akt Nowych*, AAN) in Warschau eingesehen wurden, wird das Spannungsfeld zwischen juristischen und strategisch außenpolitischen Anforderungen an das neu geschaffene Recht ausgeleuchtet.

Um die juristische Profession in ihrer institutionellen und weltanschaulichen Differenziertheit zu beschreiben, werden Rechenschaftsberichte von Juristenverbänden, Kongreßberichte sowie vor allem die juristischen Fachzeitschriften, in denen besonders intensiv über die Rolle des Rechts und der juristischen Profession für den neuen polnischen Staat diskutiert wurde, herangezogen. Damit soll sowohl die institutionelle wie auch die weltanschauliche Ausdifferenzierung innerhalb der Profession auf eine breite Quellengrundlage gestellt werden.

Bei der Beschreibung der zahlreichen Formen der internationalen juristischen Kooperation werden die unterschiedlichen juristischen Milieus untersucht, die dabei eine Rolle spielten. Die studentische Kooperation wird vor allem auf der Grundlage des im Universitätsarchiv Warschau (*Archiwum Uniwersytetu Warszawskiego*, AUW) befindlichen Materials betrachtet, da der dortige Verband der Jurastudenten eine besondere Bedeutung für diesen Bereich der internationalen Kontakte besaß. Weitere Informationen liefern die Zeitschrift des Verbandes der Warschauer Jurastudenten sowie die Rechenschaftsberichte des Gesamtpolnischen Verbandes der akademischen Wissenschaftszirkel (*Ogólnopolski Związek Akademickich Kół Naukowych*, OZAKN), die im AAN einzusehen sind. Die Teilhabe an multilateral organisierten Kontakten im Bereich internationaler Wissenschaftsorganisationen wird erneut vor allem anhand von Rechenschaftsberichten der polnischen Unterabteilungen dieser Organisationen sowie anhand von Beiträgen in den einschlägigen juristischen Fachzeitschriften verfolgt.

Da von der polnischen Außenpolitik das Feld der juristischen Kooperation vor allem in den dreißiger Jahren als ein immer wichtigerer Faktor für die Schaffung einer polnischen Vormachtstellung in Ostmitteleuropa wahrgenommen wurde, interessiert an dieser Stelle erneut die Beziehung zwischen den zunächst von Seiten der juristischen Profession aufgebauten, vor allem wissenschaftlichen internationalen Kontakte sowie der von der Außenpolitik angestrebten Instrumentalisierung dieser Kontakte für ihre genuin strategischen Interessen. Somit werden Dokumente aus den Beständen des Außenministeriums sowie ausgewählter Botschaften mit den Verlautbarungen juristischer Vereinigungen, die zum Teil dezidiert zum Ausbau der polnischen internationalen Kontakte gegründet wurden, miteinander in Beziehung gesetzt. Von besonderem Interesse ist dabei, wie nicht nur die juristische Profession, sondern auch die regierungsamtliche Politik bestrebt war, die internationalen Kontakte auf dem Gebiet der Rechtswissenschaft durch Gründung von Institutionen zu verstetigen und zu beeinflussen.

Polnische Rechtswissenschaftler waren auch bereits vor 1918 in einem System rechtswissenschaftlichen Austauschs auf internationaler Ebene präsent. Daher soll durch Rückblenden auf die juristische Publizistik der Teilungszeit sowohl die personelle wie institutionelle Einbindung polnischer Juristen in die internationale Rechtswissenschaft betrachtet werden. Hierbei ist auf die besondere Rolle von Einzelpersönlichkeiten hinzuweisen, die durch ihr Engagement bereits vor 1918 der polnischen Jurisprudenz im internationalen Rahmen einen Namen gemacht hatten und deren Kontakten die Integration der Zweiten Republik in eine internationale Rechtsgemeinschaft viel verdankte. Als exemplarisch für die Bedeutung, die solchen Einzelpersönlichkeiten beim Aufbau internationaler Kontakte zukam, kann der Strafrechtler Emil Stanisław Rappaport gelten, dessen Nachlaß im Wojewodschaftsstaatsarchiv Lodz (*Wojewódzkie Archiwum Państwowe w Łodzi*, WAPŁ) eingesehen wurde.

Zur Erörterung der Frage, inwieweit die innere polnische Rechtsentwicklung Einfluß auf die im Völkerbund angestrebte Verrechtlichung der internationalen Beziehungen nehmen konnte, dienen Berichte von internationalen Kongressen zur Rechtsunifizierung als Grundlage. Die Aktivität, die polnische Juristen auf solchen Kongressen entfalteten, spiegelt sich daneben auch in der innerpolnischen juristischen Publizistik wider. Erneut kann kontrastierend dazu die vom Außenministerium verfolgte internationale Rechtspolitik untersucht werden, die die internationale Kooperation immer weniger als eine auch von fachjuristischen Erwägungen mitbestimmte Frage, denn als Vehikel der eigenen Großmachtpläne betrachtete.

Diese breite Quellengrundlage ermöglicht es einerseits, die juristische Profession als ein Segment der polnischen Gesellschaft in ihrer institutionellen Verfaßtheit zu betrachten und die ihr Selbstverständnis widerspiegelnden Debatten in den unterschiedlichen Formen der juristischen Publizistik zu untersuchen. Auf der anderen Seite bindet sie durch die Ausweitung der Perspektive vor allem bei der Beleuchtung des Rechtssystems in den internationalen Beziehungen die

Betrachtungsweise auch an die regierungsoffizielle Politik zurück und zeigt damit die Beschränkungen auf, denen die Profession gegenüber bestimmten Prinzipien der polnischen Staatsräson unterlag.

1.4. Anmerkungen zum Forschungsstand

Da eine problemorientierte Auseinandersetzung mit der Forschungsliteratur in den jeweiligen Einzelkapiteln vorgenommen wird, soll an dieser Stelle nur ein kurzer Überblick über die grundlegende rechtsgeschichtliche Forschungsliteratur zur Zweiten Republik gegeben werden. Dabei wird für die deutsche Literatur vor allem auf die spezifischen Grundlagen und Probleme einer auf Osteuropa und insbesondere auf Polen bezogenen Rechtsgeschichte hingewiesen werden.

Die polnische Geschichtswissenschaft hat sich lange Zeit vor allem der allgemeinen Darstellung des politischen und verfassungsrechtlichen Systems der Zweiten Republik zugewandt und ist weniger auf rechtsgeschichtliche Einzelfragen eingegangen.[19] Vor allem in den letzten Jahren rückte jedoch das Problem der notwendigen Rechtsunifizierung zunehmend in den Fokus der Aufmerksamkeit. Dabei standen in kleineren Einzeluntersuchungen zunächst allgemeine organisationsgeschichtliche Aspekte im Vordergrund, während Fragen nach den weiterführenden Implikationen für das politische und gesellschaftliche System der Zweiten Republik bislang weniger verfolgt wurden.[20] Für den Bereich der Vereinheitlichung des Allgemeinen Teils des polnischen Strafrechts hat Adam Lityński eine Synthese vorgelegt.[21] Erst kürzlich erschien die bahnbrechende Untersuchung

[19] Das bestätigt auch der bibliographische Überblick bei Bardach, J./Leśnodorski, B./Pietrzak, M.: Historia ustroju i prawa polskiego, Warszawa [4]1999, S. 638–641.

[20] Einen allgemeinen Überblick zur Organisation der Kodifikationskommission gibt Grodziski, S.: Komisja Kodyfikacyjna Rzeczypospolitej Polskiej, in: Czasopismo Prawno-Historyczne 33 (1981), Nr. 1, S. 47–81. Zur Stellung der Kommission im Verfassungsgefüge des Staates zuletzt Mohyluk, M.: Porządkowanie prawa w II Rzeczypospolitej. Komisja Kodyfikacyjna i Rada Prawnicza, in: Czasopismo Prawno-Historyczne 51 (1999), Nr. 1–2, S. 285–300. Vor allem mit der technischen Seite der Kodifizierung des Privatrechts beschäftigt sich Grodziski, S.: Prace nad kodyfikacją i unifikacją polskiego prawa prywatnego, in: Kwartalnik Prawa Prywatnego 1 (1992), Nr. 1–4, S. 9–29. Die Bestrebungen, nach 1989 wieder an das Instrument einer solchen Kommission anzuknüpfen, schildert Grzybowski, S.: Zagadnienia kodyfikacji polskiego prawa cywilnego. Organizacja i wyniki pracy 1919–1992, in: Kwartalnik Prawa Prywatnego 1 (1992), Nr. 1–4, S. 91–112.

[21] Lityński, A.: Wydział karny Komisji Kodyfikacyjnej w Drugiej Rzeczypospolitej. Dzieje prac nad częścią ogólną kodeksu karnego, Katowice 1991.

von Leonard Górnicki zur Zivilrechtskodifikation in der Zweiten Republik. Damit liegt nun ein Werk vor, das nicht nur die organisationsgeschichtlichen Aspekte der Rechtsvereinheitlichung umfassend untersucht, sondern vor allem den gesamten Bereich der Zivilrechtskodifikation (mit Ausnahme des Handelsrechts) materialreich dokumentiert. In seinen rechtsvergleichenden und dogmatischen Untersuchungen betont der Autor deren eindrucksvolles Niveau, das höchsten internationalen Standards entsprochen hätte.[22]

Der Einfluß, den die Unifizierungsarbeit auf die internationale Kooperation polnischer Juristen bzw. auf die Wahrnehmung der polnischen Jurisprudenz durch das Ausland hatte, ist bislang so gut wie unberücksichtigt geblieben. Den rein innerpolnischen Kontext verlassen nur die Arbeiten, die nach der Rezeption ausländischen Rechts in Polen fragen, wobei hier das Interesse in erster Linie dem Recht des nationalsozialistischen Deutschland gilt.[23] Die gegenseitige Beeinflussung von polnischem und ausländischem (vor allem westeuropäischem) Recht ist fast ausschließlich im Kontext von Rechtstheorie bzw. -soziologie untersucht worden.[24] Auf den Einfluß französischer Professoren an der Universität Warschau auf die polnische Zivilrechtsentwicklung haben zwei kleinere Studien hingewiesen.[25]

Was die Rolle der Universitäten als fachliche Ausbildungsstätte sowie als politisches Sozialisationsfeld für die Juristen der Zweiten Republik anbelangt, kann nur für den Fachbereich der Warschauer Universität auf einschlägige Abhandlungen zurückgegriffen wer-

22 Górnicki, Prawo cywilne, S. 11.

23 Ders.: Prawo Trzeciej Rzeszy w nauce i publicystyce prawniczej Polski Międzywojennej, Bielsko-Biała 1993; Ders.: O wpływie prawa Trzeciej Rzeszy na myśl prawniczą i ustawodawstwo międzywojennej Polski. Stanowisko i oceny prawników polskich 1933–1939, in: Acta Universitatis Wratislaviensis (1993), Nr. 1477, Prawo Nr. 222, S. 141–160.

24 Zur Rechtstheorie s. Czepita, S.: Koncepcje teoretyczno-prawne w Polsce międzywojennej, in: Czasopismo Prawno-Historyczne 32 (1980), Nr. 2, S. 107–149; Opałek, K.: Początek teorii prawa w Polsce odrodzonej, in: Czasopismo Prawno-Historyczne 44 (1992/1993), Nr. 1–2, S. 107–121. Zur Rechtssoziologie s. Motyka, K.: Wpływ Leona Petrażyckiego na polską teorię i socjologię prawa, Lublin 1993 sowie Wąsowicz, M.: Nurt socjologiczny w polskiej myśli prawno-karnej, Warszawa 1989.

25 Sójka-Zielińska, K.: Profesorowie francuscy na odrodzonym Uniwersytecie Warszawskim, in: Studia Juridica 29 (1995), S. 75–83 sowie Dies.: Udział cywilistów francuskich w nauczaniu prawa na Uniwersytecie Warszawskim w okresie międzywojennym, in: Borkowska-Bagieńska, E./Olszewski, H. (Hg.): Historia prawa – historia kultury. Liber memoralis Vitoldo Maisel dedicatus, Poznań 1994, S. 317–324.

den.[26] Für die Universitäten in Posen und Krakau muß man allgemeine Darstellungen zur Universitätsgeschichte der Zwischenkriegszeit heranziehen.[27] Solche Überblicksdarstellungen fehlen in bezug auf die Hochschulen in Lemberg und Wilna.[28]

Zur berufsverbandlichen Organisation der Juristen liegen lediglich für die Gruppe der Anwaltschaft einige Arbeiten vor, die jedoch die institutionelle Verfaßtheit dieser Berufsgruppe in der Zweiten Republik nur schlaglichtartig beleuchten und kaum auf deren Selbstverständnis eingehen, da sie als allgemeine Überblicksdarstellungen die spezifischen Bedingungen der Zwischenkriegszeit nicht eingehender problematisieren.[29] Lediglich der Rolle der Anwaltschaft in den sich radikalisierenden innenpolitischen Auseinandersetzungen der dreissiger Jahre ist eine kürzere Abhandlung gewidmet.[30]

Generell bleibt festzuhalten, daß die Rechtsgeschichtsschreibung nicht nur in Polen, sondern auch in den anderen Reformstaaten in den letzten Jahren produktiver geworden ist und sich kritisch mit der Bedeutung ihrer Forschungsergebnisse gerade auch für den derzeitigen Transformationsprozeß beschäftigt.[31] Dabei nimmt sie nicht nur die Zeit des von der sozialistischen Gesellschaftsordnung geprägten Rechts in den Blick, sondern betont auch die Bedeutung weiter

26 Bałtruszajtys, G.: Wydział prawa Uniwersytetu Warszawskiego w relacjach i wspomnieniach pracowników i studentów 1918–1950, Warszawa 1990; Dies. (Hg.): Nauka prawa na odrodzonym Uniwersytecie Warszawskim. Materiały z sesji, maj 1988, Warszawa 1991.

27 Czubiński, A.: Die Universität zu Poznań von der Gründung bis zum Ausbruch des Zweiten Weltkrieges (1918–1939), in: Die Universität Poznań 1919–1969, Poznań 1971, S. 53–196; Hauser, P./Kotłowski, T.: Uniwersystet Poznański w latach 1923–1939, in: Alma Mater Posnaniensis. W 80 rocznicę utworzeniu uniwersytetu w Poznaniu. Hg. v. Hauser, P./Jasiński, T./Topolski, J., Poznań 1999, S. 135–148; Dybiec, J.: Uniwersytet Jagielloński 1918–1939, Kraków 2000.

28 Kursorisch zu den beiden Hochschulen s.: Wyższe uczelnie polskie na ziemiach wschodnich Rzeczypospolitej, Londyn 1989. Zur rechts- und gesellschaftswissenschaftlichen Fakultät der Universität in Wilna s. auch Sięcicki, A.: Wydział prawa i nauk społecznych uniwersytetu Stefana Batorego i jego spuścizna, in: Z dziejów Almae Matris Vilnensis. Księga pamiątkowa ku czci 400-lecia założenia i 75-lecia wskrzeszenia Uniwersytetu Wileńskiego, Kraków 1996, S. 94–103.

29 Kisza, A./Krzemiński, Z./Łyczywek, R.: Historia Adwokatury Polskiej, Warszawa 1995; s. auch den Sammelband von Łyczywek, R. (Hg.): Szkice z dziejów adwokatury polskiej wydane staraniem Ośrodka Badawczego Adwokatury, Warszawa 1976.

30 Chajn, L.: Adwokatury lat trzydziestych, in: Miesięcznik Literacki 15 (1980), Nr. 5, S. 113–122.

31 Horvath, P.: Reflexions on Writing Modern Legal History in East-Central Europe, in: Acta Juridica Hungarica 33 (1991), Nr. 3–4, S. 143–153.

zurückliegender Epochen, wie zum Beispiel die Zwischenkriegszeit oder die Zeit vor 1918.[32]

Wendet man sich der deutschsprachigen Literatur zu Problemen der Rechtsgeschichte Polens während der Zwischenkriegszeit zu, so sind die Ergebnisse der Forschung rasch dargestellt. Dies soll an dieser Stelle geschehen, bevor dann etwas ausführlicher versucht wird, die Gründe für die geringe Quantität sowie die spezifische Qualität jener Arbeiten näher zu beleuchten. Im Mittelpunkt des Interesses stand die Frage nach der Originalität der polnischen Kodifizierungen nach dem Ersten Weltkrieg. Hierbei fallen die Antworten recht unterschiedlich aus. Der Österreicher Helmut Slapnicka betont das hohe Niveau und die Eigenständigkeit der polnischen Kodifikationen mit dem Hinweis, daß Eigenständigkeit hier nicht bedeutet, daß die jeweiligen Gesetze inhaltlich nur an Polen gebunden gewesen wären.[33] Positiv äußerte sich auch Friedrich Korkisch zu der Arbeit der nach 1918 mit der Schaffung neuer Gesetzeswerke befaßten Kodifikationskommission, indem er vor allem ihre rechtsvergleichende Arbeit, die zur hohen Qualität der neuen Gesetzeswerke beitrug, hervorhob.[34]

In anderen Veröffentlichungen fällt hingegen auf, daß vor allem die Elemente im polnischen Recht hervorgehoben werden, deren Herkunft auf die Rechtssysteme der ehemaligen Teilungsmächte zurückzuführen ist. So geht zum Beispiel Georg Geilke in seiner Darstellung des polnischen Rechts der Zwischenkriegszeit überhaupt nicht auf die neuen Kodifikationen ein, sondern zählt lediglich auf, aus welchen Rechtssystemen sich die Rechtsordnung des neuen polnischen Staates zusammensetzte.[35] Roman Schnur lobt zwar die Qualität der polni-

[32] Grodziski, S.: O zadaniach i obowiązkach historii państwa i prawa polskiego wczoraj i dziś, in: Czasopismo Prawno-Historyczne 46 (1994), Nr. 1–2, S. 19–29.

[33] Slapnicka, H.: Österreichs Recht außerhalb Österreichs. Der Untergang des österreichischen Rechtsraumes, Wien 1973, S. 20–21.

[34] Korkisch, F.: Staatsaufbau und Gesetzgebung der Volksrepublik Polen, in: Markert, W. (Hg.), Osteuropa-Handbuch. Bd. 2: Polen, Köln, Graz 1959, S. 327–355, hier S. 346.

[35] Geilke, G.: Die Rechtsveränderungen in Ost- und Südosteuropa im XIX. und XX. Jahrhundert im Lichte der „Ostrechtsforschung“, in: WGO – Monatshefte für osteuropäisches Recht 25 (1983/1985), Nr. 6, S. 312–357, hier S. 326–327. Von polnischer Seite wurde der enzyklopädische Charakter der Ausführungen gelobt, jedoch vor allem die Darstellung der Zeit nach dem Ersten Weltkrieg kritisiert, da für sie lediglich auf das Recht in den vom Deutschen Reich abgetrennten Gebieten eingegangen wurde, ohne die neue Rechtsentwicklung in den Staaten Ostmitteleuropas zu untersuchen, s. die Rezension von Olszewski, H. in: Czasopismo Prawno-Historyczne 38 (1986), Nr. 1, S. 239–240.

schen Kodifikationen, spricht ihnen aber das Merkmal der Eigenständigkeit ab.[36] Die angeführten Autoren beschäftigen sich nur mit der innerpolnischen Rechtsentwicklung und ziehen den Aspekt, daß sich der jungen polnische Staat in eine schon bestehende internationale Rechtslandschaft integrieren mußte, nicht in ihre Erwägungen mit ein.

Bei der näheren Betrachtung der Zwischenkriegszeit fällt auf, daß die von der deutschen Forschung häufig implizierte mangelnde Eigenständigkeit der neuen Rechtssysteme zunächst kein Kriterium war, das die Kodifikationsarbeit selbst dominiert hatte. Die große Bedeutung, die dem Wechselspiel von innerer Rechtsunifizierung und internationaler Integration zugesprochen wurde, hatte zur Folge, daß für viele polnische Juristen das von den Teilungsmächten übernommene Recht als Bestandteil einer europäischen Kulturgemeinschaft galt. Wollte man nicht nur eine innere Konsolidierung, sondern auch die internationale Anschlußfähigkeit erlangen, galt es, diese Rechtsnormen zu rezipieren. Auch Reiner Schulze hat diesen Aspekt im Auge, wenn er schreibt, daß gerade in der vom Nationalismus geprägten Zeit des 19. und der ersten Hälfte des 20. Jahrhunderts durch verbesserte Kommunikationsmöglichkeiten der wechselseitige Bezug der verschiedenen nationalen Rechtsordnungen Europas stark gewachsen war. Er plädiert daher dafür, gerade diese Epoche unter rechtsvergleichenden Gesichtspunkten zu betrachten, um zu einer gemeineuropäischen Rechtsgeschichte zu gelangen.[37] Dabei sollte darauf geachtet werden, daß hier nicht erneut eine Geschichte der osteuropäischen Rückständigkeit geschrieben wird, die aus der Orientierung an einem unhinterfragten westeuropäischen Referenzfall resultiert, der normativ die ideale Entwicklung verkörpert. Fragen nach der Rolle des Kulturtransfers, den spezifischen Rezeptionsbedingungen sowie den wechselseitigen Beeinflussungen können hier vor einer eindimensionalen Betrachtung schützen.[38]

36 Schnur, R.: Einflüsse des deutschen und des österreichischen Rechts in Polen, Vortrag gehalten vor der juristischen Gesellschaft in Berlin am 13. Februar 1985 (= Schriftenreihe der juristischen Gesellschaft zu Berlin: Heft 95), Berlin, New York 1985, S. 16.

37 Schulze, Die europäische Rechts- und Verfassungsgeschichte, S. 56–58.

38 Zur Rechtsrezeption als Beispiel für eine spezifische Art des Kulturtransfers s. Bardach, J.: Recepcja w historii państwa i prawa, in: Czasopismo Prawno-Historyczne 29 (1977), Nr. 1, S. 1–62. Zum Konzept des Transfers in Gegenüberstellung zu den oft normativen Ansätzen des Vergleichs s. Middell, M.: Kulturtransfer und Historische Komparatistik – Thesen zu ihrem Verhältnis, in: Comparativ 10 (2000), Nr. 1

Die eingeschränkte Betrachtung der Rechtsgeschichte Ostmitteleuropas, die auch heute nicht selten von dem Paradigma ihrer angeblich vor allem defizitären Entwicklung dominiert wird,[39] liegt auch in der spezifischen Geschichte der mit diesem Forschungsfeld befaßten Disziplin begründet. Nach dem Zweiten Weltkrieg wurde die Rechtsgeschichte Osteuropas durch das Prisma eines ideologisch geprägten Rechtsraumes gesehen.[40] Die Begründung des Forschungsfeldes der „Ostrechtsforschung" aus der ideologischen Frontstellung gegenüber den sozialistischen Staaten zu Zeiten des Kalten Krieges hatte zur Folge, daß eine Diskussion über die Wissenschaftlichkeit und Methoden der Ostrechtsforschung erst zu Beginn der siebziger Jahre in Gang kam. Dabei standen auf der einen Seite diejenigen, die die Rolle des Faches in den ideologischen Auseinandersetzungen jener Zeit verteidigten. Die Ostrechtsforschung sollte nach ihrer Meinung vor allem Systemforschung sein und die Mängel des sozialistischen Rechtssystem unter Zugrundelegung der westlichen pluralistischen Gesellschaftsordnung als dem bestimmenden Wertmaßstab aufzeigen.[41] Gegner dieser Auffassung forderten eine stärkere Verwissenschaftlichung des Faches, die Zuhilfenahme politikwissenschaftlicher und stärker rechtsvergleichender Methoden und ein Abrücken von der Absolutsetzung des eigenen Gesellschaftssystems.[42] Auf die konkreten Arbeiten der Ostrechtsforschung hatte diese Diskussion keine entscheidenden Auswirkungen.[43] Mit kleineren Ausnahmen blieb sie

(=Kulturtransfer und Vergleich), S. 7–41. Mit speziellem Bezug auf die Rechtsgeschichtsschreibung s. Winkler, M.: Der Fluch der Rückständigkeit: Vergleichende Ansätze in der Rechtsgeschichte, in: Comparativ 10 (2000), Nr. 4, S. 103–117. Das Forschungsprogramm einer transnationalen Gesellschaftsgeschichte, das zuletzt in der Zeitschrift Geschichte und Gesellschaft formuliert wurde, bietet auch für die Rechtsgeschichtsschreibung wichtige neue Ansatzpunkte. Die Betonung von Netzwerken und Strömen statt von häufig eng nationalstaatlich verstandenen Strukturen eröffent auch für die Teildisziplin der Rechtsgeschichte neue Forschungsperspektiven, s. dazu Osterhammel, J.: Transnationale Gesellschaftsgeschichte: Erweiterung oder Alternative?, in: Geschichte und Gesellschaft 27 (2001), Nr. 3, S. 464–479, hier besonders S. 474–475.

39 S. etwa Küpper, Rechtskultur(en) in Ostmitteleuropa.

40 Geilke, Rechtsveränderungen, S. 322.

41 Diese Meinung vertrat am pointiertesten Uschakow, A.: Ostrechtsforschung oder Ostrechtswissenschaft? in: Osteuropa 22 (1972), Nr. 4, S. 249–265.

42 Die Wortmeldungen und Ergebnisse der Diskussion sind zusammengefaßt bei Luchterhandt, O.: Gegenstand, Ziele und Methoden der Ostrechtswissenschaft. Kritische Zusammenfassung einer Fachdiskussion, in: Osteuropa-Recht 22 (1976), Nr. 2–3, S. 85–107.

43 Immerhin entwickelte sich diese innerfachliche Diskussion bereits lange bevor der Ostrechtsforschung mit dem Zusammenbruch des kommunistischen Herrschaftsraumes in Osteuropa ihr ursprünglicher Forschungsgegenstand abhanden gekommen

bis zum Zusammenbruch der sozialistischen Systeme in Osteuropa vor allem auf Abgrenzung bedachte Legitimationswissenschaft der eigenen Rechts- und Gesellschaftsordnung.

Auffällig ist die scheinbare Traditionslosigkeit des Faches, die in jener Diskussion zum Ausdruck kam. Ihre Wurzeln, die sowohl lohnenswerte Anknüpfungspunkte in der Vergangenheit, aber auch Verfehlungen im Rahmen der von den Nationalsozialisten instrumentalisierten „Ostforschung“ umfassen, werden so gut wie nie erörtert. Aber die Ostrechtsforschung ist älter als der Kalte Krieg und ihre Tradition hält sowohl Warnungen als auch positive Vorbilder im Hinblick auf die Beschäftigung mit der Rechtsgeschichte und der gegenwärtigen Rechtsentwicklung im östlichen Europa bereit.

Als es nach 1918 darum ging, die Rechtsordnungen der neuentstandenen Staaten in Mittel- und Osteuropa zu untersuchen, waren es Juristen aus der beruflichen Praxis (vor allem Rechtsanwälte), die unvoreingenommen ihren Forschungsgegenstand registrierten und auf hohem wissenschaftlichem Niveau darstellten. Dies galt nicht nur für die mehr oder weniger demokratischen Systeme in Ostmitteleuropa, sondern auch für das revolutionäre Rußland. In der von drei Berliner Rechtsanwälten 1925 begründeten Zeitschrift „Ostrecht“ wurde eine unabhängige, rein wissenschaftliche Erörterung der neuen juristischen Phänomene in Osteuropa angestrebt, die sich politischer Wertungen dezidiert enthalten wollte.[44] Diese Haltung trug sicher dazu bei, daß Juristen aus ganz Osteuropa und – bis in die dreißiger Jahre hinein – auch aus Sowjetrußland regelmäßig Beiträge für die Zeitschrift lieferten. Doch ist diese frühe Traditionslinie, die mit der „Arisierung“ der Zeitschrift „Ostrecht“ und dem Abruch der Kontakte zu vielen osteuropäischen Mitarbeitern endete, noch zu

war. Im Bereich der Nachbardisziplin der Osteuropäischen Geschichte blieb Klaus Zernack lange Zeit der einzige, der sich um eine streng wissenschaftliche Begründung des Faches mit begrifflicher Schärfe bemühte, s. Zernack, Osteuropa, 1977. Der wichtigste Beitrag nach dem Systemwechsel in Osteuropa stammte von Geyer, D.: Osteuropäische Geschichte und das Ende der kommunistischen Zeit (= Sitzungsberichte der Heidelberger Akademie der Wissenschaften, Philosophisch-Historische Klasse; 1996, 1), Heidelberg 1996. Seit 1998 wurde die Diskussion um die Zukunft des Faches ausgesprochen lebhaft ausgetragen. Die Beiträge der Debatte sind dokumentiert bei Creuzberger, S. et al. (Hg.): Wohin steuert die Osteuropaforschung? Eine Diskussion, Köln 2000.

44 Ostrecht. Monatsschrift für das Recht der osteuropäischen Staaten 1 (1925), Nr. 1, S. 1. Die Herausgeber des Blattes waren die Berliner Rechtsanwälte Heinrich Freund, Erwin Loewenfeld und Udo Rukser.

selten von der Ostrechtsforschung rezipiert worden. An den Begründer jener ersten wissenschaftlichen Zeitschrift zur Erforschung des osteuropäischen Rechts, Heinrich Freund, der aufgrund seiner jüdischen Herkunft 1933 das Blatt verlassen mußte, erinnert lediglich eine knappe Miszelle durch den Mitherausgeber Udo Rukser aus dem Jahr 1960.[45]

Nicht anders als die gesamte Disziplin der Osteuropäischen Geschichte trägt auch die wissenschaftliche Beschäftigung mit dem Recht Osteuropas schwer an dem Erbe der Jahre 1933 bis 1945. Die kritische Aufarbeitung der oftmals nicht ungern akzeptierten Instrumentalisierung des Faches durch das nationalsozialistische Regime ist erst in den letzten Jahren in Gang gekommen.[46] In der Ostrechtsforschung wurde jener Zeitabschnitt bislang nur äußerst selektiv wahrgenommen. Viele Fachvertreter, die während der Zeit des Nationalsozialismus wichtige Positionen inne gehabt hatten, blieben auch nach 1945 bestimmend für das Fach. Hier zeigt sich eine Kontinuitätslinie, die man sich lieber zu der oben geschilderten ersten Phase der Ostrechtsforschung bis 1933 wünscht. Doch der schon erwähnte Heinrich Freund starb 1948 im Exil, während Reinhart Maurach, der 1934 Freunds Nachfolge als Chefredakteur der umbenannten „Zeitschrift für osteuropäisches Recht" antrat, auch nach 1945 eine wichtige Rolle für die Disziplin spielte. Die spätere Auseinandersetzung Maurachs mit seiner Affinität zum nationalsozialistischen Regime zeichnete sich durch eine selektive Wahrnehmung aus. Ausführlich schilderte er seine Konflikte mit den Nationalsozialisten, die in seinen Veröffentlichungen eine „probolschewistische Gesinnung" zu sehen glaubten. Das Verfahren gegen ihn wurde jedoch 1939 eingestellt. 1940 erhielt er eine Professur an der Universität Königsberg. Seine Nähe zum Regime war groß genug, daß dieses

45 Rukser, R.: Heinrich Freund und das Ostrecht. Ein Rückblick auf die Ostrechtsforschung 1918–1948, in: Osteuropa-Recht 6 (1960), Nr. 1, S. 2–5.

46 Der Forschungsstand wird referiert bei Oberländer, E.: Historische Osteuropaforschung im Dritten Reich, in: Ders. (Hg.): Geschichte Osteuropas. Zur Entwicklung einer historischen Disziplin in Deutschland, Österreich und der Schweiz 1945–1990, Stuttgart 1992, S. 12–30. Zum Gegenstand des Interesses wurde die Rolle der Osteuropaforschung im Dritten Reich erneut vor allem im Zuge der allgemeinen Beschäftigung mit dem Verhalten deutscher Historiker während der nationalsozialistischen Diktatur, die unter anderem durch eine Sektion auf dem Historikertag in Frankfurt/Main im Jahr 1998 angestoßen wurde; s. dazu auch Hohls, R./Jarausch, K.H. (Hg.): Versäumte Fragen. Deutsche Historiker im Schatten des Nationalsozialismus, München 2000.

auf seine Forderung nach der Etablierung eines „Instituts für Ostrecht“ eben dort einging.[47]

Die Auffassung Alexander Uschakows, daß die Ostrechtsforschung nach dem Zweiten Weltkrieg sehr viel stärker an die Zeit vor 1933 anknüpfe als an die „Degenerationsphase“ danach, und sein Verweis auf einen geistigen sowie institutionellen Neuanfang[48] ignorieren das Bestehen personeller Kontinuitäten, ohne deren kritische Reflexion ein solcher Neuanfang wohl schwerlich gelingen kann.[49]

Neue Tendenzen innerhalb der Ostrechtsforschung kann man seit Beginn der neunziger Jahre konstatieren, nachdem der einst einheitliche sozialistische Rechtsraum in Osteuropa verschwunden ist. Anläßlich dieser Tatsache entwickelte sich auch erstmals seit den siebziger Jahren wieder eine Debatte über das Selbstverständnis und die Ziele der Disziplin. Otto Luchterhandt erinnert daran, daß die Ostrechtsforschung viel mehr als nur ein Produkt des Kalten Krieges ist. Er verweist auf ihre Wurzeln in der Folgezeit des Ersten Weltkrieges und stellt die Aktualität heraus, die die erkenntnisleitenden Interessen jener ersten Fachvertreter heute wieder besitzen.[50] All-

[47] Maurach, R.: Aus der Frühzeit deutscher Ostrechtsforschung, in: Jahrbuch für Ostrecht 8/2 (1967), S. 7–24, hier S. 18–22. Eine Sichtweise, die die zeitweise Entmachtung Maurachs stärker betont als seine grundsätzliche Nähe zum nationalsozialistischen Regime auch zuletzt bei Burkert, M.: Die Ostwissenschaften im Dritten Reich. Teil I: Zwischen Verbot und Duldung. Die schwierige Gratwanderung der Ostwissenschaften zwischen 1933–1939, Wiesbaden 2000, S. 214–215, S. 225.

[48] Uschakow, Ostrechtsforschung, S. 253.

[49] Als ein weiteres Beispiel für diesen Mangel an Reflexion kann der Sammelband mit Aufsätzen des Ostrechtswissenschaftlers Friedrich Korkisch dienen, der anläßlich dessen 70. Geburtstags veröffentlicht wurde: Fragen des osteuropäischen Rechts (= Studien des Instituts für Ostrecht München, Bd. 27), Tübingen 1979. In diesem Band stehen unkommentiert neben Aufsätzen aus der Nachkriegszeit Arbeiten Korkischs aus der Zeit des Dritten Reiches, die in stark von nationalsozialistischer Ideologie beeinflußten Zeitschriften wie etwa im Jahrbuch des Instituts für deutsche Ostarbeit (Krakau) erschienen sind und in denen er zum Beispiel das nationalsozialistische Besatzungsrecht in Polen legitimiert. Im Vorwort dieses Sammelbandes wird Korkisch als juristischer „Wohltäter“ der unter der Rechtlosigkeit leidenden deutschen Vertriebenen nach 1945 gerühmt. Die Auswirkungen seiner juristischen Publikationen zum deutschen Besatzungsrecht in Polen für die polnische Bevölkerung bleiben hingegen unerwähnt.

[50] Luchterhandt, O.: Künftige Aufgaben der Ostrechtsforschung, in: WGO – Monatshefte für osteuropäisches Recht 38 (1996), Nr. 3, S. 159–175, hier S. 159. Luchterhandt zitiert aus dem Vorwort der ersten Nummer der „Zeitschrift für Ostrecht“ (1925), in welchem auf die Bedeutung der politischen Neuordnung Osteuropas sowohl für die Rechtswissenschaft als auch für die juristische Praxis hingewiesen wurde. Eine kritische Auseinandersetzung mit der Zeit des Nationalsozialismus findet aber auch jetzt nicht statt. Der Autor betont erneut die angeblich eher unpolitische Rolle der Ostrechtsforschung in jener Zeit, ebenda, S. 161.

gemein sind sich die Wissenschaftler einig, daß man sich nun stärker der Darstellung der neuen Kodifikationen sowie der Rechtsvergleichung widmen müsse. Die traditionelle Systemforschung werde im Zuge der voranschreitenden Demokratisierung bald nur noch von historischem Interesse sein.[51]

Seit dem Epochenumbruch in Osteuropa haben sich für die rechtsgeschichtliche Beschäftigung mit dieser Region viele neue Forschungsfragen ergeben. Dabei fallen nicht nur die zukünftigen Entwicklungsperspektiven für die sich im Transformationsprozeß befindenden Rechtssysteme ins Auge, sondern auch die schon mehrfach erwähnten Parallelen zu der Zeit nach dem Ersten Weltkrieg. Die gegenwartsbezogene Forschung zur Rechtsentwicklung im östlichen Europa sollte diese bei ihren Analysen nicht außer Acht lassen. Die juristische Kooperation zwischen Ost- und Westeuropa wird von immer größerer Bedeutung sein. Daher lohnt es sich, schon für die Zwischenkriegszeit Formen einer solchen Kooperation aufzuzeigen. Die Beschäftigung mit der Rechtsgeschichte Osteuropas ist dazu eine unerläßliche Voraussetzung. Neben der Darstellung der jeweiligen Normensysteme scheint die Schilderung von Genese und Auswirkungen internationaler Kontakte mindestens genauso wichtig zu sein.[52]

51 So zum Beispiel WESTEN, K.: Funktion und Aufgaben der Ostrechtsforschung in Gegenwart und Zukunft, in: WGO – Monatshefte für osteuropäisches Recht 33 (1991), Nr. 1, S. 11–22, hier S. 18. Diese optimistische Bewertung wird allerdings häufig nur auf die Reformstaaten Ostmitteleuropas bezogen. Sehr viel vorsichtiger äußert man sich hingegen auf die Reformfähigkeit Rußlands, s. dazu USCHAKOW, A.: Ein Blick in den Rückspiegel der Ostrechtsforschung, in: WGO – Monatshefte für osteuropäisches Recht 34 (1992), Nr. 3, S. 177–185, hier S. 180. Diese Skepsis teilt auch BRUNNER, G.: Rechtskultur in Osteuropa. Das Problem der Kulturgrenzen, in: DERS. (Hg.): Politische und ökonomische Transformation, Berlin 1996, S. 91–112.

52 S. auch KÖTZ, H.: Was erwartet die Rechtsvergleichung von der Rechtsgeschichte? in: Juristenzeitung 47 (1992), Nr. 1, S. 20–22, hier S. 22.

2. Das Erbe der Teilungszeit

2.1. Die innere Inhomogenität des neuen polnischen Staates als Schwäche und Chance

Als der polnische Staat nach über 120 Jahren der staatlichen Nichtexistenz nach dem Ersten Weltkrieg wiederentstand, sah er sich einer Reihe von Problemen gegenüber, die auf der einen Seite denen der anderen aus den untergegangenen Vielvölkerreichen hervorgegangenen „Nachfolgestaaten“ in Mittel- und Osteuropa glichen. Für den Bereich der Innenpolitik seien hier das Fehlen einer erfahrenen Beamtenschaft und eigener staatlicher Institutionen genannt. Die Tatsache, daß der polnische Staat von 1795 bis 1918 unter drei europäischen Großmächten aufgeteilt war, hatte auf der anderen Seite zusätzlich zur Folge, daß das neue Polen nach dem Ersten Weltkrieg im Inneren eine Unifizierungsleistung vollbringen mußte, die den anderen neuen Staaten dieser Region in diesem Ausmaße erspart blieb.[1] Polen mußte nicht nur völlig neue Verwaltungsstrukturen etablieren, sondern zugleich die während der Teilungszeit entstandenen Unterschiede im Bereich von Wirtschaft, Kultur, Bildung und nicht zuletzt im Recht überwinden. Diese Unifizierungsleistung war nicht nur nötig, um die politische und ökonomische Effizienz des Staates zu stärken, sondern auch, um eine innere Integrität zu schaffen, die sowohl der polnischen Gesellschaft als auch der das Land umgebenden Staatenwelt die Existenz echter, funktionierender Staatlichkeit demonstrieren sollte. Neben der ökonomischen Krise, der Behandlung der Minderheiten oder der geopolitisch ungünstigen Lage zwischen den beiden expansionsfreudigen Mächten Deutsches Reich und Sowjetrußland, die auch die anderen Nachfolgestaaten in dieser Region betrafen, ging es im

[1] Bei der Erörterung der Frage, was das spezifisch Polnische am Charakter der Zweiten Polnischen Republik gewesen sei, verweist Piotr Wandycz an erster Stelle auf die Entstehung dieses Staates aus drei unterschiedlichen Teilungsgebieten und die daraus resultierenden politischen, gesellschaftlichen und ökonomischen Uneinheitlichkeiten, s. dazu WANDYCZ, P.: Polska międzywojenna, in: KŁOCZOWSKI, J. (Hg.): Uniwersalizm i swoistość kultury polskiej. Tom II, Lublin 1990, S. 261–291, hier S. 263.

polnischen Staat zusätzlich um die Überwindung der unterschiedlichen Entwicklungsniveaus der ehemaligen Teilungsgebiete.

Es stellt sich jedoch die Frage, ob die Teilungszeit nicht auch spezifische Entwicklungspotentiale für den polnischen Staat bereitstellte, die während der Zwischenkriegszeit positive Auswirkungen auf die Entwicklung demokratischer Strukturen hatten. Um diese These zu überprüfen, ist es nötig, das polnische Gemeinwesen und seine Entwicklungsmöglichkeiten vor seinem Untergang am Ende des 18. Jahrhunderts und dessen Umwandlung während der Teilungszeit in einem kursorischen Überblick zu untersuchen. Der polnische Staat von 1918 traf nicht auf eine *tabula rasa*. Auch wenn es über 123 Jahre hinweg keine einheitlichen staatlichen Strukturen gegeben hatte, hatten doch immer wieder – zu jeweils unterschiedlichen Zeiten in den einzelnen Teilungsgebieten – Ansätze eigener polnischer Regierungs- und Verwaltungsinstitutionen existiert.[2] Und selbst zu Zeiten starker Unterdrückung, in denen den Polen von den jeweiligen Teilungsmächten eine eigene politisch-organisatorische Tätigkeit verboten wurde, konnten sich gesellschaftlich organisierte Ersatzinstitutionen bilden. Auch kam es zu einer sozioökonomischen Modernisierung, die zwar in den jeweiligen Teilungsgebieten in unterschiedlicher Intensität verlief, aber in ihrem Resultat aus der Feudalgesellschaft der Adelsrepublik eine kapitalistische Gesellschaft mit modernen Erwerbsstrukturen schuf.[3] Im Hinblick auf die spezifische Rolle des Rechtes für den neuen polnischen Staat gilt es zu fragen, welche rechtlichen Traditionen und Institutionen während der Teilungszeit wirksam waren und welchen Wert sie für die demokratische Neuordnung des Gemeinwesens nach dem Ersten Weltkrieg besaßen. Dazu soll hier ein knapper Überblick zu den wichtigsten Rechtsinstitutionen und Rechtsquellen in den drei

[2] Dies wurde durchaus auch von polnischen Beobachtern registriert. Der galizische Anwalt Jakub Glass betonte zu Beginn der Zwischenkriegszeit, daß die Teilungen durchaus auch ihre positiven Seiten gehabt hatten, da es immer in mindestens einem Teilungsgebiet die Möglichkeit zu nationalem Engagement gegeben habe, s. GLASS, J.: Współpraca poszczególnych dzielnic w budowaniu Państwa Polskiego, in: Gazeta Sądowa Warszawska 48 (1920), Nr. 2, 10. Januar 1920, S. 11–12, hier S. 12.

[3] S. zu dieser Transformation die Überblicksdarstellungen von LANDAU, Z.: The Economic Integration of Poland 1918–1923, in: LATAWSKI, P. (Hg.): The Reconstruction of Poland 1914–1923, New York 1992, S. 144–157 sowie von ŻARNOWSKI, J.: Społeczeństwo i klasy, in: TOMICKI, J. (Hg.): Polska odrodzona 1918–1939. Państwo, społeczeństwo, kultura, Warszawa 1982, S. 244-307.

Teilungsgebieten gegeben werden, der auch den *status quo* des Gemeinwesens am Vorabend der Teilungen mitberücksichtigt.

Die Frage nach den Gründen für die Teilungen Polens hat die Geschichtsschreibung, vor allem auch die polnische, immer wieder beschäftigt. Eine weit verbreitete Ansicht, die ihren explizitesten Ausdruck in den Kreisen der Krakauer Konservativen in der zweiten Hälfte des 19. Jahrhunderts fand, besagte, daß der Mangel an innerer rechtlicher Verfaßtheit der polnischen Adelsrepublik zu deren Untergang maßgeblich beigetragen hätte.[4] Diese Erklärung mißt jedoch den Reformbemühungen unter dem letzten König Stanisław August Poniatowski zu geringe Bedeutung bei, mittels derer nach der ersten Teilung 1772 die verfassungsrechtlichen und gesellschaftlichen Anachronismen der Adelsrepublik überwunden und diese zu einem modernen, funktionsfähigen Gemeinwesen umgebaut werden sollte.[5] Es gilt daher zu fragen, in welcher Weise die Reformen, wäre ihre Durchsetzung nicht durch die Teilungen verhindert worden, den polnischen Staat verändert hätten und welches Staats- und Gesellschaftsverständnis hinter den Reformen stand. Es handelt sich bei dieser Fragestellung nicht um eine bloße Gedankenspielerei kontrafaktischer Geschichtsschreibung, da das aufklärerische Gedankengut der polnischen Reformzeit Ende des 18. Jahrhunderts während der gesamten Teilungszeit weiterwirkte, von den politischen Meinungsträgern umgestaltet und auf die sich wandelnde polnische Gesellschaft bezogen wurde. Trotz der Vernichtung der eigenständigen staatlichen Existenz Polens wurden die Reformansätze bewahrt und umgewandelt, um so über das geistige Erbe der untergegangenen Republik Anknüpfungspunkte an die Tradition eines Staates zu bewahren, dessen Existenz durch die Teilungen unterbrochen, aber nicht aufgehoben worden war. [6] Die Präambel der ersten Verfassung

[4] Zur Interpretation der Teilungen in der polnischen Historiographie s. Wandycz, P.: Historiography of the Countries of Eastern Europe: Poland, in: The American Historical Review 97 (1992), Nr. 4, S. 1011–1025. Die älteren deutschen Forschungspositionen zusammengefaßt bei Müller, M. G.: Die Teilungen Polens 1772, 1793, 1795, München 1984, S. 65–80.

[5] Die Bemühungen um eine innere Reform der Adelsrepublik reichten allerdings auch schon in die Zeit vor dem Regierungsantritt Stanisław August Poniatowskis zurück. Schon unter dem sächsischen König August III. war man auf mehreren Reichstagen darum bestrebt, zu einer Reform der Heeres- und Finanzverfassung der Republik zu gelangen; s. dazu Müller, M. G.: Polen zwischen Preußen und Rußland. Souveränitätskrise und Reformpolitik 1736–1752, Berlin 1983.

[6] Janusz Tazbir betont die Bedeutung der Reformbestrebungen nach der ersten Teilung für den weiteren Verlauf der polnischen Geschichte und kommt zu dem Schluß,

der Zweiten Polnischen Republik vom März 1921 wollte in ihrer Berufung auf die Verfassung *(Ustawa Rządowa)* vom 3. Mai 1791 nicht nur an die staatlichen Traditionen anknüpfen, sondern nahm auch explizit auf die Generationen Bezug, die während der Teilungszeit nicht nur um die Unabhängigkeit, sondern auch um die Durchsetzung der Werte der Maiverfassung gekämpft hatten.[7] Wie sahen nun diese Werte als Kulminationspunkt der Reformbemühungen gegen Ende des 18. Jahrhunderts aus, und welche Trägergruppen bewahrten und adaptierten sie an die sich wandelnde polnische Gesellschaft?

Durch die in der Verfassung von 1791 festgeschriebene Gewaltenteilung, die Erblichkeit des Thrones sowie durch die Vergrößerung des Kronheeres sollte die innere wie äußere Handlungsfähigkeit des Staates gestärkt werden. Die verfassungsmäßige Aufwertung des Bürgerstandes und die Zusicherung an die Städte, reichstagsberechtigt zu werden, weiteten den zuvor auf den Adel *(szlachta)* verengten Nationsbegriff aus. An der sozialen Lage der Bauern veränderte die Maiverfassung nichts, doch durch die Zusicherung von rechtlichen Garantien nicht nur gegenüber den erstarkenden bürgerlichen Schichten, sondern auch gegenüber den Bauern sowie den ethnischen und religiösen Minderheiten öffnete sie auf lange Sicht den Weg zur Entstehung einer polnischen Staatsnation. Schon 1776 hatte der Landtag *(Sejm)* auf Antrag des Königs eine Kodifikationskommission berufen, die unter Leitung des ehemaligen Kronkanzlers Andrzej Zamoyski (1717–1792) zivil- und strafrechtliche Gesetzbücher ausarbeiten sollte. 1778 wurde dem *Sejm* von diesem Gremium eine „Gesetzessammlung" *(Zbiór Praw Sądowych)* vorgelegt, die eine Verbesserung der Lage der Bauern anstrebten und u. a. die Beziehungen zwischen dem landbesitzenden Adel und den untertänigen

daß es die Errungenschaften der Reformzeit waren, die den Polen den „moralischen Passierschein" (*moralna przepustka*) zur Unabhängigkeit ausgestellt hätten, s. Tazbir, J.: Polska na zakrętach dziejów, Warszawa 1997, S. 216.

[7] S. dazu die Präambel der Verfassung von 1921 „Wir, das polnische Volk, der Vorsehung dankend, daß sie uns aus der anderthalb Jahrhunderte dauernden Unfreiheit befreit hat, eingedenk mit Dankbarkeit der Tapferkeit und der Unermüdlichkeit des aufopferungsvollen Kampfes von Generationen, die ihre besten Bestrebungen ohne Unterlaß der Unabhängigkeit widmeten, und anknüpfend an die leuchtende Tradition der unsterblichen Verfassung des Dritten Mai – [...] beschließen und verabschieden hiermit in der verfassungsgebenden Versammlung diese Verfassung.", in: Kołodziejczyk, T./Pomianowska, M. (Hg.): Konstytucje w Polsce 1791–1990, Warszawa 1990, S. 101.

Bauern unter staatliche Kontrolle stellen wollten. Zudem sollte auch die rechtliche Stellung der Stadtbürger gestärkt werden. Die Reformgegner im *Sejm* brachten jedoch die Einführung dieser Gesetzbücher zu Fall.[8] In der Maiverfassung wurde aber erneut ein Kodifizierungsgebot festgeschrieben, das die Ausarbeitung von straf- und zivilrechtlichen Gesetzessammlungen anordnete.[9] Zudem wurden Gesetze verabschiedet, die auf eine Reform des Gesellschaftssystems der polnischen Republik abzielten. Darunter fielen u. a. die ebenfalls 1791 erlassenen Städte- und Landtagsordnungen, die als Bestandteil der Maiverfassung gelten.[10] Durch den Ausschluß von besitzlosen Adligen von den Landtagen wurde die Macht der großgrundbesitzenden Aristokratie, der Magnaten, beschränkt, die über den von ihnen abhängigen verarmten Adel unverhältnismäßig viel Einfluß auf den Landtagen ausübten.[11] Gleichzeitig konnten die Städte Bevollmächtigte zu den Landtagen entsenden. Des weiteren war eine erleichterte Erhebung von Stadtbürgern in den Adelsstand vorgesehen. Somit wurden die Standesgrenzen durchlässiger und der Kreis der mit politischen Rechten ausgestatteten Personen vergrößert. Dabei ist zu beachten, daß diese Rechte nicht mehr wie bislang nur an die Herkunft, sondern an Besitz und gesellschaftliche Stellung geknüpft waren.

Trotz all dieser Reformbemühungen blieben die sozioökonomischen Grundlagen der polnischen Republik weitgehend unangetastet, denn an der tatsächlichen sozialen Lage des größten Teils der Bevölkerung, der Bauern, änderte die Verfassung zunächst nichts. Dennoch war sie für ihre Zeit ein revolutionäres Dokument, schuf sie doch die Voraussetzung für die Entstehung einer „bürgerlichen Gesellschaft"

[8] S. dazu Michalski, J.: Geneza Konstytucji 3 Maja, in: Konstytucja 3 Maja i jej tradycje, hg. v. Wszechnica Polskiej Akademii Nauk. Wrocław et al. 1992, S. 7–18, hier S. 16–18 sowie Bardach/Leśnodorski/Pietrzak, Historia ustroju, S. 303–304.

[9] Im letzten Abschnitt des Artikels VIII der Maiverfassung hieß es: „Wir befehlen, daß vom Sejm dazu bestimmte Personen einen neuen zivil- und strafrechtlichen Kodex ausarbeiten sollen.", s. Volumina Legum. Tom IX: 1782–1792, Kraków 1889, S. 224.

[10] Zu weiteren Reformgesetzen s. Cygler, B.: Pokonstytucyjne próby reform Sejmu Czteroletniego, in: Konstytujca 3 Maja, S. 51–62.

[11] Der Anteil des Adels (*szlachta*) an der polnischen Bevölkerung war mit etwa 10% sehr hoch. Seit dem 17. Jahrhundert nahm die Zahl der wirtschaftlich von den Magnaten abhängigen Adligen stark zu. Gegen Ende des 18. Jahrhunderts zählten ca. 750.000 Personen im polnisch-litauischen Staaat zur *szlachta*. Darunter waren etwa 300.000 Kleinadlige, die über nur geringen bzw. keinen Landbesitz verfügten, Jezierski, A./Leszczybńska, C.: Historia gospodarcza Polski, Warszawa 1997, S. 72.

im Sinne der Aufklärung, in der politische Rechte nicht mehr nur dem mit Standesprivilegien ausgestatteten Adel verliehen wurden. Der Einkommenszensus, der den Stadtbürgern die Teilnahme an den Verhandlungen des *Sejm* ermöglichte, versperrte der Schicht des verarmten Adels *(gołota)* den Zugang zu diesem Gremium. Zudem wurde das Prinzip der Einstimmigkeit *(liberum veto)* abgeschafft und durch Mehrheitsentscheidungen ersetzt. Ziel war es, daß sich ein neuer Typus des Abgeordneten entwickelte, der stärker an dem Wohl des Gesamtstaates als an dem seiner eigenen Ländereien interessiert war. Diese weitreichenden Reformen trafen auf erbitterten Widerstand eines Teiles der konservativ eingestellten *szlachta*, die eine Beschneidung ihrer einstigen Privilegien nicht hinnehmen wollte. Die in der Konföderation von Targowica (1792) organisierten Reformgegner brachten mit russischer Unterstützung die Maiverfassung zu Fall und trugen damit im Endeffekt zur zweiten polnischen Teilung von 1793 bei. Dabei handelte es sich jedoch nicht nur um die Verschwörung einer Minderheit besonders reformfeindlicher Politiker. Die Konföderation erbrachte vielmehr den Beweis dafür, daß – so halbherzig die Reformen im gesellschaftlichen und ökonomischen Bereich auch waren – ein nicht unbedeutender Teil der privilegierten Schichten der Adelsrepublik nicht gewillt war, diese mitzutragen.

Die Beurteilung der Maiverfassung durch die europäischen Mächte gegen Ende des 18. Jahrhunderts, die in ihr die Eröffnung einer zweiten Front des revolutionären Frankreichs sahen, trug mit zum Untergang des polnischen Staates bei. Auch wenn sie mehr einem gesellschaftlichen Vertrag zwischen dem König auf der einen und dem Adel und der bürgerlichen Intelligenz auf der anderen Seite als einer Revolution glich,[12] sahen die drei Teilungsmächte Österreich, Preußen und Rußland in der Maiverfassung einen Anschlag auf die alte absolutistisch geprägte Ordnung Europas und damit neben dem territorial- bzw. machtpolitischen auch einen ideenpolitischen Teilungsgrund. Es waren diese beiden Faktoren, die sich während der gesamten Teilungszeit auch auf der polnischen Seite zu einer unauflöslichen Einheit verbanden und dem polnischen Unabhängigkeitskampf immer auch den Charakter eines Kampfes um eine bessere, modernere Verfassung gaben. Die fundamentale Anders-

[12] Dazu JAWORSKI, J.: Vorwort, in: DERS. (Hg.).: Nationale und internationale Aspekte der polnischen Verfassung von 1791, Frankfurt/Main 1993, S. 3–7.

artigkeit der rechtlichen Verfaßtheit der drei Teilungsmächte hielt nicht nur die reformerischen Traditionen in den politisch aktiven Schichten in Polen wach, sondern trug auch zu einer Umformung dieser Schichten bei, die keinen geringen Einfluß auf deren gesellschaftspolitische Rolle während der Teilungszeit haben sollte. In den absolutistischen Systemen der Teilungsmächte definierte sich der Adel durch Dienst und Besitz, während dieser Stand in der polnischen Adelsrepublik in seiner Gesamtheit über politische Rechte verfügt hatte. Mit der Übertragung des Systems der Teilungsmächte setzte sich die soziale Ausdifferenzierung des polnischen Adels fort, die schon lange vor dem Ende der Adelsrepublik eingesetzt hatte und auch durch die Prinzipien der Maiverfassung gefördert wurde. Die daraus resultierende soziale Deklassierung großer Teile der *szlachta* trug wesentlich zur Ausbildung der für die Geschichte des geteilten Polens so wichtigen Intelligenzschicht bei.[13] Die Reformkonzepte vom Ende des 18. Jahrhunderts waren von der *szlachta* und nicht wie in anderen europäischen Staaten von einer aufgeklärten Beamtenschicht ausgegangen. Die Angehörigen der *szlachta* fühlten sich als der politische Ideengeber des polnischen Staates und bewahrten diese Haltung auch nach den Teilungen.[14] Der soziale Abstieg vieler Adliger bewirkte jedoch, daß sich ihre Ideen radikalisierten und sie sich schichtenübergreifend für die Formulierung von gesellschaftlichen Werten zuständig hielten. Dabei achteten sie einerseits darauf, möglichst viel von der alten polnischen Adelskultur zu bewahren.[15] Gleichzeitig öffnete sich die Intelligenz für andere gesellschaftliche Schichten, auch etwa für Angehörige der bäuerlichen Bevölkerung, die durch die zunehmenden Bildungsangebote zu dieser Gruppe stießen. Durch die soziale Differenzierung, zu der es innerhalb der Intelligenz kam, weitete sich das Spektrum der Reformideen aus, so daß im Laufe

[13] S. dazu Wandycz, P.: The Lands of Partitioned Poland, 1795–1918, (= A History of East Central Europe, vol. 7), Seattle, London 1974, S. 20–21.

[14] Dazu Hahn, H. H.: Die Gesellschaft im Verteidigungszustand. Zur Genese eines Grundmusters der politischen Mentalität in Polen, in: Ders./Müller, M. G. (Hg.): Gesellschaft und Staat in Polen. Historische Aspekte der polnischen Krise, Berlin 1988, S. 15–48, hier S. 20–23.

[15] Piotr Wandycz hat darauf hingewiesen, daß die Intelligenz in ihrem gesellschaftlichen Führungsanspruch universalistische Werte vertrat, dabei aber in ihrer sozialen Verfaßtheit ein genuin polnisches Phänomen war: Wandycz, Polska międzywojenna, S. 264–265.

des 19. Jahrhunderts neben verfassungsmäßigen Reformen zunehmend auch Sozial- und Wirtschaftsreformen diskutiert wurden.[16]

Mit der Entstehung von politischen Massenbewegungen sahen sich die Angehörigen der Intelligenz vor das Dilemma gestellt, sich in den Dienst dieser auf eine bestimmte politische Klientel ausgerichteten Bewegungen zu stellen, anstatt weiterhin die Rolle von Verfechtern überindividueller, universalistischer Werte einnehmen zu können.[17] Hans Roos hat zu Recht daran erinnert, daß sich im Laufe des 19. Jahrhunderts der Nationsbegriff immer stärker auf die „ethnischen Polen“ einengte und daß die werbende Kraft der politischen und sozialen Ordnung der Maiverfassung, die zunächst auch nichtpolnische Personen in die durch polnische Kultur und Sprache geprägte Oberschicht integrierte, vor allem für Fremdnationale zunehmend an Attraktivität verlor.[18] Dabei war von besonderer Bedeutung, daß in Polen – wie auch andernorts in Ostmitteleuropa – die nationalen und sozialen bzw. ökonomischen Konfliktlinien häufig deckungsgleich waren. Für Werner Conze sind es die ungelösten sozialen Probleme, die die Rückständigkeit vieler Staaten Mitteleuropas im 19. und 20. Jahrhundert bedingten. Diese Rückständigkeit konnte auch mit der Übernahme westlicher moderner Verfassungsmodelle nicht überwunden werden, da diese Modelle von ganz anders gearteten sozioökonomischen Voraussetzungen ausgingen. Das Scheitern der neuen Demokratien während der Zwischenkriegszeit lag nach Conze darin begründet, daß diese im Inneren ihre modernen Verfassungen nicht mit Leben füllen konnte und daß die in der Teilungszeit zur Staatsfeindlichkeit tendierende Intelligenz nicht zu staatstragenden Beamten taugten.[19]

Vielleicht ist die Beurteilung der Maiverfassung und generell der Reformbemühungen der polnischen Republik Ende des 18. Jahrhunderts durch Klaus Zernack zu optimistisch bzw. zu sehr auf den verfassungspolitischen Rahmen und zu wenig auf die konkrete

16 GELLA, A.: The Life and Death of the Old Polish Intelligentsia, in: Slavic Review 30 (1971), Nr. 1, S. 1–27.

17 Dazu NAŁĘCZ, D.: Sen o władzy. Inteligencja wobec niepodległości. Warszawa 1994, S. 5–6.

18 ROOS, H.: Die polnische Nationalgesellschaft und die Staatsgewalt der Teilungsmächte in der europäischen Geschichte, 1795–1863, in: Jahrbücher für die Geschichte Osteuropas 14 (1966), Nr. 3, S. 388–399, hier S. 388–391.

19 CONZE, W.: Die Strukturkrise des östlichen Mitteleuropas vor und nach 1919, in: Vierteljahrshefte für Zeitgeschichte 1 (1953), Nr. 4, S. 319–338.

Umsetzung dieses Rahmens gerichtet, wenn er schreibt: „Doch sie [die Maiverfassung, C.K.] brachte die Imprägnierung der Nation mit einem Verfassungsverständnis zustande, das in allen Stadien des Kampfes um die nationale Unabhängigkeit und soziale Verbesserung verpflichtend blieb. [...] Die Verfassungskonstruktion von 1791 ermöglichte auch sozialgeschichtlich den Übergang vom Ancien régime der Adelsrepublik zum modernen Verfassungsstaat, vom konstitutionalen zum konstitutionellen Prinzip, von der ständischen Libertät zur liberalen Demokratie."[20] Zernack weist aber zu Recht nachdrücklich auf dieses Erbe der Reformzeit hin, das sich im politischen Denken der Intelligenz, aber auch der entstehenden politischen Massenbewegungen gegen Ende des 19. Jahrhunderts niederschlug. Die Bezugnahme der Verfassung von 1921 auf ihre Vorläuferin von 1791 bekräftigte den Anspruch, Bestandteil jenes aufgeklärten, staatsbürgerlichen Europas zu sein, das sich aus den revolutionären Bewegungen seit dem Ende des 18. Jahrhunderts entwickelt hatte.

Doch nicht nur die aufklärerischen Ideen der Reformzeit wurden während der gesamten Teilungszeit tradiert und weiterentwickelt. Die polnische Gesellschaft selbst unterlag einem gewaltigen Wandlungsprozeß. Ihre Entwicklung war um so bedeutender, da ja ein polnischer Staat während der Teilungszeit nur in Form der politisch handelnden Gesellschaft existierte.[21] Im Verlauf des 19. Jahrhunderts hatte im Zuge von fehlgeschlagenen Aufständen, organischer Arbeit sowie begünstigt durch Industrialisierung und Urbanisierung ein Modernisierungsprozess stattgefunden, der aus der einstigen Adelsrepublik eine moderne Nation geschaffen hatte. Aufgrund der unterschiedlichen sozioökonomischen Entwicklungsniveaus sowie der verschiedenen politischen Partizipations- bzw. Organisationsformen in den drei Teilungsgebieten unterschieden sich diese Regionen gegen Ende der Teilungszeit in eklatanter Weise. Bei den Bürgern der Zweiten Polnischen Republik ließen sich deutliche Unterschiede im politischen und sozialen Bewußtsein konstatieren, die aus den

[20] ZERNACK, K.: Polen und Rußland: zwei Wege in der europäischen Geschichte, Berlin 1994, S. 539.

[21] So auch ROOS, H.: Die polnische Demokratie der Zwischenkriegszeit. Historischer Hintergrund und politische Handhabung, in: VOLKMANN, H.-E. (Hg.): Die Krise des Parlamentarismus in Ostmitteleuropa, Marburg/Lahn 1967, S. 15–34, hier S. 15–16. S. zu diesem Problem auch HAHN, Gesellschaft, S. 15–48.

unterschiedlichen Alltagserfahrungen in ihrem jeweiligen Teilungsgebiet resultierten.[22] Die bloße Schaffung gesamtstaatlicher Institutionen bedeutete noch nicht, daß damit auch die alten Trennlinien überwunden worden wären. So rief etwa die Einführung von Wojewodschaften in der Zweiten Republik bei der Bevölkerung kein großes Echo hervor, obwohl dies eine verwaltungstechnische Maßnahme von bedeutendem Ausmaß war.[23] Lange blieben die alten Teilungsgrenzen für die Bevölkerung identitätsbestimmend.[24]

Gerade die westeuropäische Historiographie hat immer wieder die Konfliktpotentiale betont, die dem polnischen Staat aus dem schwierigen Zusammenwachsen der drei Teilungsgebiete erwuchsen. Bastiaan Schot etwa sieht kaum Chancen für eine erfolgreiche gesamtstaatliche Integration und konstatiert: „Mit Hilfe bewährter absolutistischer Regiermethoden und unter Rückgriff auf die in den einschlägigen Teilungsgebieten geltenden Gesetze wuchs das Land sozusagen von oben herab zumindest zu einer administrativen Einheit zusammen. Doch die von den ursprünglichen Teilungsmächten übernommenen Gesetze und Verordnungen galten nur innerhalb der alten Gebietsteile. Somit blieben die Risse, welche sich in der Zeit der Teilungen gebildet hatten, einstweilen fortbestehen. Der einheitsstiftende Einsatz der Bürokratie vermochte aber die Bürger nicht näher an ihren Staat heranzuführen.“[25] Gegen eine solche Interpretation, in der noch immer das alte Diktum vom nicht überlebensfähigen

[22] Die wechselseitigen Vorbehalte bei Żarnowski, J.: Przekształcenie się cech charakteru Polaków w latach międzywojennych, 1918–1939, in: Komunikaty Mazursko-Warmińskie (1984), Nr. 1–2 (163–164), S. 172–190, hier S. 179–181. Die Galizier und Kongreßpolen galten den Polen aus Posen und Pommerellen als schlampig und faul; man warf ihnen vor, sich an den wohlhabenderen Westgebieten bereichern zu wollen. Die so Kritisierten bezichtigten die Polen des preußischen Teilungsgebiets der Anpassung an die Deutschen.

[23] Ajnenkiel, A.: Ustrój i prawo Drugiej Rzeczypospolitej, in: Tomicki, Polska odrodzona, S. 55–127, hier S. 89.

[24] Die tiefgreifenden psychologischen Folgen der langen Teilungszeit werden unter anderem dafür verantwortlich gemacht, daß die Kodifikation des Zivilrechts, das in besonderer Weise das Alltagsleben der Bevölkerung strukturiert, in weiten Teilen bis zum Ende der Zweiten Republik unvollendet blieb, so etwa Górnicki, Prawo cywilne, S. 478–479.

[25] Schot, B.: Staat, Nation und territoriale Frage im östlichen Mitteleuropa. Innere Konsolidierung und internationale Konstellation. Zur Entwicklung Polens zwischen den beiden Weltkriegen, in: Hecker, H./Spieler, S. (Hg.): Nationales Selbstverständnis und politische Ordnung. Abgrenzung und Zusammenleben in Ost-Mitteleuropa bis zum Zweiten Weltkrieg, Bonn 1991, S. 51–67, hier S. 66.

polnischen „Saisonstaat“ mitschwingt, gilt zu fragen, ob es nicht gerade auch bestimmte aus den Teilungsgebieten übernommene Institutionen und Strukturen waren, die die Integration des polnischen Staates in der Zwischenkriegszeit positiv beeinflußten. Eine Bestandsaufnahme für die drei Teilungsgebiete soll hierzu sowohl Differenzen in den jeweiligen Entwicklungen aufzeigen als auch Elemente benennen, die trotz der fehlenden Staatlichkeit das Potential für eine erfolgreiche Integration der Teilungsgebiete zu einem einheitlichen Staatswesen bereitstellten. Dabei gilt das besondere Interesse den jeweiligen Rechtssystemen, die großen Einfluß auf die sozioökonomischen Entwicklungen der polnischen Gesellschaft sowie auf deren politische Partizipationsmöglichkeiten hatten.[26]

Will man nach der Rolle des Rechts als einem integrierenden Faktor im neuen polnischen Nationalstaat fragen, so ist es unerläßlich, einen Blick auf die Erfahrungen zu werfen, die die polnische Bevölkerung mit den Rechtssystemen der Teilungsmächte bzw. den Ansätzen zu eigenen polnischen Rechtsordnungen gemacht hatte. Das 19. Jahrhundert war durchaus kein „verlorenes Jahrhundert“ für die polnische Nation. Weder bedeutete die fehlende Staatlichkeit gesellschaftlichen Stillstand, noch schloß sie die Entstehung gesellschaftlicher und politischer Institutionen sowie einer Beamtenschicht aus, die von großer Bedeutung für die Entwicklung der polnischen Demokratie in der Zwischenkriegszeit werden sollten. Betrachtet man die drei Teilungsgebiete, so fällt vielmehr auf, daß den Polen keineswegs über 120 Jahre lang jegliche politische Praxis verwehrt blieb. Nicht nur in Galizien der autonomen Ära, sondern auch im Herzogtum Warschau (*Księstwo Warszawskie*) und im Königreich Polen (*Królestwo Polskie*) vor 1831 sowie phasenweise im Großherzotum Posen (*Wielkie Księstwo Poznańskie*) konnten die Polen in jeweils unterschiedlichem Umfang administrative und politische Aufgaben wahrnehmen. Dabei wurden die jeweils geltenden Rechtsordnungen nicht unbedingt als von außen aufgezwungene Regelsysteme der Fremdherrschaft betrachtet, sondern oft als nützliches Mittel gesellschaftlicher Organisation und Modernisierung anerkannt und entsprechend genutzt.

[26] Einen umfassenden Überblick über materielles Recht, Prozeßordnungen und gerichtliche Institutionen in den drei Teilungsgebieten geben Korobowicz, A./Witkowski, W.: Ustrój i prawo na ziemiach polskich. Od rozbiorów do odzyskania niepodległości, Lublin 1994.

2.1.1. Das russische Teilungsgebiet

Die Betrachtung des russischen Teilungsgebietes[27] ist vor allem deshalb interessant, weil es dort sowohl im Rahmen der Rechtsordnung und der Institutionen als auch im Bereich der gesellschaftlichen Entwicklung zu besonders gravierenden Veränderungen kam. Dazu kommt, daß man im restlichen Europa vor allem diesen Teil des alten Staatsgebietes meinte, wenn man im 19. Jahrhundert von Polen sprach. Durch die Aufstände der Jahre 1830/31 und 1863/64, die ihren Schwerpunkt dort hatten, sowie durch die Rezeption der polnischen Romantik, die in diesem Teilungsgebiet zu ihrem stärksten Ausdruck fand, wurde diese Synonymsetzung bekräftigt.[28] In verfassungsrechtlicher Hinsicht kann man für dieses Teilungsgebiet die Zeit von 1807 bis zum Novemberaufstand 1830 klar von den darauffolgenden Jahren trennen, die eine zunehmende Einschränkung eigenständiger polnischer Institutionen mit sich brachten. Eine völlige verfassungsrechtliche Assimilierung an das Zarenreich sowie eine brutale Russifizierungspolitik, die versuchte, alle Gesellschaftsbereiche zu durchdringen, setzte nach der Niederschlagung des Januaraufstandes 1864 ein.

Das nach der preußischen Niederlage gegen Napoléon entstandene Herzogtum Warschau erhielt im Juli 1807 eine von Napoléon oktroyierte Verfassung. Da sich die polnischen Eliten für die Restitution der Maiverfassung von 1791 einsetzten, berücksichtigte die napoleonische Verfassung einige der strukturellen Besonderheiten der Adelsrepublik, was sich in der recht bedeutenden Rolle des Parlaments und der Festschreibung der politischen und sozioökonomischen Dominanz des Adels niederschlug. Durch die Einführung eines an den wirtschaftlichen Interessen der neuentstehenden Schicht des Bürgertums ausgerichteten Zivilrechts, des *Code Napoléon*, sowie des liberalen französischen Handelsgesetzbuchs und der modernen

[27] Obwohl die abschließende geographische Festlegung der drei Teilungsgebiete erst 1815 auf dem Wiener Kongreß geregelt wurde, wird an dieser Stelle das 1807 entstandene Herzogtum Warschau als direkter Vorgänger des Königreiches Polen und somit als Vorläufer eines Teils des russischen Teilungsgebietes betrachtet. Die 1815 ins Leben gerufene eigenständige Republik Krakau (*Rzeczpospolita Krakowska*) wird im Rahmen des österreichischen Teilungsgebietes mitbehandelt, auch wenn sie erst 1846 in dieses inkorporiert wurde.

[28] KIENIEWICZ, S.: Wpływ zaboru rosyjskiego na świadomość społeczeństwa polskiego, in: Dzieje Najnowsze 9 (1977), Nr. 4, S. 105–115, hier S. 105.

französischen Zivilprozeßordnung wurde die Grundlage zu einer sozioökonomischen Modernisierung gelegt. Der sich auch schon in der Reformzeit gegen Ende des 18. Jahrhunderts andeutende Bedeutungszuwachs des Besitzbürgertums neben der *szlachta* erhielt durch die rechtlichen Rahmenbedingungen des *Code Napoléon* neue Grundlagen. Im Verhältnis zwischen Bauern und adligen Grundbesitzern trat eine Dynamisierung ein, da es – verstärkt durch die Agrarkrise – zu einer größeren sozialen Mobilität sowohl bei den Bauern als auch bei den pauperisierten Adligen kam. Die politische Entscheidungsgewalt beließ die Verfassung bei dem wettinischen Erbmonarchen und der aus sechs polnischen Fachministern bestehenden Regierung. Das in Anlehnung an die Traditionen der Adelsrepublik aus *Sejm* und Senat bestehende Parlament besaß nur wenig Einfluß auf deren Tätigkeit.

Von größerer Tragweite als die direkten politischen Gestaltungsmöglichkeiten war für die Polen jedoch der Ausbau moderner Verwaltungsstrukturen. Die Zahl der Richter und Beamten wuchs auf 9.000 im Vergleich zu 1.400 zu Zeiten der Adelsrepublik an.[29] Aufgrund des Mangels an entsprechend ausgebildetem Verwaltungspersonal wurde 1808 in Warschau die „Rechtsschule" *(Szkoła Prawa)* gegründet, die 1811 in die „Schule für Recht und Verwaltungswissenschaften" *(Szkoła Prawa i Nauk Administracyjnych)* umgestaltet wurde. Diese Einrichtungen bedienten sich polnischer Lehrpläne, die gegen Ende des 18. Jahrhunderts von der „Kommission für Nationale Erziehung" *(Komisja Edukacji Narodowej*, KEN) ausgearbeitet worden waren. Das Gerichtswesen wurde umfassend reformiert, die ständische Gerichtsbarkeit abgeschafft und die richterliche Unabhängigkeit festgelegt. Die Professionalisierung der Richterschaft wurde auch durch die fachlichen Anforderungen, die eine besondere Ausbildung erforderlich machten, beschleunigt. Die Nachfrage nach gut ausgebildeten Beamten sowie die Landflucht der durch die Agrarkrise und die Enteignungen nach dem Novemberaufstand von 1830/1831 betroffenen Adligen ließen in relativer kurzer Zeit die neue gesellschaftliche Schicht der *Inteligencja* entstehen, die später, als ihr der Zugang zu Verwaltungsposten durch die Russifizierungspolitik versperrt wurde, eine entscheidende Rolle für die

[29] S. hierzu und im folgenden Bardach/Leśnodorski/Pietrzak, Historia ustroju, S. 355–357.

polnische Nationalbewegung spielen sollte.[30] Das moderne Zivilrecht, das zur Beschleunigung des sozioökonomischen Wandels führte, trug ebenso wie die staatlichen und rechtlichen Institutionen auf lange Sicht zur Modernisierung der polnischen Gesellschaft bei. Auch wenn gerade Teile der alten adligen Eliten dem System des Herzogtums Warschau skeptisch gegenüberstanden, da es die Bedeutung der Adelsprivilegien schmälerte und etwa mit der Einführung eines laizistischen Eherechts an den kulturellen Grundlagen der polnischen Gesellschaft rüttelte,[31] wurde es doch von der Mehrzahl der politisch aktiven Polen als Keimzelle für einen neuen polnischen Staat betrachtet und besaß in dieser Rolle auch Bedeutung für die anderen Gebiete der ehemaligen Adelsrepublik.

Das auf dem Wiener Kongreß ins Leben gerufene Königreich Polen verstand sich als Nachfolger des Herzogtums Warschau und somit als ein mehr oder weniger autonomes staatliches Gebilde, in dem die Idee der polnischen Eigenstaatlichkeit tradiert wurde. Verfassungsmäßig war das Königreich eine konstitutionelle Monarchie, die in Personalunion mit dem absolutistischen Rußland verbunden war. Abgesehen von der mit Rußland gemeinsamen, durch den Monarchen bestimmten Außenpolitik sollte die nationale Sonderstellung des Königreiches gewahrt bleiben. Die Verfassung billigte den Polen weitgehende Bürger- und Freiheitsrechte sowie nationale Rechte zu. Auf dem Papier erwies sie sich als liberaler als die Verfassung des Herzogtums. In Anknüpfung an die Adelsrepublik besaß das Parlament weitgehende Rechte in bezug auf das staatliche Budget sowie auf die Kontrolle der Gesetzgebung. Der relativ niedrige Einkommenszensus der Wahlordnung hatte zur Folge, daß das polnische Parlament seinerzeit die breiteste Repräsentation der Bevölkerung in ganz Europa zuließ. Doch die Verfassung war nur vage formuliert und wurde quasi von Beginn an durch das Handeln der Exekutive verletzt. Beschneidungen der persönlichen Freiheits- und Bürgerrechte waren an der Tagesordnung, nur das Recht auf Eigentum blieb unverletzt. Der *Sejm* wurde nur selten einberufen und durfte sein wichtigstes Recht, die Erstellung des Haushaltes, nicht wahrnehmen. Am

[30] Gella, The Life and Death, S. 10.

[31] Zur Kritik von Teilen des Adels am französischen Hypothekenrecht sowie des Klerus am laizistischen Eherecht s. Lityński, A.: Die Geschichte des Code Napoléon in Polen, in: Schulze, R. (Hg.): Französisches Zivilrecht in Europa während des 19. Jahrhunderts, Berlin 1994, S. 253–269, hier besonders S. 254–259.

stärksten gestaltend konnte er in die Entwicklung von Zivil- und Strafrecht eingreifen. Von besonderer Bedeutung war die Nachfrage nach gut ausgebildeten polnischen Beamten für die im Königreich bis 1830 vom russischen Verwaltungsapparat strikt getrennten polnischen Selbstverwaltungskörperschaften. An der 1816 gegründeten Königlichen Universität in Warschau entstand der Fachbereich für Recht und Verwaltung, der in der Nachfolge der 1808 gegründeten Rechtsschule stand. In den Jahren von 1818 bis 1830 verließen jährlich im Schnitt 150 Absolventen diese Fakultät, so daß dem Königreich ein zahlenmäßig nicht unbedeutender Beamtenapparat erwuchs.[32]

Die Teilungsmächte waren sich einig, daß das Recht des revolutionären Frankreichs, das im Zuge der napoleonischen Eroberungen in weiten Teilen Europas Einzug gehalten hatte, in den polnischen Gebieten keinen Bestand haben dürfe. Während jedoch zu Zeiten des Herzogtums Warschau für die Polen eigene Rechtskodifikationen ein wichtiges Desiderat gebildet hatten, war nun das Echo auf die Anregung der Teilungsmächte, napoleonisches Recht durch polnische Kodifikationen zu ersetzen, nur schwach. Vor allem Verwaltungsfachleute wie Beamte und Juristen wiesen auf die Vorzüge des französischen Rechts hin, das einer Modernisierung der Gesellschaftsstruktur und der zügigen Entwicklung der polnischen Ökonomie zuträglich sei. Einen Rückgriff auf polnisches Recht, das das starre Gesellschaftssystem der Adelsrepublik verfestigt hätte, lehnten sie ab.[33] Der von den Teilungsmächten eingesetzte Kodifikationsausschuß wurde nur in den Rechtsbereichen tätig, in denen die an einer ökonomisch fortschrittlicheren Gesellschaft ausgerichteten Gesetze des *Code*

32 BARDACH/LEŚNODORSKI/PIETRZAK, Historia ustroju, S. 367.

33 Die Einsetzung der Kodifikationskommission durch die Teilungsmächte veranlaßte in erster Linie Rechtshistoriker zu einer Hinwendung zu altpolnischen Rechtsnormen. Einer der Väter der polnischen Rechtsgeschichte, der Jurist Wacław Aleksander Maciejowski, wurde dadurch zur Abfassung seiner großangelegten slavischen Rechtsgeschichte inspiriert, in der er mit den Methoden der von Savigny begründeten historischen Rechtsschule die Bedeutung eigenständiger slavischer Rechtsinstitutionen und die Abgrenzung gegen den westeuropäischen Rechtsraum skizzierte. Dabei näherte er sich zunehmend einem prorussischen Panslavismus an, der ihn in den Reihen der reformorientierten Anhänger des napoleonischen Rechts diskreditierte. S. dazu das Vorwort von BARDACH, J., in: Wenzel Aleksander Maciejowski, Slavische Rechtsgeschichte, Vaduz 1978 (unveränderter Neudruck der Ausgabe Stuttgart und Leipzig 1835–1839), S. 3–12 sowie VETULANI, A.: Dzieje historii prawa w Polsce. Kraków 1948, S. 8–17.

Napoléon in zu großem Gegensatz zu den ökonomischen und gesellschaftlichen Realitäten des Königreiches standen bzw. in ihrer Laizität zu stark vom ideologisch-konfessionellen Bewußtsein der Polen abwichen, so etwa im Bereich des Eherechts.[34] Ein weiterer Grund für das Festhalten an den Gesetzen aus napoleonischer Zeit war die Tatsache, daß sie als ein Symbol für die staatliche Besonderheit des Königreiches wahrgenommen wurden, da man im Herzogtum Warschau und in seiner Folge auch im Königreich die Fortdauer polnischer Staatlichkeit gesichert sah.[35]

Nach der Niederschlagung des Novemberaufstandes wurde der polnische *Sejm* abgeschafft und durch die Einführung des „Organischen Statuts“ an Stelle der Verfassung die individuellen Freiheitsrechte der Polen sowie nationale Entfaltungsmöglichkeiten stark eingeschränkt. Eine Kommission in Petersburg sollte die Unifizierung mit dem russischen Recht vorantreiben. Doch bis auf die Ersetzung des polnischen Eherechts von 1825 durch das russische Gesetz von 1836, das die Ehe vollständig der geistlichen Jurisdiktion unterstellte, blieb das auf den *Code Napoléon* zurückgehende polnische Zivilrecht unangetastet.[36] Somit kann man trotz der zunehmenden Russifizierungspolitik, die nach dem Januaraufstand in eine völlige verfassungs- und verwaltungsrechtliche Assimilation des Teilungsgebietes mit dem Zarenreich mündete, im Bereich des Privatrechts die Bewahrung polnischer Eigenständigkeit konstatieren. Die Tradierung von Elementen polnischer Staatlichkeit im Rahmen der halbautonomen Gemeinwesen des Herzogtums Warschau sowie des Königreiches Polen während der Verfassungszeit bis 1830 konnte sich damit im gesellschaftlichen Teilbereich des Privatrechts weiter fortsetzen. Die Einflüsse des französischen Zivilrechts in Polen erhielten dadurch auf lange Sicht eine Bedeutung, die weit über die rein juristische Sphäre hinausreichte. Im Bereich des Strafrechts

[34] Die wichtigsten von polnischen Selbstverwaltungskörperschaften erlassenen Gesetze betrafen Teile des Schuldrechts (1817), des Strafrechts (1818) und vor allem das Personen- und Familienrecht des 1. Buchs des *Code Napoléon*, das 1825 in Gänze durch polnisches Recht ersetzt wurde, dazu Soroka, W. W.: The Law in the Polish Lands During the Partition Period, in: Wagner, W. J. (Hg.): Polish Law Throughout the Ages, Stanford 1970, S. 119–137, hier S. 123–124.

[35] Pauli, Cz.: Polen, in: Coing, H. (Hg.): Handbuch der Quellen und Literatur der neueren europäischen Privatrechtsgeschichte. Band 3: Das 19. Jahrhundert. Allgemeines Privatrecht, Teilband 2, Abschnitt 13, München 1982, S. 2099–2140, hier S. 2102–2106; dazu auch Lityński, Die Geschichte des Code Napoléon, S. 265 u. 268.

[36] Pauli, Polen, S. 2106 und S. 2113.

wurde die polnische Kodifikationen aus dem Jahr 1818, die trotz Bezugnahme auf altpolnische Rechtstraditionen relativ modern zu nennen war,[37] 1847 durch eine Angleichung an das russische Strafrecht von 1845 aufgehoben. Zu einer völligen Assimilierung an russisches Recht kam es 1876, als das russische Strafgesetzbuch von 1866 auf das Königreich Polen ausgedehnt wurde. In der Praxis wurden die durchaus vorhandenen fortschrittlichen Elemente der neuen russischen Strafprozeßordnung im Königreich nicht angewendet. Die zarische Administration erließ vielmehr eine Reihe repressiver Sondergesetze zur Bestrafung und Unterdrückung nationalpolnischer Aktivitäten.[38]

Das altpolnische Zivilrecht der Adelsrepublik hatte am längsten in den polnischen Ostprovinzen, d. h. in den„westlichen Gouvernements" außerhalb Kongreßpolens, in Form des dritten Litauischen Statuts von 1588 Bestand. Eine polnische Kodifikation aus dem Jahr 1835 sollte dieses Recht ersetzen, war den russischen Behörden jedoch zu fortschrittlich, so daß 1840 der zehnte Band des 1832 unter Michail Speranskij kodifizierten russischen Zivilgesetzbuches *(Svod Zakonov Rossijskoj Imperii)* für die ehemaligen polnischen Ostgebiete erlassen wurde.[39] Während also für das Zivilrecht im Gebiet des Königreiches im Gegensatz zur rechtlichen Assimilierung der polnischen Ostgebiete an das Zarenreich die polnische Sonderstellung gewahrt wurde, kam es im Bereich der politischen, militärischen, strafrechtlichen und verwaltungstechnischen Institutionen seit dem Novemberaufstand und danach vor allem verstärkt im Zuge der russischen Repressionspolitik, die dem Januaraufstand von 1863 folgte, zu einer zunehmenden Russifizierung. Die gegen die polnischen nationalen Aspirationen gerichteten Maßnahmen wie Vermögenskonfiskationen und Verbannungen, das Verbot polnischer Bildungseinrichtungen sowie die Unterdrückung gesellschaftlicher Organisationen trugen dazu bei,

[37] Es galt die formale Gleichheit vor dem Gesetz, es durften keine Verbrechen bestraft werden, die nicht zuvor ausdrücklich durch Gesetz strafbewehrt waren. Der Strafvollzug wurde reformiert, die Strafen sollten neben dem Element der Abschrekkung auch das der Erziehung erhalten.

[38] Bardach/Leśnodorski/Pietrzak, Historia ustroju, S. 438–442. Das neue russische Strafgesetzbuch aus dem Jahr 1903 zeichnete sich durch viele fortschrittliche Elemente aus und war an modernen, humanitären Strömungen in der Strafrechtswissenschaft orientiert, wurde aber im Königreich Polen erst 1915 unter der deutschen Besatzungsherrschaft eingeführt.

[39] Pauli, Polen, S. 2107, S. 2110 und S. 2117.

daß sich die polnische Gesellschaft im russischen Teilungsgebiet im Untergrund konspirative Organisationen schuf, die in dezidierter Opposition zu Politik, Verwaltung und Recht des durch die zarische Herrschaft verkörperten Staates agierten. Es ist vor allem dieses Bild einer sich selbst organisierenden Gesellschaft, die jegliches staatliches Handeln als feindlich einstufte, das die Selbst- wie die Fremdeinschätzung der polnischen Nation nicht nur des russischen Teilungsgebietes, sondern insgesamt für die Epoche der Teilungszeit entscheidend prägte. Dieses Bild wirkte auch in der Zweiten Republik fort und bestimmte dort den Habitus vieler politischer Parteien.[40] Doch nicht nur dort, sondern auch in der polnischen wie in der westlichen Geschichtsschreibung hatte und hat dieses Bild noch immer weitreichende Wirkung. Während einerseits bestimmte gesellschaftliche Organisationsformen und Einstellungen während der Teilungszeit mit dem Paradigma der Dichotomie von Staat und Gesellschaft in Polen sicher treffend beschrieben werden können,[41] stellt sich jedoch andererseits die Frage, ob nicht dieser Erklärungsansatz, wenn er synthetisch auf weite Teile der polnischen Geschichte bezogen wird,[42] den Blick auf die Entwicklungspotentiale verstellt, die auch in Zeiten der Fremdherrschaft gegeben waren und zur gesellschaftlichen Modernisierung beitrugen, auch wenn sie nicht unbedingt in das romantische Geschichtsbild von freiheitlich gesinnter polnischer Nation und repressiver Teilungsmacht passen.

Als Beispiel für eine solche Betrachtungsweise kann etwa die Bewertung der russischen Gerichtsreform von 1864 dienen. Die administrative Neuordnung und Modernisierung des Justizsystems des Zarenreiches fiel zeitlich mit der Niederschlagung des Januarauf-

[40] Stefan Kieniewicz bezeichnet dieses Festhalten am politischen Habitus aus der Teilungszeit während der Zweiten Republik treffend als „Konspiromania“, s. KIENIEWICZ, Wpływ zaboru rosyjskiego, S. 108.

[41] S. dazu etwa die Ausführungen zur polnischen Haltung gegenüber Verwaltung und Rechtsordnung im russischen Teilungsgebiet bei AJNENKIEL, Ustrój i prawo, S. 63–64.

[42] Ein überzeugender Erklärungsversuch zum Beispiel bei HAHN, Gesellschaft, S. 15–48. Dort entwickelt er die These von einem bestimmten Grundmuster der politischen Mentalität der Polen, das sich aus der Teilungszeit bis in die achtziger Jahre der Volksrepublik Polen verfolgen läßt und mit dem er zu einer schlüssigen Erklärung für die Entstehung der unabhängigen Gewerkschaft „Solidarität“ kommt. Allgemein zur Frage eines solchen Geschichtsbildes KOESTLER, N.: Widerstand und Solidarität: Die Diskussion um den polnischen „Sonderweg“, in: Geschichte und Gesellschaft 13 (1987), Nr. 1, S. 5–21.

standes zusammen, auch wenn die endgültige Einführung der neuen Zivil- und Strafprozeßordnungen sowie des reformierten russischen Strafgesetzbuchs im Königreich Polen erst aus dem Jahr 1876 datierte. Die zeitliche Koinzidenz der Justizreform mit der Niederschlagung des polnischen Aufstandes und der sich daran anschliessenden zarischen Repressionspolitik trug sicher nicht unwesentlich dazu bei, daß diese Verwaltungsreform in erster Linie als ein weiteres Werkzeug der Russifizierungspolitik betrachtet wurde. Dabei ging es den reformorientierten russischen Justizbehörden bei der landesweiten Durchsetzung der Justizreform in erster Linie um die Unifizierung des Rechtswesens,[43] auch wenn diese gegen Ende des 19. Jahrhunderts immer stärker gleichbedeutend mit einer Russifizierung wurde.[44] Zwar wurde das eigenständige polnische Justizsystem, das noch auf die napoleonische Gesetzgebung des Herzogtums Warschau zurückging, aufgehoben und das Russische zur allgemein verbindlichen Gerichtssprache gemacht. Doch gleichzeitig wurden moderne prozessuale Grundsätze in Polen eingeführt und die zum Teil bestehende Willkür, die sich aus der Tatsache ergab, daß die polnische Justiz auf dem Lande bis 1864 dem lokalen Grundherrn unterstanden hatte, überwunden. Die Ersetzung polnischer durch russische Richter kam nur langsam voran, nicht zuletzt deshalb, weil eine im Zuge der Justizreform erlassene Verodnung die Versetzung bzw. Absetzung von Richern durch die Exekutive verbot. Erst gegen Ende des 19. Jahrhunderts dominierten russische Richter – vor allem an den höherinstanzlichen Gerichten – im Königreich Polen. Dabei kam es im Bereich des Strafrechts zu einer rascheren Ersetzung als im Zivilrecht, weil die russischen Behörden auf die Kenntnisse des materiellen Rechts bei den polnischen Richtern angewiesen waren, da die russischen Richter mit dem auf den *Code Napoléon* und auf polnische Kodifikationen zurückgehenden Zivilrecht nicht vertraut waren.[45]

43 Baberowski, J.: Autokratie und Justiz. Zum Verhältnis von Rechtsstaatlichkeit und Rückständigkeit im ausgehenden Zarenreich 1864–1914, Frankfurt/Main 1996, S. 366–374.

44 Zur russischen Gerichtsreform im Königreich Polen auch Korobowicz, A.: Sądownictwa Królestwa Polskiego 1876–1915, Lublin 1995. Der Autor betont jedoch sehr stark das Element der Russifizierung als das Hauptziel der Reform, ohne auch auf die modernisierenden Aspekte einzugehen.

45 Zu den Auswirkungen der Justizreform auf die Anzahl polnischer Richter an den höherinstanzlichen Gerichten s. Chwalba, A.: Polacy w służbie Moskali, Warszawa, Kraków 1999, S. 178–187.

Durch die Etablierung von Gemeindegerichten als unterster Ebene der Gerichtsbarkeit wurde gleichzeitig das gesellschaftliche Element in der polnischen Rechtspflege gestärkt und die grundherrliche Dominanz in der ländlichen Rechtsprechung geschwächt – eine Tatsache, die für die zarischen Behörden, die im polnischen Landadel ihren stärksten nationalen Widersacher sahen, sicher mehr war als nur eine positive Nebenwirkung der Gerichtsreform. Im Rahmen der Gemeindegerichte blieb den russischen Behörden aufgrund der betroffenen Bevölkerung und der verhandelten Fälle keine andere Wahl, als den Gebrauch der polnischen Sprache zu erlauben. Aufgrund des dort geltenden Gewohnheitsrecht, das den russischen Richtern unbekannt war, dominierten polnische Richter an den Gemeindegerichten.[46] Die russischen Richter an den höherinstanzlichen Gerichten waren durchaus nicht immer erklärte Gegner der polnischen Nation, sondern standen oftmals aufgrund ihrer aufgeklärt-liberalen Einstellung den polnischen Selbständigkeitsbestrebungen näher als dem Regime der russischen Autokratie. Nicht selten lernten sie Polnisch und machten sich mit polnischen Rechtstraditionen vertraut.[47]

Die Mehrzahl der polnischen Juristen im russischen Teilungsgebiet fand ihr Auskommen jedoch im Anwaltsberuf, nicht unbedingt nur, weil die Arbeit in der Verwaltung der Teilungsmacht als Verrat angesehen wurde,[48] sondern weil die Zahl der Arbeitsplätze im staatlichen Justizsystem begrenzt war und der Beruf des Gerichtsbeistandes auch ohne juristische Ausbildung möglich war. Auch in diesem Bereich hatte die Justizreform von 1864 weitreichende Auswirkungen. Die Etablierung des Berufsstandes des vereidigten Anwaltes, an den hohe fachliche und persönliche Anforderungen gestellt wurden, markierte den Beginn einer anwaltlichen Profession, die an strengen Standesrichtlinien gemessen wurde. Im polnischen Staat hatte es keine geregelte Ausbildung gegeben, die zur Advokatur führte. Infolgedessen waren das fachliche Niveau und das gesell-

46 Ebenda, S. 192–195.

47 Baberowski, Autokratie und Justiz, S. 373–374.

48 Diese traditionelle Einschätzung zum Beispiel bei Pietrzak, M.: Wkład prawników do budowy niepodległego Państwa Polskiego, in: Szaflik, J. (Hg.): 60 lat niepodległości Państwa Polskiego, Warszawa 1982, S. 69–75, hier S. 69. Neuere Studien wie die von Chwalba, Polacy w służbie Moskali, zeigen jedoch, daß die Bereitschaft der Polen, als Beamte für die Teilungsmächte zu arbeiten, weitaus größer war, als bislang von der Historiographie angenommen.

schaftliche Ansehen des Berufsstandes gering.[49] Dies änderte sich im russischen Teilungsgebiet vor allem gegen Ende des 19. Jahrhunderts. Zwar wurden im Königreich Polen keine berufsständischen Selbstverwaltungskörperschaften zugelassen, doch engagierten sich polnische Anwälte aktiv in den Standesorganisationen der russischen Anwaltschaft bzw. schufen auf dem Gebiet des Königreiches Ersatzinstitutionen, die in der Illegalität Aufgaben berufsständischer Vertretungen übernahmen.[50] Hohes Prestige erwarben sich die polnischen Anwälte vor allem durch die Verteidigung polnischer Aufständischer vor den Gerichten des Zarenreiches. Der im Zuge der Revolution von 1905 gegründete „Verband der polnischen Anwaltschaft“ *(Związek Adwokatury Polskiej)* sah sich gleichzeitig als Interessenvertretung der nationalen Rechte des polnischen Volkes sowie als Koordinationsinstanz für die berufsständischen Aktivitäten der polnischen Anwälte.[51] Zusammenfassend kann man feststellen, daß die russische reformierte Justizverfassung für die Modernisierung der Gesellschaft des russischen Teilungsgebietes von großer Bedeutung war. Sie stieß dort viele fortschrittliche Entwicklungen an, auch wenn sie aufgrund der nationalen Repressionspolitik der autokratischen Regierung nur in Teilen durchgesetzt wurde.

2.1.2. Das preußische Teilungsgebiet

Auch die Gesellschaft des preußischen Teilungsgebiets war den ambivalenten Einflüssen von nationaler Repression einerseits und institutionellen Reformen andererseits ausgesetzt. Während jedoch der russische Teil Polens während der gesamten Teilungszeit zu den am weitesten entwickelten Regionen des Zarenreiches gehörte, sahen sich die Polen im preußischen bzw. deutschen Staat vor allem seit der zweiten Hälfte des 19. Jahrhunderts einer Teilungsmacht gegenüber,

49 Grodzki, J.: Przegląd i charakterystyka ważniejszych pozycji piśmiennictwa o adwokaturze polskiej (1791–1919), in: Łyczywek, Szkice z dziejów adwokatury polskiej, S. 46–54, hier S. 46–47; Kisza/Krzemiński/Łyczywek, Historia Adwoktury Polskiej, S. 59–60; vgl. auch Chwalba, Polacy w służbie Moskali, S. 197–198.

50 Vgl. dazu Łyczywek, R.: Adwokaci polscy w byłym cesarstwie rosyjskim na przełomie XIX i XX wieku, in: Ders.: Szkice z dziejów adwokatury, S. 8–31, hier S. 11–13.

51 Als seine Ziele charakterisierte der Verband „den Schutz der Rechte des polnischen Volkes sowie die Bündelung der beruflich-gesellschaftlichen Tätigkeiten der polnischen Anwälte“, zitiert nach Bardach/Leśnodorski/Pietrzak, Historia ustroju, S. 445.

die sowohl im sozioökonomischen als auch im rechtlich-institutionellen Bereich einem raschen Modernisierungsprozeß unterlag, in dessen Folge sich das Entwicklungsgefälle zuungunsten der Polen verschob. Dabei bedeutete der Beginn der preußischen Herrschaft in vielen gesellschaftlichen Bereichen zunächst einen zivilisatorischen Rückschritt. Das Bildungswesen des preußischen Staates blieb hinter den Programmen der Kommission für Nationale Erziehung zurück,[52] seine auf die Agrarproduktion konzentrierte Wirtschaftspolitik hemmte die Entwicklung der sich in den großpolnischen Gebieten rege entwickelnden Textilindustrie.[53] Zivil- und Strafrecht wurden in Preußen durch das auf ständischen Prinzipien aufbauende Allgemeine Landrecht für die Preußischen Staaten (ALR) von 1794 geregelt, in dem Standesprivilegien stärker dominierten als in den Kodifikationsentwürfen der polnischen Reformer am Vorabend der zweiten Teilung. Der Anstoß für die Modernisierung des preußischen Staates resultierte aus der militärischen Niederlage gegen Frankreich, in deren Folge die Erwerbungen Preußens aus der zweiten und dritten Teilung Polens 1807 an das Herzogtum Warschau fielen. Auf dem Wiener Kongreß erhielt Preußen die großpolnischen Gebiete zurück, denen als Großherzogtum Posen *(Wielkie Księstwo Poznańskie)* im preußischen Staat zunächst einige Autonomierechte zugesprochen wurden. Die Hoffnung der Polen, daß das Großherzogtum ähnliche autonome Institutionen wie das Königreich Polen erhalten würde, erfüllte sich jedoch nicht. Bis 1830 übte die liberale Verfassung des Königreiches zwar einen gewissen Einfluß auf das preußische Herrschaftsverhalten aus.[54] Die Behörden versprachen die Achtung der polnischen Sprache im öffentlichen Leben sowie die Zulassung der Polen zu öffentlichen Ämtern. Doch bereits seit den zwanziger Jahren kam es zu Versuchen, die nationale und verfassungsmäßige Andersartigkeit des Großherzogtums abzuschaffen. 1832 wurde Deutsch einzige Amtssprache. Nach dem Novemberaufstand und erst recht

[52] WANDYCZ, Lands of Partitioned Poland, S. 17.

[53] MOLIK, W.: Entwicklungsbedingungen und -mechanismen der polnischen Nationalbewegung im Großherzogtum Posen, in: MÜLLER, M. G. (Hg.): Elitenwandel und Modernisierung in Osteuropa (= Berliner Jahrbuch für osteuropäische Geschichte 1995/2), S. 17–34, hier S. 21–22.

[54] Die ehemalige Zugehörigkeit des Großherzogtums zum Herzogtum Warschau schlug sich bis zur Einführung des ALR im Jahr 1817 in der Regelung der privatrechtlichen Beziehungen durch die Gesetze des *Code Napoléon* nieder, s. PAULI, Polen, S. 2110.

seit 1848 forcierte man die Germanisierungspolitik, ab 1850 wurde der Name Großherzogtum Posen offiziell nicht mehr verwendet.[55]

Die sozioökonomische Modernisierung des preußischen Staates und damit einhergehend auch der angeschlossenen polnischen Gebiete nahm ihren Ausgang mit dem Edikt zur Bauernbefreiung aus dem Jahr 1807, das die Erbuntertänigkeit der Bauern abschaffte, und dem Regulierungsedikt von 1811, mit dem eine Ablösung der Frondienste ermöglicht wurde. Es war die zeitliche Koinzidenz der Entwicklung einer kapitalistischen Produktions- und Gesellschaftsstruktur mit dem Zunehmen des Germanisierungsdrucks auf die Polen bei gleichzeitiger Entwicklung rechtsstaatlicher Institutionen, die zu den für das preußische Teilungsgebiet charakteristischen Entwicklungen der polnischen Gesellschaft führte. Unter der seit den vierziger Jahren des 19. Jahrhunderts gängigen Bezeichnung der „organischen Arbeit" (*praca organiczna*) vollzog sich die Transformation der polnischen Gesellschaft, in deren Folge sie am Vorabend des Ersten Weltkrieges die modernste Sozialstruktur aller polnischen Gebiete aufwies.[56] Das Gedankengut der Vertreter der organischen Arbeit im preußischen Teilungsgebiet stellte quasi die Quintessenz der politischen Strömung des Liberalismus in Polen dar und nimmt somit einen herausgehobenen Platz in der politischen Ideengeschichte ein.[57] Bei der Betrachtung dieses Prozesses erscheint es angebracht, seine Multikausalität herauszuarbeiten und nicht nur einseitig auf den deutsch-polnischen Nationalitätenkonflikt hinzuweisen.[58]

Das Engagement der adligen Landbesitzer, die zunächst die wichtigsten Träger der aktiven Selbstorganisation der polnischen Gesellschaft gegenüber der preußischen Teilungsmacht waren, ent-

55 Bardach/Leśnodorski/Pietrzak, Historia ustroju, S. 373–374.

56 Żarnowski, Społeczeństwo i klasy, S. 251–252.

57 Janowski, M.: Polska myśl liberalna do 1918 roku, Kraków 1998, S. 100.

58 Lech Trzeciakowski hat die Bedeutung des nationalen Widerstandes gegen die Germanisierungspolitik im preußisch-deutschen Teilungsgebiet für das politische Bewußtsein der gesamten polnischen Nation herausgearbeitet, s. dazu Trzeciakowski, L.: Wpływ zaboru pruskiego na świadomość społeczeństwa polskiego, in: Dzieje Najnowsze 9 (1977), Nr. 4, S. 117–127. Zur Erklärung der erfolgreichen Selbstbehauptung der polnischen Nation gegenüber der Teilungsmacht betont er dort jedoch zu einseitig das Argument der klassenübergreifenden nationalen Solidarität bei den Polen, ohne andere Faktoren in den Erklärungszusammenhang miteinzubeziehen, s. auch Ders.: Wielkopolski program samomodernizacji – kształtowanie się nowoczesnego społeczeństwa, in: Ders./Makowski, K. (Hg.): Samomodernizacja społeczeństw w XIX wieku. Irlandczycy, Czesi, Polacy, Poznań 1999, S. 65–105.

sprang nicht allein patriotischer Verantwortung für die eigene Nation, sondern auch dem Streben nach Erhalt der einstigen materiellen und ideellen Führungsposition. Im Gegensatz zu den anderen Gebieten der ehemaligen Adelsrepublik, so vor allem dem österreichisch beherrschten Galizien, aber zu Beginn der Teilungszeit auch dem russischen Teil Polens, kam es im preußischen Teil nicht zu einer Kooperation der Teilungsmacht und der adligen Landbesitzerschicht, die letzterer ermöglicht hätte, ihre sozioökonomische Vorherrschaft zu bewahren. Eine solche Kooperation erwies sich für die Teilungsmächte als nützlich, da sie mittels einer Politik des *divide et impera* die sozialen Gegensätze innerhalb der polnischen Gesellschaft für die Stärkung ihrer Machtposition instrumentalisieren konnten. Charakteristischerweise begann sich das nationalpolnische Engagement des Landadels im preußischen Teilungsgebiet zu einer Zeit verstärkt zu entwickeln, als die preußische Politik der Modernisierung und Germanisierung, die im Großherzogtum Posen durch den Oberpräsidenten der Provinz Heinrich von Flottwell in den Jahren 1830 bis 1841 vertreten wurde, diese Schicht vor eine doppelte Herausforderung stellte. Das in der Adelsrepublik durch die Bekleidung öffentlicher Ämter genossene Prestige blieb den polnischen Adligen im preußischen Beamtenstaat verwehrt. Gleichzeitig sahen sie sich durch die kapitalistische Modernisierung der Landwirtschaft einem enormen Reform- und Konkurrenzdruck ausgesetzt. Durch ihr Engagement bei der Gründung von polnischen Institutionen, die zur Hebung des Produktionsniveaus, der Kapitalisierung der Landwirtschaft und zur Förderung der Volksbildung beitragen sollten, konnten sie einerseits Positionen im öffentlichen Leben besetzen und somit an ihre gesellschaftliche Führungsrolle, die sie in der durch mangelnde staatliche Anstaltlichkeit gekennzeichneten Adelsrepublik innegehabt hatten, anknüpfen. Andererseits besaß ihr Programm der nationalen Solidarität im Bereich der Ökonomie positive Auswirkungen auf ihre eigene wirtschaftliche Stellung im Konkurrenzkampf mit den preußischen Kontrahenten.[59]

[59] Dazu Molik, Entwicklungsbedingungen, S. 25–27. Molik konstatiert ähnliche Motive auch für das Engagement der Intelligenz. Da den Inhabern höherer Bildung, wie Ärzten und Juristen, eine Beschäftigung im preußischen Staatsdienst verwehrt blieb, waren sie auf die Ausübung freier Berufe angewiesen. Polnische Ärzte und Anwälte bemühten sich auf dem Wege des Engagements in der polnischen Nationalbewegung, ihr gesellschaftliches Prestige zu erhöhen und somit ihre Attraktivität für potentielle Klienten zu steigern, ebenda, S. 29.

Der Erfolg, der der organischen Arbeit im preußischen Teilungsgebiet beschieden war, resultierte jedoch nicht nur aus der geglückten Symbiose nationaler sowie ökonomischer und sozialer Interessen, aufgrund derer es der polnischen Gesellschaft gelang, große Bereiche des öffentlichen Lebens abseits des preußischen Staats in Eigenverantwortung zu regeln. Eine positive Wirkung hatten auch die Rahmenbedingungen, die Preußen bzw. das Deutsche Reich bereitstellten und die nicht selten gegen die eigentliche Intention der Staatsmacht der Entwicklung einer polnischen Parallelgesellschaft förderlich waren. So stand etwa der preußische Staat den polnischen Vereinsgründungen in den dreißiger und vierziger Jahren zunächst positiv gegenüber, da man durch sie eine Annäherung der polnischen Bevölkerung an die Hohenzollernmonarchie erwartete und Aufstandsbestrebungen zu schwächen glaubte.[60] Die Revolution von 1848 brachte die Einführung einer konstitutionellen Monarchie, deren Errungenschaften eine parlamentarische Vertretung sowie die zunehmende Entwicklung rechtsstaatlicher Garantien waren, in deren Genuß auch die polnische Bevölkerung kam. Bürgerliche Freiheiten, die etwa durch das Versammlungs- und Vereinsrecht gesichert wurden, waren auch für die Polen einklagbar. Ein gut funktionierendes Verwaltungs- und Gerichtswesen sorgten dafür, daß auf dem Papier bestehende Rechte auch in der Realität durchgesetzt werden konnten. Allerdings funktionierte die Verwaltung ebenso gut, wenn es darum ging, die verstärkt seit Ende des 19. Jahrhunderts erlassenen Gesetze zu exekutieren, die der nationalen Diskriminierung der Polen dienen sollten.[61]

Die gesellschaftliche Modernisierung des Deutschen Reiches wurde unter anderem durch die Ersetzung des ALR durch das Bürgerliche Gesetzbuch (BGB), das 1900 in Kraft trat, befördert. Dieses moderne zivilrechtliche Regelwerk garantierte den freien Warenverkehr, Rechtssicherheit, individuelles Eigentum sowie Vertragsfreiheit und

60 Dazu SCHRÖDER, C.: Karol Marcinkowski und das „Towarzystwo Naukowej Pomocy“ in der polnischen Nationalbewegung im Posener Vormärz, in: KRZOSKA, M./ TOKARSKI, P. (Hg.): Die Geschichte Polens und Deutschlands im 19. und 20. Jahrhundert. Ausgewählte Beiträge, Osnabrück 1998, S. 8–36, hier S. 23.

61 In seiner Übersicht über die Rechtssysteme der Teilungsmächte betont Wacław Soroka die Bedeutung der Gesetze, die zur Diskriminierung der Polen und zur Unterdrückung ihrer nationalen Aspirationen beitragen sollten, während er den durch die Rechtssysteme etablierten allgemeinen Rahmenbedingungen relativ wenig Bedeutung zumißt, vgl. SOROKA, Law in the Polish Lands, S. 129–135.

trug damit zusammen mit dem ebenfalls seit 1900 geltenden Handelsgesetzbuch (HGB) entscheidend zur Ausbildung eines modernen Wirtschaftssystems bei, in dessen Rahmen sich auch die Sozialstruktur der polnischen Gesellschaft transformieren konnte. Die Einführung eines einheitlichen Strafgesetzbuches nach der Reichsgründung 1871 sowie neuer Zivil- sowie Strafprozeßordnungen im Jahr 1877 hatte zur Folge, daß die Polen im Deutschen Reich am Vorabend des Ersten Weltkriegs im Vergleich zu ihren Landsleuten in den anderen Teilungsgebieten unter dem modernsten Rechtssystem lebten. Zudem waren zum Beispiel durch die Arbeiterschutzgesetzgebung Lebensbereiche rechtlich geregelt, die in den anderen Regionen Polens noch in großen Teilen der Arbeitgeberwillkür unterstellt waren. Es nimmt daher nicht wunder, daß nach der Staatsgründung das relativ fortgeschrittene und wohlhabende ehemalige preußische Teilungsgebiet vielen rechtlichen und institutionellen Unifizierungsbestrebungen der Zweiten Republik skeptisch gegenüberstand, da diese einen Entwicklungsrückschritt für die Region zu bedeuten schienen.[62]

2.1.3. Das österreichische Teilungsgebiet

Das Schicksal der in die Habsburgermonarchie als „Königreich Galizien und Lodomerien“ eingegliederten polnischen Landesteile zeichnete sich in erster Linie dadurch aus, daß mit dem Beginn der Autonomiezeit in den sechziger Jahren des 19. Jahrhunderts das Element der nationalen Unterdrückung die Bedeutung, die es auf die spezifischen Entwicklungen in den beiden anderen Teilungsgebieten

[62] Dies resultierte nicht zuletzt aus einem spezifischen Verständnis der Europazugehörigkeit Polens. Die Einwohner des ehemaligen preußischen Teilungsgebietes betonten v.a. die strukturelle sozioökonomische Ähnlichkeit ihrer Heimat mit dem Westen Europas und kritisierten den sinkenden Lebensstandard, den die Integration der drei ehemaligen Teilungsgebiete für sie mit sich brachte, s. dazu OKONIEWSKA, B.: Europejskość Polski Zachodniej w świadomości jej mieszkańców w okresie międzywojennym, in: Kwartalnik Historyczny 101 (1994), Nr. 4, S. 51–72. In den anderen Teilungsgebieten war es vor allem die Nichtzugehörigkeit Rußlands zu Europa, über die sich das polnische Europabewußtsein definierte – trotz der seit dem 18. Jahrhundert geführten Rückständigkeitsdebatten, s. dazu WAPIŃSKI, R.: Kwestia związków z cywilizacją zachodnioeuropejską w wyobrażeniach Polaków u schyłku XIX i w pierwszych dziesięcioleciach XX w., in: Zapiski Historyczne 57 (1992), Nr. 2–3, S. 73–92 sowie allgemeiner JEDLICKI, J.: Jakiej cywilizacji Polacy potrzebują. Studia z dziejów idei i wyobraźni XIX wieku, Warszawa 1988.

hatte, verlor. Die politischen Partizipations- und Selbstbestimmungsrechte, die für die Polen aus der institutionellen Reform der Habsburgermonarchie resultierten, führten nicht nur dazu, daß sich in diesem Teilungsgebiet ein anderes Staatsverständnis entwickelte. Auch die gesellschaftliche und politische Modernisierung verlief in Galizien entlang anderer Konfliktlinien. Dies hatte zur Folge, daß das österreichische Teilungsgebiet ein ganz spezielles Erbe mit in die Zweite Polnische Republik einbrachte.[63]

Dabei sah es zunächst für lange Jahrzehnte so aus, als sei Galizien das Teilungsgebiet, das besonders nachdrücklich in das staatliche System seiner Teilungsmacht integriert worden war und damit wenig Impulse für gesamtpolnische Entwicklungen geben konnte, fiel doch seine Eingliederung mit der Hochzeit des aufgeklärten und stark zentralisierenden Absolutismus im Habsburgerreich zusammen. Das österreichische Teilungsgebiet wurde Ende des 18. Jahrhunderts in gewisser Weise das Versuchsfeld für den aufgeklärten Absolutismus in Österreich. Das im Jahr 1796 in Westgalizien eingeführte Strafgesetzbuch stellte in etwa die Grundlage für den Strafkodex der Gesamtmonarchie aus dem Jahr 1803 dar. Ähnlich verhielt es sich mit dem „Bürgerlichen Gesetzbuch für Westgalizien" (1797), das 1798 im gesamten Teilungsgebiet in Kraft trat. In seiner zentralistischen Ausrichtung auf Wien, die keine lokalen Rechte zuzulassen schien, nahm es den Tenor des 1811 für den Gesamtstaat verabschiedeten Allgemeinen Bürgerlichen Gesetzbuchs (ABGB) vorweg.[64] Doch bedeuteten die von Wien aus vorgenommenen zentralistischen Regelungen nicht unbedingt auch deren wortgetreue Umsetzung an der Peripherie der Monarchie. Vor allem für die Bearbeitung von

63 In der Forschungsliteratur ist immer wieder auf das ambivalente Entwicklungspotential Galiziens hingewiesen worden. Dabei werden die fortschrittliche politische Kultur und die ökonomische Rückständigkeit als die zwei Seiten der Medaille der galizischen Autonomie betrachtet, dazu Hahn, Gesellschaft, S. 38 oder Wandycz, Lands of Partitioned Poland, S. 214.

64 Eine rechtliche Sonderstellung konnte sich nur die Freie Stadt Krakau bewahren. Dort galt bis zur Niederschlagung des Aufstandes von 1846 napoleonisches Zivilrecht, das durch einige polnische Kodifikationen ergänzt worden war. Die Sonderstellung Krakaus resultierte aus seiner Zugehörigkeit zum Herzogtum Warschau ab 1809 sowie aus dem Status der Freien Stadt, der auf dem Wiener Kongreß festgelegt wurde. Im Zuge der Eingliederung in das österreichische Teilungsgebiet erfolgte auch die rechtliche Assimilierung in den Jahren 1852 und 1855 durch die Einführung der Gesetzbücher der Gesamtmonarchie, s. dazu sowie allgemein zum in Galizien geltenden Recht Grodziski, S.: Źródła prawa w Galicji, in: Czasopismo Prawno-Historyczne 16 (1964), Nr. 2, S. 175–187 sowie Pauli, Polen, S. 2106–2109.

„Altfällen“ wurden polnische Richter weiterhin gebraucht. In den niederen Instanzen dominierten sie auch in den folgenden Jahren. Da die Gerichtssprache lateinisch war und es zunächst auch blieb, konnte von einer Germanisierung des Gerichtswesens kaum die Rede sein. Häufig war es vielmehr so, daß sich österreichische Beamte relativ rasch polonisierten, da für sie das altpolnische Recht aufgrund seiner ausgebauten individuellen Rechte attraktiv war.[65] Ähnlich verhielt es sich mit der inhaltlichen Umsetzung des ABGB. Durch den an den naturrechtlichen Idealen der Aufklärung ausgerichteten Kodex sollten bürgerliche Freiheits- und Eigentumsrechte eingeführt werden. Daneben erhielten sich aber viele Elemente der Feudalgesellschaft. So blieb die Regelung der bäuerlichen Abhängigkeitsbeziehungen gegenüber den Grundherren bis zum Zeitpunkt der Bauernbefreiung im Jahre 1848 außerhalb der zivilrechtlichen Regelungssphäre und damit die sozioökonomische Rückständigkeit der Region weiterhin bestehen.[66]

Die Autonomieregelungen seit den sechziger Jahren des 19. Jahrhunderts trugen zunächst nicht dazu bei, diese Rückständigkeit zu beseitigen.[67] Vielmehr bewirkte das Arrangement des polnischen Adels mit der Habsburgermonarchie im Rahmen der ihm zugestandenen Selbstverwaltungsrechte, daß die dringende sozioökonomische Modernisierung ausblieb. Von Wien gingen lange Zeit keine bedeutenden Impulse zur Belebung der ökonomischen Konkurrenz aus. Die Politik der nationalen Unterdrückung, die ähnlich wie etwa im preußischen Fall die Polen in der gesellschaftlichen und wirtschaftlichen Sphäre zu nationaler Solidarität und Rationalisierung der Produktionsweise hätte zwingen können, war in Galizien deutlich schwächer ausgeprägt als in den beiden anderen Teilungsgebieten. Statt dessen fand ein beträchtlicher Teil des galizischen Adels eine Beschäftigung in der Regierungs- und Verwaltungsarbeit nicht nur in Galizien selbst, sondern in zunehmendem Maße auch in den

65 Grodziski, S./Partyka, A.: Die Polen in der österreichischen Rechtspflege (1772–1914), in: Studia Austro-Polonica (= Zeszyty Naukowe Uniwersytetu Jagiellońskiego) Nr. 482, Prace Historyczne Nr. 57, Warszawa, Kraków 1978, S. 85–105, hier S. 87–92.

66 Dazu Bardach/Leśnodorski/Pietrzak, Historia ustroju, S. 420–421.

67 Zur Ausgestaltung der galizischen Autonomie und ihrer Selbstverwaltungsinstitutionen zusammenfassend Marschall von Bieberstein, C.: Freiheit in der Unfreiheit. Die nationale Autonomie der Polen in Galizien nach dem österreichisch-ungarischen Ausgleich von 1867. Ein konservativer Aufbruch im mitteleuropäischen Vergleich, Wiesbaden 1993.

Institutionen der Gesamtmonarchie und wurde damit der Aufgabe enthoben, sich um die wirtschaftliche Transformation nicht nur seiner Güter, sondern des gesamten Teilungsgebietes zu bemühen.[68] Trotz dieser anscheinend mangelnden Verantwortung der führenden Gesellschaftsschicht für das Gemeinwohl des österreichischen Teilungsgebietes entwickelten sich gerade dort wichtige Ansätze einer *civil society*, die einen positiven Beitrag auch zur politischen Kultur der Zweiten Republik leisten konnten.[69] Die Tätigkeit der Polen im Regierungs- und Verwaltungssystem der Habsburgermonarchie sowohl auf galizischer als auch auf gesamtstaatlicher Ebene bewirkte, daß sich bei ihnen ein Gefühl für das politisch Machbare, den politischen Kompromiß herausbildete, eine Eigenschaft, die für das Funktionieren pluralistischer Gemeinwesen von unschätzbarem Wert ist und deren Entwicklung die Bedingungen in den beiden anderen Teilungsgebieten nicht gerade förderten. Es war gerade das Aushandeln von Kompromissen zwischen Parteien, die unterschiedliche gesellschaftliche Interessen repräsentierten, das der an konspirative Bedingungen gewöhnte Józef Piłsudski bei seinem als moralische „Gesundung" (*sanacja*) bezeichneten Umsturz im Jahr 1926 als schädlich brandmarkte, und es waren die politischen Kreise Westgaliziens, die diesem Anschlag auf das politische Selbstverständnis einer pluralistischen Demokratie besonderen Widerstand entgegensetzten.[70] Die Krakauer Konservativen, die am stärksten den für das

68 Dementsprechend war das Interesse der Söhne des galizischen Landadels an einem landwirtschaftlichen Studium gering, an einer juristischen Ausbildung hingegen, die den Weg in den Staatsdienst ebnete, überproportional hoch, s. WERESZYCKI, H.: Wpływ zaboru austriackiego na świadomość społeczeństwa polskiego, in: Dzieje Najnowsze 9 (1977), Nr. 1, S. 87–101, hier S. 94.

69 Zur Entstehung von „Bürgerlichkeit" im österreichischen Teilungsgebiet trotz sozioökonomischer Rückständigkeit s. KRAFT, C.: Das galizische Bürgertum in der autonomen Ära (1866–1914). Ein Literaturüberblick, in: HEUMOS, P. (HG.): Polen und die böhmischen Länder im 19. und 20. Jahrhundert. Politik und Gesellschaft im Vergleich, München 1997, S. 81–110, hier S. 83–89.

70 Dazu WERESZYCKI, Wpływ zaboru austriackiego, S. 96–97. Wenn man eine negative Erblast des österreichischen Teilungsgebiets für die Zweite Republik ausmachen will, so sollte man eher das Gefühl einer „Herr-im-Haus-Position" benennen, das die Polen in der Autonomiezeit gegenüber der ukrainischen Bevölkerung Galiziens, die in bedeutend geringerem Maße von den Autonomierechten profitierte, an den Tag legten. Diese Haltung, die eine Lösung der ethnischen und ökonomischen Konflikte zwischen den beiden größten Ethnien Galiziens während der Teilungszeit verhinderte, erinnert fatal an das Unvermögen der politischen Führung in der Zwischenkriegszeit, diese Konflikte, die die Gesellschaft weiterhin tief spalteten, in ihrer ganzen Tragweite wahrzunehmen und zu lösen.

österreichische Teilungsgebiet typischen politischen Habitus des Ausgleichs und des Kompromisses vertraten, kritisierten die Staatsferne vieler Politiker aus den anderen Teilungsgebieten. Interessanterweise gelang es ihnen aber nicht, auf Dauer eine führende Rolle im politischen System der Zweiten Republik einzunehmen. Dabei waren es gerade Politiker aus Galizien, die sowohl in den Legislativ- als auch sogar auf höchster Ebene in den Exekutivorganen der Gesamtmonarchie politische Erfahrungen sammeln konnten und auf politische Prozesse ihrer Teilungsmacht nicht nur reagierten, sondern diese auch aktiv mitgestalteten.[71]

Von ebenso großer Bedeutung wie das Mitregieren in Wien und die lokale Selbsverwaltung in Galizien durch den *Sejm* und den Landesausschuß war für die Entwicklung der politischen Kultur die Ausgestaltung legaler polnischer Institutionen wie Schulen, Universitäten, Parteien und wirtschaftlicher Interessenverbände sowie die Ausbildung einer polnischen Beamtenschicht, die die politische Autonomie im Alltag verwirklichte. Das in Galizien geltende Recht beruhte zwar auf österreichischen Kodifikationen, doch seine Umsetzung im während der Autonomiezeit polnischsprachigen Rechtswesen bewirkte, daß polnische Juristen sich eine relativ moderne juristische Terminologie in ihrer Muttersprache aneignen konnten. In Krakau und Lemberg befanden sich nicht nur (nach der Russifizierung der Warschauer Universität im Jahr 1869) die beiden einzigen polnischen Hochschulen, das galizische Teilungsgebiet war auch das einzige, in dem den Polen Berufe im staatlichen Justizwesen offenstanden.[72] Während es im preußischen Teilungsgebiet niemals und im russischen Teilungsgebiet seit 1830 keine polnische Beteiligung mehr an juristischer Kodifizierungsarbeit gegeben hatte, verstärkte sich in Galizien gerade seit dem Ende des 19. Jahrhunderts der Einfluß polnischer Juristen auf die österreichische Gesetzgebung, so daß im unabhängigen Polen nach dem Ersten Weltkrieg gerade die galizischen Juristen ein besonders enges Verhältnis zum Rechts-

[71] Die Bedeutung der polnischen Politiker für die Gesamtmonarchie war beträchtlich. Vor allem die parlamentarische Vertretung der galizischen Eliten im Wiener Reichsrat, der „Polenklub“ *(koło polskie)*, konnte bedeutenden Einfluß auf die politischen Entwicklungen nehmen. Polen gehörten mehrfach der Regierung in Wien als Minister bzw. in zwei Fällen sogar als Ministerpräsidenten an, s. dazu Buszko, J.: Polacy w parlamencie wiedeńskim 1848–1918, Warszawa 1996.

[72] Grodziski/Partyka, Polen in österreichischer Rechtspflege, S. 103–104 sowie Slapnicka, H.: Österreichs Recht, S. 47–57.

system ihres ehemaligen Teilungsgebiets hatten. Oft orientierten sie sich bei der Kodifizierung neuer Gesetzbücher für den polnischen Staat an Gesetzeswerken, an deren Entstehung sie in der Habsburgermonarchie beteiligt gewesen waren.[73] Auch schon während der Teilungszeit hatte unter den polnischen Juristen eine Wertschätzung für das österreichische Rechtssystem bestanden. Dies traf nicht nur für die im österreichischen bzw. galizischen Justizsystem als Beamte beschäftigten Professionsmitglieder zu, sondern auch auf ihre als Rechtsanwälte tätigen Fachkollegen. So unterstützten zum Beispiel die Anwalts- und Notariatskammern mehrerer galizischer Städte im Jahr 1911 mit finanziellen Zuwendungen das Erscheinen einer in Wien herausgegebenen Festschrift zum hundertjährigen Bestehen des ABGB.[74] Im russischen Teilungsgebiet wurde im Jahr 1908 in vergleichbarer Weise der hundertste Jahrestag der Einführung des *Code Napoléon* gefeiert.[75]

Der kurze Überblick über das politische, gesellschaftliche und wirtschaftliche Erbe aus der Teilungszeit zeigt, daß sich dieses durchaus uneinheitlich darstellt. Das größte Manko, das in je unterschiedlicher Intensität auf alle drei Teilungsgebiete zutraf, bestand darin, daß die Ausbildung von staatlichen Institutionen sowie eines Beamtenapparates zum Teil völlig unterbunden, zum Teil in nur rudimentärer Form zugelassen wurde bzw. eine kontinuierliche Weiterentwicklung nicht stattfand. Damit wurden die Möglichkeiten der Polen, Einfluß auf politische und ökonomische Entwicklungen zu nehmen, empfindlich beschnitten. Über die negativen Folgen, die das Fehlen einer ausgebildeten Beamtenschaft und polnischer Institutionen zeitigten, ist schon viel geschrieben worden. Es erscheint jedoch sinnvoll, auch nach positiven Entwicklungsimpulsen aus der Teilungszeit zu fragen, wenn man nicht erneut einem historiographischen Determinismus verfallen will, der die Entwicklungschancen der

[73] Deutlich wird das etwa im Falle des Professors für Zivilrecht Fryderyk Zoll (1865–1948), der federführend an der Ausarbeitung des Internationalen und Interlokalen Privatrechts für die Zweite Republik beteiligt war und dabei auf den österreichischen Entwurf aus dem Jahr 1912, der unter seiner Mitwirkung entstanden war, zurückgriff, s. Slapnicka, Österreichs Recht, S. 57.

[74] Festschrift zur Jahrhundertfeier des Allgemeinen Bürgerlichen Gesetzbuches (1. Juni 1911), Wien 1911, Bd. 1, S. V. Polnische Juristen waren zudem mit mehreren Beiträgen in diesem Werk vertreten. Auch an den Novellierungsarbeiten am ABGB in den Jahren 1914 bis 1916 beteiligten sich Juristen aus Galizien, s. Bardach/Leśnodorski/Pietrzak, Historia ustroju, S. 421.

[75] Lityński, Die Geschichte des Code Napoléon, S. 266.

jungen Demokratien in Europa nach dem Ersten Weltkrieg geringschätzt und dies etwa mit dem Begriff der „Zwischenkriegszeit“ unterstreicht.

Im polnischen Fall lohnt es sich, daran zu erinnern, daß der Staat am Vorabend der Teilungen damit begonnen hatte, wichtige Schritte zu seiner Modernisierung und in gewissem Maße auch der Demokratisierung einzuleiten. Die Tatsache, daß dieser Reformprozeß durch die Teilungen unterbrochen wurde, hatte zur Folge, daß das die Geschichtsauffassung nachdrücklich prägende Thema des Kampfes um die nationale Unabhängigkeit in engem Konnex mit der politischen und gesellschaftlichen Modernisierung stand. In je unterschiedlichem Maße konnte dieser Reformimpetus während der Teilungszeit tradiert und mit Leben gefüllt werden. Im russischen Teilungsgebiet waren es vor allem die politischen Institutionen und rechtlichen Kodifikationen während der Zeit halbautonomer staatlicher Existenz im Rahmen des Herzogtums Warschau und des Königreiches Polen, die – wenn auch in weiter zeitlicher Entfernung zur Erlangung der Unabhängigkeit im Jahr 1918 – wichtige Anknüpfungspunkte vor allem im Bereich des Rechtswesens boten. Für die unter preußischer Herrschaft lebenden Polen schuf das Spannungsfeld von nationaler Unterdrückung und ökonomischer Konkurrenz bei gleichzeitiger Gewährung rechtsstaatlicher Rahmenbedingungen die Voraussetzung einer sich selbstbewußt organisierenden Gesellschaft, die dieses Spannungsfeld erfolgreich zur politischen und ökonomischen Modernisierung zu nutzen verstand. In Galizien bedeuteten die politischen Freiheiten seit der Autonomiezeit nicht nur, daß sich polnische Politiker und Beamte im alltäglichen „Ernstfall“ des Regierens und Verwaltens beweisen mußten. Gleichzeitig wurde in diesem Teilungsgebiet die Entwicklung legaler politischer Parteien ermöglicht, die anders als in den beiden anderen Teilungsgebieten die Normalität der politischen Auseinandersetzung – jenseits von Konspiration und Untergrundarbeit – kennenlernen konnten und somit einen wichtigen Beitrag zur politischen Kultur der Zweiten Republik leisteten. Die unterschiedlichen genannten Entwicklungsfaktoren besaßen für den polnischen Staat zwischen den beiden Weltkriegen Wirkungsmacht. Es wird zu zeigen sein, inwieweit diese Faktoren gerade im Bereich des Rechtswesens zur Geltung kamen.

2.2. Die internationalen Beziehungen und die staatliche Nichtexistenz Polens

Wie im vorangegangenen Kapitel gezeigt werden konnte, modernisierte sich die polnische Gesellschaft auch unter den Bedingungen der Abwesenheit von Eigenstaatlichkeit. In den staatlichen Systemen der Teilungsmächte konnte sie in jeweils unterschiedlichem Ausmaß Erfahrungen mit Institutionen in den Bereichen von Regierung, Rechtsprechung und Verwaltung sammeln. Trotz der fehlenden staatlichen Unabhängigkeit sind also zahlreiche innerpolnische Entwicklungslinien durchaus mit denen in anderen Staaten vergleichbar. Aufgrund der nichtexistenten Staatlichkeit Polens können derartige Parallelen hinsichtlich der außenpolitischen Situation zwangsläufig nicht gezogen werden. Auch wenn Hoffnungen auf das Wiederentstehen Polens während der napoleonischen Vorherrschaft in Europa bestanden, die polnische Frage im europäischen Bewußtsein zur Zeit des Vormärzes überaus präsent war oder später im 19. Jahrhundert Karl Marx in seinen Gesellschaftsanalysen anhand des polnischen Falls das System der großen Mächte kritisierte, so war Polen in den internationalen Beziehungen vor allem von symbolischer, gleichnishafter Bedeutung und weniger von realpolitischem Interesse.[76] In der Gegenüberstellung mit den in der Heiligen Allianz zusammengeschlossenen Teilungsmächten fiel dem unterdrückten Polen die Verkörperung eines in der französischen Revolution wurzelnden emanzipatorischen Geschichtsbildes zu. Nicht zuletzt durch die Selbststilisierung der polnischen Romantik erhielt diese Sichtweise noch besondere Impulse, die den polnischen Unabhängigkeitskampf als symbolhaft für den „universalen Gegensatz zwischen einem revolutionär-emanzipatorischen und einem hegemonial-integrativen Nationsbegriff"[77] erscheinen ließen. Auch wenn die untergegangene Adelsrepublik somit viele geschichtsphilosophische Debatten mitbestimmte, so fehlte der Staat doch als eigenständiger Akteur über 120 Jahre in der internationalen Politik.

[76] Hans Henning Hahn weist allerdings zu Recht darauf hin, daß eine Wissenschaft von den Internationalen Beziehungen, die nur souveräne Staaten als handelnde Subjekte in den Blick nimmt, zu kurz greift. Er betont die Rolle, die die Politiker der „Großen Emigration" für die internationale Präsenz der „polnischen Frage" spielten, und weist auf politische Gestaltungsspielräume für die Exilpolitiker hin, Hahn, H.H.: Außenpolitik in der Emigration. Die Exildiplomatie Adam Jerzy Czartoryskis 1830–1840. München, Wien 1978.

[77] Zernack, Polen und Rußland, S. 328.

An dieser Stelle soll es weniger darum gehen, die daraus resultierenden Defizite etwa im Bereich des diplomatischen Korps der Zweiten Republik zu betonen. Vielmehr richtet sich der Blick auf die Art der Transformation des internationalen Systems während der Teilungszeit, um herauszuarbeiten, vor welchen äußeren Integrationsanforderungen der polnische Staat nach 1918 stand. Dabei wird vor allem die zunehmende Intensivierung von internationalen juristischen Kontakten in den Blick genommen werden, in deren Folge es zu ersten Ansätzen der Verrechtlichung der internationalen Beziehungen sowie der Vereinheitlichung bestimmter Bereiche der einzelstaatlichen Rechtsordnungen kam. Im Hinblick auf die Frage, inwieweit es Polen nach 1918 gelang, sich in eine schon existierende internationale Rechtsordnung zu integrieren, werden an dieser Stelle einige Ausgangsbedingungen beleuchtet. Zunächst soll kurz erläutert werden, in welchen Bereichen es zu einem Ausbau zwischenstaatlicher juristischer Kontakte kam, die nach 1918 Polen, aber auch die anderen Nachfolgestaaten vor eine bedeutende Integrationsherausforderung stellten. Daneben wird auch nach neuartigen zwischenstaatlichen Kontaktformen zu fragen sein. Auch wenn es den Polen verwehrt blieb, als eigenständige außenpolitische Akteure aufzutreten, konnten sie dennoch an der zunehmenden Intensivierung der zwischenstaatlichen Kommunikation teilhaben, die nicht mehr nur politische Eliten, sondern auch weitere Gesellschaftsschichten umfaßte. Zudem spielten Polen als Beobachter und Kommentatoren des internationalen Systems eine wichtige Rolle. Hier wird zu fragen sein, welchen Einfluß die spezifische Situation der staatlichen Teilung auf die polnischen Bewertungen der Transformation des internationalen Systems hatte.

Betrachtet man diese Transformation, so wird man sagen können, daß der Untergang des polnischen Staates am Ende des 18. Jahrhunderts und seine Wiederentstehung nach dem Ersten Weltkrieg zwei charakteristische Eckpunkte dieses Prozesses darstellten. Die Teilung der Adelsrepublik versetzte zwar der Ordnung der damaligen internationalen Gemeinschaft einen Stoß, denn es war gerade das Recht auf territoriale Souveränität, das seit der Beilegung der Religionskriege durch den Westfälischen Frieden zu den anerkannten Regeln des Völkergewohnheitsrechts gehörte.[78] Doch es war dies eben

[78] Krukowski, S.: Polska odrodzona czy państwo nowe? in: Czasopismo Prawno-Historyczne 29 (1977), Nr. 1, S. 105–129, hier S. 110.

nur ein unkodifiziertes Gewohnheitsrecht, das durch im wechselseitigen Einverständnis agierende Großmächte außer Kraft gesetzt werden konnte. Der polnische Staat fiel damit sozusagen dem funktionierenden europäischen Mächtesystem zum Opfer. Die von dem nordamerikanischen Präsidenten Wilson initiierte Nachkriegsordnung wollte dieses System durch eine Ordnung ersetzen, die mittels des Selbstbestimmungsrechts der Völker und der Verrechtlichung der Beziehungen im Rahmen des nach dem Demokratieprinzip funktionierenden Völkerbunds kleinere Staaten zumindest *de iure* zu gleichberechtigten Partnern im internationalen System machte. Die Wiederentstehung des einst aufgrund eines *fait accompli* der ehemaligen Großmächte untergegangenen Polen war somit einer der sichtbarsten Beweise für die fundamentale Veränderung der europäischen Ordnung.[79] Die Gründe für das Scheitern der Wilsonschen Nachkriegsordnung sind schon oft beschrieben worden, und häufig wird gerade der Wandel vom im 19. Jahrhundert funktionierenden „concert of Europe" zum „concert without balance" im Rahmen des Völkerbundes für die Instabilität der Nachkriegsordnung verantwortlich gemacht.[80] Die tatsächliche Tragfähigkeit der von Wilson konzipierten Nachkriegsordnung soll hier nicht weiter diskutiert werden; die gleichermaßen in ihr enthaltenen Entwicklungspotentiale und destabilisierenden Faktoren werden später am Beispiel der internationalen Rechtsvereinheitlichung während der Zwischenkriegszeit überprüft. An dieser Stelle soll vielmehr aufgezeigt werden, daß jene Ordnung nach dem Ersten Weltkrieg nicht voraussetzungslos entstanden bzw. das Werk einiger weniger Staatsmänner oder politischer Theoretiker war. Vielmehr legte die extensive Enwicklung der internationalen Beziehungen und Kontakte während des 19. Jahrhunderts die Basis für diese neuartige Ordnung, die durch den Kriegsausbruch 1914 zwar erschüttert wurde, hinter die es aber auch nach dem Ersten Weltkrieg kein Zurück mehr gab.

Zahlreiche zeitgenössische Beobachter wiesen nach dem Ersten Weltkrieg auf die Andersartigkeit der internationalen Beziehungen

[79] S. dazu auch Wandycz, Polska międzywojenna, S. 263.

[80] Diese Bewertung des internationalen Systems der Zwischenkriegszeit ist besonders bei angelsächsischen Wissenschaftlern stark ausgeprägt, s. dazu etwa Kedourie, E.: An International Disorder, in: Bull, H./Watson, A. (Hg.): The Expansion of International Society, Oxford 1984, S. 347–355, hier S. 347–349 oder Clark, I.: The Hierarchy of States. Reform and Resistance in the International Order, Cambridge 1989, S. 151.

hin. Begründet sah man diese neue Qualität in der zunehmenden Intensivierung internationaler Kontakte und Kommunikation, die fast alle gesellschaftlichen Lebensbereiche durchdrang. Eine Verstetigung dieser Kontakte wurde durch die Entstehung zahlreicher internationaler Institutionen und das Anwachsen der Zahl internationaler Kongresse ermöglicht. Diese stärkere materielle Interdependenz der einzelnen Staaten sollte einen verläßlicheren Rahmen durch eine gemeinsame Werteordnung erhalten. Daher wurde zunehmend die Bedeutung einer kodifizierten und durch internationale Gerichtsbarkeit gesicherten Völkerrechtsordnung betont. Internationale Institutionen wie etwa Schiedsgerichte sollten in der internationalen Gemeinschaft eine kooperative anstatt einer nur von machtpolitischen Gesichtspunkten bestimmten Konfliktbehebung ermöglichen.[81] Diese Diagnosen resultierten aus der Beobachtung neuartiger internationaler Kontaktformen vor allem seit der zweiten Hälfte des 19. Jahrhunderts. Seit dem Wiener Kongreß hatte eine Vernetzung innerhalb der internationalen Beziehungen eingesetzt, die weit über die traditionellen diplomatischen Kontakte zwischen den politischen Eliten hinausging. Die Entwicklung von neuen Kommunikations- und Transportmitteln, die stärkere Involvierung der nationalen Gesellschaften in sich internationalisierende ökonomische Prozesse, die Gründung von mit technischen Fragen befaßten internationalen Organisationen und nicht zuletzt das Bemühen, diese neuen Kontakte und Kooperationsformen auf internationalen Kongressen zu verrechtlichen, hatten dazu beigetragen, daß der Komplex der internationalen Beziehungen immer mehr Lebensbereiche umfaßte sowie immer weitere Bevölkerungsgruppen betraf.[82]

[81] Charakteristisch für eine solche Betrachtungsweise sind schon die Titel der jeweiligen Analysen, in denen nicht mehr von internationalen Beziehungen, sondern von einer „internationalen Gesellschaft“ die Rede ist und zudem die Bedeutung der Verrechtlichung stark betont wird, so etwa bei Lawrence, T.J.: The Society of Nations, London 1919 sowie Brown, P. M.: International Society. Its Nature and Interest. New York 1923 und Brierly, J. L.: The Rule of Law in International Society, in: Acta Scandinavica Iuris Gentium (=Nordisk Tidsskrift for International Ret), 1936, S. 3–17.

[82] Zur intensiven internationalen Kooperation der modernen europäischen Volkswirtschaften in den Jahrzehnten vor dem Ersten Weltkrieg s. Pollard, S.: The Integration of the European Economy Since 1815, London 1981, S. 42–60. Der Autor weist darauf hin, daß trotz der einer machtpolitisch determinierten, nationalstaatlichen Logik geschuldeten Autarkiebestrebungen die Bemühungen um wirtschaftliche Integration weiterbestanden, da der damit verbundene ökonomische Fortschritt als ein äußerst erstrebenswertes Gut angesehen wurde.

Mit dem Anwachsen der nicht nur rein zwischenstaatlichen, sondern auch zwischengesellschaftlichen Kontakte wuchs das Bedürfnis, diese berechenbarer zu machen und auf eine allgemeinverbindliche Grundlage zu stellen. Somit kam ihrer schrittweisen Verrechtlichung eine Schlüsselbedeutung zu. Eine Zusammenstellung der Vereinten Nationen zählt für die Zeit zwischen 1864 und 1914 mehr als 100 internationale Konferenzen, aus denen über 250 Abkommen resultierten. Diese zielten vor allem auf die Regelung ökonomischer Kontakte und betrafen unter anderem das Postwesen, die Zollvereinheitlichung oder etwa die Normierung von Maßen und Gewichten.[83] Diesen Bemühungen, den internationalen Warenaustausch und die internationale Kommunikation durch gemeinsame Abkommen effektiver zu gestalten, stand jedoch auf der anderen Seite die zunehmende nationalstaatliche Abschließung der jeweiligen staatlichen Akteure gegenüber. Die im 19. Jahrhundert entstandenen unterschiedlichen nationalen zivilrechtlichen Kodifikationen erschwerten die wirtschaftlichen und gesellschaftlichen Kontakte zwischen den einzelnen Staaten. Den wichtigsten Beitrag, diese nationalen Barrieren im zwischenstaatlichen Rechtsverkehr zu überwinden, leisteten die Haager Privatrechtskonferenzen der Jahre 1893, 1894, 1900 und 1904. Dort wurden in den Bereichen des Ehe- und Familienrechts sowie des Zivilprozeßrechts Abkommen erarbeitet, die von etlichen europäischen Staaten unterzeichnet wurden. Neben eher zweckrationalen Erwägungen, die aus dem zunehmenden Waren-, Informations- und Bevölkerungsaustausch zwischen den Staaten resultierten, spielten in diesem Prozeß auch Bestrebungen der internationalen juristischen Wissenschaftsgemeinschaft eine Rolle, die verhindern wollte, daß es zu einer immer stärkeren nationalen Abschottung auf dem Gebiet des Privatrechts käme, die nicht juristischer, sondern vor allem nationalistischer *Ratio* geschuldet wäre und zu einer „Provinzialisierung" des Rechts führen würde.[84] Das 19. Jahrhundert war trotz bzw. gerade wegen der Ausbildung von auf Abgrenzung bedachter Nationalstaaten eine Epoche lebhafter rechtsvergleichender Bemühungen.[85]

83 United Nations, Documents on the Development and Codification of International Law, in: The American Journal of International Law (= Supplement of Official Documents) 41 (1947), Nr. 4, S. 29–116, hier S. 32–38.

84 Lüderitz, A.: Internationales Privatrecht, Neuwied, Kriftel, Berlin 1992, S. 14.

85 S. dazu Stolleis, M.: Der lange Abschied vom 19. Jahrhundert. Die Zäsur von 1914 aus rechtshistorischer Perspektive. Berlin, New York 1997, S. 11; Schulze, Die

Von juristischer Seite wurden jedoch nicht nur fachinterne Argumente angeführt, sondern auch auf die Bedeutung der Rechtsvereinheitlichung für die Verbesserung des Klimas in den internationalen Beziehungen hingewiesen. Einer der Experten für Internationales Privatrecht, der schweizerische Zivilrechtler Friedrich Meili (1848–1914) etwa betonte, daß mittels der internationalen Privatrechtsangleichung sehr viel mehr zur Völkerverständigung beigetragen werden könne, da hier handfeste materielle Interessen involviert seien, auf denen sich besser aufbauen ließe als auf den idealistischen Vorstellungen der Friedensbewegung.[86] In der sich seit Ende des 19. Jahrhunderts neu entwickelnden Disziplin der Rechtsvergleichung sah Meili ein weiteres Instrument, um zum besseren Verständnis zwischen den einzelnen Staaten beizutragen.[87]

Die Haager Privatrechtskonferenzen brachten Vertreter aus etwa 15 europäischen Staaten zusammen. Polnische Fachleute blieben aufgrund der fehlenden Staatlichkeit ausgeschlossen, doch ihr Interesse an den in Den Haag verhandelten Problemen war überaus rege. Schon einige Jahrzehnte zuvor gab es im geteilten Polen Stimmen, die auf den Sachverhalt hinwiesen, daß sich im zivilrechtlichen Verkehr zwischen Polen aus unterschiedlichen Teilungsgebieten die Frage stelle, welche der jeweils involvierten Rechtsordnungen gelten solle.[88] Der in Krakau lehrende Völkerrechtler Franciszek Kasparek (1844–1903) betonte in seinem Bericht über die erste Haager Konferenz von 1893 die Bedeutung der internationalen Zivilrechtsunifizierung gerade für die in drei unterschiedlichen Rechtsräumen lebenden Polen und regte an, eine wissenschaftliche Organisation zu gründen, die sich mit allen die drei Teilungsgebiete betreffenden Neuerungen im Internationalen Privatrecht befassen sollte. Zudem sprach er sich dafür aus, an der Krakauer Universität die Lehre vom Internationalen Privatrecht als eigenständiges Fach

europäische Rechts- und Verfassungsgeschichte, S. 56–61.

86 Meili, F.: Der internationale Geist in der Jurisprudenz, Zürich 1897, S. 21–27.

87 Ebenda, S. 29. Bei den hier angesprochenen Rechtsgebieten handelte es sich um sehr junge akademische Disziplinen. Meili erhielt im Jahr 1890 den ersten Lehrstuhl im gesamten deutschen Sprachraum für Internationales Privatrecht, Verkehrsrecht und Rechtsvergleichung, s. Runge, M.: Friedrich Meili (1848–1914). Lebensbild eines vielseitigen Züricher Juristen, Basel 1978, S. 13–15.

88 Dazu Wrotnowski, L.: O potrzebie kodeksu międzynarodowego dla stosunków prywatnych, Warszawa 1868.

einzuführen.[89] Die Tatsache, daß die Rechtsbeziehungen zwischen Polen aus verschiedenen Teilungsgebieten denen zwischen Angehörigen unterschiedlicher Staaten glichen und durch Rechtsvereinheitlichung erleichtert werden konnten, machte polnische Juristen zu engagierten Anhängern dieses Prozesses. Kasparek begründete die Bedeutung des internationalen Privatrechts gerade für die Polen folgendermaßen: „Die Polen, die unter drei verschiedenen Rechtssystemen leben, haben Gelegenheit, schon wenn sie nur in Rechtsbeziehungen untereinander treten, sei es im Bereich des Vermögens- oder des Familienrechts, im Alltag die Regeln des Internationalen Privatrechts anzuwenden, und sie empfinden die Rechtsunsicherheit, die in diesem Gebiet bislang herrscht, sicher häufig als schmerzlich.“[90] Kaspareks Lemberger Kollege Gustaw Roszkowski (1847–1915) appellierte zu Beginn des 20. Jahrhunderts nicht nur im Hinblick auf seine polnischen Landsleute, sondern auch „im Interesse des gesellschaftlichen Lebens aller zivilisierten Völker“ dafür, daß die Rechtsvereinheitlichung so schnell wie möglich voranschreiten solle.[91] Ein weiterer Aspekt, der die besondere Offenheit polnischer Juristen gegenüber internationalen Unifizierungsbestrebungen begründete, ist die Tatsache, daß für sie zu jener Zeit keine nationalstaatliche Rechtsordnung existierte, die sie gegen die Konsequenzen der internationalen Vereinheitlichung hätten verteidigen müssen.

[89] Kasparek, F.: Z dziedziny prawa międzynarodowego prywatnego. Konferencja w Hadze z września 1893 r., Kraków 1894, S. 66–69. Kasparek lehrte seit 1875 an der Krakauer Universität. Er machte neue westeuropäische Strömungen im Völkerrecht in seiner Heimat bekannt und engagierte sich bei der Etablierung einer polnischen Völkerrechtswissenschaft, s. Polski Słownik Biograficzny. Tom 12, Wrocław et al. 1966, S. 176–178.

[90] Kasparek, Z dziedziny, S. 66. Gerade diese Unsicherheit im Rechtsverkehr über die Teilgebietsgrenzen hinweg bewirkte, daß polnische Juristen seit der zweiten Hälfte des 19. Jahrhunderts mit Veröffentlichungen zu der noch jungen Disziplin des Internationalen Privatrechts hervortraten, s. dazu den Überblick bei Przybyłowski, K.: Rozwój polskiej nauki międzynarodowego prawa prywatnego, in: Rocznik Prawa Międzynarodowego 1 (1949), S. 160–176, hier S. 162–169.

[91] Roszkowski, G.: O początkach kodyfikacji międzynarodowego prawa prywatnego w Europie, in: Ateneum Polskie 4 (1908), S. 237–265, hier S. 265. Roszkowski studierte Jura nicht nur an der Warschauer Universität, sondern auch an mehreren deutschen Hochschulen. Er lehrte zunächst Rechtsphilosophie in Krakau. Als er 1872 seine Habilitation auf völkerrechtliche Fragen ausdehnen wollte, wurde dies von der Fakultät abgelehnt, da zu dieser Zeit das Völkerrecht noch nicht als eigenständige Disziplin an polnischen Universitäten etabliert war. Ab 1878 bekleidete er den Lehrstuhl für Rechtsphilosophie und Völkerrecht an der Universität Lemberg, s. Polski Słownik Biograficzny. Tom 32/2, Wrocław et al. 1990, S. 262–264.

Für die Jurisprudenz im polnischen Nationalstaat nach 1918 wird sich diese Frage neu stellen und an ausgewählten Beispielen der Rechtsunifizierung vor allem im Rahmen des Völkerbundes untersucht werden.

Sowohl Kasparek als auch Roszkowski waren Mitglieder der 1873 gegründeten Expertenvereinigung *Institut de Droit International*, die ihren Sitz in Brüssel hatte und die internationale Unifizierungsarbeit mit der Ausarbeitung von Kodifikationsentwürfen wissenschaftlich unterstützte. In dieser Institution waren Juristen aus fast allen europäischer Staaten sowie aus Nord- und Lateinamerika vertreten.[92] Durch regelmäßige Treffen sowie die Herausgabe von Tätigkeitsberichten verstetigte sich der Informationsfluß innerhalb der interessierten juristischen Fachwelt. Auch wenn Polen nicht mit einem eigenen diplomatischen Vertreter auf den Haager Konferenzen vertreten war, nahmen polnische Juristen auf diese Weise dennoch regen Anteil an den dort verhandelten Projekten. Durch die Mitgliedschaft in der erwähnten Expertenvereinigung besaß man nicht nur genauen Einblick in die neuesten Entwicklungen der internationalen Rechtsvereinheitlichung, sondern konnte wichtige persönliche Kontakte zu den Juristen anderer Staaten knüpfen, die in der Zwischenkriegszeit von großem Wert für die polnische Jurisprudenz in den internationalen Beziehungen sein sollten. Für die Weiterentwicklung internationaler Rechtsnormen hatten solche Expertenvereinigungen, in denen sich die *scientific community* seit den siebziger Jahren des 19. Jahrhunderts zusammenfand, große Bedeutung. Die Mitglieder des *Institut de Droit International* verfolgten in ihren Arbeiten weder die machtpolitischen Ziele der einzelnen Nationalstaaten, noch hingen sie den oft utopischen Plänen der damaligen Friedensbewegung an. Ihre vor allem an fachjuristischen Kriterien ausgerichtete Arbeit wurde in der Öffentlichkeit kaum wahrgenommen, beeinflußte den Prozeß der internationalen Rechtsvereinheitlichung aber nicht nur inhaltlich maßgeblich, sondern stellte auch für sich selbst genommen eine neue Art der internationalen Kooperation dar.[93]

Neben dem Bemühen, durch die Privatrechtsangleichung vor allem den allgemeinen Handelsverkehr in den internationalen Beziehungen

[92] S. dazu Abrams, I.: The Emergence of the International Law Societies, in: The Review of Politics 19 (1957), Nr. 3, S. 361–380, hier S. 373.

[93] Für seine Arbeit erhielt das Institut im Jahr 1904 den Friedensnobelpreis, s. ebenda, S. 380.

zu erleichtern, wurden gegen Ende des 19. Jahrhunderts vermehrt Bestrebungen deutlich, die zwischenstaatlichen politischen Beziehungen, die bislang durch den Primat der Machtpolitik geprägt waren, durch die Etablierung allseits anerkannter Rechtsnormen auf eine verläßlichere Grundlage zu stellen. Von entscheidender Bedeutung waren dabei die beiden Haager Friedenskonferenzen der Jahre 1899 und 1907, die zwar nicht die zunächst gesteckten Ziele erreichten, aber einen wichtigen Schritt darstellten, um neben das Machtbewußtsein in den internationalen Beziehungen auch ein Rechtsbewußtsein treten zu lassen.[94] Die erste Konferenz hatte der russische Zar Nikolaus II. vorrangig unter dem Aspekt der Abrüstung initiiert. Es wurde allerdings rasch deutlich, daß vor allem die militärischen Vertreter der Großmächte Deutsches Reich und Großbritannien in diesem Punkt wenig kompromißbereit waren. Während der Konferenz kristallisierte sich jedoch heraus, daß trotz des militärischen Drohpotentials die Bereitschaft vorhanden war, doch zumindest bestimmte Verhaltensregeln für den Kriegsfall aufzustellen sowie eine internationale Instanz einzusetzen, die durch Schlichtung bewaffnete Konflikte von vornherein vermeiden sollte. Auf der zweiten Konferenz im Jahr 1907 wurden schließlich dreizehn Abkommen unterzeichnet, darunter die sogenannte Haager Landkriegsordnung, die die Behandlung von Kriegsgefangenen regelte, im Kriegsfall strikt zwischen Militär und Zivilbevölkerung unterschied und bestimmte Kampfmittel wie etwa Giftgas verbot. Zudem stimmten die Konferenzteilnehmer der Einrichtung eines ständigen Schiedsgerichtshofes zu, der internationale Streitfragen beilegen sollte. Die Handlungsmöglichkeiten und Kompetenzen dieses Gerichts waren jedoch sehr begrenzt. So existierte es entgegen seiner Bezeichnung weder als ständiges Gremium, noch waren seine Zuständigkeiten klar definiert. Stattdessen lag in Den Haag eine Schiedsrichterliste aus, aus der die Konfliktparteien selbst die Richter bestimmen konnten. Eine Verpflichtung zur Anrufung des Gerichts im Konfliktfall bestand nicht. Besonders problematisch war, daß mit dem Gericht zwar ein juristischer Regelmechanismus entstanden war,

94 Zur Bewertung der Haager Friedenskonferenzen s. v. MANGOLDT, H.: Verrechtlichung? Vom Haager System zum Völkerbund, in: Die Friedenswarte. Blätter für internationale Verständigung und zwischenstaatliche Organisation 69 (1993), Nr. 1–2, S. 7–38 sowie DÜLFFER, J.: Regeln gegen den Krieg? Die Haager Friedenskonferenzen von 1899 und 1907 in der internationalen Politik, Berlin, Frankfurt/Main, Wien 1981.

materielles Völkerrecht, auf das sich die Richter hätten berufen können, jedoch noch kaum in international verbindlichen Konventionen kodifiziert worden war. Auch juristische Fachgremien wie das *Institut de Droit International* waren sich der Tatsache bewußt, daß die mit staatlichem Souveränitätsverzicht zwangsläufig einhergehende Kodifizierung völkerrechtlicher Normen größere Widerstände hervorrufen würde, als dies im Bereich der zwischenstaatlichen Privatrechtsbeziehungen der Fall war.[95]

Zur Weiterentwicklung des materiellen Völkerrechts trugen die beiden Haager Konferenzen denn auch nur wenig bei. Ihr Hauptverdienst lag eher darin, generell eine neue Qualität der Umgangsformen in den internationalen Beziehungen zu definieren. Verhandelt wurde auf ihnen nicht mehr im Rahmen eines austarierten Mächtesystems, sondern zwischen zumindest *de iure* gleichen, souveränen Staaten. Karol Wolfke unterscheidet in diesem Zusammenhang zwischen „geschlossenen" und „offenen" Konferenzen. Geschlossene Konferenzen funktionierten nach dem Primat der Machtpolitik wie etwa die Berliner Konferenz von 1878, auf der wenige Staaten einen Interessenausgleich unter sich aushandelten und über andere Staaten, die keinen Zutritt zur Konferenz erhalten hatten, entschieden. Offene Konferenzen hingegen waren nicht zugangsbeschränkt und betrafen in ihrer thematischen Ausrichtung die Gesamtheit der Staatenwelt. Auf ihnen konnte sich ein gleichberechtigter Dialog zwischen den dort vertretenen Staaten entwickeln. Die Haager Friedenskonferenzen fallen für Wolfke eindeutig in die Kategorie der offenen Konferenzen.[96] Wenn auch faktisch der Einfluß der europäischen Großmächte überwog und damit dem Erreichbaren von vornherein enge Grenzen gesetzt waren,[97] so konnten doch die kleineren Staaten genauso ihre Interessen artikulieren und geltend machen, was Fortschritte in der internationalen Kooperation nicht unbedingt erleichtern mußte. In der Frage der Einführung eines internationalen Gerichtshofes etwa

95 ABRAMS, The Emergence, S. 376.

96 WOLFKE, K.: Great and Small Powers in International Law from 1814 to 1920 (From the Pre-History of the United Nations), Wrocław 1961, S. 47.

97 Das Unbehagen des Deutschen Reiches, staatliche Souveränität zugunsten internationaler Gremien abgeben zu müssen, war so stark, daß es sich nicht nur in den Auftritten der diplomatischen Vertreter auf den Konferenzen selbst artikulierte, sondern auch in den kommentierenden Fachpublikationen, dazu als zeittypisches Beispiel TETTENBORN, A.: Das Haager Schiedsgericht. Eine völkerrechtliche Studie, Bonn 1911.

beharrten sie unnachgiebig auf ihrer Forderung, jeweils einen eigenen Richter für das Gremium stellen zu dürfen, was letztlich dazu führte, daß man sich lediglich auf die Einführung einer Richterliste, nicht aber eines ständigen Gerichts einigte.[98] Die Haager Friedenskonferenzen nehmen dennoch einen wichtigen Platz in der Entwicklung des Völkerrechts ein, da dort zum ersten Mal in einem größeren Rahmen über die Demokratisierung der internationalen Beziehungen durch Verrechtlichung und Vereinheitlichung von Verfahren diskutiert wurde. Durch die Anerkennung eines Regelwerks, dessen Durchsetzung durch die Einrichtung einer internationalen Schiedsinstanz gewährleistet sein sollte, wollte man anstelle des Machtbewußtseins das Rechtsbewußtsein zur grundlegenden Kategorie internationalen Handelns machen. Vor allem die Geschichte des Völkerbundes sollte zeigen, daß ein solches System in der ersten Hälfte des 20. Jahrhunderts zum Scheitern verurteilt war: nicht nur aufgrund der weiterhin durch machtpolitisches Kalkül geprägten Politik der größeren Staaten, sondern auch aufgrund des Mißtrauens der kleineren Staaten, die oft im internationalen Institutionen- und Regelsystem nichts anders sahen als die Fortdauer des Konzerts der Großmächte des 19. Jahrhunderts im nur vordergründig demokratischen Gewand.

Diese Einstellung läßt sich in der Zwischenkriegszeit für Polen ebenso wie für viele andere Nachfolgestaaten konstatieren.[99] Die gerade erst seit kurzer Zeit wiedergewonnene Souveränität führte dazu, daß diese Staaten einem erneuten Souveränitätsverzicht durch die Anerkennung internationaler Verträge und Regelungsinstanzen äußerst mißtrauisch gegenüberstanden. Es war fatal, daß gerade in einer Zeit der zunehmenden Bedrohung durch die deutsche Expansions- und Großmachtpolitik auch die kleineren Staaten dem Völkerbund mehr und mehr ihre Unterstützung entzogen und ihr Heil in bilateralen Vertragsprojekten suchten. Die so geschwächte neue internationale Ordnung wurde damit um so anfälliger für Attacken einer nach rein machtpolitischen Kriterien funktionierenden Politik. Daß auch der eher politikferne Bereich der internationalen juristischen Kooperation von dieser Verlagerung der Kontakte von der

98 Vandenbosch, A.: Small States in International Politics and Organisations, in: Journal of Politics 27 (1964), Nr. 2, S. 293–312, hier S. 295–297.

99 Eine typische Stimme für dieses Argumentationsmusters ist etwa Mańkowski, A.: Uprzywilejowane stanowisko wielkich mocarstw w XIX i XX wieku, Kraków 1934.

multi- auf die bilaterale Ebene betroffen war, wird im Verlauf der Arbeit noch zu zeigen sein.

Betrachtet man hingegen die Bewertung der auf den Haager Friedenskonferenzen angestrebten Neuorganisation der internationalen Beziehungen durch zeitgenössische polnische Beobachter, so wird deutlich, daß gerade in juristischen Fachkreisen in der Institutionalisierung und Verrechtlichung der zwischenstaatlichen Beziehungen ein wirksames Mittel gegen jene willkürhafte Großmachtpolitik gesehen wurde, der die Adelsrepublik am Ende des 18. Jahrhunderts zum Opfer gefallen war. Ebenso wie bei der internationalen Privatrechtsvereinheitlichung äußerten sich die beiden schon erwähnten Rechtswissenschaftler Franciszek Kasparek und Gustaw Roszkowski uneingeschränkt zustimmend zu der in Den Haag angestrebten völkerrechtlichen Neuordnung des internationalen Systems. Roszkowski hatte schon einige Jahre zuvor seine Vorstellungen zur Reform der internationalen Beziehungen formuliert, die in vielem die Errungeschaften, aber auch die Desiderate der Haager Konferenzen vorwegnahmen. Er betonte, daß vor allem die Kodifizierung des materiellen Völkerrechts eine unabdingbare Voraussetzung für diese Neuordnung sei. Die Schaffung eines allgemeinverbindlichen internationalen Regelwerks solle jedoch nicht in die Entstehung einer einheitlichen „Republik der Völker" (*republika narodów*) münden, sondern den weiterhin souveränen Staaten auferlegen, dieses Regelwerk anzuerkennen. Ebenso wie einen künftigen Weltstaat lehnte er die Organisation von Staaten in den regionalen Gleichgewichtssystemen des 19. Jahrhunderts ab. Die internationale Ordnung sollte nach seiner Meinung auf den Pfeilern einer internationalen Gerichtsbarkeit und vor allem zahlreicher internationaler Kongresse ruhen, auf denen er die internationale Kommunikation als ein wichtiges Instrument zur Konfliktbeilegung gewährleistet sah. Dabei betonte er, daß auf solchen Kongressen nicht bloß Regierungen, sondern auch die Völker selbst zu Wort kommen sollten.[100] Während sein Kollege Kasparek vor allem die Bedeutung der internationalen fachjuristischen Kooperation hervorhob und in seiner Analyse der ersten Haager Friedenskonferenz besonders die herausragende Rolle rühmte, die internationale wissenschaftliche

[100] S. dazu die beiden Schriften von Roszkowski, G.: O organizacji międzynarodowego związku państw, Lwów 1880 sowie Ders.: O kodyfikacji prawa międzynarodowego. Szkic naukowy, Kraków 1882.

Expertengremien bei der Vorbereitung der Konferenz gespielt hatten,[101] ging es Roszkowski zusätzlich um die Popularisierung seiner Idee von einer auf dem Rechtsprinzip beruhenden Völkergemeinschaft. Nicht von ungefähr war Roszkowski Vizepräsident der österreichischen Gruppe der 1888 gegründeten Interparlamentarischen Union,[102] die zunächst den Gedanken der internationalen Schiedsgerichtsbarkeit popularisieren wollte, aber sich auch dafür einsetzte, durch persönliche Kontakte die politische Verständigung zwischen den Völkern zu forcieren.[103]

Bereits am Beispiel dieser beiden Juristen wird deutlich, daß auch eine Betrachtung des internationalen Systems während der Teilungszeit lohnend für die Beantwortung der Frage ist, welches Erbe aus dieser Zeit die Polen in ihrem eigenen Staat nach 1918 vorfanden. Bei einer traditionellen diplomatiegeschichtlichen Betrachtungsweise würde es sich erübrigen, die Frage nach den polnischen Erfahrungen im Rahmen der internationalen Beziehungen zu stellen. Doch eine solche Betrachtungsweise gäbe gerade für die letzten Jahrzehnte der Teilungszeit, in denen es zu einer ungemeinen Verdichtung der internationalen Kontakte besonders im Bereich der Wissenschaft kam, nur ein verkürztes Bild wieder.[104] Es waren jedoch nicht nur wissenschaftliche Expertenvereinigungen und Kongresse, vor deren Hintergrund polnische Wissenschaftler internationale Kontakte knüpfen konnten. Auch die Tatsache, daß seit der Russifizierung der Warschauer Universität im Jahr 1869 das Jurastudium in polnischer Sprache nur noch an den beiden galizischen Universitäten in Krakau und Lemberg möglich war, trug dazu bei, daß sich polnische Juristen zwangsläufig mit ausländischen Rechtssystemen und -terminologien vertraut machen mußten. Fast alle bedeutenderen polnischen Ju-

101 Kasparek, F.: Pokojowa Konferencja w Hadze z roku 1899 i jej znaczenie dla prawa międzynarodowego, in: Czasopismo Prawnicze i Ekonomiczne 1 (1900), S. 518–530, hier S. 521 und 530. Zu einer ebenso lobenden Beurteilung der Rolle internationaler Juristenorganisationen kamen auch andere Fachkollegen, s. etwa das Vorwort bei Adler, A.: Die Haager Friedenskonferenz des Jahres 1907 und die Fortbildung des Völkerrechts, Berlin 1909.

102 S. dazu Polski Słownik Biograficzny. Tom 32/2, Wrocław et al. 1990, S. 262–264, hier S. 264.

103 Für Roszkowski war sie daher ein gutes Medium, um die „Idee des Friedens" zu verbreiten, s. Roszkowski, G.: O Unii Interparlamentarnej, Kraków 1911, S. 72.

104 Genau dieses Arguments bedient sich auch Lawrence, wenn er für die Betrachtung des internationalen Systems als *international society* plädiert, s. Lawrence, The Origin, S. 2–3.

risten absolvierten zumindest Teile ihrer Ausbildung an nichtpolnischen Hochschulen, zunächst vor allem an deutschen und österreichischen Universitäten, seit dem Ende des 19. Jahrhunderts aber auch zunehmend an Hochschulen des französischen und englischen Sprachraums. Viele der an den beiden Universitäten im österreichischen Teilungsgebiet lehrenden Professoren sorgten nach ihren Auslandsaufenthalten dafür, daß die Rechtswissenschaft dort auf einem hohen, westeuropäische Entwicklungen berücksichtigenden Niveau betrieben werden konnte.[105] Jurastudenten aus den beiden anderen Teilungsgebieten kamen an die galizischen Universitäten und konnten neben der polnischen Rechtsgeschichte auch aktuelle Entwicklungen anderer Rechtskulturen studieren. Von den Juristen, die eine wissenschaftliche Karriere anstrebten, blieben etliche nicht nur für einen Studienaufenthalt im Ausland, sondern etablierten sich als Dozenten und Professoren an den dortigen Hochschulen.[106] Aufgrund ihrer fachlichen Kompetenz nahmen sie einen wichtigen Platz in der internationalen Gelehrtengemeinschaft ein. Fast alle diese Juristen kehrten nach 1918 an polnische Hochschulen oder an andere Stellen im Staatsdienst zurück bzw. engagierten sich im Rahmen der Kodifikationskommission bei der Erarbeitung polnischer Gesetzbücher. In all diesen Tätigkeitsfeldern trugen ihre internationalen Erfahrungen dazu bei, daß der neue Staat rasch Anschluß an die aktuellen Entwicklungen innerhalb der europäischen Rechtsordnungen finden konnte.

Es waren aber nicht nur die persönlichen Kontakte einzelner Juristen, die der Zweiten Republik ermöglichten, sich in die Bereiche der europäischen Rechtsordnung zu integrieren, die seit dem letzten Drittel des 19. Jahrhunderts einer zunehmenden Unifizierung unterlagen. Wichtig war ebenso die Tatsache, daß Polen – auch wenn es nicht als souveräner Staat existierte – sich aufgrund seiner historischen und kulturellen Entwicklung in einen Kosmos allgemeineuropäischer Werte einfügte, deren Akzeptanz überhaupt erst die

[105] Dazu etwa BUSZKO, J.: Organisatorische und geistig-politische Umwandlungen der Universitäten auf polnischem Boden in der zweiten Hälfte des 19. Jahrhunderts, in: PLASCHKA, R.G./MACK, K.-H. (Hg.): Wegenetz europäischen Geistes. Band 1: Wissenschaftszentren und geistige Wechselbeziehungen zwischen Mittel- und Südosteuropa vom Ende des 18. Jahrhunderts bis zum Ersten Weltkrieg, Wien 1983, S. 132–145.

[106] Dazu FEDYNSKYJ, J.: Prominent Polish Legal Scholars of the Last One Hundred Years, in: WAGNER, Polish Law, S. 417–476.

Grundlage für die Entwicklung einer durch rechtliche Normen verbundenen Staatengemeinschaft darstellte. Das Osmanische Reich zum Beispiel gehörte seit 1856 zwar offiziell zum System der europäischen Mächte, blieb aber ansonsten in den internationalen Beziehungen weiterhin ein Außenseiter. Von den anderen europäischen Staaten wurde das Land zwar als Element eines bestimmten Mächtegleichgewichts, nicht aber als Mitglied der auf einer bestimmten Werteordnung beruhenden Völkerfamilie wahrgenommen.[107] Polen hingegen konnte trotz mangelnder Staatlichkeit gerade in der Sphäre des Rechts auf eine lange gemeineuropäische Tradition verweisen. Die Entwicklung der europäischen Rechtsordnung auf den zwei Pfeilern des kanonischen sowie des römischen Rechts in der westkirchlichen Tradition formten den abendländisch-lateinischen Rechtsraum, zu dem auch Polen gehörte.[108]

Während in der neueren Rechtsgeschichte inzwischen ein Konsens darüber zu bestehen scheint, daß die ostmitteleuropäischen Staaten jenseits des byzantinischen Kulturraums bis zum Ende der Renaissance einer allgemeinen (west-)europäischen Rechtskultur zuzuordnen sind, wird ab dem 16. Jahrhundert eine Stagnation dieser Gesellschaften konstatiert, die sich auch auf die Rechtsentwicklung auswirken sollte, die in diesem Teil Europas von nun an lediglich in der Rezeption westeuropäischen Rechts bestand.[109] Dabei wird jedoch die Dichotomie von einem sich modernisierenden Westeuropa und einem stagnierenden Ostmitteleuropa, die aus einer westeuropazentrischen Sicht resultiert, überbetont. Der Hinweis, daß im polnischen Fall seit dem Ende der eigenen Staatlichkeit Modernisierung im Rechtswesen nur noch zwangsweise vermittels der Teilungsmächte durchgesetzt wurde,[110] übersieht eigene polnische Reformbemühungen sowie die Tatsache, daß nicht alle der in den jeweiligen Teilungsgebieten geltenden Rechtsnormen lediglich als

[107] Den Aspekt der Kultur in den internationalen Beziehungen betonen zum Beispiel Neumann, I. B./Welsh, J.: The Other in European Self-Definition: an Addendum to the Literature on International Society, in: Review of International Studies 17 (1991), S. 327–348.

[108] Dazu Coing, H.: Das Recht als Element der europäischen Kultur, in: Historische Zeitschrift 238/1 (1984), S. 1–15; Borkowska-Bagieńska, Polska w Europie.

[109] Vgl. diese Sichtweise bei Küpper, H.: Rechtskultur(en) in Ostmitteleuropa, S. 343–344.

[110] Ebenda, S. 347.

Ausdruck der Fremdherrschaft wahrgenommen wurden.[111] Zudem erscheint eine solche national verengte rechtsgeschichtliche Betrachtungsweise bei den übernationalen Wurzeln, die auch modernen Kodifikationen eigneten, unangemessen. Es ist an der Zeit, die gerade in der deutschen, auf Osteuropa bezogenen Rechtsgeschichte („Ostrechtsforschung") allzu deutliche Betonung der Andersartigkeit dieses Rechtsraumes zu hinterfragen. Diese Betrachtungsweise, die bis zum Zweiten Weltkrieg die Rückständigkeit hervorhob bzw. Fortschritt nur durch die Einflüsse deutschen Rechts in dieser Region wahrnahm und in der Nachkriegszeit bei der Untersuchung des nun sozialistischen Rechtsraums die dortigen Entwicklungen beinahe als logische Konsequenz dieser Rückständigkeit auffaßte, gilt es durch eine stärkere gesamteuropäische Fragestellung zu ersetzen, etwa im Sinne des folgenden Forschungsprogramms: „Rechtsgeschichte und Rechtsvergleichung stehen heute vor der großen und aktuellen Aufgabe, ihren Beitrag zur Wiedergewinnung europäischer Rechtseinheit, zur Rückeroberung gemeinsamer Denktraditionen und zur Wiederbewußtmachung dessen zu leisten, was den europäischen Juristen gemeinsam ist – und was sie trennt."[112]

[111] Die polnische rechtsgeschichtliche Forschung selbst hat lange die Teilungszeit aus ihrem Kanon ausgegliedert, weil auch bei ihr die Auffassung vorherrschte, daß das Fehlen des eigenen Staates auch die Frage nach der eigenen Rechtsgeschichte obsolet mache, GRODZISKI, O zadaniach i obowiązkach, S. 23.

[112] KÖTZ, Was erwartet die Rechtsvergleichung, S. 22.

3. Die Kodifizierung und Unifizierung des Rechts

3.1. Die Rechtszersplitterung und die Bedeutung des Rechts für den neuen polnischen Staat

Nach der Erlangung der Unabhängigkeit im Jahr 1918 sah sich der polnische Staat mit der Tatsache konfrontiert, daß auf seinem Territorium die unterschiedlichen Rechtsordnungen der Teilungsmächte weiter in Geltung waren. Die Situation wurde dadurch zusätzlich erschwert, daß während des Krieges zum Teil neues Recht von den jeweiligen Besatzungsregimen eingeführt wurde. Zudem hatte die schrittweise Festlegung der Grenzen der Zweiten Republik im Anschluß an die Kriegsereignisse, die zum Teil auch weiterhin im Zuge bewaffneter Auseinandersetzungen erfolgte, zur Konsequenz, daß erst nach und nach eine gesicherte Bestandsaufnahme des Flickenteppichs der Rechtssysteme möglich wurde. Im Falle des Strafrechts galt im ehemaligen österreichischen Teilungsgebiet das Strafgesetzbuch von 1852 sowie im preußischen Teilungsgebiet das Strafgesetzbuch des Deutschen Reiches von 1871. Im russischen Teilungsgebiet waren zwei unterschiedliche Gesetzbücher in Kraft. Die deutschen Besatzungsbehörden hatten in dem von ihnen eingenommenen Gebiet im Jahr 1915 das moderne russische Strafrecht von 1903 eingeführt, während im österreichisch besetzten Teil der ältere russische Strafkodex von 1885 weitergalt. Noch uneinheitlicher stellte sich die Lage im Bereich des Zivilrechts dar. Im preußischen Teil galt das Bürgerliche Gesetzbuch (BGB) von 1900 und im österreichischen das Allgemeine Bürgerliche Gesetzbuch (ABGB) von 1811 (in den Gebieten Zips und Arwa galt zudem sowohl im Bereich des Zivil- als auch des Strafrechts ungarisches Recht, das aber *en bloc* 1922 durch österreichisches Recht ersetzt wurde).[1] Im russischen Teilungsgebiet unterschieden sich die Gebiete des Königreiches Polen von den Ostgebieten der ehemaligen Adelsrepublik. Während im Königreich

[1] Diese Region fiel im Zuge der polnisch-tschechoslowakischen Grenzabmachungen aus dem Jahr 1920 an Polen. Da sie zuvor nie zu Polen gehört hatte, blieb mangels einheitlichen polnischen Rechts zunächst das ungarische Recht in Geltung, dazu Ciągwa, J.: Recepcja prawa węgierskiego na Spiszu i Orawie po roku 1920, in: Studia Historyczne 39 (1996), Nr. 2, S. 199–222.

sowohl Teile des *Code Napoléon* sowie eigene polnische Kodifizierungen aus der Zeit vor dem Novemberaufstand von 1830 und nur in geringem Maße russisches Zivilrecht (etwa im Bereich des Ehe- und Familienrechts) wirksam waren, galten in den Ostgebieten seit 1840 Teile des im *Svod Zakonov Rossijskoj Imperii* (Gesetzessammlung des russischen Reiches) kodifizierten russischen Rechts.

Diese immense Uneinheitlichkeit im Bereich der zivil- und strafrechtlichen Regelungen stand einer relativ raschen Unifizierung des Verfassungsrechts und einer Zentralisierung der gesamtstaatlichen Institutionen gegenüber. Nachdem Staatschef Piłsudski Ende November 1918 verfügt hatte, eine verfassungsgebende Versammlung durch demokratische Wahlen zu bestimmen, legte dieses Gremium schon im Februar 1919 in einem Parlamentsbeschluß (auch „Kleine Verfassung" genannt) die Kompetenzabgrenzung zwischen Regierung, Parlament und dem vorläufigen Staatschef fest. Die in der Endphase des Krieges entstandenen polnischen Regierungsstellen in den einzelnen Teilungsgebieten ordneten sich im Laufe des Jahres 1919 den zentralen Institutionen in Warschau ebenso unter wie das seit 1917 in Paris agierende Polnische Nationalkomitee, das von Roman Dmowski geleitet wurde und zunächst von den Alliierten als Vertretung eines künftigen polnischen Staates betrachtet worden war. Seit dem Ende des Jahres 1918 sowie in den ersten Monaten des Jahres 1919 kam es zur internationalen Anerkennung Polens durch die wichtigsten europäischen Staaten und die USA. Die Verfassung vom 17. März 1921 ersetzte das als Provisorium angesehene Verfassungsgesetz aus dem Jahr 1919 und gab der Republik einen festen staatsrechtlichen Rahmen, der nach dem Staatsstreich Piłsudskis durch die Verfassungsnovelle vom August 1926 modifiziert und durch die neue Verfassung vom April 1935 grundlegend umgestaltet wurde. Die Märzverfassung lehnte sich eng an die Prinzipien der französischen Verfassung der Dritten Republik von 1875 an. Sie proklamierte ein republikanisches Gemeinwesen, in dem die höchste Macht beim Volk lag und in dem Politik nach den Regeln der repräsentativen Demokratie und unter Wahrung der Gewaltenteilung betrieben werden sollte. Ein ausführlicher Grundrechtskatalog sicherte den Bürgern individuelle Freiheitsrechte wie Meinungs,- Glaubens- und Gewissensfreiheit zu.[2]

[2] Zur Märzverfassung s. Pajewski, J.: Budowa Drugiej Rzeczypospolitej 1918–1926, Kraków 1995, S. 119–132.

Aus der Tatsache, daß unterhalb dieser Verfassung keine einheitlichen zivil- und strafrechtlichen Regelwerke existierten, ergaben sich jedoch schwerwiegende Probleme für die Wahrung dieser Grundrechte im Alltag. Während die Märzverfassung einen liberalen Charakter hatte und im Grundrechtsteil die Wahrung der individuellen Bürgerrechte gegenüber staatlichen Eingriffsmöglichkeiten betonte, waren die von den Teilungsmächten übernommenen Rechtsordnungen sehr viel weniger fortschrittlich geprägt. Zwar hatte das Parlament die Gesetze für ungültig erklärt, die einen dezidiert antipolnischen Charakter besaßen oder offensichtlich gegen demokratische Grundprinzipien verstießen.[3] Trotzdem gab es in den übernommenen Rechtsordnungen eine Vielzahl von Gesetzen, die im Widerspruch zur Verfassung standen. Diese sah zwar vor, daß Gesetze, die nicht verfassungskonform waren, spätestens ein Jahr nach dem Inkrafttreten der Verfassung dem *Sejm* vorgelegt werden sollten, um sie auf dem Weg der parlamentarischen Gesetzgebung verfassungskonform zu machen.[4] Unterblieb die Angleichung in diesem Zeitraum, war unklar, ob das jeweilige Gesetz trotz seiner Verfassungswidrigkeit anzuwenden war. In solchen Fällen gab es keine Einheitlichkeit der Entscheidungen des Obersten Gerichts und des Obersten Verwaltungstribunals, die als letztinstanzliche Stellen darüber zu entscheiden hatten, ob der Verfassungsgrundsatz bzw. das nicht verfassungsgemäße Gesetz Gültigkeit habe.[5] Da es keine institutionellen Garantien gab, die die übergeordnete Stellung der Verfassungsnorm im staatlichen Rechtssystem gewährleisteten, hatte die Verfassung nur einen deklarativen Charakter. In diesem Zusammenhang wurde die Schaffung einer Verfassungsgerichtsbarkeit diskutiert, die für die materielle Durchsetzung der Verfassungsprinzipien in der staatlichen Normenhierarchie zuständig gewesen wäre. Es kam jedoch nicht zur Einsetzung eines solchen Gerichtes, da die Auffassung vorherrschte, daß Gesetze, die vom Parlament verabschiedet worden waren, nicht durch ein fachlich zwar kompetentes, aber nicht aus allgemeinen Wahlen hervorgegangenes Gremium verändert werden sollten.[6] Die in der

[3] S. Ajnenkiel, Ustrój i prawo, S. 99.

[4] Art. 126 der Märzverfassung zu den Übergangsbestimmungen in: Kołodziejczyk/Pomianowska, Konstytucje, S. 111.

[5] Bardach/Leśnodorski/Pietrzak, Historia ustroju i prawa, S. 487.

[6] Zum Problem rechtsstaatlicher Garantien in der Märzverfassung s. Pietrzak, M.: Państwo prawne w Konstytucji z 17 marca 1921 r., in: Czasopismo Prawno-Historyczne 39 (1987), Nr. 2, S. 103–134. In der Ablehnung eines Verfassungsgerichts spiegelte sich

Verfassung verbrieften Freiheitsrechte wurden daher im Alltagsleben sehr häufig durch die Anwendung einfacher Gesetze, die nicht verfassungskonform waren, in ihrer Wirkung aufgehoben.

Krzysztof Krasowski hat am Beispiel der Beziehungen zwischen den unterschiedlichen Konfessionen herausgearbeitet, daß die Glaubensfreiheit durch die einschlägigen Rechtsnormen der von den Teilungsmächten übernommenen Rechtssysteme fundamental verletzt wurde.[7] Diese Tatsache war um so bedeutender, da die Stellung des Katholizismus im Staat in seiner Eigenschaft des Bekenntnisses der Bevölkerungsmehrheit in der Märzverfassung durch einen Artikel geregelt wurde, der dieser Konfession eine „herausgehobene Stellung unter den gleichberechtigten Konfessionen" zusprach.[8] Im Falle etwa des ehemaligen russischen Teilungsgebiets war der Widerspruch zwischen der verfassungsmäßigen Glaubensfreiheit und den Gesetzesvorschriften, die zu Zeiten der zarischen Herrschaft den Vorrang einer Religion im Staat – nämlich der Orthodoxie – schützen sollten, besonders eklatant. Verwaltungsbehörden und auch die katholische Kirche stützten sich nicht selten auf diese Gesetze, die sich ausdrücklich nur auf den orthodoxen Glauben bezogen, um die Stellung der katholischen Kirche zu festigen. Die Verhinderung des Übertritts vom Katholizismus zu einer anderen Konfession oder die massenhafte Zwangsbekehrung von orthodoxen Gläubigen in den Ostgebieten der Zweiten Republik konnte unter Zuhilfenahme von Gesetzen durchgesetzt werden, die in keiner Weise den liberalen Grundsätzen der Märzverfassung entsprachen.[9] Hinzu kam, daß die Gesetzesvorschriften nicht nur verfassungswidrig waren, sondern auch die grundlegenden gesellschaftlichen Bedingungen nicht reflektierten. Nicht selten bediente sich die Exekutive aus politischen Gründen – wie zum

die damals gängige Auffassung, daß – falls es zu Konflikten zwischen dem Rechtsstaat und dem demokratischen Prinzip käme, die Demokratie Vorrang haben müsse und die Legislative über die Verfassungsmäßigkeit von Gesetzen zu entscheiden habe. Die Einführung von Verfassungsgerichten in der Zwischenkriegszeit in Österreich und der Tschechoslowakei blieb die Ausnahme, vgl. ebenda S. 113.

[7] Krasowski, K.: Losy unifikacji ustawodawstwa międzywyznaniowego w II Rzeczypospolitej, in: Czasopismo Prawno-Historyczne 39 (1987), Nr. 2, S. 134–156.

[8] S. Artikel 114 der Märzverfassung in: Kołodziejczyk/Pomianowska, Konstytucje, S. 109. In der Verfassungskommission des *Sejm* besaßen weder linke noch rechte politische Gruppierungen eine Mehrheit, so daß die Verfassung gerade im Bereich weltanschaulicher Fragen häufig einen Kompromißcharakter aufwies, s. dazu auch Krukowski, S.: Geneza konstytucji z 17 marca 1921 r., Warszawa 1977.

[9] Krasowski, Losy unifikacji, S. 143–146.

Beispiel im erwähnten Fall der restriktiven Minderheitenpolitik in den Ostgebieten – nicht ungern der Gesetze der Teilungsmächte. Aber selbst wenn ein solches Kalkül nicht vorhanden war, mußte generell schon aus rein pragmatischen Gründen auf die Gesetze der Teilungsmächte zurückgegriffen werden, was ein weiteres Argument für die Wichtigkeit der Kodifizierung eigener polnischer Gesetzeswerke war. Neue Gesetzesentwürfe konnten zumindest die tatsächlichen lebensweltlichen Bedingungen in der Zweiten Republik berücksichtigen, auch wenn sie – wie man am Beispiel der Auseinandersetzungen um die Fixierung konfessionsrechtlicher Vorschriften sehen kann – vielfach der *Ratio* mächtiger gesellschaftlicher Interessengruppen folgten, anstatt dem Primat der Verfassungsmäßigkeit.[10]

Die aufgezeigte Divergenz zwischen dem neuen verfassungsrechtlichen Rahmen der Zweiten Republik und dem Mangel an vereinheitlichten Gesetzeswerken war nur ein Grund für die Dringlichkeit einer raschen Rechtskodifizierung, wenn auch ein besonders wichtiger, denn im Idealfall konnten die neuen Gesetzeswerke die eher deklaratorischen Inhalte der Verfassung im gesellschaftlichen Alltag mit Leben füllen. Von großer Bedeutung war die Rechtsvereinheitlichung aber auch aus Gründen der ökonomischen und gesellschaftlichen inneren Integration der Zweiten Republik. Die Rechtszersplitterung betraf alle Lebensbereiche und erschwerte selbst elementare Kontakte im Bereich des Wirtschaftslebens, aber auch der zwischenmenschlichen Beziehungen. Andrzej Ajnenkiel hat darauf hingewiesen, daß die Arbeit an neuen polnischen Gesetzbüchern neben dem Aspekt der staatlichen und gesellschaftlichen Modernisierung sowie der Überwindung der Teilgebietsunterschiede eine weitere positive Auswirkung auf das innere Gefüge des neuen polnischen Staates besaß, nämlich die Überwindung der in der Gesellschaft weit verbreiteten Haltung, die jeweiligen Rechtssysteme als „etwas feindliches, von Fremden aufgezwungenes" zu betrachten.[11] Dieser Auffassung, die negative Erfahrungen aus der Teilungszeit in den Vordergrund rückte, wurde die Wahrnehmung einer künftigen polnischen Rechtsordnung als Anknüpfungspunkt an Traditionen aus der Adelsrepublik

[10] Der katholischen Kirche gelang es, alle Gesetzesprojekte zur Regelung der Beziehungen zwischen den einzelnen Konfessionen, die ihre Stellung im Staat hätten schwächen können, bis zum Ende der Zweiten Republik zu blockieren, s. ebenda S. 153–155.

[11] Ajnenkiel, Ustrój i prawo, S. 103.

und als Garanten einer erfolgreichen Entwicklung des wiederentstandenen Staates entgegengestellt. Der Präsident der maßgeblich für die Schaffung einer neuen Rechtsordnung zuständigen Kodifikaktionskommission – der Krakauer Universitätsprofessor Franciszek Ksawery Fierich (1860–1928) – hob zu Beginn der Kommissionstätigkeit im Jahr 1919 diesen engen Zusammenhang zwischen staatlicher Unabhängigkeit und einem funktionierenden Rechtssystem hervor: „Ein denkwürdiger Akt historischer Gerechtigkeit rief unser Vaterland ins Leben. Das Rechtsgefühl gab uns die Freiheit. Nun möge uns die Freiheit das Recht sichern.“[12] Von nicht minderer Bedeutung war die Schaffung eines einheitlichen polnischen Rechtssystems aber auch für die Stellung Polens in den internationalen Beziehungen, um die Integrität und Souveränität des neuen Staates zu bekräftigen und Polen zu einem verläßlichen Partner im Bereich internationaler Kontakte zu machen.

3.2. Die Rolle der Kodifikationskommission in der Zweiten Republik[13]

Schon zu Kriegszeiten gab es in den polnischen Behörden, die im Rahmen des von den Mittelmächten proklamierten Königreiches Polen tätig waren – seit Ende 1916 im Justizdepartement des „Provisorischen Staatsrats“ *(Tymczasowa Rada Stanu)* bzw. seit September 1917 im Justizministerium des „Regentschaftsrates“ *(Rada Regencyjna)* – , erste Bemühungen, zumindest zu einer Bestandsaufnahme der gültigen Rechtsnormen zu kommen und vorbereitende Arbeiten für künftige polnische Kodifikationen zu koordinieren. Im Umfeld dieser Ressorts wurde über die Bedeutung der Rechtsunifizierung für den künftigen polnischen Staat diskutiert, wobei in diesem frühen Stadium sehr intensiv auch die Möglichkeit in Erwägung gezogen wurde, für bestimmte Rechtsbereiche auf eine Neukodifizierung zu verzichten und das Rechtssystem eines Teilungsgebietes auf das gesamte Staatsgebiet auszudehnen.[14] Hierbei spielten vor allem pragmatische Gründe eine Rolle, denn gerade in der Über-

[12] Komisja Kodyfikacyjna Rzeczypospolitej Polskiej. Dział ogólny (im folgenden KKRP). Tom 1, zeszyt 1, Warszawa 1920, S. 12.

[13] Zu Entstehung, Organisationsstruktur und Aufgaben der Kodifikationskommission s. zuletzt umfassend GÓRNICKI, Prawo Cywilne, S. 12–102.

[14] Das russische Strafgesetzbuch von 1903, das seit 1915 im deutsch besetzten Teil des ehemaligen Königreiches Polen in Geltung war, wurde von den polnischen Justizbehörden im Jahr 1917 auf das gesamte ehemalige Königreich und 1918 auch

gangszeit zwischen der Proklamation des Königreiches Polen durch die Mittelmächte und der Erlangung der Unabhängigkeit konnte von einer klaren Abgrenzung der einzelnen Rechtsordnungen und von einem funktionierenden Justizsystem kaum die Rede sein. Die Versuche der in Warschau ansässigen Exekutivorgane, zumindest im Rahmen einer vorläufigen Rechtsunifizierung die Handlungsinitiative zu übernehmen, zielten nicht in erster Linie darauf ab, im Justizressort neben der exekutiven auch die legislative Arbeit zu konzentrieren, um so dessen Machtposition auszubauen, sondern strebten zunächst eine rasche Regulierung des als chaotisch empfundenen *status quo* an. Sowohl unter Politikern als auch in juristischen Fachkreisen war jedoch die Meinung weit verbreitet, daß die Erarbeitung einheitlicher polnischer Gesetzbücher eine zu wichtige Aufgabe war, als daß sie von einer Unterabteilung des Justizressorts hätte geleistet werden können. Es ist bezeichnend, daß der Strafrechtler Wacław Makowski (1880–1842), der im Regentschaftsrat den Posten des Justizministers bekleidet hatte, in einem programmatischen Artikel vom Januar 1919 die Bedeutung eigenständiger polnischer Kodifikationen betonte und dazu die Einsetzung eines von der Regierung unabhängigen Gremiums forderte. Statt die Kodifizierung des Rechts den einzelnen Ministerien zu überlassen, plädierte Makowski für ein unabhängiges Expertengremium, das Gesetzeswerke unter einem einheitlichen Leitgedanken formulieren sollte.[15] Diese Meinung wurde von weiten Teilen der polnischen Jurisprudenz geteilt, die vor allem im Umfeld der Universitäten in Krakau und Lemberg sowie der „Juristischen Gesellschaft" *(Towarzystwo Praw-*

auf die Ostgebiete ausgeweitet, noch bevor es zu einer Festlegung der Staatsgrenzen gekommen war. Es war dies der erste Schritt zur Überwindung der Rechtszersplitterung im Bereich des Strafrechts, s. dazu Makowski, W.: Dotychczasowe wyniki unifikacji prawa karnego, Warszawa 1935, S. 4.

15 Ders.: W sprawie ujednostajnienia ustawodawstwa, in: Gazeta Sądowa Warszawska 47 (1919), Nr. 2–3, 18.1.1919, S. 13–15. Wacław Makowski spielte während der gesamten Zweiten Republik eine wichtige Rolle gerade an der Schnittstelle zwischen Politik und Rechtswissenschaft. Nach seiner Tätigkeit als Justizminister im Jahr 1918, gehörte er seit 1919 der Strafrechtsabteilung der Kodifikationskommission an, in der er maßgeblich an der Ausarbeitung des neuen polnischen Strafgesetzbuchs beteiligt war. Nach dem Maiumsturz 1926 wurde er zunehmend zu einem der wichtigsten Ideengeber für die von der *Sanacja*-Regierung geplante Verfassungsreform, dazu Kulesza, W.T.: Wstęp, in: Makowski, W.: O państwie społecznym, Warszawa 1998, S. 9–20.

nicze) in Warschau über die Bedeutung künftiger polnischer Gesetzeswerke diskutierte.[16]

Auch in der verfassungsgebenden Versammlung herrschte Einigkeit darüber, daß die Schaffung eines einheitlichen polnischen Rechtssystems eine der grundlegenden Voraussetzungen für die Konsolidierung des neuen Staates sei. Neben der Erarbeitung der neuen Verfassung, die die Grundordnung der Republik festlegen sollte, spielte in den Plenardebatten somit auch die Frage nach dem Prozedere bei der Ausgestaltung der zivil- und strafrechtlichen Regelwerke eine Rolle. Gleich in den ersten Monaten ihrer Tätigkeit setzten sich die Abgeordneten mit der Einberufung eines Gremiums auseinander, das diese Regelwerke erarbeiten sollte. Dem Parlament lagen fünf verschiedene Gesetzesprojekte vor, von denen der Vorschlag des Abgeordneten der Polnischen Sozialistischen Partei *(Polska Partia Socjalistyczna, PPS)* und Vorsitzenden des parlamentarischen Rechtsausschusses, Zygmunt Marek (1872–1931), mit großer Mehrheit angenommen wurde. Mareks Gesetzentwurf sah vor, daß die Kodifikationskommission ein Expertengremium sein sollte, das das Parlament durch die Ausarbeitung von Projekten im Bereich des Zivil- und Privatrechts maßgeblich bei der Verabschiedung vereinheitlichter polnischer Gesetzbücher unterstützte. Er kritisierte die bisherige Praxis, die die Kodifikationsarbeit in der Gesetzgebungsabteilung des Justizministeriums angesiedelt hatte.[17] Der Gesetzentwurf, der vom Justizministerium vorgelegt wurde, strebte hingegen eine Eingliederung der Kodifikationskommission in das Justizministerium an.[18] Im Gesetz über die Kodifikationskommission vom 3. Juni 1919 hieß es in Artikel 3: „Die von der Kodifikationskommission erarbeiteten Gesetzesprojekte werden dem Parlament durch den Justizminister vorgelegt.“ Im gleichen Artikel wurde festgelegt, daß das Budget der neuen Institution im Rahmen des Haushalts des Justizminsteriums einzurichten sei. Desweiteren wurde dem Justizminister die Teilnahme an den Sitzungen der Kodifikationskommission durch

[16] S. dazu Grodziski, Komisja, S. 47–81, hier S. 47–48 sowie Lityński, A.: Die Kodifikationskommission und ihre Arbeit am Strafgesetzbuch der Zweiten Polnischen Republik, in: Zeitschrift der Savigny-Stiftung für Rechtsgeschichte. Germanistische Abteilung Bd. 112 (1995), S. 382–395, hier S. 382–388.

[17] Zu Mareks Engagement für die Kodifikationskommission s. Najdus, W.: Zygmunt Marek – prawnik i polityk, 1872–1931, Warszawa 1992, S. 165–180.

[18] Zu den unterschiedlichen Gesetzentwürfen s. Grodziski, Komisja, S. 50–51.

einen Delegierten gestattet.[19] Somit fanden sich im Gesetz zwar keine Hinweise auf eine aktive Einflußnahme des Justizministeriums, doch wurde deutlich, daß dem Ministerium durch seine Position als faktischer Mittler zwischen der Kommission und dem Parlament sowie durch die Budgetfestlegung eine wichtige Rolle im Kodifikationsprozeß zufiel.[20]

Die Frage, ob die Kommission in ihrer Tätigkeit stärker der Legislative oder der Exekutive zugeordnet war, verlor seit dem Putsch von 1926 an Bedeutung, da von diesem Zeitpunkt an ihre Projekte nicht mehr vom *Sejm* verabschiedet wurden, sondern nach Prüfung durch das Justizministerium als Verordnungen bzw. seit 1935 als Präsidialdekrete – ohne weitere Debatte im Parlament – erlassen wurden.[21] Ihr Stellenwert wurde durch diese Tatsache nicht geschmälert, sondern eher erhöht, denn je weniger die Gesetzgebung einem demokratischen Prozedere folgte, desto wichtiger wurden die Diskussionen innerhalb der Kommission, die aufgrund ihrer Rechenschaftsberichte und der Kooperation mit weiten Kreisen der polnischen Jurisprudenz zumindest in der Fachöffentlichkeit viele Rezipienten fanden. Dies wurde besonders bei den Gesetzentwürfen deutlich, die aufgrund ihrer weltanschaulich brisanten Inhalte – wie etwa die Neuordnung des Ehe- und Familienrechts – polarisierend auf die Gesellschaft wirkten. Die Veröffentlichung der Gesetzentwürfe durch die Kommission hatte Debatten zur Folge, die weit über die primär angesprochenen juristischen Fachkreise hinausgingen. Ihre Autorität im politischen und gesellschaftlichen System der Zweiten Republik war beträchtlich, obwohl ihre Stellung im Institutionengefüge des Staates durch das Gesetz aus dem Jahr 1919 nur ungenau beschrieben wurde und auch in den Verfassungstexten der Zwischenkriegszeit keine Erwähnung fand.

Gerade in der vergleichenden Betrachtung der Kodifikationskommission mit ähnlichen Institutionen in den anderen Nachfolgestaaten in Ostmitteleuropa wird ihre herausgehobene Bedeutung für das politische System der Zweiten Republik klar. Neben Rumänien war

19 Ustawa z dnia 3 czerwca r. 1919 o Komisji Kodyfikacyjnej, in: Dziennik Praw Państwa Polskiego, Nr. 44, 6.6. 1919, Poz. 315.

20 Zur Stellung der Kodifikationskommission zwischen dem Parlament und dem Justizministerium auch Lityński, Wydział karny, S. 30–35.

21 Grzybowski, K.: Rola prawa w likwidacji podziałów zaborczych oraz instytucji państwa polskiego, in: Droga przez półwiecze. O Polsce lat 1918–1968, Warszawa 1969, S. 61–78, hier S. 74.

Polen das einzige Land, das zur Neuordnung seines Rechtssystems eine von der Exekutive organisatorisch getrennte Institution einsetzte. In den meisten Staaten, die vor vergleichbaren Aufgaben in bezug auf die Neuschaffung bzw. Vereinheitlichung ihrer Rechtsordnungen standen, wurde diese Arbeit in eine Unterabteilung des Justizministeriums verlegt. In der Tschechoslowakei wurde im Sommer 1919 ein gesondertes „Ministerium für die Vereinheitlichung der Gesetzgebung und Verwaltung" ins Leben gerufen, das *de facto* aber lediglich eine spezielle Kommission innerhalb des Justizministeriums darstellte.[22] Der tschechoslowakische Fall unterschied sich auch dahingehend von dem polnischen, als man in der Tschechoslowakei weniger eine völlige Neukodifizierung von Zivil- und Strafrecht anstrebte, sondern sich stärker auf die Umarbeitung schon bestehender Rechtsordnungen konzentrierte. Im Zivilrecht etwa rekurrierte man sehr stark auf das österreichische ABGB als Vorlage für ein tschechoslowakisches Zivilgesetzbuch. Dabei sollte das ABGB an die Lebensverhältnisse des neuen Staates angepaßt und modernisiert werden. Die slowakisch-ungarischen Rechtstraditionen, die neben dem österreichischen Erbe auch eine Rolle in der Tschechoslowakei spielten, wurden bei dieser Vorgehensweise sehr viel weniger berücksichtigt.[23]

In Polen gab es ebenfalls Überlegungen, die Rechtszersplitterung durch Ausdehnung der Rechtsordnungen eines der ehemaligen Teilungsgebiete auf den Gesamtstaat zu überwinden. So wurde zum Beispiel zu Beginn des Jahres 1919 in Erwägung gezogen, das Strafgesetzbuch des Russischen Reiches von 1903 auf das gesamte Staatsgebiet auszudehnen.[24] Doch keiner der einzelnen Landesteile besaß ein solches Übergewicht, daß sein Recht als gesamtstaatliche Ordnung allgemeine Akzeptanz gefunden hätte, so daß die Kodifikationskommission trotz der unübersehbaren Bedeutung, die die Herkunft ihrer Mitglieder aus den jeweiligen Teilungsgebieten für ihre Arbeit besaß, für das gesamte Staatsgebiet neue Gesetzeswerke schaffen mußte. Wie noch zu zeigen sein wird, spielten aber die jeweiligen Rechtsordnungen der Teilungsgebiete eine wichtige Rolle bei den

[22] Zu den Unifizierungsbestrebungen in anderen nach dem Ersten Weltkrieg neu- bzw. wiederentstandenen Staaten s. Slapnicka, Österreichs Recht, S. 18–25.

[23] Schubert, W.: Der tschechoslowakische Entwurf zu einem bürgerlichen Gesetzbuch und das ABGB, in: Zeitschrift der Savigny-Stiftung für Rechtsgeschichte, Germanistische Abteilung, Band 112, 1995, S. 271–315, besonders S. 279 und 313.

[24] Dazu Lityński, Wydział karny, S. 20–21.

polnischen Kodifikationen, da die Mitglieder der Kommission ihre jeweiligen regionalen Erfahrungen in die Arbeit des Gremiums einbrachten. Im Vergleich mit den anderen Nachfolgestaaten beschritt die polnische Kodifikationskommission trotz dieser Bezugnahme auf das rechtliche Erbe der Teilungsmächte am konsequentesten den Weg der Neuschaffung von Gesetzbüchern und wählte damit die zeitaufwendigste und inhaltlich schwierigste Variante der Rechtsvereinheitlichung.[25]

Das Gesetz über die Kodifikationskommission hatte 1919 in lapidarer Weise festgesetzt, daß die Aufgabe des vierzigköpfigen Gremiums, „die Vorbereitung von Projekten zu einer einheitlichen Gesetzgebung für alle Gebiete, die zum Staatsterritorium gehören, sowohl im Bereich des Zivil- als auch des Strafrechts“ sei. Darüber hinaus hieß es, daß die Kommission auch zur Ausarbeitung anderer Gesetzesprojekte vom Parlament bzw. vom Justizministerium herangezogen werden konnte.[26] Sehr rasch zeigte sich, daß die Kommission mit der Ausarbeitung der allgemeinen zivil- und strafrechtlichen Regelwerke mehr als ausgelastet war, so daß ihre Mitglieder bald gegen die Übertragung von weiteren Aufgaben protestierten. So lehnten sie zum Beispiel 1920 den Vorschlag ab, die Kommission solle sich auch um die Vereinheitlichung des Verwaltungsrechts kümmern.[27] Die Kodifizierungsarbeit wurde innerhalb der Kommission zwischen einer Zivil- und Strafrechtsabteilung aufgeteilt, die sich für die Erarbeitung der einzelnen Projekte weiter in Untersektionen aufgliederten.[28]

Trotz dieser frühzeitigen Beschränkung auf den Kernbereich ihrer Aufgaben sahen sich die Kommissionsmitglieder einer enormen Arbeitsbelastung gegenüber, der weder die personelle Ausstattung des Gremiums noch seine materielle Unterstützung durch das Justizministerium entsprachen. In ihren Rechenschaftsberichten wiederholten sich die Klagen über die zu geringen materiellen Zuwendungen während der gesamten Zwischenkriegszeit. Ganz besonders kritisch

[25] Am Beispiel des Rechts der ehemaligen Habsburgermonarchie hat Slapnicka gezeigt, daß die Zweite Republik im Vergleich zu allen anderen Nachfolgestaaten dieses am weitestgehenden durch Neukodifikationen ersetzte, SLAPNICKA, Österreichs Recht, S. 26–35.

[26] Artikel 2, Absatz a und b des Gesetzes vom 3. Juni 1919, Dziennik Praw, Nr. 44, 6.6. 1919, Poz. 315.

[27] KKRP, zeszyt 2, 1920, S. 70. Die Ausarbeitung von Gesetzbüchern, die wie etwa das Arbeitsrecht besondere Rechtsgebiete regelten, wurde den jeweiligen Fachministerien übertragen, BARDACH/LEŚNODORSKI/PIETRZAK, Historia ustroju i prawa, S. 552.

[28] S. dazu auch die Überblicksschemata bei GRODZISKI, Komisja, S. 58–61.

wurde immer wieder die Tatsache bewertet, daß keine nennenswerte Bibliothek zur Verfügung stand, die als unerläßlich für eine umfassende Information der Mitglieder über die Rechtsentwicklungen in anderen Staaten angesehen wurde. Die Tätigkeit in diesem Gremium besaß von vornherein einen ehrenamtlichen Charakter. Ihre Mitglieder gingen alle einem zusätzlichen Beruf nach. Die Arbeit in der Kodifikationskommission wurde durch geringe Aufwandsentschädigungen vergütet, die von eher symbolischem Wert waren.[29] Der größte Anteil ihres Budgets wurde für die logistische Organisation der Arbeit verwendet, zur Unterhaltung einer Koordinationsstelle, die die Kommunikation zwischen den einzelnen Mitgliedern der Kommission regelte, die Sitzungen einberief, für die Verschickung der Gesetzentwürfe sorgte und den Kontakt zu anderen Organisationen der polnischen Jurisprudenz aufrecht erhielt. Diese Koordinationsstelle, die ihren Sitz im „Hauptbüro" *(Biuro Główne)* der Kommission in Warschau hatte, war um so wichtiger, als sie das Verbindungsglied zwischen den einzelnen Mitgliedern darstellte, die sich nur sporadisch zu den Sitzungen trafen. Der Generalsekretär der Kommission, der das Büro leitete und nicht nur für die Kontakte zwischen den Mitgliedern, sondern auch für die gesamte Öffentlichkeitsarbeit der Kommission zuständig war, prägte daher das Erscheinungsbild des Gremiums nachdrücklich durch seine Tätigkeit. In den Jahren von 1919 bis 1932 bekleidete der Warschauer Strafrechtler Emil Stanisław Rappaport (1877–1965) diese Position. Auf sein Engagement, das vor allem auch die internationale Kooperation der Kodifikationskommission forcierte, wird im Lauf der Arbeit noch näher einzugehen sein.

Als die Kommission im September 1919 in Warschau offiziell ihre Tätigkeit aufnahm, war sie zunächst fast völlig mittellos, da die erste größere Summe zu ihrer Unterstützung aus dem Finanzministerium erst 1920 angewiesen wurde.[30] Bis zu diesem Zeitpunkt hatte sich die Arbeit der Kommission vor allem auf die Einrichtung von für bestimmte Gesetzesprojekte zuständige Unterkommissionen beschränkt, die eine Prioritätenliste der zu kodifizierenden Gesetzbücher aufstellten. Als besonders dringlich sah man die Vereinheit-

[29] Es kam vor, daß die bereitgestellten Mittel nicht einmal ausreichten, den Mitgliedern die Reisekosten zu den Sitzungen der Kommission zu erstatten, vgl. KKRP, zeszyt 6, 1924, S. 173.

[30] KKRP, zeszyt 2, 1920, S. 68.

lichung des polnischen Gerichtswesens und damit einhergehend die Schaffung einheitlicher Zivil- und Strafprozeßordnungen an. Als vorrangig wurde auch die Schaffung internationaler bzw. interlokaler privatrechtlicher Kollisionsnormen empfunden, die festlegen sollten, welche der Rechtsordnungen im Rechtsverkehr zwischen den unterschiedlichen Teilungsgebieten gelten sollte, solange es noch keine vereinheitlichten Gesetzbücher gab.[31] Eine Unterbrechung erfuhren diese Arbeiten im Sommer 1920, als aufgrund der russischen Invasion alle geplanten Sitzungen abgesagt und das zentrale Büro der Kommission von Warschau nach Bromberg (Bydgoszcz) verlegt werden mußte.[32] Als die Arbeit im Herbst 1920 wieder aufgenommen wurde, konnten die einzelnen Sektionen schon auf eine breite Materialgrundlage zurückgreifen, denn die Kommission hatte von Anfang an darauf gesetzt, möglichst breite Kreise der polnischen Jurisprudenz in ihre Arbeit miteinzubeziehen. Zu diesem Zweck hatte sie gleich zu Beginn ihrer Tätigkeit in einem Schreiben juristische Vereinigungen, aber auch Privatpersonen aufgefordert, Entwürfe und Referate zu künftigen Gesetzesprojekten an die Kommission zu senden.[33] Die Tatsache, daß die Kommission als ein personell relativ begrenztes Gremium in überschaubarer Zeit (zu Beginn war die Rede von einigen Jahren) Gesetzbücher erarbeiten sollte, deren Pendants in anderen europäischen Ländern über Jahrzehnte hinweg entstanden waren, machte es unabdingbar, daß gerade bei der Materialkompilation ein möglichst breites Spektrum von Juristen – auch außerhalb der Kodifikationskommission – beteiligt wurde. Diese Art der Materialsammlung, mittels derer sich alle Juristen – ob Theoretiker oder Praktiker – in die Kodifikationsarbeit einbringen konnten, machte die Kommission gerade in den Anfangsjahren ihres Bestehens zum „Rückgrat der kollektiven Bemühungen der polnischen Jurisprudenz zur rechtlichen Vereinheitlichung“ Polens.[34] Die Selbsteinschätzung des Gremiums, die sein Präsident Fierich 1925 abgab, betonte ausdrücklich die integrierende Funktion, die die Kommission für die gesamte juristische Profession spielen sollte. Fierich schrieb: „Die Kodifikationskommis-

[31] KKRP, zeszyt 2, 1920, S. 72–74; s. dazu Kap. 4.1.
[32] KKRP, zeszyt 3, 1921, S. 92.
[33] KKRP, zeszyt 1, 1920, S. 59.
[34] So die Charakterisierung der Kommission anläßlich ihres zehnjährigen Bestehens in KKRP, zeszyt 12, 1929, S. 391.

sion sieht sich nicht allein zur Kodifikationsarbeit berufen, sondern geht davon aus, daß sie die Verkörperung der gesamten juristischen Welt Polens ist, die sich wünscht, an dieser großen gesellschaftlichen Mission teilzunehmen. Die Kommission wurde sozusagen zum Zentrum der Kodifikations- oder allgemeiner der Gesetzgebungstätigkeit."[35] Ebenso wie bei der Materialsammlung bezog man auch bei der Bewertung der im engen Kreis der Kommissionsmitglieder erarbeiteten Projekte weitere Fachleute mit ein. Gerade auf die Meinung der juristischen Praktiker, die wie Richter und Anwälte etwa im Falle der neuen Zivilprozeßordnung tagtäglich mit dem neuen Recht konfrontiert waren, legte man großen Wert.[36] Die Kommission selbst bestand sowohl aus Theoretikern wie auch aus Praktikern. Im Jahr ihrer Einberufung gehörten ihr 20 Professoren, 15 Anwälte, 6 Richter, 3 Staatsanwälte und 2 Ministerialbeamte an. Diese berufliche Differenzierung blieb während der gesamten Zwischenkriegszeit erhalten.[37]

Im Verlauf der Zwischenkriegszeit änderten und verstetigten sich die Kooperationsformen der Kommmission mit der restlichen polnischen Jurisprudenz, die sich ihrerseits straffer zu organisieren begann. Die wichtigste Gelenkstelle in dieser Zusammenarbeit wurde die 1922 gegründete „Ständige Delegation der Juristischen Vereinigungen und Institutionen der Republik Polen" *(Stała Delegacja Zrzeszeń i Instytucji Prawniczych R.P.)*. Ihre Vorgängerorganisation war der „Rat der Juristischen Vereinigungen des Königreiches Polen" *(Rada Zrzeszeń Prawniczych Królestwa Polskiego)*, der seit 1917 versuchte hatte, die dort aktiven juristischen Vereinigungen zusammenzuführen. Nach Kriegsende war man bestrebt, einen Dachverband zu gründen, der alle juristischen Organisationen auf dem gesamten polnischen Staatsgebiet umfassen sollte. Das Ziel war, eine Annäherung und Kooperation zwischen den Juristenverbänden der einzelnen Teilungsgebiete zu erreichen und für die polnische Jurisprudenz eine zentrale Koordinationsstelle einzurichten, die gesamtpolnische Juristenkongresse organisierte, die Herausgabe und Sammlung von juristischen Veröffentlichungen zentralisierte und Ansprechpartner für die Vermittlung von Kontakten zwischen polnischen Juristenverbän-

[35] Fierich, F.K.: Komisja Kodyfikacyjna w Rzeczypospolitej Polskiej, in: Ruch Prawniczy, Ekonomiczny i Socjologiczny 5 (1925), Nr. 3, S. 655–665, hier S. 664.
[36] KKRP, zeszyt 3, 1921, S. 96.
[37] Najdus, Zygmunt Marek, S. 169.

den und dem Ausland war.[38] Zugleich stellte die „Ständige Delegation" auch den Kontakt zwischen der juristischen Fachwelt und der Regierung her, etwa wenn letztere sich über die Meinung unter den juristischen Fachleuten zu geplanten Verfassungsnovellierungen informieren wollte.[39] Mitglieder dieses Dachverbandes konnten alle juristischen Organisationen werden, egal ob Berufsverbände oder wissenschaftliche Vereinigungen. Daneben waren in ihm auch juristische Fachzeitschriften institutionell vertreten. Insgesamt umfaßte die „Ständige Delegation" über fünfzig Institutionen, die das gesamte Spektrum der juristischen Berufe aus allen ehemaligen Teilungsgebieten abdeckten.[40] Diese breite institutionelle Ausdifferenzierung juristischer Organisationen spiegelte das vielfältige Erbe aus der Teilungszeit wieder und demonstrierte, daß die Juristen aus den einzelnen Teilungsgebieten auch nach der Entstehung der Zweiten Republik ihre sich aus ihrer jeweiligen Herkunft ergebenden Identität nicht einfach gegen eine „gesamtpolnische" eintauschten. Im Bereich des Rechtswesen wurde somit eine schlichte Zentralisierung und Unifizierung unter der Ägide Warschaus erschwert.

Die Kodifikationskommission verschickte alle von ihr erarbeiteten Gesetzesprojekte an die „Ständige Delegation", die diese dann ihren Mitgliedern zur Beurteilung vorlegte bzw. dafür sorgte, daß sie in auflagestarken polnischen Juristenzeitschriften veröffentlicht wurden.[41] Aufgrund der institutionellen Verzweigung der polnischen Jurisprudenz war diese Art der Zusammenarbeit recht zeitaufwendig. Im Zuge der von Seiten der Politik zunehmenden Kritik, die die Kodifikationsarbeit als zu langsam brandmarkte, wurde dieses Pro-

[38] Zur Entstehung und zu den Aufgaben der „Ständigen Delegation" s. Stała Delegacja Zrzeszeń i Instytucji Prawniczych R.P., Sprawozdanie z działalności za czas 1.1.1930 do 1.4.1931, Warszawa 1931, S. 49–50.

[39] Ebenda, S. 5. Die *Sanacja*-Regierung forcierte seit den Wahlen im Jahr 1930 eine Novellierung der Verfassung, die schließlich in der Aprilverfassung von 1935 Wirklichkeit wurde.

[40] S. die Aufstellung der Mitgliedsorganisationen in den Rechenschaftsberichten der „Ständigen Delegation". Während zu Beginn der dreißiger Jahre knapp fünfzig Institutionen und Zeitschriften gezählt wurden, s. Stała Delegacja, 1931, S. 6, war ihre Zahl gegen Ende des Jahrzehnts auf 62 angewachsen, s. Stała Delegacja Zrzeszeń i Instytucji Prawniczych R.P., Sprawozdanie z działalności za czas 1.4.1934 do 1.4.1937, Warszawa 1937, S. 17–18.

[41] Vor allem in der *„Gazeta Sądowa Warszawska"* (Warschauer Gerichtszeitung) sowie in der *„Gazeta Administracji i Policji Państwowej"* (Zeitung für staatliche Verwaltung und Polizei).

zedere eingestellt. Im Dezember 1932 erhielt die Kodifikationskommission ein neues Statut, das in erster Linie die Arbeit an den noch ausstehenden Gesetzesprojekten beschleunigen sollte und keine Zusammenarbeit mehr mit der „Ständigen Delegation“ vorsah.[42] Während die Kommission in den Anfangsjahren ihres Bestehens das Zentrum der die gesamte polnische Jurisprudenz umfassenden Kodifikationsbemühungen gewesen war, wurde sie im Verlauf der Zwischenkriegszeit mehr und mehr zu einem Gremium gemacht, das auf möglichst effiziente Weise der Regierung bei der Verabschiedung neuer Gesetzbücher zuarbeiten sollte. Darunter litten auch die internationalen Kontakte, für die die „Polnische Kommission für internationale juristische Zusammenarbeit“ *(Polska Komisja Współpracy Prawniczej Międzynarodowej*, PKWPM) als eine Unterabteilung der „Ständigen Delegation“ zuständig war. Neben den Beschränkungen der Kommunikationsmöglichkeiten mit der juristischen Fachwelt außerhalb der Kommission hatten die Reformen auch in bezug auf ihre innere Arbeitsweise die beschleunigte Fertigstellung der noch ausstehenden Gesetzesprojekte zum Ziel. Während zu Beginn der Zwischenkriegszeit alle Gesetzesprojekte der einzelnen Untersektionen immer auch vom Plenum der Kommission diskutiert wurden, änderten wiederholte Revisionen der Kommissionsstatuten das Prozedere dahingehend, daß die Ausarbeitung mehr und mehr in den Händen von einzelnen Referenten lag, die für das jeweilige Projekt verantwortlich waren.[43]

Das Gesetz über die Kodifikationskommission aus dem Jahr 1919 hatte dem Gremium innere Autonomie zugesichert, so daß es selbst für die Reformen in bezug auf seine innere Organisationsweise verantwortlich zeichnete. Der Entwicklung von einer kollektiven hin zu einer stärker individuellen Arbeitsweise lag sicher zum einen die Tatsache zugrunde, daß in den Anfangsjahren bei der Sammlung des Materials sowie bei der Festlegung der groben Linien für die jeweiligen Kodifikationen die Berücksichtigung eines breiteren Meinungsspektrums wichtiger und von größerem Nutzen war als zu einem späteren Zeitpunkt, als die konkrete Ausarbeitung des jeweiligen Gesetzesprojektes auf der Tagesordnung stand. Die von der

[42] KKRP, zeszyt 16, 1934, S. 5–6.

[43] Zu dieser Entwicklung Grodziski, Komisja, S. 55–57 sowie die Rechenschaftsberichte der Kommission KKRP, zeszyt 1, 1920, S. 59; KKRP, zeszyt 4, 1922, S. 108–109; KKRP, zeszyt 7, 1926, S. 185; KKRP, zeszyt 16, 1934, S. 4.

Kommission vorgenommenen Statutenänderungen entsprachen diesem veränderten *status quo*, kamen aber gleichzeitig den politischen Akteuren entgegen, die immer mehr auf einen raschen Abschluß der Kodifikationsarbeiten drängten und zunehmend bestrebt waren, größeren Einfluß auf diese zu nehmen. Daß die genannte Reorganisation der Arbeitsweise nicht immer freiwillig umgesetzt wurde, legten auch die wiederholten Verweise in den Rechenschaftsberichten der dreißiger Jahre auf den Artikel 6 des Gesetzes über die Kodifikationskommission nahe, in dem dieser zugestanden worden war, daß sie selbst ihre innere organisatorische Ausgestaltung festlegen könne.[44]

Spürbaren Einfluß konnte die Exekutive generell auch durch die jeweilige finanzielle Ausstattung der Kommission nehmen. Während der ersten Jahre der Zweiten Republik war vor allem die allgemeine Krise des polnischen Wirtschaftssystems der Grund für die immer wieder beklagte ungenügende materielle Situation, die sich in einer mangelhaft ausgestatteten Bibliothek oder im Personmangel des für die administrativen Tätigkeiten zuständigen Hauptbüros der Kommission niederschlug.[45] In den dreißiger Jahren verstärkte sich der Eindruck, daß die Exekutive – in diesem Fall das Justizministerium – auf dem Wege der Mittelkürzung und der Zusammenlegung des Budgets der Kommission mit dem Haushalt des Ministeriums sie ihrer Selbständigkeit berauben und institutionell in das Justizministerium eingliedern wollte.[46] Zu diesem Zeitpunkt wurde das Gremium mehr und mehr der Regierungskontrolle in Warschau unterstellt. Die Arbeit wurde in der Hauptstadt konzentriert, wo die ständige Anwesenheit des Präsidenten der Kommission gefordert wurde. Die regionalen Außenstellen, die in den großen Städten der anderen ehemaligen Teilungsgebiete bestanden hatten, wurden geschlossen.[47] Wie auch in anderen Politikbereichen kann man somit auch bei der Kodifikationsarbeit einen Trend hin zu einer stärkeren Zentralisierung im polnischen Staatswesen festellen.

Obwohl gegen Ende der dreißiger Jahre noch längst nicht alle geplanten Gesetzesprojekte abgeschlossen waren, wurde das Budget der Kommission radikal von rund 500.000 Złoty auf etwa 200.000

[44] S. dazu KKRP, zeszyt 14, 1931, S. 13 und KKRP, zeszyt 17, 1937, S. 6.
[45] KKRP, zeszyt 4, 1922, S. 121 und KKR, zeszyt 6, 1923, S. 171.
[46] In diesem Sinne die Einschätzung des Generalsekretärs der Kommission, Emil Stanisław Rappaport in KKRP, zeszyt 14, 1931, S. 8–11.
[47] KKRP, zeszyt 15, 1932, S. 32 und KKRP, zeszyt 16, 1934, S. 4.

Złoty jährlich gekürzt.[48] Ihr letzter Rechenschaftsbericht vor Ausbruch des Zweiten Weltkriegs datierte aus dem Jahr 1937 und umfaßte im Gegensatz zu früheren Berichten einen Zeitraum von drei anstatt eines Jahres. Inhaltlich glich die Publikation mehr einem Verkündungsorgan zur laufenden Gesetzgebung, anstatt – wie in früheren Jahren – die regen Debatten über die jeweils aktuellen Projekte innerhalb und außerhalb der Kommission widerzuspiegeln. Die kleiner werdenden Gestaltungsspielräume in der Kommission führten dazu, daß sich solche Juristen von der Arbeit zurückzogen, die sich in früheren Zeiten besonders stark für eine rege Zusammenarbeit der Kommission mit der gesamten polnischen Jurisprudenz und auch mit dem Ausland engagiert hatten und Platz für Fachkollegen machten, die mit den politischen Entscheidungsträgern gleicher Meinung waren, was die Priorität der möglichst raschen Produktion neuer Gesetzeswerke anging. Charakteristisch für diese Entwicklung war die Tatsache, daß der Posten des Generalsekretärs 1933 abgeschafft wurde und dessen langjähriger Inhaber Emil Stanisław Rappaport nur noch als einfaches Mitglied der Kommission angehörte.[49] Infolgedessen erhielten gerade die Öffentlichkeitsarbeit und die vielfältigen internationalen Kontakte, die Rappaport während seiner Amtszeit besonders gepflegt hatte, einen sehr viel geringeren Stellenwert.

3.3. Pluralismus in der Kodifikationskommission

Als Staatschef Piłsudski im August 1919 das Präsidium und die Mitglieder der Kodifikationskommission nominierte, spiegelte deren Zusammensetzung die Tatsache wider, daß auch im Bereich des Rechtssystems der neue polnische Staat erst noch aus den drei Teilungsgebieten zusammenwachsen mußte. Von den vierzig Delegierten wohnten siebzehn in Warschau, neun in Krakau, fünf in Lemberg, sieben in Posen sowie je einer in Danzig und Wilna. Auch wenn das ehemalige russische Teilungsgebiet mit den meisten Juristen in der Kommission vertreten war und die administrative Schaltstelle des Gremiums durch die Etablierung des Hauptbüros in Warschau lag, spielte das ehemalige österreichische Teilungsgebiet in den ersten Jahren der Zweiten Republik eine gleich- wenn

[48] KKRP, zeszyt 17, 1937, S. 29.
[49] KKRP, zeszyt 16, 1934, S. 13–17.

nicht sogar etwas übergeordnete Rolle. Der erste Präsident der Kommission, der ihr in den Jahren 1919 bis 1928 vorstand, war der aus Galizien stammende Zivilrechtler Franciszek Ksawery Fierich. Für ihn wurde in Krakau ein „Präsidialbüro beim Präsidenten der Kodifikationskommission" *(Biuro Prezydialne przy Prezydencie Komisji Kodyfikacyjnej)* eingerichtet. Für die drei Vizepräsidenten, die die ehemaligen Teilungsgebiete repräsentierten, entstanden in Lemberg und Posen zusätzliche Präsidialbüros, während das Büro des aus dem russischen Teilungsgebiet stammenden Vizepräsidenten dem für allgemeine Verwaltungsaufgaben zuständigen Hauptbüro in Warschau eingegliedert wurde.[50] Die Verschiebung hin zu einer stärkeren Betonung Warschaus nicht nur als Regierungszentrum, sondern auch als Zentralort der Kodifizierungsbestrebungen kam erst in den dreißiger Jahren richtig zum Tragen. Die Ernennung von Bolesław Norbert Pohorecki (1878–1940), der gleichzeitig Vorsitzender der Zivilkammer des Obersten Gerichts in Warschau war, zum Präsidenten der Kommission im Jahr 1932 stellte einen wichtigen Schritt in diese Richtung dar, zumal in dem Ende 1932 verabschiedeten neuen Statut der Kommission festgelegt wurde, daß ihr Präsident sich ständig in Warschau aufhalten solle. Gleichzeitig wurden ihm darin größere Befugnisse in bezug auf die Leitung des Gremiums zugesichert.[51]

Die vor allem anfänglich starke Stellung der aus Galizien stammenden Juristen war zum einen darin begründet, daß es nur dort die Möglichkeit gegeben hatte, an polnischen Universitäten Rechtswissenschaft zu studieren, so daß die dort ausgebildeten Juristen über eine polnische Rechtsterminologie verfügten. Aus diesem Grund waren auch besonders viele Universitätslehrer aus Krakau und Lemberg in der Kommission vertreten. Zudem hatten sich galizische Juristen am intensivsten in der Verwaltung des Teilungsgebietes sowie der Gesamtmonarchie praktische Erfahrungen in der Umsetzung der

50 KKRP, zeszyt 2, 1920, S. 69. Eine namentliche Aufzählung der im Jahr 1919 nominierten Mitglieder s. ebenda, S. 63–65. Eine Zusammenstellung aller Mitglieder der Kommission von 1919 bis 1939 mit kurzen biographischen Angaben bei Grodziski, Komisja, S. 73–80. Während der Zwischenkriegszeit verschob sich die Zusammensetzung der Kommission nur langsam zugunsten Warschaus, im Jahr 1926 stammten zweiundzwanzig Mitglieder aus Warschau, neun aus Krakau, acht aus Lemberg zwei aus Posen und eines aus Wilna, vgl. KKRP, zeszyt 9, 1927, S. 255–259.

51 KKRP, zeszyt 16, 1934, S. 4–5. Pohorecki folgte dem schon 1928 verstorbenen Fierich im Präsidentenamt nach, das vier Jahre lang unbesetzt geblieben und nur provisorisch verwaltet worden war.

geltenden Rechtsordnung aneignen können. Die aus dem ehemaligen österreichischen Teilungsgebiet stammenden Kommissionsmitglieder waren jedoch weit davon entfernt, aus den oben genannten Gründen ihre juristischen Erfahrungen als die den polnischen Rechtstraditionen am nächsten stehenden anzusehen und sie zum Maß der zu kodifizierenden Gesetzbücher zu machen. Schon in seiner Eröffnungsrede wies Fierich darauf hin, daß die Rechtsordnungen der Teilungsmächte nicht *a priori* abgelehnt werden dürften, sondern eine wertvolle Grundlage darstellten, auf der polnische Kodifizierungen aufzubauen hätten.[52] Dabei sprach er keiner dieser Rechtsordnungen einen Vorzug aus und machte auch die Tatsache, daß die polnische Gesellschaft in den jeweiligen Teilungsgebieten unterschiedlich starken Repressionen durch die Teilungsmächte ausgesetzt war, nicht zu einem Bewertungsmaßstab für das jeweils geltende Recht.

Auch die Kommissionsmitglieder, die aus dem russischen oder preußischen Teilungsgebiet stammten und damit nicht die beruflichen Möglichkeiten ihrer galizischen Kollegen besessen hatten sowie in einem sehr viel stärkeren Maße repressiven Maßnahmen der Teilungsmächte ausgesetzt gewesen waren, unterschieden deutlich zwischen der Teilungsmacht und der unter ihrer Herrschaft geltenden Rechtsordnung. In den Auseinandersetzungen innerhalb der Kommission kamen sehr deutlich die Vorlieben der Juristen für die Kodizes zum Vorschein, die in den Teilungsgebieten in Geltung waren, aus denen sie stammten. Somit war es keine Seltenheit, daß sich ein Jurist aus dem vormaligen preußischen Teilungsgebiet für die Einführung des BGB in ganz Polen aussprach, weil er in diesem Gesetzbuch die beste Grundlage für die Entwicklung eines modernen Wirtschafts- und Gesellschaftssystems sah. Ein Jurist aus Galizien konnte demgegenüber auf der Übernahme des österreichischen Zivilrechts bestehen, da er mit diesem vertraut war, auch wenn viele Bestimmungen des fast hundert Jahre älteren ABGB im Hinblick auf die sich industralisierenden Gesellschaften des späten 19. und des 20. Jahrhunderts in weiten Teilen nicht mehr der gesellschaftlichen Realität entsprachen.[53] Aus dem russischen Teilungsgebiet stammende Juri-

[52] KKRP, zeszyt 1, 1920, S. 31.

[53] Das ABGB spiegelte die vom Naturrechtsdenken der Aufklärung geprägten Ideale wieder und war zu seiner Zeit durchaus modern zu nennen, auch wenn die zentralisierenden Tendenzen des aufgeklärten Absolutismus von den Polen unter österreichischer Herrschaft zunächst als oppressiv empfunden wurden. Im Zuge der staatsrechtlichen Föderalisierung der Habsburgermonarchie wurde die durch das

sten verwiesen besonders auf die Bedeutung des *Code Napoléon* als Symbol für die Zugehörigkeit Polens zur westeuropäischen Rechtskultur.[54] In solchen Debatten spielten in erster Linie juristische Argumente eine Rolle. Die Tatsache, daß die Polen in Galizien seit dem letzten Drittel des 19. Jahrhunderts eine relative Autonomie besaßen, im preußischen Teilungsgebiet hingegen einer massiven Germanisierungpolitik gegenübergestanden hatten, war dabei von untergeordneter Bedeutung. Selbst das rückständige Zivilrecht des russischen *Svod Zakonov*, das in den polnischen Ostgebieten galt, wurde nicht von vornherein als veraltet abgetan, da man sich in der Kommission sehr wohl bewußt war, daß die Bevölkerung dieser Gebiete an dieses Recht gewohnt war und Modernisierungen kritisch gegenüberstand.[55]

In seiner Rede aus Anlaß des zehnjährigen Bestehens der Kommission hielt ihr Generalsekretär Rappaport die Vor- und Nachteile der jeweiligen Rechtsordnungen der Teilungsgebiete gegeneinander und kam gerade im Bereich des Zivilrechts zu einem ausgewogenen Ergebnis. Das deutsche Recht sei zwar den polnischen Sitten fremd, weise jedoch Vorzüge aufgrund seiner Modernität und seines hohen Niveaus in der gesetzgeberischen Technik auf. Das Recht in Galizien sei demgegenüber veraltet, doch habe durch polnische Richtersprüche eine Modernisierung und vor allem eine Anpassung an die polnischen Lebensbedingungen stattgefunden. Gänzlich rückständig sei das in den Ostgebieten geltende russische Recht, das aber zugleich aus diesem Grund noch am ehesten den dortigen sozioökonomischen Bedingungen entspreche. Der im Köngreich Polen geltende *Code Napoléon* erfülle für Polen die wichtige Aufgabe eines Bindeglieds zur westlichen Zivilisation, habe aber den Nachteil, daß er seit über einhundert Jahren nicht reformiert worden sei.[56] Im Bereich des Strafrechts konstatierte der Generalsekretär deutliche Vorzüge des modernen russischen Kodex von 1903 gegenüber dem deutschen und österreichischen Recht, so daß in diesem Fall eine Ausdehnung auf das ganze Staatsgebiet denkbar gewesen wäre. Eine solche Lösung

ABGB begründete zivilrechtliche Ordnung zunehmend positiv bewertet, s. dazu auch Kap. 2.1.3.

54 Polski Związek Prawników Kresowców: W dwunastolecie istnienia Związku, Warszawa 1938. Dazu auch Sójka-Zielińska, Udział cywilistów francuskich, S. 317–320.

55 KKRP, zeszyt 13, 1930, S. 17–18.

56 KKRP, zeszyt 12, 1929, S. 374.

wurde jedoch sowohl von politischen als auch fachjuristischen Kreisen abgelehnt, so daß die Kodifikationskommission als ein Gremium mit „internationalem Charakter“ für alle Rechtsgebiete neue Gesetzbücher zu erarbeiten begann und dabei die französischen, russischen, deutschen und österreichischen Rechtstraditionen berücksichtigte.[57]

Der von Rappaport konstatierte „internationale Charakter“ der Kommission resultierte nicht nur aus dem Kontakt mit den ausländischen Rechtsordnungen in den jeweiligen Teilungsgebieten. Betrachtet man sich ihre Mitglieder genauer, so fällt auf, daß ein Großteil davon seine juristische Ausbildung im Ausland erhalten hatte. Dies galt nicht nur für die Juristen aus den beiden Teilungsgebieten ohne polnische Hochschulen, sondern auch für viele der aus Galizien stammenden Rechtswissenschaftler. Gerade die Universitätsprofessoren in der Kommission hatten während ihrer akademischen Laufbahn viele Jahre im Ausland verbracht. Dabei hatten sie sich mit den jeweiligen Rechtssystemen und ihrer Terminologie vertraut machen können. Einige polnische Rechtswissenschaftler lehrten an ausländischen Universitäten, publizierten ihre Arbeiten in der jeweiligen Landessprache und hatten vielfältige Kontakte zu ihren dortigen Fachkollegen geknüpft. Sie hatten sich durch ihre Tätigkeit ein wissenschaftliches Renommee erworben, das sie in der juristischen Fachwelt zu anerkannten Persönlichkeiten machte. Der Zivilrechtler Ignacy Koschembahr-Łyskowski (1864–1945) etwa, der in der Kommission maßgeblich an der Ausarbeitung von Teilen des polnischen Schuldrechts sowie des Eherechts beteiligt war, hatte in Berlin und Fribourg in der Schweiz studiert und war dort seit 1897 Professor für Römisches Recht und Rechtsgeschichte gewesen. Ab 1900 lehrte er in Lemberg, ab 1908 gehörte er als aktives Mitglied dem *Istituto di Diritto Romano* in Rom an. Seit 1919 hatte er einen Lehrstuhl an der Universität Warschau inne, unterrichtete aber zwischenzeitlich auch wieder an ausländischen Hochschulen, so etwa 1928 in Nancy, wo er auch die Ehrendoktorwürde erhielt.[58] Zahlreiche weitere wissenschaftliche Biographien von Mitgliedern der Kodifikationskommission wiesen eine ähnliche „Internationalität“ auf. An dieser Stelle sei nur auf Karol Lutostański (1888–1939) sowie Fryderyk Zoll für den Be-

[57] Ebenda, S. 375.

[58] Fedynskyj, Prominent Legal Scholars, S. 417–476, hier S. 428–431 sowie Polski Słownik Biograficzny. Tom 18, Wrocław et al. 1973, S. 605–607.

reich des Zivilrechts sowie Juliusz Makarewicz (1872–1955) und Emil Stanisław Rappaport für den des Strafrechts hingewiesen.[59] Gerade auch die in der Kommission vertretenen Völkerrechtler wie Michał Jan Rostworowski (1864–1940) und Szymon Rundstein (1876–1942) verfügten aus der Zeit vor 1918 über vielfältige internationale Kontakte, die sich auch auf ihre Tätigkeitsfelder während der Zwischenkriegszeit auswirkten.[60]

Im Gegensatz zu den internationalen politischen Beziehungen stand die *scientific community* der Juristen den Polen auch schon vor der Entstehung der Zweiten Republik offen. Dabei spielte gewiß die Tatsache eine Rolle, daß es gerade auch internationale juristische Vereinigungen waren, die schon vor dem Ersten Weltkrieg darum bemüht waren, neue internationale Kontaktformen neben den durch nationalstaatliche Machtpolitik geprägten traditionellen internationalen Beziehungen zu etablieren.[61] Auf das Interesse und die Zustimmung polnischer Juristen für diese Aktivitäten ist schon hingewiesen worden. Sie waren jedoch vor 1918 nicht nur aufmerksame Beobachter, sondern auch aktive Mitglieder einer *international society* der Jurisprudenz. Das Engagement des schon mehrfach erwähnten Generalsekretärs der Kodifikationskommission Rappaport für die internationale Strafrechtsvereinheitlichung nach 1918 oder die Tätigkeit des Völkerrechtlers Rostworowski als Richter beim Ständigen Schiedsgerichtshof in Den Haag in den Jahren 1930 bis 1939 belegen eindrucksvoll, wie wertvoll diese internationalen Kontakte aus der Vorkriegszeit für die Bedeutung polnischer Juristen bei der internationalen juristischen Kooperation während der Zeit zwischen den beiden Weltkriegen waren. Schon lange vor der Entstehung des polnischen Staates hatten sich diese und andere polnische Rechtswissenschaftler einen Namen machen können, der sie in der Zwischenkriegszeit für die Übernahme wichtiger Ämter im Bereich der internationalen juristischen Zusammenarbeit bzw. der internationalen Gerichtsbarkeit prädestinierte. Die Auslandsaufenthalte polnischer Juristen vor dem Ersten Weltkrieg hatten aber auch für die

[59] Für Lutostański, Zoll und Makarewicz s. die Kapitel in FEDYNSKYJ, Polish Legal Scholars, sowie für Lutostański, Makarewicz und Rappaport die jeweiligen Einträge im Polski Słownik Biograficzny. Für Zoll s. zuletzt auch die Einleitung in: Wspomnienia Fryderyka Zolla (1865–1948), opracowała I. HOMOLA-SKAPSKĄ, Kraków 2000, S. 7–38.

[60] Dazu Polski Słownik Biograficzny. Tom 32, Wrocław et al. 1989–1991, S. 221–224 sowie Tom 33, Wrocław et al. 1991, S. 100–102.

[61] Dazu ABRAMS, The Emergence, S. 361–380; s. auch Kap. 2.2.

Ausgestaltung der innerpolnischen Rechtsordnung große Bedeutung, da sie dabei auf ihre genauen Kenntnisse der Rechtssysteme anderer europäischer Staaten zurückgreifen konnten. Viele Mitglieder der Kodifikationskommission hatten sich mit diesen Rechtssystemen in Studium und Lehre vertraut machen können und waren weit davon entfernt, sie als „etwas feindliches, von Fremden aufgezwungenes"[62] anzusehen, sondern betrachteten sie als einen wertvollen Fundus, aus dem man bei den neuen polnischen Kodifizierungen schöpfen konnte. Vor diesem Hintergrund wird klar, warum die Kommission keine Berührungsängste vor ausländischen Rechtsordnungen hatte und daher sehr intensiv rechtsvergleichend arbeitete.

Nicht nur in der Kodifikationskommission, sondern auch in allen anderen Bereichen wurden die polnische Rechtswissenschaft sowie generell die juristischen Berufe in den zwanziger Jahren von dieser Generation der während der Teilungszeit vor allem an nichtpolnischen Universitäten ausgebildeten Juristen dominiert. Erst in den dreißiger Jahren gelangten solche Juristen in verantwortliche Positionen, die ihre gesamte universitäre Ausbildung schon im unabhängigen Polen erhalten hatten. Für sie war das in Polen geltende Recht sehr viel stärker eine innere Angelegenheit des polnischen Staates als für ihre älteren Kollegen, die sich der vielfältigen Wurzeln dieses Rechts bewußt waren. Schon aus diesem Grund unterschieden sich die Einstellungen gegenüber der Rezeption ausländischer Rechtsnormen in den unterschiedlichen Generationen. Dieser Generationswechsel spielte generell eine wichtige Rolle für die innere Entwicklung der Zweiten Republik. Vor allem für die junge – etwa seit 1900 geborene – Generation kann man eine grundlegende Neubewertung des Selbstverständnisses der polnischen Nation sowie gesellschaftlich relevanter Normen nachweisen.[63] Im Bereich der juristischen Profession bedeutete dieser Generationenwechsel, der in den dreißiger Jahren

62 Ajnenkiel, Ustrój i prawo, S. 103.

63 Wapiński, R.: Pokolenia Drugiej Rzeczypospolitej, Wrocław et al. 1991, hier vor allem S. 279–292. Wapiński unterscheidet zwischen einer älteren Generation der um 1860 Geborenen, die er die „Generation der Unbeugsamen" *(pokolenie niepokornych)* nennt (bezugnehmend auf das Buch von Cywiński, B.: Rodowody niepokornych, Warszawa 1971, in dem dieser den Typus des politisch und gesellschaftlich engagierten polnischen Intellektuellen skizziert), einer mittleren Generation, die um 1880 geboren wurde und vor allem durch die Erlebnisse der Revolution von 1905 geprägt war – er nennt sie „Generation des Umbruchs" *(pokolenie przełomu)* – sowie der erwähnten jungen Generation, die für ihn die „Generation des unabhängigen Polens" *(pokolenie Polski niepodległej)* ist.

voll zum Tragen kam, einen fundamentalen Wandel in der Art der Rezeption ausländischen Rechts. Die Kodifikationskommission jedoch blieb zeit ihres Bestehens von der älteren Juristengeneration dominiert, so daß sie bis zum Ausbruch des Zweiten Weltkriegs weiterhin die Rezeption ausländischer Rechtsordnungen in ihre Kodifizierungsarbeit miteinbezog.[64]

Die bedeutende Affinität der Kommissionsmitglieder zu einer rechtsvergleichenden und stark auf die Rezeption fremder Rechtsordnungen ausgerichteten Arbeitsweise spiegelte sich auch in den Bemühungen wieder, die Kontakte zu ausländischen Rechtswissenschaftlern zu intensivieren und zu verstetigen. Dabei muß immer berücksichtigt werden, daß das Budget der Kommission knapp bemessen war, was eine effektive administrative und organisatorische Arbeit sehr erschwerte. Dem Gremium, das vor der gewaltigen Aufgabe stand, binnen weniger Jahre neue zivil- und strafrechtliche Ordnungen für die Zweite Republik zu erarbeiten, fehlte dazu die entsprechende Logistik. Auf dem personell und materiell sehr schlecht ausgestatteten Hauptbüro in Warschau lastete die Aufgabe, nicht nur die Zusammenarbeit der Mitglieder der Kommission in den jeweiligen Sektionen zu organisieren, sondern auch Kontakte zwischen ihnen und Juristen bzw. Juristenorganisationen im Ausland zu koordinieren. Keimzelle dieser Organisationstätigkeit war die 1920 etablierte „Ausländische Presse- und Informationsabteilung im Hauptbüro der Kodifikationskommission der Republik Polen“ *(Dział informacyjno-prasowy zagraniczny w Biurze Głównym Komisji Kodyfikacyjnej Rzeczypospolitej Polskiej)*, die Rappaport als dem Generalsekretär der Kommission unterstand und die 1922 aufgrund der Zunahme der internationalen Kontakte in ein eigenständiges „Presse- und Informationsbüro“ *(Biuro Informacyjno-Prasowe)* umgestaltet wurde.[65] Hier wirkten sich die umfangreichen internationalen Kontakte vor allem Rappaports, aber auch etlicher anderer Kommissions-

[64] Aus der Zusammenstellung der Mitglieder der Kodifikationskommission für die gesamte Zeit ihres Bestehens von 1919 bis 1939 geht hervor, daß 48 davon vor 1880, 10 zwischen 1880 und 1890 und nur 4 nach 1890 geboren waren, Grodziski, Komisja, S. 73–80. Nicht nur die „Generation des unabhängigen Polens“, sondern sogar die etwas ältere „Generation des Umbruchs“ waren und blieben in diesem Gremium also auch in den dreißiger Jahren unterrepräsentiert.

[65] Dazu Polska Komisja Współpracy Prawniczej Międzynarodowej (im folgenden PKWPM), Sprawozdanie z działalności PKWPM oraz organizacji ją poprzedzających (1920–1931), Warszawa 1931, S. 3–6.

mitglieder aus der Vorkriegszeit positiv aus. Schon 1921 war es gelungen, zwischen der Strafrechtsabteilung der Kommission und wissenschaftlich arbeitenden strafrechtlichen Vereinigungen in Frankreich Kontakte zu knüpfen, aus denen dann eine wichtige beratende Institution für die strafrechtliche Kodifizierungsarbeit entstand, die die Kommission über die neuesten strafrechtlichen Entwicklungen im Ausland informierte. Diese Kontakte gingen bald weit über die bilateralen Beziehungen zu Frankreich hinaus. Ein Pedant zu der strafrechtlichen Organisation entstand auf dem Gebiet des Zivilrechts im Jahr 1922.[66] Auf diese Weise entwickelten sich vor allem Kontakte zu den Ländern, die ebenfalls vor der Aufgabe der Rechtsunifizierung bzw. -kodifizierung standen. Dabei korrespondierte man zum einen mit Juristen aus anderen Nachfolgestaaten wie etwa der Tschechoslowakei und Jugoslawien oder mit rumänischen Kollegen, die vor der Aufgabe der Integration zweier sehr unterschiedlicher Landesteile standen. Daneben gab es aber auch einen ausgeprägten Informationsaustausch mit westeuropäischen Ländern wie Frankreich, Belgien und Italien.[67] Während bei den Kontakten zu den anderen neuen Staaten der Region vor allem der Erfahrungsaustausch über die ähnlich gelagerten Probleme der Rechtsvereinheitlichung im Mittelpunkt stand, hatten die Rechtssysteme der westeuropäischen Staaten eher Vorbildcharakter für die polnischen Juristen, die großen Wert auf die Bewertung ihrer Gesetzesprojekte in diesen Ländern legten. Dennoch handelte es sich bei den Kontakten mit westeuropäischen Juristen nicht um einen einseitigen West-Ost-Transfer. Die polnische Kodifizierungsarbeit wurde vom westlichen Ausland nicht selten als vorbildhaft für eigene Unifizierungsprojekte rezipiert.[68]

Dieser systematische Aufbau von Auslandskontakten war sehr stark von dem Engagement polnischer Juristen abhängig, die sich auch schon vor 1918 im Ausland einen Namen gemacht hatten. Nicht

66 Dabei handelte es sich um die „Polnische Gesellschaft für Strafgesetzgebung" *(Polskie Towarzystwo Ustawodawstwa Kryminalnego)* sowie die „Polnische Gesellschaft für Zivilgesetzgebung" *(Polskie Towarzystwo Ustawodawstwa Cywilnego)*.

67 S. PKWPM, 1931, S. 4–5.

68 Hier ist zum Beispiel die Ausarbeitung des polnischen Schuldrechts zu nennen, die von französischen und italienischen Wissenschaftlern mit großem Interesse verfolgt wurde, da Frankreich und Italien seit 1916 mit der Schaffung eines gemeinsamen Schuldrechts befaßt waren, das aus der Sicht dieser Länder einmal in ganz Europa Geltung haben sollte, KKRP, zeszyt 9, 1927, S. 241.

zuletzt aufgrund ihres Ansehens und ihres Bekanntheitsgrades wurden die polnischen Kodifizierungsbestrebungen in anderen Ländern mit Interesse verfolgt und kommentiert. Gleichzeitig brachten die polnischen Juristen ihre Auslandserfahrungen aktiv in die Arbeit der Kommission ein. Für die Strafrechtsabteilung etwa nutzten deren Mitglieder Rappaport und Makarewicz ihre Beziehungen zu den universitären Zentren, an denen sie vor 1918 gewirkt hatten. So flossen in die polnischen Projekte auf Betreiben von Makarewicz Anregungen aus Deutschland und Österreich sowie aufgrund des akademischen Lebenslaufes Rappaports Gedankengut aus Frankreich und Belgien ein.[69] Neben der aktiven Rezeption ausländischer Rechtsnormen war man auch darum bemüht, regelmäßig die Resonanz zu beobachten, die die polnischen Gesetzgebungsarbeiten im Ausland hervorriefen. Dazu wurden zum Beispiel Übersetzungen der polnischen Projekte auf internationalen Kongressen an die anwesenden Kollegen aus anderen Ländern verteilt.[70] Später entstanden für diesen Zweck spezielle Zeitschriften, in denen die Ergebnisse der Kommission auf französisch veröffentlicht und so der internationalen Fachwelt zugänglich gemacht wurden.[71] Seit Anfang der dreißiger Jahre bemühten sich polnische und französische Juristen gemeinsam darum, aus dem vorliegenden zweisprachigen Material zur polnischen Gesetzgebung ein französisch-polnisches juristisches Wörterbuch zu erstellen, das zu einer Vereinheitlichung der Rechtsterminologie bei zwischenstaatlichen Kontakten im Bereich von Wissenschaft, Politik

[69] KKRP, zeszyt 3, 1921, S. 98. In den Anfangsjahren der Kodifikationstätigkeit war gerade aufgrund des starken Engagements Rappaports eine deutlich stärkere internationale Vernetzung im Bereich des Strafrechts zu konstatieren, s. dazu auch Lityński, Wydział karny, S. 120–124. Der Aufbau von vergleichbaren Kontakten im Rahmen der Zivilrechtsabteilung ging langsamer voran, s. KKRP, zeszyt, 1922, S. 111.

[70] So verteilte etwa der polnische Delegierte auf einem internationalen Kongreß zum Schutz von Kindern in Brüssel die französische Übersetzung des Entwurfes der Kommission zur Strafgerichtsbarkeit für Minderjährige an die Kongreßteilnehmer, um deren Meinung darüber einzuholen, KKRP, zeszyt 4, 1922, S. 117–118.

[71] Seit 1922 erschienen die Ergebnisse der Kodifikationskommission im *„Przegląd Polski Ustawodawstwa Cywilnego i Kryminalnego"* (Polnische Rundschau für Zivil- und Strafgesetzgebung), dessen französische Ausgabe ab 1929 unter dem Titel *„Revue Polonaise de Législation Civile et Criminelle"* in Zusammenarbeit mit dem polnischen Außenministerium herausgegeben wurde. Seit 1925 informierte der *„Przegląd Prac Ustawodawczych Sejmu i Senatu R.P."* (Rundschau für Gesetzgebungsarbeiten des Seims und des Senats der Republik Polen) das Ausland über die polnische Gesetzgebungstätigkeit. Sowohl in Warschau als auch in Paris befand sich ein Redaktionskomitee des Blattes. In Paris war ein Mitarbeiter des französischen Außenministeriums für die sprachliche Endredaktion zuständig, s. PKWPM, 1931, S. 53–55.

und Verwaltung beitragen sollte.[72] Im Gegensatz zum diplomatischen Dienst, in dem es in den dreißiger Jahren aus Gründen nationalen Prestigedenkens häufig zu einer sprachlichen Abschottung gegenüber dem Ausland kam,[73] wurde im Bereich der juristischen Kooperation aktiv am Abbau der Sprachbarrieren gearbeitet.

Die persönlichen Kontakte waren um so bedeutender, als mit ihrer Hilfe das knappe Budget der Kommission entlastet wurde. Ihre Mitglieder zeichnete hierbei ein nicht geringes Engagement aus. Der anfänglich bescheidenen Bibliothek mangelte es vor allem an ausländischen Publikationen. Diese wurden zwar bevorzugt von dem schmalen Budget der Kommission angeschafft, doch wuchs die Bibliothek auch maßgeblich durch Publikationen, die ihre Mitglieder von ihren Auslandsaufenthalten mitbrachten, bei denen sie diese kostenlos oder durch Austausch erhielten.[74] Das dem Generalsekretär unterstehende Presse- und Informationsbüro war darum bemüht, eine möglichst große Anzahl von Informationsreisen für Kommissionsmitglieder ins Ausland zu organisieren. Gerade in den dreißiger Jahren wurde es jedoch zur Regel, daß diese Reisen von den jeweiligen Juristen selbst organisiert und finanziert werden mußten.[75] Im Laufe der Jahre wuchsen die Aufgaben des Büros systematisch an, da sich das Netz der internationalen Kontakte verdichtete. Daneben hatte es dafür zu sorgen, daß ein Informationsaustausch zwischen den polnischen Juristen und Juristenorganisationen, die die Rechtsentwicklung Polens auf unterschiedliche Weise im Ausland repräsentierten, sowie dem Außenministerium stattfand.

Das Außenministerium interessierte sich für die Kodifikationskommission insoweit, als es die positive Rezeption ihrer Arbeit im Ausland als einen Beitrag zur erfolgreichen polnischen Selbstdarstellung auf internationaler Ebene betrachtete. Im November 1926 entstand die „Polnische Kommission für internationale juristische Zusammenarbeit“ *(Polska Komisja Współpracy Prawniczej Międzynarodowej,* PKWPM) beim wissenschaftlichen Rat des Außenministeriums,

72 Archiwum Akt Nowych (im folgenden: AAN), Ministerstwo Spraw Zagranicznych (im folgenden: MSZ) 13301, Bl. 19.

73 Dazu Łossowski, P.: Dyplomacja Drugiej Rzeczypospolitej. Z dziejów polskiej służby zagranicznej, Warszawa 1992, S. 110–111.

74 Zur Bibliothek der Komission s. KKRP, zeszyt 2, 1920, S. 88–89; zeszyt 3, 1921, S. 101; zeszyt 6, 1924, S. 172.

75 Zur Organisation von Auslandsreisen s. KKRP, zeszyt 7, 1926, S. 196; zeszyt 13, 1930, S. 31 und zeszyt 14, 1931, S. 20.

deren Aufgabe es war, „ein ständiges Kontaktorgan zwischen den Juristenvereinigungen und den entsprechenden maßgeblichen Regierungsstellen zu sein, um auf diese Weise die polnische juristische Propaganda zu vereinheitlichen“.[76] Das Presse- und Informationsbüro der Kodifikationskommission, das bislang nur für die internationalen Kontakte dieses Gremiums zuständig war, wurde damit durch eine Institution ersetzt, die für alle Formen der internationalen Kooperation der polnischen Jurisprudenz verantwortlich zeichnete. Zu ihren Aufgaben gehörte die Zusammenstellung von Delegationen für internationale Juristenkongresse, die Planung von Vortragsreisen polnischer Juristen ins Ausland bzw. ausländischer Juristen nach Polen sowie die Organisation eines juristischen Professoren- und Studentenaustauschs, die Vermittlung von Veröffentlichungsmöglichkeiten für polnische Juristen in der ausländischen Fachpresse und umgekehrt, die Herstellung von Kontakten zwischen polnischen juristischen Vereinigungen und ihren ausländischen Pendants sowie die Schaffung und Betreuung eines Archivs, das sowohl über internationale als auch innerpolnische Rechtsentwicklungen informierte. Darüber hinaus sollte sie für die Verteilung von Informationsmaterial an das Ausland, das über die polnische Rechtsentwicklung Auskunft gab, zuständig sein.[77] Gerade dieser letzte Punkt kann im Zusammenhang mit der Reorganisation der polnischen Außenpolitik nach dem Staatstreich durch Piłsudski und seine Anhänger im Mai 1926 gesehen werden. Neben der Verteidigungspolitik war es gerade dieses Ressort, dem Piłsudski besondere Aufmerksamkeit widmete. Eines seiner außenpolitischen Ziele war es, Polen auch nach dem Staatstreich als verläßlichen Partner in den internationalen Beziehungen darzustellen. Daneben trat das Bemühen, dem Land einen bedeutenderen Platz auf der internationalen Bühne zu verschaffen, der ihm nach Auffassung Piłsudskis aufgrund seiner geographischen Lage, seiner Größe sowie seiner Bevölkerungszahl zustand. Zu diesem Zweck wurde eine umfassende Propagandatätigkeit entwickelt, die das Prestige der Zweiten Republik in den internationalen Beziehungen

[76] Memoriał Komisji Współpracy Prawniczej Międzynarodowej dla PP Ministra i Wiceministra Spraw Zagranicznych, złożony osobiście p. Podsekretarzowi Stanu Dr. Wysockiemu w dniu 4 sierpnia 1928, AAN, Ambasada RP w Bukareszcie 282, Bll. 2–10, hier Bl. 2.
[77] Ebenda, Bll. 2–3.

stärken sollte.[78] Diese Kampagne für eine bessere Selbstdarstellung hätte somit auch den Bereich der internationalen juristischen Kontakte Polens miteinbeziehen können.

Betrachtet man allerdings die Entstehung und Entwicklung der PKWPM, wird deutlich, daß die Initiative zur stärkeren Anbindung der polnischen juristischen Auslandsarbeit an die professionelle Außenpolitik mehr von fachjuristischer als von politischer Seite ausging. Ihr Hauptinitiator, der Generalsekretär der Kodifikationskommission Rappaport, versprach sich von der Integration der juristischen Auslandsarbeit in das Außenministerium vor allem eine tragfähigere finanzielle Grundlage für die Propagierung der polnischen Rechtsentwicklung im Ausland. Eine Eingliederung der PKWPM in das offizielle Budget des Ministeriums blieb allerdings aus, auch wenn mehrere Delegierte des Außenministeriums von Amts wegen in der PKWPM vertreten waren.[79] Die Institution erhielt zunächst überhaupt keine materiellen Zuwendungen durch das Ministerium; seit Beginn der dreißiger Jahre teilte man ihr eine monatliche finanzielle Unterstützung von 500 Złoty zu, die angesichts der vielfältigen internationalen Aktivitäten der polnischen Juristen kaum mehr als einen symbolischen Betrag darstellte.[80] Die Meinungen, was unter einer erfolgreichen „polnischen juristischen Propaganda“ zu verstehen sei, gingen bei Fachjuristen und Berufspolitikern weit auseinander. Vor allem die Unterstützung der polnischen Jurisprudenz in internationalen rechtswissenschaftlichen Vereinigungen wurde vom Außenministerium nicht als Bestandteil einer effektiven Außenpolitik betrachtet, da man von diesen Vereinigungen zu wenig tatsächlich wirksame Impulse für die Politik erwartete. Nach Meinung der polnischen Diplomatie zählte vor allem die Vertretung polnischer Juristen in hohen Posten internationaler Organisationen, so zum Beispiel im Rahmen des Völkerbundes und seiner Expertengremien. Generell

[78] Vgl. zur Organisation der polnischen Außenpolitik nach dem Staatsstreich Piłsudskis Leczyk, M.: Lata polokarneńskie (maj 1926 – listopad 1932), in: Łossowski, P. (Hg.): Historia dyplomacji polskiej. Tom 4: 1919–1939, Warszawa 1995, S. 313–445, hier S. 313–321.

[79] Der Chef der Vertragsabteilung des Außenministeriums sowie sein Stellvertreter waren Mitglieder des Präsidiums der PKWPM. Zusätzlich entsandte das Ministerium den stellvertretenden Vorsitzenden des wissenschaftlichen Rates als Delegierten in die Institution, vgl. AAN, Ambasada w Londynie 745, Bll. 50–51.

[80] Sumaryczne sprawozdanie z działalności Polskiej Komisji Współpracy Prawniczej Międzynarodowej w roku sprawozdawczym 1933/34, AAN, MSZ 13302, Bll. 55–63, hier Bl. 63.

sah das polnische Außenministerium keinen Anlaß, größere Summen für die PKWPM, die vor allem am wissenschaftlichen Austausch mit dem Ausland interessiert war, bereitzustellen.

Im Oktober 1928 unterstellte sich die PKWPM dem Dachverband der polnischen Juristenorganisationen, der „Ständigen Delegation", um von der Seite der berufsständischen Organisationen weitere Unterstützung für ihre Arbeit zu erhalten. Dennoch blieb sie auch mit dem Außenministerium verbunden, was sich unter anderem darin äußerte, daß diesem regelmäßig Tätigkeitsberichte vorgelegt wurden und die PKWPM weiterhin bescheidene Zuwendungen aus dem Budget des Ministeriums erhielt. Organisatorisch war sie aber der „Ständigen Delegation" angegliedert, in deren Rahmen sie für die internationale juristische Zusammenarbeit zuständig war. Sie verwaltete sich autonom und verfügte über ein eigenes Statut. In ihrem weit aufgefächerten Tätigkeitsbereich stellte die Organisation der Auslandskontakte der Kodifikationskommission allerdings nur noch einen Bruchteil ihrer Aufgaben dar.[81] Während die Kommission in den Anfangsjahren der Zweiten Republik das Gravitationszentrum der polnischen Jurisprudenz war, um das sich diese zu organisieren begann, verlor sie diese Bedeutung zunehmend, zum einen weil die institutionelle Ausgestaltung innerhalb der juristischen Profession voran kam, zum anderen aber auch, weil ihr Einfluß und ihr Ansehen in der polnischen Jurisprudenz abnahmen. Zudem befand sich das stark von der älteren Juristengeneration dominierte Gremium in zunehmender Differenz zu den in den dreißiger Jahren innerhalb der juristischen Profession geführten Debatten. Auch an der veränderten Beziehung zwischen den einzelnen Institutionen war diese Entwicklung ablesbar. Die „Ständige Delegation" und die PKWPM waren über viele Jahre auch durch die gemeinsame Büroführung eng mit der Kodifikationskommission verbunden. Noch Ende des Jahres 1931 wurde in einer Statutenänderung festgelegt, daß das „Presse- und Informationsbüro" in ein „Büro für Unterstützungsarbeiten und Hilfsorganisationen der Kodifikationskommission" *(Biuro prac pomocniczych i organizacji pomocniczych Komisji Kodyfikacyjnej)* umgewandelt werde, das in ständigem direktem Kontakt mit den beiden

[81] Sumaryczne sprawozdanie z prac Polskiej Komisji Współpracy Prawniczej Międzynarodowej dokonanych w roku sprawozdawczym 1929/30, AAN, MSZ 13301, Bll. 35–50, hier Bl. 46.

Institutionen stehen sollte.[82] Schon ein Jahr später allerdings wurde im Zuge einer erneuten Statutenreform dieses Büro abgschafft und die Zusammenarbeit zwischen der Kommission und den beiden Institutionen, die ihre Arbeit unterstützt hatten, beendet.[83]

3.4. Die Bedeutung ausländischer und heimischer Rechtsquellen

Bei einer so umfassenden Aufgabe wie der Neukodifizierung des gesamten Zivil- und Strafrechts war es nur natürlich, daß die Mitglieder der Kommission grundsätzliche Gedanken programmatischer Natur zum Charakter des künftigen Rechts des neuen polnischen Staates formulierten. Der Präsident des Gremiums machte schon in seiner Eröffnungsrede auf der Inaugurationssitzung im November 1919 einige wichtige konzeptionelle Ausführungen, die den Rahmen, in dem sich die Kodifikationsarbeiten bewegen sollten, festlegten. Er betonte ausdrücklich, daß man sich an allgemeineuropäischen Rechtstraditionen orientieren wollte, die ihren Ausdruck auch in den Rechtsordnungen der jeweiligen Teilungsmächte fanden. Dabei warnte er davor, sich generell der Rezeption dieses Rechts zu verschließen, nur weil es zu Zeiten nationaler Unterdrückung in Polen eingeführt worden war. Er führte die Wichtigkeit der Integration Polens in die internationalen Beziehungen auf politischem, sozialem und ökonomischem Gebiet an, die nur erfolgreich und rasch zu verwirklichen sei, wenn die neuen polnischen Gesetzbücher zu den schon bestehenden Rechtsinstitutionen in anderen europäischen Staaten kompatibel seien. Dies bedeute jedoch keineswegs, daß die neuen polnischen Kodifikationen nicht auch auf innerpolnische Besonderheiten Bezug nehmen sollten. Zugleich wies Fierich darauf hin, daß man kaum auf originär polnische Kodifizierungen moderneren Datums zurückgreifen könne, so daß die Schaffung neuer Gesetzeswerke notwendig sei.[84]

[82] KKRP, zeszyt 15, 1932, S. 34–36.

[83] KKRP, zeszyt 16, 1934, S. 6.

[84] KKRP, zeszyt 1, 1920, S. 28–53, hier besonders S. 29–32. Gerade sein Plädoyer für die Rezeption gemeineuropäischer Rechtsnormen in Polen weist interessante Ähnlichkeiten zu den Ausführungen von Rechtshistorikern nach dem Zusammenbruch des Ostblocks im Jahr 1989 auf. Sowohl nach dem Ersten Weltkrieg als auch nach 1989 wurde betont, daß die fehlende Eigenstaatlichkeit bzw. die mangelnde staatliche Souveränität nicht den Blick auf die Verwurzelung Polens (bzw. anderer ostmitteleuropäischer Staaten) in den Traditionen eines allgemeineuropäischen Rechtsraumes verstellen dürfte; zur Debatte nach 1989 s. SCHULZE, Die europäische Rechts- und Verfassungsgeschichte, S. 38–61.

Im Vergleich zu den anderen Nachfolgestaaten war Polen stärker daran gelegen, den sozialen, wirtschaftlichen und kulturellen Bedingungen im Inneren angemessene Gesetzeswerke zu schaffen und dabei solche Kodizes zu erarbeiten, die – auch wenn sie ausländische Rechtsnormen rezipierten und verarbeiteten – den Anspruch erheben konnten, das Ergebnis eigenständiger polnischer Kodifikationsbemühungen zu sein. Damit unterschied sich das Land von anderen neu- oder wiederentstandenen Staaten der Region, die der Erarbeitung neuer Gesetzeswerke weniger Bedeutung zumaßen und etwa bestimmte Teilbereiche des Rechts der Habsburgermonarchie für das gesamte neue Staatsgebiet übernahmen.[85] Die Zivilrechtssektion der Kommission beschloß programmatisch auf ihrer ersten Sitzung, nicht das Zivilrecht eines anderen Staates als Vorbild für ihre Kodifizierungsarbeit zu nehmen, sondern „einen eigenständigen polnischen Kodex zu schaffen“[86]. Wie stark dieses Bestreben die Arbeit der Kommission bestimmte, läßt sich am Beispiel der Zivilprozeßordnung (ZPO) ermessen, die zu den vordringlich behandelten Projekten gehörte, da die unterschiedlichen Prozeßordnungen aus der Teilungszeit Gerichtsprozesse, an denen Polen aus den unterschiedlichen Teilungsgebieten beteiligt waren, sehr verkomplizierten. Der Vorschlag, bis zur Fertigstellung der neuen ZPO die im ehemaligen österreichischen Teilungsgebiet gültige Ordnung auf den Gesamtstaat auszudehnen, wurde jedoch von der zuständigen Sektion der Kommission mehrheitlich mit dem Argument abgelehnt, daß die Anpassung der veralteten österreichischen ZPO an die Bedingungen der moderneren Ordnungen in den beiden anderen Teilungsgebieten länger dauern würde als ihre völlige Neuschaffung.[87] In dieser ablehnenden Haltung schwang auch die Furcht davor mit, daß die österreichische ZPO aufgrund der normativen Kraft des Faktischen zur gesamtpolnischen Ordnung würde, wenn sie erst einmal überall Gültigkeit besäße. Die Kommission rühmte die von ihr erarbeitete ZPO dafür, daß sich in ihr die besten Elemente aus ausländischen Vorbildern vereinigten. Man hatte sowohl auf die Ordnungen der ehemaligen Teilungsmächte zurückgegriffen als sich auch an anderen Vorbildern (zum Beispiel an der schweizerischen und der ungarischen ZPO) orientiert. Dabei

[85] Dazu die Untersuchung zur Weitergeltung österreichischen Rechts in den Nachfolgestaaten nach 1918 von Slapnicka, Österreichs Recht, S. 26–35.
[86] KKRP, zeszyt 2, 1920, S. 71.
[87] Fierich, Komisja Kodyfikacyjna, S. 658–659.

sei trotzdem ein Gesetzeswerk entstanden, das als originelle polnische Schöpfung betrachtet werden könne.[88]

Während die Rechtsordnungen der ehemaligen Teilungsmächte zur wichtigen Grundlage bei der Erarbeitung neuer polnischer Gesetzeswerke wurden, war die Rezeption des polnischen Rechtssystems der Vorteilungszeit von eher symbolischer Bedeutung. Untersucht man, in welcher Weise sich die Kodifikationskommission auf genuin polnische rechtliche Traditionen berief, wird deutlich, daß der wichtigste Anknüpfungspunkt die Reformzeit gegen Ende des 18. Jahrhunderts war. So verwies zum Beispiel der Zivilrechtler Ignacy Koschembahr-Łyskowski auf die Kodifikationsbemühungen unter dem letzten polnischen König Stanisław August Poniatowski.[89] Doch war man sich darüber im Klaren, daß sich die Rechtsordnung der Zweiten Polnischen Republik vor allem an deren aktuellen sozialen, ökonomischen und gesellschaftlichen Grundlagen zu orientieren habe. Damit war ein Rückgriff auf rechtliche Traditionen aus dem späten 18. Jahrhundert nur begrenzt möglich. Der Bezug auf die Reformzeit implizierte eher die Betonung der Kontinuität polnischer Staatlichkeit unter dem Paradigma rechtsstaatlicher Werte und gesellschaftlicher Freiheiten. Eine faktische Anknüpfung an die gesetzgeberischen Reformprojekte des „Vierjährigen Sejm" *(Sejm Czteroletni)* (1788–1792) wurde jedoch von Mitgliedern der Kommission niemals ernsthaft in Erwägung gezogen.[90] Andere Ansichten vertraten demgegenüber polnische Rechtshistoriker, die die Arbeit der Kommission kommentierten. Schon im Jahr 1920 forderte der an der Universität Lemberg lehrende Przemysław Dąbkowski (1877–1950) in bezug auf das neu zu schaffende Privatrecht, daß man bei der Kodifizierungsarbeit auch auf das polnische Gewohnheitsrecht aus der Vorteilungszeit zurückgreifen solle.[91] Diese Auffassung wurden von den Mitgliedern der Kommission nicht geteilt. Für sie war die Kompatibilität des neuen Rechts mit den aktuellen gesellschaftlichen und ökonomi-

[88] KKRP, zeszyt 10, 1927, S. 274. Der endgültige Entwurf einer neuen ZPO wurde von der Kommission erst Ende 1929 beschlossen. Ende 1930 wurde sie durch Präsidialverordnung erlassen und trat schließlich zum 1. Januar 1933 in Kraft.

[89] S. dazu Koschembahr-Łyskowski, I.: W sprawie kodyfikacji naszego prawa cywilnego, in: Themis Polska 2 (1924/25), S. 1 ff.

[90] S. dazu zum Beispiel den Rückblick Rappaports anläßlich des zehnjährigen Bestehens der Kommission, in KKRP, zeszyt 12, 1929, S. 374.

[91] Dąbkowski, P.: Dawne prawo polskie a zadania Komisji Kodyfikacyjnej, Warszawa 1920. Zur Person Dąbkowskis s. Fedynskyj, Polish Legal Scholars, S. 455–460.

schen Verhältnissen wichtiger als der direkte Bezug zu altpolnischen Rechtstraditionen.[92] Gerade jedoch die tatsächliche Divergenz zwischen den sozioökonomischen Realitäten vor allem der bäuerlichen Bevölkerung und der Kodifizierungsarbeit der während der Teilungszeit vornehmlich an ausländischen Rechtssystemen geschulten Juristen rief die Einwände eines anderen Rechtshistorikers auf den Plan. So argumentierte Jan Adamus, daß weder die juristischen Praktiker noch ihre in der Kommission tätigen Fachkollegen mit der Lebenswelt der bäuerlichen Bevölkerung hinreichend vertraut seien und daher die Bedeutung verkannten, die gewohnheitsrechtlichen Rechtsinstitutionen, wie etwa der gemeinsamen Nutzung von Weideland oder Zugtieren, immer noch zukamen. Er warnte davor, das Privatrecht zu einem Instrument gesellschaftlicher Modernisierung zu machen, die nur durch die Gesellschaft selbst bzw. durch Reformen von seiten der Regierung erreicht werden könne, und forderte eine stärkere Einbeziehung altpolnischer Rechtstraditionen in das Reservoir der von der Kommission benutzten Rechtsquellen.[93]

Im Gegensatz zu der in den dreißiger Jahren aufkommenden Meinung, daß das polnische Recht Ausdruck des polnischen Nationalcharakters sein solle und man zu diesem Zweck möglichst umfassend auf altpolnische Rechtstraditionen zurückgreifen müsse, wurden Rechtshistoriker wie Dąbkowski und Adamus in ihrer Argumentation nicht von nationalistischen Motiven geleitet. Als Spezialisten für altpolnisches Privatrecht richteten sie ihr wissenschaftliches Interesse vor allem auf die Bewahrung traditioneller polnischer Rechtsinstitute und -termini. Sie waren jedoch weit davon entfernt, deren Einführung in aktuelle polnische Gesetzesprojekte um jeden Preis zu fordern. Ihre Argumentation speiste sich in erster Linie aus fachlichem Interesse, das die Disziplin der Rechtsgeschichte stärker in den Horizont der aktuellen Kodifizierungsarbeit rücken wollte. Mit seinem Hinweis auf die Entfremdung zwischen einer sich oftmals ausländischer Fachtermini bedienenden Jurisprudenz und einer kleinbäuerlichen Bevölkerung, deren Alltagsleben in großem Ausmaß durch nichtverschriftlichte Institutionen des Gewohnheitsrecht geregelt wurde, wies Adamus jedoch auf einen bedeutenden Konfliktpunkt

92 Zur Ablehnung altpolnischer Traditionen im Bereich des Zivilrechts s. auch die Ausführungen von Fryderyk Zoll in KKRP, zeszyt 13, 1930, S. 23.

93 ADAMUS, J.: W sprawie stosunku prawa ludowego do kodyfikacji prawa prywatnego, in: Głos Prawa 2 (1925), Nr. 9–10, S. 210–215.

hin. Eine Untersuchung, die Chancen und Grenzen der sozioökonomischen Modernisierung durch materiellrechtliche Regelungen untersucht, steht für die Zweite Republik noch aus. Die vorliegende Arbeit konzentriert sich nicht zuletzt aufgrund mangelnder Vorarbeiten auf die Bedeutung des Rechts als formale Verfahrensgrundlage sowie auf seine argumentative Rolle im nationalen Identitätsdiskurs. Eine stärker sozialgeschichtlich ausgerichtete Fragestellung müßte aber auf jeden Fall die konkrete materielle Normsetzung stärker in die Analyse miteinbeziehen.

Auch noch heute gerät die juristische Profession aufgrund der von ihr verwendeten Fachsprache häufig in die Kritik. Fachsprache und Art der Argumentation, die ja ausdrücklich zum äußeren Erscheinungsbild der Profession gehören und Beweis ihrer besonderen, über das Rechtsverständnis von Laien hinausgehenden Kompetenz sind und somit als Qualitätsmerkmal der von der Profession geleisteten Arbeit dienen, können zugleich bewirken, daß ihr öffentliches Ansehen schwindet und ihre Kompetenz von der Gesellschaft in Zweifel gezogen wird. Kriterien, die innerhalb der Profession als unabdingbar für den Erhalt des gesellschaftlichen Ansehens erachtet werden, können bei Teilen der Gesellschaft durchhaus kontraproduktive Wirkungen zeitigen. Hinzu kommt, daß gerade in politisch und ökonomisch rückständigen Gesellschaften, Professionen zur Steigerung ihres gesellschaftlichen Prestiges eine Strategie der Abgrenzung und der Betonung des Wissensmonopols gegenüber allen Laien verfolgen und somit zu dem geschilderten Entfremdungsprozeß bewußt beitragen.[94]

Die Kodifikationsarbeit war aufgrund der aufmerksamen Rezeption ausländischer Rechtsnormen und ihrer Verarbeitung zu Gesetzbüchern, die daneben die Spezifika der innerpolnischen Situation reflektieren sollten, sehr zeitaufwendig. In weiser Voraussicht hatte Fierich schon 1919 auf die Langwierigkeit des Unterfangens hingewiesen: „Man darf keine schnellen Früchte dieser Arbeit erwarten, wenn diese Früchte reif sein sollen.“[95] Die politischen Funktionsträger hingegen setzten andere Prioritäten und forderten rasche Ergebnisse, die im politischen Alltag umgesetzt werden konnten.

[94] Siegrist, H.: Bürgerliche Berufe. Die Professionen und das Bürgertum, in: Ders. (Hg.): Bürgerliche Berufe. Zur Sozialgeschichte der freien und akademischen Berufe im internationalen Vergleich, Göttingen 1988, S. 11–48, hier S. 12.

[95] KKRP, zeszyt 1, 1920, S. 53.

Daher geriet die Kommission schon bald in die Kritik . Schon 1921 bemängelte Piłsudski: „Der Nachteil der Kodifikationskommission ist, daß ihre Mitglieder – in der Mehrheit Professoren – Vollkommenheit anstreben und damit die Fertigstellung der einzelnen Kodizes verzögern. Aber im Hinblick auf das Wohl und die Integrität des Staates ist es sehr viel wichtiger, daß wir so schnell wie möglich ein einheitliches Recht erhalten, auch wenn dieses nicht perfekt ist. Verbessern könnt Ihr es noch später."[96] Piłsudski warf den Mitgliedern der Kommission vor, daß sie die politische Bedeutung eines einheitlichen Rechtssystems verkannten und sich zu lange mit juristischen Spitzfindigkeiten aufhielten. Er betrachtete die von der Kommission zu vereinheitlichende Rechtsordnung ganz pragmatisch als eine wichtige Verfahrensgrundlage für das Funktionieren der polnischen Staatlichkeit.[97] Im Gegensatz zu den kritischen Stimmen der dreißiger Jahre sah er in ihr jedoch nicht die Verkörperung eines spezifisch definierten polnischen Nationalcharakters.

Die Kommission selbst war sich der Bedeutung einer raschen Rechtsvereinheitlichung durchaus bewußt und zeigte Verständnis für das Drängen der Exekutive. Gleichzeitig aber warnte sie davor, bei der Fertigstellung der einzelnen Gesetzesprojekte vorgegebene Termine um jeden Preis einhalten zu wollen, da darunter die Qualität der einzelne Kodizes leiden würde. Ein von der Kommission erarbeitetes und verabschiedetes Projekt wurde aus diesem Grund vor seiner Überweisung an das Justizministerium immer zunächst juristischen Institutionen und Fachleuten zur Beurteilung vorgelegt. Damit verlängerte sich seine Entstehungszeit zwangsläufig, doch war für die Kommission das Einholen von Meinungen außerhalb ihres Gremiums ein wichtiger Bestandteil zur Wahrung des hohen Niveaus der Kodifikationsarbeit.[98] Auch die Kommission selbst war zunächst jedoch von einem rascheren Voranschreiten der Arbeiten ausgegangen. Im Rechenschaftsbericht für das Jahr 1926 hatte es noch geheißen, daß

96 KKRP, zeszyt 13, 1930, S. 21.

97 Zu Piłsudskis durch Pragmatismus geprägtem Verhältnis zu Angelegenheiten der Rechtsordnung s. Rogala, M.: Józef Piłsudski i jego kontakty z prawem, in: Palestra 42 (1998), Nr. 11–12, S. 15–22. Das Resümee des Autors, daß Piłsudski alles nur Erdenkliche getan habe, um Rechtskultur und Rechtsstaatlichkeit in der Zweiten Republik zu stärken, erscheint jedoch in diesem Zusammenhang als ein weiterer Beitrag zur häufig relativ kritiklosen Darstellung des Staatsgründers. Die politische Praxis nach 1926 zeigte rasch, daß für Piłsudski die Rechtsstaatlichkeit kein zu schützender Wert an sich war.

98 KKRP, zeszyt 8, 1926, S. 222.

alle Projekte bis spätestens 1932 abgeschlossen sein sollten. Drei Jahre später war man schon vorsichtiger und rechnete damit, daß sich die Arbeit der Kommission noch weitere zehn Jahre hinziehen würde.[99] Tatsächlich war bei Ausbruch des Zweiten Weltkriegs lediglich im Bereich des Strafrechts eine umfassende Kodifizierung erreicht worden. Bei den zivilrechtlichen Kodizes fehlten noch etliche wichtige Gesetzeswerke wie etwa das gesamte Ehe- und Familienrecht.[100] Im letzten Tätigkeitsbericht vor dem Zweiten Weltkrieg wies der Präsident der Kommission auf das bereits Erreichte hin und verwahrte sich erneut gegen den Vorwurf der Langsamkeit. Er argumentierte, daß bei dem von der Kommission gewählten Weg, gänzlich neue Gesetzeswerke zu schaffen, die lange Dauer unvermeidlich sei.[101]

Im Ausland sah man in erster Linie das hohe rechtswissenschaftliche Niveau der Gesetzesprojekte, das der polnische Weg der Kodifikation hervorbrachte. Gerade die Berücksichtigung ausländischer Vorbilder und das Bemühen, die neuen polnischen Gesetzeswerke gleich an bestehende internationale Rechtsnormen anzupassen, wurde als vorbildlich angesehen und anderen Staaten als nachahmenswert empfohlen.[102] In solchen Bewertungen fiel die Tatsache, daß ganze Rechtsbereiche im polnischen Staat jahrelang durch provisorische Überbrückungslösungen geregelt werden mußten, weniger ins Gewicht. Der französche Zivilrechtler François Gény (1861–1959), der in den zwanziger Jahren mehrfach an der Universität Warschau lehrte, betonte die besonders schwierige Ausgangslage für die polnische Kodifizierungsarbeit aufgrund der existierenden Rechtszersplitterung.[103] Zieht man diese Ausgangssituation in Betracht, so ist gerade auch unter Berücksichtigung der schlechten materiellen Ausstattung der Kommission zu konstatieren, daß sie in relativ kurzer Zeit eine beachtliche Leistung vollbracht hat. Eine Bewertung aus heutiger Sicht, daß die Arbeiten über Vorentwürfe kaum hinaus

[99] KKRP, zeszyt 9, 1927, S. 239 sowie KKRP, zeszyt 13, 1930, S. 30.

[100] Eine Zusammenstellung der bis 1937 von der Kommission an das Justizministerium weitergeleiteten Projekte sowie der von der durch Sejmbeschluß bzw. Präsidialerlaß in Kraft getretenen Gesetze in KKRP, zeszyt 17, 1937, S. 53–58.

[101] Ebenda, S. 27.

[102] S. zum Beispiel Wortley, B.A.: Poland's New Codes of Law, Birmingham 1937, S. 4.

[103] Sójka-Zielińska, Profesorowie francuscy, S. 75–83, hier S. 78.

gekommen seien,[104] verkennt sowohl die schwierigen Arbeitsbedingungen als auch die Errungenschaften der Kommission.

Gerade das Bemühen, bei der inneren Rechtsvereinheitlichung auf die modernsten Entwicklungen in anderen Ländern Rücksicht zu nehmen und die Rahmenbedingungen einer zunehmend durch Ökonomie und Kommunikation zusammenwachsenden Welt in ihre Überlegungen miteinzubeziehen, brachte den polnischen Gesetzeswerken das Lob ausländischer Beoabachter ein. In seiner Beurteilung der polnischen Rechtsvereinheitlichung charakterisierte der deutsche Anwalt und Mitherausgeber der Zeitschrift „Ostrecht" Heinrich Freund 1933 die bis zu diesem Zeitpunkt erarbeiteten polnischen Gesetzeswerke folgendermaßen: „Das neue Recht knüpft an die völkische Vergangenheit nirgends an, es ist in diesem Sinne traditionslos. So fehlt es hier an allem Pittoresken, wie wir es auf polnischen Bauernbildern finden, selbst das Religiöse dieses katholischen Landes tritt zurück, es entsteht ein modernes Recht, modern in dem Sinne, daß es der territorialen Gebundenheit entbehrt, und man kann fast behaupten, daß das polnische Recht der Gegenwart ebensogut in irgendeinem anderen europäischen Land hätte entstehen können."[105] Die Modernität und das hohe wissenschaftliche Niveau der Gesetzeswerke machten diese nicht nur international, sondern auch über Systemgrenzen hinweg kompatibel. Viele der bis zum Zweiten Weltkrieg nicht in Kraft getretenen Projekte dienten nach dem Krieg im sozialistischen Polen als Grundlage für das Recht des neuen Staates, so etwa das laizistische Eherecht, das aufgrund des Widerstands der katholischen Kirche, aber auch breiter gesellschaftlicher Kreise in der Zweiten Republik nicht verabschiedet werden konnte.[106] Kodizes, die wie das seit 1934 geltende Handelsgesetzbuch aufgrund der neuen Gesellschaftsordnung nur zu einem kleinen Teil in Kraft blieben, haben in der derzeitigen Transformationsphase als Übergangslösungen eine wichtige Funktion.[107] Kritisch wurden die polnischen Kodi-

[104] SCHUBERT, Entwurf, S. 271.

[105] FREUND, H.: Fünfzehn Jahre polnische Rechtsentwicklung, in: Osteuropa 8 (1932/33), S. 530–541, hier S. 530–531. Freund betonte die Anleihen, die die Kodifikationskommission bei französischem, deutschem, österreichischem und schweizerischem Recht gemacht habe, und hob ausdrücklich hervor, daß er eine solche Art von Ekletizismus nicht als negativ bewerte.

[106] Zur Anknüpfung an die Arbeiten der Kodifikationskommission nach dem Zweiten Weltkrieg s. GRODZISKI, Prace nad kodyfikacją i unifikacją, S. 9–29.

[107] Zum polnischen Recht nach zwei Systemwechseln s. GRZYBOWSKI, Zagadnienia kodyfikacji polskiego prawa, S. 91–112 sowie KÜPPER, H.: Rechtskultur und Moder-

fikationsbestrebungen hingegen von den Teilen der deutschen Rechtswissenschaft aufgenommen, die die Schaffung eigener polnischer Kodizes aufgrund angeblich mangelnder eigener Rechtstraditionen in Frage stellten und daher vorschlugen, schon bestehendes Recht – insbesondere das fortschrittliche deutsche – zu übernehmen.[108]

Eine wichtige Rolle für das Vorgehen der Kodifikationskommission spielte die schwierige Aufgabe, neben der innerpolnischen Rechtsvereinheitlichung auch die Weichen für eine erfolgreiche Integration Polens in die schon bestehenden internationalen Rechtsbeziehungen zu stellen. Viele Mitglieder der Kommission warnten gerade mit dem Hinweis auf die zunehmende Bedeutung des internationalen Rechtssystems davor, an angeblich genuin polnisches Recht aus der Zeit vor den Teilungen anzuknüpfen, anstatt auf modernere Kodifizierungen Bezug zu nehmen. Sie sahen die doppelte Herausforderung von innerer und äußerer Integration durchaus positiv, da sie meinten, daß die parallelen Integrationsanforderungen sich gegenseitig befruchten würden. Generalsekretär Rappaport faßte dies in seinem Bericht zum zehnjährigen Bestehen der Kommission folgendermaßen zusammen: „Das wiederentstandene Polen stellt gewissermaßen nicht nur eine Schmiede nationaler gesetzgeberischer Arbeit dar, sondern auch – *en miniature* – gleichzeitig ein Laboratorium für Recht und Rechtsvergleichung, das es heute möglich macht, den Wert des künftigen polnischen Rechts *(de lege ferenda)* mit dem fremden Recht *(lex lata)* zu vergleichen."[109] Sollten innere Unifizierung und internationale Rechtsvereinheitlichung erfolgreich verlaufen, konnte auf Rechtsinstitutionen, die wie der *Code Napoléon* die europäische Rechtsordnung im 19. Jahrhundert nachhaltig geprägt hatten, nicht verzichtet werden. Daher war ein Credo der Kommission, sich an diesem Gesetzeswerk zu orientieren und dessen Prinzipien von Gleichheit vor dem Gesetz, Gewissensfreiheit und Recht auf Eigentum zu Grundsätzen in der Kodifikationsarbeit zu machen.[110]

nisierung in Ostmitteleuropa, in: Osteuropa 49 (1999), Nr. 4, S. 337–353, hier besonders S. 347–350.

108 Vgl. zu solchen Auffassungen zum Beispiel den in Posen lebenden Juristen Meyer, E.: Polnische Rechtsprobleme, in: Zeitschrift für polnisches Recht 2 (1924), Nr. 1–2, S. 84–94.

109 KKRP, zeszyt 12, 1929, S. 373.

110 Ebenda, S. 391.

Interessant ist auch die Bedeutung, die der polnischen Unifizierungsarbeit für die gesamteuropäische Rechtsentwicklung zugesprochen wurde. Für Rappaport nahm diese Arbeit quasi „im kleinen" die künftig erforderlichen Rechtsunifizierungen in ganz Europa voraus. Die Krise des Rechts, die er in dem scheinbar unüberwindbaren Widerspruch zwischen liberal-bürgerlichen und sozialistischen Rechtsordnungen begründet sah, glaubte er durch internationale Rechtsvereinheitlichung überwinden zu können.[111] Polen sollte bei dieser rechtlichen Vereinheitlichung auf internationaler Ebene eine Vorreiterrolle einnehmen, da das Land aufgrund der inneren Unifizierungsarbeit auf einen reichen Erfahrungsschatz zurückgreifen konnte.

Die Kodifikationskommission war in ihrer Bedeutung für die Rechtsentwicklung der Zweiten Republik, aber auch in ihrer Selbstwahrnehmung mehr als ein rein wissenschaftliches Berater- und Expertengremium. Ihre Mitglieder sahen ihre Tätigkeit als eine Art „gesellschaftliche Mission", als einen wichtigen Beitrag zum Aufbau des polnischen Staates.[112] Sie verrichteten diese Arbeit unter schwierigen Bedingungen, neben ihrer normalen beruflichen Tätigkeit, ohne zusätzliche Vergütung. Aber auch wenn sie diese Arbeit in gewisser Weise als patriotische Pflicht betrachteten, behielt doch auch noch in den dreißiger Jahren sachrationale juristische Kompetenz Vorrang vor politischer und ideologischer Vereinnahmung. Für die meisten Juristen in der Kommission besaßen bestimmte Regeln, die aus ihrer Professionszugehörigkeit resultierten, einen so hohen Stellenwert, daß sie relativ immun gegen die Vereinnahmung durch einen Diskurs erschienen, der an die Stelle sachrationaler Argumente solche setzte, die zur Konstruktion einer bestimmten, sich vor allem nach außen abgrenzenden polnischen Identität dienten.[113] Solche Regeln waren

111 Ebenda. Auch hier lohnt wieder ein vergleichender Blick auf aktuellere Entwicklungen. So zeigt etwa Hans-Joachim Bartels wie eng die Grenzen der internationalen Rechtsangleichung tatsächlich in Zeiten der Blockkonfrontation nach dem Zweiten Weltkrieg gezogen waren, BARTELS, H.-J.: Rechtsvereinheitlichung zwischen unterschiedlichen Gesellschaftsordnungen, in: Rechtseinheit für Europa. Festgabe für Konrad Zweigert, Hamburg 1981, S. 106–123. Dennoch weist auch er auf die Annäherungsmöglichkeiten zwischen konkurrierenden Gesellschaftssystemen mittels Rechtsvereinheitlichung hin.

112 Stanisław Grodziski unterstreicht ihre Verdienste und charakterisiert ihre Einstellung wie folgt: „Ein hohes fachliches Niveau verband sich mit einem ebenso hohen moralischen sowie mit einer patriotischen Haltung." GRODZISKI, Komisja, S. 72.

113 S. dazu Kapitel 5.2.

etwa die streng genormte Art der Ausbildung, die durch fachliche Kompetenz gekennzeichnete Autonomie gegenüber nicht der Profession Zugehörigen oder ein durch Verbandsinstitutionen kontrollierter Ehrenkodex.[114] Daneben spielte auch ein aus der Teilungszeit herrührendes, gewissermaßen „föderales“ Denken eine Rolle, das das Entstehen eines Nationalismus verhinderte, der die Homogenisierung der Gesellschaft unter ethnisch-polnischen Vorzeichen anstrebte und alle anderen Identitäten – seien sie ethnischer, konfessioneller, regionaler oder eben auch professioneller Natur – gering achtete. Die Gründe für die Radikalisierung dieses ethnisierenden Diskurses, der in den dreißiger Jahren auch Teile der juristischen Profession durchdrang, sind weniger in den Abwehrreaktionen einer rückständigen Gesellschaft zu suchen, die sich gegen das Überstülpen ihr angeblich fremder Rechtsnormen wehrte. Vielmehr wird zu fragen sein, wie sich das professionelle Selbstverständnis wandelte, damit professionsinterne Rationalitätskriterien an Bedeutung verlieren konnten.

[114] Zu den eine Profession bestimmenden Merkmalen s. zum Beispiel Moore, W.E.: The Professions: Roles and Rules, New York 1970; Rüschemeyer, D.: Professionalisierung. Theoretische Probleme für die vergleichende Geschichtsforschung, in: Geschichte und Gesellschaft 6 (1980), Nr. 3, S. 311–325; Torstendahl, R.: Introduction, in: Burrage, M./Torstendahl, R. (Hg.): The Formation of Professions. Knowledge, State and Strategy. London 1990, S. 1–23.

4. Die Arbeit der Kodifikationskommission im Spannungsfeld innerer und äußerer Rechtsunifizierung

Betrachtet man die ersten Ergebnisse der Arbeit der Kodifikationskommission, die dem Justizministerium in den Anfangsjahren der Zweiten Republik vorgelegt wurden, so mögen die Rechtsbereiche, die man als vordringlich behandelte, zunächst eine gewisse Verwunderung hervorrufen. Die als erstes fertiggestellten Gesetzeswerke waren das Interlokale bzw. Internationale Privatrecht sowie einige kleinere Teilbereiche des Wirtschaftsrechts. Erst gegen Ende der zwanziger bzw. zu Beginn der dreißiger Jahre gelangten größere Projekte wie das Eherecht oder das vereinheitlichte Strafgesetzbuch an das Justizministerium.[1] Zu Beginn ihrer Tätigkeit hatte die Kommission selbst die ausgesprochen große Bedeutung der Kodifizierungsarbeit nicht nur für die Konsolidierung der Staatlichkeit, sondern auch für den politischen Charakter des neuen polnischen Staates betont. Dies ließ vermuten, daß zunächst die Kodifizierung solcher Rechtsbereiche in Angriff genommen würde, in denen bestimmte als wichtig empfundene weltanschauliche Prämissen zum Ausdruck kamen, wie etwa beim Ehe- und Familienrecht oder beim Erbrecht.

Die Zweite Republik verstand sich als demokratisches Gemeinwesen mit einer auf liberalen Grundsätzen aufbauenden kapitalistischen Wirtschaftsordnung. In der Verfassung von 1921 waren ihren Bürgern grundlegende Freiheitsrechte verbrieft, wie etwa die Gleichheit vor dem Gesetz sowie die Glaubens- und Gewissensfreiheit, allerdings wurde gleichzeitig die herausgehobene Stellung der katholischen Konfession betont. Im Falle des Ehe- und Familienrechts war absehbar, daß die konkrete Ausformulierung dieser Verfassungsprinzipien die Juristen in der Kommission vor eine schwierige Aufgabe stellen würde. Konflikte, die sich aus der rechtlichen Gleichstellung von Mann und Frau einerseits sowie Angehörigen unterschiedlicher Konfessionen andererseits ergaben, waren vorprogrammiert, nahm man die herausgehobene Stellung des Katholizismus ernst, die nicht ohne Einfluß auf die rechtliche Ausgestaltung der Institution Ehe

[1] S. dazu KKRP, zeszyt 17, 1937, S. 53–56.

bleiben konnte. Durch eine rasche Kodifizierung dieses Rechtsbereiches wäre die Kommission gezwungen gewesen, den in der Verfassung angelegten Konfliktstoff für das privatrechtliche Alltagsleben zu entschärfen. Weniger konfliktträchtig, aber für den grundlegenden Charakter der Gesellschaftsordnung ebenfalls von maßgeblicher Bedeutung war zum Beispiel auch die Schaffung eines einheitlichen Erbrechts, das das individuelle Recht auf Eigentum realisierte. Gerade in den Anfangsjahren der Zweiten Republik schien angesichts der militärischen Auseinandersetzung mit dem revolutionären Rußland ein Bekenntnis zur bürgerlich-liberalen Wirtschaftsordnung besonders wichtig.

Weder das Ehe- und Familien- noch das Erbrecht wurden jedoch bis zum Ende der Zweiten Republik in einen einheitlichen Gesetzeskodex gefaßt. Gerade im Fall des Eherechts wird noch auf die enormen weltanschaulichen Auseinandersetzungen hinzuweisen sein, die die Verabschiedung eines von der Kodifikationskommission erarbeiteten Entwurfs unmöglich machten. In Anbetracht der Tatsache, daß es sich bei den beiden Beispielen um großangelegte und komplexe Gesetzgebungsvorhaben handelte, die allein schon eine lange Vorbereitungszeit in bezug auf die Materialsammlung erforderten, kann man ermessen, daß die Zwischenkriegszeit trotz engagierter Bemühungen der mit diesen Projekten befaßten Juristen nicht ausreichte, um zu einem abschließenden Ergebnis zu gelangen.[2] Die ausgebliebene Unifizierung der erwähnten Rechtsbereiche kann jedoch nicht nur mit dem Hinweis auf die Verzögerung etwa durch fachfremde weltanschauliche Auseinandersetzungen oder auf die zu verarbeitende Materialfülle erklärt werden. Berücksichtigt werden muß auch eine äußerst pragmatische Einstellung der Kodifikationskommission in bezug auf die Reihenfolge der zu bearbeitenden Projekte. Dabei wird deutlich, daß es dem Gremium in erster Linie darum ging, zunächst

[2] Vergleicht man die Arbeitsfortschritte der zivilrechtlichen Abteilung mit denen der strafrechtlichen innerhalb der Kodifikationskommission, wird erkennbar, daß Materialfülle und Umfang eines Gesetzbuchs nicht unbedingt die lange Zeitspanne bis zu seinem Inkrafttreten begründeten. Das polnische Strafgesetzbuch etwa erlangte seine Gültigkeit 1932. Da das Strafrecht weniger stark die Alltagsbeziehungen der Bevölkerung bestimmte, war es in geringerem Maße politisch-ideologischen Auseinandersetzungen ausgesetzt. Das 1931 vorgelegte Projekt der Kommission wurde schon Mitte 1932 geltendes Recht. Viele der zivilrechtlichen Gesetzesprojekte waren sehr viel länger in den Gremien der Legislative und Exekutive der politischen Auseinandersetzung ausgesetzt.

eine formalrechtliche Verfahrensgrundlage zu schaffen, bevor man sich der materiellrechtlichen Ausgestaltung des Rechtssystems zuwandte.

Unter den Mitgliedern der Kommission herrschte Einverständnis darüber, daß der alltägliche Rechtsverkehr nicht auf die Fertigstellung möglichst perfekter Kodizes warten konnte. Das bedeutete einerseits, daß man zunächst die geltenden Rechtsordnungen in den ehemaligen Teilungsgebieten beibehielt, so sie nicht völlig bestimmten Grundlagen des polnischen Staates – wie etwa einer auf individuellem Privateigentum beruhenden Wirtschaftsordnung – zuwiderliefen oder die Unterdrückung nationaler polnischer Ambitionen zum Ziel hatten. In den Rechtsbereichen, die die Wirtschafts- und Sozialordnung der Republik betrafen, wurden die geltenden Gesetze in den einzelnen Teilungsgebieten übernommen, da die Zweite Republik in diesem Bereich an die auf Privateigentum basierende Gesellschaftsordnung der ehemaligen Teilungsmächte anknüpfte. Lediglich das Recht über den Landbesitz in den polnischen Ostgebieten, das durch den russischen *Svod Zakonov* geregelt wurde, ersetzte man 1919 durch das fortschrittlichere Recht, das im Königreich Polen gegolten hatte, da das russische Recht der angestrebten liberalen Wirtschaftsordnung völlig fremde Elemente beinhaltete.[3]

Die einstweilige Beibehaltung territorial unterschiedlicher Rechtsordnungen wies somit der Kodifikationskommission eine spezifische Aufgabenstellung zu: Es hatte zunächst darum zu gehen, einheitliche Verfahrensregeln auszuarbeiten, die dann zur Anwendung kamen, wenn die unterschiedlichen Rechtsordnungen der ehemaligen Teilungsgebiete im gemeinsamen Staat miteinander in Kontakt kamen und die Frage zu beantworten war, welches Recht Geltung besäße. Solche sogenannten Kollisionsnormen galt es jedoch nicht nur für den innerpolnischen Rechtsverkehr auszuarbeiten, sondern auch für die internationalen Rechtsbeziehungen Polens. Die einstweilig nicht aufzuhebende innere Rechtszersplitterung sollte sich nicht negativ auf die Einbindung Polens in das System der Rechtsbeziehungen im zwischenstaatlichen Bereich auswirken. Sowohl bei den innerpolnischen als auch bei den international wirksamen Kollisionsnormen standen die Anforderungen funktionierender Wirtschaftsbeziehungen

[3] Nagórski, Z.: The Codification of Civil Law in Poland (1918–1939), in: Studies in Polish and Comparative Law. A Symposium of Twelve Articles, London 1945, S. 44–69, hier S. 47.

ganz oben auf der Agenda der Kommission. Ein Mindestmaß an Rechtssicherheit im Bereich des Wirtschaftsverkehrs wurde als unerläßlich für die Prosperität der Zweiten Republik angesehen. Es waren somit kollisionsrechtliche Kodifizierungen sowie Gesetzeswerke, die zur Regelung des Wirtschaftslebens beitrugen, die zuerst im Fokus der Aufmerksamkeit der polnischen Juristen standen.[4] Da auch die politischen Entscheidungsträger die Bedeutung von Gesetzbüchern erkannten, die den Wirtschaftsverkehr regelten, und zudem diese Rechtsbereiche weniger stark zum Spielball politisch und ideologisch motivierter Auseinandersetzungen wurden, hatte die Kommission in diesem Bereich ihre Arbeit in den dreißiger Jahren abgeschlossen. Zu jenem Zeitpunkt waren diese Projekte zum großen Teil bereits geltendes Recht geworden.[5]

Anhand der folgenden Fallstudien soll das pragmatische Vorgehen zunächst der Kodifikationskommission, dann aber auch der polnischen Außen- und Rechtspolitik in bezug auf die innere und internationale Rechtsvereinheitlichung während der Zwischenkriegszeit dargestellt werden. Die gleichzeitigen inneren wie äußeren Integrationsanforderungen, die an den neuen polnischen Staat gestellt wurden, trugen dazu bei, daß zwischen der innerpolnischen Rechtsvereinheitlichung und den internationalen Bemühungen zur Rechtsangleichung oftmals eine Dynamik entstand, die Polen in bestimmten Bereichen zum Vorreiter bei der internationalen Rechtsentwicklung machte. Gleichzeitig wird die Untersuchung dieser relativ politikfernen Rechtsbereiche verdeutlichen, daß auch die fachjuristischen Erwägungen bis zu einem gewissen Maße der *Ratio* einer der staatlichen Souveränität und ihrem Prestigedenken verpflichteten Machtpolitik unterlagen.

[4] In seinem programmatischen Referat aus dem Jahr 1922 betonte der Zivilrechtler Ignacy Koschembahr-Łyskowski diese Auffassung der Kodifikationskommission: „Zu den vordringlichsten Aufgaben wurde im Bereich des Zivilrechts die Normierung der internationalen Beziehungen sowie der Kontakte zwischen den einzelnen Teilungsgebieten gezählt,...“, Ders., W sprawie kodyfikacji, S. 12.

[5] Ein einheitliches Schuldrecht galt seit 1933, das Handelsgesetzbuch und das Konkursrecht waren seit 1934 in Kraft. Kleinere wirtschaftsrechtliche Gesetzeswerke wie das Wechsel- und Scheckrecht oder das Gesetz zum Urheberschutz besaßen seit Mitte der zwanziger Jahre Gesetzeskraft.

4.1. Das Internationale und Interlokale Privatrecht

Als der polnische Ökonom und spätere Finanzminister im Kabinett Bartel Tadeusz Grodyński am Vorabend des Ersten Weltkrieges auf die Bedeutung des Internationalen Privatrechts gerade für die unter drei unterschiedlichen Rechtssystemen lebenden Polen hinwies und eine Bestandsaufnahme der Rechtsnormen in den jeweiligen Kodizes vollzog, die festlegten, welches Recht bei Rechtsgeschäften mit Beteiligung unterschiedlicher nationaler Rechtsordnungen zu gelten habe, ahnte er noch nicht, daß die Polen sehr bald mit der Realität dieser unterschiedlichen Normen in einem Staatsgebiet konfrontiert sein würden. Seine Kritik an der zu wenig konkreten Ausgestaltung des Internationalen Privatrechts in den Gesetzbüchern der drei Teilungsmächte sollte später von den zuständigen Juristen in der Kodifikationskommission geteilt werden.[6] Allerdings war die baldige Zusammenführung der drei ehemaligen Teilungsgebiete zu einem polnischen Staatswesen für Grodyński im Jahr 1914 noch keine absehbare Gewißheit. Daraus resultierte im Jahr 1918 jedoch, daß die Geltung unterschiedlicher privatrechtlicher Normen nicht nur ein Problem für die innerpolnischen Rechtskontakte bedeutete, sondern daß sie Auswirkung auch auf alle Rechtsgeschäfte der polnischen Staatsangehörigen haben würden, die das Recht anderer Staaten involvierten. Die aus der privatrechtlichen Rechtszersplitterung resultierenden Probleme, die sich zwangsläufig im Alltagsleben aller polnischen Bürger ergeben mußten, sei es, weil sie in Rechtsbeziehungen zu Bürgern eines anderen ehemaligen Teilungsgebietes traten oder weil sie Rechtsgeschäfte abschlossen, die das Recht eines anderen Staates mit auf den Plan riefen, signalisierten der Kodifikationskommission klaren Handlungsbedarf. Eines der ersten von ihr in Angriff genommenen Projekte war daher die Schaffung zweier Gesetzeswerke, die das Prozedere in einem System der vorläufig weiterbestehenden Rechtszersplitterung festlegten.

Das Ergebnis der Bemühungen der Kommission in diesem Bereich stellte das „Gesetzesprojekt zum Internationalen und Interlokalen Privatrecht“ dar, das im April 1921 als erstes Projekt überhaupt von dem Gremium verabschiedet wurde, jedoch Gesetzeskraft erst im

[6] Grodyński, T. F.: Międzynarodowe prawo prywatne na tle stosunków między dzielnicami Polski, Kraków 1914, S. 3–4.

Jahr 1926 erlangte.[7] An dieser Stelle soll kurz erläutert werden, was im Allgemeinen unter dem Internationalen Privatrecht (IPR) und im Sonderfall Polens unter dem Interlokalen Privatrecht (ILPR) zu verstehen ist. Das IPR legt fest, nach welchem Recht ein Tatbestand zu behandeln ist, der neben den heimischen auch ausländische Rechtsnormen involviert. Damit ist es kein materielles Recht, da es die jeweiligen Sachverhalte nicht direkt regelt, sondern Verweisungsrecht, das heißt, es umgrenzt die Anwendungsbereiche der jeweils involvierten Rechtsordnungen.[8] Zum Zuge kommt dieses Recht zum Beispiel bei national gemischten Ehen oder bei Kaufverträgen, die zwischen Angehörigen unterschiedlicher Staaten abgeschlossen werden. Trotz dieses Bezugs auf ausländische Rechtsordnungen handelt es sich beim IPR um nationales Recht. Das von der Kodifikationskommission geschaffene ILPR trug dem polnischen Sonderfall Rechnung, daß auf dem Territorium eines souveränen Staates mehrere Privatrechtsordnungen in Geltung waren. Ebenso wie bei Rechtsgeschäften mit internationaler Außenwirkung das IPR den Anwendungsbereich der jeweils nationalen Rechtsordnung festlegte, bestimmte das ILPR, welches Recht der jeweiligen Teilungsgebiete zu gelten hatte.[9] Zwar war die Zweite Republik bei weitem nicht der einzige Staat, auf dessen Territorium unterschiedliche Rechtsordnungen in Geltung waren bzw. auch heute noch sind.[10] Doch die polnischen Gesetzeswerke zum IPR und ILPR zeichneten sich dadurch aus, daß sie im Vergleich zu anderen Mehrrechtsstaaten die daraus resultierenden Besonderheiten im Rechtsverkehr besonders präzise durch entsprechende Normen regeln wollten. Während das IPR generell alle Staaten in den Bereichen betrifft, in denen es noch nicht zu einer materiellrechtlichen internationalen Vereinheitlichung gekommen ist, wird das ILPR nur in Staaten benötigt, die sich wie Polen

[7] Dz. U. RP., Nr. 110, 13.10.1926, Poz. 580 und Poz. 581. Zur Entstehung der beiden Geseztesprojekte s. auch Górnicki, Prawo Cywilne, S. 116–133.

[8] Dazu die Definition bei Kropholler, J.: Internationales Privatrecht, Tübingen 1997, § 1, I.

[9] In Anlehnung an die allgemein gebräuchliche juristische Terminologie wird der polnische Begriff des *„Prawo Prywatne Międzydzielnicowe“* (eigentlich „Zwischenteilgebietsprivatrecht“) hier als Interlokales Privatrecht wiedergegeben, zur Terminologie auch Kropholler, § 29, I.

[10] In der Zwischenkriegszeit waren im Prinzip alle neuentstandenen Staaten Ostmittel- und Südosteuropas zunächst „Mehrrechtsstaaten“. Auch heute noch gibt es Staaten, die wie zum Beispiel Spanien regional unterschiedliche Rechtsordnungen besitzen.

nach 1918 in einem Übergangszustand oder wie etwa die Vereinigten Staaten in einem Dauerzustand der Rechtszersplitterung befinden.

Trotz der starken Zunahme der Rechtskontakte vor allem im internationalen Wirtschaftsverkehr seit dem 19. Jahrhundert, aber auch infolge der anwachsenden Migrationsströme wurde das IPR lange Zeit in Praxis und Lehre wenig berücksichtigt. Auch polnische Rechtswissenschaftler hatten schon gegen Ende des 19. Jahrhunderts auf Forschungsdesiderate in diesem Bereich und erhöhten gesetzgeberischen Regelungsbedarf hingewiesen und davor gewarnt, daß aus dem Fehlen privatrechtlicher Kollisionsnormen eine Rechtsunsicherheit erwachse, die zwangsläufig ökonomischen Schaden zur Folge habe.[11] Dieser Aspekt der mangelnden Rechtssicherheit beschäftigte die Kodifikationskommission nicht nur in bezug auf eventuell daraus erwachsende ökonomische Nachteile, sondern ingesamt im Hinblick auf die Alltagsbeziehungen der polnischen Staatsbürger untereinander und zu Bürgern anderer Staaten. Aus diesem Grund wurde der Zivilrechtler Fryderyk Zoll schon im November 1919 mit der Ausarbeitung je eines Entwurfs zum IPR und ILPR betraut. Wenige Monate später legte Zoll bereits einen Gesetzentwurf vor, der im Laufe des Jahres 1920 im Zuge von drei Lesungen innerhalb des Plenums der Kommission überarbeitet und im April 1921 endgültig verabschiedet und dem Justizminsterium zugeleitet wurde.[12] Neben Zoll wirkte der Krakauer Völkerrechtler und spätere Richter am Ständigen Gerichtshof in Den Haag Michał Rostworowski maßgeblich an der Gesetzesvorlage mit. Die beiden Referenten waren aufgrund ihrer Berufspraxis aus der Zeit vor dem Ersten Weltkrieg gut auf diese Aufgabe vorbereitet. Zoll hatte im Jahr 1912 zu der vom Wiener Justizministerium eingesetzten Expertenkommission gehört, die ein Projekt des IPR für die Habsburgermonarchie erarbeiten sollte. Dieses im Jahr 1913 fertiggestellte Gesetzesprojekt trat jedoch weder in der Donaumonarchie vor Ausbruch des Ersten Weltkriegs noch in der Republik Österreich während der Zwischenkriegszeit in Kraft.[13] Der aus dem russischen Teilungsgebiet stammende Rostwor-

[11] Dazu Kasparek, Z dziedziny, S. 2–3. Erst im Laufe der Zwischenkriegszeit wurde das Internationale Privatrecht an den Universitäten als eigenständiges Fach in Forschung und Lehre etabliert, s. Przybyłowski, Rozwój polskiej nauki S. 175–176.

[12] Zum Ablauf der Beratungen in der Kodifikationskommission vgl. KKRP, zeszyt 2, 1920, S. 72 sowie KKRP, zeszyt 3, 1921, S. 92.

[13] Slapnicka, Österreichs Recht, S. 37 und S. 57.

owski hatte im Jahr 1896 die russische gegen die österreichische Staatsbürgerschaft gewechselt und lehrte seit 1903 an der Universität in Krakau Völker- und Staatsrecht. Seit 1898 war er Mitglied des *Institut de Droit International* und verfolgte und kommentierte die Bestrebungen der internationalen Rechtsvereinheitlichung vor allem im Rahmen der Haager Privatrechtskonferenzen.[14]

Zoll bemühte sich bereits auf der ersten Sitzung der Zivilrechtssektion, seinen Kollegen die Dringlichkeit der Kodifizierung des IPR und ILPR deutlich zu machen. Anhand von Beispielen aus dem Alltagsleben hob er hervor, daß die innere Rechtszersplitterung zu jeder Zeit im Bereich ganz gewöhnlicher zwischenmenschlicher Beziehungen schwierige juristische Entscheidungsfragen aufwerfen konnte. So führte er als Beispiel etwa die Eheschließung eines Warschauers mit einer Krakauerin an, die in Posen vorgenommen wurde. Welche der drei involvierten Rechtsordnungen sollte hier berücksichtigt werden, damit die Ehe Gültigkeit erlangte, und nach welchem Recht sollten etwa vermögensrechtliche Folgen aus der Eheschließung behandelt werden? Noch komplizierter seien Tatbestände, in denen polnische Staatsbürger Rechtsgeschäfte mit Ausländern abschlossen, da auf polnischem Staatsgebiet unterschiedliche Normen des IPR galten und unklar war, welche zur Anwendung kommen sollten. Mit seinem Plädoyer gelang es Zoll, auch die Mitglieder der Kommission von der Vordringlichkeit der Kodifizierung des IPR und ILPR zu überzeugen, die zunächst auf der Bearbeitung materiellrechtlicher Kodizes bestanden hatten.[15]

Es war sicher kein Zufall, daß sich gerade zwei Juristen aus dem österreichischen Teilungsgebiet mit der Ausarbeitung jenes Teils der Zivilgesetzgebung beschäftigten, dessen Dringlichkeit im uneinheitlichen Charakter des Rechtssystems des neuen polnischen Staates begründet lag. Die Habsburgermonarchie war diejenige Teilungsmacht, die am ehesten bestrebt war, den föderalen Bestrebungen der unter ihrer Herrschaft lebenden Völker entgegenzukommen. Durch die Aufstiegsmöglichkeiten für die Polen im Rahmen der öster-

[14] Zu Rostworowski s. Polski Słownik Biograficzny. Tom 32, Wrocław et al. 1989–1991, S. 221–224.

[15] Wspomnienia Fryderyka Zolla, S. 310–312. Dazu auch Mączyński, A.: Znaczenie prac Fryderyka Zolla w dziedzinie prawa prywatnego międzynarodowego, in: Fryderyk Zoll 1865–1948. Prawnik – uczony – kodyfikator (= Polska Akademia Umiejętności, Wydział Historyczno-Filozoficzny, Prace Prawnicze Nr. 6), Kraków 1994, S. 63–77, hier besonders S. 65–66.

reichischen Bürokratie konnten die aus Galizien stammenden Juristen in sehr viel stärkerem Ausmaß als ihre polnischen Kollegen aus den anderen beiden Teilungsgebieten Erfahrungen mit administrativem Handeln sammeln, das auf die Multiethnizität des Gesamstaates Rücksicht nehmen mußte. Somit erscheint es nur logisch, daß gerade Zoll, der die Probleme der Gesetzgebung aus der Innenansicht des Staatsapparats eines Vielvölkerstaates kannte, ein Verfechter von Kodifizierungen war, die nicht darauf abzielten, das Rechtssystem um jeden Preis und so schnell wie möglich zu unifizieren. Für ihn stand die Suche nach Verfahren im Vordergrund, die dem politischen und gesellschaftlichen Handeln auch unter den Bedingungen der Uneinheitlichkeit einen Rahmen der Rechtssicherheit zu geben vermochten.

Das IPR war in der Zwischenkriegszeit noch ein recht junger Gegenstand des juristischen und des politischen Interesses. Auch gehörten Regelungen des ILPR im Zeitalter des auf innere Homogenität bedachten Nationalstaats zu den Ausnahmen. Die polnische Republik stand daher ebenso wie die anderen aus den zusammengebrochenen Imperien Ostmittel- und Südosteuropas hervorgegangenen Staaten hier vor Kodifizierungsaufgaben, bei denen nur in begrenztem Umfang auf schon vorhandene Muster zurückgegriffen werden konnte. Die im Rahmen der Zivilgesetzbücher der Teilungsmächte geltenden Normen des IPR wurden von den Bearbeitern in der Kodifikationskommission als ungenügend oder nicht auf den polnischen Fall anwendbar empfunden.[16] Zugleich war jedoch keine Zeit dafür, ein völlig eigenständiges polnisches System von Normen des IPR zu schaffen. Zudem mußte das IPR naturgemäß international kompatibel sein. Daher galt es, sich an den wenigen bereits bestehenden Regelungen zu orientieren, die den Weg zu einem fortschrittlichen IPR wiesen.

Zoll und Rostworowski legten ihrer Arbeit neben dem österreichischen Entwurf aus dem Jahr 1913 ein vom *Institut de Droit International* in Brüssel erarbeitetes Projekt zum IPR im Bereich des Schuldrechts zugrunde, das 1908 auf einer Konferenz in Florenz vorgestellt worden war. Als assoziiertes Mitglied des Institutes hatte

[16] Kuratowski, R. K.: A General Outline of Some Priciples of Conflict of Laws in Poland, in: Studies in Polish and Comparative Law, S. 110–123, hier S. 111. Vgl. zum *status quo* der Regelung des IPR in den einzelnen Teilungsgebieten Nagórski, Codification, ebenda, S. 50.

Rostworowski an dieser Sitzung teilgenommen.[17] Daneben orientierte man sich auch an den kollisionsrechtlichen Regelungen, die das Ergebnis der Privatrechtsvereinheitlichung auf den Konferenzen in Den Haag in den Jahren vor dem Ersten Weltkrieg waren und vor allem rechtliche Regelungen enthielten, die gemischtnationale Eheschließungen betrafen. Aber auch die deutschen Bestimmungen des IPR, die im Einführungsgesetz zum BGB (EGBGB) im Jahr 1896 geregelt wurden und damals die ausführlichste Gesetzesgrundlage für das IPR innerhalb eines nationalen Zivilgesetzbuches darstellten, wurden berücksichtigt. Zoll wies ausdrücklich darauf hin, daß es nicht darum gehen könne, nach Originalität zu streben; vielmehr setzte er sich zum Ziel, die fortschrittlichsten ausländischen Kodifizierungen zur Grundlage des polnischen Gesetzes zu machen.[18] Ein wichtiger Grund für diese internationale Orientierung war auch die Tatsache, daß Polen im 19. und frühen 20. Jahrhundert nicht als Staat auf den Konferenzen zur internationalen Privatrechtsvereinheitlichung in Den Haag vertreten war. Wollte Polen so rasch wie möglich in den Kreis der Staaten aufgenommen werden, die auf dem Weg der Privatrechtsangleichung schon vorangekommen waren, erschien es sinnvoll, die bereits bestehenden internationalen Abmachungen den eigenen polnischen Kodifizierungen zugrunde zu legen.

Die Entwürfe zum IPR und ILPR stellten für ihre Zeit durchaus neuartige Gesetzeswerke dar. Zwar stützten sie sich inhaltlich vor allem auf schon vorhandene Kollisionsnormen. Doch in ihrer Ausführlichkeit übertrafen sie alle anderen nationalen Regelungswerke. Diese genaue Festlegung, welches Recht beim Zusammentreffen unterschiedlicher regionaler bzw. nationaler Gesetze anzuwenden sei, war um so wichtiger, da es zum Zeitpunkt der Kodifizierung des IPR und des ILPR noch keine einheitliche materiellrechtliche Grundlage im polnischen Staat gab. Wie im IPR allgemein üblich, waren die beiden Gesetzeswerke sehr abstrakt und allgemein formuliert, um eine möglichst umfassende Abdeckung der möglichen Tatbestände durch die jeweiligen Kollisionsnormen zu gewährleisten. Dennoch

[17] Makarov, A. N.: Die Resolution des „Institut de Droit International“ über das internationale Obligationenrecht von 1908 und deren Einfluß auf die nationalen Kodifikationen des Kollisionsrechts, in: Festschrift Hans Lewald, Basel 1953, S. 304, Fußnote 23.

[18] Mączyński, Znaczenie prac, S. 69 sowie Przybyłowski, K.: Prawo prywatne międzynarodowe, Lwów 1935, S. 62.

wurden in den 41 Artikeln des IPR und in den 34 Artikeln des ILPR alle möglichen privatrechtlichen Sachverhalte berücksichtigt, in deren Rahmen es zum Aufeinandertreffen unterschiedlicher Rechtsordnungen kommen konnte. Die beiden Kodizes waren parallel aufgebaut. Sie regelten in Art. 1 zunächst, welche Rechtsordnung für alle persönlichen Rechtsverhältnisse eines Menschen maßgeblich war. In diesem Punkt lag der größte Unterschied zwischen dem IPR und dem ILPR, da ersteres die *lex patriae*, letzteres die *lex domicilii* zur Grundlage für das jeweils anzuwendende Recht machte. Somit beurteilte das IPR die Rechtsstellung der Person nach dem Recht des Landes, dem diese als Staatsbürger angehörte, während das ILPR die Rechtsordnung des Wohnsitzes des Betroffenen zugrunde legte. Diese als Personalstatut bezeichnete Regelung war grundlegend für die weiteren Ausführungen zum Schuld- Ehe-, Familien- und Erbrecht, die in den beiden Gesetzeswerken gemacht wurden. Während die *lex patriae* das Recht auf die Beachtung der jeweiligen Nationalität betonte und es den einzelnen Staaten erlaubte, ihren Einfluß auf ihre Bürger auch im Ausland geltend machen zu können, stellte die *lex domicilii* auf die Gebietshoheit des einzelnen Staates ab und hatte zur Folge, daß etwa Einwanderer leichter assimiliert und die tatsächlichen Lebensverhältnisse vor Ort besser berücksichtigt werden konnten. Allerdings wurde die *lex domicilii* im polnischen ILPR in Art. 2 eingeschränkt, indem erst nach Ablauf eines Jahres die Rechtsordnung des neuen Wohnortes zum gültigen Personalstatut wurde.[19] Auf diese Weise sollte verhindert werden, daß durch Umzüge innerhalb des polnischen Staatsgebiets bestimmte rechtliche Vorschriften vorsätzlich umgangen würden. Vorstellbar war dies zum Beispiel im Falle des Eherechts, das im ehemals preußischen Teilungsgebiet die Scheidung katholischer Ehen ermöglichte, was im restlichen Staatsgebiet durch die entsprechenden Rechtsordnungen strikt untersagt war.[20] Ein weiterer Unterschied zwischen den beiden Gesetzeswerken lag in dem Fehlen einer Klausel zum *ordre public* im ILPR.[21] In Art.

[19] Die Umzugsklausel hatte im ursprünglichen Entwurf der Kodifikationskommission noch zwei Jahre vorgesehen. In der juristischen Kommission des *Sejm* wurde sie jedoch auf ein Jahr begrenzt, dazu LITAUER, J. J.: Rzut oka na polskie projekty ustawodawcze norm międzynarodowego i międzydzielnicowego prawa prywatnego, Warszawa 1925, S. 12.

[20] War kein fester Wohnort zu ermitteln, so legte das ILPR das in der polnischen Hauptstadt Warschau gültige Recht zugrunde (Art. 3, Abs. 1).

[21] Mit dem Begriff des *ordre public* bezeichnet die Lehre vom IPR das Bestreben, den in der inländischen Rechtsordnung enthaltenen grundlegenden Wertvorstellungen

38 des IPR wurde die Anwendung fremden Rechts in Polen ausgeschlossen, wenn dieses den Grundlagen der polnischen Rechtsordnung zuwiderlaufen sollte. Diese Klausel, die zum Schutz der politischen und gesellschaftlichen Ordnung zur Grundausstattung der Regelwerke des IPR in den meisten Staaten gehört, richtete sich zum Beispiel im Falle des Eigentums- und Erbrechts gegen die Anwendung sowjetischer Gesetze auf polnischem Boden.[22] Im ILPR fehlte diese Klausel, da es in diesem Kodex nicht um die Abwägung der Anwendbarkeit von Rechtsnormen zweier oder mehrerer souveräner Staaten ging, sondern in erster Linie um das möglichst reibungslose Funktionieren der Rechtskontakte zwischen den ehemaligen Teilungsgebieten.

Was die einzelnen Verweisungsnormen im Bereich des Schuld-, Ehe-, Familien- und Erbrechts anbelangte, so stellte das IPR das grundlegende Gesetzeswerk dar, dem das ILPR in großen Zügen lediglich nachgebildet war. Mit seinem Verweis in Art. 31, daß die Vorschriften des ILPR immer dann anzuwenden seien, wenn das IPR auf in Polen geltendes Recht verwies, trug das ILPR dafür Sorge, daß das polnische Recht im Ausland als eine Einheit wahrgenommen wurde, auch wenn diese Rechtseinheit *de facto* nicht existierte. Die Tatsache, daß das polnische Kollisionsrecht entstand, bevor es zu einer materiellrechtlichen Unifizierung gekommen war, war nicht unbedeutend für den Charakter des polnischen IPR. Während andere Kodifikationen in diesem Bereich, wie etwa das deutsche EGBGB, sehr stark auf die Gültigkeit der jeweiligen nationalen Rechtsnormen abstellten, zeichnete sich das polnische Gesetz durch einen universalen Ansatz aus. Fast durchgängig führt es vollständige Kollisionsnormen ein, d. h. daß die Rechtsfolge, die durch die Kollisionsnorm mit dem Tatbestand verknüpft wurde, sowohl inländisches als auch ausländisches Recht in Betracht zog.[23]

gegen eventuell diesen widersprechenden Normen des anzuwendenden ausländischen Rechts zur Durchsetzung zu verhelfen, s. Kropholler, § 36.

22 Przybyłowski, K.: Allgemeine Probleme des internationalen Privatrechts im Lichte der polnischen Rechtsprechung, in: Zeitschrift für Osteuropäisches Recht 2 (1935/36), N.F., S. 587–602, hier S. 600–602.

23 Diesen universalen Charakter erhielt das IPR jedoch erst nach der grundsätzlichen Kritik durch Leon Petrażycki während einer Lesung in der Kodifikationskommission, als er dem Ursprungsentwurf mangelnde Beachtung ausländischen Rechts vorwarf. Er argumentierte, daß eine größere Zulassung ausländischen Rechts unbesehen von dessen Qualität sinnvoll sei, da auf diese Weise die internationalen Rechtskontakte erleichtert würden, vgl. Litauer, Rzut oka, S. 6.

Eine Einschränkung erfuhr dieses Prinzip lediglich im Bereich des Eherechts. Während in Art. 12, Abs. 1 des IPR bestimmt wurde, daß die Fähigkeit zur Eheschließung sich aus dem jeweiligen Heimatrecht der Beteiligten ergebe, wurden in Abs. 2 einige Einschränkungen gemacht, die eine Eheschließung in Polen unmöglich machten, selbst wenn diese nach dem Heimatrecht des heiratswilligen Ausländers zulässig war.[24] An dieser Stelle wurde dem stark konfessionell bestimmten Eherecht im ehemaligen russischen und österreichischen Teilungsgebiet Rechnung getragen. Für das ehemalige preußische Teilungsgebiet, in dem das Eherecht säkularen Charakter hatte, besaßen diese Regelungen (mit Ausnahme der unter Punkt 1 genannten) daher keine Gültigkeit.[25] Bei im Ausland geschlossenen Ehen sah die Sachlage hingegen anders aus. Nach dem Inkrafttreten des IPR waren die im Ausland von Bewohnern des ehemaligen russischen Teilungsgebiet geschlossene Zivilehen (die das dort geltende russische Eherecht nicht anerkannte) auch in Polen gültig, da Art. 13 bestimmte, daß sich die Form nach dem Recht des Ortes der Eheschließung bestimmte.[26] Am Beispiel des Eherechts wird deutlich, daß das IPR, das in seiner Form als Verweisungsrecht zunächst unabhängig von den geltenden materiellrechtlichen Regelungen war, dennoch in weltanschaulich umstrittene Bereiche der polnischen Rechtsordnung hineinreichte. Der Autor der beiden Gesetzesentwürfe erklärte daher auch deren kontroverse und langwierige Beratung im *Sejm* damit, daß „unsere Abgeordneten aus dem interlokalen Privatrecht eine große politisch-konfessionelle Angelegenheit machten." Zugleich wies er darauf hin, daß sich viele Richter aus rein pragmatischen Erwägungen der beiden Gesetzentwürfe auch schon vor deren Inkrafttreten bedienten, um überhaupt zu einer praktikablen Handhabung der Rechtsprechung zu gelangen.[27]

[24] Die Eheschließung verhinderten demnach „1. Verwandtschaft oder Schwägerschaft; 2. Gattenmord oder Versuch desselben; 3. ein vorher geschlossenes Eheband; 4. Religionsverschiedenheit, höhere geistliche Weihen und feierliche Gelübde der Ehelosigkeit."

[25] Schöndorf, F.: Die polnischen Gesetzentwürfe über internationales und interlokales Privatrecht, in: Zeitschrift für polnisches Recht 1 (1923), Nr. 1–2, S. 26–41, hier S. 28–29.

[26] Dazu auch Tylbor, S.: Z zagadnień prawa małżeńskiego, in: Palestra 6 (1929), Nr. 5, S. 226–229.

[27] Wspomnienia Fryderyka Zolla, S. 313–314.

Obwohl die praktische Notwendigkeit der beiden besprochenen Gesetzeswerke auf der Hand lag, waren sich durchaus nicht alle Juristen darüber einig, daß ihre Verabschiedung vorrangig war. Die Kollisionsnormen des IPR und des ILPR wurden nicht immer als der Königsweg für funktionierende internationale und interlokale Rechtsbeziehungen betrachtet. In seiner Kritik an der Arbeit der Kodifikationskommission bemängelte der Jurist Zygmunt Silnicki die Prioritätensetzung des Gremiums. Für ihn verstand es sich von selbst, daß eines der vorhandenen Privatrechtssysteme auf das gesamte Staatsgebiet ausgedehnt werden sollte, anstatt zunächst ein kompliziertes System von Kollisionsnormen zu schaffen. Gänzlich abweisend stand er den Bemühungen der Kommission gegenüber, bei den internationalen Rechtskontakten von vornherein für eine möglichst kompatible polnische Rechtsordnung zu sorgen.[28] In der Regel überwogen jedoch zumindest in fachjuristischen Kreisen die Stimmen, die die kollisionsrechtlichen Regelungen gerade für den polnischen Fall, wo es eine besonders weitgehende Rechtszersplitterung gab, als die sinnvollste Lösung ansahen.[29] Man wies darauf hin, daß IPR und ILPR ja nur einen verfahrensrechtlichen Rahmen vorgaben, so daß damit die künftige materiellrechtliche Kodifikation in keiner Weise determiniert werde.[30] Diese Erklärung wurde nicht ohne Grund abgegeben. Bei den Beratungen der beiden Gesetzentwürfe im *Sejm* versuchten zahlreiche Delegierte, materiellrechtliche Inhalte in den Gesetzen festzuschreiben. So wollten die Sozialisten zusätzliche Bestimmungen für konfessionslose Bürger im Gesetz über das ILPR verankert sehen, während sich christlich-demokratische Abgeordnete für eine ausdrückliche Hervohebung der katholischen Konfession aussprachen. Viele Abgeordnete schienen die Bedeutung der Gesetzesentwürfe als rein formalrechtliche Verfahrensregelungen nicht verstanden zu haben.[31]

Weitgehende Einigkeit bestand darüber, daß man bei der Kodifikationsarbeit bereits erfolgte sowie künftige internationale Rechtsangleichungen im Blick behalten sollte. In diesem Sinne spielten diese

[28] SILNICKI, Z.: Romantyzm a Komisja Kodyfikacyjna, in: Głos Sądownictwa 2 (1930), Nr. 1, S. 4–9.

[29] STELMACHOWSKI, B.: Das Problem des Interterritorialen Privat- und Prozeßrechts in Polen, in: Ostrecht 2 (1926), Nr. 7/8, S. 697–704.

[30] LITAUER, Rzut oka, S. 5.

[31] S. Wspomnienia Fryderyka Zolla, S. 313–314.

beiden Gesetzeswerke eine wichtige Rolle für die kommende Integration der Zweiten Republik in eine schon existierende internationale Rechtsgemeinschaft. Nicht ohne Grund wird dem IPR nachgesagt, daß es nicht selten einen „erzieherischen“ Charakter habe, indem es zur Relativierung der heimischen Rechtsordnung durch die Betrachtung anderer, inhaltlich abweichender Normen beitrage.[32] Dabei gehen IPR und ILPR jedoch von unterschiedlichen Leitlinien aus. Während das IPR die Rechtsordnungen souveräner Staaten gegeneinander abwägt, ist das ILPR darum bemüht, die Einheitlichkeit des Staates, in dem unterschiedliche Gesetzeswerke gelten, zu betonen und Entscheidungen vor allem im Interesse der Staatsbürger herbeizuführen.[33]

In der Beurteilung durch das Ausland schnitten die beiden Gesetzeswerke fast durchweg positiv ab. Allein die Tatsache, daß die Zweite Republik in so umfassendem Ausmaße kollisionsrechtliche Regelungen einführte, wurde als fortschrittlich registriert. Gerade die territorialen Veränderungen im Zuge des Ersten Weltkriegs, die Neuentstehung von Staaten wie auch zahlreiche Gebietserweiterungen bzw. -abtretungen ließen in vielen Staaten die Einführung solcher Gesetzeswerke als sinnvoll erscheinen. Ein österreichischer Kommentator wies daher auf den Vorbildcharakter der polnischen Kodifikation hin: „Die polnische Kodifikation des internationalen Privatrechts legt die Frage nahe, ob es nicht an der Zeit wäre, auch in Österreich den gleichen Schritt zu unternehmen. Die Verkleinerung unseres Staates und die in allen Nachfolgestaaten vorbereiteten Änderungen des früheren einheitlichen Rechtes verleihen dem internationalen Privatrecht auch bei uns wachsende Bedeutung.“[34] Gerade in den juristischen Fachkreisen, die sich schon seit längerer Zeit für eine stärkere Ausgestaltung des Internationalen Privatrechts in ihren Heimatländern aussprachen, ernteten die polnischen Gesetzentwürfe viel Lob. Dabei wurde die schwierige Ausgangssituation, in der sich der polnische Staat nach über einhundertjähriger staatlicher Nichtexistenz und mit einer uneinheitlichen Rechtsordnung im Inneren zu Beginn seiner Unabhängigkeit befand, als eine Chance für die Ausgestaltung dieses Rechtsbereiches begriffen. Der Berliner Rechtsanwalt Ernst

[32] Kropholler, § 1, II, 2.

[33] Stelmachowski, Das Problem, S. 698.

[34] Ehrenzweig, A.: Eine polnische Kodifikation des IPR, in: Juristische Blätter 50 (1921), Nr. 11–12, 5.6.1921, S. 80–81, hier S. 81.

Frankenstein, der selbst an einer umfassenden Systematisierung des Internationalen Privatrechts arbeitete,[35] kommtentierte die beiden Gesetzeswerke, wie er zugab, nicht ohne Neid: „Hier waren offenbar Männer am Werk, welche die Probleme des Grenzrechts nicht nur aus Büchern kennen, und die unter Benutzung allen Materials, und wohl auch ohne wesentliche Hemmungen durch bürokratische Ängstlichkeiten das schaffen durften, was sie für richtig hielten."[36] Es verwundert nicht, daß die polnischen Kodifizierungen gerade auch in anderen neuen Staaten bzw. in solchen, deren Territorien im Zuge des Ersten Weltkriegs Veränderungen erfahren hatten, aufmerksam rezipiert wurden. Auf dem 1. Slavischen Juristentag in Bratislava im Jahr 1933 wurde beschlossen, daß eine künftige Vereinheitlichung des Internationalen Privatrechts zwischen den slavischen Staaten in erster Linie auf der Grundlage des polnischen Gesetzes anzustreben sei.[37] Aber nicht nur im europäischen Rechtsraum fanden die polnischen kollisionsrechtlichen Gesetzeswerke positiven Anklang. Auch weltweit wurden die umfassenden gesetzlichen Regelungen lobend hervorgehoben, so etwa auf dem Kongreß der *International Law Association* (ILA), der 1922 in Buenos Aires stattfand.[38]

35 Frankenstein, E.: Internationales Privatrecht (Grenzrecht). 4 Bände, Berlin 1926–1935 (ND Frankfurt/Main 1974).

36 Ders.: Die polnischen Gesetze über das internationale und das interterritoriale Privatrecht, in: Ostrecht 2 (1926), Nr. 7/8, S. 1086–1090, hier S. 1087. Der von Frankenstein verwendete Ausdruck „Grenzrecht" ist eine veraltete Bezeichnung für Kodifizierungen, die kollisionsrechtliche Normen umfassen, s. Kropholler, § 1, V, 2.

37 Longchamps de Berier, R.: I. zjazd prawników słowiańskich w Bratysławie, in: Przegląd Prawa i Administracji 58 (1933), Nr. 4, S. 335–348, hier S. 344–345. In einer Resolution beschloß der Kongreß eine baldige Vereinheitlichung des Internationalen Privatrechts. Dazu wurde eine aus bulgarischen, tschechoslowakischen, jugoslawischen und polnischen Juristen bestehende Kommission eingesetzt, die auf der Grundlage des polnischen IPR sowie der entsprechenden Paragraphen des Projekts zum tschechoslowakischen Zivilgesetzbuch aus dem Jahr 1931 einen Gesetzentwurf erarbeiten sollte. Zu der geforderten Unifizierung kam es während der Zwischenkriegszeit nicht. Allerdings stützte sich der Entwurf des rumänischen IPR aus dem Jahr 1939 auf die beiden genannten Quellen für ein vereinheitlichtes slavisches IPR, dazu auch Slapnicka, Österreichs Recht, S. 38.

38 KKRP, zeszyt 12, 1929, S. 380. Gerade die positive Aufnahme des polnischen IPR in Lateinamerika sprach für dessen Qualität, waren doch die Bemühungen um die Vereinheitlichung des IPR in dieser Region schon recht weit fortgeschritten und wurden durch den *Código Bustamente* im Jahr 1928 zu einem Abschluß gebracht. Diese bis dahin weltweit umfassendste internationale Vereinheitlichung von Kollisionsnormen wurde von fast allen lateinamerikanischen Staaten unterzeichnet, s. Kropholler, § 9, III, 2.

4.2. Die Haager Privatrechtskonventionen

Neben dem IPR und dem ILPR gab es in der Zweiten Republik noch weitere Rechtsquellen, die Kollisionsnormen enthielten. Dazu sind zum Beispiel die Haager Abkommen zum Internationalen Privatrecht zu zählen, die wichtige Rechtsgebiete im internationalen Bereich normierten. Da die Abkommen, denen die Teilungsmächte auf den Haager Konferenzen zugestimmt hatten, aber im neuen polnischen Staat keine Gültigkeit mehr besaßen,[39] mußte die Zweite Republik diesen erst noch beitreten. Bei der Schaffung einheitlicher Rechtsnormen in der Zwischenkriegszeit spielte die Tatsache eine wichtige Rolle, daß Polen als Nachzügler zu einer internationalen Gemeinschaft stieß, die schon im 19. Jahrhundert damit begonnnen hatte, gerade im Bereich der Wirtschaftskontakte ihre Beziehungen zu normieren und auf eine einheitliche Grundlage zu stellen. Die Kodifikationskommission kritisierte in ihrem Bericht für das Jahr 1924, daß der Beitritt Polens zu den internationalen Konventionen der Haager Konferenzen noch nicht erfolgt sei, was dazu führe, daß für polnische Bürger beträchtliche Unsicherheit im internationalen Privatrechtsverkehr bestehe. Sie erklärte, daß sie die Grundsätze der Haager Konventionen in ihre Arbeit miteinbeziehe, um so die besten Voraussetzungen für einen raschen polnischen Beitritt zu schaffen.[40] Trotz dieser Vorgabe durch die Kommission gestaltete sich der Zugang Polens zu den Haager Konventionen schwierig. Aus dem Status des Nachzüglers in den internationalen Rechtsbeziehungen resultierten für die Zweite Republik allein schon technische Probleme. So stellte es zum Beispiel ein Problem dar, originale Vertragstexte der vor dem Ersten Weltkrieg abgeschlossenen Konventionen aus den Jahren 1893, 1894, 1903 und 1904 zu beschaffen, denen Polen Mitte der zwanziger Jahre beitreten wollte.[41] Auf der fünften Haager

[39] S. dazu die Einleitung zu Fryderyk Zolls deutscher Übersetzung der Entwürfe der Gesetze über internationales und interprovinziales (interlokales) Privatrecht, in: Zeitschrift für polnisches Recht 1 (1923), Nr. 1–2, S. 3.

[40] KKRP, zeszyt 7, 1926, S. 189–190.

[41] In einem Schreiben des Justiz- an das Außenministerium vom September 1926 beklagte man sich darüber, daß die Konferenzbände mit den originalen Vertragstexten seit längerer Zeit auf dem internationalen Buchmarkt nicht mehr zu erhalten seien. Da die polnische Regierung aufgrund des geplanten Beitritts zu den Konventionen das Recht auf mindestens ein Exemplar habe, solle man sich an die niederländische Regierung mit der Bitte um die Erfüllung dieser Forderung wenden, AAN, MSZ 12758, Bll. 157–158.

Konferenz, die im Jahr 1925 an die Vorkriegsbemühungen anknüpfte und auf der Polen erstmals als offizieller Teilnehmer vertreten war, schickten sich neben Polen auch Jugoslawien, die Tschechoslowakei, Finnland und Lettland an, den bereits bestehenden Konventionen beizutreten.[42]

Die bedeutendsten Errungenschaften der Haager Privatrechtskonferenzen waren kollisionsrechtliche Staatsverträge im Bereich der Eheschließung, Ehewirkungen, Ehescheidungen, Entmündigung und Vormundschaft sowie ein Abkommen zum internationalen Zivilverfahren.[43] Allerdings gestaltete sich der polnische Beitritt gerade im Hinblick auf die Konventionen schwierig, die das Ehe- und Familienrecht betrafen, da sich in diesem Rechtsbereich auch in der innerpolnischen materiellrechtlichen Kodifizierung große weltanschauliche Probleme ergaben, die aus der besonderen Bedeutung der Ehe für den durch die katholische Konfession sehr stark geprägten Staat resultierten. Schon gegen Ende des 19. Jahrhunderts wies der Völkerrechtler Kasparek darauf hin, daß den Kollisionsnormen im Eherecht besondere Bedeutung zukomme, da die Ehe nicht nur eine rein privatrechtliche, sondern auch eine öffentlichrechtliche Relevanz besitze und sie damit religiöse, gesellschaftliche und moralische Bedeutung habe.[44] Dennoch war Polen der erste nicht auf den Haager Privatrechtskonferenzen der Vorkriegszeit vertretene Staat, der im Jahr 1929 den Beitritt zu den dort in den Jahren 1902 und 1905 beschlossenen Konventionen zur Regelung von Fragen des Ehe- und Vormundschaftsrechts erklärte.[45] Schon im Jahr 1926 war man dem Haager Abkommen zum internationalen Zivilverfahren beigetreten.[46] Da Staatsverträge, zu denen auch die Haager Privatrechtskonventionen zählen, nach ihrer Ratifikation zu unmittelbar anwendbarem innerstaatlichem Recht werden, hatte die polnische Kodifikations-

[42] Dazu Babiński, L.: Piąta Konferencja prawa międzynarodowego prywatnego. Na tle dotychczasowej kodyfikacji haskiej, Warszawa 1926, S. 6.

[43] Diese Abkommen traten in den Jahren 1902 bzw. 1905 in Kraft, nachdem sie von zahlreichen europäischen Staaten ratifiziert worden waren.

[44] Kasparek, Z dziedziny, S. 38.

[45] Dies teilte der polnische Gesandte in Den Haag dem polnischen Außenministerium mit, als er diesem die beglaubigten Adhäsionsprotokolle im Juli 1929 zusandte, AAN, MSZ 12759, Bl. 191. Die polnischen Texte der Konventionen in Dz. U. RP., Nr. 80, 1929, Poz. 594 – Poz. 598.

[46] Dz. U. RP. Nr. 126, 23.12.1926, Poz. 734 „Oświadczenie rządowe z dnia 30 listopada 1926 roku w sprawie przstąpienia Rzeczypospolitej Polskiej do Międzynarodowej Konwencji o Procedurze Cywilnej, podpisanej w Hadze dnia 17 lipca 1905 r.“

kommission gut daran getan, ihre Entwürfe des IPR und des ILPR an die Leitgedanken der Haager Vertragswerke anzupasssen, da somit erneute Revisionen des innerstaatlichen Rechts nicht notwendig wurden.[47]

Die Konferenzen, die in Den Haag 1925 und 1928 an die Bemühungen aus der Vorkriegszeit anknüpften, brachten keine greifbaren Ergebnisse, da die dort erarbeiteten Entwürfe zum Erb-, Konkurs- und Prozeßrecht nie in Kraft traten.[48] Dennoch ist ihre Betrachtung interessant, da auf ihnen die Ziele, aber auch die Grenzen internationaler privatrechtlicher Kooperationsbemühungen während der Zwischenkriegszeit deutlich wurden. Für die Zweite Republik war die Teilnahme an der Konferenz im Jahr 1925 von großer Bedeutung, da sich die polnische Rechtswissenschaft, das polnische Rechtssystem, aber auch die von den aufgeworfenen juristischen Fragen tangierte polnische Außenpolitik erstmals in dem System der Haager Privatrechtskodifizierung präsentieren konnten. Vertreten wurde der Staat auf der Konferenz durch den polnischen Botschafter in den Niederlanden Stanisław Koźmiński, durch den Rechtsrat im Außenministerium Leon Babiński sowie durch den bereits mehrfach erwähnten Michał Rostworowski. Letzterer erstattete dem Außenministerium nach dem Ende der Konferenz einen ausführlichen Bericht, der interessante Einblicke sowohl in rechtliche als auch politische Probleme gewährte.[49]

Bevor sich die Konferenz neuen Rechtsgebieten zuwandte, ging es zunächst um die Frage des Beitritts aller anwesenden Staaten zu den in den Jahren 1902 und 1905 verabschiedeten Konventionen. Rostworowski unterschied bei der Charakterisierung der künftigen Vertragspartner drei Gruppen von Staaten. Zunächst gab es die aktuellen Vertragspartner, die bereits alle Konventionen ratifiziert hatten. Daneben differenzierte er zwischen privilegierten und nichtprivilegierten Vertragspartnern. Privilegiert waren die Staaten, die bereits an der dritten und vierten Haager Konferenz (1900 bzw. 1904) teilgenommen hatten, auf denen die genannten Konventionen erarbeitet worden waren. Unter ihnen befanden sich Staaten wie Österreich

47 Dies bemerkte auch das Ausland anerkennend, s. WORTLEY, Poland's New Codes, S. 4.

48 KROPHOLLER, § 9, I.

49 AAN, MSZ 13332, Bll. 19–74. Rostworowski sandte seinen Bericht im Januar 1926 an den Außenminister Aleksander Skrzyński.

oder Spanien, die nicht alle Konventionen ratifiziert, bzw. Frankreich und Belgien, die bereits ratifizierte Konventionen wieder aufgekündigt hatten. Nichtprivilegiert waren alle Staaten, die erstmals an einer Haager Konferenz teilnahmen. Die privilegierten Staaten konnten den Konventionen beitreten, ohne der Zustimmung der Staaten zu bedürfen, die bereits ratifiziert hatten. Finnland, die Tschechoslowakei, Polen sowie Jugoslawien hingegen benötigten die Zustimmung der Vertragspartner.[50] Von Bedeutung wurde diese Regelung, als Frankreich nur unter dem Vorbehalt die Konvention zum internationalen Zivilprozeßrecht unterschrieb, daß diese das Land nicht gegenüber den vier neuen Vertragspartnern verpflichte.[51]

Dieser französische Vorbehalt wurde von der polnischen Delegation im weiteren Verlauf der Konferenz kritisch aufgegriffen. Bevor sich die Delegierten nämlich den neuen Konventionen zum Konkurs- und Erbrecht zuwandten, ging es darum, einige grundsätzliche Probleme des weiteren Vorgehens zu klären. Dazu gehörte die Frage, ob man in Den Haag multilaterale Abkommen schließen solle oder nicht besser lediglich Musterkonventionen ausarbeitete, die dann von den jeweiligen Staaten im bilateralen Verhältnis bestätigt werden sollten. Die polnischen Vertreter argumentierten für die erste Variante, indem sie darauf hinwiesen, daß bilaterale Verträge nicht der eigentlichen Zielsetzung der Haager Privatrechtskonferenzen entsprachen und sie eigentlich überflüssig machten. Ein solches Prozedere hätte ihrer Meinung zur Folge, daß der Grundsatz der Gleichheit aller künftigen Vertragspartner unterlaufen würde, wäre es doch den einzelnen Partnern möglich, einer Konvention inhaltlich zuzustimmen, ihre Gültigkeit jedoch auf die ihnen genehmen Vertragspartner zu beschränken, wie es im Falle der französischen Einschränkung bei der Ratifizierung der Konvention zum internationalen Zivilprozeßrecht geschehen war. Polen machte sich in dieser Frage zum dezidiertesten Fürsprecher der Gleichberechtigung für die neuen Staaten in Den Haag. Seine Delegierten erreichten, daß nicht vom Prinzip der multilateralen Abkommen abgewichen wurde.[52]

[50] Neben diesen Staaten nahm auch Lettland erstmals an einer Haager Konferenz teil. Es wurde allerdings in den offiziellen Konferenzdokumenten nicht als Beitrittskandidat erwähnt.

[51] AAN, MSZ 13332, Bll. 27–28.

[52] Ebenda, Bll. 31–34. Damit blieb man in Den Haag dem Prinzip der rechtlichen Gleichheit der potentiellen Vertragspartner treu, mochte dieses Prinzip auch auf Kosten einer rascheren Rechtsvereinheitlichung gehen.

Eine weitere kontrovers diskutierte Frage war, ob sich die Vertragspartner bei eventuell unterschiedlichen Auslegungen der Konventionstexte dem Ständigen Internationalen Gerichtshof in Den Haag unterwerfen sollten. Schon im Vorfeld der Konferenz wurde diese Möglichkeit von der polnischen Delegation kategorisch abgelehnt. Sie argumentierte, daß die Autorität dieses Gerichtshofes, der durch die Völkerbundsatzung zur friedlichen Beilegung völkerrechtlicher Konflikte bestimmt worden war, durch die zusätzliche Belastung mit privatrechtlichen Streitfällen untergraben würde. Alle anderen Staaten waren entweder kategorisch bzw. mit Einschränkungen für eine solche Übertragung von Streitfällen an den Gerichtshof.[53] In dezidierter Gegnerschaft zur polnischen befand sich die italienische Delegation, die in einem auf der Konferenz verbreiteten Memorandum die obligatorische Zuständigkeit des Ständigen Internationalen Gerichtshofes forderte. Selbstkritisch stellte der polnische Berichterstatter Rostworowski fest, daß die polnische Ablehnung nicht von konstruktiven Vorschlägen zur Konfliktbeilegung beigleitet wurde. Er sah sich daher veranlaßt, während der Konferenz ein polnisches Memorandum zu erarbeiten, das die Entscheidung über eventuelle gegensätzliche Auslegungen der Haager Konventionen den auf den Haager Konferenzen vertretenen Vertragsparteien bzw. der niederländischen Regierung übertrug.[54] Da diese dem Memorandum jedoch nicht zustimmte, wurde es von der polnischen Delegation zurückgezogen. Allerdings blieben der generelle polnische Widerstand sowie die am deutlichsten von der italienischen Delegation formulierte Gegenposition bestehen, so daß dieser Konfliktpunkt von der Tagesordnung genommen und auf die Folgekonferenz vertagt wurde, um die inhaltliche Arbeit nicht weiter zu blockieren.[55]

[53] Ebenda, Bl. 35. Zur ersten Gruppe zählten das Deutsche Reich, Österreich, Italien, Finnland, Ungarn und die Schweiz, zur zweiten Dänemark, Spanien, Schweden, Norwegen, Japan, Frankreich und die Niederlande. Leider fehlen die Stellungnahmen der beiden neuen Staaten Tschechoslowakei und Jugoslawien.

[54] Das polnische Memorandum, ebenda, Bll. 38–40. Die Streitfälle sollten entweder auf den künftigen Haager Privatrechtskonferenzen entschieden oder in der Zwischenzeit allen Vertragspartnern mit einem von der niederländischen Regierung entworfenen Lösungsvorschlag zur Beurteilung vorgelegt werden. In besonders dringenden Fällen sollten sich die Konfliktparteien einer *ad hoc* einberufenen Schiedsgerichtsbarkeit unterwerfen, deren Urteilsspruch zumindest bis zur Revision der Konvention auf einer künftigen Konferenz Gültigkeit besitzen sollte.

[55] Ebenda, Bl. 41.

Die Auseinandersetzungen um die Bi- bzw. Multilateralität der Konventionen sowie um die Zuständigkeit des Ständigen Internationalen Gerichtshofes im Falle widersprüchlicher Auslegungen derselben verweisen deutlich auf neuralgische Punkte bei der internationalen Rechtsvereinheitlichung. Im Grunde genommen spiegelten sich hier auf begrenztem Raum (d. h. auf der Ebene des Internationalen Privatrechts) die Grundkonflikte wider, die das auf Verrechtlichung der internationalen Beziehungen ausgerichtete System des Völkerbundes generell aufwarf. Auf der einen Seite kam dieses System den kleineren und vor allem auch den nach dem Ersten Weltkrieg neuentstandenen Staaten entgegen, sicherte es ihnen doch zumindest *de iure* die rechtliche Gleichheit gegenüber den Großmächten zu. In diesem Sinne kann das Beharren der polnischen Delegation in Den Haag auf dem Prinzip der multilateralen Konventionen gedeutet werden, das die Gleichwertigkeit aller auf der Konferenz vertretenen Parteien propagierte. Zur internationalen Verrechtlichung sollte aber auch die Souveränitätsaufgabe beitragen, in deren Folge die Beilegung zwischenstaatlicher Konflikte einem außenstehenden Schlichter übertragen wurde. Es waren aber gerade die neuentstandenen Staaten, die sich mit dieser Souveräntitätsaufgabe besonders schwer taten. Der polnischen Bereitschaft, zu einer raschen Vereinheitlichung in wichtigen Bereichen des Internationalen Privatrechts zu gelangen, stand das Unbehagen gegenüber, die letzte Entscheidungsgewalt über strittige Auslegungen der ratifizierten Konventionen einer Instanz zu übergeben, die bei der Ausarbeitung der Konventionen nicht beteiligt gewesen war. Die polnischen Vorschläge zur Regelung von Streitfällen im Rahmen des Systems der Haager Privatrechtskonferenzen zeigten, daß man nicht Willens war, einer allzu großen Einmischung in die innerstaatliche Rechtsprechung zuzustimmen.[56] Allerdings muß man der polnischen Seite zugute halten, daß sie zu einer begrenzten Souveränitätsaufgabe im Rahmen des Systems der Haager Privatrechtskonventionen durchaus bereit war. Sie näherte sich damit der von ihr zuvor kritisierten französischen Hal-

[56] Damit erinnerte das polnische Vorgehen deutlich an das Verhalten kleinerer Staaten auf den sogenannten „offenen Konferenzen" vor dem Ersten Weltkrieg. Wurden diese wie etwa die Haager Friedenskonferenzen von den kleineren Staaten gerne zur Artikulation ihrer Interessen im System der Großmächte genutzt, so waren es doch auch gerade diese kleineren Staaten, die die stärksten Vorbehalte gegen die Einführung einer internationalen Gerichtbarkeit geltend machten, vgl. dazu auch Kap. 2.2.

tung an, die Rechtsvereinheitlichung und die damit verbundene Souveränitätsabgabe nur in einem überschaubaren Kreis von Vertragspartnern zuzulassen. So wurde aus dem polnischen Neuling rasch ein etabliertes Mitglied der internationalen Gemeinschaft zur Privatrechtsvereinheitlichung, das eifersüchtig über erreichte Besitzstände wachte.

Es wäre jedoch zu einseitig, würde man nur auf die strategischen Manöver Polens während der Haager Konferenz von 1925 hinweisen. Es bestand durchaus großes Interesse am Fortgang der Vereinheitlichung des Internationalen Privatrechts. Der Bericht Rostworowskis zeugte von der Genugtuung des Juristen, endlich auch aktiv an dieser Arbeit teilhaben zu dürfen. Angesichts des Beitritts Polens zu den schon ratifizierten Konventionen sowie der künftigen Rolle in Den Haag schrieb er: „Die Konsolidierung der Haager Werkstatt ist aus polnischer Perspektive ein positives Faktum, und es besteht alle Hoffnung dazu, daß unsere Regierung alle Kräfte daran setzen wird, daß Polen auf den künftigen Konferenzen eine wichtige Rolle spielen kann.“[57] Die polnische Delegation machte nicht nur in der Rolle des Interessenvertreters der erstmals auf einer Haager Konferenz anwesenden Staaten von sich reden. Auch bei der inhaltlichen Arbeit setzte sie wichtige Akzente. So spielte Rostworowski in der mit dem Erbrecht befaßten Kommission eine wichtige Rolle, da er ihr stellvertretender Vorsitzender sowie faktischer Vorsitzender des mit der schriftlichen Ausarbeitung befaßten Redaktionskomitees war und in dieser Stellung großen Einfluß auf die Endredaktion des Projektes nehmen konnte.[58] Als Grundlage diente der Kommission der Text der schon 1904 ausgearbeiteten Konvention.[59] Während es bei den materiellrechtlichen Sachverhalten keine größeren Konfliktpunkte gab, stockten die Verhandlungen bei den formalrechtlichen Fragen. Größter Streitpunkt war die Festsetzung des ausschlaggebenden Personalstatuts, d.h. ob die Erbschaftsangelegenheiten nach dem Recht des letzten Wohnorts (*lex domicilii*) des Erblassers oder nach dem Recht dessen Heimatstaats (*lex patriae*) zu behandeln waren. Da abzusehen war, daß weder das Projekt der zuständigen Kommission, das die *lex domicilii* favorisierte, noch ein von der italienischen Delegation ein-

57 AAN, MSZ 13332, Bl. 30.

58 Ebenda, Bl. 52.

59 Das Erbrecht war schon seit der ersten Haager Konferenz von 1893 Gegenstand der Unifizierungsbemühungen im Internationalen Privatrecht.

gebrachter Kompromißvorschlag eine Mehrheit finden würde, stellte auch die polnische Delegation einen Kompromißentwurf vor, der die *lex patriae* als grundlegendes Personalstatut ansah, wenngleich auch Ausnahmen zugelassen wurden. Damit orientierte sich der Entwurf am polnischen Internationalen Privatrecht. In Den Haag erhielt er eine Mehrheit von sieben zu fünf Stimmen bei einer Enthaltung.[60] Da diese Mehrheit als zu gering angesehen wurde, vertagte man die Verabschiedung der gesamten Konvention auf die Folgekonferenz. Dort wurde der polnische Kompromißvorschlag schließlich unter dem Kommissionsvorsitzende Rostworowski angenommen und der Weg zur Verabschiedung der Erbrechtskonvention freigemacht.[61] Die Ratifikation unterblieb jedoch bis zum Ausbruch des Zweiten Weltkriegs.

Die wenig greifbaren Erfolge der beiden Haager Konferenzen zur Vereinheitlichung des Internationalen Privatrechts während der Zwischenkriegszeit resulierten unter anderem daraus, daß sich die Interessen der beteiligten Staaten und der sie vertretenden Juristen seit dem Ende des Ersten Weltkriegs verändert hatten. Neben die Schaffung einheitlicher Normen des Internationalen Privatrechts trat das Bemühen um die Ausarbeitung internationaler Gesetzeswerke, die sogleich eine materiellrechtliche Vereinheitlichung anstrebten, so daß kollisionsrechtliche Regelungen überflüssig wurden. Schon im Vorfeld der Haager Konferenz von 1925 hatte die niederländische Regierung die Frage aufgeworfen, ob eine solche internationale Rechtsunifizierung nicht sinnvoller sei. Zwar wurde die materiellrechtliche Vereinheitlichung für die Haager Konferenzen verworfen.[62] Doch sollte sie in anderen Bereichen der internationalen Kooperation während der Zwischenkriegszeit zunehmend an Bedeutung gewinnen. Die Bestrebungen im Rahmen des Völkerbundes zur internationalen Rechtsvereinheitlichung waren hierbei besonders wichtig. Im folgenden soll

60 Ebenda, Bll. 53–73. Für das polnische Projekt stimmten von den Kommissionsmitgliedern das Deutsche Reich, Spanien, Finnland, Jugoslawien, Schweden, die Tschechoslowakei und Polen. Den Entwurf der Kommission, der die *lex domicilii* zum grundlegenden Prinzip machte, befürworteten Dänemark, Frankreich, Italien, die Niederlande und die Schweiz. Rumänien enthielt sich der Stimme.

61 Rostworowski, M.: Prawo spadkowe na warsztacie ostatnich konferencji haskich 1925–1928, in: Czasopismo Prawnicze i Ekonomiczne 25 (1929), Nr. 1–12, S. 132–150, hier S. 141–142.

62 Babiński, Piąta konferencja, S. 5.

gezeigt werden, welche Rolle polnische Juristen und polnisches Recht bei solchen materiellrechtlichen Unifizierungsvorhaben spielten.

4.3. Das Wechsel- und Scheckrecht und seine internationale Vereinheitlichung

Der Beitritt Polens zu den Haager Konventionen zog sich nicht nur aufgrund materiellrechtlicher Probleme in die Länge. Zu berücksichtigen war auch, daß die zu Beginn des Jahrhunderts auf den ersten Konferenzen in Den Haag beschlossenen Konventionen auf den Nachfolgetreffen immer neuen Modifizierungen unterlagen, die von der polnischen Seite bei ihren Beitrittsbemühungen mitbedacht werden mußten, so daß man sich im Zuge des Ratifizierungsverfahrens häufig auf Änderungen in den Konventionstexten einstellen mußte. Auch wenn es sich dabei selten um schwerwiegende inhaltliche Modifikationen handelte, hatten diese doch zumeist langwierige Briefwechsel zwischen Den Haag und Warschau zur Folge, in denen über die Einbeziehung dieser Änderungen in den Beitrittsprozeß informiert wurde.[63] Anders sah die Lage in den Bereichen der internationalen Rechtsvereinheitlichung aus, die erst seit dem Ende des Ersten Weltkriegs in Angriff genommen wurden. Hier war Polen nicht in der Rolle des Nachzüglers. Als ein Beispiel dafür kann die Rolle Polens bei der internationalen Vereinheitlichung des Wechsel- und Scheckrechts gelten, die vom Völkerbund vorangetrieben wurde.[64]

Das polnische Wechsel- und Scheckrecht gehörte zu den ersten von der Kodifikationskommission verabschiedeten Gesetzeswerken.[65] Die Vereinheitlichung des Kreditwesens und des bargeldlosen Zahlungsverkehrs war eine wichtige Voraussetzung für das rasche ökonomische Zusammenwachsen der drei ehemaligen Teilungsgebiete.[66] Das

63 S. dazu die Briefwechsel zwischen dem niederländischen Gesandten in Warschau und dem polnischen Außen- sowie Justizministerium, AAN, MSZ 12758, Bll. 125–139.

64 In der folgenden Darstellung wird vor allem auf die Vereinheitlichung des Wechselrechts Bezug genommen, die im Juni 1930 durch die Unterzeichnung mehrerer Konventionen ihren Abschluß fand. Auf die Vereinheitlichung des Scheckrechts, die auf einer Folgekonferenz im Jahr 1931 erzielt wurde, soll hier nicht näher eingegangen werden, da sie sich im Prozedere und im Ergebnis wenig von der des Wechselrechts unterschied.

65 Die beiden Kodizes wurden durch Präsidialverordnungen im November 1924 erlassen, Dz. U. RP., Nr. 100, 21.11.1924, Poz. 926 und Poz. 927.

66 Der Förderung und Normierung des gesamtstaatlichen Wirtschaftsverkehrs dienten auch weitere, relativ rasch von der Kodifikationskommission erarbeitete Gesetzeswerke wie das Gesetz zum Urheberschutz und zum Schutz von Mustern

polnische Staatsgebiet war in besonderer Weise durch die internationale Zersplitterung des Wechsel- und Scheckrechts betroffen, deren Aufhebung trotz aktiver Bemühungen bis zum Ausbruch des Ersten Weltkriegs nicht gelungen war. Während das Recht im preußischen und österreichischen Teilungsgebiet fast identisch war und sich auch das in den polnischen Ostgebieten geltende russische Recht an diesem System orientierte, unterschied sich das Recht im ehemaligen Königreich Polen deutlich davon, da es dem französischen Wechsel- und Scheckrecht des napoleonischen *Code de Commerce* nachgebildet war. Damit fand man auf polnischem Boden zwei der drei großen Wechsel- und Scheckrechtssysteme (das deutsche und das französische, lediglich das angelsächsische fehlte), deren Existenz vor dem Ersten Weltkrieg die internationalen Handelsbeziehungen verkompliziert hatte und auch für den neuen polnischen Staat negative Folgen zeitigte. Der grundlegende Unterschied bestand in der Gültigkeit des Abstraktionsprinzips im deutschen System, das den Wechsel – anders als im französischen System – in seiner Geltung von den Ursachen für seine Ausstellung loslöste. Desweiteren waren die formalen Anforderungen an einen Wechsel im deutschen Recht bedeutend höher als im französischen (so mußte im deutschen System etwa das Wort „Wechsel" im Text des ausgestellten Dokumentes auftauchen).[67]

Bei der Ausarbeitung eines einheitlichen polnischen Rechts orientierte sich die Kodifikationskommission an den internationalen Bemühungen zur Vereinheitlichung dieses Rechtsgebietes, deren Ergebnis die Einheitliche Haager Wechselrechtsverordnung vom 23. Juni 1912 darstellte, die jedoch aufgrund des Ausbruchs des Ersten Weltkriegs von keinem der 27 Unterzeichnerstaaten ratifiziert worden war.[68] Die Haager Wechselrechtsverordnung hatte eine weitgehende Annäherung zwischen dem deutschen und dem französischen System

und Warenzeichen (1924), das Patentrecht (1926) sowie das Gesetz zur Verhinderung unlauteren Wettbewerbs (1926), s. dazu KKRP, zeszyt 17, 1937, S. 56–57.

[67] Kopyściański, M.: Ujednolicanie prawa wekslowego na świecie do drugiej wojny światowej, in: Acta Universitatis Wratislaviensis, Nr. 1900, Prawo 253, Wrocław 1996, S. 155–162, hier S. 155–157.

[68] Die Verordnung war auf zwei Konferenzen erarbeitet worden, die 1910 und 1912 in Den Haag stattgefunden hatten. Neben fast allen europäischen Staaten (darunter auch die drei Teilungsmächte Polens) waren dort die USA, zahlreiche südamerikanische Länder sowie China, Japan und Siam vertreten. Zu den Unifizierungsbestrebungen vor dem Ersten Weltkrieg s. allgemein Morawitz, G.: Das internationale Wechselrecht: eine systematische Untersuchung der auf dem Gebiet des Wechselrechts auftretenden kollisionsrechtlichen Fragen, Tübingen 1991, besonders S. 5–15.

geschaffen, lediglich die Staaten, in denen das angelsächsische System galt, blieben der Verordnung fern.[69] Da auch die innerpolnische Situation nach dem Ende des Ersten Weltkriegs durch das Nebeneinander von deutschem und französischem Recht gekennzeichnet war, lag es nahe, sich an dem Haager Unifizierungsprojekt zu orientieren. Der Zivilrechtler Józef Sułkowski (1892–1968), Mitglied der Kodifikationskommission und im Jahr 1930 Leiter der polnischen Delegation auf der Genfer Konferenz zur internationalen Vereinheitlichung des Wechsel- und Scheckrechts, erklärte in diesem Sinne die Orientierung der polnischen Gesetzgebung an der Haager Wechselrechtsverordnung: „Sie eignete sich um so mehr als Muster für das polnische Wechselrecht, als sie einen Kompromiß zwischen dem deutschen und dem französischen System des Wechselrechts darstellte, die nebeneinander auf polnischem Gebiet galten und deren Gegensätze das künftige polnische Recht notwendigerweise ausgleichen mußte."[70] Als einen weiteren Grund führte er an, daß nach allgemeiner Annahme die durch den Ersten Weltkrieg unterbrochene Rechtsvereinheitlichung auf diesem Gebiet fortgeführt werden würde. Polen schuf sich damit eine gute Ausgangsvoraussetzung für die Teilnahme an diesen internationalen Integrationsbemühungen.[71]

Tatsächlich begannen bald nach Kriegsende erneute Bemühungen um eine internationale Vereinheitlichung dieses Rechtsgebiets. Schon 1920 setzte der Völkerbund eine Expertenkommission ein, die eine entsprechende Konferenz vorbereiten sollte. Wie schon vor dem Krieg gingen starke Impulse für eine Vereinheitlichung vor allem von den Kreisen aus, die in ihrer alltäglichen Arbeit die negativen Konsequenzen aus den unterschiedlichen Rechtssystemen besonders zu spüren bekamen. Vertreter von Wirtschaftsverbänden und Juristen hatten schon gegen Ende des 19. Jahrhunderts auf eine Vereinheitlichung gedrängt und meldeten sich nun wieder zu Wort. Die 1919 gegründete Internationale Handelskammer, die als private, regierungsunabhängige Organisation wirtschaftliche Interessenverbände vereinte, setzte

69 Das angelsächsische System stand von vornherein einer internationalen Vereinheitlichung am fernsten. Es orientierte sich vor allem am englischen Gewohnheitsrecht, das 1882 im „Bill of Exchange Act" fixiert wurde, und war sehr viel weniger formalisiert als die beiden anderen Systeme, vgl. Kopyściański, Ujednolicanie, S. 159.

70 Sułkowski, J.: Unifikacja prawa wekslowego w państwach słowiańskich, in: Ruch Prawniczy, Ekonomiczny i Socjologiczny (im folgenden: RPEiS) 10 (1933), Nr. 3, S. 109–117, hier S. 110.

71 Ebenda.

sich von Beginn an für eine Vollendung der durch den Krieg unterbrochenen Unifizierungsbestrebungen ein.[72] Neben der Handelskammer begleiteten auch das Ökonomische Komitee des Völkerbundes sowie das ebenfalls vom Völkerbund ins Leben gerufene Internationale Institut für die Vereinheitlichung des Privatrechts in Rom als beratende Körperschaften die Arbeiten. Das Expertenkomitee des Völkerbundes, dem auch Józef Sułkowski als Vertreter Polens angehörte, hatte Material zu den neuesten nationalen Entwicklungen im Bereich des Wechsel- und Scheckrechts gesammelt und dieses bei der Ausarbeitung einer Konvention berücksichtigt, die sich jedoch in großen Zügen auf die Haager Verordnung von 1912 stützte.[73] Im Mai des Jahres 1930 berief das ökonomische Komitee des Völkerbundes, dem die Expertenkommission unterstand, eine internationale Konferenz nach Genf ein, auf der die Konvention beraten und nach Möglichkeit auch schon von den anwesenden Staaten unterzeichnet werden sollte.[74] Zu den 32 Teilnehmerstaaten gehörte auch Polen, das von Sułkowski und dem Richter am Warschauer Appellationsgericht und Professor für Handelsrecht Jan Namitkiewicz (1880–1958) vertreten wurde. Ein fünfköpfiges Redaktionskomitee sollte die auf der Konferenz geäußerten Änderungswünsche mit dem Konventionsentwurf in Einklang bringen. Dieses Gremium hatte damit maßgeblichen Einfluß auf die Endfassung des Gesetzesprojekts. Für die polnische Diplomatie bedeutete es eine große Auszeichnung, daß neben Schweden, Italien, Frankreich und dem Deutschen Reich auch Polen durch Józef Sułkowski im Redaktionskomitee vertreten war.[75]

Schon im Vorfeld der Konferenz hatten sich in den Arbeiten des Expertenkomitees zwei unterschiedliche Muster für eine künftige

[72] Strzałecki, T.: Międzynarodowa izba handlowa w Paryżu, in: Prawo 6 (1929), Nr. 1, S. 9–19, hier S. 17. Allgemein zu dieser Institution: Die Internationale Handelskammer (Ihre Aufgaben, Arbeitsmethode und Funktion), Paris 1935.

[73] Zu den vorbereitenden Arbeiten des Expertenkomitees vgl. Conférence internationale pour l'unification du droit en matière de lettres de change, billets á ordre et chèques. Documents préparatoires, Genève, le 17 février 1930.

[74] Die Konferenz zur Vereinheitlichung des Wechselrechts tagte vom 13. Mai bis zum 7. Juni 1930, die zur Vereinheitlichung des Scheckrechts vom 23. Februar bis zum 19. März 1931 in Genf. Am jeweils letzten Konferenztag wurden die Konventionen unterzeichnet, s. dazu League of Nations: Records of the International Conference for the Unification of Laws on Bills of Exchange, Promissory Notes and Cheques. Records of the First Session, May 13th to June 7th, 1930, Bills of Exchange and Promissory Notes and Records of the Second Session, February 23rd to March 19th, 1931, Cheques.

[75] AAN, MSZ 2051, Bl. 14. Schreiben des polnischen Delegierten beim Völkerbund Franciszek Sokal an das Außenministerium vom 21. Mai 1930.

Konvention herauskristallisiert. Auf der einen Seite wurde die unveränderte Übernahme der Wechselrechtsverordnung von 1912 erwogen, die nur in eng begrenzten Ausnahmefällen abweichende einzelstaatliche Regelungen zuließ. Die Mehrheit des Expertenkomitees neigte hingegen dazu, die Konvention lediglich als eine Art Mustergesetz zu formulieren, das den Unterzeichnern ermöglichte, beliebige Änderungen einzuführen, um so einer möglichst großen Zahl von Staaten den Beitritt zu erleichtern. Der polnische Delegierte sprach sich für eine Unifizierung auf der Basis des Haager Rechts aus. In einer Beratung im Außenministerium kurz vor dem Beginn der Genfer Konferenz begründete er seine Haltung damit, daß eine möglichst weitgehende Unifizierung aus politischen Gründen wünschenswert sei und daß in Polen aufgrund der Gesetze zum Wechsel- und Scheckrecht von 1924 ohnehin schon das Haager Recht in Kraft sei.[76] Diesem Bekenntnis zu einer umfassenden internationalen Rechtsvereinheitlichung wurden allerdings vom Außenministerium enge Grenzen gesetzt. In einer Instruktion an den polnischen Delegierten kurz vor Konferenzbeginn hieß es, daß zwar eine weitgehende Unifizierung anzustreben sei, daß aber von polnischen Rechtsvorschriften nicht abgewichen werden solle, selbst wenn dies der Unifizierung zuträglich wäre.[77]

In Genf hielt sich die polnische Delegation an diese Anweisung. Einerseits äußerte sie in einer auf der Konferenz verbreiteten Deklaration die Hoffnung auf eine möglichst umfassende Unifizierung auf der Grundlage des Haager Rechts von 1912.[78] Sie gehörte damit zur Mehrheit der in Genf vertretenen Staaten, die entgegen dem Vorschlag des Expertenkomitees für eine weitgehende Vereinheitlichung votierte. Im Laufe der Verhandlungen zeichnete sich jedoch ab, daß aufgrund zahlreicher Vorbehalte auch in der Genfer Konvention einige Sachverhalte den einzelnen Unterzeichnerstaaten vorbehalten bleiben sollten. Da somit keine umfassende Vereinheitlichung des materiellen Rechts erreicht werde konnte, wurde die Vereinbarung von Kollisionsnormen nötig, die in einer weiteren Konvention niedergelegt wurden. An dieser Stelle setzten die polnischen Vorbehalte ein, da abzusehen war, daß die kollisionsrechtlichen Vorschriften zum Teil im Widerspruch zum polnischen Internationalen Privatrecht stehen

[76] AAN, MSZ 2164, Bl. 83. Sitzungsprotokoll vom 8. April 1930.

[77] Ebenda, Bl. 134. Instruktion des Außenministeriums für den polnischen Delegierten auf der Genfer Konferenz vom 14. Mai 1930.

[78] AAN, MSZ 2051, Bll. 18–19.

würden. Aus dem Justizministerium erreichte den polnischen Delegierten Sułkowski daher die Anweisung, eine solche Konvention nicht zu unterzeichnen.[79]

Sułkowski vertrat die Zweite Republik zwar als juristischer Sachverständiger in Genf und war in seiner Funktion als Mitglied des Expertenkomitees maßgeblich an der Vorbereitung der Konvention beteiligt gewesen. Aus seinem Schreiben an das Außenministerium, in dem er die Gründe für eine Zustimmung zu den in Genf ausgearbeiteten Konventionen darlegte, wird allerdings deutlich, daß auch er sich in erster Linie als Vertreter der polnischen Staatsraison und erst danach als juristischer Wegbereiter der internationalen Kooperation betrachtete. Ohne größere Vorbehalte plädierte er für die Unterzeichnung der Konvention zur materiellrechtlichen Vereinheitlichung des internationalen Wechselrechts.[80] Dafür führte er, wie er selbst feststellte, vor allem politische Gründe ins Feld. Zunächst wies er darauf hin, daß für ein Inkrafttreten der Konvention die Unterzeichnung durch sieben Staaten (davon drei ständige Mitglieder des Völkerbundrates) erforderlich war. Da Großbritannien aufgrund seiner Zugehörigkeit zum angelsächsischen System von vornherein als Unterzeichner ausfiel, bedeutete dies die notwendige Zustimmung des Deutschen Reichs, Frankreichs und Italiens. Weil Sułkowski die baldige Zustimmung aller drei Staaten für unwahrscheinlich hielt, sah er in der polnischen Unterzeichnung eine bequeme und zunächst folgenlose Möglichkeit, die internationale Kooperationsbereitschaft Polens zu demonstrieren. Dies hielt er für um so bedeutsamer, als Polen, wie er feststellte, aufgrund der vordringlichen Berücksichtigung eigener ökonomischer Interessen nur sehr selten die Bereitschaft zur internationalen wirtschaftlichen Verständigung zeigen könne. Bei den drei Ratsmitgliedern hielt er die Unterschrift des Deutschen Reichs für eher unwahrscheinlich, nicht aus grundsätzlichen Einwänden gegen die Konvention, sondern da man sich dort aus Gründen der „der deutschen Mentalität eigenen Kleinlichkeit“

[79] Ebenda, Bl. 22.

[80] Aufgrund der fast völligen Identität der Konvention mit dem polnischen Wechselgesetz von 1924 hatte die polnische Delegation nur in zwei Fällen von den zulässigen einzelstaatlichen Sonderbestimmungen Gebrauch gemacht. Sie behielt sich vor, den in der Konvention vorgesehenen Zinsfuß von 6% durch den im polnischen Wechselrecht genannten zu ersetzen sowie die Ausstellung von Wechseln in Fremdwährungen zu begrenzen, s. dazu das Schreiben Sułkowskis an das Außenministerium vom 31. Mai 1930, AAN, MSZ 2051, Bl. 31.

vorbehielt, die einzelnen Bestimmungen nochmals genauer zu überprüfen. Seiner Meinung nach hätte es aber einen merkwürdigen Eindruck gemacht, wenn Polen zusammen mit dem Deutschen Reich zu den Nichtunterzeichnern gehörte. Schließlich wies er noch darauf hin, daß er selbst sowohl im Expertenkomitee an der Vorbereitung der Konferenz als auch im Redaktionskomitee an der endgültigen Ausarbeitung des Konventionstextes beteiligt gewesen war. Mit der Bemerkung, daß Polen eine der aktivsten Delegationen in Genf gestellt hatte, begründete er, daß nun eine Enthaltung bei der Unterzeichnung auf Unverständnis stoßen würde. Die Vorbehalte Warschaus gegenüber der Konvention bezüglich der notwendigen Kollisionsnormen teilte er und riet von einer Unterzeichnung ab. Eine dritte Konvention strebte die Vereinheitlichung der bei Wechselgeschäften anfallenden Stempelsteuern an. Dieser konnte man laut Sułkowski ohne weiteres zustimmen.[81] Seine Einschätzung entsprach auch der Sicht der Regierung in Warschau, so daß er am 7. Juni 1930 die Konventionen zum materiellen Wechselrecht und den Stempelgebühren ohne Vorbehalte, die Konvention zu den Kollisionsnormen jedoch nur mit dem Hinweis auf die noch zu leistende innerstaatliche Prüfung unterzeichnete.[82]

Während die äußeren Bedingungen für das Inkrafttreten der Konventionen durch die breite Zustimmung der in Genf vertretenen Staaten schon im Juni 1930 erfüllt waren, zog sich die endgültige Umsetzung in innerstaatliches Recht im polnischen Fall noch beträchtlich in die Länge. Die notwendige Zustimmung durch das Parlament mußte unterbleiben, solange das polnische Recht nicht durch die Konventionen ersetzt bzw. mit diesen in Übereinstimmung gebracht worden war. Die Kodifikationskommission befand, daß durch die erforderlichen Veränderungen des polnischen Rechts eine vollständige Novellierung desselben notwendig war. Erst 1933 überwies sie diese neue Version des Wechselrechts an das Justizministerium.[83] Die größte Neuerung war die Einfügung der kollisionsrechtlichen Regelungen in das polnische Wechselgesetz. Ansonsten ergaben sich

[81] Ebenda, Bll. 32–34.

[82] Von den ständigen Ratsmitgliedern hatten sogar vier Staaten unterzeichnet, das Deutsche Reich, Frankreich, Italien und Japan. Daneben gehörten außer Großbritannien fast alle europäischen Staaten zu den Unterzeichnern. Neben Polen waren auch Finnland, die Tschechoslowakei und Jugoslawien als neue Staaten der Konvention beigetreten.

[83] KKRP, zeszyt 16, 1934, S. 8.

kaum Differenzen zwischen dem polnischen und dem neuen, in Genf beschlossenen Gesetz, so daß schon 1933 von einer baldigen Ratifizierung ausgegangen wurde.[84] Tatsächlich erlangte das Gesetz aber erst im Jahr 1937 Rechtsgültigkeit.[85] Die erneute Verzögerung ergab sich aus der Tatsache, daß der polnische Präsident in der Zwischenzeit eine Verordnung bezüglich Forderungen in Fremdwährungen erlassen hatte, die in Widerspruch zum neuen Wechsel- und Scheckrecht stand. Erst nach einer Intervention des Justizressorts beim Finanzministerium konnte diese Verordnung zugunsten der Ratifikation der Genfer Konventionen rückgängig gemacht werden. Sowohl das Justiz- als auch das Außenministerium mußten inzwischen um das Renommee bangen, das sich Polen als Vorreiter der Wechselrechtsvereinheitlichung in Genf erworben hatte, da Mitte der dreissiger Jahre bereits eine Vielzahl der Unterzeichnerstaaten die Abkommen ratifiziert hatten.[86]

Die langsame legislative Umsetzung entsprach nicht den Erwartungen der schon länger an der Vereinheitlichung interessierten Kreise. Schon im Vorfeld der Genfer Konferenz hatten sich die vom Außenministerium in einer Fragebogenaktion zu der bevorstehenden internationalen Rechtsvereinheitlichung konsultierten Banken sowie Industrie- und Handelskammern durchgehend positiv zu dem geplanten Projekt geäußert.[87] Auch in juristischen Fachkreisen galt dieser Teil des Wirtschaftsrechts als ein Paradebeispiel für eine wünschenswerte und technisch relativ leicht durchführbare internationale Rechtsvereinheitlichung.[88] Die tatsächliche Umsetzung des Unifizie-

84 So Sułkowski in seinem Referat auf dem 1. Slavischen Juristentag in Bratislava, Ders.: Unifikacja, S. 111.

85 Das durch die Artikel über die jeweilige Gültigkeit der Gesetze (Kollisionsnormen) ergänzte Wechsel- und Scheckrecht wurde am 28. April 1936 (Dz. U. RP., Nr. 37, 11.5.1936, Poz. 282 und 283) verabschiedet. Seinen endgültigen Beitritt zur Wechsel- und Scheckrechtskonvention teilte Polen dem Sekretär des Völkerbundes Ende 1936 mit. In Kraft trat die Konvention im März 1937, Dz. U. RP., Nr. 26, 6.4.1937, Poz. 175–186.

86 Schreiben des Justiz- an das Finanzministerium vom 19. November 1934, AAN, MSZ, Bll. 55–61.

87 Die Antworten der Wirtschafts- und Finanzinstitutionen in AAN, MSZ 2164, Bll. 101 ff. Die Antwort des *Bank Polski* entsprach dem Tenor fast aller befragten Institutionen, daß sich nämlich selbst qualifiziertes Bankpersonal nicht mehr in den international unterschiedlichen Rechtsvorschriften auskenne und somit eine Vereinheitlichung dringend geboten sei, ebenda Bll. 107–108.

88 Bossowski, J. J.: Unarodowienie czy unifikacja prawa karnego jako problem przyszłości, in: RPEiS 5 (1925), Nr. 1, S. 5–10, hier S. 5.

rungsprojekts macht die spezifischen Chancen und Hindernisse der polnischen Stellung in den internationalen Beziehungen der Zwischenkriegszeit deutlich. Auf der einen Seite war man in der Kodifikationskommission so weitblickend gewesen, das neue polnische Wechsel- und Scheckrecht *apriori* an die zu erwartende internationale Unifizierung anzupassen. Nach der Unterzeichnung des vereinheitlichten Wechselrechts in Genf im Juni 1930 wurde im Justizministerium mit Befriedigung konstatiert, daß die Konvention kaum vom innerpolnischen Recht abweiche.[89] Somit war es ein Leichtes für die polnische Delegation gewesen, auf der Genfer Konferenz als uneingeschränkte Befürworterin der geplanten Konventionen aufzutreten. Gleichzeitig ging aber deutlich aus ihren Berichten hevor, daß sie in allen juristischen Fachfragen auch immer die machtpolitisch geprägten Interessen des jungen polnischen Nationalstaates mitzubedenken hatte und oftmals Zustimmung oder Ablehnung zu bestimmten Sachfragen von fachfremdem Kalkül abhängig gemacht wurden.

Dennoch sollte man die gelungene Verrechtlichung in diesem Bereich der internationalen Beziehungen nicht gering achten. In Arbeiten, die sich mit der europäischen Integration beschäftigen, wird immer wieder darauf hingewiesen, daß ein utilitaristischer Impetus der beteiligten Staaten nicht die schlechteste Grundlage für Integrationsbemühungen darstellte und in der Geschichte bislang greifbarere Erfolge zeitigen konnte als Konzeptionen von Idealisten einer europäischen Einigung. Gerade die zunehmende ökonomische Verflechtung schuf das Umfeld für diese am jeweils eigenen Nutzen ausgerichteten Integrationsbemühungen. Sicherlich bedeutete das Zeitalter der forcierten Industrialisierung seit der zweiten Hälfte des 19. Jahrhunderts bis zum Ausbruch des Ersten Weltkriegs die Blütezeit für eine solche – vor allem an ökonomischen Interessen ausgerichtete – Politik. Doch sollten die Integrationsbestrebungen der Zwischenkriegszeit nicht allein in ihrer Abhängigkeit von nationalstaatlichem Kalkül gesehen werden.[90] So zeigten etwa die Entstehung und Aktivitäten der regierungsunabhängigen Internationalen Handelskammer nach dem Ersten Weltkrieg, daß auch in einer Zeit sich verschärfender nationalstaatlicher Gegensätze die internationalen Wirtschaftsbeziehungen ein Integrationsmotor blieben. Die Ratifi-

[89] AAN, MSZ 2051, Bll. 117.

[90] Krüger, P.: Wege und Widersprüche der europäischen Integration im 20. Jahrhundert, München 1995, S. 11–16.

zierung der Genfer Konventionen zum Wechsel- und Scheckrecht durch eine Vielzahl von Staaten zu einem Zeitpunkt, als in vielen anderen Politikbereichen der Glaube an das Funktionieren der multilateralen Wilsonschen Nachkriegsordnung gewichen war, bestätigt diese Beobachtung.

Die Entstehung neuer Nationalstaaten nach dem Ersten Weltkrieg machte die europäischen Integrationsbemühungen nicht einfacher. Auf der Tagesordnung der internationalen Beziehungen standen zunächst der Ausgleich von Interessengegensätzen, die zu einem großen Teil aus den durch die neuen Grenzziehungen bedingten Territorial- und Minderheitenkonflikten resultierten. Doch in ihrer Existenz lediglich den Grund für eine Vertiefung der Kluft zwischen einem fortschrittlichen europäischen Zentrum und einer rückständigen Peripherie zu sehen, würde bedeuten, allzu statisch von der Annahme eines einseitigen Integrationsprozesses auszugehen, dem sich die Neulinge in der Staatenwelt zu unterwerfen hatten.[91] Am Beispiel des polnischen Wechsel- und Scheckrechts wird deutlich, daß die Nachzüglerrolle durchaus auch Startvorteile für die Integration in das internationale System barg. In diesem Bereich gehörte Polen zu den fortschrittlichsten Staaten, eine Tatsache, die noch heute gilt und dem Land zugute kommt, da es sich hier um einen der wenigen Rechtsbereiche handelt, bei dem sich für den künftigen Beitritt zur Europäischen Union keine Probleme abzeichnen.[92] Das vereinheitlichte Wechsel- und Scheckrecht sollte in seiner auf den ersten Blick marginalen Bedeutung für das internationale System der Zwischenkriegszeit nicht gering geachtet werden. Die Form seiner Entstehung und Verabschiedung – auf einer offenen Konferenz, die den späteren Beitritt auch nicht vertretener Staaten ermöglichte – ist eines der wenigen gelungenen Beispiele für das vom Völkerbund intendierte System der verrechtlichten und gleichberechtigten internationalen Beziehungen. Die Verrechtlichung eines Bereiches, der eher den *low politics* zuzurechnen ist, kann als beispielhaft für ein internationales

[91] Ebenda, S. 15. Die gegenwärtige Debatte um die geplante Osterweiterung der Europäischen Union erinnert in manchen Teilen an diese einseitige Sichweise der Zwischenkriegszeit. Wenn in absehbarer Zeit zahlreiche mittel- und ost- bzw. südosteuropäische Staaten aufgenommen werden sollen, muß das nicht nur die Anpassung dieser Staaten an die Standards der EU bedeuten, sondern ebenso die Reform der Union im Hinblick auf die vergrößerte Mitgliederzahl und die Zunahme an Komplexität.

[92] Kopyściański, Ujednolicanie, S. 162.

System gesehen werden, in dem auch ohne die Existenz von übergeordneten Kontroll- und Sanktionsmechanismen eine Form von allgemein anerkannter Legitimität hergestellt werden konnte. Durch das Streben nach Rechtssicherheit in Alltagsgeschäften, die mit einer möglichst großen Erwartungssicherheit ausgestattet werden sollten, bildete sich ein Muster für die Verrechtlichung des internationalen Systems, dem jedoch erst die europäischen Vereinigungsbestrebungen nach dem Ende des Zweiten Weltkriegs zum Durchbruch verhalfen. Ansätze und Voraussetzungen dazu waren jedoch schon in der Zwischenkriegszeit vorhanden.[93]

[93] Die Wirksamkeit internationaler Rechtsnormen, deren Befolgung im Gegensatz zu nationalem Recht nicht durch Sanktionen einer übergeordneten Instanz gewährleistet wird, untersuchen WOLF, K. D./ZÜRN, M.: Macht Recht einen Unterschied? Implikationen und Bedingungen internationaler Verrechtlichung im Gegensatz zu weniger bindenden Formen internationaler Verregelung. In: WOLF, K. D. (HG.): Internationale Verrechtlichung (= Jahresschrift für Rechtspolitolgie Bd. 7/1993), Baden-Baden 1993, S. 11–28.

5. Die Rolle der juristischen Profession im polnischen Staat

5.1. Kennzeichen der Profession

Obwohl es ist nicht Aufgabe dieser Arbeit sein kann, die gesamte juristische Profession bzw. ausgewählte Berufszweige wie etwa die Anwaltschaft nach professionshistorischen Fragestellungen zu untersuchen, soll an dieser Stelle doch zumindest kursorisch die Bedeutung, die Professionen für moderne Gesellschaften besitzen, skizziert werden. Bevor im einzelnen darauf eingegangen wird, auf welche Weise Konflikte, die sowohl professionsinterne als auch gesamtgesellschaftliche Auseinandersetzungen betrafen, innerhalb der juristischen Profession der Zweiten Republik ausgetragen wurden, wird erörtert werden, welche Rolle Professionen für das demokratische Funktionieren von Staaten spielen können und wie ihre Verortung innerhalb der Gesellschaft angelegt ist. Am Beispiel der Kodifikationskommission als eines gesellschaftlich besonders bedeutenden Segmentes der juristischen Profession soll gezeigt werden, welches Selbstverständnis dieser eignete und welche Rolle bestimmte professionsspezifische Kriterien dabei spielten.

Die soziologisch orientierte, idealtypische Definition kennzeichnet die Profession wie folgt: „Der Begriff ‚Profession' meint eine besondere Sorte von Beruf, dessen Ausübung eine spezialisierte, tendenziell wissenschaftlich fundierte Ausbildung voraussetzt, in der berufsbezogenes, generalisierbares und theoriehaltiges Wissen zusammen mit ethischen Einstellungen vermittelt wird. Das Wissen, das uneigennützig, im Dienste des Allgemeinwohls und ohne Ansehen der Person einzusetzen sei, ist durch Examen und Berechtigungsscheine garantiert. Nur qualifizierte Experten seien in der Lage, bestimmte Funktionen und Dienstleistungen in der Gesellschaft auszuüben. Die Profession beansprucht ein Funktions- und Angebotsmonopol sowie die Freiheit von Fremdkontrollen durch Laien – oder den Staat. Die organisierte Berufsgruppe kontrolliert autonom den Zugang zum Beruf und die Tätigkeit. Unter Verweis auf Kompetenz und professionalistische Dienstleistungsethik sowie auf die besondere Leistung für Gesellschaft und Allgemeinwohl, beanspruchen Professionen eine besondere wirtschaftliche Belohnung und eine höhere soziale Geltung und Stellung.“[1]

Diese Definition beinhaltet auf der einen Seite Aspekte, die die Professionen als einen integralen Bestandteil der modernen, nach rationalen Wirtschaftlichkeitskriterien funktionierenden Welt kennzeichnen. Auf der anderen Seite beschreibt sie aber auch Eigenschaften, wie eine bestimmte Ethik, die das Handeln der Professionsangehörigen als überindividuell auf das Gemeinwohl bezogen charakterisiert und dessen Eigengesetzlichkeit – fern von vor allem ökonomisch determinierten Nützlichkeitserwägungen anderer Berufsgruppen – betont. Seit sich die Sozialwissenschaften mit dem Phänomen der Professionen auseinandersetzen, ist die Verortung zwischen diesen beiden Polen immer wieder thematisiert worden.[2] Zu Recht ist in der historischen Professionsforschung, die sich mit dem Berufsstand der Juristen beschäftigt, darauf hingewiesen worden, daß die Ausbildung eines dem oben definierten Idealtypus angenäherten Berufsbildes für den von der Forschung vor allem beachteten westlichen (kontinentaleuropäischen und angelsächsischen) Raum erst zu Beginn des 19. Jahrhunderts eintrat. Somit konnte die historische Forschung das vor allem von Juristen selbst gerne gepflegte Bild einer Kontinuität, aus dem nicht selten heute noch eine besondere Autorität hergeleitet wird, widerlegen.[3] Ebenso kritisch müßte die von der sozialgeschichtlich inspirierten Professionsforschung quasi immer mitgedachte These hinterfragt werden, daß es ein Kennzeichnen moderner (hier vor allem westeuropäischer Gesellschaften) sei, pragmatische Ziele mit erhöhter Rationalität zu verfolgen, wobei die Professionen eine bedeutende Rolle spielten.[4]

Eine eher kulturgeschichtlich interessierte Forschung zu den Professionen, die in ihren Fragestellungen auf die Ausführungen Max Webers in seiner Rechtssoziologie zurückgeht, kann dazu interessante Befunde liefern. Weber sah eine Gefahr für den von ihm postulierten rationalen Charakter der Rechtsordnung einerseits in dem Heran-

[1] Siegrist, H.: Bürgerliche Berufe. Die Professionen und das Bürgertum, in: Ders., Bürgerliche Berufe, S. 11–48, hier S. 14.

[2] Einen Überblick zur Forschung gibt Rüschemeyer, Professionalisierung.

[3] Ranieri, F.: Vom Stand zum Beruf. Die Professionalisierung des Juristenstandes als Forschungsaufgabe der europäischen Rechtsgeschichte der Neuzeit, in: Ius Commune (= Veröffentlichungen des Max-Planck-Institutes für Europäische Rechtsgeschichte, Bd. 13) 1985, S. 83–106, hier S. 101.

[4] So etwa Rüschemeyer, Professionalisierung, S. 311.

tragen materieller Sonderinteressen an die Gesetzgebung (so zum Beispiel durch die Arbeiterbewegung), andererseits befürchtete er die Deformation des Rechts durch die „internen Standesideologien der Rechtspraktiker" selbst.[5] Dieser zweite Punkt scheint besonders wichtig für eine auch historisch-empirische, nicht rein idealtypische Charakterisierung von Professionen zu sein. In den professionellen Berufen geht es ja keineswegs immer um ein für die Allgemeinheit völlig unzugängliches Expertenwissen. Nicht selten erlangt die betreffende Berufsgruppe besonderes gesellschaftliches Ansehen und einen herausgehobenen sozialen Status, indem sie dem von ihr verwalteten Wissen den Charakter des Mysteriösen, Überzeitlichen und nicht allgemein Zugänglichen gibt, um somit ihre Abgrenzung von den Laien zu untermauern. Nicht das Wissen selbst, sondern die soziale Struktur der Organisation dieses Wissens macht die Machtposition der Profession in der Gesellschaft aus.[6] Unter diesem Gesichtspunkt wird gerade das Verhältnis zwischen Profession und Gesellschaft interessant und dabei besonders die Untersuchung von Habitus und Kultur der Berufsgruppe. Auch die moderne geschichtswissenschaftliche Institutionenforschung weist in diesem Sinne auf die Rolle von kulturellen Praktiken bei der Untersuchung gesellschaftlicher Institutionen hin. Während lange vor allem in der deutschen Forschung Institutionengeschichte als reine Behörden- bzw. Verbandsgeschichte geschrieben wurde, versucht sie nun stärker die kulturelle Sinnproduktion und symbolische Integrationsleistung von Institutionen zu würdigen.[7]

Für die juristische Profession stellt sich dabei nicht nur die Frage, auf welche Weise die statusmäßige Abgrenzung gegenüber der Gesellschaft inszeniert wird, sondern auch, wie sich diese Praktiken auf das

[5] WEBER, Wirtschaft und Gesellschaft, S. 507. Dazu auch ROTTLEUTHNER, H.: Die gebrochene Bürgerlichkeit einer Scheinprofession. Zur Situation der deutschen Richter zu Beginn des 20. Jahrhunderts, in: SIEGRIST, Bürgerliche Berufe, S. 145–166, hier S. 145–147.

[6] Anschaulich wird das etwa im Vergleich des sozialen Status von Juristen und Ingenieuren. Da die Ingenieursfähigkeiten mit praktischen Erfahrungen erworben werden, fällt es schwerer, diese mit einer Aura des Mysteriösen zu umgeben, dazu COLLINS, R.: Changing Conceptions in the Sociology of Professions, in: BURRAGE/TORSTENDAHL, The Formation of Professions, S. 11–23, hier S. 18.

[7] BLÄNKNER, R./JUSSEN, B.: Institutionen und Ereignis. Anfragen an zwei altgewordene geschichtswissenschaftliche Kategorien, in: DIES. (Hg.): Institutionen und Ereignis: über historische Praktiken und Vorstellungen gesellschaftlichen Ordnens, Göttingen 1998, S. 9–16, hier S. 9–12.

Rechtssystem und seine Entwicklung auswirken. Dabei kann die Lektüre juristischer Literatur wichtige Aufschlüsse geben, wenn man sie nicht nur als Quelle fachinterner Information, sondern auch nach den Kultur- und Argumentationsmustern ihrer Verfasser befragt.[8] Auf diese Weise kann die Einbettung der Professionsforschung in einen breiteren gesellschaftlichen Kontext gelingen und verhindert werden, daß „Recht" als eine eigenständige, völlig unabhängige Größe betrachtet wird, die nicht auch von erkennbar außerjuristischen Faktoren beeinflußt wird. Ein solcher Ansatz kann der gerade bei den Professionsangehörigen selbst verbreiteten Auffassung entgegenwirken, daß ihr gesamtes Handeln allein durch Kriterien bestimmt würde, die der zugrundegelegten Rechtsordnung immanent seien. Indem Rechtsnormen nicht als positiv gegeben hingenommen werden, sondern in ihrer Entstehung selbst zum Gegenstand historischer Analyse gemacht werden, können sie in ihrer jeweiligen gesellschaftlichen, ökonomischen oder kulturellen Bestimmtheit untersucht werden.[9]

Die für den osteuropäischen Raum noch relativ junge Professionsforschung hat sich zunächst darum bemüht, einen Merkmalskatalog von Strukturelementen zusammenzustellen, die diese Region in besonderer Weise charakterisierten.[10] Dabei wird in erster Linie auf die dominierende Rolle des Staates verwiesen, die die spezifische Entwicklung der Professionen dort gekennzeichnet habe. Zu Recht wird jedoch davor gewarnt, diese Beeinflussung des Professionalisierungsprozesses durch den Staat automatisch mit dem Scheitern bzw. zumindest mit der Unvollkommenheit dieses Prozesses zu assoziieren. Schon Max Weber verwies darauf, daß die Professionalisierung bestimmter Berufszweige, die in Kontinentaleuropa zu einem modernen Fachspezialistentum führte, in großem Maße durch die Verstaat-

[8] Dieser gruppenbiographische Ansatz bei Ranieri, Vom Stand zum Beruf, S. 86–87. Als gelungenes Beispiel dafür kann Siegrists vergleichende Studie zu den Rechtsanwälten in Deutschland, Italien und der Schweiz dienen: Siegrist, H.: Advokat, Bürger und Staat. Sozialgeschichte der Rechtsanwälte in Deutschland, Italien und der Schweiz (18.–20. Jh.) 2 Bde., Frankfurt/Main 1996, in der er dezidiert auf die Bedeutung von Rechtsberufen für die gesellschaftliche Entwicklung jenseits von Behördengeschichte hinweist, ebenda, Band 1, S. 11.

[9] Lewis, P. S. C.: Comparison and Change in the Study of Legal Professions, in: Abel, R.L./Lewis, P. S. C. (Hg.): Lawyers in Society: Comparative Theories, vol. 3. Berkeley 1989, S. 27–79, hier S. 29–31.

[10] Vgl. dazu McClelland, C./Merl, S./Siegrist, H.: Introduction, in: Dies. (Hg.): Professionen im modernen Osteuropa, Berlin 1995, S. 11–26, hier S. 18–26.

lichung der Ausbildung und die Reglementierung des Zugangs zu der jeweiligen Berufsgruppe vonstatten ging. Vergleicht man diese Aspekte etwa mit dem angelsächsischen Fall, wo sich sehr viel länger vormoderne, zunftähnliche Muster bei der Ausbildung der freien Berufe erhielten, wird deutlich, daß die Frage nach der Modernität von Gesellschaften immer neu überdacht werden muß.[11]

Ein weiteres Charakteristikum vieler osteuropäischer Länder war die große Bedeutung, die ethnische, sprachliche oder konfessionelle Identitäten in ihren dadurch häufig sehr stark fragmentierten Gesellschaften besaßen. In einem solchen Umfeld war die Ausbildung einer professionellen Identität, die sich an eher allgemeinen, durch eine genormte Ausbildung festgelegten Werten orientierte, sicherlich schwieriger als in vielen der unter diesem Gesichtspunkt homogeneren Regionen im westlichen Europa. Auf jeden Fall zu hinterfragen ist allerdings die Annahme, daß die historisch bedingte Fragmentierung der Berufsverbände (etwa als Folge der Teilungen Polens) immer zu einer Schwächung der professionellen Identität führen mußte. Im polnischen Fall wäre zu untersuchen, ob nicht gerade das Erbe dieser bei der älteren Juristengeneration noch deutlich wahrnehmbaren Fragmentierung eher eine Stärkung der professionellen Ethik, die professionsinternen Idealen verpflichtet war, zur Folge hatte. Inwieweit etwa konnte die juristische Profession zur demokratischen Stabilität der Zweiten Republik beitragen, indem sie durch die Betonung von teilgebietsübergreifenden, einem fachjuristischen Argumentationsmuster folgenden Rationalitätskriterien in der Lage war, ein Gegengewicht zu solchen Vorstellungen zu schaffen, die jegliche neuen Rechtsschöpfungen monokausal an einem ethnisch exklusiv definierten polnischen Nationsbegriff maßen?[12]

Als zusätzliche Besonderheit für den osteuropäischen Weg der Professionalisierung wird die Existenz einer gebildeten, aber sozial nicht eindeutig zu verortenden Intelligenzschicht betont. Ihre Stel-

[11] Für den ungarischen Fall ist das bereits eindrucksvoll belegt worden, vgl. dazu Kovács, M. M.: Liberal Professions and Illiberal Politics. Hungary From the Habsburgs to the Holocaust, Washington D.C. 1994.

[12] Die Bedeutung der Existenz solcher unterschiedlicher Rationalitätskriterien, die von gesellschaftlichen Institutionen in je unterschiedlichen Geltungskontexten festgelegt werden, für das Funktionieren pluralistischer Gesellschaften betont Lepsius, R. M.: Institutionalisierung und Deinstitutionalisierung von Rationalitätskriterien, in: Göhler, G. (Hg.): Institutionenwandel, Opladen 1997 (= Leviathan Sonderheft 16/1996), S. 57–69.

lung wurde nicht selten durch die Anwesenheit einer fremdnationalen Bürokratie und Unternehmerschicht bestimmt, die ihre Aufstiegschancen begrenzte oder zunichte machte. In der zumeist auf Westeuropa konzentrierten Forschung zu den Professionen, die sich an der sozialhistorischen Bürgertumsforschung orientiert, wird auf zwei Strategien hingewiesen, mittels derer Professionsangehörige ihren gesellschaftlichen Status zu erhöhen versuchten. Während in entwikkelten kapitalistischen Gesellschaften verstärkt der Weg der Integration in die wirtschaftlich führenden Schichten angestrebt wurde, entschieden sich Professionelle in ökonomisch unterentwickelten Ländern eher für die dezidierte Abgrenzung von den Laien, um auf diese Weise ihren Status zu unterstreichen.[13] In der Professionssoziologie stehen sich in bezug auf den Handlungsimpetus professioneller bzw. nichtprofessioneller Berufsgruppen zwei Ansichten gegenüber. Während etwa Thomas Marshall dem rein am Gewinnstreben orientierten Verhalten einer Wirtschaftselite ein dem Allgemeinwohl verpflichtetes Dienstideal der Professionellen diametral gegenübergestellt hat,[14] betonte Talcott Parsons die Vergleichbarkeit von wirtschaftlichem Marktverhalten und professioneller Berufsarbeit, indem er die Ausrichtung an rationalen Kriterien zur Verfolgung pragmatischer Ziele innerhalb moderner Gesellschaftsordnungen als verbindendes Element hervorhob.[15]

Für den polnischen Fall könnte man die dargestellte Dichotomie so umformulieren, daß man zwischen einer dem Allgemeinwohl der unfreien polnischen Nation verpflichteten Intelligenz, die vor allem im russischen Teilungsgebiet anzutreffen war, und einer sozial stärker verorteten bürgerlichen Schicht unterscheidet, die durch ihr Engagement für die universal verstandene Nation ihre eigene soziale Stellung zu festigen versuchte (als Paradigma für das preußische Teilungsgebiet). In beiden Fällen gehen altruistische und einer ökonomisch begründeten *Ratio* geschuldete Motive ineinander über. Damit sind die zwei Pole beschrieben, zwischen denen sich die grundlegende Definition von Professionen als einem integralen Bestandteil einer durch Rationalität gekennzeichneten Moderne verortet. Die

13 Siegrist, Bürgerliche Berufe, S. 12.

14 Marshall, T. H.: The Recent History of Professionalization, in: Canadian Journal of Economics and Political Science 5 (1939), S. 325–340.

15 Parsons, T.: The Professions and Social Structure, in: Social Forces 17 (May, 1939), S. 457–467.

besondere Stellung der galizischen Juristen, denen seit der innenpolitischen Liberalisierung der Habsburgermonarchie vielfältige Aufstiegsmöglichkeiten offenstanden, soll hier nicht unerwähnt bleiben, denn sie komplettiert das Bild der polnischen juristischen Profession, in dem sich vielfältige Entwicklungsniveaus und Professionalisierungsprozesse widerspiegelten.

Die Kodifikationskommission der Zweiten Republik soll nun in ihrem Selbstverständnis als Teil der juristischen Profession und in ihrem Verhältnis zur polnischen Gesellschaft untersucht werden. Auch wenn sie, da sie aus Angehörigen unterschiedlicher juristischer Berufe bestand, nicht dem typischen Untersuchungsgegenstand der Professionsforschung, nämlich einem einheitlichen Berufsstand wie etwa der Anwaltschaft entsprach, scheint es doch legitim, einige der durch diesen Forschungsansatz formulierten Fragestellungen auf sie anzuwenden. Immerhin gelten für alle Angehörigen dieses Gremiums die wichtigsten Merkmale der juristischen Profession, so die einheitliche, zweckgerichtete und normierte Ausbildung, ein bestimmtes Berufsethos, die Zuständigkeit für besondere gesellschaftliche Werte und in je unterschiedlichem Maße auch die Regulierung des Zugangs zur Profession. Während der Aspekt der verbandlich autonomen Organisation in diesem Zusammenhang nicht zum Tragen kommt, da die einzelnen Juristen in ihrer individuellen Eigenschaft als Fachleute (und nicht als Angehörige von Anwalts- oder Richtervereinigungen) in der Kommission saßen, kommt dem spezifischen Berufsethos, das die Zuständigkeit der Juristen für gesamtgesellschaftlich akzeptable Werte betont, besondere Bedeutung zu.[16] Unter diesem Gesichtspunkt stellt sich die Frage, welche gesellschaftliche Verantwortung die Kommissionsmitglieder aus ihrer Professionszugehörigkeit ableiteten und wie sie ihre Kodifikationstätigkeit im politischen und gesellschaftlichen System der Zweiten Republik verortet sahen.

Die Wiedererlangung der staatlichen Unabhängigkeit wurde von vielen Juristen als ein deutlicher Wendepunkt für ihre gesellschaftliche Stellung wahrgenommen. Der Wandel, der sich im folgenden Zitat auf die Aufgaben der Juristentage bezog, kann auch als exemplarisch für das gesamtgesellschaftliche Wirken der Juristen gesehen werden: „Der einst patriotisch-politische Zweck weicht naturgemäß einem organisatorisch-praktischen, welcher auf zweckmäßige Mitwir-

16 Den Merkmalskatalog für die Angehörigen der juristischen Professionen vgl. bei Ranieri, Vom Stand zum Beruf, S. 101; Rottleuthner, Scheinprofession, S. 147.

kung an den konkreten Vereinheitlichungsarbeiten der Gesetzgebung und auf die Feststellung der Richtlinien für eine gedeihliche wirtschaftliche Entwicklung der wiedervereinigten Republik gerichtet ist."[17] Das juristische Fachwissen sollte nun in einem unter normalen Bedingungen existierenden, souveränen Gemeinwesen zum Nutzen von Staat und Gesellschaft eingesetzt werden. Mit der Einrichtung der Kodifikationskommission befand sich die polnische Jurisprudenz dabei aber an einer Schnittstelle zwischen politischer Einflußnahme und angeblich apolitischem Fachjuristentum. Während auf der einen Seite die immense Bedeutung der Kodifikationsarbeit und deren politische Implikationen betont wurden, verwies man andererseits auf den apolitischen, angeblich rein objektiv juristischen Maßstäben verpflichteten Charakter des Gremiums.

Die Schlüsselstellung, die sich aus dieser Verschränkung von politisch-gesellschaftlicher Bedeutung und fachlichem Expertentum ergab, führte zu interessanten Erörterungen über die Frage, inwieweit die Legislative die ihr von der Kommission vorgelegten Projekte verändern dürfe. Der Kommissionspräsident Fierich beklagte die „Verunstaltung" (*zniekształcenie*) der Gesetzesprojekte durch die zahlreichen, in den beiden Parlamentskammern gemachten Änderungsvorschläge, die seiner Meinung nach nicht selten dazu führten, daß die Projekte ihre innere Logik verlören, der ihnen inhärente Leitgedanke verzerrt werde und sie schlimmstenfalls nicht mehr „den synthetischen Kern der Gesamtheit der Rechtsbeziehungen des Volkes" darstellen würden.[18] Der Begriff der „inneren Vollkommenheit" der Projekte, die Fierich durch die Arbeit der Legislative bedroht sah, weist auf eine unter Juristen nicht selten anzutreffende Art der Rechtsauffassung hin, daß nämlich von Fachjuristen erarbeitete Rechtsnormen ein in sich geschlossenes System bildeten, das qua seiner formalen Schlüssigkeit einer inhaltlichen Überprüfung nicht

[17] Rappaport, E. S.: Der Juristentag in Warschau, in: Review of Polish Law and Economics (= Zeitschrift für polnisches Recht und Wirtschaftswesen) 2 (1930), S. 79–81, hier S. 79. Der Autor bezog sich auf die fünf „Kongresse der polnischen Juristen und Ökonomen" („Kongresy Prawników i Ekonomistów Polskich"), die seit 1887 in Galizien (außer 1893 in Posen) stattgefunden hatten. Sie sollten vor allem dazu dienen, die Berufsgruppen über die fachlichen Entwicklungen in den anderen Teilungsgebieten zu informieren und ihre teilgebietsübergreifende Einheit zu demonstrieren. In der Zweiten Republik wurden drei gesamtpolnische Juristentage abgehalten, 1924 in Wilna, 1929 in Warschau sowie 1936 in Krakau und Kattowitz.

[18] Fierich, Komisja Kodyfikacyjna w Rzeczypospolitej Polskiej, S. 664.

mehr bedürfe.[19] Fierich forderte, daß für die Verabschiedung der Kommissionsprojekte besondere Verfahrensregeln für *Sejm* und Senat ausgearbeitet werden sollten, die die Eingriffsmöglichkeiten der Legislative beschränkten. Die Verabschiedung solcher Verfahrensregeln gestand er der Legislative zu, auf deren Einsicht in ihre eigene Beschränktheit in Sachen juristischer Sachverstand er augenscheinlich setzte.[20]

Während Fierich ausdrücklich die Beachtung der Verfassung bei der von ihm geforderten Verfahrensänderung hervorhob, waren andere Kommissionsmitglieder weniger zimperlich im Umgang mit dem politischen System, wenn sie sich bezüglich der zu wahrenden Qualität der jeweiligen Gesetzesprojekte äußerten. Der Warschauer Rechtsanwalt Henryk Konic (1860–1934) oder der Generalsekretär der Kommission Rappaport rühmten das faschistische Italien für die Beschneidung der legislativen Kompetenzen unter Mussolini und das damit einhergehende beschleunigte Prozedere bei der Verabschiedung neuer Gesetzeswerke, nicht ohne daraufhinzuweisen, daß Italien schon immer ein Land mit hervorragenden Juristen gewesen sei.[21] In ihren Augen war der Wert eines funktionierenden demokratischen Systems anscheinend geringer zu achten als der von formal-

[19] Für Max Weber war es diese Auffassung, die die rationale Spezifik der Rechtssysteme okzidentaler Staaten begründet, s. Weber, Wirtschaft und Gesellschaft, S. 493 u. S. 505. Verursacht sah er diese Art der Rechtsauffassung durch die Übernahme des stark formalisierten und zur Abstraktion neigenden römischen Rechts sowie durch die rationalisierte Juristenausbildung an den Universitäten, die einen besonderen Typus des Fachjuristen hervorgebracht habe. Auch in heutigen rechtshistorischen Bewertungen der Kodifikationsarbeiten während der Zwischenkriegszeit wird die Einflußnahme von „Nichtjuristen“ überwiegend kritisch gesehen, s. dazu etwa Lityński, A.: Długa droga kodyfikowania prawa cywilnego w Polsce, in: Czasopismo Prawno-Historyczne 53 (2001), Nr. 1, S. 343–359, hier S. 348–349, der damit auch die Meinung von Górnicki, Prawo Cywilne, S. 93–94 teilt. Lityński kritisiert die „unsachliche Einmischung fachfremder Abgeordneter“ auch im heutigen Polen, ebenda.

[20] Fierich, Komisja Kodyfikacyjna, S. 665.

[21] Posner, S.: Nasza Komisja Kodyfikacyjna (z powodu sprawozdania za rok 1924 prezydenta K.K. prof. Fr. X. Fiericha), in: Palestra 2 (1925), Nr. 5, S. 780–794, hier S. 787. In diesem Zusammenhang sei auch an die Kritik Fryderyk Zolls an der Behandlung der Gesetzesprojekte zum IPR und zum ILPR im *Sejm* erinnert. Der Jurist beklagte die lange Verweildauer der Projekte im Parlament. Verabschiedet wurden sie erst 1926, als in Zolls Auffassung „nach dem Mai-Umsturz unser Parlament, dessen Autorität infolge von Parteienkämpfen sowie der niedrigen Qualifikation zahlreicher Abgeordneter sehr gelitten hatte, sich gegenüber Maschall Piłsudski rehablitieren und ihm beweisen wollte, daß es gesetzgeberisch tätig sein kann.“, s. Wspomnienia Fryderyka Zolla, S. 314.

juristisch möglichst perfekten Gesetzen.[22] Gegner solcher Auffassungen widersprachen mit Hinweisen auf große Kodifikationen in anderen Ländern, die wie etwa das BGB im Deutschen Reich Gegenstand einer intensiven Parlamentsdebatte waren oder wie das schweizerische Zivilgesetzbuch unter Mitwirkung breiter gesellschaftlicher Kreise (etwa durch Heranziehung von Industrie- und Handelsverbänden etc.) entstanden waren. In ihrer Argumentation kritisierten sie nicht nur die Herabsetzung demokratischer Institutionen durch einzelne Mitglieder der Kodifikationskommission, sondern verwiesen auch auf einen weiteren Aspekt, der ebenfalls ein interessantes Licht auf professionstypische Denkweisen zu werfen vermag. Sie warnten davor, allzu stark auf ausländische Vorbilder bei der Kodifikation zu setzen; vielmehr sollte die Kommission stärker auf die gesellschaftlichen Bedürfnisse der Zweiten Republik eingehen und sich an Gesetzeswerken orientieren, die wie etwa das Zivilgesetzbuch für das ehemalige Königreich Polen den realen Lebensverhältnissen eher entsprachen. Die Schöpfer jenes Gesetzbuchs hätten ihre Arbeit mit dezidiertem Bezug auf die Lebensverhältnisse der sie umgebenden Gesellschaft verrichtet.[23] Der hier implizite Vorwurf an die Kommission weist auf ein grundlegendes Problem bei der Erarbeitung neuer Gesetzeswerke hin. Es ist dies die Frage, inwieweit Juristen in ihrer legislatorischen Arbeit bereit sind, auf Anstöße, die aus gesellschaftlichem Wandel oder Konflikten resultieren, einzugehen. Rechtssoziologische Untersuchungen haben immer wieder darauf hingewiesen, daß solche Anstöße nur ungern berücksichtigt werden, da „die innere Logik des juristischen Diskurses auf normativen Selbstreferenzen und Rekursionen" aufbaut.[24] Somit neigten Juristen dazu,

[22] Bedenkenswert scheint in diesem Zusammenhang die Überlegung zu sein, daß gerade solche gesellschaftlichen Gruppen, die wie Geistliche oder Juristen ein besonderes, an universal begründeten Werten ausgerichtetes Deutungmonopol zu besitzen glauben, dazu neigen, die darin begründeten Rationalitätskriterien absolut zu setzen und somit entgegen den Grundsätzen eines pluralistisch verfaßten Systems agierten, s. dazu Giesen, B./Junge, K.: Der Mythos des Universalismus, in: Berding, H. (Hg.): Mythos und Nation. Studien zur Entwicklung des kollektiven Bewußtseins in der Neuzeit, Frankfurt/Main 1996, S. 34–64, hier S. 44: „Die Praxis dieser Berufsgruppe behandelt die universalistische Orientierung jedoch nicht bloß als eine Eigentümlichkeit, die gleichberechtigt neben anderen, ebenfalls möglichen steht, sondern betrachtet sie als überlegenes Projekt, dessen expansive Dynamik keine Grenzen kennt."

[23] Posner, Nasza Komisja Kodyfikacyjna, S. 788–792.

[24] Vgl. z. B. Teubner, G.: Rechtsirritationen: Der Transfer von Rechtsnormen in rechtssoziologischer Sicht, in: Brand, J./Strempel, D. (Hg.): Soziologie des Rechts. Festschrift für Erhard Blankenburg zum 60. Geburtstag, Baden-Baden 1998, S. 233–244, hier S. 239.

eher schon erprobte rechtliche Lösungen aus anderen Rechtsordnungen zu übernehmen, anstatt mit ihren Kodifikationen direkt auf gesellschaftliche Probleme zu reagieren.[25]

Stellungnahmen polnischer Juristen zeigten, daß solche Vorbehalte gegenüber einer direkten Beeinflussung durch politische und gesellschaftliche Bedingungen die Kodifikationsarbeit mitbestimmten. In einem Beitrag zu den Aufgaben der Kodifikationskommission schrieb eines ihrer Mitglieder, der Zivilrechtler Władysław Leopold Jaworski (1865–1930), daß die zu erarbeitenden Gesetze für eine lange Zeit gelten sollten und man sich daher nicht von „gerade aktuellen Bedürfnissen" leiten lassen solle. Letztere sah er in einigen schon vom Verfassungsgebenden Parlament (*Sejm Ustawodawczy*) verabschiedeten Gesetzen verkörpert. Er vertrat die Auffassung, daß die Legislative damit dem allgemein zu beobachtenden Übergang von einem liberalen zu einem stärker durch Staatsintervention gekennzeichneten Wirtschaftssystem Rechnung getragen habe.[26] Aufgabe der Kodifikationskommission dürfe es aber nicht sein, nach Gründen für diese Entwicklung zu suchen oder sie zu bewerten. Vielmehr solle man sich bei den zu verabschiedenden Gesetzen so wenig wie möglich von den Vorgaben durch das Parlament beeinflussen lassen.[27] Der Rechtshistoriker Jan Adamus problematisierte am Beispiel des altpolnischen Rechtsinstituts der *spółki* (zu übersetzen etwa als Gemeinschaften: gemeint ist die gemeinsame Nutzung von Zugtieren und Weiden und die Zusicherung nachbarschaftlicher Hilfe), das sich zum

[25] Auch Max Weber hat bereits auf dieses Phänomen hingewiesen. In der modernen rationalen juristischen Universitätsbildung sah er den Grund dafür, daß „[...] die Interessentenbedürfnisse als treibende Kraft für die Gestaltung des Rechts weitgehend geradezu ausgeschaltet werden.", s. Weber, Wirtschaft und Gesellschaft, S. 459.

[26] Tatsächlich kam es nach dem Ersten Weltkrieg zu zahlreichen Eingriffen in das durch die Kriegsereignisse desolate Wirtschaftssystem. Allerdings handelte es sich hierbei eher um *ad-hoc*-Maßnahmen, die der notleidenden Bevölkerung zugute kommen sollten, und weniger um systemverändernde Eingriffe. Die in den Jahren 1919 und 1920 verabschiedeten Gesetze zur Agrarreform waren zum großen Teil der aktuellen Bedrohung durch das revolutionäre Rußland geschuldet; als diese gebannt war, erwies es sich als äußerst schwierig, diese Reformvorhaben umzusetzen, s. Topolski, J. Polska dwudziestego wieku 1914–1994, Poznań 1994, S. 62–63.

[27] Jaworski, W. L.: Najważniejsze zadanie, in: Czasopismo Prawnicze i Ekonomiczne 18 (1920), Nr. 1–4, S. 1–4. Die hier von Jaworski geforderte Abstinenz von politischen Stellungnahmen für die Kodifikationskommission steht in einigem Kontrast zu seinen eigenen verfassungspolitischen Ambitionen, die sich unter anderem in einem eigenen Verfassungsentwurf aus dem Jahr 1928 niederschlugen, s. Projekt konstytucji, in: Władysław Leopold Jaworski, O prawie, państwie i konstytucji. Wstęp, wybór i opracowanie M. Jaskólski, Warszawa 1996, S. 78–127.

Teil im russischen Teilungsgebiet erhalten hatte, die Stellung der Kommission gegenüber gesellschaftlichen Realitäten. Er beklagte, daß die Kommissionsmitglieder die wahren Lebensumstände der Bevölkerung nicht kennen würden und eher für die modernere deutsche oder französische Wirklichkeit ausgebildet seien. Es könne aber nicht Aufgabe der Kommission sein, die Gesellschaft quasi von oben mittels eines fremden Privatrechts zu modernisieren. Also sollten sich die Juristen stärker mit solchen altpolnischen Rechtstraditionen beschäftigen und diese in ihre Arbeit miteinbeziehen.[28] In seiner Kritik an der Volksferne der Kommission stand Adamus nicht allein; dieser Vorwurf wurde während der gesamten Zwischenkriegszeit immer wieder an die Kommission gerichtet.[29]

Als ein Beispiel für die generellen Vorbehalte, die in der Kommission gegenüber lebensweltlichen Einflüssen nicht nur auf das Kodifikationswerk, sondern auch generell auf das Rechtssystem bestanden, kann ihre Beschäftigung mit der Gerichtsverfassung der Zweiten Republik betrachtet werden. Nach dem Ersten Weltkrieg stellte sich die Frage, ob in Polen, wie in vielen anderen Ländern schon länger üblich, das Laienelement im Gerichtswesen gestärkt werden sollte. Durch die Zulassung von Laienrichtern und Geschworenen bzw. Schöffen sollten die Gerichte volksnäher gemacht und eine größere Transparenz bei der Rechtsprechung erreicht werden. Die gesellschaftliche Kontrolle der Berufsrichter durch auf begrenzte Zeit gewählte Laien wurde ebenso angestrebt wie eine größere gesellschaftliche Akzeptanz von Gerichtsurteilen, die nicht allein im engen Expertenkreis der Berufsjuristen entstanden waren. Zudem sollte durch die Hinzuziehung von Fachleuten, wie etwa Vertretern von Wirtschaftsverbänden bei handelsrechtlichen Prozessen, außerjuristische Fachkompetenz in die Urteile hineinwirken und neben rein juristischen auch andere gesellschaftlich relevante Rationalitätskriterien Berücksichtigung finden. In seinem Entwurf zum Aufbau der allgemeinen Gerichtsbarkeit aus dem Jahr 1920 wandte sich der Autor, der Lemberger Zivilrechtler Kamil Stefko (1876–1966), gegen die Einführung des Laienelements in die allgemeine Gerichtsbarkeit. (Ausnahmen sollten die Zulassung von Laien bei den Handelsgerichten sowie bei privatrechtlichen Auseinandersetzungen auf lokaler

28 Adamus, J.: W sprawie stosunku prawa ludowego, S. 210–215.
29 Silnicki, R.: Romantyzm a Komisja Kodyfikacyjna, S. 5.

Ebene sein, für die er die Einsetzung von Schiedsausschüssen vorsah, die jedoch der allgemeinen Gerichtsbarkeit unterstehen sollten.) Er argumentierte, daß die Bevölkerung im Gerichtswesen keine meinungsbildende Rolle spielen solle, da es dort einzig um die Anwendung und Vollstreckung schon existierender Rechtsnormen gehe. Um ihre jeweiligen Bedürfnisse zu artikulieren, stehe den Bürgern der Weg in die Verwaltung oder Gesetzgebung offen. Während der Richter von einer jeweils konkreten Rechtsnorm ausgehe, ließe sich der Laie von einem diffusen „Rechtsgefühl" leiten, das im Gerichtsprozeß fehl am Platz sei.[30]

Stefkos Entwurf entsprach der mehrheitlichen Meinung innerhalb der Kommission. Allerdings mußte diese ab März 1921 auch die Prinzipien der neuen Verfassung berücksichtigen, die ausdrücklich die Einführung von Laienrichtern und Schöffen in die allgemeine Gerichtsbarkeit vorsahen. Zudem existierten in mehr oder weniger ausgeprägter Form Elemente der Laienrechtssprechung in allen von den Teilungsmächten überkommenen Rechtsordnungen. Eine völlige Ablehnung des Laienelements war somit kaum zu begründen. In einem überarbeiteten Projekt aus dem Sommer 1921 hatten daher auch Friedensrichter für Zivilangelegenheiten sowie Geschworenengerichte im Strafprozeß ihren Platz. Aus den Stellungnahmen einzelner Kommissionsmitglieder geht allerdings hervor, wie ungern man dem durch die neue Verfassungswirklichkeit erzeugten Druck nachgab. Ihr Tenor war, daß es nun Aufgabe der Kommission sein müsse, die Beteiligung von Laien soweit als möglich zu begrenzen und Bestimmungen festzusetzen, die nur Vertretern der Intelligenz den Zugang zur Laiengerichtsbarkeit ermöglichte.[31] Betrachtet man die Argumentation der Kommissionsmitglieder genauer, so fällt auf, daß es ihnen durchaus nicht allein um den Schutz der Rechtsordnung vor die juristischen Normen verfälschenden, gesellschaftlichen Einflüssen ging. Politische und weltanschauliche Argumente spielten auch bei ihnen eine wichtige Rolle, wie man an dem besonders heftigen Widerstand von polnischen Juristen aus den polnischen Ostgebieten gegen die Einführung von Friedensgerichten auf dem Land sehen konnte,

30 Dazu CYBULSKI, B.: Stosunek Komisji Kodyfikacyjnej RP do laików w składach orzekających sądów powszechnych (sędziów pokoju, przysięgłych i ławników), in: Acta Universitatis Wratislaviensis Nr. 1384, Prawo Nr. 213 (1992), S. 85–118, hier S. 88–92.

31 Ebenda, S. 106.

die angeblich die polnische Staatlichkeit bedrohten.[32] Hier bestätigte sich die schon früh an dem Bild der professionellen Berufe geübte Kritik, die sich dagegen wandte, jenen eine besondere Kompetenz bei der Lösung gesellschaftlicher Konflikte aufgrund ihrer vermeintlichen Neutralität zuzusprechen.[33]

Überhaupt relativiert sich das von der Kodifikationskommission selbst geschaffene Bild eines nach rein sachrationalen juristischen Kriterien arbeitenden Gremiums, das seine Arbeit möglichst jenseits des normalen Prozesses der politischen Entscheidungsfindung zu verrichten habe, wenn man in Betracht zieht, wie stark die Gesetzesprojekte der Kommission tatsächlich durch die Legislative bzw. seit 1926 durch die Exekutive verändert wurden.[34] Dabei fällt auf, daß die zunehmende Aushöhlung des parlamentarischen Systems im Laufe der Zwischenkriegszeit weniger negativ empfunden wurde als die auch schon vor 1926 vorhandene Ingerenz der Legislative wie der Exekutive in die Projekte der Kommission. Die Zäsuren der Jahre 1926 bzw. 1935 wurden von der Kommission in staatsrechtlicher Sicht kaum erörtert. Die von dem Zivilrechtler Jan Jakub Litauer (1873–1949) im Jahr 1935 geäußerte Kritik an der Verfassung der Kommission, in der er den Grund für die zu langsam voranschreitende Arbeit sah, macht deutlich, daß es ihm als einem Mitglied dieses Gremiums nicht um dessen bessere Verankerung im demokratischen System der Zweiten Republik ging, sondern allein darum, seinen Handlungsspielraum im innenpolitischen Gefüge zu vergrößern. Er bedauerte, daß die Kommission nicht in Form eines „Staatsrates" (*Rada Stanu*) etabliert worden war. Da es den Juristen nicht möglich sei, in die Legislative einzugreifen, hätten ihnen von vornherein größere Kom-

32 Ebenda, S. 107–108.

33 Ben-David, J.: Akademische Berufe und die Professionalisierung, in: Kölner Zeitschrift für Soziologie und Sozialpsychologie, 12 (1961) (= Sonderheft 5: Soziale Schichtung und soziale Mobilität), S. 104–121, hier S. 111.

34 So wich etwa das „Gesetz über die Allgemeine Gerichtsverfassung", das 1928 per Präsidialverordnung in Kraft trat, sehr stark von dem von der Kodifikationskommission im Jahr 1924 dem Justizministerium zugeleiteten Entwurf ab. In dem Gesetz wurden Elemente der Laiengerichtsbarkeit sehr viel stärker als im Kommissionsentwurf geplant eingeführt, Cybulski, Stosunek, S. 117–118. Die Aprilverfassung von 1935 erwähnte weder Geschworene noch Friedensrichter, so daß dem Willen der Kommission im nachhinein doch noch Genüge getan wurde, zumal die flächendeckende Einführung der Laiengerichtsbarkeit auf dem Boden der Zweiten Republik auch vor 1935 ausgeblieben war, s. dazu Bardach/Leśnodorski/Pietrzak, Historia ustroju, S. 547.

petenzen zugestanden werden müssen.[35] So betrachtet, erschienen die in der Kodifikationskommission vertretenen Juristen nicht unbedingt als Garanten der demokratischen Ordnung. Vielmehr sahen sie sich bei der Kodifikationsarbeit als Hüter einer juristischen Professionalität, die es vor nicht juristisch begründeten Einflüssen zu schützen galt. In diesem Zusammenhang wäre auch in Zweifel zu ziehen, ob die Tatsache, daß in vielen wichtigen politischen Ämtern Juristen saßen, tatsächlich positive Auswirkungen auf die Rechtsstaatlichkeit der Zweiten Republik besaß. Der in der juristischen Ausbildung erlernte Umgang mit den Normen der Rechtsschöpfung garantierte keineswegs, daß die vorschriftsmäßig ausgearbeiteten Rechtsnormen auch inhaltlich den Anforderungen entsprachen, die in einem demokratischen Gemeinwesen an sie gestellt wurden.[36] Wenn allerdings selbst solche professionsinternen Standards zugunsten anderer Leitmaximen aufgegeben wurden, konnte sich der Berufsstand der Juristen nicht nur zu einem bestenfalls neutralen, sondern geradezu demokratiefeindlichen Faktor entwickeln, was im folgenden Kapitel zu zeigen sein wird.

5.2. Der Generationskonflikt in der juristischen Profession

Das Konzept der Generation ist in den Geschichts- und Sozialwissenschaften schon vielfach zur Erklärung von Entwicklungsprozessen und Umbrüchen herangezogen worden. In seiner Anwendung unterscheidet die Forschung zwischen einer „Pulsschlag"- und einer „Prägungshypothese". Während erstere den von vornherein existenten und biologisch konstituierten Zusammenhalt einer Altersgruppe betont, verweist die zweite auf die Einflüsse der Umwelt, die erst dazu

[35] Litauer, J. J.: Na marginesie ustroju naszej kodyfikacji, Lwów 1935, S. 7. Nach dem Mai-Umsturz im Jahr 1926 wurde zwar ein „Rechtsrat" *(Rada Prawnicza)* im Justizministerium einberufen, der im Sinne eines Staatsrates die Exekutive bei der Verabschiedung der neuen Gesetzeswerke beratend unterstützen sollte. Zahlreiche Mitglieder der Kodifikationskommission waren auch gleichzeitig Mitglieder dieses Gremiums. Entgegen der Intention des Initiators des Rechtsrates, des damaligen Justizministers Wacław Makowski, konnte dieser jedoch keinen prägenden Einfluß auf die Kodifikationsarbeit erlangen, s. dazu Mohyluk, Porządkowanie prawa, S. 295–298.

[36] So argumentiert etwa Ajnenkiel, A.: Rządy prawa w Drugiej Rzeczypospolitej: Tradycja, możliwości, rzeczywistość, in: Czasopismo Prawno-Historyczne 40 (1988), Nr. 1, S. 91–112, hier S. 110–111, wenn er unter anderem aufgrund der hohen Rechtskultur der in den Parlamenten der Zweiten Republik zahlreich vertretenen Juristen die Rechtsstaatlichkeit gewährleistet sieht.

führen, daß sich eine bestimmte Menschengruppe in einem Generationszusammenhang sieht. Während die Pulsschlagtheorie weitgehend als nicht ernstzunehmende Zahlenmystik abgetan wird, hat man immer wieder versucht, Zusammenhänge zwischen gesellschaftlichen, politischen oder ökonomischen Entwicklungen und deren Auswirkungen auf die Entwicklung bestimmter Generationen herauszuarbeiten.[37] Als ein typisches Beispiel dafür kann der Erste Weltkrieg gelten, dessen Folgen häufig als ausschlaggebend für die Bildung bestimmter politischer Zusammenschlüsse angesehen werden, die sich während der Zwischenkriegszeit auf gemeinsame prägende Generationserlebnisse beriefen.[38] Kritisiert wird dieser Ansatz jedoch deswegen, weil gerade im Bereich der Sozial- und Politikgeschichte die tatsächliche Wirkungsmacht eines Generationszusammenhangs und die Bedingtheit von gesellschaftlichen Entwicklungen und der Entstehung ideeller Generationen schwer zu belegen sind.[39] Allerdings könnte das Konzept der Generationen unter einer variierten Fragestellung, die weniger nach expliziten Struktur- und Funktionszusammenhängen und dafür mehr nach bestimmten narrativen Strategien fragt, die quasi zur Selbstkonstitution einer dann als Generation bezeichneten Gruppe führen, ein nützliches Instrument der historischen Forschung darstellen. Damit könnte „Generation" in der Gesellschaftsgeschichte zu einer Kategorie werden, die neben den traditionellen Ordnungsbegriffen wie „Klasse" oder „Schicht" ein beträchtliches Erklärungspotential beizusteuern in der Lage wäre.[40]

Unter einer solchen, stärker kulturalistisch akzentuierten Fragestellung wird auch der Untersuchungsgegenstand „Generation" spezifisch gefaßt werden müssen. Der Soziologe Karl Mannheim hat schon

[37] Einen Forschungsüberblick gibt Jäger, H.: Generationen in der Geschichte. Überlegungen zu einer umstrittenen Konzeption, in: Geschichte und Gesellschaft 3 (1977), Nr. 4, S. 429–452.

[38] Für den deutschen Fall s. z. B. Herbert, U.: „Generation der Sachlichkeit". Die völkische Studentenbewegung der frühen zwanziger Jahre, in: Ders.: Arbeit, Volkstum, Weltanschauung. Über Fremde und Deutsche im 20. Jahrhundert, Frankfurt/Main 1995, S. 31–58.

[39] Für den polnischen Fall s. Wapiński, R.: Problem pokoleń w historii społecznej Polski XIX i XX wieku, in: Żarnowski, J. (Hg.): Metamorfozy społeczne. Badania nad dziejami społeczeństwa polskiego XIX i XX wieku, Warszawa 1997, S. 35–57 oder auch schon Jäger, Generationen in der Geschichte, S. 451.

[40] So argumentiert etwa Janusz Żarnowski in seiner kritischen Bestandsaufnahme zur polnischen Sozialgeschichtsschreibung der letzten Jahrzehnte, Żarnowski, J.: Historia społeczna: nadzieje, rozczarowania, perspektywy, in: Ders. (Hg.): Metamorfozy, 1997, S. 9–34, hier S. 30–32.

in den zwanziger Jahren darauf hingewiesen, daß das Phänomen eines Generationswechsels stärker „in der Abfolge freier Gruppierungen der Menschen (Salons, literarische Gruppen usw.) wahrnehmbar zu sein [scheint], als etwa im Schoße der Institutionen, die Habitus, Aktionsweise durch Bestimmungen oder durch gemeinsame Werkleistungen im Voraus weitgehend festlegen und dadurch das Neue der heranwachsenden Generationen verdecken."[41] Im Falle der juristischen Profession in der Zweiten Polnischen Republik bedeutet dies, daß der Untersuchungsrahmen nicht mehr allein durch bestimmte professionsspezifische Eigenschaften wie genormte Ausbildung oder festgelegtes und in verbandsmäßiger Eigenverantwortung kontrolliertes Berufsethos gekennzeichnet sein wird. Vielmehr wird man sich auch auf eine stärker durch einen bestimmten Diskussionszusammenhang konstituierte Gruppe stützen müssen, wobei zu erörtern wäre, ob sich diese Gruppe nicht erst durch eine spezifisch geführte Diskussion selbst konstituiert. Die hier zu untersuchende Diskussion ist die um den „nationalen Charakter" des zu kodifizierenden polnischen Rechts, der von der jungen Juristengeneration verstärkt seit Beginn der dreißiger Jahre thematisiert wurde. Der hier vorgeschlagene diskurstheoretische Ansatz soll jedoch nicht absolut behandelt werden und die Berücksichtigung jeglicher gesellschaftlicher Rahmenbedingungen ausblenden. Indem er durch eine Sozialisationsanalyse ergänzt wird, die in ihrer Bedeutung gleichberechtigt bewertet wird, kann ein genaueres Bild von der Zweiten Republik gezeichnet werden.[42]

Die junge Juristengeneration, die ihre Ausbildung im unabhängigen Polen erhielt, wurde durch gänzlich andere gesellschaftliche Rahmenbedingungen als ihre älteren Fachkollegen geprägt. Das Studium an einer polnischen Hochschule, an dessen Abschluß die freie Berufstätigkeit bzw. die Übernahme in die Verwaltung des eigenen Staates standen, unterschied sich deutlich von den Ausbildungs- und

41 Mannheim, K.: Das Problem der Generationen (I), in: Kölner Vierteljahreshefte für Soziologie 7 (1928), Nr. 2, S. 157–185, hier S. 160–161.

42 Beide Ansätze ergänzen sich und können durchaus komplementär angewendet werden. Eine Hierachisierung, wie sie etwa Hans-Ulrich Wehler in der Verteidigung einer „erneuerten Sozialgeschichte" vornimmt und die dieser eine übergeordnete Rolle zuweist, scheint mir für die historische Analyse nicht unbedingt notwendig zu sein, s. Wehler, H.-U.: Historische Sozialwissenschaft. Eine Zwischenbilanz nach dreißig Jahren, in: Ders.: Die Herausforderung der Kulturgeschichte, München 1998, S. 142–153.

Berufswegen während der Teilungszeit. Die staatliche Unabhängigkeit, die vor dem Ersten Weltkrieg als erstrebenswertes Ziel in den innerpolnischen Diskussionen fast allgegenwärtig war, war selbstverständliche Realität geworden.[43] Diese „Generation des unabhängigen Polens“ *(„pokolenie Polski niedpodległej“)*[44] war nicht mehr durch die Aufstandserfahrungen der Teilungszeit, sondern durch eine legal operierende polnische Armee geprägt. Nicht mehr das Ideal der staatlichen Unabhängigkeit, sondern die Alltagsprobleme eines nur langsam zusammenwachsenden Staatswesens prägten ihre Lebenswelt. An die Stelle des Unabhängigkeitspathos waren die Auseinandersetzung mit den Folgen der seit Ende der zwanziger Jahre sich verschärfenden Wirtschaftskrise und mit den Nationalitätenkonflikten getreten, die unter anderem vor dem Hintergrund der ökonomischen Krise an Brisanz zunahmen.[45]

Die Hochschulen waren der gesellschaftlicher Schauplatz, an dem diese neuen Rahmenbedingungen für besonders dynamische Veränderungen in der Selbstwahrnehmung der jungen Generation sorgten. Die Universitäten waren durch die Anhängerschaft der Nationaldemokratie *(Narodowa Demokracja* bzw. abgekürzt *Endecja)* vor allem seit dem Mai-Umsturz von 1926 nicht zuletzt deswegen dominiert, weil sich hier eine breite Opposition gegen das politische Establishment des *Sanacja*-Regimes sammelte.[46] In diesem politischen Lager dominierte die um 1880 geborene „Generation des Umbruchs“ *(„pokolenia przełomu“)*, die sich aus dem Umkreis der von Piłsudski geführten Legionen aus dem Unabhängigkeitskampf rekrutierte. Im Gegensatz dazu war die *Endecja* sehr viel stärker durch die um 1860 geborenen „Generation der Unbeugsamen“ *(„pokolenie niepokornych“)* bestimmt. Daher kam es in dieser politischen Formation gegen Ende der zwanziger und vor allem in den dreißiger Jahren zu einem recht

43 Wapiński, Pokolenia, S. 281–282. Das Paradigma der Generation spielte in den polnischen Geisteswissenschaften schon vor Wapińskis Ausführungen eine wichtige Rolle. Der Literaturwissenschaftler Kazimierz Wyka erprobte es für die Literaturgeschichte bereits vor dem Zweiten Weltkrieg in einem Werk, das erst nach dem Krieg in Polen erschien, s. Wyka, K.: Pokolenia literackie, Kraków 1977.

44 Wapiński, Pokolenia, S. 284.

45 S. dazu etwa Friszke, A.: O kształt niepodległej, Warszawa 1989, S. 279 ff. oder Śliwa, M.: Polska myśl polityczna w pierwszej połowie XX wieku, Wrocław et al. 1993, S. 240–241.

46 Pilch, A.: Rzeczpospolita Akademicka. Studenci i polityka 1918–1933, Kraków 1997, S. 310–313, s. auch Garlicki, A. (Hg.): Dzieje Uniwersytetu Warszawskiego 1915–1939, Warszawa 1982, S. 193.

abrupten Generationswechsel, der die nach der Jahrhundertwende geborenen „Generation des unabhängigen Polens“ in meinungsführende Positionen brachte.[47] Die „Jungen“ in der *Endecja* nahmen die Kritik Dmowskis auf, die den Liberalismus und Individualismus als unzeitgemäße, aus dem 19. Jahrhundert überkommene Werte brandmarkte.[48] Deutlicher als in anderen politischen Formationen wurde die junge Generation, die den überwiegenden Anteil ihrer politischen Sozialisation schon im unabhängigen Polen erhalten hatte, zu einer eigenständigen politischen Kraft. Allerdings näherten sich die Argumentationsmuster der jungen Generation des Regierungslagers der *Sanacja* in den dreißiger Jahren zunehmend denen der Jungen innerhalb der *Endecja* an. Vor allem nach dem Tod Piłsudskis 1935 setzte eine fundamentale Umwertung des traditionellen Politikverständnisses in diesem Lager ein. Das positive Geschichtsbild der die *Sanacja* dominierenden „Generation des Umbruchs“, das die Europäischkeit der polnischen Nation und ihrer im Geist der Aufklärung entstandenen Institutionen aus der Vorteilungszeit beschworen hatte, wurde von einer Auffassung abgelöst, die zunehmend auf der Grundlage eines völkisch verstandenen Nationalismus die Exklusivität der polnischen Nation betonte.[49] Eine solche Radikalisierung des politischen Diskurses war in den dreißiger Jahren allgegenwärtig und durchbrach die Grenzen zwischen den einzelnen politischen Formationen.[50] In diesem Sinne bildeten die polnischen Juristen, die ihre Ausbildung bereits im unabhängigen Polen erhalten hatten, hier keine Aus-

47 Wapiński, Pokolenia, S. 286.

48 Grott, B.: Geneza i początki formowania się poglądów „młodych“ obozu narodowego na zagadnienia ustrojowe. Okres działalności Obozu Wielkiej Polski, in: Dzieje Najnowsze 16 (1984), Nr. 1, S. 115–126, hier S. 116.

49 Jedlicki, J.: Polish Concepts of Native Culture, in: Banac, I./Verderey, K. (Hg.): National Character and National Ideology in Interwar Eastern Europe, New Haven 1995, S. 1–22, hier S. 8–11. Am Beispiel der Minderheitenpolitik der *Sanacja* hat Waldemar Paruch den Wandel vom staatsnationalen hin zu einem stärker integral ethnischen Denken in diesem Lager besonders für die Jahre 1935–1939 herausgearbeitet, s. Paruch, W.: Od konsolidacji państwowej do konsolidacji narodowej: mniejszości narodowe w myśli politycznej obozu piłsudczykowskiego (1926–1939), Lublin 1997. Grundsätzlich zur Betrachtung von Staat und Nation in der Zwischenkriegszeit s. Wierzbicki, A.: Naród – państwo w polskiej myśli historycznej dwudziestolecia międzywojennego, Wrocław 1978.

50 Die schrittweise Annäherung der *Sanacja* an die politische Rhetorik der *Endecja* in der zweiten Hälfte der dreißiger Jahre beschreibt auch Miłosz, C.: Wyprawa w dwudziestolecie, Kraków 1999, S. 477 ff., wobei er betont, daß die Hauptverantwortung für die antijüdischen Ausschreitungen bei dem radikalen Flügel der Nationaldemokratie lag.

nahme. Stärker als eine professionelle Identität, die weltanschauliche Gegensätze hätte überspannen können, wirkten bei der „Generation des unabhängigen Polens“ die Argumente dieses ethnisch-national bestimmten Diskurses, der alle anderen Bindungen überlagerte. Die Überhöhung der Bedeutung der polnischen Identität sollte in den dreißiger Jahren für große Teile der jüngeren Juristengeneration alle anderen Loyalitäten zu weiteren identitätsstiftenden Strukturen – wie die der juristischen Profession oder der Herkunft aus den unterschiedlichen Teilungsgebieten – an Bedeutung übertreffen.[51]

Wie sich die Propagierung einer alle anderen Identitäten dominierenden bzw. negierenden nationalen Identität in den innerhalb der Jurisprudenz geführten Debatten auswirkte, soll im Folgenden dargestellt werden. Dazu wurden vor allem zwei juristische Zeitschriften ausgewertet, die seit dem Ende der zwanziger und verstärkt in den dreißiger Jahren zu den wichtigsten Sprachrohren der jüngeren Generation wurden. Zum einen handelt es sich um die Zeitschrift des wissenschaftlichen Zirkels der Warschauer Jurastudenten, die von 1924 an zunächst als *„Biuletyn Koła Prawników Studentów Uniwersytetu Warszawskiego“* („Bulletin des Zirkels der Jurastudenten an der Universität Warschau“), ab 1928 unter dem Titel *„Prawo“* („Recht“) erschien.[52] Dieser Zirkel war der aktivste aller wissenschaftlichen Vereinigungen an der Warschauer Universität und besaß im Schnitt zwischen 500 und 750 Mitglieder.[53] Nach dem Mai-Umsturz

[51] Ebenso wie es Siegrist für das Spannungsverhältnis zwischen profitorientierten Industriellen und dem Wissen und Allgemeinwohl verpflichteten Professionellen beschrieben hat, handelt es sich in der Gegenüberstellung von den Professionsidealen verpflichteten Juristen der vorwiegend älteren Generation und den nationalistische Inhalte betonenden Angehörigen der jüngeren Juristengeneration um idealtypische Beschreibungen, die nur ein vereinfachtes Abbild der Wirklichkeit zeichnen, s. dazu Siegrist, Bürgerliche Berufe, S. 11–15. Dennoch stellt sich für den Fall der polnischen Juristen die Frage, warum es in den dreißiger Jahren zu einer deutlichen Verminderung des Stellenwertes der den Professionsidealen geschuldeten Identität kommen konnte.

[52] Das Periodikum erschien zunächst im Zweimonatsrhythmus, ab 1928 als Monatsschrift. Es steigerte seine Auflage von zunächst 700 Exemplaren auf ca. 1.000 seit dem akademischen Jahr 1928/29.

[53] S. die Rechenschaftsberichte des Koło Prawników Studentów Uniwersytetu Warszawskiego: Sprawozdanie zarządu z działalności, Warszawa 1928 ff. für die Jahre 1927 bis 1936 im Archiv der Universität Warschau (im folgenden: AUW), Nachlaß Witold Bayer 9/3–9/8. Die Zahl der Studenten, die an der Universität Warschau im Fachbereich Jura und Politische Wissenschaften eingeschrieben waren, lag während der Zwischenkriegszeit im Schnitt zwischen 2.500 und 3.000 Personen, s. Manteuffel, T.: Uniwersytet Warszawski w latach 1915/16–1934/35. Kronika, Warszawa 1936, S. 272 ff.

von 1926 hatten sich Anhänger der *Endecja* dort wie an den meisten anderen Fachbereichen der Warschauer Universität endgültig die Meinungsführerschaft gesichert.[54] In dem 1928 revidierten Statut des Zirkels wurde festgelegt, daß alle Jurastudenten der Warschauer Universität dort Mitglied werden konnten „mit Ausnahme von a) Studenten mosaischen Glaubens bzw. solchen, die von diesem Glauben konvertiert sind, und b) Studenten, die gerichtlich für kommunistische Aktivitäten zur Verantwortung gezogen wurden."[55] Die Zeitschrift dieses wissenschaftlichen Zirkels galt als das am professionellsten redigierte Blatt aller polnischen Studentenvereinigungen der Zwischenkriegszeit, das sich vor allem an die studentische Elite wandte.[56] Allerdings läßt sich ein deutlicher Wandel innerhalb der inhaltlichen Ausrichtung konstatieren. Während in den zwanziger Jahren noch informative Artikel über internationale Organisationen und Formen der internationalen juristischen Kooperation sowie neutrale Bestandsaufnahmen zum Fortschritt der innerpolnischen Rechtsvereinheitlichung überwogen, dominierten in den dreißiger Jahren vor allem polemische Auseinandersetzungen mit der Arbeit der Kodifikationskommission, die angeblich genuin polnische Rechtstraditionen negiere und einen kosmopolitischen Charakter besitze. Zudem häuften sich Stellungnahmen zu stärker allgemeinpolitischen Fragestellungen, wie etwa der Rolle Polens im internationalen System. Die Entwicklung von einer fachjuristischen Zeitschrift hin zu einem stärker durch eine nationalistische Weltanschauung bestimmten Blatt war damit unverkennbar.

Dabei spielte es sicher keine unbedeutende Rolle, daß die Redaktion von *„Prawo"* sehr stark von profilierten Vertretern der jungen Generation innerhalb der *Endecja* bestimmt wurde. Seit 1927 war Witold Bayer (1906–1992) Chefredakteur des Blattes. Er wurde nicht nur zur prägenden Gestalt für den Zirkel der Warschauer Jurastudenten, sondern spielte auch im fachübergreifenden organisatorischen Zusammenschluß der nationaldemokratisch gesinnten akademischen Jugend der Zweiten Republik eine wichtige Rolle. Von 1929

54 Garlicki, Dzieje Uniwersytetu Warszawskiego, S. 193–197.

55 Vgl. § 10 des Statuts des *Koło Prawników Studentów U.W.* (uchwalony 13.12.1924, wraz z poprawkami przyjętymi przez walne zebranie 15.12.1928), AUW, Nachlaß Witold Bayer 9/3, Bl. 7.

56 Magowska, A.: Polska prasa studencka w II Rzeczypospolitej, Poznań 1994, S. 142–143.

bis 1931 war er Vorsitzender des „Gesamtpolnischen Verbandes der Akademischen Wissenschaftszirkel“ (*Ogólnopolski Związek Akademickich Kół Naukowych*, OZAKN), der wichtigsten Sammlungsorganisation der Nationaldemokratie an den polnischen Universitäten. Seit 1931 gehörte er dem Verband als Ehrenmitglied an.[57] Ebenso wie die junge Generation innerhalb der allgemeinen politischen Organisationen der *Endecja* im Laufe der dreißiger Jahre zunehmend an Eigenständigkeit gewann und sich institutionell und programmatisch von der älteren Generation abgrenzte,[58] bemühte sich auch die junge Juristengeneration, die diesem politischen Lager angehörte, um eine stärkere Profilierung. Aus diesem Grund nahm sich der erste, 1932 abgehaltene gesamtpolnische Kongreß junger Juristen vor, ausdrücklich die Leistungen der jungen Juristen seit Erlangung der Unabhängigkeit zu würdigen. Witold Bayer präsidierte der Veranstaltung, deren Statut in Artikel 1 festlegte, daß an ihr nur Juristen christlichen Glaubens teilnehmen durften.[59] Zu den Hauptinitiatoren der Veranstaltung gehörten die beiden Absolventen der juristischen Fakultät der Universität Warschau Michał Jerzy Kahl und Juljusz Sas-Wisłocki, die ebenfalls zu den profilierten Wortführern der jungen *Endecja*-Generation gehörten und sich häufig in *“Prawo“* zu Wort meldeten.

Die zweite untersuchte Zeitschrift ist das Blatt des polnischen Applikantenverbandes. Die dort schreibenden Autoren waren neben Studenten und jungen an der Universität tätigen Wissenschaftlern auch Universitätsabsolventen, die sich im praktischen juristischen Vorbereitungsdienst befanden. Die Monatsschrift des „Verbandes der Applikantenvereinigungen der Juristischen Berufe der Republik Polen“ *(Związek Zrzeszeń Aplikantów Zawodowych Prawniczych R.P.)* erschien unter dem Titel *„Współczesna Myśl Prawnicza“* („Modernes Rechtsdenken“) ab 1935. Schon der Titel verwies darauf, daß man es hier mit einem Periodikum zu tun hatte, das sich dezidiert als ein Sprachrohr der Gedankenwelt der jungen Juristengeneration sah. In

[57] AUW, Nachlaß Witold Bayer 13/29, Nr. 20. Bayer hatte sein Jurastudium 1926 begonnen, seit 1930 war er im wirtschaftswissenschaftlichen Seminar von Professor Roman Rybarski – einem der führenden theoretischen Köpfe der Nationaldemokratie – als Promotionsstudent eingeschrieben.

[58] RUDNICKI, Sz.: Obóz Narodowo-Radykalny. Geneza i działalność, Warszawa 1985, s. auch WAPIŃSKI, Pokolenia, S. 283 ff.

[59] Ogólnopolski Kongres Młodych Prawników, Kraków 24.-26.4.1932, Warszawa 1932, S. 8.

der ersten Nummer wurde die Herausgabe der Zeitschrift mit der Notwendigkeit begründet, dem bisherigen polnischen juristischen Denken eine neue Richtung zu geben. Mit dem Argument, daß die neue Verfassung von 1935 auch ein neues Rechtsdenken erforderlich mache, wurde auf die wachsende Bedeutung der jungen Juristengeneration verwiesen, die allein Trägerin eines solchen Rechtsdenkens sein könne. Zudem wurde die Zunahme der gesellschaftlichen Bedeutung der juristischen Berufe betont.[60] Dieses Argumentationsmuster kehrte in der Zeitschrift immer wieder. Das Blatt sah sich somit nicht nur als Bühne für eine spezifische juristische Weltanschauung, sondern auch als Vertretung der materiellen Interessen der jungen Juristengeneration.

Der Dachverband aller polnischen Applikantenvereinigungen war 1923 entstanden, um, wie es rückblickend hieß, die organisatorische Zersplitterung der jungen Juristengeneration zu überwinden. Ende 1935 änderte der Verband seinen Namen in „Verband der Vereinigungen Junger Juristen der Republik Polen“ *(Związek Zrzeszeń Młodych Prawników R.P.)* und legte in seiner neuen Satzung fest, daß Personen jüdischen Glaubens, aber auch zum Christentum konvertierte Juden nicht Mitglied des Verbandes werden konnten.[61] Bislang nur Interessenvertretung für Juristen im anwaltlichen oder gerichtlichen Vorbereitungsdienst, öffnete er sich 1935 für alle jungen Juristen, auch wenn sie in anderen Berufen tätig waren. Er setzte damit einen für diese Zeit typischen Akzent, indem er die Bedeutung der juristischen Berufe für die gesamtgesellschaftliche Entwicklung betonte (so stellte man zum Beispiel die Forderung auf, möglichst viele Stellen in der öffentlichen Verwaltung mit Juristen zu besetzen). Hier spiegelte sich das generell zunehmende Interesse an einer Tätigkeit innerhalb der Bürokratie wider, das seit der Wirtschaftskrise

60 Współczesna Myśl Prawnicza (im folgenden: WMP) 1 (1935), Nr. 1, S. 2.

61 Zur Umbenennung kam es im Dezember 1935, nachdem seit dem Jahr 1934 in zunehmendem Maße auf die beklagenswerte materielle Situation der jungen Juristengeneration hingewiesen worden war, s. dazu den redaktionellen Artikel: Od redakcji: Przed zjazdem w Wilnie, in: WMP 2 (1936), Nr. 5, S. 2–3. Die Zahl der Jurastudenten hatte in Polen von 10.600 im Studienjahr 1922/23 auf 15.300 im Studienjahr 1933/34 zugenommen. Danach waren die Zahlen rückläufig und bis zum Studienjahr 1937/38 auf 13.200 gesunken. Die Zahl der Universitätsabsolventen wuchs hingegen bis zum Ende der Zwischenkriegszeit weiter an. Hatten im Studienjahr 1927/28 1.357 Juristen ihr Studium abgeschlossen, so zählten die juristischen Fakultäten im letzten Studienjahr 1937/38 gut 2.000 Absolventen, s. dazu die Zusammenstellungen in: Mały Rocznik Statystyczny, Warszawa I/1930-X/1939.

Ende der zwanziger Jahre auch bei Absolventen der juristischen Fakultäten zu beobachten war. Die staatliche Verwaltung – und dort vor allem die höheren Positionen – waren, auf die Gesamtdauer der Zwischenkriegszeit bezogen, der Erwerbssektor im Staat, der am wenigsten stark von der Wirtschaftskrise betroffen wurde.[62] Daneben beschwor die Zeitschrift die angebliche Gefahr, die von nicht ethnisch-polnischen Juristen für das Gemeinwesen ausging, wobei eine eindeutig antisemitische Stoßrichtung erkennbar war, da die Satzung des Applikantenverbandes keinen Ausschluß von deutschen oder ukrainischen Juristen vorsah. Der Verband sah sich damit nicht nur als Vertreter der materiellen Interessen der ethnisch polnischen Applikanten, sondern auch als eine Instanz, die über die Einführung der geforderten genuin polnischen Rechtsnormen wachte. Vor allem in der zweiten Hälfte der dreißiger Jahre tauchten diese beiden Aspekt fast immer in einem engen Argumentationszusammenhang auf.[63]

In einem Artikel zum zehnten Jahrestag der Republik, der 1928 in der Zeitschrift des Verbandes der Warschauer Jurastudenten erschien, forderte der Autor, daß mit dem Generationswechsel in der juristischen Profession auch eine veränderte Einstellung zum Recht einhergehen müsse. Er schrieb: „Besonders wir, die juristische Jugend, haben eine ungeheure Aufgabe vor uns. Die ältere Gesellschaft, die unter der Herrschaft von drei verschiedenen Rechtssystemen aufwuchs, gewöhnte sich daran, das Recht als etwas von außen aufgezwungenes, als etwas fremdes zu sehen. Es ist verständlich, daß sich unter solchen Umständen bei uns keine Idee vom Recht und kein KULT des RECHTS (so im Orig., C.K.) entwickeln konnte. Gerade in diesem Bereich warten auf uns Jahre schwieriger und beschwerlicher Arbeit. Wir Junge treten ins Leben ein, ohne mit dem traurigen Erbe der Teilungszeit belastet zu sein. Wir repräsentieren, oder sollten dies zumindest tun, einen anderen psychischen

[62] Żarnowski, J.: Społeczeństwo i klasy, in: Tomicki, Polska odrodzona, S. 244–307, hier S. 272–273.

[63] S. etwa Piątkowski, J.S.: Zadania i cele polskiej młodzieży prawniczej, in: Prawo 13 (1936), Nr. 5/6, S. 161–167. Der Autor argumentierte, daß die jungen Absolventen nicht nur als Anwälte bzw. im Gerichtswesen tätig, sondern auch flächendeckend in der allgemeinen Verwaltung eingesetzt werden sollten. Auf diese Weise würde auf der einen Seite die hohe Arbeitslosigkeit unter Juristen bekämpft, auf der anderen Seite wäre gewährleistet, daß sowohl in der Judikative als auch in der Exekutive „von Grund auf polnisches Recht“ (ebenda, S. 164) zum Tragen käme.

und sozialen Typus.“[64] Die Diagnose der älteren Generation war nicht besonders treffend, empfanden doch die Juristen dieser Generation das von den Teilungsmächten überkommene Recht nicht als ein Element ehemaliger nationaler Unterdrückung, sondern vielmehr als ein nützliches Reservoir von Ideen bei der Kodifikation des polnischen Rechts.[65] Treffend war jedoch die Feststellung des Autors, daß die junge Generation einen neuen Typus des Juristen repräsentieren werde. Im folgenden soll nun verdeutlicht werden, was das Neue an diesem „psychischen und sozialen Typus“ des Juristen war und was man unter dem „Kult des Rechts“ zu verstehen hatte.

Ein auffälliges Indiz für die veränderte Rolle, die das Recht in den Debatten der jüngeren Generation spielte, war die Festlegung neuartiger Bewertungsmaßstäbe, an denen die Qualität der Gesetzeswerke gemessen werden sollte. Während in der Kodifikationskommission bislang vor allem fachspezifische juristische Kriterien eine Rolle gespielt hatten, führten die Jüngeren gänzlich neue Qualitätsmerkmale ins Feld. Der polnische Jurist „neuen Typs“ bestand darauf, daß das polnische Recht in erster Linie national zu sein habe. Der Begriff des „nationalen Rechts“ *(prawo narodowe)* wurde in der Diskussion zum ersten Mal im Jahr 1929 auf einem gesamtpolnischen Kongreß der in wissenschaftlichen Zirkeln organisierten Jurastudenten in Krakau von dem jungen Magister der Rechte Michał Jerzy Kahl verwendet. In einer umfangreichen Artikelserie seit 1930 in den beiden untersuchten Zeitschriften wurde erläutert, was unter einem solchen Recht zu verstehen sei.[66] Die sich äußernden Autoren forderten eine stär-

64 W dziesiątą rocznicę, in: Prawo 5 (1928), Nr. 6, S. 1.

65 Ein weiteres Argument gegen die Kodifikationstätigkeit der älteren Generation besagte, daß eine Generation, die unter den Bedingungen der Konspiration und des Befreiungskampfes gegen die Teilungsmächte aufgewachsen war, ungeeignet sei, Gesetze zu schaffen, die der nach 1918 eingetretenen staatlichen und gesellschaftlichen Normalität Polens angemessen seien, so zum Beispiel Wisłocki-Sas, J.: O polską młodą myśl prawniczą, in: Prawo 7 (1930), Nr. 9, S. 32–37, hier S. 33 oder Bierzanek, R.: Z rozważań nad koncepcją prawa narodowego, in: WMP 3 (1937), Nr. 12, S. 1–9, hier S. 3.

66 Bis 1939 erschienen in dieser Serie 28 Diskussionsbeiträge. Die Autoren gehörten fast vollständig der jüngeren Generation an. Zusammenfassend zu dieser Debatte s. Dyskusja nad prawem narodowym, in: Prawo 16 (1939), Nr. 1–2, S. 39–41. In den zwanziger Jahren war der Begriff des „nationalen Rechts“ *(prawo narodowe)* fast völlig ungebräuchlich. Eine Ausnahme war der Artikel von Bossowski, J. J.: Unarodowienia czy unifikacja prawo karnego jako problem przyszłości, in: RPEiS 5 (1925), Nr. 1, S. 5–10. Dort warnte der Autor vor einer internationalen Vereinheitlichung des Strafrechts, da er der Meinung war, daß die Strafgesetze auf die jeweils landestypischen Täterprofile

kere Hinwendung zum altpolnischen Recht aus der Vorteilungszeit.[67] Schon die polnischen Kodifikationsbestrebungen aus der Reformzeit gegen Ende des 18. Jahrhunderts galten den Jungen als „unpolnisch“, da sie mit dem Geist des Liberalismus westeuropäischen Ursprungs behaftet gewesen seien. Nur selten erfuhren sie eine Würdigung als integraler Bestandteil der polnischen Rechtsgeschichte, so etwa wenn sie in einer Kontinuitätslinie mit dem „Absolutismus Chrobrys über die *pacta conventa,*[68] das *liberum veto,*[69] die Verfassung vom Dritten Mai hin zur demoliberalen Märzverfassung“ aufgezählt wurden.[70] Die deutlich pejorative Bezeichnung der Märzverfassung von 1921 als „demoliberal“[71] läßt aber vermuten, daß auch die Maiverfassung von 1791 vor allem als Etappe des Niedergangs des polnischen Staatsrechts angesehen wurde, die erst mit der Verabschiedung der Aprilverfassung 1935 beendet worden war.

Die Teilungszeit konnte erst recht in der Chronologie einer solchen „nationalpolnischen“ Rechtsgeschichte keine Rolle spielen. Die Ersetzung der polnischen Rechtsordnung durch die der Teilungsmächte markierte in dieser Auffassung einen unglücklichen Traditionsbruch,

zugeschnitten sein müßten. Er war in seiner Argumentation jedoch weit von der Annahme eines unveränderlichen polnischen Nationalcharakters entfernt, wie ihn viele Juristen als Grundlage für die Kodifikation in den dreißiger Jahren postulierten. Für ihn stellte sich die Frage nach dem Gelingen der Strafrechtsvereinheitlichung auch für Polen selbst, da er dort aufgrund der Teilgebietsunterschiede ebenfalls tiefgreifende Divergenzen bei den einzelnen Tätertypen sah. Der internationalen Vereinheitlichung des Privatrechts stand er hingegen uneingeschränkt positiv gegenüber.

67 Solche Forderungen bestätigen die Überlegungen von Eric J. Hobsbawm, der besonders für die Erklärung des modernen Nationalismus der Untersuchung von „erfundenen“ Traditionen bzw. konstruierten Traditionslinien eine wichtige Rolle zuweist, s. Hobsbawm, E.J.: Introduction: Inventing Traditions, in: Ders./Ranger, T. (Hg.): The Invention of Tradition, Cambridge 1983, S. 1–14, hier S. 13–14.

68 Die *pacta conventa* bezeichneten nach dem Ende der Jagiellonendynastie und der Einführung des Wahlkönigtums im 16. Jahrhundert die Verpflichtungen, die der gewählte König vor der Thronbesteigung gegenüber der *szlachta* einging. Sie betrafen vor allem die Außen- und Militärpolitik sowie Finanzfragen.

69 Das seit dem 16. Jahrhundert gültige Verfassungsprinzip des *liberum veto* ermöglichte einem einzigen Abgeordneten, alle Beschlüsse des Reichstags zu Fall zu bringen. Es symbolisierte die politische Freiheit des Adels, schränkte jedoch die politische Handlungsfähigkeit des Staates stark ein.

70 AUW, Nachlaß Witold Bayer 9/8, Koła Prawników Studentów Uniwersytetu Warszawskiego: Sprawozdanie zarządu z działalności zarządu za czas od 25.2.1935r. do 10.3.1936r., Warszawa 1936, S. 7.

71 Das Kunstwort *demoliberalny* drückte die Kritik an der liberalen parlamentarischen Demokratie aus, die durch eine Verfassungsform ersetzt werden sollte, in der ständestaatliche Prinzipien das wichtigste gesellschaftliche Ordnungselement darstellten.

der noch dadurch verschlimmert wurde, daß polnische Juristen des 19. Jahrhunderts selbst zu Zeiten, als polnische Kodifikationen von den Teilungsmächten zugelassen wurden, nicht unbedingt die fremden Rechtsordnungen durch eigene ersetzen wollten. Als sich zum Beispiel die Teilungsmächte nach dem Wiener Kongreß dafür aussprachen, das Recht des revolutionären Frankreich, das im Königreich Polen galt, durch polnisches Recht zu ersetzen, zog man es vor, das moderne französische Recht beizubehalten, das die wirtschaftliche Entwicklung begünstigte und das man als ein Merkmal der staatlichen Sonderstellung des Königreiches begriff.[72] Sehr zum Unwillen der Jungen griff jedoch die Kodifikationskommission allzu häufig auf das vielfältige juristische Erbe der Teilungszeit zurück. Die junge Juristengeneration sah hingegen gerade in der dezidierten Überwindung der durch unterschiedliche Rechtsnormen geprägten Teilungszeit einen wichtigen Schritt für die nationale Identitätsbildung im Bereich des Rechts.[73]

Um den geforderten „nationalen" Geist in die Gesetze zu bringen, galt es, eine andere Kontinuitätslinie in der polnischen Rechtswissenschaft zu ziehen. Eine solche Linie zielte etwa auf die polnischen Rechtsphilosophen und Staatsrechtler des 16. Jahrhunderts, denn bei ihnen glaubte man die Eigenschaft finden zu können, die polnisches Recht in erster Linie auszeichnen sollte, nämlich die Abgrenzbarkeit gegen anderes, nichtpolnisches Recht. Die junge Generation war sich sehr wohl bewußt, daß eine Übertragung von über 300 Jahre alten Rechtsnormen auf die Gegenwart problematisch war. Doch eine Traditionslinie wurde rasch konstruiert: „Die Brücke zwischen uns und den Menschen jener Epoche kann leicht die nationale Strömung werden; wagen wir es, diesen Begriff zu benutzen, auch wenn er in diesem

72 S. Pauli, Polen, S. 2104–2105.

73 Andreas Suter hat nachgewiesen, daß eine Traditionskonstruktion nicht immer lückenlos angelegt sein muß. Er untersucht das Zusammenspiel und das Spannungsverhältnis von Erfindung nationalstaatlicher Ordnungen im 19. und 20. Jahrhundert in bezug auf frühere Konstruktionen politischer Ordnungen. An unterschiedlichen Beispielen gelingt es ihm zu demonstrieren, daß nicht unbedingt Kontinuitäten, sondern in manchen Fällen der nationalen Identitätskonstruktion gerade Diskontinuitäten betont werden. Er zeigt, daß zum Beispiel die Akteure der französischen Nationalbewegung zur Zeit der Revolution ein nationales Bewußtsein im Bruch mit der Geschichte konstruierten, während etwa im schweizerischen Fall die Entstehung des Nationalstaates als folgerichtige Konsequenz der eigenen Geschichte betrachtet wurde, s. Suter, A.: Nationalstaat und die Tradition von Erfindung, in: Geschichte und Gesellschaft 25 (1999), Nr. 3, S. 480–503.

Zusammenhang anachronistisch klingt. Die nationale Idee, deren Erscheinen auf dem Feld der gegenwärtigen politischen und kulturellen Bewegungen in Westeuropa eine anerkannte Tatsache ist, wurde bislang nicht genügend für die Geschichte unserer Staatsrechtler des 16. Jahrhunderts betont."[74]

In zunehmendem Maße wurde man sich jedoch bewußt, daß eine Anknüpfung an die Vorteilungszeit bzw. an noch älteres polnisches Stammesrecht zwar den Erfordernissen der Konstruktion einer nationalpolnischen Rechtsgeschichte entsprach,[75] nicht jedoch den Anforderungen, die der gesellschaftliche und ökonomische Alltag der Zweiten Republik an das Recht stellte. In dem Maße, in dem ein Rückgriff auf bestimmte altpolnische Rechtsinstitute sich als nicht realistisch erwies, wurde ein neues Qualitätskriterium zur Bewertung der Rechtsordnung eingeführt. Der Blick wurde nun nicht mehr zurück in die Rechtsgeschichte gerichtet, sondern nach vorne – in eine möglichst erfolgreiche Zukunft für den polnischen Staat und die polnische Nation. Auf den Punkt gebracht hieß dies: „Das nationale Recht soll nicht das Resultat einer automatischen Rechtsentwicklung sein, sondern das Recht eines gesetzten und zu erringenden Ziels."[76] Dieses Ziel wurde in der zweiten Hälfte der dreißiger Jahre nicht nur von der jungen Juristengeneration, sondern auch von immer weiteren Teilen der polnischen Gesellschaft in einer Stärkung des Polentums mittels Gleichsetzung von polnischem Staat und ethnisch-polnisch

[74] Piątkowski, J.S.: O polską myśl filozoficzno-prawną, in: Prawo 13 (1936), Nr. 1, S. 1–6, hier S. 3.

[75] Es gab allerdings auch Stellungnahmen, die auf die Durchdringung polnischen Rechts durch ausländische Einflüsse schon seit den frühesten Zeiten polnischer Staatlichkeit hinwiesen. So hieß es etwa in einem Artikel: „Die juristische Realität Polens bringt uns in eine schwierige Lage. Wir suchen die Quellen des Rechts in der Tradition. Aber wir müssen uns genau darüber im Klaren sein, daß es fast unmöglich ist, das alte polnische Stammesrecht in seiner makellosen Form zu rekonstruieren. In dem Moment aber, in dem sich der polnische Staat und das polnische Recht herauskristallisierten, drang schon vermittels Geistlicher die römische und sogar die langobardische Zivilisation zu uns. Seit der Zeit Kasimirs des Großen wurden polnische Juristen nach den Mustern des römischen Rechts (den „leges") und des kirchlichen Rechts (den „decretes") ausgebildet, die im Wesentlichen nichts anderes waren als bloße Mutationen des römischen Rechts." s. Orlewicz, T.: Problem unarodowienia prawa polskiego, in: WMP 3 (1937), Nr. 3, S. 11–16, hier S. 16.

[76] Bierzanek, Z rozważań, S. 9. In die gleiche Richtung ging die Argumentation von Tadeusz Orlewicz „So wie das polnische Volk eine bestimmte Aufgabe und ein bestimmtes Ziel hat, so soll auch das polnische Recht in dieser und keiner anderen Weise dem Volk dienen." s. Orlewicz, T.: Polskie prawo narodowe. Istota problemu, in: WMP 4 (1938), Nr. 2, S. 7–15, hier S. 11.

definierter Staatsnation im Inneren sowie einer Großmachtrolle im Äußeren gesehen.

Folgerichtig bestimmten in zunehmendem Maße nichtjuristische Definitionskriterien die Beurteilung von Rechtsnormen. Polnisches Recht sollte dem Nationalcharakter angemessen sein und seine Wurzeln in der polnischen Geschichte sowie der „polnischen Religion" – im Katholizismus – haben. Das Substrat des Rechts sollten aufgrund der oben geschilderten praktischen Probleme nicht mehr ausgewählte Epochen der polnischen Rechtsgeschichte sein, sondern der gegenwärtige Nationalcharakter des polnischen Volkes, der sich durch das gemeinsame geschichtliche Erbe gebildet hatte.[77] Damit war klar, wie sich polnisches Recht in Zukunft zu definieren habe: „Der bindende Charakter eines Gesetzes resultiert doch gerade daraus, daß dieses Gesetz die Formulierung dessen ist, was als Überzeugung von dieser und nicht irgendeiner anderen Rechtsnorm in der nationalen Psyche verankert ist. Daher lehnen wir ein eventuelles Versinken polnischer Gesetze im Kosmopolitismus ab, also im farblosen System der Kompromisse und der Prinzipienlosigkeit – einem System von Normen, das dem Gefühl und dem Verständnis der Bürger fremd ist, die es doch leiten soll."[78] Eine Aussage des polnischen Justizministers Witold Grabowski aus dem Jahre 1937 macht deutlich, daß bei der Kodifikation eines so verstandenen Rechts der professionell arbeitende Jurist eher störte: „Aber das Recht muß, damit es tatsächlich vaterländisches Recht ist, dem Rechtsgefühl des Volkes entsprechen, das aus den kollektiven psychischen Prozessen der Gesellschaft resul-

[77] Die Nähe dieser Argumentation zu der von Friedrich Carl von Savigny begründeten historischen Rechtsschule scheint offensichtlich. Doch im Gegensatz zu den jungen Juristen, die zunehmend generell „nichtpolnische" Einflüsse im Recht ablehnten, ging es den Anhängern der historischen Rechtsschule zu Beginn des 19. Jahrhunderts zunächst nicht um eine nationale Abgrenzung des Rechts, sondern um die Bewahrung des Alten Reichs. Savigny wandte sich gegen Neukodifikationen wie etwa das ALR von 1794, da er das gemeine Recht, das in weiten Teilen des Reichs auf römischem Recht basierte, als diesem Staatsgebilde am angemessensten empfand, s. dazu Wesel, Geschichte des Rechts, S. 434–436. Die Anhänger der historischen Rechtsschule lehnten umfassende neue Kodifikationen als überflüssig ab und verwiesen auf die Bedeutung von Traditionen und Überzeugungen in der Gesellschaft, die für die Rechtsentwicklung höher zu bewerten seien als eine von Juristen fortentwikkelte Gesetzgebung. Im Zuge der Entwicklung des romantischen Nationsverständnisses wurde das Recht zunehmend als Ausfluß des innersten Wesens einer Nation und ihrer Geschichte – in Abgrenzung zum naturrechtlichen Vernunftdenken der Aufklärung – verstanden.

[78] Orlewicz, Problem unarodowienia, S. 12.

tiert. Es darf kein künstliches Gebilde sein, das aus abstrakten Begriffen und Formeln entstanden ist, die sich Juristen ausgedacht haben."[79] Grabowski war der erste Justizminister in der Zweiten Republik, der seinen juristischen Vorbereitungsdienst bereits im Justizwesen des unabhängigen Polen absolviert hatte.[80] Die „Generation des unabhängigen Polen" faßte Ende der dreißiger Jahre also auch immer stärker in politischen Schlüsselpositionen Fuß. Obschon selber der Ausbildung nach Jurist, schürte er in seinen Ausführungen das Mißtrauen gegen die juristische Profession, die er dafür verantwortlich machte, daß das Volk das Recht als etwas Aufgezwungenes empfinde, das nicht „aus den tiefsten Schichten des nationalen Bewußtseins" gewachsen sei.[81]

In den Augen der jungen Generation drückte sich das Zusammengehörigkeitsgefühl einer Nation durch den Bezug auf Werte aus, die in der gemeinsam durchlebten Geschichte entstanden waren. Auf diese Weise komme es auch zur Ausbildung eines allgemeinen nationalen Rechtsempfindens. Die Unterwerfung unter fremde Rechtsordnungen während der Teilungszeit hatte jedoch dieses Rechtsempfinden zerstört und darüber hinaus die Polen von den Weiterentwicklungen innerhalb der Rechtswissenschaft abgeschnitten.[82] Als Folge dessen wurde bemängelt, daß die zeitgenössische juristische Terminologie von Fremdwörtern durchsetzt sei. Um so wichtiger sei es, „die polnische Rechtsterminologie von fremden Elementen zu reinigen, die nicht mit dem Geist der polnischen Sprache zu vereinbaren sind."[83] Auf dem Kongreß des „Verbandes der Vereinigungen junger Juristen"

[79] Grabowski, W.: Wpływ Marszałka Piłsudskiego na kształtowanie się prawa w Polsce. Odczyt wygłoszony przez Ministra Sprawiedliwości w dn. 10 maja 1937 na 12. plenarnym posiedzeniu Akademii Prawa Niemieckiego w Berlinie, Warszawa 1937, S. 9.

[80] Vor seiner Ernennung zum Justizminister war Grabowski Vizeprokurator am Appellationsgericht in Warschau. 1923 hatte er zu den Gründern des polnischen Applikantenverbandes gehört, s. dazu den Artikel zur Amtseinführung Grabowskis s.: Nowy Minister Sprawiedliwości, in: WMP 2 (1936), Nr. 6, S. 22. Grabowski war zudem einer der Hauptankläger im Brester Prozeß, in dem 1931/32 elf Politiker des Oppositionsbündnisses *Centrolew* wegen eines angeblichen Umsturzversuches gegen das *Sanacja*-Regime zu Haftstrafen verurteilt wurden, Kisza/Krzemiński/Łyczywek, Historia Adwokatury Polskiej, S. 119.

[81] Grabowski, Wpływ, S. 9.

[82] Piątkowski, J.S.: Polskie prawo narodowe, in: WMP 2 (1936), Nr. 12, S. 8–12, hier S. 8–9.

[83] Die Redaktion der *„Współczesna Myśl Prawnicza"* eröffnete mit diesem Postulat einen Artikelzyklus, in dem die polnische Rechtsterminologie auf überflüssige und irreführende Fremdworte hin geprüft werden sollte, WMP 2 (1936), Nr. 2, S. 24.

im Jahr 1936 wurde angeregt, im Jurastudium weniger Gewicht auf die Rechtsgeschichte zu legen. Römisches Recht sollte nicht mehr wie bisher als Vorstufe zum Zivilrecht gelehrt werden.[84] Lediglich positiv in Polen geltendes Zivilrecht sollte Eingang in die Lehrpläne finden. Von einer solchen „Deromanisierung" *(deromanizacja)* des Jurastudiums erwartete man sich eine allgemeine Hebung der polnischen Rechtskultur.[85] Der Verband rühmte sich dafür, daß die von ihm herausgegebene Zeitschrift „als erste die Notwendigkeit unterstrichen hatte, eine Institution ins Leben zu rufen, die über die Schaffung polnischen nationalen Rechts sowie einer heimischen Rechtslehre, die unabhängig von fremden Einflüssen sein sollte, zu wachen habe."[86] Diese dezidierte Form der Abgrenzung von europäischen Rechtstraditionen war typisch für die zweite Hälfte der dreißiger Jahre. Während zu Beginn jenes Jahrzehnts durchaus noch die Relevanz ausländischer Rechtsordnungen und -terminologien für die polnische Juristenausbildung anerkannt wurde und es zumindest auch noch etwa in der Zeitschrift *„Prawo"* unterschiedliche Stellungnahmen zum Verhältnis zwischen polnischer und ausländischer Rechtsterminologie gab,[87] dominierten später einseitige Appelle zur Reinigung der polnischen Rechtssprache von fremden Einflüssen und zur Besinnung auf altpolnische Rechtstraditionen.[88]

[84] Mit diesem Postulat befanden sich die jungen polnischen Juristen im europäischen Vergleich in einem Gegensatz zur allgemeinen Auffassung bezüglich der Bedeutung des römischen Rechts in der Universitätsausbildung. Auch wenn das römische Recht in Europa seit den großen zivilrechtlichen Kodifikationen des späten 18. und des 19. Jahrhunderts an Bedeutung verlor, spielte es doch generell als Grundlage für die Institutionen dieses Rechts weiterhin eine wichtige Bedeutung in der universitären Lehre, s. STEIN, P.G.: Römisches Recht und Europa. Die Geschichte einer Rechtskultur, Frankfurt/Main 1996, S. 208–209.

[85] WOŁODKIEWICZ, W.: Nauczanie prawa – między wymaganiami teorii i praktyki, in: BAŁTRUSZAJTYS, Nauka prawa, S. 15–16. Die Weiterentwicklung der polnischen Rechtsterminologie durch eine stärkere Hinwendung zur polnischen Rechtsgeschichte und durch die Übertragung altpolnischer Rechtstermini auf gegenwärtige Sachverhalte forderte auch WISŁOCKI-SAS, J.: O polskie słownictwo prawnicze, in: Prawo 8 (1931), Nr. 2, S. 111–113.

[86] Związek Zrzeszeń Młodych Prawników: Sprawozdanie prezesa rady naczelnej za rok 1936/37 wygłoszone na zjeździe delegatów we Lwowie, Warszawa 1937, S. 16.

[87] So argumentierte etwa Edward Muszalski, daß es eine Illusion wäre zu glauben, daß die polnische Rechtswissenschaft jemals völlig „autark" *(samowystarczalna)* werden würde; daher könne auf die Kenntnis von Fremdsprachen und ausländischer Literatur nicht verzichtet werden, s. MUSZALSKI, E.: Samowystarczalność polskiej nauki i studjów prawnych, in: Prawo 7 (1930), Nr. 3, S. 10–16.

[88] Bei dem steten Klagen über die zu große Anzahl Fremdwörter in der polnischen Rechtssprache mutet eine Kritik aus dem Jahr 1939 an dem häufig schwer

Bei der Betrachtung des Umgangs der „Jungen“ mit Fragen der Rechtsterminologie und der Rechtsgeschichte wird deutlich, daß auf diesen Gebieten in den dreißiger Jahren ganz bewußt eine Meinungsführerschaft angestrebt wurde, da man diese Themen für besonders relevant in der Diskussion um die Schaffung eines „nationalen Rechts“ in Polen hielt. Auch wenn in vielen Artikeln der Eindruck vermittelt wurde, daß man sich nun erstmals eines so brennenden Problems annahm, war das Thema doch nicht ganz so neu. Praktiker wie Richter oder Staatsanwälte mußten sich seit der Entstehung eines polnischen Gerichtswesens in der Zweiten Republik mit der Übertragung von Fachbegriffen aus fremden Gerichtsordnungen in die polnische Gerichtssprache befassen. Im Rahmen des Dachverbandes der polnischen Juristenvereinigungen bemühte man sich bereits seit den zwanziger Jahren, ein polnisches Rechtswörterbuch zu erarbeiten.[89] Die damit befaßten Juristen hatten darauf hingewiesen, daß ein bloßes Zurück zur Terminologie der Vorteilungszeit nicht möglich war, da es vor allem Adlige und keine Fachjuristen waren, die die Rechtssprache jener Zeit geprägt hatten. Somit war diese Terminologie durch zahlreiche fachfremde Ausdrücke und Makkaronismen gekennzeichnet, die schwerlich in eine moderne Rechtssprache zu übertragen waren.[90]

Die spezifische Betrachtung der polnischen Rechtsordnung in den dreißiger Jahren ist nur ein Beispiel dafür, wie sich zu jener Zeit die Kriterien zur Bestimmung der nationalen Identität wandelten. In den Abhandlungen der jungen Juristen zum Charakter des polnischen Rechts drängte sich ein spezifischer, exklusiver Nationsbegriff immer mehr in den Vordergrund. Sie wollten diesen Begriff folgendermaßen verstanden wissen: „Dem Wesen ihres Begriffes nach ist die Nation eine Einheit und zeichnet sich durch die Eigenschaft der Ausschließlichkeit aus. Die Nation ist exklusiv, da sie keine ihrem Wesen widersprechenden, rein arithmetischen Hinzufügungen duldet, so

verständlichen Stil und der Mißhandlung der polnischen Grammatik durch die juristische Amtssprache wohltuend vernünftig an. Es ist anzunehmen, daß dies damals wie heute – nicht nur in Polen – die größten „Gefährdungen“ für die Rechtsterminologie waren und sind, s. Popiel, J.: O Polski język w Polskim prawie, in: WMP 5 (1939), Nr. 4, S. 11–15.

89 Wisznicki, B.: W sprawie polskiego języka prawniczego, in: Głos Sądownictwa 1 (1929), Nr. 1, S. 17–18.

90 Glass, J.: O wyrazownictwie prawniczym polskim, in: Towarzystwo Prawnicze w Warszawie. Sprawozdanie za rok 1922, Warszawa 1923, S. 7–9.

wie es etwa bei der Staatsbürgerschaft der Fall ist, bei der das Kriterium der Zugehörigkeit der Ausweis und nicht das Polentum ist."[91] Die Wortwahl dieses Zitats bestätigt die von der neueren Nationalismusforschung formulierte Hypothese, „daß Identität über kulturelle Symbole und diskursive Formationen befestigt wird und daß die wichtigste Strategie, bestimmte Werte oder Grenzen als unverrückbar erscheinen zu lassen, darin besteht, sie als 'Natur', als objektiv, unverfügbar und unzugänglich darzustellen, um sie persönlicher Entscheidbarkeit und politischer Veränderbarkeit zu entziehen."[92]

Die Rechtsvorstellungen, die die zitierten Äußerungen widerspiegeln, wirkten sich in den dreißiger Jahren in zunehmendem Maße auf die innerpolnische Kodifikationsarbeit, auf die Rolle Polens in der internationalen juristischen Kooperation sowie auf das Selbstverständnis der juristischen Profession aus. Die Diskussion um die noch nicht kodifizierten Gesetzeswerke – etwa um das Eherecht – wurde deshalb stärker durch weltanschauliche Auseinandersetzungen als durch sachrationale juristische Debatten bestimmt. Eine nicht unbedeutende Rolle spielte dabei sicher auch die Tatsache, daß die Kodifikationskommission sich in den ersten Jahren ihrer Tätigkeit eher gesellschaftspolitisch weniger brisanten Rechtsgebieten zugewandt hatte. Priorität bei der Kodifizierung besaßen zunächst Gesetzeswerke, die für das Funktionieren des Wirtschaftslebens maßgeblich waren, wie etwa das Schuldrecht, das Handelsrecht u.ä. Von der Materie her waren diese Rechtsgebiete weniger dazu angetan, weltanschauliche Debatten hervorzurufen, als es bei den in den dreißiger Jahren zu kodifizierenden Gesetzeswerken etwa zum Ehe- oder Familienrecht der Fall war. Dennoch gab dieser Sachverhalt nicht allein den Ausschlag für den veränderten Charakter der juristischen Debatten. Durch die Art ihrer Argumentation trugen die Juristen selbst dazu bei, daß sich verstärkt auch Nichtjuristen berufen fühlten, in die Diskussion einzugreifen.

In der internationalen juristischen Kooperation verlagerten sich die Kontakte von der Ebene multilateraler Unifizierungsprojekte auf den bilateralen Austausch mit Juristen aus Staaten, in denen die Rechtssphäre in ähnlicher Weise von nationalistischen Argumenten geprägt

91 ORLEWICZ, Polskie prawo narodowe, S. 8–9.

92 ASSMANN, A./FRIESE, H.: Einleitung, in: DIES. (Hg.): Identitäten. Erinnerung, Geschichte, Identität, Frankfurt/Main 1998, S. 11–23, hier S. 12.

war.[93] Besonders intensiv entwickelten sich daher die Kontakte zu deutschen Juristen, die man als Vorbild in der „nationalen Methode" innerhalb der Rechtswissenschaft ansah.[94] Auch wenn manche Phänomene des nationalsozialistischen Rechtsdenkens als extreme Auswüchse des Totalitarismus abgelehnt wurden, empfand man die „formelle Seite der Nationalisierung des Rechts in Deutschland" als vorbildhaft.[95] In Nachahmung der „Akademie für Deutsches Recht", die die weltanschauliche Lehre vom nationalsozialistischen Recht außerhalb der Universitäten betrieb,[96] wollte die junge Generation bereits 1935 eine „Akademie für Polnisches Recht" *(Akademia Prawa Polskiego)* errichten. Dies scheiterte jedoch am Widerstand der in der „Ständigen Delegation der Juristischen Vereinigungen und Institutionen der Republik Polen" dominierenden älteren Generation. Als ein Kompromiß zwischen den beiden Lagern enstand im Mai 1938 die „Studieneinrichtung zur Polnischen Rechtskultur" *(Studium Kultury Prawniczej Polskiej)*. Diese neue Institution sah sich selbst einerseits als eine Kontaktstelle zwischen älterer und jüngerer Juristengeneration. In den Vordergrund ihrer Tätigkeit stellte sie jedoch andererseits die „Erarbeitung neuer Enwicklungswege des polnischen Rechtsdenkens", was auf eine Dominanz der jungen Generation schließen ließ.[97]

Die ältere Generation der polnischen Juristen stand der publizistischen und institutionellen Offensive der „Jungen" nicht untätig gegenüber. Zunächst bemühte man sich um eine stärkere organisatorische Einbindung der jüngeren Fachkollegen. So richtete etwa die

93 S. dazu auch die Kapitel 6.1.2 und 6.1.3.

94 Zum Einfluß des Rechtsdenkens des nationalsozialistischen Deutschlands auf das polnische Recht s. GÓRNICKI, O wpływie prawa Trzeciej Rzeszy, S. 141–160, zur deutsch-polnischen Juristenzusammenarbeit besonders ebenda, S. 142–150.

95 PIĄTKOWSKI, O polską myśl filozoficzno-prawną, S. 2.

96 Zur Akademie für Deutsches Recht s. PICHINOT, H.R.: Die Akademie für Deutsches Recht. Aufbau und Entwicklung einer öffentlich-rechtlichen Körperschaft im Dritten Reich, Kiel 1981.

97 S. den Artikel Studium Kultury Prawniczej Polskiej, in: WMP 4 (1938), Nr. 5, S. 22. Die in Krakau ansässige Polnische Akademie der Wissenschaften (*Polska Akademia Umiętności*), deren Vorsitz der der älteren Generation zugehörige Zivilrechtler Stanisław Wróblewski inne hatte, berief u. a. auf Betreiben Rappaports als Gegengewicht zu der von den Jungen dominierten „Studieneinrichtung" im Herbst 1938 im Rahmen der Akademie eine juristische Kommission ein, die als Bindeglied zwischen der Akademie und der „Studieneinrichtung" dienen sollte, s. dazu Wojewódzkie Archiwum Państwowe w Łodzi (im folgenden: WAPŁ), Archiwum Profesora Emila Rappaporta V-25, Nr. 3 Materiały Biograficzne, ohne Paginierung.

Zeitschrift der Warschauer Abteilung des Verbandes polnischer Richter und Staatsanwälte im Jahr 1935 eine Rubrik unter dem Titel „Der junge Jurist“ *(Młody Prawnik)* ein, in der der Vorstand des Applikantenverbandes über dessen Aktivitäten berichtete.[98] Auch die wissenschaftliche „Juristische Vereinigung in Warschau“ *(Towarzystwo Prawnicze w Warszawie)* begann, sich seit Mitte der dreißiger Jahre um die junge Generation zu bemühen. Ihre Vollversammlung brachte 1934 zum Audruck, daß es wichtig wäre, die junge Juristengeneration in die Arbeit der Vereinigung einzubeziehen, schon allein um deren Tätigkeitskreis zu erweitern.[99] Im Jahr 1938 regte man zu diesem Zwecke an, nicht nur rein wissenschaftliche Vorträge zu halten, sondern auch Diskussionsveranstaltungen zu organisieren, auf denen über aktuelle rechtspolitische Themen gesprochen werden sollte.[100] Somit verfügten die jungen Juristen nicht nur über ihre eigenen Fachzeitschriften, sondern konnten ihre Ansichten auch in den Organen und Zirkeln der älteren Generation publik machen. Von ihrer Zurücksetzung konnte keine Rede mehr sein.[101] Es schien generell eher so, daß ein großer Teil der älteren Generation – auch wenn sie vielfach nicht mit den Meinungen der Jungen übereinstimmte – deren Aktivitäten und argumentative Muster als Resultat einer nicht aufzuhaltenden Entwicklung wahrnahm und sich dieser nicht entgegenstellen wollte. In seinem Rechenschaftsbericht für die Jahre 1934 bis 1937 erklärte der Vorsitzende des Dachverbandes der polnischen Juristenorganisationen Rappaport, daß er für dieses Amt nicht wieder kandidieren werde, da er seinen Platz zugunsten einer Verjüngung des Verbandes räumen wolle. Damit antizipierte er gleichzeitig eine Veränderung in dessen Organisationsstruktur. Die auf organisatorische Eigenständigkeit bedachten Jungen würden stärker nach einer

[98] Młody Prawnik. Kronika Rady Naczelnej Związku Zrzeszeń Aplikantów Zawodów Prawniczych R.P., in: Głos Sądownictwa 7 (1935), Nr. 1, S. 75–76. Die Zeitschrift *„Czasopismo Adwokatów Polskich“* („Zeitschrift der Polnischen Anwälte“) hatte schon 1931 einen gesonderten Teil für die Berichterstattung aus dem Milieu der Applikanten eingeführt.

[99] Towarzystwo Prawnicze w Warszawie. Sprawozdanie za rok 1934, Warszawa 1935, S. 4.

[100] Towarzystwo Prawnicze w Warszawie. Sprawozdanie za rok 1938, Warszawa 1939, S. 7.

[101] Dieses Argument, mit dem u. a. die Herausgabe der „WMP“ begründet wurde, in Związek Zrzeszeń Młodych Prawników: Sprawozdanie prezesa rady naczelnej za rok 1935/36 wygłoszone na zjeździe delegatów w Wilnie w dniu 21. maja 1936 r., Warszawa 1936, S. 12.

hierarchischen als nach einer gleichgeordneten Arbeitsweise des Verbandes streben. Daher sei zu überlegen, ob dieser nicht grundlegend reformiert und mit einem neuen Statut ausgestattet werden müsse. Die bisherige Warschauer Zentrale sei zu schwach, um eine solche straffe Organisation zu gewährleisten. Auch wenn er diese Entwicklung nicht guthieß und es bedauerte, daß die Stellung der einzelnen Landesteile, die bislang Vertreter von Fachzeitschriften und Juristenvereinigungen in den Verband entsandt hatten, geschwächt würde, stellte er sich diesen Plänen nicht aktiv entgegen.[102] Noch zwei Jahre zuvor hatte Rappaport das Ansinnen, daß der Dachverband eine leitende Funktion innerhalb der polnischen Jurisprudenz übernehmen und meinungsbildend für die anderen Organisationen wirken solle, mit dem Argument zurückgewiesen, daß der Verband lediglich das organisatorische Rückgrat der polnischen Jurisprudenz, nicht jedoch deren politische Führungsinstanz sein wolle.[103]

Entschiedene Gegenstimmen zu den Positionen der Jungen in bezug auf die Schaffung einer „nationalen" polnischen Rechtsordnung waren selten. Die energische Kritik, die Karol Kwieciński den Auffassungen der Jungen entgegenhielt, war eine Ausnahmeerscheinung. Er bezeichnete den Gegensatz zwischen alten und jungen Juristen als konstruiert und warnte davor, politisch-ideologische Argumente in juristische Debatten einzuführen. Er erklärte, daß es sich bei dem Konflikt weniger um eine Auseinandersetzung zwischen Alten und Jungen als vielmehr zwischen Anhängern und Gegnern totalitärer Systeme handle. Rigoros kritisierte Kwieciński ein Denken, das nur noch kollektive Strukturen wie Volk (im Nationalsozialismus) oder Klasse (im Kommunismus) kenne, und propagierte die allgemeine Gleichheit vor dem Gesetz. In der Aprilverfassung von 1935 sah der Autor eine genuine Leistung polnischen Rechtsdenkens, die diesen kollektivistischen Tendenzen die Hochachtung für das Individuum entgegensetze.[104] Dabei gilt zu bedenken, daß es gerade ein bedeutendes Unterscheidungsmerkmal der Aprilverfassung gegenüber ihrer Vorgängerin aus dem Jahr 1921 war, die individuellen Bürgerrechte zu beschneiden und vor allem die Bedeutung der

[102] Stała Delegacja Zrzeszeń i Instytucji Prawniczych: Sprawozdanie z działalności za czas od 1.4.1934 do 1.4.1937, Warszawa 1937, S. 3–9.

[103] Rappaport, E.S.: Karta z kroniki prawnictwa polskiego, Warszawa 1935, S. 8.

[104] Kwieciński, K.: „Młode" i „stare" pokolenie prawnicze, in: WMP 4 (1938), Nr. 2, S. 1–4; dazu auch Górnicki, O wpływie prawa Trzeciej Rzeszy, S. 154–158.

Bürgerpflichten gegenüber dem Gemeinwohl, das man in der Institution Staat verkörpert sah, zu betonen.

Gegen Ende der dreißiger Jahre fand die Auffassung von der Notwendigkeit „genuin polnischer“ Rechtsnormen immer stärkere Verbreitung auch bei der älteren Juristengeneration. Zu diesem Zeitpunkt erhielt das Projekt des „nationalen Rechts“ auch beim Dachverband aller polnischen Juristenorganisationen zunehmend Unterstützung.[105] Selbst Rechtswissenschaftler wie Rappaport, die sich in den zwanziger Jahren noch für die Rezeption gesamteuropäischer Rechtsnormen ausgesprochen hatten, näherten sich den Theorien einer nationalistisch begründeten Abgrenzbarkeit des Rechts an. In seiner Rede auf der Eröffnungssitzung der „Studieneinrichtung zur Polnischen Rechtskultur“ plädierte er für eine Rechtsordnung, die durch die Verwirklichung eines solidaristischen Ständestaates einen Mittelweg zwischen dem kommunistischen und faschistischen Gesellschaftssystem beschreiten würde. Eine solche Rechtsordnung sah er in der polnischen Aprilverfassung von 1935 verwirklicht. Der jungen Generation warf er vor, wenig originell zu argumentieren und stattdessen vor allem aus deutschen Quellen zu schöpfen.[106] Im Gegensatz zu seinen Ausführungen von 1929, in denen er allgemeineuropäische Rechtsnormen als Leitlinien für die polnische Kodifizierungsarbeit propagierte, betonte er 1938 vor allem das polnische historische Erbe sowie den polnischen Katholizismus als wichtige Grundlagen der Rechtsordnung

Es stellt sich die Frage, inwieweit der „Mittelweg“ *(media via)* der Aprilverfassung, den Rappaport den Jungen als Alternative zu ihrem Rechtsdenken vorhielt und der Polen vor totalitären Gefahren schützen sollte, nicht auch schon von den Ideen eines integralen Nationalismus infiziert war. Die Idee eines korporativen Staats, in dem das Wohl des Individuums dem des Staates untergeordnet war, konnte zunächst noch als Reminiszenz an die traditionelle staatsnationale Auffassung der *Sanacja* von Polen als einem Vielvölkerstaat betrach-

105 Górnicki meint dazu, daß seit Mai 1938 das Projekt des „nationalen Rechts“ die offizielle Anerkennung des Dachverbandes besessen habe, s. Ders.: O wpływie prawa Trzeciej Rzeszy, S. 153. Es scheint jedoch vielmehr so gewesen zu sein, daß mit der „Studieneinrichtung“ eine Institution geschaffen wurde, die mäßigend auf die besonders radikalen Formulierungen der Jungen einwirken sollte.

106 Rappaport, E. S.: Polski neo-unitaryzm prawny. W poszukiwaniu prawa polskiego samoistnego, Warszawa 1938, S. 10.

tet werden. Die Aprilverfassung sollte sich jedoch als durchaus anschlußfähig für das Konzept eines ethnisch polnisch definierten Gemeinwesens erweisen. An die übergeordnete Stelle, die das Kollektivum Staat einst bei der *Sanacja* gespielt hatte, konnte leicht der exklusiv definierte Begriff „Volk", mit dem nur ethnische Polen gemeint waren, gesetzt werden. Angelegt war eine solche Umdeutung auch schon in den Ausführungen Rappaports, der die herausragende Rolle des Christentums und noch enger des katholischen Bekenntnisses betonte und somit die Grundlagen einer allgemeinen bürgerlichen Gleichheit unterminierte.[107] Es scheint so, als hätte sich die ältere Generation der Wirkungsmacht der von den Jungen mit großem publizistischem und organisatorischem Aufwand in die rechtspolitischen Debatten eingeführten grundlegend neuen Argumentationsmustern schwerlich entziehen können. Man hat es damit in den dreißiger Jahren mit einem völlig neuen Diskussionsklima zu tun, das nicht nur aus der „national-radikalen Provenienz" der jungen Wortführer erklärt werden kann.[108]

Ein wichtiger Vermittler zwischen alter und junger Generation sowie zwischen juristischen und politisch-ideologischen Überlegungen war der Staatsrechtler Zygmunt Cybichowski (1876–1946), der als Theoretiker der polnischen Nationaldemokratie in seinen Ansichten zur Begründung eines totalitären Ständestaates der jungen Generation dieses politischen Lagers nahestand.[109] In seiner Beurteilung der deutschen Rechtswissenschaft im Zeichen des Nationalsozialismus vertrat er die oben für die junge Juristengeneration skizzierte Ansicht, daß das Rechtssystem eines Staates Ausdruck der spezifischen Psyche eines Volkes sei und somit nicht mit allgemeinen formaljuri-

[107] Zwar argumentierte Rappaport gerade mit der christlichen Moral gegen die, wie er fand, rein materialistische und an „neudeutsche Konzeptionen" angelehnte Auffassung der Juristen der jungen Generation, ebenda, S. 27–33. Allerdings verstanden diese es nur zu gut, gerade den Katholizismus in ihre exklusiv nationale Argumentation einzubauen, s. dazu Grott, B.: Polnische Parteien und nationalistische Gruppen in ihrem Verhältnis zur katholischen Kirche und deren Lehren vor dem Zweiten Weltkrieg, in: Zeitschrift für Ostmitteuropa-Forschung 45 (1996), Nr. 1, S. 72–88.

[108] So erklärt Leonard Górnicki die Kampagne für ein nationales polnisches Recht und das Interesse der Jungen an den zeitgenössischen Rechtsentwicklungen im faschistischen Deutschland, s. Ders.: O wpływie prawa Trzeciej Rzeszy, S. 141–160, hier S. 159.

[109] Wapiński, R.: Historia polskiej myśli politycznej XIX i XX wieku, Gdańsk 1997, S. 215.

stischen Ausdrücken beschrieben werden könne.[110] In seinen Ausführungen wurde die Ablehnung der Zweiten Republik als einem auf staatsnationalen Kriterien gründenden Gemeinwesen ganz besonders deutlich. Nicht das Volk sei für den Staat da, sondern der Staat für das Volk, und dieses bestand bei Cybichowski nur aus ethnischen Polen.[111] In seiner offenen Anerkennung für die Rechtsentwicklung im nationalsozialistischen Deutschland gehörte Cybichowski in seiner Generation eher zu den Ausnahmen. Was allerdings die Einbeziehung autoritärer und totalitärer Strömungen in juristische Überlegungen anbelangte, so war diese in den dreißiger Jahren an der Tagesordnung. Nur sehr selten findet man Stellungnahmen wie die Fryderyk Zolls, der genauso wie Cybichowski Mitglied der Kodifikationskommission war und der älteren Juristengeneration angehörte. Er warnte davor, daß politische Strömungen in neu entstehende Gesetzeswerke Eingang finden könnten – eine Gefahr, der er sich bei der Kodifikationsarbeit „im Zeichen der Entstehung neuer politischer Ideen" durchaus bewußt war.[112]

Vergleicht man das parteipolitische Engagement der Anhänger der beiden Sprachrohre der jungen Juristen *„Prawo"* und *„Współczesna Myśl Prawnicza"*, so wird deutlich, daß unbeschadet unterschiedlicher politischer Optionen eine gemeinsame narrative Strategie bestand. Während *„Prawo"*, wie schon erwähnt, von jungen Nationaldemokraten dominiert wurde, sammelten sich um das Blatt des Dachverbandes der Applikantenorganisationen Anhänger der *Sanacja*.[113] Diese Nähe unterstrich unter anderem die besondere Aufmerksamkeit und finanzielle Unterstützung, die der seit 1936 amtierende Justiz-

[110] GÓRNICKI, Prawo Trzeciej Rzeszy w nauce i publicystyce prawniczej, S. 62–63. Die Ansichten Cybichowskis zur Rechtsordnung als Ausdruck eines exklusiv völkisch verstandenen Nationalcharakters s. CYBICHOWSKI, Z.: Die nationale Methode im Staatsrecht und in der Staatslehre, in: Deutsche Juristenzeitung 39 (1934), Nr. 10, S. 643–645.

[111] DERS.: Na szlakach nacjonalizmu, Warszawa 1939, S. 12.

[112] KKRP, zeszyt 13, 1930, S. 22.

[113] Die Nähe des Verbandes zu dieser politischen Formation zeigte sich zum Beispiel im Beitritt seines Vorstandes zum „Obersten Komitee zu Ehren des Gedenkens an Marschall Józef Piłsudski" *(Naczelny Komitet Uczczenia Pamięci Marszałka Józefa Piłsudskiego)* nach dessen Tod im Jahr 1935, s. Związek Zrzeszeń Młodych Prawników, Sprawozdanie, 1936, S. 4, oder in der Ergebenheitsadresse des Verbandes an Marschall Edward Rydz-Śmigły im Frühjahr 1939, in der die militärische Einsatzbereitschaft der Mitglieder versichert wurde: Pismo Rady Naczelnej Związku Zrzeszeń Młodych Prawników R.P. do Marszałka Polski, in: WMP 5 (1939), Nr. 4, S. 2.

minister Witold Grabowski dem Verband zukommen ließ.[114] Bekannte Autoren der beiden Zeitschriften kandidierten bei den Selbstverwaltungs- und Parlamentswahlen im Jahr 1938 auf den Listen der Sammlungsbewegungen von *Sanacja* und *Endecja*. Während bei den Selbstverwaltungswahlen das „National-Radikale Lager“ (*Obóz Narodowo-Radykalny,* ONR) die meisten Juristen in seinen Reihen vereinigte, dominierte bei den Parlamentswahlen diese Berufsgruppe in der Liste der *Sanacja*-Organisation „Lager der Nationalen Vereinigung“ (*Obóz Zjednoczenia Narodowego,* OZN). Bei den Selbstverwaltungswahlen kandidierten aus dem Umfeld von *„Prawo“* für den ONR Witold Bayer und Edward Muszalski. Bei den Parlamentswahlen trat der langjährige Vorsitzende des Applikantenverbandes Tadeusz Żenczykowski für den OZN an.[115] Ende 1938 fand der erste Kongreß der Juristen innerhalb des OZN statt, an dem auch etliche prominente Fachvertreter der älteren Generation teilnahmen.[116] Auch in anderen politischen Formationen lassen sich Bemühungen feststellen, den dort aktiven Juristen eine innerparteiliche Plattform zu geben.[117]

Gegen Ende der dreißiger Jahre war somit das polnische Rechtssystem zu einem Identitätsfaktor geworden, der als unauflöslicher Bestandteil einer exklusiv verstandenen polnischen Kultur betrachtet

[114] Grabowski hatte zu den Gründungsmitgliedern des Verbandes im Jahre 1923 gehört. Eine seiner ersten Amtshandlungen im Jahr 1936 war die Zuteilung einer Summe zur Unterstützung unterbezahlter Applikanten und Assessoren, s.: Nowy Minister Sprawiedliwości, WMP 2 (1936), Nr. 6, S. 22. Häufig trat er auch als prominenter Gastredner auf Kongressen des Applikantenverbandes auf. In der letzten Ausgabe der Zeitschrift vor dem Zweiten Weltkrieg ehrte die Redaktion Grabowski mit einem ganzseitigen Photo als „Beschützer und Freund der jungen Generation polnischer Juristen“ *(Minister Sprawiedliwości opiekun i przyjaciel młodego pokolenia prawników polskich)*, WMP 5 (1939), Nr. 6, S. 3. Zur Nähe zwischen dem jungen Lager innerhalb der *Sanacja* und dem Justizminister s. auch Friszke, O kształt niepodległej, S. 255–256.

[115] Bei den Selbstverwaltungswahlen kandidierten für den ONR 27 und für den OZN 10 Juristen (zum Vergleich: für die PPS traten nur 7 Juristen an). Von den 18 ethnisch polnischen Rechtsanwälten, die im Zuge der Parlamentswahl 1938 gewählt wurden, standen 17 auf der Liste des OZN, s. dazu Wybory parlamentarne, in: WMP 4 (1938), Nr. 11, S. 78–80, hier S. 78–79.

[116] Zjazd zespołów prawniczych OZN w Warszawie, in: WMP 5 (1939), Nr. 1, S. 53–54.

[117] So entstand zum Beispiel innerhalb der „Kommunistischen Partei Polens“ (*Komunistyczna Partia Polski,* KPP) 1934 die ersten Parteizelle kommunistischer Anwälte, s. Chajn, Adwokatury lat trzydziestych, S. 113–114. 1937 wurde ein Dachverband für fortschrittliche Applikantenvereinigungen gegründet, der sich gegen die zunehmende Dominanz des nationaldemokratischen Verbandes in dieser Berufsgruppe wehrte, ebenda, S. 116.

wurde. Anstatt die Sphäre des Rechts als ein Wertesystem wahrzunehmen, das einen großen Teil Europas aufgrund gemeinsamer kultureller Wurzeln verband,[118] wurde es in seiner spezifischen Konstruktion – nicht nur durch die junge Juristengeneration und nicht nur in Polen – zu einem wichtigen Bestandteil einer sich vor allem mittels Abgrenzung definierenden Nation. Führt man sich vor Augen, in welch großem Ausmaß die Auffassung, daß Rechtsnormen einen eng ethnisch definierten Nationalcharakter widerspiegeln sollten, in der juristischen Profession Eingang fand, so liegt eine Konzeptionalisierung des Nationsbegriffes im Sinne Benedict Andersons nahe, der vorgeschlagen hat, den Nationalismus nicht wie eine Weltanschauung, sondern eher wie ein allgemeines gesellschaftlich ordnendes Prinzip, wie es etwa „Religion" oder „Verwandtschaft" sind, zu betrachten.[119] Ein großer Teil der polnischen Jurisprudenz machte sich gegen Ende der dreißiger Jahre parteiübergreifend eine narrative Strategie zu eigen,[120] mittels derer die Exklusivität der polnischen Nation nicht nur demonstriert, sondern zunächst überhaupt erst hergestellt werden sollte. Die so auf narrative Weise erzeugte Einheit erwies sich als tragfähiger als ältere Ordnungsmuster innerhalb der juristischen Profession.

5.3. Die Diskussion um den *numerus clausus* und die Berufsfreiheit

Mit dem Wandel der Rechtsvorstellungen ging auch ein verändertes Verständnis von der juristischen Profession einher. Eine gemeinsame Identität der Professionsmitglieder, die sich aufgrund fachlicher Interessen und professionsinterner Wertmaßstäbe über die Unterschiede der Generationen oder ethnische Trennungslinien hätte spannen können, wurde immer mehr durch das Eindringen weltanschaulicher und materieller Konflikte in den fachlichen Diskurs ausgehöhlt. In

[118] H. Coing betont in seinem Aufsatz Das Recht als Element der europäischen Kultur, in: Historische Zeitschrift 238/1 (1984), S. 1–15 die durch das römische und kanonische Recht konstituierte Einheit eines europäischen Rechtsraumes, dem er auch Polen zurechnet.

[119] Anderson, B.: Die Erfindung der Nation. Zur Karriere eines folgenreichen Konzeptes, Frankfurt/Main 1996, S. 15.

[120] S. dazu Haupt, H.-G./Tacke,C.: Die Kultur des Nationalen. Sozial- und kulturgeschichtliche Ansätze bei der Erforschung des europäischen Nationalismus im 19. und 20. Jahrhundert, in: Hardtwig, W./Wehler, H.-U. (Hg.): Kulturgeschichte Heute (= Sonderheft 16 Geschichte und Gesellschaft), Göttingen 1996, S. 255–283, hier S. 264–265.

der Berufsgruppe der Juristen dominierte zunehmend die nationalistische Einengung des Rechts. Seit 1936 drangen vor allem junge Juristen darauf, einen „Verband Polnischer Juristen“ (*Związek Prawników Polskich*) ins Leben zu rufen. Dieser sollte den bisherigen Dachverband aller polnischer Juristenorganisationen, die „Ständige Delegation der juristischen Vereinigungen und Institutionen der Republik Polen“, ersetzen, da dieser Organisation vorgeworfen wurde, zu wenig ein nach außen einheitliches weltanschauliches und politisches Programm der polnischen Jurisprudenz zu vertreten.[121] Gemäß den Prämissen, die dem Projekt vom „nationalen Recht“ zugrunde lagen, verstand es sich daher fast von selbst, daß „zum Verband polnischer Juristen nur die Organisationen gehören können, die polnische Juristen umfassen.“[122]

Neben dem Diskurs über das Projekt einer „nationalen“ Rechtsordnung nahm eine weitere Debatte während der Zwischenkriegszeit immer mehr an Intensität zu, die Debatte über die angebliche „Überfüllung“ *(przepełnienie)* innerhalb der juristischen Profession.[123] In der Haltung gegenüber den Juristen jüdischer Herkunft überschnitten sich diese beiden Diskussionsstränge. Hier wird eine spezifische argumentative Strategie vieler Professionsangehöriger deutlich, in der sich ethnische, religiöse und zum Teil auch rassistische Ressentiments mit ökonomischen Verteilungskonflikten verbanden. Daneben verdeutlicht der Wandel in der institutionellen Organisation der polnischen Jurisprudenz, der sich im Verlaufe der Zwischenkriegszeit vollzog, die sich ändernden Interessenlagen, die nicht nur zwischen den Angehörigen unterschiedlicher Generationen oder Ethnien bestanden, sondern auch ganz umfassend in den

121 Żenczykowski, T.: Rozważania organizacyjne, in: WMP 2 (1936), Nr. 12, S. 1–4.

122 Ders.: Zasadniczy postulat, in: WMP 4 (1938), Nr. 5, S. 4–5. Zu jener Zeit verstand es sich in den Kreisen der jungen Juristen von selbst, daß hier nicht staatsnationale, sondern ethnische Definitionskriterien zugrunde gelegt wurden. „Polnische Juristen“ konnten nur ethnische Polen sein.

123 Der Begriff der „Überfüllung“ spielt bei der Beschäftigung mit den Professionen stets eine wichtige Rolle. In diesem Zusammenhang sei auf die Beobachtung verwiesen, daß es nicht unbedingt rein ökonomische Gründe sein müssen, die zu dem Gefühl der „Überfüllung“ eines akademischen Berufes führen. Bedeutend ist auch das mit der jeweiligen Profession verbundene Status- und Prestigesystem, das es Professionsangehörigen erschwert, ihr Auskommen außerhalb der in diesem System festgelegten Berufsfelder zu suchen, s. dazu Ben-David, Akademische Berufe, S. 107–108. Für den preußischen bzw. deutschen Fall s. Titze, H.: Der Akademikerzyklus. Historische Untersuchungen über die Wiederkehr von Überfüllung und Mangel in akademischen Karrieren, Göttigen 1990.

Gegensätzen evident wurde, die innerhalb der einzelnen Teilungsgebiete existierten. Dabei schienen diese Teilgebietskonflikte trotz der Unifizierungsbemühungen, die von staatlicher Seite unternommen wurden, zumindest in Hinblick auf die Schärfe in der innerprofessionellen Diskussion eher zu- als abzunehmen.

Diese Diskussion wurde je nach beteiligter Interessengruppe von unterschiedlichen Argumenten bestimmt. Der „Verband der Vereinigungen junger Juristen" sah sich neben seiner Funktion als Repräsentant der Ideen vom „nationalen Recht" auch dezidiert als Vertreter der materiellen Interessen der jungen Anwaltsgeneration. Ein ökonomisch begründeter Antisemitismus war in den nationaldemokratisch dominierten juristischen Studentenvereinigungen schon seit Anfang der zwanziger Jahre verbreitet und äußerte sich in dem Ruf nach einem *numerus clausus* für jüdische Studierende.[124] Zunächst überwogen Forderungen nach der Begrenzung des jüdischen Studentenanteils auf eine Größe, die in Relation zum jüdischen Anteil an der Gesamtbevölkerung stehe. Dabei ging die nationaldemokratische Propaganda ungeachtet der Teilgebietsunterschiede von einem durchschnittlichen jüdischen Bevölkerungsanteil von ca. 10% aus.[125] Somit konnte die Universität Posen als vorbildlich gepriesen werden, da dort die Anzahl der jüdischen Studierenden kaum 2% überschritt, während die Universitäten Lemberg und Krakau, aber auch Wilna einen Prozentsatz an jüdischen Studierenden aufwiesen, der weit über der von der *Endecja* geforderten Begrenzung von 10% lag.[126] Daß die Zusammensetzung der Gesamtbevölkerung in den jeweiligen Regionen extrem unterschiedlich war, wurde bei diesen Erwägungen nicht berücksichtigt.[127]

Betrachtet man die zahlenmäßige Entwicklung des Anteils jüdischer Studierender während der Zweiten Republik, so wird deutlich, daß er sich im Landesdurchschnitt sowohl relativ als auch absolut

[124] S. dazu Sobzcak, M.: Stosunek Narodowej Demokracji do kwestii żydowskiej w Polsce w latach 1918–1939, Wrocław 1998, S. 191–194.

[125] Der Anteil der jüdischen Bevölkerung sank von 11,7% im Jahr 1921 auf ca. 9,7% im Jahr 1937, vgl. dazu Adamowicz, Z./Wójcik, A.: Ludność polska według wyznań, in: Jachymek, J. (Hg.): Religia i kościół w polskiej myśli politycznej, Lublin 1995, S. 15–30, hier S. 21.

[126] An der Jagiellonen-Universität in Krakau betrug der Anteil der jüdischen Studierenden im Studienjahr 1919/20 29,1%, 1929/30 26,1%, 1934/35 16,8% und 1937/38 nur noch 12,1%, s. Dybiec, Uniwersytet Jagielloński, S. 302.

[127] Bergmann, O.: Narodowa Demokracja wobec problematyki żydowskiej w latach 1918–1929, Poznań 1998, S. 227–228.

verringerte. Besonders evident war der Rückgang bei den jüdischen Studierenden an den Hochschulen des ehemaligen preußischen Teilungsgebiets und des ehemaligen Königreiches Polen. Selbst an den beiden Hochschulen in Galizien, wo der jüdische Bevölkerungsanteil am größten war, nahm die Anzahl der jüdischen Studierenden ab, in Krakau relativ, in Lemberg sowohl relativ als auch absolut. Lediglich an der Universität Wilna war während der zwanziger Jahre eine sowohl absolute als auch relative Zunahme jüdischer Studierender zu verzeichnen.[128] In der zweiten Hälfte der dreißiger Jahren beschleunigte sich diese Entwicklung. Auffallend dabei ist, daß gerade im Fachbereich Jura die „Polonisierung“ der Hochschulen besonders evident war. Während im Studienjahr 1936/37 im Landesdurchschnitt 11,8% der Studierenden jüdischer Herkunft waren, stellten sie in den juristischen Fachbereichen nur 9,4%; im Studienjahr 1937/38 waren es sogar nur noch 6,5% bei den Jurastudenten gegenüber 10% bezogen auf alle Fakultäten.[129]

Interessanterweise erreichte die antijüdische Propaganda der nationaldemokratischen Studentenorganisationen aber dort ihr größtes Ausmaß, wo die Entwicklung eigentlich im Sinne der von ihnen geforderten Politik verlief. Die Universitäten in Posen und Warschau waren Hochburgen der *Endecja*-Jugend, sowohl was die Propaganda als auch was antijüdische Ausschreitungen anbelangte. Es hat den Anschein, daß der Antisemitismus im akademischen Milieu zumindest seit 1926 teilweise als Ausdruck des Protestes gegen die *Sanacja*-Regierung gewertet werden kann. Nach dem Mai-Umsturz war eine deutliche Brutalisierung der Kampagne um den *numerus clausus* für jüdische Studierende sowie generell in den politischen Auseinandersetzungen an den Universitäten zu verzeichnen. Die Regierung reagierte darauf im Jahr 1933 mit einem Gesetz, das die Autonomie der Hochschulen deutlich einschränkte und jegliche politische Auseinandersetzung an den Universitäten verbot.[130] Neben der generellen

128 S. dazu die statistischen Zusammenstellungen bei Pilch, Rzeczpospolita Akademicka, S. 34–37 sowie in Garlicki, Dzieje Uniwersytetu Warszawskiego, S. 134–135. Während die Gesamtzahl aller Studierenden von 36.907 im Studienjahr 1922/23 auf 40.734 im Studienjahr 1926/27 anstieg, ging die Zahl der jüdischen Studierenden im selben Zeitraum von 9.130 (24,7%) auf 8.198 (20,1%) zurück.

129 S. dazu Mały Rocznik Statystyczny, IX/1938, S. 326, Tabelle 48 sowie X/1939, S. 334, Tabelle 40.

130 Dz. U. RP. 1933, Nr. 29, Poz. 247, s. dazu Pilch, A.: Studencki ruch polityczny w Polsce w latach 1932–1939, Kraków 1972, S. 129–132.

Tendenz, alle Arten von autonomen gesellschaftlichen Organisationsformen zu beschneiden, die der Gesetzgebung der *Sanacja* in den dreißiger Jahren innewohnte,[131] hatte das Gesetz über die Hochschulen sicher auch gezielt die Bekämpfung des radikalen Nachwuchses der *Endecja* zum Ziel, da das Regierungslager feststellen mußte, daß es unter den Studierenden zunehmend an Einfluß verlor.[132] Umgekehrt bestand auch ein Zusammenhang zwischen der antisemitischen Propaganda der Studentenorganisationen und ihrem Protest gegen das neue Hochschulgesetz. Deutlich wurde dies etwa an den beiden Resolutionen, die 1934 auf dem ersten Kongreß des „Gesamtpolnischen Verbandes der akademischen Wissenschaftszirkel" verabschiedet wurden. Neben der Erhaltung der Autonomie der Hochschulen wurde zum wiederholten Male die Einführung eines *numerus clausus* für jüdische Studierende gefordert.[133] Die lebhafte Kampagne für den *numerus clausus* diente der *Endecja* nicht zuletzt auch als ein politisches Symbol, mittels dessen ihr Einfluß bei der jungen Generation demonstriert werden sollte.[134]

Gerade wenn man die Entwicklung an den polnischen Hochschulen mit den Verhältnissen in anderen neuen Staaten der Region vergleicht, wird der hohe Grad der politischen Instrumentalisierung deutlich, der der Auseinandersetzung um den *numerus clausus* innewohnte. Die tatsächliche bzw. angebliche Überfüllung akademischer Berufe beherrschte die innenpolitische Diskussion in vielen Staaten während der Zwischenkriegszeit. Vergleicht man allerdings die Entwicklung der Studentenzahlen mit der der Gesamtbevölkerung, so wird deutlich, daß diese in Polen weit weniger dramatisch verlief, als es die politischen Kampagnen vermuten ließen.[135] Gerade in einem

131 Kawalec, K.: Wizje ustroju państwa w polskiej myśli politycznej lat 1918–1939. Ze studiów nad dziejami polskiej myśli politycznej, Wrocław 1995, S. 99–102.

132 Pilch, Rzeczpospolita Akademicka, S. 312. Dazu auch Sobczak, Stosunek Narodowej Demokracji, S. 342–344 und S. 381–383.

133 Garlicki, Dzieje Uniwersytetu Warszawskiego, S. 199, zuletzt auch Natkowska, M.: *Numerus clausus*, getto ławkowe, *numerus nullus*, „paragraf aryjski". Antysemityzm na Uniwersytecie Warszawskim 1931–1939, Warszawa 1999.

134 Żyndul, J.: Zajścia antyżydowskie w Polsce w latach 1935–1937, Warszawa 1994, S. 10.

135 S. dazu etwa die Zusammenstellung zum Verhältnis zwischen der Zunahme der Studentenzahlen und der Zunahme der Gesamtbevölkerung bei Kotschnig, W. M.: Unemployment in the Learned Professions. An International Study of Occupation and Educational Planning, Oxford 1937, S. 17. Im Vergleich mit den anderen Nachfolgestaaten in Mittel- und Osteuropa verlief die Zunahme der Studenten lediglich in der Tschechoslowakei langsamer als in Polen.

Land wie Ungarn, das nach dem Ersten Weltkrieg eine starke territoriale Beschneidung hatte hinnehmen müssen, stellte sich die Frage nach den Arbeitsmarktchancen für Hochschulabsolventen besonders deutlich. Der dort 1920 eingeführte *numerus clausus* wurde dennoch 1928 abgeschafft und erst 1936 durch die Regierung des rechtsgerichteten und dezidiert antisemitischen Ministerpräsidenten Gömbös wieder eingeführt. Im Gegensatz zu Polen war es hier die Exekutive, die diese Maßnahme vorantrieb, während die juristische Profession selbst sich kaum von der Propaganda anstecken ließ.[136]

Zwar unterblieb in Polen die offizielle Einführung eines gegen die jüdischen Studierenden gerichteten *numerus clausus.* Doch die jahrelange antisemitische Agitation an den Hochschulen hinterließ nachhaltige Spuren im politischen Klima des akademischen Milieus. Bereits in den zwanziger Jahren war eine Zusammenarbeit zwischen den verschiedenen Applikantenvereinigungen aufgrund der antisemitischen Einstellungen bei den nationaldemokratisch dominierten Organisationen unmöglich geworden.[137] Die Vereinigung der Jurastudenten an der Warschauer Universität hielt die antijüdischen Ausschreitungen im Rahmen von juristischen Lehrveranstaltungen für gerechtfertigt, wies allerdings die Studierenden darauf hin, daß es auf Dauer sinnvoller sei, sich auf „friedliche" Weise für die Einführung des *numerus clausus* einzusetzen.[138] Solche Ausschreitungen waren jedoch an der Tagesordnung, so daß die jüdischen Studierenden eigene Vereinigungen gründeten,[139] um sich besser gegen die Gewalt schützen zu können und gegen die administrativen Diskriminierungen zu protestieren, denen sie auch durch die Lehrenden ausgesetzt wa-

136 Kovács, Liberal Professions, S. 52 und S. 82–84.

137 So klagte etwa die „Vereinigung der Gerichts- und Anwaltsapplikanten" *(Stowarzyszenie Aplikantów Sądowych i Adwokackich)* im Studienjahr 1927/28, daß eine Kontaktaufnahme zum nationaldemokratischen „Verband der Applikantenvereinigungen der juristischen Berufe" nicht möglich sei. Im Gegensatz zu letzterem gab es bei dem *„Stowarzyszenie"* keine konfessionellen Beschränkungen bei der Mitgliederaufnahme. Im Vorstand saßen auch jüdische Juristen, s. Sprawozdanie z działalności Stowarzyszenia Aplikantów Sądowych i Adwokackich za rok 1927/28, Warszawa 1928.

138 AUW, Nachlaß Witold Bayer 9/8, Koło Prawników Studentów Uniwersytetu Warszawskiego: Sprawozdanie zarządu z działalności za czas od 11.12.1931r. do 11.12.1932r., Warszawa 1932, S. 14–15.

139 Zu den physischen Übergriffen gegen die Juden und Formen der jüdischen Selbstverteidigung s. zuletzt Weiss, Y.: Deutsche und polnische Juden vor dem Holocaust. Jüdische Identität zwischen Staatsbürgerschaft und Ethnizität 1933–1940, München 2000, S. 128–129.

ren.[140] All diese Ereignisse blieben zudem nicht ohne Wirkung auf die Entwicklung der Hochschulpolitik der Regierung. Nachdem im Jahr 1933 zum ersten Mal die Einführung von Ghettobänken für jüdische Studierende gefordert worden war, stimmte der Bildungsminister diesen im Jahr 1937 tatsächlich zu.[141] Die Universität Posen verwirklichte den *numerus clausus* für jüdische Studenten auch ohne dessen regierungsoffizielle Einführung. Im Studienjahr 1936/37 wurden dort erstmals keine jüdischen Studierenden aufgenommen.[142]

Neben der Diskussion um die Einführung eines *numerus clausus* an den Universitäten spiegelte auch die Debatte über die anwaltliche Berufsfreiheit die Konflikte innerhalb der Profession wider. Dabei spielten neben Generationskonflikten auch ganz besonders die Divergenzen zwischen den einzelnen ehemaligen Teilungsgebieten eine bedeutende Rolle. Die Verteilung der Anwälte stellte sich in den einzelnen Regionen des Landes sehr unterschiedlich dar. Die ersten zuverlässigen Zahlen stammen aus dem Jahr 1926. Insgesamt waren damals 3.802 Anwälte in ganz Polen zugelassen. Das bedeutete, daß im Schnitt auf ca. 7.100 Einwohner ein Anwalt kam. Im ehemaligen österreichischen Teilunsgebiet praktizierten 2.394 (1 zu 3.500), im russischen 1.086 (1 zu 14.000) und im preußischen 322 (1 zu 12.500) Anwälte.[143] Im russischen und preußischen Teilungsgebiet war die Anwaltsdichte in den Großstädten ausgesprochen hoch, während es in Galizien zwar auch besonders viele Anwälte in Lemberg und Krakau gab, zudem aber auch eine besonders hohe Anwaltsdichte in den Mittel- und Kleinstädten zu verzeichnen war.[144] Die Zahl der Anwälte

140 S. dazu etwa den Protest, den die Vereinigung jüdischer Jurastudenten der Universität Warschau gegen Professor Roman Rybarski formulierte. Dieser weigerte sich, Juden, die nicht die Ghettobänke benutzten, Testate zu erteilen, s.: Kronika Akademicka, in: Trybuna Akademicka 19 (1939), Nr. 1–2, S. 8.

141 Garlicki, Dzieje Uniwersytetu Warszawskiego, S. 278–279.

142 Ebenda, S. 280. Schon in den zwanziger Jahren hatte der Senat der Universität beschlossen, daß nicht mehr als 2% der Studenten an der Universität Posen jüdischer Herkunft sein durften, s. Czubiński, Die Universität zu Poznań, S. 114–116. Eine angebliche Resistenz der Leitung der Universität Posen gegen die radikalen Forderungen der nationaldemokratischen Studenten behaupten hingen Hauser, P./Kotłowski, T.: Uniwersytet Poznański, in: Alma Mater Posnaniensis, S. 138.

143 Rok 1926. Trzy bilansy adwokackie, in: Czasopismo Adwokatów Polskich 11 (1927), Nr. 1, S. 1–3, hier S. 1–2.

144 So praktizierten zum Beispiel im galizischen Drohobycz mit seinen einigen zehntausend Einwohnern 1925 etwa 90 Anwälte, während in der 400.000 Einwohner zählenden Industriemetropole Lodz nur 60 Anwälte tätig waren, s. Przeworski, J.: W obronie stanu adwokackiego, in: Głos Prawa 2 (1925), Nr. 15, S. 317–321, hier S. 318.

wuchs äußerst dynamisch. 1928 wurden 4.394, 1935 bereits 6.535 und 1939 schließlich 7.980 Anwälte gezählt. Zunächst nahm die Anzahl der Kandidaten ebenfalls rasch zu, die nach dem Studium den Vorbereitungsdienst zur Advokatur bzw. zum Gerichtswesen durchliefen. Hier setzte jedoch ab Mitte der dreißiger Jahre eine gewisse Stagnation ein, die auf die besonders heftige antisemitische Propaganda des Applikantenverbandes zurückzuführen war.[145]

Schon recht bald wurden in der Profession Stimmen laut, die sich gegen die ungleichmäßige Verteilung der Berufsangehörigen wandten und nach Abhilfe suchten. Es ist nicht erstaunlich, daß einer der ersten Vorschläge von einem Angehörigen des Warschauer Gerichtsbezirks gemacht wurde, da dort die Zunahme der Anwälte besonders rasch verlief.[146] Dieser Plan sah vor, daß je nach der vermeintlichen Nachfrage für alle Orte Polens die jeweils zulässige Zahl von Anwälten festgelegt werde, die nicht überschritten werden dürfe. Anwälte, die nach einer freien Stelle suchten, sollten auf einer Liste eingetragen werden und nach Lebensalter und Verweildauer auf der Liste auf freiwerdende Stellen nachrücken. Die Festlegung der jeweiligen Anwaltskontingente sollte allein den autonomen örtlichen Anwaltskammern überlassen bleiben und alle fünf Jahre neu bestimmt werden. Allgemeingültigkeit würde dieses Prozedere durch ein staatliches Gesetz erlangen, das alle Gerichtsbezirke und Professionsangehörige gleichermaßen betreffen sollte. Der Autor des Projekts, der Warschauer Rechtsanwalt Jan Przeworski, war sich der Kritik bewußt, die sein Vorschlag hervorrufen würde. Er sah voraus, daß man ihm die Beschneidung der Freiheit des Anwaltsberufs vorwerfen und daß vor allem junge Anwälte gegen das Prinzip des Altersvorrangs protestieren würden. Er erblickte jedoch in diesem Vorgehen die einzige Möglichkeit, das „Wohl des Anwaltsstandes" zu schützen. Die Freiheit des Berufes glaubte er durch die alleinige Kompetenz der Anwaltskammern bei der Festlegung der Kontingente gewährleistet. Andere Zwangsmaßnahmen, wie die Begrenzung der Zulas-

[145] Zu den Zahlen s. die jeweiligen Zusammenstellungen in Mały Rocznik Statystyczny, I/1930, S. 144, Tabelle 1, VI/1935, S. 233, Tabelle 2 sowie X/1939, S. 361, Tabelle 6. Bei den Applikanten nahm die Zahl von 1.470 im Jahr 1928 über 3.060 (1935) auf schließlich 3.257 (1939) zu.

[146] 1919 hatte die Zahl der zugelassenen Anwälte in Warschau 403 betragen, 1929 lag sie bei 1.317, s. Gelb, Z.: Wolność przesiedlenia się a pauperyzacja adwokatury, in: Głos Prawa 6 (1929), Nr. 7–9, S. 294–300, hier S. 296.

sung zum Jurastudium oder ein generelles Umzugsverbot von Anwälten aus besonders überfüllten Gerichtsbezirken, lehnte er ab. Sehr stark betonte er den Charakter des Berufs als einer besonderen gesellschaftlichen Berufung, der reine Erwerbsinteressen unterzuordnen waren.[147]

Der Vorschlag einer gesamtpolnischen Kontingentierung der Anwaltszahlen, die etwaigen Teilgebietsunterschieden neutral gegenüberstand, erschien nicht ohne Grund in der in Lemberg herausgegebenen Zeitschrift *„Głos Prawa"* („Stimme des Rechts"), da hier vor allem die Interessen der Anwaltschaft des ehemaligen österreichischen Teilungsgebiets vertreten wurden. Die Anwaltsdichte blieb dort während der gesamten Zwischenkriegszeit am größten.[148] Die dort schreibenden Autoren wehrten sich gegen die immer häufiger vor allem in Warschau formulierten Projekte, die eine Umzugsbeschränkung für Anwälte aus Galizien vorsahen.[149] Es ist interessant, welche Rolle die Unterschiede zwischen den jeweiligen Teilungsgebieten in der Debatte spielten. Angehörige der Warschauer Advokatur betonten vor allem die historisch bedingte schlechtere Ausgangssituation für ihren Berufsstand. Sie hätten mit der Konkurrenz von traditionell in dieser Region stark vertretenen Gerichtsschreibern zu kämpfen, die außerhalb der Profession stünden. Zudem würde ihnen Kundschaft durch die noch nicht als Anwälte zugelassenen Applikanten abgenommen, die im Gegensatz zum ehemaligen österreichischen Teilungsgebiet schon vor Gericht auftreten dürften. Ganz generell wurde auf die unterschiedlichen Rechtskulturen in den beiden Regionen hingewiesen. Während in Galizien auch in der Teilungszeit ein funktionierendes Gerichtswesen bestanden habe und die Konsultation

147 Przeworski, W obronie, S. 320–321.

148 Von den 6.535 zugelassenen Anwälten praktizierten im Jahr 1935 allein 1.088 im Gerichtsbezirk Krakau (ca. 4,1 Mio. Einwohner) und 2.200 im Gerichtsbezirk Lemberg (ca. 5,2 Mio. Einwohner). Im wesentlich größeren Gerichtsbezirk Warschau (ca. 7,7 Mio. Einwohner) waren 1.815 Anwälte tätig. Im Jahr 1939 hatten sich die Zahlen für Krakau auf 1.451, für Lemberg auf 2.727 und für Warschau auf 2.217 Anwälte bei einer Gesamtanwaltszahl von 7.980 erhöht, s. Mały Rocznik Statystyczny, VI/1935, S. 233, Tabelle 2 sowie X/1939, S. 361, Tabelle 6.

149 Auch die Applikanten des ehemaligen österreichischen Teilungsgebiets wandten sich gegen die Beschränkung der beruflichen Freizügigkeit und beklagten den schlechten Ruf, den die galizische Anwaltschaft in den übrigen Landesteilen besitze. Um diesem abzuhelfen und ein Forum für die Interessen der Applikanten ihres Landesteils zu schaffen, erschien 1929 die Zeitschrift *„Młoda Palestra"* („Junge Rechtsanwaltschaft") in Krakau, die allerdings nach nur zwei Nummern wieder eingestellt wurde.

eines Anwalts für die Bevölkerung ein bekannter Vorgang sei, entbehrten die Bewohner des russischen Teilungsgebiets diese Erfahrung. Bei den im Zuge der russischen Gerichtsreform eingerichteten Friedensgerichten sei es üblich, ohne professionellen Prozeßvertreter aufzutreten, so daß gerade die ländliche Bevölkerung überhaupt keine Erfahrung mit der Konsultation von Anwälten habe. Bis zu einer Angleichung der Bedingungen sei somit ein weiterer Zuzug von Konkurrenten aus Galizien nicht wünschenswert.[150]

Anwälte aus dem ehemaligen österreichischen Teilungsgebiet wehrten sich gegen die Beschneidung ihrer Mobilität, die nicht nur in einer Resolution der Warschauer Anwaltskammer gefordert wurde, sondern auch in dem Gesetzentwurf zur Advokatur der Kodifikationskommission vorgesehen war. Sie betonten die Bedeutung der freien Umzugserlaubnis gerade für die gesamtstaatliche Unifizierung und die Hebung der allgemeinen Rechtskultur sowie die Rolle, die eine vereinigte Advokatur, die gemeinsam gegen die kritisierten Mißstände vorginge, dabei spielen könnte. Immer wieder wurde dabei gefordert, daß materielle Interessen einzelner nicht diesen wichtigen Aufgaben der Profession übergeordnet werden dürften.[151] Galizische Anwälte wiesen darauf hin, daß die dortige hohe Anwaltsdichte durchaus auch positive Auswirkungen auf die Rechtskultur habe. Durch die zwangsweise niedrigen Anwaltshonorare würde weiten Bevölkerungskreisen der Weg zur gerichtlichen Durchsetzung ihrer Interessen eröffnet und somit eine Demokratisierung des Gerichtswesen ermöglicht. Es wurde als wünschenswert erachtet, dieses System auch auf das ehemalige russische Teilungsgebiet zu übertragen und damit die dortige Rechtskultur zu heben.[152] Dort verwehrte man sich allerdings dagegen, daß „Kongreßpolen zu einem Kolonisationsgebiet für den Überschuß der kleinpolnischen Anwälte" würde. Eine höhere Rechtskultur versprach man sich nicht durch den Import galizischer Anwälte, sondern durch die grundlegende Reform des Gerichtswesens.[153] Nicht erst die Verschlechterung der gesamtwirtschaftlichen Situation seit Ende der zwanziger Jahre hatte zahlreiche Juristen gegen den Umzug ihrer Berufskollegen aus dem ehemaligen öster-

150 Bardach, M.: Wolność przesiedlenia się a pauperyzacja adwokatury, in: Palestra 6 (1929), Nr. 6–7, S. 292–302.

151 Gelb, Wolność przesiedlenia, S. 297.

152 Blumenfeld, B.: Adwokatura małopolska, in: Palestra 4 (1927), Nr. 1, S. 20–26.

153 Bardach, Wolność przesiedlenia, S. 300–301.

reichischen ins russische Teilungsgebiet protestieren lassen. Seit Bęginn der Zwischenkriegszeit ließ sich bei ihnen eine lebhafte Agitation nachweisen, die sich gegen das Einströmen ehemals galizischer Beamter nach Warschau richtete. Daß die Zweite Republik gerade zu Beginn ihrer Unabhängigkeit dringend auf die Berufserfahrung des ehemals galizischen Beamtenapparates angewiesen war, wurde in dieser Darstellung negiert. Im Vordergrund stand die angebliche Profitgier der Juristen aus Galizien, die ihren Warschauer Kollegen die besten Arbeitsplätze streitig machten.[154]

Bald schon wurde aber neben dem materiellen ein weiterer Aspekt in die Debatte eingebracht. Der Herausgeber des „*Głos Prawa*", Anzelm Lutwak, konstatierte 1929, daß das Umzugsverbot für Anwälte Teil einer generellen Strategie nationalistischer polnischer Politiker sei: „Für die nationalen Minderheiten möchte man dadurch das geteilte Polen erhalten, das durch die Trennlinien der Teilungsmächte zerschnitten wird."[155] Besonders schlimm aber sei, daß der „Giftpilz des Nationalismus" sich auch schon in die Advokatur eingeschlichen habe, in einen Beruf, der gerade für die Verwirklichung und den Schutz der Bürgerrechte und der staatsbürgerlichen Gleichberechtigung stehe.[156] Die Umzugsbeschränkungen richteten sich daher gegen das ehemalige österreichische Teilungsgebiet, da man sich gegen die dort praktizierenden jüdischen und ukrainischen Anwälte abgrenzen wolle. Daß abwanderungswillige Anwälte in den zum Teil unterversorgten, vor allem ländlichen Gebieten der beiden anderen Teilungsgebiete gebraucht würden und daß ukrainische Anwälte aufgrund der sprachlichen Verbindung zu ihrer Klientel sowieso kaum einen Ortswechsel in Betracht zogen, spielte für die Vorkämpfer einer nationalpolnischen Anwaltschaft keine Rolle, bemerkte der Autor.[157]

Seine Beobachtung, daß in der Diskussion um die anwaltliche Berufsfreiheit zunehmend neben materiellen Argumenten auch die

[154] Glass, J.: Współpraca poszczególnych dzielnic w budowaniu Państwa Polskiego, in: Gazeta Sądowa Warszawska 48 (1920), Nr. 2, 10.1.1920, S. 11–12. Der aus Galizien stammende Autor wehrte sich gegen die Beschreibung der dortigen Juristen als angepasste Bürokraten mit germanisierter Rechtssprache. Er betonte, daß den galizischen Juristen aufgrund ihrer Verwaltungserfahrung zumindest für eine Übergangszeit führende Positionen in staatlichen Institutionen sowie in der Kodifikationskommission zustünden, ebenda, Nr. 3, 17.1.1920, S. 18–20.

[155] Lutwak, A.: U źródeł partyjnictwa dzielnicowego w państwie i w adwokaturze, in: Głos Prawa 6 (1929), Nr. 12, S. 490–498, hier S. 495.

[156] Ebenda, S. 497.

[157] Lutwak, A.: U źródeł partyjnictwa dzielnicowego w państwie i w adwokaturze, in: Głos Prawa 7 (1930), Nr. 1–2, S. 35–60, hier S. 40.

„Propaganda einer rassisch-nationalen Exklusivität" eine Rolle spielten, war durchaus zutreffend.[158] Schon 1927 war in einem Bericht über die Anwaltschaft im ehemaligen preußischen Teilungsgebiet hervorgehoben worden, daß deren charakteristischstes und löblichstes Merkmal ihr Eintreten gegen den Zufluß „national nicht erwünschter Elemente" sei.[159] Eine besondere Konnotation erhielt die nationalistische Agitation gegen die angebliche Überfüllung des Anwaltsstandes vor allem deswegen, weil sie fast ausschließlich gegen jüdische Anwälte gerichtet war. Zwar spielten deutsche Anwälte aufgrund ihrer geringen Anzahl sowie ukrainische Anwälte aufgrund ihrer fast ausschließlichen Beschränkung auf die ukrainischsprachige Klientel eine weniger exponierte Rolle im innerprofessionellen Verteilungskampf. Doch die besonders heftige Agitation der Posener Anwälte gegen jüdische Berufskollegen zeigt, daß es weniger um reale als um konstruierte Bedrohungsszenarien ging, war doch die Anzahl der jüdischen Anwälte im ehemaligen preußischen Teilungsgebiet mit Abstand am geringsten.

Im Laufe der dreißiger Jahre griff in der juristischen Profession immer stärker ein ethnisch begründeter Antisemitismus um sich, der zum Teil auch rassistisch konnotierte Argumentationsmuster enthielt.[160] Die Meinung, daß sich die Psyche eines jüdischen Juristen grundsätzlich von der eines polnischen unterscheide und daß daher ein Jude in der polnischen Rechtspflege nichts zu suchen habe, war keine Seltenheit. Der Rechtsanwalt Bolesław Bielawski formulierte in

158 Ebenda, S. 43.

159 Koszewski, M.: Współczesny stan adwokatury w zachodnich dzielnicach Polski, in: Palestra 4 (1927), Nr. 3, S. 106–113, hier S. 113. Diese Formulierung ist um so bemerkenswerter, als der Autor zuvor darauf hingewiesen hatte, daß die Anzahl der nicht ethnisch polnischen Anwälte im ehemaligen preußischen Teilungsgebiet bei nur ca. 5–10% lag.

160 Während der polnische Antisemitismus traditioneller Prägung vor allem kulturell, religiös und ökonomisch begründet war, fanden in den dreißiger Jahren auch vereinzelt rassistische Erklärungsmuster Eingang in die Argumentation der Antisemiten. Beispiele dafür aus der Publizistik finden sich etwa bei Landau-Czajka, A.: W jednym stali domu... Koncepcje rozwiązania kwestii żydowskiej w publicystyce polskiej lat 1933–1939, Warszawa 1998. Dabei gilt es aber immer zu berücksichtigen, daß hier die Einflüsse der nationalsozialistischen Propaganda eine nicht unbedeutende Rolle spielten und mit zur Veränderung der Argumentationsmuster in Polen beitrugen. Zugleich sei darauf hingewiesen, daß die polnische antijüdische Agitation in vielfacher Hinsicht die Praxis der Diskriminierung der Juden in Deutschland zwar guthieß, zu der nationalsozialistischen Ideologie jedoch mehr oder weniger Distanz bewahrte, s. dazu Weiss, Deutsche und polnische Juden, S. 105–109.

bezug auf den Anwaltsberuf: „Wir wollen uns nicht mit der unfruchtbaren Diskussion aufhalten, ob die jüdische Mentalität und Kultur in der Sphäre des Rechts und der Advokatur niedriger, gleich oder höher steht als die polnische. Uns reicht die Feststellung, daß sie andersartig und der polnischen Rechtsmentalität und -kultur völlig fremd ist und daß die Bewahrung und Entwicklung einer unverfälschten polnischen Mentalität und Kultur das Recht, die Pflicht sowie die historische Aufgabe des polnischen Volkes ist. Die Unterschiede in der jeweils typischen jüdischen bzw. polnischen Rechtsmentalität sind überdeutlich und lassen sich nicht in Übereinstimmung bringen."[161] Noch umfassender beanspruchte eine Deklaration der jungen Juristengeneration, ebenfalls aus dem Jahr 1937, alle Bereiche des Rechtslebens als exklusiv nationalpolnische Sphäre: „Der polnische Gesetzgeber, der polnische Rechtslehrer und der Ausführende der polnischen Gesetze kann nur ein Pole sein, der den Geist wie die Struktur des polnischen Volkes und dessen historische Mission versteht und für den die Ziele des Volkes auch die eigenen sind."[162]

Die Stellungnahmen zu jüdischen Angehörigen der juristischen Profession wie generell zur jüdischen Minderheit in Polen unterlagen Ende der dreißiger Jahre in den Kreisen der jungen Juristengeneration einer zunehmenden Radikalisierung. 1938 wurde in der Zeitschrift *„Prawo"* gefordert, alle Juden aus Polen auszusiedeln und sie bereits zuvor aller Bürgerrechte zu berauben. Für eine Übergangszeit, in der noch nicht alle Juden Polen verlassen hatten, sollte es jüdischen Rechtsanwälten erlaubt sein, jüdische Klienten vor Gericht zu vertreten, allerdings nicht als gleichberechtigte Anwälte, sondern lediglich als Prozeßbevollmächtigte mit eingeschränkten Rechten.

161 Bielawski, B.: Polskość adwokatury a dobro Rzeczypospolitej, in: Czasopismo Adwokatów Polskich 21 (1937), Nr. 1–11, S. 11–19, hier S. 12. Die „typische jüdische juristische Mentalität" *(typowa mentalność prawnicza żydowska)* sei u. a. durch präzise Analysefähigkeit, Betonung der Form vor dem eigentlichen Inhalt der Rechtsnorm, großen Arbeitseifer, Hang zur übermäßigen Komplizierung von Sachverhalten bzw. Spitzfindigkeit sowie Neigung zu radikalen Theorien gekennzeichnet, während sich die „typische polnische juristische Mentalität" (*typowa mentalność prawnicza polska*) durch die Fähigkeit zur Synthese und zur Vereinfachung rechtlicher Probleme, Anpassung des geschriebenen Rechts an die Prinzipien der christlichen, romanisch-slavischen Zivilisation, Neigung zum gesunden Kompromiß sowie durch das Streben, das Wohl des einzelnen mit dem der Allgemeinheit in Übereinstimmung zu bringen, auszeichne, ebenda, S. 12–13.

162 Deklaracja polskiej młodzieży prawniczej, in: Prawo 14 (1937), Nr. 3–4, S. 55–57, hier S. 56.

Der christlichen Anwaltschaft *(adwokatura)* wurde diese Institution als *lewirat* gegenübergestellt.[163]

In der polnischen Forschungsliteratur ist immer wieder betont worden, daß die starke Bindung gerade der jungen nationaldemokratischen Politiker an den Katholizismus verhindert habe, daß deren Antisemitismus eine rassistische und exterminatorische Gestalt annahm. Es handle sich eher um einen „geistigen Antisemitismus", der die „psychische Andersartigkeit" der Juden betone, welche eine Assimilation unmöglich mache.[164] Anthropologische Argumente würden in diesen Ausführungen, die eher den andersartigen „Kulturcharakter" der Juden betonten, daher keine Rolle spielen.[165] Tatsächlich bestand ein großer Unterschied zwischen dem völkisch-rassistischen Antisemitismus nationalsozialistischer Prägung und der Betonung der vor allem kulturell-religiösen Andersartigkeit im polnischen Antisemitismus.[166] Dennoch sollte diese letztere Variante nicht verharmlost werden. Gerade in den Diskussionen innerhalb der juristischen Profession wird deutlich, welch totalen Charakter die Ablehnung der Juden annehmen konnte, wenn sie sich auf die Annahme eines spezifisch national-religiös begründeten Kulturcharakters stützte. Die Unterordnung der allgemeinen Bürgerrechte unter eine Gesellschaftsordnung, die ganz offensiv die katholische Bevölkerung bevorzugen sollte und die die Bedeutung der christlichen Zivilisation für die polnische Staatlichkeit betonte, hatte eine zunehmende Ausgrenzung und Diskriminierung der Juden zur Folge. Während zunächst noch die Juden, die sich um das Wohl des polnischen Staates besonders verdient gemacht oder als Offiziere in der polnischen Armee gedient hatten, von dem Ausschluß aus dem Anwaltsstand ausgenommen wurden,[167] fielen in den dreißiger Jahren alle Juden

163 Wisłocki-Sas, J.: Adwokatura i lewirat, in: Prawo 15 (1938), Nr. 1–2, S. 1–3. Das lateinische Fremdwort *levirat* bezeichnet eigentlich die Ehe eines Mannes mit der Frau seines kinderlos verstorbenen Bruders im alten Testament sowie bei einigen Naturvölkern. Sas-Wisłocki leitet den Begriff wohl etymologisch reichlich abenteuerlich von Leviten als Synonym für Juden ab.

164 Friszke, O kształt niepodległej, S. 311.

165 Grott, Polnische Parteien, S. 81.

166 S. dazu auch Weiss, Deutsche und polnische Juden, S. 112–114. Die Autorin beschreibt die polnischen Traditionen des Antisemitismus und betont, daß aufgrund der seltenen Übertritte polnischer Juden zum katholischen Glauben der polnische Antisemitismus das Paradigma der Fremdheit der Juden auch ohne rassistische Argumente vertreten konnte.

167 Wisłocki-Sas, J.: Akademicki Kodeks Honorowy, Warszawa 1934, S. 17.

der Stigmatisierung zum Opfer. Gegen Ende der Zweiten Republik war es im Rahmen nationalistischer Juristenvereinigungen wie etwa der „Nationalen Anwaltsvereinigung“ *(Narodowe Zrzeszenie Adwokatów)* an der Tagesordnung, den Juden jegliche Bürgerrechte abzusprechen und sie als innere Feinde zu brandmarken, die es rigoros aus der Anwaltschaft zu entfernen galt.[168] Bezeichnend war, daß damit ein Klima geschaffen wurden, in dem sich auch andere politische Formationen diesen Auffassungen annäherten und sich die Politik der *Endecja* bzw. der *Sanacja* gegenüber der jüdischen Minderheit zum Teil nur noch in Nuancen unterschied.[169]

Die zunehmende Fokussierung der Diskussion um die Überfüllung des Anwaltsstandes auf eine nationalistisch-exklusive Argumentation hatte in den dreißiger Jahren einen durchgreifenden Wandel in der institutionellen Verfaßtheit dieses Berufsstandes zur Folge. Die Anhänger einer ethnisch-polnisch dominierten Anwaltschaft bemühten sich dabei um die organisatorische Konsolidierung der bislang bestehenden Berufsverbände. In diesem Zusammenhang konnte sich die junge Generation rühmen, durch die Gründung des „Verbandes der Applikantenvereinigungen der juristischen Berufe der Republik Polen“ schon im Jahr 1923 einen Dachverband geschaffen zu haben, der der bislang bestehenden Zersplitterung dieser Berufsgruppe entgegenwirkte. Nach der Umbenennung in den „Verband junger Juristen der Republik Polen“ charakterisierte man sich wie folgt: „Der Verband möchte, indem er sich von jeglicher politischer Aktivität fernhält, eine große, starke berufsständische Korporation schaffen, die alle ihre Mitglieder in einer mächtigen Gesamtheit verbindet und die Grundlage für einen künftigen, einheitlich polnischen Juristenstand bildet.“[170] Von politischer Abstinenz konnte allerdings keine Rede sein. Immerhin war ein klar formuliertes Ziel des Verbandes der Ausschluß aller jüdischen Applikanten und die Schließung der An-

168 Narodowe Zrzeszenie Adwokatów: Uchwały walnego zgromadzenia, in: WMP 5 (1939), Nr. 5, S. 68–69, hier S. 68. In seinen Überlegungen zu einer Wahlrechtsreform kam der nationaldemokratische Jurist Edward Muszalski zu dem Schluß, daß die Juden kein Wahlrecht besitzen sollten, da ihnen generell keine Bürgerrechte zustünden, Muszalski, E.: O zasady przyszłej ordynacji wyborczej do Sejmu, in: WMP 5 (1939), Nr. 2, S. 13–18, hier S. 15.

169 Rudnicki, Sz.: Stanowisko Sanacji wobec Żydów w parlamencie lat 1935–1939, in: Parlament, prawo, ludzie. Studia ofiarowane prof. Juliuszowi Bardachowi w 60 lecie pracy twórczej. Warszawa 1996, S. 223–229.

170 Od Redakcji, Przed zjazdem, S. 3.

waltslisten für jüdische Professionsangehörige. Diese Forderungen wurden mit wachsendem Nachdruck auf den Kongressen des Verbandes formuliert.[171]

Die angebliche politische Neutralität, die der Verband wahren sollte, spiegelte ein neues Politik- und Gesellschaftsverständnis dieser Juristengeneration wider. Die Schaffung eines einheitlichen polnischen Juristenstandes wurde als ein so grundlegendes Bedürfnis gesehen, daß sie schon nicht mehr in die Sphäre der Tagespolitik fiel. Es war ein Anliegen, das wichtiger war als die Autonomie der einzelnen juristischen Berufsverbände. Diese Auffassung wurde auch in der Forderung deutlich, endlich einen „Verband Polnischer Juristen" zu gründen, der die unnötige Zersplitterung in einzelne Berufsverbände für Richter, Staatsanwälte und Anwälte aufheben sollte. Die gemeinsamen Interessen definierten sich dadurch, daß nur ethnisch polnische Juristen Mitglied werden durften. Vor diesem Hintergrund spielten die unterschiedlichen professionellen Interessen der einzelnen Berufszweige anscheinend keine Rolle mehr.[172] Zu einem ähnlichen Ergebnis kommt auch Czesław Miłosz bei seiner Bewertung der antisemitischen Stimmungen in den dreißiger Jahren. Er formuliert pointiert: „Der Unsinn der gesamten „jüdischen Frage" bestand darin, daß in der polnischen Gesellschaft jegliche anderen Trennlinien verschwanden, mit einer Ausnahme: entweder war man gegen oder für die entfesselte Hetze."[173]

Was die organisierte polnische Anwaltschaft anbelangte, so konnte die beklagte Zersplitterung im Vorfeld des polnischen Anwaltstages des Jahres 1937 überwunden werden. Dessen Motto lautete „Einheit im Kampf um die Polnischkeit der Advokatur" (*Zjednoczenie w walce o polskość adwokatury*). In diesem Sinne hatten sich die meisten Anwaltsvereine ungeachtet ihrer politischen Ausrichtung dem „Verband der polnischen Anwälte" (Związek Adwokatów Polskich, ZAP) angeschlossen, um die „Advokatur zu polonisieren" *(spolszczenia adwokatury)*.[174] Damit kam eine politische Ausdifferenzierung zu einem

[171] S. die Resolutionen in XIV Zjazd Młodych Prawników w Wilnie, in: Miscellanea, in: RPEiS 16 (1936), Nr. 2, S. 686 sowie XVI Zjazd Młodych Prawników, in: Miscellanea, in: RPEiS 19 (1938), Nr. 3, S. 745.

[172] Żenczykowski, Zasadniczy postulat, S. 4–5.

[173] Miłosz, Wyprawa w dwudziestolecie, S. 522.

[174] Czasopismo Adwokatów Polskich, Numer poświęcony Zjazdowi Adwokatów Polskich 21 (1937), Nr. 1–11, S. 1.

Ende, zumindest was die ethnisch polnischen Berufsverbände betraf. Noch 1933 war diese ganz eklatant gewesen. Größter Konkurrent des ZAP war der „Anwaltszirkel der Republik Polen" *(Koło Adwokatów Rzeczypospolitej Polskiej,* KARP), der dem Regierungslager der *Sanacja* nahestand und im Zuge der Ausarbeitung einer neuen Anwaltsordnung gegründet worden war, wobei er die Regierung beratend unterstützen sollte.[175] Diesem regierungsnahen Verband hatte auch die explizit der Nationaldemokratie zuneigende „Nationale Anwaltsvereinigung" kritisch gegenübergestanden und war auf Abgrenzung bedacht gewesen. 1933 rief sie unabhängige Anwaltsvereinigungen auf, darauf zu achten, daß auf den Wahllisten für die Selbstverwaltungsorgane der Anwaltschaft keine „Juden, Sozialisten und *Sanacja*-Anhänger" stünden.[176] Auf die dezidiert antijüdische Konsolidierung innerhalb der polnischen Anwaltschaft reagierten die bislang eher locker assoziierten jüdischen Anwälte im Jahr 1937 mit einem landesweiten Zusammenschluß.[177] Auch auf der linken Seite des politischen Spektrums kam es zu Verbandsneugründungen. Im Jahr 1937 bildete sich die „Demokratische Vereinigung Polnischer Anwälte" *(Demokratyczny Związek Adwokatów Polskich)*, die ebenso wie die im gleichen Jahr entstandene linksgerichtete Applikantenvereinigung gegen die Ausgrenzung jüdischer Kollegen sowie gegen das Projekt einer die berufsständische Autonomie beschränkende Anwaltsordnung protestierte.[178]

Am Beispiel des Gesetzesprojekts zur einheitlichen Organisation der polnischen Anwälte kann man sehr deutlich den Wandel im professionellen Selbstverständnis bei Teilen der Anwaltschaft in den dreißiger Jahren beobachten. Der seit 1925 maßgeblich von Jan Jakub Litauer in der Kodifikationskommission erarbeitete Entwurf zu einer einheitlichen Anwaltsordnung stützte sich zum Teil auf die österreichische Anwaltsordnung von 1849 (novelliert 1868),[179] vor allem jedoch auf die im Jahr 1918 im ehemaligen Königreich Polen und 1922

[175] Nowe Stowarzyszenia Adwokackie, in: Czasopismo Adwokatów Polskich 17 (1933), Nr. 7–9, S. 10.

[176] Narodowe Zrzeszenie Adwokatów: Sprawozdanie Zarządu Narodowego Zrzeszenia Adwokatów za rok 1933, Warszawa 1934, ohne Seitenzahlen.

[177] Walne zebranie „Koła Adwokatów Żydów" we Lwowie, in: Palestra 14 (1937), Nr. 7, S. 602.

[178] Chajn, Adwokatury lat trzydziestych, S. 115–117.

[179] Kübl, F.: Geschichte der österreichischen Advokatur (dritte, wesentlich erweiterte und ergänzte Auflage, Hg. v. D. Ströker), Wien 1981, S. 167–168.

in den Ostgebieten eingeführte Ordnung des „Vorläufigen Statuts der Anwaltschaft des Polnischen Staates“ *(Statut Tymczasowy Palestry Państwa Polskiego)*[180]. Das Gesetz sicherte der Profession ein hohes Maß an Autonomie zu und betonte die Selbständigkeit der einzelnen Anwaltskammern. Maßgebliche Entscheidungsgewalt für alle professionsinternen Angelegenheiten besaßen der „Oberste Anwaltsrat“ (*Naczelna Rada Adwokacka,* NRA) als höchstes anwaltliches Selbstverwaltungsorgan sowie die regionalen Anwaltskammern. Diese Gremien kontrollierten die Eintragung in die Anwaltslisten, führten die Aufsicht über die anwaltliche Berufstätigkeit sowie über die Disziplinargerichtsbarkeit und waren für die Ausbildung der Anwaltsreferendare verantwortlich. Besondere Bedeutung wurde dem „Vorläufigen Statut“ zugemessen, da dieses maßgeblich von Anwälten selbst erarbeitet worden war und daher sehr stark die berufsständische Selbstverwaltung betonte und mit dem „Obersten Anwaltsrat“ eine Institution geschaffen hatte, die schon vor der Vereinheitlichung der drei Teilungsgebiete eine Integrationsfunktion für die polnische Anwaltschaft besaß.[181]

Das Justizministerium betrachtete den von der Kodifikationskommission erarbeiteten Entwurf mit großem Mißtrauen und machte ihn obsolet, da bereits vor seiner dritten Lesung ein eigener ministerieller Entwurf, der ohne Abstimmung mit der Anwaltschaft entstanden war, dem Parlament zur Beratung vorgelegt wurde.[182] Gegen dieses Vorgehen und vor allem gegen den Inhalt des Entwurfs regte sich massenhafter Protest bei den Anwälten. Die Zeitschrift der Warschauer Anwaltschaft *„Palestra“* („Die Rechtsanwaltschaft“) widmete der Auseinandersetzung mit der geplanten neuen Anwaltsordnung im Jahr 1931 eine gesamte Nummer, in der sich nur erbitterte Kritiker der neuen Ordnung zu Wort meldeten.[183] Den größten Widerspruch rief die Degradierung der anwaltlichen Selbstverwaltung zu einer rein materiellen Interessenvertretung dieses Berufsstandes hervor. Damit

[180] Dziennik Praw Praw Państwa Polskiego 1918, Nr. 22, Poz. 75.

[181] Chmurski, A.: Historia Statutu Palestry, in: Palestra 8 (1931), Nr. 10–11, S. 518–523.

[182] Prace Komisji Kodyfikacyjnej nad projektem ustawy o adwokatury, in: Palestra 8 (1931), Nr. 10–11, S. 524–527.

[183] Vgl. dazu auch Krzemiński, Z.: Adwokatura polska w latach 1918–1939, in: Palestra 32 (1988), Nr. 11–12, S. 59–75, hier S. 67–68. S. zuletzt auch Ders.: Sławni warszawscy adwokaci, Kraków 2000 (darin die Beiträge zu Ludwik Domański, Bolesław Bielawski, Leon Nowodworski).

– so wurde argumentiert – werde die bedeutende gesellschaftliche und politische Rolle, die die Anwälte im polnischen Staat spielten, negiert. Deutlich wurde das Bestreben der Regierung, die Anwaltschaft zu entpolitisieren, auch an der Tatsache, daß diese – anders als zuvor – der Regierung keine Vorschläge mehr in den Bereichen der Gesetzgebung unterbreiten durfte, die das Gerichtswesen betrafen. In der Abschaffung des „Obersten Anwaltsrates“ sowie der Angliederung der einzelnen Anwaltskammern an die jeweiligen Appellationsgerichtsbezirke sah man das Bestreben der Exekutive, die verbandliche Autonomie des Berufsstandes zu zerschlagen und ihn der administrativen Kontrolle der Gerichte unterzuordnen. So sollte zum Beispiel die Disziplinargerichtsbarkeit nicht mehr bei den Anwaltskammern, sondern zumindest teilweise bei Richtern und Beamten des Justizministeriums liegen.[184]

Das „Gesetz über die Verfassung der Anwaltschaft“, das im Oktober 1932 durch einen Präsidialerlaß in Kraft trat,[185] nahm zum Teil auf die von den Anwälten geäußerten Kritikpunkte Rücksicht. So wurde der „Oberste Anwaltsrat“ nicht abgeschafft sowie die anwaltliche Selbstverwaltung in wesentlichen Teilen erhalten.[186] Allerdings zeigten sich in der Verordnung aber auch deutliche Bestrebungen der Regierung, Einfluß auf die berufsständische Selbstverwaltung zu nehmen. So gab Art. 60 dem Justizminister das Recht, im Falle der „Verletzung der öffentlichen Ordnung und Sicherheit“ durch den „Obersten Anwaltsrat“ diesen aufzulösen und die Amtsgeschäfte für begrenzte Zeit durch einen von ihm delegierten Richter führen zu lassen. Das Gesetz wurde aber auch von Teilen der im nationalistischen ZAP zusammengeschlossenen Anwälte bereits vor seiner Verabschiedung heftig kritisiert. Der Verband hatte bereits im Jahr 1928 einige entscheidende Änderungen im Gesetzestext der Kodifikationskommission durchgesetzt, so etwa die besondere Betonung des „Schutzes der nationalen Rechte der polnischen Advokatur“.[187]

Die *Sanacja*-Regierung war in den dreißiger Jahren verstärkt darum bemüht, ihren Einfluß auf alle Bereiche der gesellschaftlichen

[184] Die Kritikpunkte zusammengefaßt bei Sokołowski, Z.: Reforma ustroju adwokatury, in: Palestra 8 (1931), Nr. 10–11, S. 433–449.

[185] Rozporządzenie Prezydenta RP. z dnia 7.10.1932, Dz. U. RP., Nr. 86, 1932, Poz. 733.

[186] Urbanowicz, S.: Nowe prawo o ustroju adwokatury, in: Palestra 9 (1932), Nr. 3–10, S. 100–109, hier S. 101.

[187] Lutwak, U źródeł partyjnictwa, S. 42.

Selbstverwaltung auszudehnen. Wie sich in Art. 60 der neuen Anwaltsordnung schon angekündigt hatte, galt dies auch für die organisierte Anwaltschaft. Unter Justizminister Czesław Michałowski (1885–1941) setzten Arbeiten zur Novellierung des Gesetzes von 1932 ein. Hauptanliegen dieser Reformbemühungen war die Beschränkung der anwaltlichen Selbstverwaltung auf rein innerprofessionelle, vor allem die materielle Lage der Mitglieder betreffende Angelegenheiten. Darüber hinaus war man bestrebt, auf die Zusammensetzung der bislang durch die Professionsangehörigen frei wählbaren Selbstverwaltungskörperschaften Einfluß zu nehmen. Gegen die für das Justizministerium durch das KARP erarbeitete Novellierung protestierten nicht nur politische Gegner dieser regierungsnahen Organisation wie etwa die „Vereinigung der Sozialistischen Juristen in Polen“ *(Zrzeszenie Prawników Socjalistów w Polsce)*, die das Projekt mit dem Hinweis ablehnten, daß damit die unabhängige Advokatur abgeschafft und der Regierung untergeordnet würde.[188] Auch innerhalb der einzelnen Anwaltskammern regte sich Widerspruch gegen die Pläne der Regierung. Im Februar 1938 veröffentlichte der „Oberste Anwaltsrat“ einen Beschluß gegen die Beschneidung der anwaltlichen Selbstverwaltung durch die Einflußnahme des Justizministeriums.[189] Es war vor allem der „polizeistaatliche Geist“[190] des Projekts, der von dessen Kritikern angeprangert wurde und der bis zu einem gewissen Zeitpunkt das Gros der Professionsangehörigen in ein regierungsfreundliches und -feindliches Lager teilte.

Dies sollte sich ändern, als die Debatte um den ethnisch-polnischen Charakter der Anwaltschaft an Schärfe gewann. Auf dem Kongreß des ZAP im Jahr 1937 forderten die ehemaligen Gegner einmütig von der Regierung, daß sie Schritte unternehmen solle, um den jüdischen Anteil an der Advokatur zu beschränken.[191] Die Annäherung zwischen den der *Sanacja* bzw. der *Endecja* nahestehenden Anwälten war möglich geworden, weil sowohl ZAP als auch KARP den Aus-

188 W obronie niezależności adwokatury. Komunikat Zrzeszenia Prawników Socjalistów w Polsce, in: Głos Prawa 12 (1935), Nr. 1–2, S. 123–124.

189 Naczelna Rada Adwokacka: Sprawozdanie za rok 1937/38, Warszawa 1938, S. 19.

190 Psychoza reformacyjna w adwokaturze polskiej, in: Głos Prawa 12 (1935), Nr. 3–4, S. 255–256, hier S. 255.

191 Zjazd Związku Adwokatów Polskich, in: WMP 3 (1937), Nr. 6–7, S. 39–40, hier S. 40.

schluß der Juden aus ihren Verbänden auf ihre Fahnen geschrieben hatten und davon überzeugt waren, daß die Politik der Regierung bzw. des inzwischen amtierenden Justizministers Witold Grabowski diesem Ziel zuträglich sei.[192] Das KARP ging fast vollständig im ZAP auf, weil – wie in einem Rechenschaftsbericht des ZAP argumentiert wurde – „fast alle Polen, die in ihrem Kreis ungern Juden und frischgebackene Neophyten sahen, ausgetreten sind."[193] Zwar bemühte sich der „Oberste Anwaltsrat" darum, die Auseinandersetzungen vor ethnischem und konfessionellem Hintergrund aus der Standesvertretung herauszuhalten,[194] doch fand er bei den meisten Anwaltsvereinen, die in den dreißiger Jahren vor allem politische Interessen repräsentierten, kein Gehör. Es war vielmehr so, daß die gesamte Debatte um die neue Anwaltsordnung einer zunehmenden Radikalisierung unterlag. Davon, daß auch in Zeiten heftigster innenpolitischer Auseinandersetzungen der Umgang zwischen den Anwälten korrekt blieb,[195] konnte keine Rede mehr sein. Die „Nationale Anwaltsvereinigung" rief zum Beispiel schon 1934 dazu auf, Listen von den Personen zu erstellen, die sich von jüdischen Anwälten beraten ließen. In der Gegenreaktion jüdischer Juristen wurde daraufhingewiesen, daß sehr viele Kanzleien *Endecja*-naher Juristen jüdische Klienten betreuten.[196] Die Segregation der polnischen Gesellschaft anhand ethnischer und konfessioneller Kriterien wurde somit auch im Diskurs der juristischen Profession vorangetrieben.

Anders als etwa in Ungarn, wo sich die Juristen gegen die Einmischung des Staates beim Kampf gegen die Überfüllung ihrer Profession wandten,[197] achtete die Mehrzahl der polnischen Juristen ihre professionelle Unabhängigkeit gering, wenn es darum ging, „dem polnischen Element" den Vorrang in der Advokatur zu garantieren. Als die neue Anwaltsordnung im Mai 1938 in Kraft trat,[198] wurde sie von breiten Kreisen der Anwaltschaft positiv aufgenommen, obwohl

[192] S. dazu auch Żyndul, Zajścia antyżydowskie, S. 74.

[193] Związek Adwokatów Polskich, Oddział Krakowski, in: Czasopismo Adwokatów Polskich 22 (1939), Nr. 1–6, S. 10–12, hier S. 10.

[194] SOBCZAK, Stosunek Narodowej Demokracji, S. 383; Żyndul, Zajścia antyżydowskie, S. 74–75.

[195] So etwa JANCZEWSKI, S.: Adwokatura międzywojenna, in: Palestra 12 (1968), Nr. 12, S. 25–34, hier S. 32.

[196] Hitlerizm w adwokaturze polskiej, in: Głos Prawa 11 (1934), Nr. 4–5, S. 342.

[197] KOVÁCS, Liberal Professions, S. 108.

[198] Ustawa z dnia 12.5.1938, „Prawo o ustroju adwokatury", Dz. U. RP., Nr. 33, 1933, Poz. 289.

sie die berufsständische Selbstverwaltung beschnitt. Das Justizministerium erhielt darin sehr weite Einflußmöglichkeiten auf die Zusammensetzung der Selbstverwaltungsorgane (Art. 54 und 55). Daneben wurde festgelegt, daß es dem Justizminister überlassen sein sollte, Begrenzungen bei den Anwaltszahlen festzulegen. Er sollte dabei auf Empfehlung des „Obersten Anwaltsrates“ vorgehen (Art. 66, Abs. 1). Es wurde eine Pflichtapplikatur bei Gericht (Art. 57, Abs. 1e) eingeführt, die eine explizite Behinderung für den jüdischen juristischen Nachwuchs darstellte, da Juden nur sehr selten in den Staatsdienst aufgenommen wurden. Während etwa in Ungarn die Professionsangehörigen gegen einen ausgesprochen antisemitischen Gesetzentwurf der Regierung protestierten und damit erreichen konnten, daß dieser im Jahr 1937 nur in abgeschwächter Form verabschiedet wurde,[199] ging vielen Juristen in Polen die neue Anwaltsordnung noch nicht weit genug. Zwar sah man in dem neuen Gesetz ein „positives Ergebnis im Kampf mit den Juden“,[200] doch konnte dies gerade in den Augen der jüngeren Generation nur ein erster Schritt sein. Während man anerkennend feststellte, daß das Gesetz den ungehinderten „Zufluß des nichtpolnischen Elements zur Advokatur“ eindämme, wurde gleichzeitig kritisiert, daß zur Sicherung eines polnischen Übergewichts in möglichst rascher Zeit weitere Schritte vonnöten seien.[201] Dazu zählte man die Schließung der Anwaltslisten aller Kammerbezirke für Juden sowie die Streichung jüdischer Anwälte aus den Listen, bis ihre Anzahl dem Prozentsatz der jüdischen Bevölkerung des jeweiligen Kammerbezirks entsprach.[202] Auf Aufforderung von Justizminister Grabowski erteilte der „Oberste Anwaltsrat“ den Ratschlag, die Anwaltslisten generell für fünf Jahre zu schließen, um so zu einer Verbesserung der angespannten materiellen Situation beizutragen. Der Minister verordnete daraufhin im Juni 1938 die Schließung der Listen sogar bis zum Jahr 1945.[203]

Diese Maßnahme stellte quasi den Schlußpunkt einer Entwicklung dar, in deren Verlauf es der Regierung gelungen war, die Selbst-

[199] Kovács, Liberal Professions, S. 99–100.

[200] Związek Adwokatów Polskich, Oddział Krakowski, S. 11.

[201] Związek Zrzeszeń Młodych Prawników: Sprawozdanie prezesa rady naczelnej za rok 1938/39 wygłoszone na zjeździe delegatów w Warszawie, Warszawa 1939, S. 14.

[202] XVI Zjazd Młodych Prawników, in: Miscellanea, in: RPEiS 18 (1938), Nr. 3, S. 745.

[203] Rozporządzenie Ministra Sprawiedliwości z dnia 4.6.1938 o zamknięciu list adwokatów i list aplikantów adwokackich, Dz. U. RP. 1938, Nr. 40, 1938, Poz. 334.

verwaltungsorgane der Profession zu reinen Sachwaltern materieller Interessen zu machen. Dies konnte gelingen, weil ein Großteil der Professionsangehörigen in seinem Berufsstand nicht mehr eine selbständige Organisation sah, in der über Teilgebietsunterschiede sowie ethnische und konfessionelle Konflikte hinweg fachliche und berufsspezifische Kriterien den Umgang miteinander bestimmten. Mit der Überhöhung des Nationsbegriffs, dem ein exklusiver ethnisch-polnischer Charakter gegeben wurde, schwand die Bereitschaft, andere gesellschaftliche Ordnungs- und Regelungsprinzipien überhaupt wahrzunehmen. In dem Maße, in dem die Professionsangehörigen auf die Wirkungsmacht solcher Argumente auch in ihren eigenen Standesorganisationen vertrauten, verloren sie die Autonomie gegenüber der Regierung,[204] die spätestens seit der Einführung der Aprilverfassung im Jahr 1935 eine Strategie verfolgte, deren Ziel es war, durch die Überhöhung des Kollektivbegriffs des „Staates" die einzelnen demokratischen und pluralistischen Regelungsprinzipien innerhalb des Gemeinwesens zu beschneiden.[205] Die offensive Mißachtung etwa der Gewaltenteilung durch die Abschaffung der Unabhängigkeit der Gerichte in der Aprilverfassung und die demonstrative Mißachtung prozessualer Grundsätze in den politischen Prozessen der dreißiger Jahre führte zu einer Abwertung rechtsstaatlicher Prinzipien. Dazu kam, daß die junge Juristengeneration das Kollektivum „Staat" durch das des „Volkes" ersetzte und darauf beharrte, daß „das polnische Volk einen besonderen Charakter und ein nur ihm eigenes Rechtsgefühl besitzt."[206] Die Überhöhung der Nation, die eine Unterordnung aller anderen Rationalitätskriterien unter diesen Begriff forderte, wurde nicht im herkömmlichen Sinne als eine politische Strategie unter vielen betrachtet, sondern erschien vielen Juristen als einzig mögliche Argumentationsform für ihre Interessen.[207]

[204] Die Diskussion um die Anwaltsordnung von 1938 macht deutlich, wie die polnischen Anwaltsverbände zum Zwecke der nationalen Besitzstandswahrung in den Selbstverwaltungsgremien ihre organisatorische Unabhängigkeit opferten und der Exekutive weitgehende Ingerenzrechte gewährten, da sie auf diese Weise die Verdrängung der nationalen Minderheiten aus der Anwaltschaft gewährleistet sahen, s. zu diesem Prozeß KRAUSHAAR, A.: Prace nad reformą ustroju adwokatury, in: Palestra 15 (1938), Nr. 2, S. 81–101 sowie Nr. 3, S. 174–195.

[205] Vgl. KAWALEC, Wizje ustroju, S. 99–102.

[206] Deklaracja polskiej młodzieży prawniczej, S. 56.

[207] In der Betonung der Bedeutung des Kollektivs und der Vernachlässigung individueller Werte unterschied sich die junge Generation der Zweiten Republik wenig von anderen Anhängern autoritärer und totalitärer Bewegungen in der Zwischenkriegszeit, s. dazu BUDE, H.: Generationen im 20. Jahrhundert. Historische Einschnitte,

Die Qualität demokratischer Systeme bemißt sich nicht zuletzt an der Art der Ausdifferenzierung ihrer Institutionenstruktur bzw. daran, wie Konflikte zwischen den einzelnen Institutionen, die unterschiedliche Leitideen repräsentieren, geregelt werden. Rainer Lepsius hat für staatssozialistische Systeme die These aufgestellt, daß durch die Absolutsetzung einer Leitidee die in der Gesellschaft vorhandenen Handlungskontexte entdifferenziert werden und somit zu einer Institutionenschwäche beigetragen wird, da durch die Dominanz der vom Staat vorgegebenen Leitidee die pluralistische Institutionenstruktur, durch die unterschiedliche Interessen repräsentiert werden, verkümmert.[208] Aber auch in bezug auf andere politische Systeme findet diese These Bestätigung, wie die Betrachtung des institutionellen Umbaus innerhalb der polnischen Jurisprudenz während der Zwischenkriegszeit belegt. Der Primat der ethnisch-polnisch verstandenen Nation und ihrer Interessen hatte zur Folge, daß eine Homogenisierung der Juristenverbände unter dieser Leitidee eintrat. Demgegenüber wurden andere Leitideen wie innerverbandliche Demokratie oder Autonomie gegenüber dem Staat aufgegeben. Die scheinbare Interessenidentität zwischen der zunehmend autokratisch agierenden Exekutive und den ethnisch-polnischen Juristenverbänden hatte schließlich die (Selbst-) Entmachtung der einst autonomen Verbände zur Folge, da das Prinzip der professionellen Selbstverwaltung zugunsten der alles überstrahlenden Idee einer ethnisch-polnisch verstandenen Solidarität den ursprünglichen Daseinszweck der Berufsverbände aufzuheben schien.

5.4. Die Profession gegenüber weltanschaulichen Konflikten: Fallbeispiel Eherecht

Das Ehe- und Familienrecht gehörte zu den Teilen der Rechtsordnung, deren Vereinheitlichung bis zum Ausbruch des Zweiten Weltkriegs nicht gelang.[209] Die Diskussionen um das Eherecht zeigen, wie in der Zweiten Republik die Konzeption der gleichberechtigten Staatsbürger durch Konstruktionen bestimmter nationaler, aber auch ge-

ideologische Kehrtwendungen, innere Widersprüche, in: Merkur 54 (2000), Nr. 7, S. 567–579, hier S. 569.

208 Lepsius, Institutionalisierung, S. 66–68.

209 Zur Entstehung der Gesetzesprojekte s. auch Górnicki, Prawo cywilne, S. 194–268.

schlechtsspezifischer Rollenbilder konterkariert wurde. Dabei ist von besonderem Interesse, daß bei diesem Teil der Rechtsordnung die Diskussion nicht auf den relativ engen Kreis der juristischen Fachleute beschränkt blieb, sondern sich rasch auf weitere Kreise der Gesellschaft ausdehnte. In der Durchdringung von fachjuristischen mit anderen, vor allem sehr stark religiös und national besetzten Argumenten wurde ein spezifisches Gesellschafts- und Demokratieverständnis sichtbar, das prägend für die Zweite Republik war.

Die rechtliche Ausgangslage war kompliziert, da sich die Regelungen in den drei ehemaligen Teilungsgebieten bzw. zusätzlich im russischen Teilungsgebiet in bezug auf das ehemalige Königreich Polen und die Ostgebiete sehr stark unterschieden.[210] Die Aufteilung der polnischen Adelsrepublik fiel zeitlich in etwa mit einer in mehreren europäischen Staaten anzutreffenden zivilrechtlichen Kodifikationsbewegung zusammen, die im Sinne des von der Aufklärung propagierten Naturrechts bestrebt war, die menschlichen Beziehungen auf eine neue, durch rationale Prinzipien und vertraglich geregelte Grundlage zu stellen. Bis dahin war fast überall in Europa – so auch in Polen – für den Bereich der rechtlichen Regelung von Eheangelegenheiten in erster Linie das kanonische Recht ausschlaggebend gewesen. Dieses postulierte das Herrschaftsrecht des Mannes und die Unterordnung der Frau in der Ehe. Indem es sich auf die biblischen Aussagen über das Haupt-Sein des Mannes und das Leib-Sein der Frau stützte, führte es zudem das Argument der sittlichen Minderwertigkeit der Frau an. Obwohl das auf das hochmittelalterliche *Decretum Gratiani* gestützte kanonische Recht mehrfach überarbeitet worden war, bis es dann schließlich 1917 in den *Corpus Iuris Canonici* gefaßt wurde, änderte sich das Postulat der Unterordnung der Frau nich grundlegend. Die katholische Kirche bewertete die im 19. Jahrhundert entstehende Frauenbewegung, die sich u. a. für die rechtliche Gleichstellung der Frauen einsetzte, als eine „Verfallserscheinung" der modernen Nationalstaaten (vergleichbar mit der sozialistischen Bewegung) und setzte einem auf allgemeinen bürgerlichen Gleichheitsrechten basierenden Gesellschaftsbild das der kirchlichen Ge-

[210] Die schwierige gerichtliche Praxis vor allem bis zur Einführung von Kollisionsregeln durch das Interlokale Privatrecht im Jahr 1926 beschreibt Krasowski, K.: Próby unifikacji osobowego prawa małżeńskiego w Drugiej Rzeczypospolitej, in: Kwartalnik Prawa Prywatnego 3 (1994), Nr. 3, S. 467–502, besonders S. 475–486.

meinschaft als einer *societas perfecta* entgegen, innerhalb derer die Unterordnung der Frauen weiterhin theologisch begründet blieb.[211]

Allerdings waren auch die im Geiste der Aufklärung entstandenen großen zivilrechtlichen Kodifikationswerke weit davon entfernt, das naturrechtlich begründete Gleichheitspostulat unabhängig vom Geschlecht auf alle Menschen zu übertragen. Das im preußischen Teilungsgebiet zunächst geltende ALR von 1794 schrieb ebenso wie das österreichische ABGB von 1811 sowie der seit 1807 im Königreich Polen geltende *Code Napoléon* die rechtliche Unterordnung der Frau in der Ehe fest. Nun nicht mehr theologisch, sondern biologisch und mit den Anforderungen, die der moderne Staat an Ehe und Familie stellte, begründet, wurde erneut die Vorrangstellung des Mannes betont, auch wenn der Vertragscharakter des Ehebundes jetzt stärker in den Vordergrund rückte.[212] Die im Gegensatz zu dem Ideal der allgemeinen bürgerlichen Gleichheit in den neuen Kodifikationen festgeschriebene Benachteiligung der Frau hatte zur Folge, daß der „Kategorie Geschlecht über alle anderen sozialen Ungleichheiten hinweg in Rechtstheorie und Rechtspraxis eine die Frauen als Gruppe bezeichnende und vereinheitlichende Rolle [zukam].“[213] Diese Tatsache spielte gerade im polnischen Fall eine nicht unbedeutende Rolle, kam doch aufgrund des hohen Adelsanteils in der polnischen Gesellschaft eine relativ große Anzahl von Frauen in den Genuß von standesrechtlichen Privilegien, die ihre Stellung gegenüber dem Ehemann stärkten und ihnen in Fragen des Personen- bzw. Vermögensrechts eine gewisse Selbständigkeit verschafften. Im moderneren Zivilrecht der Teilungsmächte gingen sie dieser Privilegien verlustig.[214]

Während die rechtliche Benachteiligung der Ehefrau nicht nur über Standesgrenzen, sondern auch über die Teilgebietsgrenzen hinweg

211 Raming, I.: Stellung und Wertung der Frau im kanonischen Recht, in: Gerhard, U. (Hg.): Frauen in der Geschichte des Rechts. Von der Frühen Neuzeit bis zur Gegenwart, München 1997, S. 698–712.

212 Dölemeyer, B.: Frau und Familie im Privatrecht des 19. Jahrhunderts, in: ebenda, S. 633–658. Daß gesellschaftlicher Egalitätsanspruch und Zugeständnisse in der Gleichberechtigung der Geschlechter nicht parallel verlaufen mußten, zeigt die Tatsache, daß die Zivilrechtskodifikation des revolutionären Frankreichs das Herrschaftsmoment, ALR und ABGB jedoch das Vertragselement in der Ehe stärker betonten, ebenda S. 638–640.

213 Gerhard, U.: Einleitung, in: ebenda, S. 13.

214 Zu diesem Aspekt s. Walczewska, S.: Damy, rycerzy, feministki. Kobieccy dyskurs emancypacyjny w Polsce, Kraków 1999, S. 126–127.

einheitlich festgeschrieben wurde, unterschieden sich die einzelnen gesetzlichen Regelungen jedoch sehr stark im Hinblick auf das durch sie definierte Verhältnis von Staat und Kirche. In diesem Bereich kann man zwischen einem konfessionellen, einem laizistischen sowie einem gemischten System des Eherechts unterscheiden. Zu den grössten Veränderungen während der Teilungszeit kam es dabei im russischen Teilungsgebiet. Mit der Einführung des *Code Napoléon* im Königreich Polen galt dort – im Gegensatz zu den östlichen Gebieten, wo zunächst das vor allem auf kanonischem Recht beruhende System bestehen blieb – ein radikal laizistisches Eherecht, das zivile Eheschließungen zur einzig verbindlichen Form und zivile Gerichte als allein zuständig erklärte sowie Scheidungen zuließ. Das „Zivilgesetzbuch des Königreichs Polen“ *(Kodeks Cywilny Królestwa Polskiego)*, das als eigenständige polnische Kodifikation den *Code Napoléon* ablöste, stellte die kirchliche Form der Eheschließung wieder her, verbot die Ehescheidung, ließ aber die Zuständigkeit weltlicher Gerichte in Eheangelegenheiten bestehen.[215] Das nach dem gescheiterten Novemberaufstand im Jahr 1836 eingeführte Eherecht, das im Bereich des Zivilrechts die bedeutendste Änderung gegenüber dem „Zivilgesetzbuch“ darstellte, unterstellte die Eheschließung wieder ausschließlich konfessioneller Rechtssprechung. Angehörige nicht anerkannter Religionsgemeinschaften durften nicht heiraten. Scheidungen waren je nach innerkonfessionellen Regelungen möglich bzw. verboten. In den Ostgebieten des russischen Teilungsgebietes galt seit 1840 das Eherecht des *Svod Zakonov* von 1832, das ebenfalls auf konfessioneller Grundlage stand und in seinen Bestimmungen etwa zu Mischehen Angehörige der Russisch-Orthodoxen Kirche bevorzugte.[216]

Im preußischen Teilungsgebiet galt mit dem ALR seit 1794 ein Recht, das zunächst noch gemischten Charakter trug, indem es bei der Eheschließung sowohl den Aspekt des kirchlichen Sakraments als auch den des zivilrechtlichen Vertrags betonte. Mit der Einführung des BGB im Jahr 1900 trat dort dann uneingeschränkt laizistisches

[215] S. zu den Ergebnissen polnischer Kodifikationsarbeit im Königreich Polen nach dem Wiener Kongreß auch Kap. 2.1.1. Das Ehe- und Familienrecht gehörte zu den Bereichen des Zivilrechts, bei denen die Arbeit des Kodifikationsausschusses zu den weitestgehenden Abweichungen vom *Code Napoléon* führte.

[216] ALEXANDROWICZ, K.: Marriage Law in Poland. A Problem of Comparative Law, in: Studies in Polish and Comparative Law, S. 156–167, hier S. 159–161; PAULI, Polen, S. 2113–2114.

Eherecht in Kraft, das die Ehe der weltlichen Rechtssprechung unterstellte, keine Beschränkungen in bezug auf gemischtkonfessionelle Ehen auferlegte und Scheidungen zuließ. Im österreichischen Teilungsgebiet galt während der gesamten Teilungszeit Recht mit einem gemischten Charakter, da sowohl die konfessionelle als auch die Zivilehe gestattet war, wobei für die Angehörigen der katholischen Konfession die kirchliche Ehe verpflichtend und die Scheidung untersagt war. Angehörigen nicht anerkannter Religionsgemeinschaften stand die Trauung durch einen zivilen Standesbeamten offen.[217]

Die Verfassung von 1921 definierte Polen als ein republikanisches Gemeinwesen (Art. 1), in dem die höchste Macht beim Volk lag (Art. 2) und in dem Politik nach den Regeln der repräsentativen Demokratie und unter Wahrung der Gewaltenteilung betrieben werden sollte. Ein ausführlicher Grundrechtskatalog sicherte den Bürgern individuelle Freiheitsrechte wie Meinungs,- Glaubens- und Gewissensfreiheit sowie grundsätzliche Gleichheit vor dem Gesetz zu. Durch die herausgehobene Stellung, die der katholischen Konfession im Staat zugebilligt wurde (Art. 114), waren gesellschaftliche Konflikte der Verfassung schon immanent. Da es keine einheitlichen Bestimmungen gab, wie nicht verfassungskonforme zivil- und strafrechtliche Regelungen gegenüber der Verfassung zu behandeln waren, besaß diese nur deklaratorischen Charakter, weil die Wahrung der verfassungsmäßigen Rechte zumeist vor der Geltung der das Alltagsleben bestimmenden zivilrechtlichen Normen in den Hintergrund trat. Somit kam der Kodifizierung einheitlicher Gesetzbücher eine wichtige Rolle zu, konnten sie doch dazu beitragen, Verfassungsprinzipien im Alltagsleben zu verwirklichen.

In Art. 95 der Verfassung sicherte die Republik ihren Bürgern den Schutz der körperlichen Unversehrtheit, der persönlichen Freiheit und des Besitzes ohne Unterschied im Hinblick auf Herkunft, Nationalität, Sprache oder Religion zu. Die Gleichheit der Geschlechter hingegen wurde in diesem Zusammenhang nicht erwähnt. Die Märzverfassung stellte damit die Zweite Republik in die Tradition moderner Staaten, denen von der feministischen Kritik vorgeworfen wurde und wird, daß sie männlichen Geschlechts seien, sich aber nicht dazu

217 Alexandrowicz, Marriage Law, S. 161f; Płaza, S.: Historia prawa w Polsce na tle porównawczym. Tom 2: Polska pod zaborami, Kraków 1998, S. 60–61.

bekennen würden.[218] Die Tatsache, daß hier *de iure* auf eine Nennung eines Differenzierungsverbots der Staatsbürger im Hinblick auf das Geschlecht verzichtet, *de facto* diese Differenz der Geschlechter aber in der Begründung rechtlicher Ungleichbehandlung immer herangezogen wurde, hatte weitreichende Folgen, sowohl was die Ausgestaltung der privatrechtlichen Stellung der Frau in der Zweiten Republik als auch die Wahrnehmung ihrer politischen und sozialen Rechte im Alltag anbelangte. Die Auslassung des Differenzmerkmals Geschlecht in der normativen Sphäre der Verfassung ist um so bedeutender, als der Ordnungskategorie Geschlecht in modernen Nationalstaaten eine zentrale Bedeutung zukommt. Daß die Konstruktion spezifischer Geschlechterbilder wiederum eng mit der Schaffung von bestimmten Nationsvorstellungen zusammenhängt,[219] ist im polnischen Fall von besonderer Relevanz, war doch die Zweite Republik ein Vielvölkerstaat mit beträchtlichen nationalen Spannungen. Am Beispiel des Eherechts kann gezeigt werden, wie diese Konzepte zur Einschränkung allgemeiner Staatsbürgerrechte führten, eine Tatsache, die nicht nur Frauen, sondern auch nicht ethnisch-polnische männliche Staatsbürger betraf.

Zunächst schien es jedoch so, als ob das unabhängige Polen den Frauen bei der rechtlichen Gleichstellung sehr wohlwollend gegenüberstand. Bereits zehn Tage nach der Ausrufung eines souveränen polnischen Staates wurde am 28. November 1918 durch das Dekret über die Wahlordnung zum Gesetzgebenden Parlament den Frauen das aktive und passive Wahlrecht zugesprochen. Während in anderen europäischen Nationalstaaten, die zum Teil über eine bedeutend modernere Gesellschaftsstruktur verfügten, die Einführung des Frauenwahlrechts noch in weiter Ferne lag (zum Beispiel Großbritannien

[218] Begründet wird diese Kritik mit der „vierfachen Geschlechtshalbiertheit" des modernen Staates. Dieser war als Vertragsergebnis freier Individuen der Aufklärung entstanden, als Frauen keine Vertragspartner sein konnten. Zudem schlossen die Nationalstaatsbildungen des 19. Jahrhunderts Frauen als Staatsbürgerinnen aus, da die daraus resultierenden Rechte an den Militärdienst gekoppelt waren. Eine „männerbündische Verfaßtheit staatlicher Bürokratien" verwehrte Frauen die aktive Teilhabe am staatlichen Handeln. Schließlich betraf dieses Handeln Frauen in fundamental anderer Weise als Männer, s. dazu Kühne, T.: Staatspolitik, Frauenpolitik, Männerpolitik. Politikgeschichte als Geschlechtergeschichte, in: Medick, H./Trepp, A.-C. (Hg.): Geschlechtergeschichte und Allgemeine Geschichte. Herausforderungen und Perspektiven, Göttingen 1998, S. 171–231, hier S. 174–175.

[219] S. dazu Appelt, E.: Geschlecht, Staatsbürgerschaft, Nation. Politische Konstruktionen des Geschlechterverhältnisses in Europa, Frankfurt/Main, New York 1999 sowie Yuval-Davies, N.: Gender and Nation, London 1997.

1928, Frankreich und Italien 1946, Belgien 1948), schien sich in Polen damit die These zu bewahrheiten, daß der Kampf um nationale Freiheit auch immer ein Kampf um bürgerliche Gleichheit gewesen war.[220] Tatsächlich hatte gerade die Beteiligung der Frauen am Kampf um die nationale Unabhängigkeit dazu beigetragen, daß sie in die (illegale) Öffentlichkeit der unterdrückten Nation einbezogen wurden und gerade im Bereich der Bildung emanzipatorische Fortschritte verbuchen konnten, da ihnen in diesem Feld eine Aufgabe von nationsbewahrender Bedeutung zugesprochen wurde.[221]

Auch in anderen Ländern waren es gerade der Zugang zu einer politischen Öffentlichkeit und die Zulassung zu Bildungseinrichtungen, die zu den wichtigsten Postulaten der Frauenbewegungen zählten. Es bleibt allerdings die Frage, ob es nicht gleichzeitig auch die spezifischen Bedingungen der Teilungszeit waren, die der Frauenbewegung im unabhängigen Polen dann bei der tatsächlichen Durchsetzung ihrer Forderungen zu schaffen machten bzw. überhaupt den Charakter dieser Forderungen bestimmten. Das weitgehende Fehlen eigener politischer Institutionen sowie eine im Gegensatz zu souveränen Staaten andere Bedeutung der Dichotomie von öffentlich und privat hatte es den polnischen Männern leicht gemacht, in der Teilungszeit die Staatsbürgerschaft auch den Frauen anzubieten, besaß diese doch eher symbolische als reale machtpolitische Bedeutung.[222] Es wird zu überprüfen sein, inwieweit dieses Gleichheitsversprechen unter den Bedingungen des Alltags im souveränen polnischen Staat trug. Zudem hatte der übermächtige nationale Unabhängigkeitsdiskurs dazu geführt, daß die Entwicklung einer eigenständigen Frauenbewegung, die ihre Ziele geschlechtsspezifisch formulierte, ausblieb.[223] Generell wird man konstatieren können, daß in weiten

220 S. dazu Zernack, Polen und Rußland, S. 328 und S. 535.

221 Titkow, A.: Frauen unter Druck?, in: Koschmal, W. (Hg.): Die Frau in der polnischen Gegenwartsliteratur, Köln, Wien, Weimar 1996, S. 31–67, hier S. 38–39. Zum Aspekt der Frauenbildung während der Teilungszeit s. auch Stegmann, N.: "Je mehr Bildung, desto polnischer". Die Nationalisierung polnischer Frauen in der Provinz Posen (1870–1914), in: Köhle-Hezinger, C. (Hg.): Frauen und Nation (= Frauenstudien Baden-Württemberg Bd. 10), Tübingen 1996, S. 165–177.

222 S. dazu Walczewska, Damy, rycerze, feministki, S. 41–42.

223 Diese Tatsache hat ihre Spuren nicht nur bei der polnischen Frauenbewegung, sondern auch in der polnischen Historiographie hinterlassen, s. dazu Stegmann, N. Von „Müttern der Nation“ und anderen Frauen, in: Jahrbücher für Geschichte Osteuropas 46 (1998), Nr. 2, S. 269–275. Der deutsche Volkstumsaktivist in der Provinz Posen, Fritz Vosberg, bemerkte dazu vor dem Ersten Weltkrieg: „Aber im Gegensatz zur

Teilen des Alltagslebens die Benachteiligung der Frauen weiter bestehen blieb.[224] Daß dies trotz des Zugeständnisses gleicher politischer Rechte der Fall war, ist nicht weiter verwunderlich. Es waren weniger die angebliche politische Passivität der Frauen,[225] als vielmehr strukturelle Hindernisse, die sich der effektiven Umsetzung der politischen Rechte trotz staatsbürgerlicher Gleichberechtigung in den Weg stellten.[226]

Immerhin konnten die Bürgerinnen der Zweiten Republik auf die Ausarbeitung und Verabschiedung neuer Gesetze auf parlamentarischem Wege Einfluß nehmen. In der Diskussion über die vor allem auch die weibliche Lebenswelt betreffenden Gesetzbücher, wie etwa das Ehe- und Familienrecht, hatten sie somit ein öffentliches Forum und befanden sich damit in einer bedeutend besseren Ausgangslage als etwa die deutschen Frauen Ende des 19. Jahrhunderts, die von der parlamentarischen Diskussion um die Gestalt des BGB ausgeschlossen waren und auf die auch keine Rücksicht genommen werden mußte, da sie zu jener Zeit noch kein Wahlrecht besaßen.[227] Die wenigen weiblichen Abgeordneten im polnischen Parlament waren vor allem in den Anfangsjahren der Zweiten Republik maßgeblich an der Verabschiedung von Gesetzen beteiligt, die konkret die Lebenssituation von Frauen betrafen. Sie trugen damit dazu bei, daß die polnische Sozialgesetzgebung zu den fortschrittlichsten in Europa gehörte. Hier sind etwa ein Gesetz über die Sozialfürsorge, ein Gesetz zu den Arbeitsbedingungen von Frauen und Jugendlichen und nicht zuletzt das Gesetz zur Aufhebung gravierender zivilrechtlicher Dis-

modernen Frauenbewegung ist das Charakteristische der polnischen Frauenbewegung eine in allen ihren Richtungen ausschließlich nationalpolnische, d. h. die im irrendentistischen Sinne erfolgende Betätigung der Frauenwelt in engster Verquikkung von polnischer Nationalität und katholischer Konfession und fast ausschließlich unter Führung der polnischen Geistlichkeit.“ Vosberg, F.: Die polnische Frauenbewegung, Lissa 1912, S. 3.

224 S. dazu den Überblick bei Pietrzak, M.: Sytuacja prawna kobiet w Drugiej Rzeczypospolitej, in: Żarnowska, A./Szwarc, A. (Hg.): Kobieta i świat polityki. Tom 2: Kobiety w II Rzeczypospolitej, Warszawa 1996, S. 33–52.

225 Śliwa, M.: Kobiety w parlamencie Drugiej Rzeczypospolitej, in: ebenda, S. 53–69, hier S. 53.

226 Zur der Frage, warum das Frauenwahlrecht häufig wenig an der tatsächlichen Lebenssituation von Frauen ändert, s. Gerhard, U.: Grenzziehungen und Überschreitungen: Die Rechte der Frauen auf dem Weg in die politische Öffentlichkeit, in: Dies.: Frauen in der Geschichte des Rechts, S. 509–546, hier S. 544–545.

227 Berneike, C.: Die Frauenfrage ist Rechtsfrage: die Juristinnen der deutschen Frauenbewegung und das BGB, Baden-Baden 1995.

kriminierungen, die im Eherecht des russischen Teilungsgebiets von 1836 enthalten waren, zu nennen.[228] Dabei handelte es sich vor allem um § 107 des Kodex von 1836, in dem es hieß: „Die Frau soll sich dem Mann als dem Familienoberhaupt unterwerfen und in beständiger Liebe, Ehrfurcht und uneingeschränktem Gehorsam ihm gegenüber verbleiben."[229] Da diese Formulierung zu offensichtlich dem bürgerlichen Gleichheitspostulat der Märzverfassung widersprach, kam hier Art. 126 derselben zum Tragen, der vorsah, daß bestehende Rechtsvorschriften, die sich im Widerspruch zur Verfassung befänden, spätestens ein Jahr nach deren Verabschiedung dem Parlament vorgelegt und auf legislativem Wege mit der Verfassung in Einklang gebracht werden müßten.[230]

Eine bedeutende Rolle bei der Aufhebung dieser gesetzlichen Bestimmungen spielte dabei das Engagement des später in der Kodifikationskommission als Hauptreferent für das Eherecht zuständigen Zivilrechtlers Karol Lutostański (1880–1939), der sich schon vor dem Ersten Weltkrieg in mehreren Veröffentlichungen mit dem Unterordnungsverhältnis der Frau in der Ehe auseinandergesetzt hatte.[231] Maßgeblich auf sein Betreiben und auf seine wissenschaftlichen Vorarbeiten gestützt, verabschiedete das Verfassungsgebende Parlament am 1. Juli 1921 ein Gesetz, das die Ehefrauen aus der umfassenden Vormachtstellung des Ehemannes im Recht des ehemaligen russischen Teilungsgebietes befreite.[232] Eine größere Diskussion um die generelle Neudefinition der Stellung der Ehefrau, wie sie

228 Während der gesamten Dauer der Zweiten Republik saßen in beiden parlamentarischen Kammern *Sejm* und Senat im Schnitt knapp zwei bzw. vier Prozent Frauen, s. Śliwa, Kobiety w parlamencie, S. 53–69, hier S. 54. S. zur parlamentarischen Partizipation von Frauen auch Titkow, Frauen unter Druck, S. 47–50.

229 Zit. nach: Sopoćko, Ks. M.: Rodzina w prawodawstwie na ziemiach polskich. Studjum etyczno-prawne, Wilno 1926, S. 47, Anmerkung 2.

230 Desweiteren wurde in der Gesetzesnovelle die Bestimmung aufgehoben, daß die Ehefrau ohne Ausnahme dazu verpflichtet war, sich am Wohnort ihres Mannes aufzuhalten.

231 Fedynskyj, Polish Legal Scholars, S. 460–464.

232 „Ustawy z 1 VII 1921 w przedmiocie zmiany niektórych przepisów obowiązującego w b. Królestwie Polskim prawa cywilnego dotyczących praw kobiet" („Gesetz vom 1.7.1921 zur Änderung einiger Vorschriften des im ehemaligen Königreich Polen geltenden Zivilrechts, die die Rechte der Frauen betreffen"), Dz. U. RP. 1921, Nr. 64, Poz. 397. Dazu auch Rogojski, W.: Nowela o prawach kobiet (Ustawa z dnia 1.7.1921), in: Gazeta Sądowa Warszawska 49 (1921), Nr. 43, S. 346–347 und Kuratów-Kuratowski, R.: O zdolności prawnej mężatek według kodeksu cywilnego polskiego, in: Gazeta Sądowa Warszawska 48 (1920), Nr. 1, 3.1.1920, S. 4–6.

dann seit dem Ende der zwanziger Jahre im Zuge der Debatten um den Eherechtsentwurf der Kodifikationskommission geführt werden sollte, unterblieb zu diesem Zeitpunkt. Gerade jedoch die Zubilligung bürgerlicher Gleichheitsrechte für verheiratete Frauen sollte in den künftigen Debatten um das Eherecht eine wichtige Rolle spielen. Die Gesetzesänderungen des Jahres 1921, die durch die Geltung der neuen Verfassung notwendig waren, interessierten die katholischen Kreise, die später zu den Hauptkritikern des Eherechts werden sollten, noch wenig.

Ausschlaggebend für diese vorläufige Zurückhaltung der katholischen Geistlichkeit war die Tatsache, daß es bei der Anpassung der geltenden zivilrechtlichen Normen an die Verfassung um die Definition eines geschlechtslosen Staatsbürgers ging. Inwieweit dessen allgemeine Staatsbürgerrechte in den Bereich der Ehe hineinwirken durften, steckte zum Beispiel der Geistliche Michał Sopoćko Mitte der zwanziger Jahre in seiner Kritik der in Polen geltenden eherechtlichen Regelungen ab. Dem weiblichen Staatsbürger gestand die Kirche eine „gemäßigte Emanzipation“ in ökonomischen, sozialen und politischen Angelegenheiten zu.[233] Im Eherecht war die Frau für sie jedoch nicht der abstrakte Staatsbürger, sondern ein Grundbestandteil der für den polnischen Staat verbindlich erklärten Lebensform – der konfessionellen katholischen Ehe, welche als ursprünglichere Gemeinschaft dem Staat vorausgegangen war und damit nicht von dessen (Zivil-)Recht bestimmt werden dürfe. Für Sopoćko bedeutete die Gesetzesänderung von 1921 nicht, „daß die Ehefrau von der Gehorsamspflicht gegenüber dem Mann befreit wurde, sondern nur, daß das Zivilrecht in diesem Fall nicht mehr das Naturrecht unterstützt.“[234] Es ist interessant, daß für ihn in diesem Zusammenhang das Naturrecht gleichbedeutend mit den im kanonischen Recht enthaltenen kirchlichen Lehren war. Seine Definition des Naturrechts lautete, daß dieses „zwar zu uns durch den Verstand spricht, aber überdies in der geoffenbarten göttlichen Lehre dargelegt wurde, die von der katholischen Kirche bewahrt wird.“[235] In diesem Sinne erwartete er von der Kodifikationskommission eine entsprechende Be-

[233] Sopoćko, Rodzina w prawodawstwie, S. 46.
[234] Ebenda, S. 47.
[235] Ebenda, S. 152. Allgemeiner, aber mit einem ebenso unauflöslichen Bezug zwischen christlichem Glauben und daraus resultierendem Naturrecht Jaglarz, J.: Problem kodyfikacji prawa małzeńskiego w Polsce, Poznań 1934, S. 4.

rücksichtigung kanonischen Rechts bei der Ausarbeitung des neuen Eherechts.

Betrachtet man diese Haltung, die durchaus als *common sense* innerhalb der katholischen Kirche gelten konnte, leuchtet ein, daß die Formulierung eines vereinheitlichten polnischen Eherechts für die Kodifikationskommission keine leichte Aufgabe werden würde. Die größte Brisanz besaß das durch dieses Gesetzbuch involvierte Verhältnis von Staat und Kirche und das eng daran gekoppelte Verhältnis zwischen der polnischen Mehrheitsbevölkerung und den nationalen bzw. konfessionellen Minderheiten. Betroffen von der kirchlichen Einflußnahme war auch die Rolle der Frau im Rahmen des neuen Gesetzbuches. Doch in diesem Zusammenhang eröffnete sich für die Kommission noch ein weiteres Konfliktfeld, nämlich die Frage, inwieweit die öffentlich-rechtliche staatsbürgerliche Gleichberechtigung der Frauen im Privatrecht wieder an ihre Grenzen stieß und ob bzw. mit welchen Argumenten man die privatrechtliche Beschränkung begründen würde.[236]

Der zunächst für den Eherechtsentwurf zuständige Referent Władysław Leopold Jaworski (1865–1930) stellte seine Arbeitsergebnisse im März 1920 der Zivilrechtssektion der Kodifikationskommission vor. Sein Entwurf war ausgesprochen fortschrittlich. Er sah die Zivilehe als einzig gültige Form der Eheschließung vor (erst der Eintrag in das Standesamtsregister verlieh der Ehe Gültigkeit), auch wenn daneben konfessionelle Trauzeremonien weiter zulässig sein sollten. Zudem konnte jede Ehe von einem staatlichen Gericht geschieden werden; diesem oblag dann auch, über das Schicksal eventuell betroffener minderjähriger Kinder zu entscheiden. Der Status der Ehefrau sollte im Bereich des Zivilrechts keine Benachteiligungen mit sich bringen, allerdings hielt auch Jaworski daran fest, daß die Entscheidungsgewalt innerhalb der Ehe in Fragen der Vermögensverwaltung und Kindererziehung beim Ehemann liegen sollte.[237]

In der Diskussion des Entwurfs zeigte sich rasch, in welchen Bereichen die Hauptkonfliktpunkte zu erwarten waren: überall dort, wo die Frage berührt wurde, ob die Ehe ausschließlich als laizistische Institution bzw. als kirchliches Sakrament zu betrachten sei. An die jeweilige Auslegung knüpfte sich dann die Zuständigkeit weltlicher

[236] Zur Begründung der rechtlichen Diskriminierung der Frau in den bürgerlichen Zivilrechtskodifikationen s. Dölemeyer, Frau und Familie, S. 637–638.

[237] Gołąb, S.: Zasady prawa małżeńskiego. Z obrad sekcji prawa cywilnego Komisji Kodyfikacyjnej, in: Palestra 2 (1925), Nr. 2, S. 593–606, hier S. 595–597.

bzw. kirchlicher Gerichte, die Zulässigkeit von Scheidungen sowie die Charakterisierung des Status der Ehefrau. Drei Mitglieder der Zivilrechtssektion beantragten, die Verabschiedung des Projekts generell zu vertagen. Sie argumentierten, daß es die Autorität juristischer Sachverständiger untergrabe, wenn von deren Seite ein Thema aufgegriffen würde, das in so eklatanter Weise polarisierend wirke. Aus diesem Grunde solle man gar nicht erst versuchen, innerhalb der Kommission zu einer abschließenden Entscheidung zu kommen, sondern besser dem Parlament einige mögliche Gesetzesvarianten zur Auswahl zuleiten. Sie sahen ihre Rolle in diesem Zusammenhang als die des reinen „Rechtstechnikers“ *(technik-prawnik)*, der sich vor weltanschaulichen Wertungen fernzuhalten habe.[238] Auch der Referent selbst wollte sich nicht in eine „religiöse Auseinandersetzung“ hineinziehen lassen und trat von seinem Posten daher 1924 zurück.[239] Seine Nachfolge übernahm der bereits erwähnte Karol Lutostański.

Die Mehrzahl der Sektionsmitglieder ließ sich jedoch auf eine intensive Diskussion der einzelnen Streitpunkte ein. Bei ihren Erörterungen zu der Hauptfrage, ob die Ehe als Sakrament oder als säkulare Institution zu betrachten sei, zeichneten sich zwei schwer miteinander zu vereinende Positionen ab. Auf der einen Seite betonte man die Tatsache, daß eine bedeutende Anzahl polnischer Staatsbürger katholischer Konfession sei und es nahe lag, in ihrem Fall Eheangelegenheiten nach kanonischem Recht zu behandeln. Dies widerspräche jedoch dem Prinzip, daß zivilrechtliche Regelungen für alle Staatsbürger in gleichem Maße zu gelten hätten. Diesem Grundsatz hätte die verpflichtend vorgeschriebene säkulare Trauung Genüge getan. Doch gegen ihre alleinige Gültigkeit wandte man sich deshalb, weil man in ihr die Einschränkung der Gewissensfreiheit konfessionell gebundener Staatsbürger erblickte. Das in dieser Frage schließlich verabschiedete Projekt bemühte sich darum, eine Kompromißlösung zu konstruieren. Es ließ sowohl kirchliche als auch säkulare Trauungen zu, forderte aber, daß alle Eheschließungen von einer staatlichen Behörde zu registrieren seien. Generell sprach man der weltlichen Rechtsprechung die Zuständigkeit für alle Eheangelegenheiten zu. Allerdings sollten vor einem katholischen Geistlichen ge-

[238] Ebenda, S. 600.

[239] S. dazu den Brief von Jaworski an einen polnischen Bischof aus dem Jahr 1926, zit. in: LARYSSA, W.: Walka o reformę małżeństwa i rodziny w Polsce, London [2]1947 (die erste Auflage erschien 1944 im besetzen Polen im Untergrund).

schlossene Ehen nicht durch ein gewöhnliches Gericht geschieden werden dürfen.[240]

Der in der Kommission erzielte Kompromiß machte deutlich, von welchen Prämissen sich die daran beteiligten Juristen leiten ließen. Oberste Priorität hatte für sie ein Gesetz, das im national und konfessionell inhomogenen Staat den abstrakt (und geschlechtsneutral) definierten Staatsbürgern die ihnen durch die Verfassung zugesicherte Gleichbehandlung auch im Zivilrecht zugestand. Aus diesem Grund traten sie für die Zivilehe und die strikte Zuständigkeit der allgemeinen Gerichtsbarkeit in allen Eheangelegenheiten ein. Die der katholischen Kirche verfassungsmäßig zugesicherte Selbstverwaltung (Art. 114), die auch die konfessionelle Gerichtsbarkeit einschloß, wurde damit deutlich eingeschränkt.[241] Durch die Zulassung fakultativer konfessioneller Trauungen bewies man jedoch, daß man auch die Berücksichtigung der starken konfessionellen Bindung eines großen Teils der Staatsbürger mit in die Überlegungen einbezogen hatte. Die Ehe als grundlegende gesellschaftliche Lebensform und ihr auf Dauerhaftigkeit angelegter Charakter, der dem Wohle des Staates zu dienen habe, wurden von der Kommission nicht in Frage gestellt. Besonders interessant ist hierbei die Begründung, die die Verfechter der ausschließlichen Zivilehe vorbrachten. Sie argumentierten, daß gerade die Zivilehe ein Gefühl von Staatsbürgerschaft erzeuge, da damit angezeigt sei, daß man erst mit dem Eingehen eines Ehebundes zu Bürgern der Republik werde.[242] Hinter dieser Argumentation stand auch die Auffassung, daß die Eheschließung mehr sei als ein zivilrechtlicher Vertrag; in der Betonung der Verantwortung der Eheschließenden gegenüber Staat und Gesellschaft erhielt die Ehe auch eine die öffentlich-rechtliche Sphäre berührende Bedeutung.[243] Aus diesem Grund wollte man die Zulassung von Scheidungen re-

[240] Sprawozdanie z działalności sekcji prawa cywilnego Komisji Kodyfikacyjnej w r. 1925, in: Głos Prawa 2 (1925), S. 490–492, hier S. 491. Zu diesem Kompromiß zwischen dem weltanschaulichen Individualismus der Märzverfassung und den Lehren der katholischen Kirche s. auch Górnicki, Prawo cywilne, S. 207–208.

[241] In Art. 114 hieß es u. a. „Die katholische Kirche verwaltet sich nach ihrem eigenen Recht". Die Zivilrechtssektion wies aber darauf hin, daß dieses „verwaltet sich" auf keinen Fall bedeuten würde „verwaltet andere" und schon gar nicht „verwaltet den Staat", s. Gołąb, Zasady prawa małżeńskiego, S. 595.

[242] Ebenda, S. 600.

[243] Sprawozdanie z działalności sekcji prawa cywilnego, S. 491. Zum individuellen bzw. überindividuellen Charakter des Ehebundes s. auch Górnicki, Prawo cywilne, S. 207.

striktiv regeln. Allerdings wurde darauf verwiesen, daß der Gesetzgeber gesellschaftliche Realitäten einbeziehen müsse. Scheidungen waren in Ausnahmefällen gestattet, wobei man sich auch Gedanken darüber machte, die wachsende Zahl von Scheidungen zu begrenzen, und vor den Folgen und der Heuchelei eines von der katholischen Kirche geforderten absoluten Verbots der Ehescheidung warnte.[244]

In bezug auf die Frage, wie sich die verfassungsmäßige Gleichheit aller Staatsbürger auf die zivilrechtliche Stellung der Ehefrau auswirken solle, verlangte die Kommission zu berücksichtigen, daß sich die soziale und ökonomische Stellung der Frau im Alltagsleben gerade im Zuge der Umwälzungen durch den Weltkrieg gewandelt habe und daher die Frauen auch in der Ehe den Männern rechtlich gleichgestellt werden sollten. Allerdings reflektierte man auch darüber, daß ein Großteil der polnischen Staatsbürger (und nicht nur Angehörige der katholischen Konfession) die traditionelle Unterordnung der Ehefrau im Bereich des Vermögens- und Erziehungsrechts durch die weiterhin vor allem im ländlichen Raum dominierenden traditionellen Lebensformen gerechtfertigt sahen. Hier fand man eine (inkonsequente) Kompromißformel: Zwar hatte eine Heirat im Gegensatz etwa zum deutschen Bürgerlichen Gesetzbuch, in dem die zivilrechtliche Gleichstellung der Frauen in Buch 1–3 durch die Bestimmungen des Buches 4 über die rechtliche Stellung verheirateter Frauen wieder aufgehoben wurde,[245] für polnische Frauen keine negativen Folgen auf ihre Rechtsstellung außerhalb der Ehe. Dennoch hielt die Kommission an der Entscheidungsgewalt des Ehemannes innerhalb der Ehe fest.[246] In diesem Fall befanden sich die Juristen der Kommission in Übereinstimmung mit ihren (vor allem katholischen) Kritikern und leiteten aus den bestehenden Geschlechterbeziehungen ein Naturrecht ab, das der Verfassung vorausging. Aber auch im Hinblick auf

244 Man sah vor, daß einer Scheidung eine dreijährige Trennungszeit vorausgehen müsse. Scheidungen in gegenseitigem Einverständnis wollte man nur bei Kinderlosigkeit des Paares zulassen, dazu auch GODLEWSKI, J.: Problem laicyzacji osobowego prawa małżeńskiego w Polsce międzywojennej, in: Państwo i Prawo 22 (1967), Nr. 11, S. 750–761, hier S. 756–757.

245 BERNEIKE, Die Frauenfrage, S. 1 ff.

246 Diese widersprüchliche Regelung fand sich schon im ersten Entwurf zum Eherecht aus dem Jahr 1920. Es ist bemerkenswert, daß gerade der Kirchenrechtler Władysław Abraham (1860–1941) auf diesen Widerspruch hinwies und anstatt der Entscheidungsgewalt des Mannes bei strittigen Fragen die Hinzuziehung eines (staatlichen) Fürsorgerates postulierte. Später wurden solche Vorschläge nicht mehr aufgegriffen, s. Gołąb, Zasady prawa małżeńskiego, S. 598.

die gleiche Geltung privatrechtlicher Regelungen für alle Staatsbürger war man hier weniger konsequent als in bezug auf die unterschiedlichen Konfessionen im polnischen Staat, für die zivilrechtliche Normen ohne Unterschied gelten sollten. Selbst liberale Juristen sahen aber in den Regelungen des Eherechtsentwurfes die grundsätzliche Gleichberechtigung der Frau nicht beeinträchtigt.[247]

Der 1929 schließlich verabschiedete Entwurf, der dem Justizministerium zugeleitet wurde, hatte Kompromißcharakter und war durch den Versuch charakterisiert, ein einheitliches Eherecht zu formulieren, das trotzdem den Verhältnissen in Polen als einem Vielvölkerstaat angepaßt war.[248] Mit der Betonung des zivilrechtlichen Status der Ehe hatten Lutostański und seine Kollegen die Entstehung weltanschaulicher Konflikte um dieses Gesetzbuch vermeiden und das rechtliche Chaos, das durch die entgegengesetzten Rechtssysteme (prinzipiell laizistisch im ehemaligen preußischen und prinzipiell konfessionell im ehemals russischen Teilungsgebiet) in der Zweiten Republik bestand, überwinden wollen.[249] Doch das Gegenteil davon trat ein. Schon vor der Verabschiedung des Entwurfs und erst recht seit 1929 liefen die Kritiker gegen diesen Sturm, d.h. gegen das Ergebnis einer fast zehnjährigen Kompromißsuche der Juristen in

247 Lutwak, A.: Fiat sacramentum – pereat matrimonium!, in: Głos Prawa 9 (1932), Nr. 2–3, S. 72–94, hier S. 79. Hier spielte sicher die Tatsache eine Rolle, daß auch viele Juristen die Meinung vertraten, die völlige rechtliche Gleichstellung der Frauen würde deren gesellschaftlicher Stellung eher schaden, da sie als das von Natur aus „schwächere Geschlecht" eher paternalistische Schutzrechte als absolute Gleichberechtigung anstreben sollten, so etwa Bekerman, J.: Z powodu Projektu Prawa Małżeńskiego, in: Gazeta Sądowa Warszawska 60 (1932), Nr. 41, 10.10.1932, S. 589–593, hier S. 590. Feministische Rechtswissenschaft und Philosophie setzen sich schon seit längerer Zeit mit dem Problem der aus der Geschlechterdifferenz abgeleiteten rechtlichen Ungleichheit auseinander, zuletzt etwa Gerhard, Grenzziehungen, S. 509–546 sowie Sommer, I.: Zivile Rechte für Antigone: zu den rechtstheoretischen Implikationen der Theorie von Luce Irigaray, Baden-Baden 1998.

248 Deutlich tritt das Bestreben, die verfassungsrechtlich garantierten Freiheitsrechte aller Staatsbürger in einem weltanschaulich möglichst neutralen Eherecht zu berücksichtigen, in den Grundsätzen Lutostańskis zu seinem Gesetzesentwurf zutage, s. Ze Stałej Delegacji Zrzeszeń i Instytucji Prawniczych. Konferencje Informacyjne. Projekty Kodeksu Karnego i Prawa Małżeńskiego, in: Palestra 8 (1931), Nr. 12, S. 568–572, hier S. 570–572.

249 Diese Bewertung auch bei Fedynskyj, Polish Legal Scholars, S. 463 sowie Nagórski, Codification, S. 57. Auf die Schwierigkeiten bei der Vereinheitlichung eines Rechtsgebiets, das wie kaum ein anderes einerseits das Verhältnis von Staat und Kirche betrifft und andererseits starken Einfluß auf das Alltagsleben der Staatsbürger ausübt, wurde wiederholt hingewiesen, s. dazu Wasilkowski, J.: Dotychczasowe wyniki unifikacji prawa cywilnego w Polsce, Warszawa 1935, S. 1–2.

der Kodifikationskommission.[250] Die gesellschaftlichen Proteste waren so stark, daß der Eherechtsentwurf erst gar nicht an das Parlament zur Begutachtung weitergeleitet wurde.[251] Hier wurde ein deutlicher Wandel in den Beziehungen zwischen staatlicher Macht und katholischer Kirche deutlich. So hatte die Regierung beim Abschluß des Konkordats im Jahr 1925 darauf geachtet, daß Bestimmungen zum Eherecht und zur standesamtlichen Beurkundungspflicht nicht in den Vertrag aufgenommen wurden, da man plante, zivile Standesämter einzurichten, und sich in diesem Bereich keine Beschränkungen im Verhältnis zur Katholischen Kirche auferlegen wollte. Angesichts der massenhaften Proteste, die die Kirche aus Anlaß des Eherechtsentwurfs zu organisieren im Stande war, machte die Politik jedoch sehr bald einen Rückzieher in dieser Materie.[252] Die zunächst mit offensivem Laizismus auftretende Staatsgewalt mußte im Verlauf der Zwischenkriegszeit einer wieder an gesellschaftlicher und politischer Bedeutung gewinnenden katholischen Kirche Zugeständnisse machen.[253] Dabei kann die fehlgeschlagene Verabschiedung des laizistischen Eherechts als Lackmuspapier für den Stand der Beziehungen zwischen dem Regierungslager der *Sanacja* und der katholischen Kirche dienen. Während die Regierung zu Beginn der dreißiger Jahre noch darum bemüht war, den innenpolitischen Kurs gegenüber der Kirche zu verschärfen, kam es nach den massiven Protesten gegen dieses Gesetzesprojekt zu einer langsamen Annäherung, da man sich davon überzeugt hatte, daß eine konfrontative Politik auf heftigen gesellschaftlichen Widerstand stieß.[254]

Die Hauptkritikpunkte der Gegner des Entwurfs waren die obligatorische Zuständigkeit weltlicher Gerichte für Eheangelegenheiten,

[250] Die lange Entstehungszeit des Entwurfs sowie die sich daran anschließende nicht enden wollende öffentliche Debatte wurde von zahlreichen Zeitgenossen als ausgesprochen negativ für die innere Integration der Zweiten Republik empfunden. Das hatte zur Folge, daß etwa bei der Beurteilung der Neuformulierung des Eherechts im nationalsozialistischen Deutschland bei aller inhaltlichen Kritik vor allem die rasche Verabschiedung der neuen Gesetze gelobt und positiv gegenüber den polnischen Verhältnissen abgehoben wurde, s. dazu ŚWIĄTKOWSKI, H.: Prawo małżeńskie i rozwodowe Rzeszy, in: Głos Sądownictwa 11 (1939), Nr. 5, S. 326–330, hier S. 329–330. Zu dem publizistischen „Amoklauf" rechter und katholischer Kräfte s. auch GÓRNICKI, Prawo cywilne, S. 203–206.

[251] PIETRZAK, Sytuacja prawna, S. 44.

[252] s. WISŁOCKI, J.: Konkordat polski z 1925 roku. Zagadnienia polityczno-prawne. Poznań 1977, S. 93 und S. 112.

[253] KAWALEC, Wizje ustroju, S. 25–30 und 188–191.

[254] KRASOWSKI, Próby unifikacji, S. 501–502.

die Erwägung von Scheidungen und die (beschränkt gegebene) Möglichkeit der Geburtenregulierung sowie die (ohnehin nicht konsequent angestrebte) rechtliche Gleichstellung der Ehefrau. Auffällig ist, daß die Kritik der katholischen Kirche, der man in der Kommission durchaus Zugeständnisse zu machen bereit gewesen war, das neue Eherecht in fundamentaler Weise in Frage stellte, während die Kritik von Frauen, denen das neue Recht weiterhin die völlige (d. h. verfassungsrechtlich verbriefte) rechtliche Gleichstellung verwehrte, ausgesprochen schwach blieb.[255]

Die Diskussion um den Eherechtsentwurf entzündete sich letztlich an der Frage nach der Stellung der katholischen Konfession innerhalb des Staates und an der Abgrenzung zwischen der Legitimität staatlicher Gesetzgebung gegenüber der Geltung anderer weltanschaulicher Ordnungsprinzipien.[256] In diesem Zusammenhang ist ein spezifisches Nations- sowie das daraus resultierende Staatsverständnis, das in dieser Diskussion gezeichnet wurde, von Interesse.

Aus der Teilungszeit resultierte ein Nationsbild, das eine ethnisch-konfessionell bestimmte Gesellschaft deckungsgleich zum angestrebten eigenen Staat sah. Die katholischen Kritiker des Eherechts betonten die Bedeutung, die ihre Konfession für die Bewahrung des Polentums in der Teilungszeit besessen hatte. Während man in den durch aufklärerische Prinzipien geprägten Gesetzgebungsvorhaben der Reformzeit im späten 18. Jahrhundert einen Grund für den Niedergang der polnischen Staatlichkeit sah, der allerdings schon im 16. Jahrhundert mit dem Eindringen des Protestantismus nach Polen begonnen habe, verwies man auf die Bedeutung, die die katholische Kirche im nationalen Abwehrkampf gegen die Teilungsmächte

[255] Auch Kritik von seiten anderer in Polen anerkannter Glaubensgemeinschaften blieb so gut wie aus. Die Vermutung des Anwalts J. Bekerman, daß das Projekt bei allen Konfessionen Unmut hervorrufen würde, da den Katholiken die Zulässigkeit von Scheidungen zu weit ginge, den nichtkatholischen Konfessionen hingegen im Gegensatz zur früheren Rechtslage die Scheidung erschwert würde, bewahrheitete sich nicht, Bekerman, J.: Z powodu Projektu Prawa Małżeńskiego, in: Gazeta Sądowa Warszawska 60, 1932, Nr. 42, 17.10.1932, S. 605–606.

[256] In der Auseinandersetzung mit seinen Kritikern wies der Autor des Eherechtsentwurfs Karol Lutostański immer wieder darauf hin, daß die staatliche Gesetzgebung die für alle Staatsbürger unbesehen ihrer ethnischen bzw. konfessionellen Herkunft gelte, für ihn auch im Bereich des Eherechts absolute Priorität habe, s. Lutostański, K.: O metodach stosowanych w polemice z Projektem Prawa Małżeńskiego Komisji Kodyfikacyjnej, in: Gazeta Sądowa Warszawska 60 (1932), Nr. 21, 23.5.1932, S. 289–292 sowie Ders.: Uwagi z powodu pracy L. Domańskiego „O małżeństwie“, in: Gazeta Sądowa Warszawska, 60 (1932), Nr. 37, 12.9.1932, S. 525–530.

gespielt hatte. In der Sicht der klerikalen Kritiker war der Untergang des polnischen Staates zu einem guten Teil selbstverschuldet. Um so schlimmer wurde es empfunden, daß die in der Kodifikationskommission mit dem Eherecht befaßten Juristen angeblich genau den gleichen liberalen Prinzipien anhingen, die die polnische Staatlichkeit letztendlich zerstört habe.[257]

Aus dieser Perspektive gehörte auch nicht das relativ unabhängige Herzogtum Warschau und der dort geltende *Code Napoléon* ins Pantheon der nationalen Geschichte, sondern eher das konfessionelle Eherecht, das der russische Staat 1836 einführte und das als eine wichtige Grundlage für die moralische Gesundung Polens angesehen wurde.[258] Letztere konnte erst im 19. Jahrhundert gelingen, als Kirche und Familie eine führende Rolle für die Gesellschaft einnahmen und gerade die Familie als Hauptstütze des Polentums eine immense Aufwertung erfuhr und somit zur Nationswerdung beitrug: „Aus der Wiedergeburt der Familie erfolgte die Wiedergeburt Polens."[259] Diesen Beitrag, den die katholische Konfession damit zur Erlangung der Unabhängigkeit geleistet habe, hielt man der Staatsmacht entgegen, die in den Augen der Katholiken allzu weitgehend über die polnische Gesellschaft bestimmen wolle: „Man sieht das Bestreben, die Schule von der Kirche und die Kirche vom Staat zu trennen bzw. etwas in der Art einer Nationalkirche zu schaffen, die völlig vom Staat abhängig ist, obwohl doch die Katholische Kirche die Schöpferin der Staatlichkeit und ihr Zufluchtsort in den langen Jahren der Unfreiheit war."[260]

257 S. dazu LARYSSA, Walka, S. 6 und S. 14–15. sowie TRZECIAK, KS. S.: Talmud, bolszewizm i „projekt prawa małżeńskiego w Polsce", Warszawa 1932, S. 54.

258 Verweise auf das laizistische Eherecht des *Code Napoléon*, das in Zeiten relativer nationaler Entfaltungsmöglichkeiten gegolten hatte, wurden als „unwürdiges Appellieren an die nationalen Gefühle" charakterisiert, s. PODOLEŃSKI, KS. S.: W kwestii nowego prawa małżeńskiego, in: Przegląd Powszechny, 147 (Nr. 521), 1927, S. 186–206, hier S. 195. Die katholische Kirche hatte im ehemaligen russischen Teilungsgebiet durchaus ein Interesse daran, daß die kofessionell geprägte Gesetzgebung, die während der Teilungszeit die Orthodoxie bevorzugt hatte, weiterbestand, da man auf diese Weise einer befürchteten Laizisierung des Staates entgegenwirken konnte, s. dazu: KRASOWSKI, Losy, S. 153–155.

259 TRZECIAK, Talmud, S. 55. Sich auf diese Logik einlassend, argumentierte der Rechtsanwalt Jan Przeworski, daß die Bevölkerung des preußischen Teilungsgebietes trotz der dort obligatorischen Zivilehe ihren Landsleuten in ihrer patriotischen Einstellung in nichts nachstand, PRZEWORSKI, J.: W wirze walki o prawo małżeńskie, in: Głos Prawa, 3 (1926), Nr. 4, S. 154–158, hier S. 158.

260 SOPOĆKO, Rodzina w prawodawstwie, S. 151. Der Autor verwendete den Begriff „Nationalkirche" (*kościół narodowy*), meinte aber wohl eher die Institution der

Die Gegner einer solchen Auffassung von der Geschichte des 19. Jahrhunderts machten ähnliche Beobachtungen, was die dominierende Rolle des Katholizismus bei der Besetzung nationaler Symbolik anbelangte, zogen daraus aber für das unabhängige Polen diametral entgegengesetzte Schlüsse. Ein prominenter Kritiker der katholischen Ablehnung des Eherechtsentwurf war zum Beispiel der Arzt, Schriftsteller und Publizist Tadeusz Boy-Żeleński (1874–1941), der in zahlreichen Feuilletons seine Haltung zum neuen Eherecht, aber auch zu Fragen von Abtreibung, Scheidung und Geburtenregulierung skizzierte. Er konstatierte, daß sich die katholische Kirche während der Teilungszeit in umfassender Weise alles Polnische als katholisch anverwandelt habe. Daher glaube sie, nun auch die Zweite Republik als ihr legitimes Erbe behandeln zu dürfen. Gerade das Eherecht sei für sie dabei ein sensibler Punkt, könne sie doch dort in einem elementaren Lebensbereich Einfluß auf große Teile der bäuerlichen Massen und der Frauen ausüben.[261] Der Autor sah dabei den Klerus als staatsfeindlichen Faktor, der die Grundlagen für das Funktionieren der rechtsstaatlichen Institutionen untergrub und dafür sorgte, daß die Ungleichheit vor dem Gesetz in manchen Lebensbereichen weiter bestand. Daher ging es Boy-Żeleński in dieser Auseinandersetzung um allgemeinere Ziele als um die bloße Formulierung eines einheitlichen Eherechts.[262] Er strebte nach einer klaren Abgrenzung der Einflußsphären von Staat und Kirche, wobei er dem Staat bei der Definition der zivilrechtlichen Rahmenbedingungen einen klaren Vorrang einräumte.

Die Zweite Republik entsprach dem Bild einer völligen Kongruenz von polnischer Nationalität und katholischer Konfession, das in der Teilungszeit vor allem angesichts der fremdkonfessionellen Teilungsmächte Plastizität gewonnen hatte, schon aufgrund ihrer Bevölkerungszusammensetzung nicht. Auch die durch die Verfassung garantierte Gleichberechtigung der Staatsbürger stand einem solchen

„Staatskirche“, die einer grundsätzlichen Beeinflussung durch den Staat ausgesetzt war. Eine Nationalkirche, d.h. eine Kirche, die die Nation gänzlich umfaßt und Identität zwischen Staatsbürgerschaft und Konfession gewährleistete, war für große Teile der katholischen Hierarchie durchaus erstrebenswert, wie auch die Debatte um das Eherecht zeigte.

261 Boy-Żeleński, T.: Dziewice konsystorskie (1929), zitiert nach: Garlicka, A.: Boya boje obyczajowe, in: Nałęcz, D. (Hg.): Nie szablą lecz piórem. Batalie publicystyczne II Rzeczypospolitej, Warszawa 1993, S. 172–177, hier S. 173.

262 Ebenda, S. 176.

Nationsbild entgegen.[263] Gegner des Eherechtsentwurf sahen gerade in diesem Rechtsbereich die Möglichkeit, dem als unnatürlich empfundenen Begriff der Staatsnation entgegenzutreten. Hier konnte die Dichotomie von Staat und Gesellschaft aufgehoben werden, indem Ehe und Familie als Essenz der polnischen Nation einer Öffentlichkeit anheimgestellt wurden, die weder die allgemeinen Bürgerrechte noch die individuellen Freiheitsrechte akzeptierte. Es war gerade die Abstraktheit und Allgemeingültigkeit der Verfassungsnormen, die diesem Nationsbild widersprachen. Die Kritiker des Eherechtsentwurfes sahen es als mit dem Wesen der christlichen Ehe als unvereinbar an, daß der Staat über diese mit zivilrechtlichen Regelungen bestimmte, die einen individuellen, abstrakten (männlichen) Staatsbürger als Regelfall setzten: „Die als Stand betrachtete Ehe ist trotzdem weder ein Vertrag, noch das Ergebnis eines Vertrages, sondern eine besondere, selbständige rechtlich-soziale Seinsform, deren Ziele, Mittel und Aufgaben in besonderer Weise festgelegt und geregelt wurden, unabhängig von dem Willen des Individuums, das in den Stand der Ehe eintritt."[264] Die Geringachtung von verfassungsmäßig verbürgten Rechten der Staatsbürger rechtfertigte diese Auffassung dadurch, daß sich in Eheangelegenheiten die Interessen von Staat und Gesellschaft deckten. Dem Entwurf der Kodifikationskommission wurde hingegen vorgeworfen, daß er vor allem die Interessen der Individuen zu berücksichtigen suche, die aber in diesem Rechtsgebiet keine Rolle spielen durften.[265] Während gemäßigtere Kritiker dem Staat immerhin noch die Zuständigkeit für die Regelungen der Rahmenbedingungen (etwa im Ehevermögensrecht) zugestanden, sprachen andere dem Gesetzgeber gänzlich die Kompetenz in Eheangelegenheiten ab, da die Grundsätze der katholischen Konfession als die einzige moralische Richtschnur gelten könnten, die dem Wohle der Gesellschaft diente.[266]

263 Für die Historiographiegeschichte der Zweiten Republik hat Andrzej Wierzbicki herausgearbeitet, daß die Nation nicht mehr als überzeitliche Einheit wie in der Teilungszeit betrachtet wurde, sondern daß man sie historisierte und die Begriffe Staat und Nation nicht länger als diametrale Gegensätze auffaßte, DERS.: Naród – państwo, S. 5.

264 JAGLARZ, Problem kodyfikacji, S. 5. Die Auffassung, daß die Ehe nicht das Ergebnis eines privatrechtlichen Vertrages sei, auch bei SOPOĆKO, Rodzina w prawodawstwie, S. 31.

265 JAGLARZ, Problem kodyfikacji, S. 44.

266 URBAN, KS. J.: Przeciwko projektom rozwodowym, in: Przegląd Powszechny, 183 (1929), Nr. 547–548, S. 42–60, hier S. 54 ff.

Von seiten der juristischen Befürworter des Eherechtsentwurfes wurden solche Stellungnahmen scharf kritisiert: „Das ist gleichwohl schon keine Kritik mehr, sondern eher staatlicher Nihilismus, wenn in der Diskussion der Standpunkt eingenommen wird, daß eine moderne demokratische Republik sich aus der eigenständigen Gesetzgebung und Rechtsprechung in Eheangelegenheiten zurückziehen soll."[267] Ähnlich wie die katholischen Kritiker des Entwurfes verwiesen seine Verteidiger darauf, daß die Ehe ein Bereich sei, in dem der Staat mit der Gesellschaft besonders eng verbunden war. Ehe und Familie seien die Keimzelle des Staates, so daß dieser in besonderer Weise für sie verantwortlich sei. Der Staat wurde dabei allerdings als ein Zusammenschluß von vor dem Gesetz Gleichen verstanden, der seine Gesetzgebungskompetenz keinesfalls abgeben dürfe. Dem häufig wiederholten Vorwurf, daß der Entwurf plane, die Institution Ehe zu verstaatlichen, wurde entgegengehalten, daß diese, läge sie allein im Zuständigkeitsbereich der katholischen Kirche, wohl kaum als Privatangelegenheit zu bezeichnen sei.[268]

Auch katholische Kritiker wiesen darauf hin, daß die Ehe aufgrund ihrer gesellschaftlichen Bedeutung nicht als Privatangelegenheit behandelt werden dürfe. Bei der Betrachtung der Definition von „Öffentlichkeit" durch die katholische Kritik fällt aber auf, daß hier nicht mit der traditionellen Dichotomie von öffentlich und privat argumentiert wurde, die charakteristisch für die Begründung der Ungleichheit der Geschlechter in auf der Grundlage eines Gesellschaftsvertrages verfaßten Staaten ist, wo zwischen einer öffentlichen Sphäre, für die allgemeine staatsbürgerliche Prinzipien gelten, und einer davon ausgenommenen Privatsphäre unterschieden wird.[269] Die Grenze verlief vielmehr zwischen einer durch abstrakte Staatsbürgernormen gekennzeichneten staatlichen Öffentlichkeit und einer durch einen essentialistischen Kulturbegriff geprägten gesellschaftlichen Öffentlichkeit. Diesen beiden Sphären entsprachen auch bestimmte Konstruktionen der Geschlechter. Die Gegner des Entwurfs stellten in ihrer Kritik nicht eine durch abstrakte, allgemeingültige

[267] Lutwak, Fiat sacramentum, S. 79.

[268] Ebenda, S. 93–94. Zu den Vorwürfen der „Verstaatlichung" der Ehe, die häufig auch als ihre „Sowjetisierung" bezeichnet wurde, s. auch Gołąb, S.: Polskie prawo małżeńskie w kodyfikacji, Warszawa 1932, S. 92 ff.

[269] Dazu zum Beispiel Tacke, C.: Geschlecht und Nation, in: Sophia Kemlein (Hg.): Geschlecht und Nationalismus in Mittel- und Osteuropa 1848–1918, Osnabrück 2000, S. 15–32, hier S. 24–26; allgemeiner Yuval-Davies, Gender and Nation.

Verfassungsprinzipien genormte Öffentlichkeit der Privatsphäre der Familie gegenüber, in der die formale Gleichberechtigung der Frau sowie das Ingerenzrecht des Staates vor allem aufgrund der dominanten katholischen Traditionen an ihre Grenzen stießen. Die (wenn auch nicht vollständige) Gleichberechtigung der Frau innerhalb der Ehe, die ebenso wie etwa die Zulässigkeit von Scheidungen den Grundsätzen kanonischen Rechts widersprach, wurde selten zum Gegenstand der Kritik. Gegner der katholischen Kritiker fragten daher, ob diese hier ein Dogma höher als das andere hielten.[270] Tatsächlich verbitterte die Kritiker des Entwurfs weniger die privatrechtliche Gleichstellung aller Staatsbürger, sondern vielmehr die Konstruktion einer staatlichen Öffentlichkeit, in der alle Staatsbürger gleiche Rechte besitzen sollten und die nicht von dem spezifischen Gesellschaftsbegriff tangiert wurde, sondern in der der Staat die Definitionsmacht besaß. Die katholische Konfession wurde von den Gegnern eines laizistischen Eherechts zum Kernstück der nationalen Identität gemacht. Sie kündigten die rechtliche Gleichheit aller Staatsbürger auf, indem der Verwirklichung dieses Gleichheitsanspruchs eine kulturelle Homogenisierung vorgeschaltet wurde.[271]

Die Debatten zu Fragen des Eherechts und den eng damit verwandten Themen wie Abtreibung und Geburtenregulierung wurden am heftigsten seit dem Ende der zwanziger und zu Beginn der dreissiger Jahre ausgetragen. Nicht von ungefähr verstummten sie fast

[270] LUTWAK, Fiat sacramentum, S. 90.

[271] S. dazu MARX, C.: Fundamentalismus und Nationalstaat, in: Geschichte und Gesellschaft 27 (2001), Nr. 1, S. 87–117, hier S. 92. In seinen Bemühungen um eine Verwissenschaftlichung des Fundamentalismus-Begriffs arbeitet der Autor die enge Verbindung zwischen fundamentalistischen Bewegungen und dem modernen Nationalstaat heraus. In seinem Verständnis handelt es sich bei Fundamentalisten um radikalisierte Kulturnationalisten. Laut Marx richtet sich der Fundamentalismus gegen den säkularen Charakter des Staates. Er ist besonders stark in Staaten, in denen die Religion bei der Nationalstaatsbildung eine wichtige Rolle spielte und danach an den Rand der Gesellschaft gedrängt wurde. Die Fundamentalisten charakterisieren weite Teile der historischen Entwicklung des Staates als Irrweg und sprechen den aus diesen Entwicklungen hervorgegangenen staatlichen Institutionen die Legitimität ab. Im Hinblick auf die Debatten um das polnische Eherecht kann man diesem Konzept eine gewisse Plausibilität nicht absprechen: Die katholische Kirche betrachtete sich – nicht zuletzt aufgrund ihrer Rolle während der Teilungszeit – als Bewahrerin des Polentums. Im Vergleich dazu sah sie sich in ihrer gesellschaftlichen Stellung gegenüber der laizistisch geprägten Staatsmacht der Zweiten Republik einem Bedeutungsverlust ausgesetzt. Das Eherecht, das sich u. a. auf die laizistischen Vorbilder der ehemaligen Teilungsmächte stützte, konnte keine Legitimität besitzen, da es die Institutionen der den Polen feindlich gesinnten Teilungsmächte verkörperte.

völlig nach der Verabschiedung der neuen Verfassung im April 1935. Diese stellte das Interesse des Staates über das des einzelnen Bürgers. Die bürgerlichen Freiheitsrechte erhielten kein eigenes Kapitel in der Aprilverfassung, sondern waren im gesamten Verfassungstext verstreut. Die allgemeine bürgerliche Gleichheit wurde in keinem Artikel mehr explizit erwähnt.[272] Anstatt der Rechte wurden die Verpflichtungen des Einzelnen gegenüber dem Staat betont. Bürgerliche Freiheitsrechte sollten dort an ihre Grenzen stoßen, wo sie dem „Allgemeinwohl“ *(dobro powszechne)* zuwiderliefen (Art. 5, Abs. 2). Schon in der Verfassung wurde nun die Trennung zwischen einer staatlichen und gesellschaftlichen Sphäre aufgehoben. Der Staat wurde der Gesellschaft übergeordnet, indem er ihre organische Verkörperung darstellte. Dieses neue Staatsbürgerverständnis übertrug das Schema der Entindividualisierung, das man zuvor für die polnischen Frauen beobachten konnte, auf alle Staatsbürger. Dies hatte zur Folge, daß das staatsnationale Verständnis dem einer exklusiven Kultur- bzw. Abstammungsnation wich und die Sphäre einer staatlichen Öffentlichkeit, in der individuelle Freiheitsrechte für alle Staatsbürger unabhängig von ihrer Nationalität oder Konfession galten, immer mehr an Bedeutung verlor. Die Aprilverfassung milderte somit den Widerspruch zwischen der Auffassung der *Sanacja* und der *Endecja* im Hinblick auf die Priorität der Interessen von Staat bzw. Nation. Durch die Gleichsetzung dieser Interessen in dem beschriebenen exklusiven Nationsverständnis kam es zu einer Aufwertung des Staates (im Sinne der *Sanacja*), allerdings mit einem im Sinne der *Endecja* definierten Staatsvolk.[273]

Schon vor der Verabschiedung der April-Verfassung wurde die Diskussion um das neue Ehe- und Familienrecht zunehmend von neuen Argumentationsmustern dominiert. Dieser Wandel zeigte sich auch in den Stellungnahmen von Mitgliedern der Kodifikationskommission. So wollte etwa Juliusz Makarewicz in den dreißiger Jahren die Debatte um das Eherecht von, wie er sagte, „rationalistischen Argumenten“ befreien, indem er darauf abhob, daß die polnische Gesellschaft in ihrer großen Mehrheit konfessionell gebunden sei

[272] Falski, J.B.: Zasada równości w polskich konstytucjach (1791–1935), in: Państwo i Prawo 52 (1997), Nr. 1, S. 3–16, hier S. 14.

[273] S. dazu Landau-Czajka, A.: Naród i państwo w publicystyce polskiej skrajnej prawicy nacjonalistycznej lat 1926–1939, in: Dzieje Najnowsze 23 (1991), Nr. 2, S. 59–77, hier S. 70–73.

und sich daher die Einführung der Zivilehe erübrige.[274] Während Makarewicz hier auch die anderen Konfessionen außer der katholischen im Blick hatte und für Eheschließungen nach dem jeweiligen Ritus plädierte, gingen andere weiter und schlugen vor, daß alle in Polen lebenden Gläubigen dem kanonischen Recht in Eheangelegenheiten unterstellt werden sollten.[275] Ein essentialistischer Begriff von einer polnisch-katholischen Kultur ließ alle anderen Identitäten der Staatsbürger zurücktreten. Auch Juristinnen erklärten in den dreissiger Jahren, daß es keine „Frauenfrage" in Polen gäbe. „Die Rückkehr der Frauen in die Häuser der Familien, das ist das wichtigste Motto der jungen Frauengeneration",[276] schrieb etwa Maria Rzętkowska in der Zeitschrift *„Prawo"* im Jahr 1933.

Es wurde immer deutlicher, daß das Recht nicht mehr – wie in dem ursprünglichen Projekt der Kodifikationskommission geplant – vor allem den Charakter einer formalen Regelungsinstanz haben sollte, die gerade im Bereich des Eherechts bei der großen konfessionellen Vielfalt im polnischen Staat unerläßlich zu sein schien. Vielmehr hoben auch Juristen häufig darauf ab, das Eherecht nach ganz konkreten gesellschaftspolitischen Zielvorgaben zu formulieren. Gemäß der neuen Verfassung sollte auch im Ehe- und Familienrecht das Gemeinwohl und nicht der Eigennutz Leitlinie aller gesetzgeberischen Tätigkeit sein.[277] Dabei kam der Familie eine besondere Rolle zu: „In der organischen Kette zwischen dem Individuum und der Nation sehen wir die Familie als ursprüngliche Grundlage – als Unterpfand für das gesellschaftliche Leben, gestützt auf Moral und Ethik."[278] In diesem Sinne wurde gerade der öffentlich-rechtliche Charakter der Ehe betont und es zum Beispiel als ein Fortschritt der neuen nationalsozialistischen Regelungen des Eherechts gesehen, daß diese es aus dem Privatrecht herausgelöst und ihm den Rang eines Tatbestands des öffentlichen Rechts verliehen hatten.[279] Die

274 Makarewicz, J.: Prawo małżeńskie i polska rzeczywistość, in: Przegląd Prawa i Administracji 57 (1933), Nr. 2, S. 177–182, hier S. 182.

275 So etwa ein Entwurf zum Eherecht, der als „Kompromißvorschlag" 1934 veröffentlicht wurde, Lisowski, Z.: Prawo małżeńskie (projekt ustawy), Poznań 1934.

276 Rzętkowska, M.: Kobieta w życiu narodu i państwa, in: Prawo 10 (1933), Nr. 5–6, S. 202–204, hier S. 204.

277 Kongres dziecka, in: WMP 4 (1938), Nr. 9–10, S. 36–37, hier S. 37.

278 Orlewicz, Problem unarodowienia, S. 15.

279 Świątkowski, Prawo małżeńskie, S. 329. In seinen Ausführungen aus dem Jahr 1931 zu dem Eherechtsentwurf der Kodifikationskommission hatte der Referent Lutostański noch betont, daß das Recht lediglich bestimmte Rahmenbedingungen zur

Leitlinie, an der das Eherecht auszurichten sei, war nun auch für viele Juristen – wie bereits zuvor für die klerikalen Kritiker des ersten Entwurfs – die „katholische Weltanschauung", die zu festigen und zu verbreiten der „Verband der polnischen katholischen Juristen" *(Zwiazek Polskich Prawników Katolików)* bestrebt war.[280]

Die Bilder, anhand derer die Gefahren, die aus dem laizistischen Eherechtsentwurf resultierten, für den gesamten polnischen Staat gezeichnet wurden, zeigen, daß nach den Erfahrungen der Teilungszeit auch in der Zweiten Republik weiterhin bei vielen die Auffassung von der polnischen Nation als einer von außen und innen bedrohten Schicksalsgemeinschaft vorherrschte. Die katholische Nation hatte sich gegen den inneren Feind der angeblich übermäßigen Geburtenzunahme bei Juden und Ukrainern zu wehren und war zugleich vor allem durch die expansiven Bestrebungen des Bolschewismus von außen bedroht. Es wurde argumentiert, daß die Zulassung von Scheidungen die moralische und militärische Stärke der polnischen Nation untergrabe.[281] Dabei wurde die Untreue der Ehegatten in ihren fatalen Auswirkungen mit der Untreue des Soldaten gegenüber seinem Vaterland gleichgesetzt.[282] So gesehen war auch in der Zwischenkriegszeit die Sphäre einer exklusiv definierten gesellschaftlichen Öffentlichkeit von größter Relevanz. Dort besaß das integrative Konzept der Verfassung von 1921, das eine Staatsbürgernation postulierte, keine Bedeutung. Dabei fällt vor allem die enge Durchdringung der Konzepte von Konfession und Nation auf, die den exklusiven Charakter der nationalen Selbstwahrnehmung in den dreißiger Jahren bestimmte. Gerade bei der jungen Generation, die in den dreißiger Jahren politisch aktiv wurde, ist zu beobachten, daß hier die Nationalisierung der Religion sehr stark in Dienst genommen wurde. Die religiöse Rhetorik diente vor allem der nationalen Abgrenzung, die katholische Konfession wurde damit instrumentalisiert

gesellschaftlichen Positionierung des Ehestandes regeln solle. Es habe sich jedoch nicht in emotionale bzw. religiöse Angelegenheiten einzumischen, s. dazu auch Czachórski, W./Wasilkowski, J.: Wspomnienie o profesorze Uniwersytetu Warszawskiego Karolu Lustostańskim, in: Państwo i Prawo 2 (1947), Nr. 12, S. 57–59, hier S. 58.

280 Muszalski, E./Ogulewicz, Z./Wisłocki-Sas, J.: Stanowisko polskich prawników katolików wobec projektu prawa o stosunkach rodziców i dzieci, Warszawa 1939, S. 19.

281 Trzeciak, Talmud, S. 57: „In seiner jetzigen Form würde das 'Eherechtsprojekt' durch die Schwächung und Zerschlagung der Familie zu einem Zusammenbruch des nationalen Geistes und zu einer moralischen Krise führen, was ohne Zweifel einen bolschewistischen Angriff auf Polen erleichtern würde."

282 Sopoćko, Rodzina w prawodawstwie, S. 37.

und einer spezifischen nationalen Ethik untergeordnet.[283] In der Frage nach Prozessen von Säkularisierung oder eventueller Rechristianisierung während der Zweiten Polnischen Republik sollte man diese enge Verschränkung nicht außer Acht lassen. Der Säkularisierungsprozeß blieb nicht allein deswegen aus, weil die Zwischenkriegszeit zu kurz war,[284] sondern vor allem auch, weil es bestimmten politischen Lagern gelang, den Faktor Religion nachhaltig in gesellschaftliche und politische Debatten einzuführen.

283 Hier ist Bogumil Grott zu widersprechen, der für die dreißiger Jahre in bezug auf die junge Generation der Nationaldemokratie konstatiert, daß deren Ideologie sich zunehmend katholisiert habe und dabei die christliche Ethik den Vorrang vor einer „nationalen" Ethik erhalten habe. Zwar bedienten sich die Jungen einer religiösen Terminologie, doch wurde diese gänzlich für nationale Zwecke instrumentalisiert, s. GROTT, Geneza, S. 122–123 sowie DERS.: Polnische Parteien, S. 80.

284 KRIEDTE, P.: Katholizismus, Nationsbildung und verzögerte Säkularisierung in Polen, in: LEHMANN, H. (Hg.): Säkularisierung, Dechristianisierung, Rechristianisierung im neuzeitlichen Europa, Göttingen 1997, S. 249–274, hier S. 272.

6. Die Rolle des Rechts bei der äußeren Integration

Durch das vorangegangene Kapitel hat leicht der Eindruck entstehen können, daß sich die juristische Profession der Zweiten Republik spätestens seit den dreißiger Jahren nur noch mit sich selbst befaßt habe, sei es bei der Durchsetzung ihrer materiellen Interessen oder sei es in der Debatte um den „nationalen“ Charakter der Rechtsordnung. Betrachtet man jedoch die internationalen Kontakte, die die polnische Jurisprudenz während der Zwischenkriegszeit aufbaute, so beeindrucken die Vielfalt der Kooperationsformen, die zahlreichen Aktivitäten polnischer Juristen auf der internationalen Bühne sowie die Initiativen, die von polnischer Seite zur internationalen Rechtsvereinheitlichung ausgingen. Natürlich gilt immer zu berücksichtigen, daß die nationalistischen Verengungen, die in den juristischen Debatten der dreißiger Jahre zunehmend Raum griffen, nicht ohne Einfluß auf den Charakter der internationalen Kontakte blieben. Dennoch soll an dieser Stelle gefragt werden, inwieweit die juristische Profession dazu beitragen konnte, die internationalen Beziehungen während der Zwischenkriegszeit wenigstens zum Teil im Sinne der multilateral und auf allgemeine Verrechtlichung angelegten Konzepte der Wilsonschen Nachkriegsordnung zu gestalten.

Dabei scheint der enge Zusammenhang zwischen der in den vorangegangenen Kapiteln geschilderten Rechtsvereinheitlichung im Inneren und der notwendig gewordenen äußeren Integration evident zu sein. Wie bei der innerpolnischen Unifizierung soll auch hier Recht als Verfahren betrachtet werden, das einen Interessenausgleich innerhalb einer durch vielfältige Einzelinteressen geprägten Ordnung ermöglicht. Es wird zu fragen sein, wie sich der wiederentstandene polnische Staat in den Institutionen eines bereits eingespielten internationalen Systems etablieren konnte, wobei auch hier wieder die rechtswissenschaftlichen Kontakte aus der Vorkriegszeit auf ihre Bedeutung für den Verlauf des Integrationsprozesses befragt werden. Der Zusammenhang zwischen innerer und äußerer Integration ist auch faktisch gegeben, da sowohl im Inneren wie in den internationalen Beziehungen eine Aufladung des Rechts mit Identitätspolitik erfolgte, die es seiner Funktion als einem universalen Konfliktregulierungsmittel beraubte. Die innenpolitischen Entwicklungen blieben nicht ohne Einfluß auf die Entwicklung der internationalen Kontakte. Dennoch muß auch auf die gegenseitige Dynamisierung von innerer und äußerer Integrationsanforderung hingewiesen werden, die gerade im polnischen Fall zeigt, daß die Rolle des „Neulings" in den internationalen Beziehungen nicht unbedingt bedeutete, daß man dazu verdammt war, lediglich passiver Rezipient der Rechtssetzungen in den bereits etablierten Staaten zu sein.

6.1. Kooperationsformen

In dem Katalog des Außenministeriums, mit dem sich dieses auf der 1929 in Posen veranstalteten „Allgemeinen Landesausstellung" *(Powszechna Wystawa Krajowa)* präsentierte, war ein Abschnitt der „Teilhabe Polens am internationalen Leben" *(Udział Polski w życiu międzynarodowym)* gewidmet. Darin wurde nicht nur auf den Ausbau der offiziellen diplomatischen Kontakte des neuen Staates hingewiesen,[1] sondern auch sehr stark die Einbindung der Zweiten Republik in ein vielfältiges Netz internationaler Organisationen betont, von denen der Völkerbund die bedeutendste war. Neben dem Engagement polnischer Experten in zahlreichen Kommissionen dieser Organisation wurde die aktive Teilnahme polnischer Wissenschaftler in internationalen wissenschaftlichen Institutionen und bei internationalen Kongressen hervorgehoben. Besonders im Bereich der internationalen Rechtsvereinheitlichung verwies man auf Vertreter Polens in führenden Positionen.[2] Auch in den folgenden Ausführungen sollen internationale Kooperationsformen, die vor allem in wissenschaftlichen Expertengremien verankert waren, im Mittelpunkt stehen.

Die lange Abwesenheit des polnischen Staates von der internationalen Bühne sowie die schwierigen Startbedingungen der Zweiten Republik, die durch die Auseinandersetzungen um ihre territoriale Gestalt und durch ökonomische Krisen gekennzeichnet waren, trugen dazu bei, daß die Etablierung des Landes in den internationalen Beziehungen zunächst schleppend verlief. Doch im Verlauf der Zwischenkriegszeit gelang es dem Staat, sich aus dieser Nachzüglerrolle zu befreien. Bereits Ende der zwanziger Jahre hatte sich das Bild

[1] Zu Aufbau und Entwicklung des diplomatischen Dienstes während der Zwischenkriegszeit s. auch Michowicz, W.: Organizacja polskiego aparatu dyplomatycznego w latach 1918–1939, in: Łossowski, Historia dyplomacji polskiej, S. 5–78.

[2] Katalog Wystawy Ministerstwo Spraw Zagranicznych (Powszechna Wystawa Krajowa, Poznań 1929), Warszawa 1929, S. 22–29.

deutlich gewandelt. Während polnische Vertreter zu Beginn der Zwischenkriegszeit in vielen internationalen Organisationen zunächst noch fehlten, konnte dieser Rückstand in relativ rascher Zeit aufgeholt werden, nicht zuletzt deswegen, weil polnische Wissenschaftler auch in der Teilungszeit darum bemüht gewesen waren, den Kontakt zur internationalen *scientific community* aufrechtzuerhalten.[3] Von großer Bedeutung war dabei auch, daß sehr viele polnische Wissenschaftler, die vor der Wiederentstehung des polnischen Staates im Ausland gelehrt und geforscht hatten, nach 1918 nach Polen zurückkehrten.[4] Polen befand sich unter den zehn Staaten, die am häufigsten internationale Kongresse ausrichteten.[5] Besonders hervorzuheben sind an dieser Stelle fünf große rechtswissenschaftliche Kongresse, die in den Jahren zwischen 1926 und 1936 in Warschau abgehalten wurden.[6] Die gewachsene Bedeutung Polens in internationalen Institutionen verdeutlicht auch die Entstehung einer speziellen „Abteilung für Internationale Organisationen" *(Wydział Organizacji Międzynarodowych)*, die im Zuge der Reorganisation des Außenministeriums im Jahr 1926 geschaffen wurde.[7]

Exkurs: *International Society*

Das internationale System stellte aber nicht nur an die nach dem Ersten Weltkrieg in Ostmittel- und Südosteuropa entstandenen Staaten Anpassungs- und Integrationsanforderungen. Auch etablierte Mitglieder der internationalen Staatengemeinschaft sahen sich neuartigen Kontaktformen gegenüber. An die Stelle eines zwischen wenigen Großmächten austarierten Mächtesystems trat die durch Wilsons vierzehn Punkte skizzierte Ordnung, die auf einem System der kollektiven Sicherheit beruhte und durch den Völkerbund verwirk-

[3] Łossowski, P.: Polska w Europie i świecie. Szkice z dziejów polityki zagranicznej i położenia międzynarodowego II Rzeczypospolitej, Warszawa 1990, S. 238.

[4] Jaczewski, B.: Życie naukowe w Polsce odrodzonej, in: Ders. (Hg.): Życie naukowe w Polsce w drugiej połowie XIX i w XX wieku. Organizacje i Instytucje, Wrocław et al. 1987, S. 206–234, hier S. 212.

[5] Ders., Nauka, in: Tomicki, Polska odrodzona, S. 507–554, hier S. 536.

[6] Es handelte sich dabei um Kongresse zum Urheberrecht (1926), zum Strafrecht (1927) und zum Luftverkehrsrecht (1929) sowie um die 35. Tagung der *International Law Association* (1928) und den 6. Internationalen Kongreß der Verwaltungswissenschaften (1936); s. Róziewicz, J. u. H.: Z dziejów międzynarodowych kontaktów naukowych Polski w latach 1919–1939, in: Problemy Polonii Zagranicznej 9 (1974), S. 339–378, hier S. 344–347.

[7] Michowicz, Organizacja, S. 34.

licht werden sollte. Daneben nahmen in den zwischenstaatlichen Beziehungen Kontakte im Bereich Wirtschaft, Wissenschaft und Kultur zu. Auch nichtstaatliche internationale Organisationen konnten auf die zwischenstaatlichen Beziehungen Einfluß nehmen. Die zahlreichen Hilfsorganisationen des Völkerbundes trugen dazu bei, daß die internationale Kommunikation nicht mehr nur zwischen den diplomatischen Eliten, sondern auch zwischen ganz unterschiedlichen gesellschaftlichen Milieus der einzelnen Mitgliedsstaaten verlief.[8]

Die Verdichtung der internationalen Beziehungen seit dem 19. Jahrhundert, die eine strikte Trennung zwischen Außen- und Innenpolitik fragwürdig werden ließ, ist bereits seit den sechziger Jahren des 20. Jahrhunderts vor allem von angelsächsischen Politikwissenschaftlern untersucht worden. Daraus entstand der Forschungsansatz von der *international society*, in dem der Staat als Handlungsträger zwar weiterhin als wichtiger Faktor innerhalb der internationalen Beziehungen anerkannt wird; gleichzeitig wird jedoch betont, daß vor allem seit dem Wiener Kongreß eine Vernetzung innerhalb der internationalen Beziehungen einsetzte, die weit über die traditionellen diplomatischen Kontakte zwischen den politischen Eliten hinausging. Die Entwicklung von neuen Kommunikations- und Transportmitteln, die stärkere Involvierung der nationalen Gesellschaften in sich internationalisierende ökonomische Prozesse, die Gründung internationaler technischer Organisationen und nicht zuletzt das Bemühen, diese neuen Kontakte und Kooperationsformen auf internationalen Kongressen zu verrechtlichen, trugen dazu bei, daß der Komplex der zwischenstaatlichen Beziehungen immer mehr Lebensbereiche umfaßte sowie immer weitere Bevölkerungsgruppen betraf.[9] Während traditionelle Forschungsansätze die internationalen Beziehungen zumeist im Hinblick auf die Durchsetzung von Macht in einem nach egoistischen Interessen organisierten System von Nationalstaaten beleuchten, will das Konzept von der *international society* vor allem auch die Formen der internationalen Kommunikation untersuchen,[10] die nicht nach reinem Machtkalkül funktionierte, sondern

[8] Dazu aus polnischer Sicht zum Beispiel Batowski, H.: Dawne i nowe formy kontaktów i porozumienia się w stosunkach międzynarodowych (do roku 1939), in: Przegląd Humanistyczny 34 (1990), Nr. 10, S. 15–23.

[9] Für einen Überblick zu dieser Forschungsrichtung s. die Einleitung in Watson, A.: The Evolution of International Society. A Comparative Historical Analysis, Routledge 1992, S. 1–20.

[10] Ein sehr anspruchsvolles Forschungsprogramm für eine erneuerte Diplomatiegeschichtsschreibung zuletzt bei Lehmkuhl, U.: Diplomatiegeschichte als internationale

auf der Basis gemeinsamer Interessen, kultureller Ähnlichkeiten und einem gewissen Maß der völkergewohnheitsrechtlichen Verregelung auch andere zu untersuchende Paradigmen aufwies.[11]

Für die Zwischenkriegszeit und die hier untersuchte Region wird ein solcher Ansatz nur sinnvoll zu verfolgen sein, wenn man diesen Zeitraum nicht allein aus der Rückschau – wie es auch durch seinen Namen angedeutet wird – als eine Übergangsepoche betrachtet, deren Scheitern unausweichlich war.[12] Tatsächlich zerbrach das Konsenssystem des Völkerbundes an der egoistischen Durchsetzung nationalstaatlicher Interessen. Dennoch stellt sich die Frage, welche Kooperations- und Verständigungschancen diese Epoche bot. Diese Frage wird nur zu beantworten sein, wenn man die internationalen Beziehungen nicht nur als reine Machtkonstellationen begreift, sondern auch Aspekte gemeinsamer Interessen, kultureller Ähnlichkeiten und den Willen zur internationalen Verregelung miteinbezieht. Dabei ist aber auch vor einer anachronistischen Betrachtungsweise zu warnen, die aus der heutigen Sicht die Bedeutung der Souveränitätsabgabe an supranationale Organisationen überbetont. In der Zeit nach dem Ersten Weltkrieg wurde Souveränität als ein Ausdruck der grundlegenden Demokratisierung des internationalen Systems betrachtet. Für zeitgenössische Autoren, die einer *international society* schon damals das Wort redeten, spielte sich Kooperation und Integration – zum Beispiel im Bereich der Vereinheitlichung von Rechtsnormen –

Kulturgeschichte: Theoretische Ansätze und empirische Forschung zwischen Historischer Kulturwissenschaft und Soziologischem Institutionalismus, in: Geschichte und Gesellschaft 27 (2001), Nr. 3, S. 394–423.

11 Eine Charakteristik der auf diese Art verstandenen internationalen Beziehungen gibt das folgende Zitat: „By an international society we mean a group of states (or, more generally, a group of independent political communities) which not merely form a system, in the sense that the behaviour of each is a necessary factor in the calculations of the others, but also have established by dialogue and consent common rules and institutions for the conduct of their relations, and recognize their common interest in maintaining these arrangements.“, in: BULL, H./WATSON, A.: Introduction, in: DIES. (Hg.): The Expansion of International Society, Oxford 1984, S. 1.

12 In der angelsächsischen Forschung zur *international society* blieben die Staaten Ostmittel-und Südosteuropas sehr oft im Windschatten zweier etwas konstruiert wirkender Großepochen: der Entkolonialisierung des 19. und der Enteuropäisierung des 20. Jahrhunderts. Die Staatsgründungen in dieser Region nach dem Ersten Weltkrieg wurden zwar konstatiert, aber dann doch mehr als ein weiterer Beweis für den Bedeutungsverlust Europas verbucht, da man durch die fatalen Auswirkungen des Selbstbestimmungsrechts den Zerfallsprozeß Europas beschleunigt sah, so etwa WATSON, Evolution, S. 277–287.

immer zwischen Nationalstaaten ab.[13] Es wurde nicht in Frage gestellt, daß internationale Kontakte zwischen den einzelnen Völkern durch die jeweiligen Nationalstaaten vermittelt waren.
Für die Organisation der unterschiedlichen Interessen in dieser Völkergemeinschaft hielt man eine Verrechtlichung des internationalen Systems für unerläßlich. Neben die allgemeinen Normen des Völkerrechts, die besagen, daß alle Staaten gleich rechtsfähig, völkerrechtliche Verpflichtungen für alle Staaten verbindlich seien und keinem Staat gegen seinen Willen von außen Recht aufgezwungen werden dürfe, sollte eine internationale Verrechtlichung auch in den Bereichen des Zivil- und Strafrechts treten, um so gemeinsame Werte und Interessen zu organisieren. Die weiterhin wichtige Rolle der Einzelstaaten wird bereits daraus ersichtlich, daß internationale Abmachungen erst durch die innerstaatliche Ratifizierung Gültigkeit erlangen.[14] Allerdings erscheint der Hinweis bedenkenswert, daß die neuentstandenen Nationalstaaten zwar besonders eifersüchtig über die Bewahrung ihrer staatlichen Souveränität wachten, gleichzeitig aber auch eine zum Teil recht pragmatische Einstellung zu internationalen Integrationsbemühungen aufwiesen, da sie an der Entstehung dieses Systems selbst nicht mitgewirkt hatten und somit Neuerungen flexibler gegenüberstanden.[15]

6.1.1. Multilaterale Zusammenarbeit

Für die multilaterale Zusammenarbeit während der Zwischenkriegszeit waren der Völkerbund und seine unterschiedlichen Unter- und Hilfsorganisationen die wichtigsten Funktionsträger. In dem hier interessierenden Bereich der internationalen Rechtsvereinheitli-

[13] S. dazu auch Kapitel 2.2. Zur Entstehung der wissenschaftlichen Disziplin von den Internationalen Beziehungen und ihren jeweiligen Forschungsparadigmen s. RITTBERGER, V./HUMMEL, H.: Die Disziplin „Internationale Beziehungen" im deutschsprachigen Raum auf der Suche nach ihrer Identität: Entwicklung und Perspektiven, in: RITTBERGER, V. (Hg.): Theorien der internationalen Beziehungen. Bestandsaufnahme und Forschungsperspektive (= Politische Vierteljahresschrift Sonderheft 21/1990), Opladen 1990, S. 17–47.

[14] Auf diese Weise verstand etwa der polnische Völkerrechtler und seit 1931 Richter am Ständigen Gerichtshof in Den Haag, Michał Rostworowski, das Funktionieren der neuen internationalen Ordnung nach dem Ersten Weltkrieg, s. DERS.: Organizacja związków międzynarodowych, Kraków 1930.

[15] LYON, P.: New States and International Order, in: JAMES, A. (Hg.): The Base of International Order. Essays in Honour of C.A.W. Manning, London, New York, Toronto 1980, S. 24–59, hier S. 55.

chung gingen von dieser Institution bedeutende Impulse aus. Eine wichtige Rolle spielte dabei das 1924 auf französische Initiative gegründete „Institut für Internationale Intellektuelle Zusammenarbeit“ (*Institut International de Coopération Intellectuelle*, IICI), das die schon vor dem Ersten Weltkrieg existierende Kooperation auf wissenschaftlichem, kulturellem, ökonomischem, sozialem und humanitärem Gebiet verstetigen sollte.[16] Am Beispiel des IICI wird deutlich, daß auch im Bereich der internationalen Kooperation nicht zuletzt machtpolitische und strategische Interessen von großer Bedeutung waren. Die intellektuelle Zusammenarbeit war für Frankreich ein wichtiges Feld, um sein Bündnissystem mit den neuen Staaten Ostmitteleuropas zu stärken.[17] Im Zuge einer „intellektuellen Expansion“ gelang es dem Land, vor allem in den zwanziger Jahren seinen Einfluß auf die neuen Staaten Mittel- und Osteuropas auszuweiten.[18] Für den polnischen Staat war die Mitgliedschaft in diesem Institut prestigeträchtig. Mit hohen Dotationen, die von Polen zur Unterhaltung des Instituts geleistet wurden, versuchte man, den polnischen Einfluß zu stärken und Personalwünsche durchzusetzen. Als dies nicht gelang, nahm das Interesse der polnischen Seite an der intellektuellen Zusammenarbeit deutlich ab. Polnische Wissenschaftler beklagten das ungeschickte Vorgehen der polnischen Außenpolitiker, die allzu deutlich ihr machtpolitisches Kalkül in die intellektuelle Kooperation einfließen ließen. Im polnischen Außenministerium wiederum kritisierte man, daß Polens Vertreter in den einzelnen internationalen Institutionen zu wenig auf die Durchsetzung polnischer Interessen achten würden.[19]

[16] Die Dokumente zur Gründung des IICI in: Knipping, F./Mangoldt, H.v./Rittberger, V. (Hg.): Das System der Vereinten Nationen und seine Vorläufer. Bd. 2: Vorläufer der Vereinten Nationen. 19. Jahrhundert und Völkerbundzeit, München 1996, S. 921–941 und S. 1065–1075.

[17] Dazu Scholz, W.: Frankreichs Rolle bei der Schaffung der Völkerbundkommission für internationale intellektuelle Zusammenarbeit 1919–1921, in: Francia 21 (1994), Nr. 3, S. 145–158.

[18] Brzeziński, A. M.: Z historii francuskiej „dyplomacji kulturalnej“ w Polsce w okresie międzywojennym, in: Przegląd Zachodni 51 (1995), Nr. 1, S. 117–132. Frankreich bemühte sich vor allem, im ehemaligen deutschen und österreichischen Teilungsgebiet seinen kulturellen Einfluß geltend zu machen, da man befürchtete, daß dort der aus der Teilungszeit herrührende deutsche Einfluß weiterhin stark bleiben könnte.

[19] Ders.: Dyplomacja polska wobec międzynarodowego Instytutu Współpracy Intelektualnej w Paryżu 1925–1939, in: Studia Historyczne 37 (1995), Nr. 1, S. 73–88; allgemeiner zur internationalen wissenschaftlichen Kooperation s. Łossowski, P.: Z problemów współpracy naukowo-kulturalnej z zagranicą w okresie II Rzeczypospolitej, in: Dzieje Najnowsze 20 (1988), Nr. 1, S. 143–152.

Als nationale Unterkommission des IICI wurde 1924 in Warschau die „Polnische Kommission für Internationale Intellektuelle Zusammenarbeit“ (*Polska Komisja Międzynarodowej Współpracy Intelektualnej,* PKMWI) gegründet, deren Vorsitz der Zivilrechtler Karol Lutostański inne hatte. Von Seiten der Regierung saßen je ein Delegierter des Außenministeriums sowie des Ministeriums für Religiöse Erziehung und Öffentliche Bildung (*Ministerstwo Wychowania Religijnego i Oświecenia Publicznego,* MWRiOP) in der Kommission. 1926 fand in Warschau das erste Treffen der nationalen Kommissionen für Intellektuelle Zusammenarbeit statt, das vor allem einer Bestandsaufnahme zur Lage der „Geistesarbeiter“ in den neuen Staaten Ostmittel- und Südosteuropas dienen sollte.[20] Während dieses Treffen in erster Linie durch die Beschäftigung mit den spezifischen Problemen der Intellektuellen in den Nachfolgestaaten geprägt war, zeigt die Korrespondenz des polnischen Außenministeriums im Umfeld des zweiten Treffens der nationalen Kommissionen, zu dem es 1937 in Paris kam, eine deutliche Akzentverschiebung innerhalb der polnischen Wahrnehmung. In bezug auf die erste Konferenz von 1926 in Warschau wurde die Notwendigkeit eines stärkeren polnischen Engagements Polens in Nord-, Mittel- und Osteuropa betont.[21] Im Vorfeld der Pariser Konferenz kritisierte der Delegierte des Außenministeriums, Jan Fryling, ganz generell die Arbeitsweise des Völkerbundes. Die Tendenz zu wenig konkreten Aussagen, um möglichst keines der Mitglieder zu verprellen, sowie das Bedürfnis, alle Probleme möglichst generell und global zu behandeln, schränke die Effektivität jeglicher Kooperation ein. Daher plädierte er für eine stärkere Konzentration der polnischen Auslandskontakte im Bereich der Wissenschaft und Kultur auf regionale und bilaterale Abmachungen.[22] Die intellektuelle Zusammenarbeit sollte nicht mehr länger in einem realitätsfernen „Wissenschafts-Labora-

[20] Rothbarth, M.: Geistige Zusammenarbeit im Rahmen des Völkerbundes, Münster 1931, S. 48–50.

[21] Schreiben des MSZ an den polnischen Delegierten beim Völkerbund vom 16. Januar 1936, in: AAN, MSZ 1917, Bll. 2–5, hier Bl. 3.

[22] Sitzungsprotokoll der „Polnischen Kommission für Internationale Intellektuelle Zusammenarbeit“ vom 3. Juni 1937, in: AAN, MSZ 1910, Bll. 138–145, hier Bl. 144. Angesichts dieser Stellungnahme verwundert es nicht, daß im Zuge der Nachbereitung des Pariser Treffens besonders das Referat der baltischen Staaten hervorgehoben wurde, das in Polen ein künftiges Verbindungsglied zwischen dem baltisch-skandinavischen Raum und den Balkan-Donau-Staaten sah, ebenda, Bl. 135.

torium" stattfinden,[23] sondern ganz konkret die außenpolitischen Bündnispläne der polnischen Regierung unterstützen.

Auch in Unterorganisationen der PKMWI wurde diese veränderte Einstellung des polnischen Außenministeriums deutlich. Das „Zentrale Komitee Polnischer Politikwissenschaftlicher Institutionen" *(Centralny Komitet Polskich Instytucji Nauk Politycznych)* unterstand der PKMWI und war dafür zuständig, die politischen Wissenschaften Polens auf internationalen Kongressen zu repräsentieren. Sehr zum Mißfallen des Außenministeriums wurde es zeit seines Bestehens von Juristen geleitet, zunächst von Michał Rostworowski, ab 1931 von Ludwik Ehrlich. Beide waren renommierte Völkerrechtler, die über Polen hinaus großes Ansehen genossen. Dem Außenministerium mißfiel allerdings die Tatsache, daß das Komitee von Völkerrechtlern dominiert wurde und Spezialisten für die Bereiche Migration, Demographie bzw. Ökonomie unterrepräsentiert waren. Es hätte gerne einen anderen Leiter des Komitees gesehen,[24] mußte aber zugeben, daß bei einem Rücktritt Ehrlichs auch die Subventionierung der Institution durch die *Rockefeller Foundation* weggefallen wäre. Ehrlich, der in den Jahren 1916 bis 1920 im kalifornischen Berkeley Politische Wissenschaften gelehrt hatte, besaß auch im Außenministerium den Ruf eines ausgesprochen fähigen *fund raiser.* Auf diese Eigenschaften und seine noch aus der Vorkriegszeit stammenden internationalen Kontakte wollte man ungern verzichten.[25]

Eine weitere Unterorganisation des IICI war das 1928 in Rom eröffnete „Internationale Institut zur Vereinheitlichung des Privatrechts" *(Institut International de l'Unification de Droit Privé)*, zu dessen Mitgliedern seit seiner Gründung auch Polen gehörte.[26] Im Verwaltungsrat des Instituts wurde das Land durch den Rechtsrat im Außenministerium, Szymon Rundstein (1846–1942), vertreten. Ebenso wie Ehrlich schlug Rundstein eine Karriere im Ausland (in seinem Fall in Deutschland) aus und kehrte bereits vor dem Ersten Weltkrieg nach Polen zurück.[27] Die Mitgliedschaft im Verwaltungsrat war von

[23] Schon 1930 hatte der damalige polnische Gesandte beim Völkerbund, Franciszek Sokal, so die Einstellung des Historikers Oskar Halecki kritisiert, der der Kommission für internationale Universitätsbeziehungen vorstand, s. AAN, MSZ 1908, Bl. 39.

[24] AAN, MSZ 1912, Bll. 17–22.

[25] AAN, MSZ 1912, Bll. 502–503.

[26] Das Organisationsstatut in: Knipping/v. Mangoldt/Rittberger, System, S. 1087–1091.

[27] Nach Abschluß seines Jurastudiums in Warschau ging Rundstein 1898 nach Deutschland und wurde 1900 an der Universität Heidelberg promoviert. Von 1900 bis

großer Bedeutung, da durch diesen die Rechtsbereiche bestimmt wurden, an deren internationaler Vereinheitlichung gearbeitet werden sollte.[28] Das Institut stimmte seine Arbeit mit der „Internationalen Arbeitsorganisation" (*International Labour Organization*, ILO) ab. Nach der teilweisen Überwindung der Weltwirtschaftskrise begann sich die internationale Zusammenarbeit in diesen Institutionen seit Mitte der dreißiger Jahre zu intensivieren. Gerade auf den Konferenzen der ILO, die sich zum Beispiel ausgiebig mit der Vereinheitlichung der Bestimmungen für Wanderarbeiter befaßte, spielten polnische Delegierte eine wichtige Rolle, da aus Polen eine große Anzahl von Erwerbsemigranten vor allem in die französische und belgische Schwerindustrie, aber auch nach Übersee abwanderte. Die polnischen Vertreter auf den Konferenzen der ILO drängten daher auf internationale Abmachungen zur Regelung der Sozialversicherungsstandards für Wanderarbeiter, nicht zuletzt deshalb, weil der polnische Staat in der Zwischenkriegszeit ein im internationalen Vergleich modernes Sozialsystem vorweisen konnte.[29]

Doch ebenso wie die Arbeit im „Internationalen Institut zur Vereinheitlichung des Privatrechts" wurde auch in der ILO die Zusammenarbeit durch die allgemeine Verschlechterung des internationalen politischen Klimas erschwert. Dennoch wurde in diesen Institutionen die Kommunikation zwischen den Staaten aufrechterhalten, auch nachdem die offiziellen Kontakte etwa nach den Völkerbundaustritten des Deutschen Reiches (1933) bzw. Italiens (1937) abgebrochen waren. Noch 1937 nahm der bis 1935 in Berlin lehrende Experte für Internationales Privatrecht Ernst Rabel an den Sitzungen des Instituts zur Erarbeitung eines internationalen Kaufvertrags in Rom teil, auch wenn darauf bestanden wurde, daß seine Arbeit keinen amtlichen Charakter haben und möglichst unerwähnt bleiben solle.[30] Auch nach dem italienischen Austritt aus dem Völkerbund im Jahr 1937 blieb Rom weiterhin Sitz des Instituts. Italien stimmte 1939 einem neu erarbeiteten Statut zu, das vorsah, daß das Institut als inter-

1906 arbeitete er in Berlin als Universitätsassistent für Rechtstheorie und Rechtsvergleichung, s. Polski Słownik Biograficzny. Tom 33/1, Wrocław et al. 1991, S. 100–102.

28 Art. 7 des Organisationsstatuts.

29 S. den Bericht der polnischen Delegation über die Verhandlungen im Rahmen der Konferenz der ILO 1938, AAN, MSZ 11589, Bll. 24–30.

30 S. dazu den Brief Rundsteins an das polnische Außenministerium vom 26. April 1937, AAN, MSZ 2044, Bll. 5–6.

nationale Organisation weiterbestand, dem auch Nichtmitglieder des Völkerbundes beitreten konnten.[31]

Große Bedeutung für das auf die Verrechtlichung der internationalen Beziehungen angelegte System des Völkerbundes besaß auch der im Rahmen der Völkerbundsatzung erwähnte Ständige Internationale Gerichtshof, der seit 1920 in Den Haag residierte. Auch wenn die internationale Gerichtsbarkeit entgegen den ursprünglichen Planungen fakultativ blieb, da kein Staat gegen seinen Willen vor den Gerichtshof gezwungen werden konnte, stellte er dennoch einen wichtigen Schritt auf dem Weg zu einer allgemeinen Rechtsgleichheit in den internationalen Beziehungen dar.[32] Die Besetzung des Gerichts, dessen Personal vom Rat und der Vollversammlung für die Dauer von neun Jahre gewählt wurde, war ausgesprochen prestigeträchtig. Es verwundert daher nicht, daß die polnische Außenpolitik eine breit angelegte Propagandaaktion startete, als 1930 das erste Mandat aller Richter am Haager Gerichtshof endete und Neuwahlen anstanden.

Mit dem Völkerrechtler Rostworowski verfügte Polen über einen Kandidaten, der in den Gremien des Völkerbundes kein Unbekannter war; 1925/26 und 1928/29 war er in der *ad hoc*-Schiedsrichterliste in Den Haag eingetragen,[33] 1925 und 1928 hatte er Polen auf den Konferenzen zur Vereinheitlichung des Internationalen Privatrechts vertreten. Es waren jedoch nicht allein die fachlichen Qualifikationen, mit denen das Außenministerium für eine Wahl Rostworowskis argumentierte. Von noch größerer Bedeutung schien für die polnische Diplomatie das Argument zu sein, daß mit Rostworowski erstmals das polnische Rechtsdenken der Zweiten Republik auf der internationalen Bühne repräsentiert werde.[34] Zudem glaubte man, das bislang recht geringe Ansehen des Gerichtshofes in Polen selbst durch die Berufung eines polnischen Richters steigern zu können. Daneben

31 Knipping/v. Mangoldt/Rittberger, System, S. 1087. Auf den besonderen Stellenwert der internationalen intellektuellen Zusammenarbeit weist Jan Kolasa hin, wenn er die Bedeutung der Kooperation in wissenschaftlichen Expertengremien gerade in Zeiten außenpolitischer Konfliktverschärfung hervorhebt, s. Kolasa, J.: International Intellectual Cooperation. The League Experience and the Beginning of UNESCO, Wrocław 1962, S. 18.

32 Mangoldt, Verrechtlichung, S. 24–29.

33 Aus dieser Liste durften die vor dem Internationalen Gerichtshof auftretenden Länder einen Richter ihrer Wahl bestimmen, wenn etwa ein Richter der gleichen Nationalität wie eine der beteiligten Parteien war.

34 Schreiben des MSZ an alle polnischen Auslandsvertretungen vom 27. Januar 1930, AAN, MSZ 1978, Bll. 6–8.

spielte die Überzeugung eine große Rolle, daß Rostworowski ein wichtiges Gegengewicht zu einem eventuellen deutschen Richter darstellen würde.[35] Dieses rein politische Argument sollte jedoch im Rahmen der Vorbereitung der Richterwahlen nicht öffentlich gemacht werden. Wie sehr eine solche Haltung jedoch die Einstellung der polnischen Außenpolitik gegenüber dem Haager Gericht bestimmte, zeigte sich nach der Wahl Rostworowskis. Dieser wurde dafür kritisiert, daß er sich nicht an die Vorgaben der polnischen Außenpolitik halte. Eine Verlängerung von Rostworowskis Mandat im Rahmen der Schiedsrichterliste in Den Haag, die 1935 anstand, wollte das Außenministerium daher nicht unterstützen.[36]

Um die Autorität des Ständigen Internationalen Gerichtshof zu steigern, wurde 1924 vom Völkerbund eine juristische Expertenkommission eingesetzt, die sich mit der Kodifizierung des materiellen Völkerrechts beschäftigen sollte, was einen wichtigen Schritt auf dem Weg zur internationalen Verrechtlichung bedeutet hätte. Da jedoch durch konkrete völkerrechtliche Normen die einzelstaatliche Souveränität fundamental in Frage gestellt worden wäre, war diesen Kodifikationsbemühungen kein Erfolg beschieden. Hier zeigten sich deutlich die solchen Bestrebungen in der damaligen Zeit gesetzten Grenzen. Die Aufgabe von Souveränität im ureigensten Bereich staatlicher Hoheitsrechte – die Beschneidung der unbeschränkten Selbstbestimmung des Staates innerhalb der internationalen Beziehungen – war nicht nur im Kreise der neuen Staaten Ostmittel- und Südosteuropas unpopulär. Die achte Vollversammlung des Völkerbundes beschloß 1927, eine völkerrechtliche Kodifikationskonferenz einzuberufen. Diese fand 1930 in Den Haag unter dem Titel „Konferenz zum Zwecke der fortschreitenden Kodifizierung des Völkerrechts" statt. Sie hatte sich vorgenommen, zu einer Vereinheitlichung im Bereich der rechtlichen Regelungen bezüglich der Staatsangehörigkeit, der nationalen Gewässer und der Verantwortlichkeit von Staaten bei Schädigung von Ausländern bzw. deren Eigentum auf ihrem Gebiet zu gelangen. Ihre Ergebnisse wurden allgemein als enttäuschend aufgefaßt.[37] Zwar sprach sich die Vollversammlung des Völkerbundes

[35] So der polnische Gesandte in Den Haag in einem Schreiben an das Außenministerium vom 12. Februar 1930, s. AAN, MSZ 1978, Bll. 25–33.

[36] Komarnicki, T. (Hg.): Diariusz i teki Jana Szembeka. Tom 1, London 1964, Eintrag vom 1.5.1935, S. 279.

[37] S. dazu: Hudson, M.O.: The First Conference for Codification of International Law, in: American Journal of International Law 24 (1930), S. 447–466; Supplement to the American Journal of International Law 24 (1930), Nr. 1 und Nr. 3; United Nations,

im Jahr 1931 für eine erneute Kodifikationskonferenz aus, zu der es aber bis zum Ausbruch des Zweiten Weltkriegs nicht mehr kommen sollte.

Die Unifizierungsversuche der Haager Konferenz von 1930 wirkten allerdings auf regionale Bemühungen zur Rechtsvereinheitlichung zurück. So stand die Angleichung des Staatsbürgerschaftsrechts 1933 auf der Tagesordnung des ersten Slavischen Juristentages in Bratislava. Aus polnischer Sicht argumentierte man für eine Angleichung der unterschiedlichen rechtlichen Regelungen, da durch die Minderheitenschutzverträge zumindest in Polen, der Tschechoslowakei und Jugoslawien sowieso schon vergleichbare Ausgangsbestimmungen bestünden.[38]

Das Scheitern der Schaffung allgemeinverbindlicher völkerrechtlicher Normen durch den Völkerbund analysierte der polnische Jurist Wacław Makowski. Er sah es in der Tatsache begründet, daß Rechtsvereinheitlichung niemals einfach nur „technisch" sein dürfe, sondern an bestimmten Werten sowie konkreten Zielgruppen ausgerichtet und im Rechtsgefühl der jeweiligen Gesellschaft verankert sein müsse. Die Expertenkommission des Völkerbundes habe hingegen lediglich bestehende Rechtsnormen gesammelt. Die Schaffung einer internationalen Rechtsordnung setzte für Makowski die Akzeptanz einer internationalen Verfassung voraus. Diese war für ihn der Pakt des Völkerbundes. Indem er sich auf den Pakt berief, wollte er vor allem den Revisionsansprüchen der Staaten entgegentreten, die mit der existierenden internationalen Ordnung nicht zufrieden waren. Eine Verrechtlichung der internationalen Beziehungen, die durch die Schaffung übergeordneter Sanktionsinstanzen zur Durchsetzung des internationalen Rechts gestärkt worden wäre, lehnte er ab. In seinen Augen konnte diese Verrechtlichung nur durch souveräne Staaten verwirklicht werden.[39]

Documents on the Development and Codification of International Law, in: The American Journal of International Law 41 (Oct. 1947), Nr. 4, S. 29–116, hier S. 66–93; Krissler, D.: Verfahren und Stand der Völkerrechtskodifikation, in: Wolf, K.D. (Hg.): Internationale Verrechtlichung, S. 29–38, hier S. 33–34.

38 Ehrlich, L.: Ujednostajnienie norm o nabyciu i utracie obywatelstwa i przynależności w państwach słowiańskich, Lwów 1933.

39 Makowski, W.: Kodyfikacja porządku międzynarodowego, in: Nowe Państwo 2 (1932), Nr. 2, S. 1–11. Kritik an einer solchen internationalen Ordnung, deren Akteure *de iure* gleichberechtigte Nationalstaaten waren, übte u. a. Carl Schmitt, der damit paradigmatisch die deutsche Ablehnung des Völkerbundssystems zum Ausdruck brachte. Für ihn hatte sich seit dem Ende des 19. Jahrhunderts eine verhängnisvolle Entwicklung im internationalen System Bahn gebrochen. Er konstatierte, daß durch

Generell kann man feststellen, daß polnische Juristen darum bemüht waren, auf allen Foren der internationalen juristischen Kooperation, die nach dem Ersten Weltkrieg entstanden oder reaktiviert wurden, präsent zu sein. Im Jahr 1924 konstituierte sich die polnische Landesgruppe der *International Law Association* (ILA),[40] der bedeutendsten internationalen Juristenvereinigung aus der Vorkriegszeit. Schon 1922 wurde Polen durch eine Delegation der „Juristischen Gesellschaft in Warschau“ *(Towarzystwo Prawnicze w Warszawie)* auf dem Kongreß der ILA in Buenos Aires vertreten, wo im Anschluß an das polnische Referat über die Vereinheitlichung des Internationalen Privatrechts der Beschluß gefaßt wurde, daß alle Staaten, die in diesem Bereich gesetzgeberisch tätig waren, die ILA darüber auf ihren Tagungen informieren sollten, um so die Grundlage für die Koordination der Privatrechtsvereinheitlichung zu legen.[41] Im Jahr 1926 sprach sich die Vereinigung auf ihrer alle zwei Jahre stattfindenden Tagung für eine verstärkte Kooperation von Juristen aus den neuentstandenen Staaten aus. Auf ihre Anregung hin fand im Oktober 1926 in Wien das erste Treffen von Notaren aus den sogenannten Nachfolgestaaten statt. Dabei dominierten österreichische Delegierte, doch waren außer Rumänien alle neuen bzw. durch die Pariser Friedensverträge betroffenen Staaten der Region vertreten. Bei der

die zunehmende Entwicklung völkerrechtlicher Normen eine *„communauté internationale“* entstanden sei, die aus angeblich gleichberechtigten Staaten bestehe und die durch nichtssagende allgemeine Prinzipien charakterisiert werde. Er stellte dieser Ordnung die „Hausgenossenschaft der europäischen Fürstenhäuser, Staaten und Nationen“ gegenüber und verwies darauf, daß statt konkreter Großraumordnungen (mit Wehmut erinnert er an Bismarck als den letzten „europäischen Großraumpolitiker“) nun abstrakte Normen das internationale System dominierten. Den Höhepunkt jener negativen Entwicklung erblickte er in der universalistischen Konzeption von Wilsons Völkerbundordnung, die „das damalige, weltläufige, liberaldemokratische Recht des Weltkapitalismus zum innerdeutschen Recht“ machen sollte, s. Schmitt, C.: Die Auflösung der europäischen Ordnung im „International Law“ (1890–1939), in: Deutsche Rechtswissenschaft. Vierteljahresschrift der Akademie für Deutsches Recht 5 (1940), Nr. 4, S. 267–278. Der von Makowski skizzierten internationalen Ordnung sollte es jedoch nicht an konkreten Normen mangeln. In dem für die *Sanacja* typischen Verfassungsverständnis, das in der Aprilverfassung von 1935 klar zum Ausdruck kam, verkörperte der Staat die konkreten Normen einer Gesellschaft und war als Kollektivsubjekt den individuellen Rechten und Interessen seiner Bürger übergeordnet; zum solidaristischen Verfassungsverständnis Makowskis, s. Ders.: O państwie społecznym. Wstęp, wybór i opracowanie W. T. Kulesza, Warszawa 1998.

[40] Sprawozdanie oddziału polskiego Towarzystwa Prawa Międzynarodowego za czas od powstania do 12 maja 1925 r., Warszawa 1925, S. 1.

[41] Towarzystwo Prawnicze w Warszawie: Sprawozdanie za rok 1922, Warszawa 1923, S. 5–6.

Debatte um die eventuelle Schaffung einer einheitlichen Notariatsordnung spielte der polnische Delegierte Stefan Góra eine wichtige Rolle, da er als Referent im polnischen Justizministerium für die Ausarbeitung einer solchen Ordnung zuständig war. Vor dem Ersten Weltkrieg war er im Staatsapparat der Habsburgermonarchie ebenfalls mit der Erarbeitung einer Notariatsordnung befaßt gewesen.[42]

Polens führende Rolle unter den neuentstandenen Staaten zeigte sich auch darin, daß die ILA 1928 Polen als ersten Nachfolgestaat zum Austragungsort ihrer Plenarsitzung wählte.[43] Dabei wurde deutlich, daß solche prestigeträchtigen Ereignisse im Bereich der internationalen wissenschaftlichen Kooperation auch immer durch realpolitische Vorgaben beeinflußt wurden. So hatte man auf polnischen Wunsch auf dieser Konferenz das heikle Thema der nationalen Minderheiten ausgeklammert, um den harmonischen Ablauf der Veranstaltung und das positive Bild Polens im Ausland nicht zu gefährden. Die Vorbereitungen auf das 1930 in New York stattfindende Treffen standen ganz im Zeichen der Tatsache, daß mit Zygmunt Cybichowski erstmals ein Pole den Vorsitz der ILA innehatte. Dabei zeigten sich die ökonomischen Beschränkungen, denen die internationalen Kontakte polnischer Juristen unterlagen. Obwohl bzw. gerade weil Cybichowski in seiner Rolle als Vorsitzender der ILA in New York an exponierter Stelle tätig gewesen wäre, kam seine Anwesenheit dort nicht in Frage, da die mit dem Vorsitz verbundenen Repräsentationspflichten bei weitem das Budget des Außenministeriums überstiegen.[44]

Schon ein Jahr nach seiner Gründung im Jahr 1927 trat Polen dem vom IICI unterstützten Internationalen Anwaltsverband bei. Neben der Intensivierung der internationalen Zusammenarbeit des Berufsstandes wollte sich der Verband für Völkerverständigung und Friedenssicherung einsetzen.[45] Ein wichtiges Ziel des Internationalen Anwaltsverbandes, zu dessen Gründungsmitgliedern Frankreich, Bel-

[42] Bauerreiss, C.: Kongreß der Notare aus den Nachfolgestaaten. Abgehalten zu Wien am 30. Oktober 1926, in: Notariatszeitung 68 (1926), Nr. 11, S. 87–89.

[43] S. AAN, MSZ 13346, Bl. 8.

[44] Cybichowski selbst wies das Außenministerium auf die hohen Kosten seiner Anwesenheit bei der Konferenz hin, AAN, MSZ 13346, Bl. 7, so daß die polnische Delegation ohne den turnusmäßigen Vorsitzenden der ILA nach New York reiste, ebenda, Bl. 14.

[45] Międzynarodowy Związek Adwokatów i pierwszy konstytujący zjazd jego delegatów w Brukseli 17 i 18 listopada 1928 r., in: Czasopismo Adwokatów Polskich 12 (1928), Nr. 8, S. 13–14.

gien und Luxemburg gehörten, war jedoch auch die Einbindung der neuen Staaten Ostmitteleuropas in ein multilaterales System, um deren Vereinnahmung durch Österreich oder das Deutsche Reich zu unterbinden. Im Anschluß an den französischen Anwaltstag im Jahr 1928 fand in Paris die Sitzung des vorläufigen Vorstandes des Internationalen Anwaltsverbandes statt. Ihm gehörten neben den drei Gründungsmitgliedern die Staaten Bulgarien, Jugoslawien, Rumänien, Tschechoslowakei und Polen an. Ein Vertreter der österreichischen Anwaltschaft wandte sich an den vorläufigen Vorstand und erklärte, daß in Wien bereits ein internationaler Anwaltsverband existiere, der die Nachfolgestaaten der Habsburgermonarchie umfasse und der nun als Repräsentant dieser Länder die Aufnahme in den neuen Verband anstrebe. Vor allem Vertreter der Tschechoslowakei und Jugoslawiens wandten sich heftig gegen solche Versuche, alte imperiale Bindungen zu reaktivieren.[46] 1930 traten auch das Deutsche Reich und die Republik Österreich dem Verband bei. Dabei wurde deutlich, daß politische Fragen, von denen man sich laut Satzung fernhalten wollte, eine wichtige Rolle spielten. Österreich wurde nur unter der Bedingung aufgenommen, daß es in seinem Landesverband ausschließlich österreichische Mitglieder vereine. Die deutsche Forderung, daß jedes Land entsprechend seiner Größe im Verband vertreten sein solle, wurde vor allem auf polnische Initiative hin abgelehnt.[47]

Das Beispiel des Internationalen Anwaltsverbandes macht deutlich, daß bei aller Betonung der fachlichen Kooperation bündnispolitische und strategische Argumente immer eine wichtige Rolle spielten. Die enge Kooperation zwischen Juristen aus Frankreich und Polen bzw. aus einigen anderen Nachfolgestaaten stützte sich nicht nur auf die durch den *Code Napoléon* symbolisierte traditionelle Verbundenheit dieser Länder mit dem französischen Rechtssystem.[48] Die französische Außenpolitik sah in der juristischen Kooperation ein

46 Koszewski, M.: Sprawozdanie ze zjazdu adwokatury francuskiej i międzynarodowej, in: Palestra 5 (1928), Nr. 7–8, S. 352–355.

47 Rowiński, S.: Kongres Międzynarodowy Związek Adwokatów w Brukseli, in: Czasopismo Adwokatów Polskich 13 (1929), Nr. 5, S. 6–8 sowie ebenda, Nr. 10–12, S. 20–22.

48 Zwar wird zu Recht die Sonderstellung des *Code Napoléon* unter den Rechtssystemen der Teilungsmächte betont, da dieser symbolisch für eine Phase relativer polnischer Souveränität während des 19. Jahrhunderts stand, dazu Sójka-Zielińska, Profesorowie francuscy, S. 75–83. Wie bereits dargestellt, bedeutete dies jedoch keineswegs eine ausschließliche Rezeption französischen Rechts in der Zweiten Republik.

weiteres Feld zur Vertiefung ihrer Bündnisbeziehungen zu den Staaten in Mittel- und Osteuropa. Die Lockerung dieser Beziehungen in den dreißiger Jahren führte zum Aufkommen neuartiger juristischer Kooperationsformen, die sehr stark durch regionale Sicherheitsüberlegungen sowie durch die ideologische Nähe der jeweiligen Kooperationspartner bestimmt waren.[49]

Insgesamt kann man feststellen, daß die polnischen Rechtswissenschaftler relativ rasch nach der Wiederentstehung des polnischen Staates eine durchaus beachtliche Präsenz im Bereich der internationalen juristischen Kooperation erlangen konnten. Einschränkungen erfuhren ihre Aktivitäten vor allem durch das begrenzte Budget, das die Regierung für dieses Feld der internationalen Beziehungen zur Verfügung stellte. Besonders schmerzlich traf das die polnischen Juristen auf dem Gebiet der internationalen Strafrechtsunifizierung, auf die wegen ihrer besonderen Bedeutung in einem eigenen Kapitel eingegangen wird. Die polnische Außenpolitik war sich zwar sehr wohl bewußt, daß die Repräsentation der polnischen Wissenschaft im Ausland maßgeblich das Bild des neuen Staates in den internationalen Beziehungen mitbestimmte. 1926 verfaßte der Ministerrat eine Reihe von Richtlinien, die festlegten, wie sich die polnische Wissenschaft im Ausland zu repräsentieren habe, wobei auf eine enge Absprache mit dem Außenministerium und dem MWRiOP Wert gelegt wurde.[50] Im Außenministerium wußte man auch um die Bedeutung, die etwa die Teilnahme polnischer Lektoren an den Sommerkursen der renommierten *Académie de Droit International* in Den Haag hatte. Schon etliche Monate vor Beginn der Kurse kümmerte man sich im Ministerium um entsprechende Referenten.[51] Seit 1926 war die Zweite Republik dort fast immer durch hochqualifizierte Wissenschaftler vertreten.[52] Besonderes Interesse brachte die polnische Diplomatie internationalen Kongressen entgegen, die in der Zwi-

[49] Wissenschaft ist von ihrem Wesen her eben nicht „international“. Ihre zunehmende Internationalisierung ist eine Folge dieses Prozesses auf politischem und ökonomischem Gebiet. Wird Wissenschaft zum Instrument nationaler Politik, so ist es für die wissenschaftliche Kooperation schwierig, die Grenzen möglicher politischer Kooperation zu überschreiten, s. dazu Brookmann, H. F.: Nationality versus Internationality in Science. A Theoretical Framework for Analysis, in: Pfetsch, F. R. (Hg.): Internationale Dimensionen der Wissenschaft, Erlangen, Nürnberg 1979, S. 13–35.

[50] AAN, MSZ 13325, Bll. 5–6.

[51] S. dazu etwa die Korrespondenz des Außenministeriums im Herbst 1936 mit den Auslandsvertretungen in Paris und Den Haag, AAN, MSZ 13323, Bll. 2–9.

[52] Académie de Droit International. Recueil des cours, Paris 1.1923–62.1938.

schenkriegszeit immer mehr zunahmen. In bezug auf die in Polen stattfindenden Kongresse wurde beklagt, daß diese sich zu sehr auf fachliche Fragen konzentrieren würden, ohne daß das Ereignis propagandistische Verwertung finde. Polnische Delegationen, die ins Ausland fuhren, sollten besser darauf vorbereitet werden.[53]

Das gesteigerte Interesse der Politik für fachjuristische Kongresse stieß zum Teil aber auch auf Widerspruch auf Seiten der beteiligten Juristen. Der polnische Strafrechtler Stefan Glaser etwa beklagte, daß die große Zunahme an internationalen Kongressen schon einen Typ Wissenschaftler geschaffen habe, dem die Kongreßteilnahme zu seinem eigentlichen Beruf geworden sei. Für die zweite Hälfte der dreißiger Jahre stellte Glaser fest, daß durch die angespannte weltpolitische Lage weniger wissenschaftliche als politische Gesichtspunkte den Verlauf von internationalen Kongressen bestimmten.[54]

Auf der anderen Seite wachten aber auch die polnischen Außenpolitiker eifersüchtig darüber, daß sich die regen Kontakte polnischer Wissenschaftler nicht zu einer parallelen Außenpolitik entwickelten, die schwer zu kontrollieren gewesen wäre bzw. genuinen polnischen Interessen schadete, so wie sie vom polnischen Außenministerium definiert wurden. Die polnische Physikerin Marie Curie-Skłodowska, die in der Kommission für Intellektuelle Kooperation des Völkerbundes viel für die Kontakte polnischer Wissenschaftler mit dem Ausland getan hatte, wurde zum Beispiel dafür kritisiert, daß sie dort als französische Staatsbürgerin, nicht jedoch als Vertreterin der polnischen Kultur agiere.[55] Seinen generellen Unmut über die außenpolitischen Aktivitäten jenseits der regierungsamtlichen Stellen bekundete

[53] Im Vergleich zu 167 internationalen Kongressen im Jahr 1927 zählte man im Außenministerium für das Jahr 1936 bereits 569 solcher Ereignisse, AAN, MSZ 2933, Bll. 2–4.

[54] Glaser, S.: Prawo karne na kongresach międzynarodowych (Paryż i Haga), in: Palestra 14 (1937), Nr. 10, S. 874–886, hier S. 875–876. Glaser wußte, wovon er sprach. Im Umfeld der politischen Säuberungen durch die *Sanacja* wurde er 1934 seines Lehrstuhls für Strafrecht an der Universität Wilna enthoben. Auf dem 1935 in Berlin stattfindenden Strafrechtskongreß wurde Glaser durch die polnische Botschaft instruiert, nicht gegen die nationalsozialistische Strafrechtspolitik Stellung zu beziehen, da ihm andernfalls kein Auslandspaß mehr ausgestellt würde, s. Ders.: Urywki wspomnień, London 1974, S. 22 und S. 88–89.

[55] So die Kritik des polnischen Delegierten beim Völkerbund, Franciszek Sokal, im Jahr 1930, AAN, MSZ 1908, Bl. 36; s. dazu auch Brzeziński, Dyplomacja polska, S. 74. Kritisiert wurde auch der Vorsitzende der nationalen polnischen Kommission für internationale intellektuelle Zusammenarbeit, Lutostański, dem man seinen allzu freundlichen Umgang mit dem Pariser Institut übelnahm, AAN, MSZ 1910, Bl. 32.

der polnische Delegierte beim Völkerbund im Jahr 1937, als er in einem Brief an das Außenministerium fragte: „Ist es nicht an der Zeit, einen Stock zu nehmen und alle diese ‚Institutionen', ‚Vereinigungen' und ‚Ligen' zu ihrer eigentlichen Arbeit zu treiben?"[56] Diese Arbeit sah man im Außenministerium in erster Linie darin, die offizielle Regierungspolitik auch auf wissenschaftlichen oder berufsständischen Kongressen im Ausland zu vertreten.

Je nach Nähe zur Regierungspolitik entschlossen sich die staatlichen Stellen, das internationale Engagement zu behindern bzw. zu unterstützen. So plädierte man für die Liquidierung der polnischen Sektion der Paneuropa-Bewegung von Richard Coudenhove-Kalergi, die für die Errichtung eines europäischen Staatenbundes eintrat, da ein solches Vorhaben völlig konträr zu den eigentlichen Zielsetzungen polnischer Außenpolitik war.[57] Andere Vereinigungen ließ man aufgrund ihrer politischen Bedeutungslosigkeit gewähren – wie etwa die polnische Dependance des *Bureau International du Paix*.[58] Mit Unterstützung konnten Vereinigungen wie der „Polnische Verband von Frauen mit juristischer Ausbildung" (*Polski Związek Kobiet z Prawniczym Wykształceniem*) rechnen, dessen Mitglieder Affinitäten zum Regierungslager aufwiesen und sich politischer Arbeit enthielten.[59]

6.1.2. Studentische Kooperation und Kontakte der jungen Juristengeneration

Ähnlich wie bei der intellektuellen Zusammenarbeit im Völkerbund versuchte Frankreich, nach dem Ersten Weltkrieg auch bei der internationalen studentischen Kooperation eine Vorreiterrolle einzunehmen und dabei vor allem die neuentstandenen Staaten Ostmitteleuropas miteinzubinden. Die auf französische Initiative 1919 gegründete *Confédération Internationale des Étudiants* (CIE) zählte Polen, Tschechoslowakei, Rumänien und Jugoslawien zu ihren Gründungsmitgliedern, während die Staaten der besiegten Mittelmächte

[56] AAN, MSZ 2033, Bl. 1.

[57] So der Vizedirektor der politischen Abteilung des Außenministeriums, Tadeusz Gwiazdowski, im März 1934, AAN, MSZ 2119, Bl. 56.

[58] AAN, MSZ 2121, Bl. 332. Schreiben des polnischen Gesandten beim Völkerbund, Tytus Komarnicki, an das Außenministerium vom 11. September 1936.

[59] Damit begründete das Außenministerium seine Fürsprache für die Registrierung dieser Vereinigung in einem Schreiben an das Innenministerium im Jahr 1937, AAN, MSZ 2132, Bl. 10.

zunächst von einer Mitgliedschaft ausgeschlossen blieben.[60] Erklärtes Ziel der Vereinigung war es zunächst, den Völkerbundsgedanken unter den Studenten zu verbreiten. Ihr erster Kongreß fand 1921 in Prag, der zweite 1924 in Warschau statt; er war damit einer der ersten internationalen Kongresse im neuen polnischen Staat.[61]

Unter den polnischen Jurastudenten waren es vor allem die Mitglieder des „Zirkels der Jurastudenten an der Universität Warschau" *(Koło Prawników Studentów Uniwersytetu Warszawskiego)*, die sich darum bemühten, Kontakte zu Kommilitonen in anderen Ländern zu knüpfen. Diese Bestrebungen verliefen zunächst schleppend. In der ersten Nummer der Zeitschrift des Verbandes wurde darauf hingewiesen, daß noch überhaupt keine Auslandskontakte bestünden. Erst als der bereits erwähnte Jurist Witold Bayer den Vorsitz des „Akademischen Verbandes der juristischen und ökonomischen Zirkel der Republik Polen" *(Akademicki Związek Kół Prawniczych i Ekonomicznych RP)* im Studienjahr 1927/28 übernahm, änderte sich die Situation. In einer Mitteilung aus dem Jahr 1928 betonte er die Bedeutung internationaler Kontakte und forderte die einzelnen universitären Zirkel auf, spezielle Kommissionen zu gründen, die das Interesse der Studenten für den Völkerbund und die internationalen Beziehungen im allgemeinen wecken sollten.[62] 1928 wurde die erste Auslandsreise von Warschauer Juristen in die Tschechoslowakei organisiert.[63] Daneben wurden Kontakte zu anderen Ländern geknüpft, die sich aber auf den Austausch von Publikationen beschränkten.[64] Auf dem Kongreß der CIE in Paris im Jahr 1928 wurde der Zeitschrift der Warschauer Jurastudenten *„Prawo"* als einziger professionell redigierten Studentenzeitschrift großes Lob zuteil. Bayer

60 Das erste Exekutivkomitee der CIE setzte sich aus einem französischen Präsidenten und drei Vizepräsidenten zusammen, die aus Polen, Rumänien und der Tschechoslowakei stammten. Allgemein zur Gründung des CIE s. Lips, E.J.: Die internationale Studentenbewegung nach dem Kriege („La Confédération Internationale des Étudiants"), Leipzig 1921.

61 Informator Akademicki na rok 1925/26, Warszawa 1925, S. 6.

62 AAN, Ogólnopolski Związek Akademickich Kół Naukowych (im folgenden OZAKN) 21, Bll. 98–99.

63 Der Kontakt zu den Jurastudenten in der Tschechoslowakei blieb über die nächten Jahre hinweg sehr rege. Es kam zu Treffen mit Studenten aus Prag, Brünn und Bratislava. Auch die Universitäten Krakau und Posen beteiligten sich an diesem Austausch.

64 Hier sind Kontakte mit Großbritannien, Frankreich, Schweiz, Italien, USA, Bulgarien, Jugoslawien und Ungarn zu nennen.

nützte den Kongreß, um die Auslandskontakte der polnischen Jurastudenten auszubauen.[65]

Auf dem 11. Kongreß der CIE im Jahr 1929 in Budapest unterbreitete Bayer, der als Vorsitzender des *Office de Coopération Intellectuelle de la C.I.E* für die internationalen wissenschaftlichen Kontakte zuständig war, dem Plenum den Vorschlag, im Folgejahr einen internationalen Jurastudentenkongreß abzuhalten. Auf diese Initiative hin fand im August 1930 der erste internationale Kongreß der Jurastudenten in Brüssel statt, wo sich Studenten aus 13 Ländern trafen.[66] Die polnische Delegation war mit 14 Personen mit Abstand die größte. Die Polen hatten zusammen mit den belgischen Gastgebern die technische Organisation des Kongresses übernommen. Witold Bayer wurde zum Vorsitzenden des Kongresses vorgeschlagen, verzichtete aber zugunsten des Belgiers Baugniet als offiziellem Gastgeber auf dieses Amt. Im Rahmen des Kongresses wurde beschlossen, eine internationale Vereinigung der Jurastudenten zu gründen. Als Übergangsorganisation wurde ein Internationales Komitee der Jurastudenten ins Leben gerufen, das 37 Länder repräsentierte und dessen Vorsitz Bayer innehatte.[67] Die Redaktion der Zeitschrift *„Prawo"* gab zusammen mit dem „Verband der akademischen Vereinigungen des Völkerbundes" *(Zrzeszenie Akademickich Stowarzyszeń Ligi Narodów)* anläßlich des Kongresses eine zweisprachige Sondernummer heraus, die ausschließlich Beiträge zum Staats- und Völkerrecht zum Inhalt hatte.[68]

In seiner Eröffnungsrede bezeichnete Bayer als das wichtigste Ziel der internationalen Kooperation zwischen den Jurastudenten die Vertiefung des jeweiligen Studiums durch die Untersuchung der fremden Rechtsordnungen sowie deren Einflüsse auf das jeweils eigene Rechtssystem.[69] Die Themen des Kongresses waren im Ver-

65 Komisja Zagraniczna Koła Studentów Prawa Uniwersytetu Warszawskiego, in: Prawo 5 (1928), Nr. 5, S. 34; s. auch Magowska, Prasa studencka, S. 143.

66 Ägypten, Belgien, Bolivien, Frankreich, Luxemburg, Mexiko, Rußland (Emigration), Schottland, Schweiz, Spanien, Tschechoslowakei, Ungarn.

67 Dem Komitee gehörten neben Bayer ein Franzose, ein Belgier, ein Bolivianer und ein Schweizer an. Es sollte die internationalen Kontakte zwischen den Jurastudenten der Mitgliedsländer verstetigen und einen Folgekongreß vorbereiten.

68 Prawo (Numer międzynarodowy) 7 (1930), Nr. 6–7.

69 Przemówienie przewodniczącego delegacji polskiej kol. Witolda Bayera na uroczystej inauguracji I Międzynarodowego Kongresu Studentów Prawa w dn. 16 sierpnia r. b. w Brukseli, in: Prawo 7 (1930), Nr. 8, S. 20–22, hier S. 21.

gleich zu diesem rechtsvergleichenden Ansatz recht allgemein gehalten. Eine völkerrechtliche Sektion beschäftigte sich mit dem Briand-Kellog-Pakt und seinem Verhältnis zur Völkerbundsatzung. In der öffentlichrechtlichen Sektion wurde die Frage nach der Krise des Parlamentarismus in Europa gestellt. Die Strafrechtssektion untersuchte Möglichkeiten strafrechtlicher Präventionsmaßnahmen.[70] Weitere Anliegen des Kongresses bestanden darin, Informationen über die jeweiligen Studienordnungen und Ausbildungssysteme auszutauschen, um so bessere Voraussetzungen für Auslandsstudienaufenthalte zu schaffen.[71] Der Kongreß wurde als ein großer Erfolg für die Darstellung der polnischen juristischen Studentenschaft im Ausland wahrgenommen. Eine wichtige Rolle spielte dabei, daß die polnischen Jurastudenten durch ihre Organisation im „Akademischen Verband der juristischen und ökonomischen Zirkel der Republik Polen" einen im Vergleich zu anderen Ländern hohen Organisationsgrad aufwiesen.[72]

Ende der zwanziger und zu Beginn der dreißiger Jahre war die Verbreitung des Völkerbundgedankens sowie die Popularisierung der im Rahmen des Völkerbundes stattfindenden Rechtsvereinheitlichung der tragende Aspekt der internationalen Studentenkooperation. Auch die Zeitschrift *„Prawo"* bemühte sich, unter den polnischen Studenten das Interesse für die internationalen Beziehungen zu wecken. Zu diesem Zweck gab sie zusammen mit dem „Akademischen Zirkel der Völkerbundfreunde" *(Akademickie Koło Przyjaciół Ligi Narodów)* 1929 eine gemeinsame Nummer heraus, in der Texte von hochrangigen Funktionären des Völkerbundes veröffentlicht wurden, die die Funktionsweisen der einzelnen Gremien dieser Organisation erklärten und für das System der Friedenssicherung durch Kooperation warben.[73]

70 Confédération Internationale des Étudiants: 1er Congrès des Étudiants en Droit, Bruxelles, 16.-21.8.1930.

71 Der OZAKN gab zu diesem Zweck die Broschüre: Hochschulen in der Republik Polen. Führer für ausländische Studenten, Warschau 1930 heraus, die anläßlich des Kongresses auch in französischer Sprache erschien.

72 Dazu ZAREMBA, S.: I-szy Międzynarodowy Kongres Studentów Prawa, in: Prawo 7 (1930), Nr. 8, S. 17–20. Die Bedeutung, die der Dachverband OZAKN der internationalen Kooperation zumaß, geht auch aus seinem Tätigkeitsprogramm hervor, s. AAN, OZAKN 20, Bll. 68–69.

73 Prawo 6 (1929), Nr. 4–5. In dieser Nummer wurde zum Beispiel der Vortrag des Generalsekretärs des Völkerbundes Eric Drummond abgedruckt, den dieser bei seinem

Trotz der verstärkten Aktivität vor allem des Zirkels der Warschauer Jurastudenten, Kontakte zu Kommilitonen in anderen Ländern zu knüpfen, blieben die Resultate bescheiden. Am lebhaftesten blieb der Austausch mit Studenten aus der Tschechoslowakei. Seit 1922 gab es Bestrebungen, eine allgemeinere slavische studentische Zusammenarbeit zu initiieren, wobei die polnische Seite großen Wert darauf legte, diese Beziehungen nicht als Beginn einer panslavistischen Initiative zu sehen, sondern deren rein wissenschaftlichen Charakter betonte.[74] Auf der einen Seite schien mangelndes Interesse der Mehrzahl der Jurastudenten, die Bemühungen um den Ausbau internationaler Kontakte zu erschweren. So fiel eine für das Jahr 1931 geplante Informationsreise nach Lettland, Estland und Finnland wegen mangelnder Beteiligung aus.[75] Auf der anderen Seite litt die Auslandsarbeit der juristischen Studentenzirkel aber auch unter politischen Frontstellungen. Die von der *Endecja* nahestehenden Studenten dominierten wissenschaftlichen Zirkel wurden seit 1926 von der Regierung mit zunehmendem Mißtrauen betrachtet.[76] Im Zuge des Erlasses des neuen Hochschulgesetzes von 1933 wurde das Statut des OZAKN nicht bestätigt.[77] An seine Stelle trat der „Zentrale Wissenschaftliche Rat der Polnischen Akademischen Jugend" *(Centralna Rada Naukowa Polskiej Młodzieży Akademickiej).* Wie schon

Besuch 1928 an den Universitäten in Warschau, Krakau und Posen gehalten hatte, sowie ein Aufsatz des Vizedirektors des Instituts für Intellektuelle Zusammenarbeit, Alfred Zimmern.

74 Batowski, H.: Studencka współpraca międzysłowiańska, in: Wycieczki zagraniczne Koła Prawników S.U.W, Warszawa 1929, S. 6–8. Im Rahmen des ersten Kongresses slavischer Juristen, der 1933 in Bratislava stattfand (s. Kap. 6.1.4), sollte auch ein Treffen junger slavischer Juristen abgehalten werden, zu dem es allerdings nicht kam. Juliusz Sas-Wisłocki hatte bereits im Vorfeld ein Statut für eine zu gründende Vereinigung slavischer Jurastudenten erarbeitet, das die Mitgliedschaft von Polen, der Tschechoslowakei, Bulgarien und Jugoslawien vorsah, s. AUW, Nachlaß Witold Bayer 9/41, ohne Paginierung. Zu den Planungen des Treffens im Frühjahr 1933 s. auch AAN, OZAKN 25.

75 Koło Prawników Studentów Uniwersytetu Warszawskiego: Sprawozdanie z działalności zarządu za czas od 11.12.1930r. do 11.12.1931r., Warszawa 1931, S. 35.

76 S. auch Batowski, H.: Die Studentenvereine für internationale Freundschaft nach dem Ersten Weltkrieg am Beispiel Polen und der Tschechoslowakei, in: Plaschka, R. G./ Mack, K. (Hg.): Wegenetz europäischen Geistes. Bd. 2: Universitäten und Studenten. Die Bedeutung studentischer Migrationen in Mittel- und Südosteuropa vom 18. bis zum 20. Jahrhundert, Wien 1987, S. 49–56, hier S. 52–54.

77 Der Chef des MWRiOP, Janusz Jędrzejewicz, hatte sich, schon bevor er 1931 das Ministerium übernahm, im Kampf gegen die akademischen Organisationen der *Endecja* profiliert. So war er 1930 maßgeblich an der Schaffung des akademischen Verbandes „Legion der Jungen" (*Legion Młodych*) beteiligt, die die Vorherrschaft der nationaldemokratischen Studentenschaft an den Universitäten brechen sollte, s. dazu

der OZAKN enthielt sich auch diese Vereinigung nicht der politischen Aktivitäten und geriet damit in Opposition zur *Sanacja*-Regierung. Die juristische Auslandsarbeit der einzelnen Zirkel konnte daher nicht mit finanzieller Unterstützung durch die Regierung rechnen, so daß in den dreißiger Jahren die Organisation von Auslandsreisen, Konferenzen etc. kaum mehr möglich war.[78] Die für Auslandskontakte zuständige Kommission der Juristenzirkel wurde daher 1935 liquidiert und ihre Funktionen der Zeitschrift *„Prawo"* übertragen.[79]

Doch nicht nur die innenpolitischen Voraussetzungen änderten sich. In den dreißiger Jahren trug auch die Entwicklung der internationalen Beziehungen dazu bei, den studentischen Kontakten einen neuen Charakter zu verleihen. Das internationale Komitee der Jurastudenten plante einen zweiten Kongreß für das Jahr 1932 in Riga.[80] Dieser kam allerdings nicht zustande. Statt dessen fand der zweite Kongreß 1933 in Venedig statt, der diesmal von den tschechoslowakischen Jurastudenten organisiert wurde. Dort deutete sich bereits das Ende der multilateralen Kontakte an. In der Eröffnungsansprache wurde auf die derzeitig gespannte internationale Lage hingewiesen. Witold Bayer verzichtete auf seinen geplanten Vortrag zur Schaffung einer internationalen Vereinigung von Jurastudenten, da er einen solchen Plan in der gegenwärtigen Situation für schwer zu verwirklichen hielt.[81]

Politische Auseinandersetzungen dominierten den Ablauf des Kongresses. So entzündete sich etwa am Vortrag über die italienische Arbeitsgesetzgebung ein heftiger Grundsatzstreit über den italienischen bzw. europäischen Faschismus.[82] Im Gegensatz zum Kongreß in Brüssel, bei dem das polnische Außenministerium die Delegation sowohl finanziell als auch mit Propagandamaterial in französischer Sprache zum aktuellen Stand der polnischen Kodifikationsarbeit

Polski Słownik Biograficzny. Tom 11, Wrocław et al. 1964/65, S. 231–235, sowie Pilch, Studencki ruch polityczny, S. 31–48.

[78] Koło Prawników Studentów Uniwersytetu Warszawskiego: Sprawozdanie z działalności zarządu za czas od 21.4.1934r. do 25.2.1935r., Warszawa 1935, S. 25.

[79] Koło Prawników Studentów Uniwersytetu Warszawskiego: Sprawozdanie z działalności zarządu za czas od 25.2.1935r. do 10.3.1936r., Warszawa 1936, S. 21.

[80] Wisłocki, J.: Międzynarodowy Komitet Studentów Prawa, in: Prawo 8 (1931), Nr. 7, S. 415–416.

[81] AUW, Nachlaß Witold Bayer 9/34, ohne Paginierung, Schreiben Bayers an Sas-Wisłocki vom 3. Juni 1933.

[82] Kongres Młodych Prawników w Wenecji, in: Prawo 10 (1933), Nr. 7–8, S. 257–259. Der polnische Kongreßbeitrag beschäftigte sich bezeichnenderweise mit dem Problem der „Überproduktion von Juristen".

unterstützt hatte,[83] zeigte sich das Ministerium im Vorfeld des Kongresses in Venedig sehr zurückhaltend. So wurde Juliusz Sas-Wisłocki, der Witold Bayer 1932 als polnischer Vertreter im internationalen Komitee der Jurastudenten nachfolgte, kein kostenloser Auslandspaß zur Verfügung gestellt, um nach Venedig zu reisen.[84] Das MWRiOP weigerte sich generell, die Delegation finanziell zu unterstützen. Dies war wenig verwunderlich, da mit Sas-Wisłocki und Jerzy Kahl zwei profilierte Vertreter der jungen Generation der Nationaldemokratie zur vierköpfigen polnischen Delegation gehörten.[85]

Die Zeitschrift *„Prawo"* gab erneut anläßlich des Kongresses eine zweisprachige internationale Nummer heraus. In einem programmatischen Artikel äußerte sich der Chefredakteur des Blattes zu den neuesten ideologischen Entwicklungen in Europa, die er wie folgt charakterisierte: „Der junge, schöpferische, moderne Nationalismus siegt. Die Völker atmen frische Luft. Pazifismus, Demokratie und Menschenfreundlichkeit, alle großen Losungen dieser Art erwiesen sich als irreal, verlogen und dem gesunden Instinkt entgegengesetzt."[86] Infolge dieses neuen Politikverständnisses habe sich auch der Charakter der internationalen Beziehungen geändert. Der Nationalismus sei nicht gegen deren Ausbau gerichtet, sondern ermögliche erst ihre positive Entwicklung. Im Gegensatz zur Sondernummer im Rahmen des ersten Kongresses spielten völkerrechtliche Themen nun überhaupt keine Rolle mehr. Es ging in erster Linier darum, die ausländischen Leser über den Stand der polnischen Rechtsentwicklung aufzuklären. Fragen der Rezeption ausländischer Gesetzeswerke oder Formen der Etablierung neuer völkerrechtlicher Normen waren nicht mehr von Interesse. In der Folgezeit machten Artikel in *„Prawo"* deutlich, wie sich die junge Juristengeneration eine Neuordnung der internationalen Beziehungen vorstellte. Das System

[83] Das Außenministerium bewilligte 2.200 Złoty, was im Vergleich zu seiner Unterstützung für andere juristische Auslandsaktivitäten relativ großzügig war, AAN, MSZ 2206, Bl. 76. Der Zirkel der Warschauer Jurastudenten hatte um eine Unterstützung von 3.400 Złoty gebeten, AAN, MSZ 2206, Bll. 73–74.

[84] Der Onkel Sas-Wisłockis, der Krakauer Rechtsanwalt Dr. Juljan Gertler, den der Neffe zur Vermittlung eingeschaltet hatte, erklärte, daß er solange nichts für Sas-Wisłocki tun könne, wie dieser in der Öffentlichkeit gegen die Parlamentsvertretung der *Sanacja*, den „Parteilosen Block zur Zusammenarbeit mit der Regierung" (*Bezpartyjny Blok Współpracy z Rządem*, BBWR) agitiere, AAN, OZAKN 23, Bl. 153.

[85] AAN, OZAKN 23, Bl. 159 und Bl. 170.

[86] Sendlikowski, A.: Wstęp, in: Prawo 10 (1933), Nr. 5–6, S. 133–134, hier S. 133.

des Völkerbundes, das durch die Schaffung neuer völkerrechtlicher Normen und die Etablierung einer internationalen Gerichtsbarkeit in die staatliche Souveränität einzugreifen versuchte, machte man dabei für die derzeitige Krise in den internationalen Beziehungen verantwortlich. Der Völkerbund sei von der falschen Annahme ausgegangen, daß die Nationalstaaten nur ein Übergangszustand seien und bald von überstaatlichen Organisationen abgelöst würden.[87] Diese Annahme allerdings widersprach diametral den Ansichten der jungen Juristengeneration. Für sie war nämlich gerade der integrale Nationalismus, der sich gegen jegliche Souveränitätsbeschränkung wehrte, das Kennzeichen der gegenwärtigen Epoche.[88]

Die Betonung des Primats nationaler Interessen bedeutete jedoch kein Ende der Kooperationsbemühungen innerhalb der jungen Juristengeneration. Während die Aktivitäten im Rahmen der CIE zum Erliegen kamen, entstanden neue Kontaktformen zwischen den Ländern, die aufgrund ideologischer Nähe eine Zusammenarbeit anstrebten. An die Stelle der multilateralen Kontakte, die der Funktionsweise des Völkerbundes nachgebildet waren, traten nun bilaterale Kontakte zwischen den Staaten, in denen die Rechtsentwicklung in den Augen zumindest eines Teiles der Jurisprudenz in ähnlicher Weise durch ein nationalistisches Paradigma gekennzeichnet war. Im polnischen Fall wurden dabei die eher der *Endecja* zuneigenden universitären Kreise durch die der *Sanacja* nahestehende Applikantenvereinigung abgelöst. Zwar unterschieden sich die jungen Juristen, die diesen beiden politischen Lagern zugehörten, kaum in ihren Auffassungen über das „nationale polnische Recht", doch konnte sich die Applikantenvereinigung im Gegensatz zu den studentischen Kreisen der Regierungsunterstützung sicher sein. Als der Vorstand dieser Vereinigung am 22. Juni 1935 ein Abkommen mit dem „Bund Nationalsozialistischer Deutscher Juristen" über die Zusammenarbeit zwischen der deutschen und polnischen jungen Juristengeneration unterzeichnete, sah die polnische Regierung darin einen weiteren Schritt hin zur angestrebten Annäherung an das faschistische Deutschland und protegierte daher diese Kooperation, die vor allem im Austausch von Publikationen, in gegenseitigen Besuchs- und Vortragsreisen

[87] Dietrich, M.: O kryzysie prawa międzynarodowego, in: Prawo 11 (1934), Nr. 3, S. 68–72.
[88] Zaściński, J.: Oblicze młodej Europy, in: Prawo 11 (1934), Nr. 4, S. 100–102.

sowie in der Information über die Entwicklung der jeweiligen Rechtsordnung bestand.[89]

Die Prämissen, unter denen die Zusammenarbeit zwischen der deutschen und polnischen jungen Juristengeneration stand, formulierte die deutsche Seite folgendermaßen: „Nicht als ob eine internationale Zusammenarbeit auf dem Gebiete des Rechts einer sturen und einförmigen allgemeinen Rechtsangleichung zu dienen hätte. Es ist im Gegenteil so, daß gerade die klare völkische Herausarbeitung des Rechts jedes Volkes das Verständnis für Geist und Haltung dieses Volkes ermöglicht.“[90] Nach einem Besuch junger deutscher Juristen im Juni 1935 in Polen kam eine Gruppe polnischer Juristen mit dem Vorsitzenden des Applikantenverbandes Tadeusz Żenczykowski an der Spitze im September 1935 nach Deutschland. Am Rande ihrer Teilnahme am Reichsparteitag in Nürnberg traf die polnische Delegation mit Justizminister Franz Gürtner und Reichsminister Hans Frank zusammen, der gleichzeitig Präsident der „Akademie für Deutsches Recht“ war.[91]

Der Ablauf dieser Treffen, die sich weniger durch fachjuristischen Informationsaustausch als durch Empfänge bei hohen rechtspolitischen Würdenträgern auszeichneten, machte deutlich, daß es vor allem um die Demonstration ähnlicher weltanschaulicher Entwicklungen ging, die das Recht als einen integralen Bestandteil einer völkisch bestimmten Auffassung von Nation sahen. Der polnische Applikantenverband strebte zwar solche bilateralen Juristenkontakte auch mit Ländern an, in denen wie in Belgien bzw. Frankreich eine

[89] S. dazu Górnicki, O wpływie prawa Trzeciej Rzeszy, S. 143f; Ders.: Koncepcja prawa Trzeciej Rzeszy w poglądach prawników polskich 1933–1939, in: Acta Universitatis Wratislaviensis – Studia nad faszyzmem i zbrodniami hitlerowskimi 16 (1993), S. 83–121, hier S. 84–85, sowie Schnur, R.: Beziehungen zwischen deutschen und polnischen Juristen in den Jahren 1934–1939, in: Die Verwaltung 15 (1982), S. 240–248, hier S. 244–245.

[90] Rühle, G.: Unsere Zusammenarbeit mit den polnischen Jungjuristen, in: Jugend und Recht 9 (1935), Nr. 9, S. 193–194, hier S. 193. Ebenso wie der polnische Applikantenverband, der sich 1935 in den „Verband junger Juristen“ umbenannt hatte, demonstrierte auch die Zeitschrift „Jugend und Recht“ den Vorrang, den man dem Generationszusammenhang gegenüber der berufsständischen Organisation zumaß. Ihr früherer Name hatte bis 1933 „Der Referendar“ (nicht „Der Deutsche Referendar“, wie der Name in „Jugend und Recht“ angegeben wurde,) gelautet.

[91] Rewizyta Rady Naczelnej Związku Zrzeszeń Aplikantów Zawodów Prawniczych R.P. w Rzeszy Niemieckiej, in: WMP 1 (1935), Nr. 2, S. 33–34; s. auch Türpitz, H.: Polnische Jungjuristen in Deutschland, in: Jugend und Recht 9 (1935), Nr. 10, S. 232–234.

solche völkische Komponente in der Definition der Rechtsordnung nicht vorhanden war.[92] Ausdrücklich wies die Zeitschrift des Applikantenverbandes darauf hin, daß der Aufbau von Auslandskontakten unter seiner Ägide nach dem Prinzip der Bilateralität vorangetrieben werde und bereits gute Erfolge gezeitigt habe.[93] Doch wirklich intensiv wurde die Zusammenarbeit nur mit Ländern, in denen vergleichbare ideologische Entwicklungen an der Tagesordnung waren. Dies war besonders in Ungarn der Fall, wo ein Teil der Jurisprudenz ebenfalls an „die fast mystische Macht des nationalen ungarischen Rechts" glaubte. So formulierte es der ungarische Referent, der im Rahmen eines Besuchs ungarischer junger Juristen im Januar 1936 in Warschau einen Vortrag über die ungarische Rechtsentwicklung hielt.[94] Die Zustimmung der polnischen Regierung für diese Kooperation drückte sich unter anderem darin aus, daß die ungarische Delegation von Justizminister Czesław Michałowski sowie von Wacław Makowski, der einer der wichtigsten Autoren der neuen polnischen Verfassung von 1935 war, empfangen wurde.[95] Bei einem polnischen Gegenbesuch in Budapest im Herbst 1936 wurde ein dem deutsch-polnischen Abkommen nachgebildetes Dokument über Zusammenarbeit der jungen Juristengeneration unterzeichnet.[96]

Aus den Berichten über die Rechtsentwicklungen im Ausland, die vor allem die Zeitschrift des Applikantenverbandes in der zweiten Hälfte der dreißiger Jahre druckte, geht hervor, daß sich das Interesse in besonderem Maße auf Staaten mit einem autoritären bzw. totalitären Regierungssystem richtete. Am aufmerksamsten wurde die gesetzgeberische Tätigkeit im Deutschen Reich beobachtet. Besonders die „Akademie für Deutsches Recht" erfreute sich bei der jungen polnischen Juristengeneration großer Beliebtheit.[97] Sie fand durch die 1938 gegründete „Studieneinrichtung zur Polnischen Rechtskultur" eine Nachahmerin, die es sich zur Aufgabe gemacht hatte,

92 Neben Belgien, Frankreich und Italien bemühte man sich auch um Kontakte zu jungen Juristen in Bulgarien, Jugoslawien und Rumänien, s. Prawo 12 (1935), Nr. 7–8, S. 221–222 sowie WMP 1(1935), Nr. 3, S. 31–32.

93 Przed XVI zjazdem, in: WMP 4 (1938), Nr. 5, S. 2–4.

94 Wizyta prawników węgierskich w Warszawie, in: Miscellanea, in: RPEiS 16 (1936), Nr. 2, S. 467.

95 Wizyta prawników węgierskich w Polsce, in: WMP 2 (1936), Nr. 2, S. 29–30.

96 Polsko-węgierska współpraca młodych prawników, in: WMP 2 (1936), Nr. 12, S. 16–17.

97 Rawski, Cz.: Akademia Prawa Niemieckiego, in: WMP 3 (1937), Nr. 1, S. 13–15.

das Dogma vom nationalen polnischen Recht zu verwirklichen. In anderen Ländern interessierten vor allem nationalistisch bzw. rassistisch inspirierte Akte der Legislative, wie etwa die Sondergesetze gegenüber Juden in Italien bzw. Ungarn.[98] Berichte über die demokratisch verfaßten Staaten Westeuropas wurden immer seltener. Die Sowjetunion wurde hingegen aufmerksam beobachtet. Zwar stimmte man ideologisch nicht mit der dortigen Rechtsentwicklung überein, doch sah man in der totalitären Regierungsform den Ausdruck einer modernen Staatlichkeit, der man mehr Interesse gegenüber aufbringen mußte als den Verfassungsstaaten Westeuropas, die aus der Sicht der völkisch-national gesinnten Juristen nicht mehr zeitgemäß waren.

6.1.3. Bilaterale Kooperationen in den dreißiger Jahren

Die von der jungen Juristengeneration bevorzugten bilateralen Kooperationsformen wurden in der zweiten Hälfte der dreißiger Jahre auch von regierungsoffizieller Seite unterstützt. Dabei spielten einerseits bündnispolitische Gesichtspunkte eine Rolle, die Fragen der tatsächlichen rechtlichen Annäherung Polens an die bilateralen Kooperationspartner in den Hintergrund treten ließen. Andererseits belegte jedoch die große Anzahl der in diesen polnisch-ausländischen Juristengruppen engagierten polnischen Juristen, bei denen es sich vielfach um angesehene Fachvertreter handelte, daß auch in der juristischen Profession selbst ein Sinneswandel bezüglich der für sinnvoll erachteten Kooperation eingetreten war. Seit 1936 wurde vom Außenministerium die Gründung zahlreicher bilateraler Juristengruppen mit der Bezeichnung „Polnische Gruppen für die juristische Verständigung mit dem Ausland“ *(Polskie Grupy Porozumień Prawniczych z Zagranicą)* protegiert. Im Gegensatz zur 1926 geschaffenen „Polnischen Kommission zur internationalen juristischen Zusammenarbeit“ (*Polska Komisja Współpracy Prawniczej Międzynarodowej*, PKWPM), die maßgeblich auf Betreiben von fachjuristischen Vertretern entstanden war, ging in den dreißiger Jahren die Initiative zur organisatorischen Neuordnung der polnischen juristischen Auslandsarbeit auch von politischen Funktionsträgern im Aussenministerium aus.

[98] Prawo zagraniczne, in: WMP 4 (1938), Nr. 12, S. 55–62, hier S. 61.

Die PKWPM wurde zwar nicht offiziell aufgelöst, doch stammte ihr letzter ausführlicher Tätigkeitsbericht aus dem Jahr 1934.[99] Ihr Bedeutungsverlust resultierte sicher auch daraus, daß ihr langjähriger Vorsitzender Rappaport zunehmend in Konflikt mit den Entscheidungsträgern des *Sanacja*-Regimes geriet und immer weniger die Rolle des maßgeblichen Organisators der juristischen Auslandsarbeit wahrnehmen konnte.[100] In dem Maße, in dem Rappaport an Einfluß verlor, begann ein anderer Jurist die Auslandsarbeit zu dominieren. Wacław Makowski, mehrfach Justizminister und einer der wichtigsten Autoren der Aprilverfassung von 1935, war seit 1931 Marschall des *Sejms* und so etwas wie die graue Eminenz der Rechtspolitik der *Sanacja*. Seit 1937 bekleidete er den Posten des stellvertretenden Vorsitzenden der PKWPM.[101]

Wichtiger als dieses Amt jedoch war die Tatsache, daß seine Vorstellungen von einer effektiveren juristischen Auslandsarbeit sich mit denen hoher Beamter im Außenministerium trafen. Makowski war der Ansicht, daß das Auftreten polnischer Juristen im Ausland besser koordiniert werden müsse und daß zu diesem Zweck jeweils auf konkrete Länder ausgerichtete Juristengruppen gebildet werden sollten.[102] Den gleichen Tenor hatten die Sondierungsgespräche des Leiters der Presseabteilung im Außenministerium, Michał Potulicki, zu denen sich dieser im Dezember 1936 in Berlin aufhielt.[103] Noch im September 1936 hatte Potulicki gegenüber dem polnischen Botschafter in Berlin, Józef Lipski, Bedenken geäußert, daß das juristische Milieu in Warschau dem von Reichsminister Hans Frank geäußerten Wunsch, in näheren Kontakt zur polnischen Jurisprudenz zu treten,

99 Zur PKWPM s. auch Kap. 3.3.

100 S. dazu Rappaports Lebenslauf, in dem er auf die Konflikte mit der *Sanacja*-Regierung vor allem im Umfeld der versuchten Gründung einer „Akademie für Polnisches Recht“ hinweist, WAPŁ, Archiwum Profesora Emila Rappaporta V-25, Nr. 1, Dokumenty osobiste, ohne Paginierung, sowie den Eintrag in die Żywa Gazetka Biograficzna, Migawka VIII anläßlich Rappaports 75. Geburtstag im Jahr 1952, ebenda Nr. 3, Materiały Biograficzne.

101 Stała Delegacja, 1937, S. 33.

102 S. dazu Wydawnictwa Grup Polskich Porozumień Prawniczych z Zagranicą (im folgenden: WGPPPzZ). Zeszyt 1: Grupa prawnicza polsko-francuska, Warszawa 1938, S. 56–57. Die Finanzierung der seit 1938 erscheinenden Berichte dieser Initiative lag zum großen Teil beim Außenministerium, AAN, Ambasada RP w Berlinie 2651, Bl. 120.

103 In einer Notiz für den polnischen Botschafter in Berlin, Józef Lipski, schrieb Potulicki, daß man die polnische Auslandsarbeit zentralisieren wolle und daher im Falle des Deutschen Reiches die „Akademie für Deutsches Recht“ als Ansprechpartner der polnischen Sektion einer künftigen deutsch-polnischen Juristengruppe sehe, AAN, Ambasada RP w Berlinie 2651, Bll. 14–16.

sicher kritisch gegenüberstehen würde. Aus diesem Grund brachte er eine polnisch-deutsche Juristengruppe ins Spiel, die es dem Außenministerium ermöglichen würde, direkten Kontakt mit der deutschen Rechtswissenschaft zu halten. Auf polnischer Seite hatte man vor allem Juristen aus Posen und Krakau im Auge, die dieses Vorhaben unterstützen würden. Eine solche deutsch-polnische Gruppe sah man als Vorbild auch für die Neuordnung der juristischen Kontakte zu anderen Ländern an.[104]

Generell strebte man danach, die Zusammenarbeit vom Forum internationaler Kongresse, die an bestimmten Sachthemen interessiert waren und denen vorgeworfen wurde, allzu theoretisch zu sein, auf die Ebene konkreter rechtspolitischer Kontakte zu ziehen, die vor allem auf die Beachtung der jeweils landestypischen Eigenarten ausgerichtet waren.[105] An die Stelle von multilateralen Abmachungen, die im Idealfall universale Gültigkeit erlangen sollten, wie sie zum Beispiel auf den Unifizierungskongressen im Rahmen des Völkerbundes angestrebt wurden, trat eine „zwischenstaatliche Rechtspolitik“,[106] die diese Universalität von rechtlichen Abkommen zugunsten der Beachtung länderspezifischer Besonderheiten zurückstellte. Kontakte, die sich aus einer multilateral angelegten Kooperation entwickelt hatten, wie etwa im Rahmen der *Association Internationale de Droit Pénal* (AIDP),[107] wurden vom Außenministerium eher

[104] S. das Schreiben von Potulicki an Lipski vom 3. September 1936, AAN, Ambasada RP w Berlinie 2651, Bl. 5–6. Der Verweis auf die ablehnende Haltung der Warschauer Juristen kam nicht von ungefähr. Die noch aus der Teilungszeit herrührende Nähe des Warschauer Juristenmilieus zum französischen Rechtssystem war augenscheinlich auch zu Zeiten einer ansonsten voranschreitenden Annäherung an das nationalsozialistische Deutschland von großer Bedeutung. Durch französische Gastprofessoren an der Universität Warschau spielte die französische Rechtswissenschaft dort während der gesamten Zwischenkriegszeit eine wichtige Rolle, s. dazu Sójka-Zielińska, Udział cywilistów francuskich, S. 317–324. Warnungen vor einer drohenden „Germanisierung“ des polnischen Rechtssystems hatten auch noch 1938 nicht unbedingt die Infiltration durch totalitäres staatsrechtliches Gedankengut im Blick, sondern eher die Dominanz des BGB gegenüber dem *Code Napoléon* in polnischen zivilrechtlichen Kodifikationen, so etwa Sumorok, L.: W obliczu germanizacji polskiej myśli prawniczej, in: Głos Sądownictwa 10 (1938), Nr. 1, S. 13–16.

[105] Makowski beklagte die allzu theoretische Ausrichtung internationaler juristischer Organisationen und Institutionen, die zuwenig auf die länderspezifischen juristischen Traditionen eingingen, s. WGPPPzZ. Zeszyt 4: Grupa polsko-bałtycka, Warszawa 1939, S. 3.

[106] Dieser Begriff diente zur Charakterisierung einer angestrebten deutsch-polnischen Juristenzusammenarbeit im Rahmen der Informationsreise von Reichsminister Frank im Februar 1936, s. dazu das Programm für Franks Aufenthalt in Polen in AAN, MSZ 2498, Bll. 52–53 sowie Górnicki, O wpływie Prawa Trzeciej Rzeszy, S. 145, Anm. 8.

[107] S. Kap. 6.2.

stiefmütterlich behandelt.[108] Das Recht sollte nicht mehr universal einsetzbares Instrument zur Normierung der zwischenstaatlichen Beziehungen sein, sondern wurde als eine von den jeweils landestypischen Gegebenheiten abhängige Variable betrachtet, was konkrete Auswirkungen auf die Auswahl der Kooperationspartner hatte.

Der Bedeutungsverlust der PKWPM hing nicht zuletzt damit zusammen, daß sie sich vor allem im Bereich der Vereinheitlichung des internationalen Strafrechts engagierte.[109] Gerade dieser Rechtsbereich war aber besonders stark dadurch gekennzeichnet, daß bestimmte weltrechtliche Regelungen angestrebt wurden, die ungeachtet einzelstaatlicher Besonderheiten die universale Strafbewehrtheit von Tatbeständen festlegten. Zu Jahresbeginn 1937 bemerkte der Chef der PKWPM bitter, daß seine Organisation angetreten war, um eine Plattform für das Außenministerium zum Aufbau internationaler Rechtskontakte zu bilden. Ohne ausreichende finanzielle Unterstützung des Ministeriums würden wertvolle Kontakte abbrechen. In der Tat war das Außenministerium an anderen Formen der Zusammenarbeit interessiert, so daß etwa die Unterstützung für die polnische Beteiligung an der internationalen Strafrechtsvereinheitlichung ins Budget des Justizministerium verschoben wurde.[110]

Das erste Land, mit dem die juristische Kooperation im Sinne der Bilateralität geregelt wurde, war Rumänien. Im April 1936 konstituierte sich in Bukarest die rumänische, im Oktober des gleichen Jahres die polnische Sektion der polnisch-rumänischen Gruppe zur juristischen Verständigung. Danach wurden in rascher Folge weitere Gruppen gebildet, im März 1937 die polnisch-deutsche sowie die polnisch-italienische, im Juli 1937 die polnisch-französische, im Juni 1938 die polnisch-estnische, im November 1938 die polnisch-ungarische und schließlich im Mai 1939 die polnisch-jugoslawische und die polnisch-

[108] Im Rahmen der 6. Strafrechtsunifizierungskonferenz der AIDP im Jahr 1935 in Kopenhagen hatte die polnische Delegation gute Kontakte zu den Vertretern Schwedens geknüpft. Die Bitte Rappaports, eine Informationsreise des schwedischen Justizministers nach Polen zu unterstützen, fand aber keine Zustimmung, wohl weil die Kooperation im Rahmen der völkerbundnahen AIDP nicht den politischen Zielvorgaben des Außenministeriums entsprach, AAN, MSZ 2976, Bll. 1–5.

[109] S. dazu die Tätigkeitsberichte der PKWPM von 1928/29, AAN, MSZ 13300, Bll. 7–13, von 1929/30, AAN, MSZ 13301, Bll. 35–50 sowie 1933/34, AAN, MSZ 13302, Bll. 55–63. In der zweiten Hälfte der dreißiger Jahre wurde es immer schwieriger, Geld aus dem Budget des Außenministeriums für die Arbeit an der internationalen Strafrechtsvereinheitlichung zu erhalten.

[110] Dazu AAN, MSZ 2038, Bl. 17–20 sowie Bl. 58.

lettische.[111] Ehrenvorsitzender aller dieser Gruppen war auf polnischer Seite Justizminister Grabowski. Alle Gruppen bestanden aus einer polnischen und einer Sektion des Partnerlandes. Diese trafen sich einmal jährlich zu einer Plenarsitzung jeweils abwechselnd in den beiden Herkunftsländern. Die Aufgaben dieser Gruppen glichen denen, die schon für die Kontakte der jungen polnischen Juristen mit dem Ausland formuliert worden waren. Es ging vor allem um den Austausch von Informationen über die neuesten Entwicklungen in den jeweiligen Rechtssystemen. Diese sollten in den einschlägigen Fachzeitschriften der beteiligten Länder veröffentlicht werden. Zudem war der Austausch von Publikationen sowie Vortragsreisen von Juristen in das jeweils andere Land geplant. Den Gruppen sollten sowohl Rechtswissenschaftler als auch -praktiker angehören.[112]

Das größte Interesse der Forschung hat bislang die deutsch-polnische Juristenzusammenarbeit in den Jahren 1937/1938 auf sich gezogen.[113] Vor allem die nationalsozialistische Ideologie und Praxis während des Zweiten Weltkriegs gegenüber Polen läßt die generelle deutsch-polnische Annäherung seit dem Nichtangriffspakt von 1934 als ein Zweckbündnis erscheinen, das völlig strategischen und bündnispolitischen Gesichtspunkten untergeordnet war. Auf deutscher Seite war die Rolle als „Juniorpartner", die das Dritte Reich für Polen in der Auseinandersetzung mit der Sowjetunion vorsah, in dieser Phase der zwischenstaatlichen Beziehungen ernstgemeint; mit großem propagandistischen Aufwand wurde im Deutschen Reich versucht, diese Bündnisentscheidung zu popularisieren.[114] Schwieriger erscheint die Bewertung für den polnischen Fall. Im Hinblick auf die Rezeption des nationalsozialistischen Rechts zeigen die Bewertungen durch polnische Juristen, daß diese in der Mehrzahl den Entwicklungen im nationalsozialistischen Deutschland im Bereich des Rechts kritisch bis ablehnend gegenüberstanden. Die große Aufmerksamkeit,

[111] S. dazu WGPPPzZ: Zeszyty 1–4, Warszawa 1938–1939, sowie Górnicki, O wpływie prawa Trzeciej Rzeszy, S. 145, Anm. 9.

[112] Wzór statutu grup prawniczych, in: WGPPPzZ. Zeszyt 1: Grupa prawnicza polsko-francuska, Warszawa 1938, S. 58.

[113] Zur Faktographie der deutsch-polnischen Juristenkooperation seit dem Abkommen vom 18. März 1937 bis zur Plenarsitzung der Gruppe im Dezember 1938 in Warschau (die für den Mai 1939 geplante Plenarsitzung in München kam aufgrund der außenpolitischen Spannungen nicht mehr zustande), s. Górnicki, O wpływie prawa Trzeciej Rzeszy, S. 145–149 sowie Schnur, Beziehungen.

[114] S. zuletzt Roschke, C.: Der umworbene „Urfeind". Polen in der nationalsozialistischen Propaganda 1934–1939, Marburg/Lahn 2000.

die man diesen Entwicklungen entgegenbrachte, rührte zum einen noch aus dem traditionell starken Interesse am deutschen Rechtssystem her, das noch aus der Vorkriegszeit stammte. Daneben betrachteten viele Juristen das Dritte Reich im Hinblick auf die staatsrechtlichen Reformen im Polen der dreißiger Jahre ganz pragmatisch als eventuelles Reservoir für neue Ideen. Die zum Teil sehr differenzierte inhaltliche Auseinandersetzung mit dem nationalsozialistischen Recht verlor dabei an Bedeutung gegenüber allgemeinen weltanschaulichen und bündnispolitischen Gesichtspunkten.[115] Der Enthusiasmus, den Teile der jungen Juristengeneration für die nationalsozialistische Rechtsentwicklung aufbrachten, manifestierte sich allerdings eher in einem Identitätsdiskurs als in der juristischen Praxis.[116]

Betrachtet man die juristische Kooperation in der zweiten Hälfte der dreißiger Jahre, so fällt generell auf, daß an die Stelle des fachjuristischen Austauschs, der bislang alle Rechtsgebiete umfaßt hatte, Diskussionen über vergleichbare ideologisch begründete Entwicklungen traten, die sich vor allem im Staatsrecht der beteiligten Länder niederschlugen. Dabei macht nicht zuletzt die Betrachtung der deutsch-polnischen Zusammenarbeit deutlich, daß nicht nur politische Funktionsträger die juristischen Kontakte als einen Bereich zur Pflege von Bündnisbeziehungen entdeckten. Gerade im Hinblick auf die Annäherung zu Staaten mit totalitärem bzw. autoritärem Charakter fanden sich auch unter den Juristen Anhänger einer Argumentation, die fachjuristische Debatten einer angeblichen Wesensverwandtheit der politischen Systeme unterordnete. Es waren solche Fachvertreter, die ganz erheblich dazu beitrugen, die von der polnischen Staatsführung angestrebte Annäherung an das Deutsche Reich auch auf dem Gebiet der rechtlichen Zusammenarbeit voranzutreiben. Als der Staatsrechtler Zygmunt Cybichowski im Jahr 1934 von der Regierung gebeten wurde, engere Kontakte zur deutschen Rechtswissenschaft zu knüpfen, konnte er bald über eine Reihe von Veröffentlichungen und Kongressauftritten in Deutschland berichten.[117]

[115] Górnicki, Prawo Trzeciej Rzeszy w nauce i publicystyce prawniczej.

[116] S. Kapitel 5.2.

[117] S. das Schreiben Cybichowskis an Bildungsminister Jędrzejewicz vom 16. Februar 1935, AAN, MWRiOP 2068, Bll. 77–78. Cybichowski schrieb unter anderem für das „Jahrbuch der Akademie für Deutsches Recht“ oder die von Carl Schmitt herausgegebene „Deutsche Juristenzeitung“.

Schon 1933 hatte er am ersten Juristentag unter nationalsozialistischer Ägide teilgenommen. Auch auf den Plenarsitzungen der „Akademie für Deutsches Recht" war er ein häufig gesehener Gast. Dort hielt er Vorträge über Neuerungen im polnischen Rechtssystem. Dabei ging es ihm wie auch in seinen Beiträgen für deutsche Fachzeitschriften vor allem um die verfassungsrechtlichen Neuordnungspläne. Er betonte dabei vor allem die Rolle Marschall Piłsudskis als „Schöpfer und Führer" *(twórca i wódz)* des Staates.[118] Damit spielte er auf eine angebliche deutsch-polnische Analogie an, die auch von anderen Rednern immer wieder gerne aufgenommen wurde.[119] Der eigentlich aus dem politischen Lager der *Endecja* stammende Cybichowski ist ein gutes Beispiel dafür, wie sich in der zweiten Hälfte der dreißiger Jahre die beiden größten politischen Formationen in Polen in ihrer kritischen Einstellung zur liberalen Demokratie zunehmend annäherten.[120]

Cybichowski war zwar in seiner Rhetorik in bezug auf die Zustimmung zu totalitären Tendenzen in der Verfassungsentwicklung besonders radikal, jedoch bei weitem nicht der einzige namhafte polnische Jurist, der sich in den Dienst der deutschfreundlichen Außenpolitik seit 1934 stellte. Nachdem der Posener Zivilrechtler Józef Sułkowski sowie der Krakauer Strafrechtler Władysław Wolter an der Vollversammlung der „Akademie für Deutsches Recht" im Jahr 1936 teilgenommen hatten, berichteten beide anerkennend über den Ablauf dieser Veranstaltung. Auch wenn man inhaltlich gegen den nationalsozialistischen Umbau des deutschen Rechtssystems sein könne, so müsse doch die Konsequenz und die Intensität dieses Umbaus Bewunderung hervorrufen, berichtete Sułkowski nach Warschau. Wolter sprach von einer rundum gelungenen Veranstaltung mit großem Propagandawert.[121] Dabei ist zu bedenken, daß sich diese

[118] S. das Schreiben Cybichowskis an Piłsudski vom 4. April 1934, AAN, MWRiOP 2068, Bl. 266 sowie auch den „Völkischen Beobachter" vom 17.3.1934.

[119] S. dazu den Vortrag des polnischen Justizministers Grabowski in der „Akademie für Deutsches Recht" im Mai 1935 unter dem Titel: Wpływ Marszałka Piłsudskiego na kształtowanie się prawa w Polsce, Warszawa 1937. Während der Erarbeitung des Manuskripts für Grabowski im Außenministerium wurde angemerkt, daß beim Hinweis auf die große Rolle Piłsudskis als Staatsmann für das Recht eine Anspielung auf den Reichskanzler Adolf Hitler angebracht sei, AAN, Ambasada RP w Berlinie 2651, Bl. 57.

[120] Dazu auch Wapiński, Historia, S. 215–216.

[121] S. das Schreiben Sułkowskis an das Außenministerium vom 14. November 1936 sowie das von Wolter vom 29. Oktober 1936, AAN, MSZ 13460, Bll. 3–7 sowie Bll. 13–17.

Juristen nicht erst seit der Neuorientierung der polnischen Außenpolitik mit dem deutschen Rechtssystem beschäftigten. Sułkowski wies in einem Schreiben an das Außenministerium darauf hin, daß er sich bereits seit zehn Jahren aktiv in der Zusammenarbeit mit deutschen Juristen engagiere.[122] Andere Juristen, die sich wie der Krakauer Zivilrechtler Fryderyk Zoll ebenfalls schon lange mit den Entwicklungen im deutschen Rechtssystem beschäftigten, hielten ihre Kontakte auch nach 1933 weiterhin aufrecht, auch wenn sie den neueren Entwicklungen kritisch gegenüberstanden.[123]

In manchen Fällen scheint es sogar so gewesen zu sein, daß die guten Beziehungen im Rahmen der juristischen Zusammenarbeit dabei geholfen haben, der deutsch-polnischen Annäherung den Weg zu ebnen, als diese zunächst doch auf einige innenpolitische Widerstände stieß. Als der Vorsitzende der „Polnischen Kommission für Internationale Intellektuelle Zusammenarbeit", Lutostański, Reichsminister Frank zu einem Vortrag nach Polen einlud, erkundigte sich dieser zunächst, ob nicht aufgrund der deutschen Schulden im Bereich des Eisenbahntransits eine deutschlandkritische Stimmung in Polen herrsche. Die polnische Regierung verneinte dies und betonte statt dessen ihre Genugtuung darüber, Frank in Polen begrüßen zu können.[124] Als für den Mai 1937 eine Reise des polnischen Justizministers Grabowski nach Polen geplant wurde, hielt man eventuellen Bedenken entgegen, daß es sich um einen inoffiziellen Besuch im Rahmen der „wissenschaftlich-juristischen Zusammenarbeit handle". Grabowskis Auftritt in der „Akademie für Deutsches Recht" stehe nichts im Wege, da auch zahlreiche andere ausländische Juristen (u. a. selbst Franzosen) dort zu Vorträgen zu Gast seien.[125] Während des Besuches von Grabowski im Mai 1937 wurde angeregt, Juraprofessoren zu Vorträgen in das jeweils andere Land zu entsenden. Dieser Vorschlag fand Zustimmung, allerdings wurde darauf hingewiesen, daß solche Vorträge nicht im deutsch-polnischen Grenzgebiet

[122] Schreiben vom 18. April 1936, AAN, MSZ 3037, Bl. 3.

[123] Wspomnienia Fryderyka Zolla, S. 449–460. S. auch Kosiński, S.: Życie i działalność Fryderyka Zolla, in: Fryderyk Zoll 1865–1948. Prawnik – uczony – kodyfikator (= Polska Akademia Umiejętności, Wydział Historyczno-Filozoficzny, Prace Prawnicze Nr. 6), Kraków 1994, S. 11–30, hier S. 15.

[124] AAN, Ambasada RP w Berlinie 2498, Bll. 40–45.

[125] S. dazu die Schreiben Lipskis an Potulicki vom 5. März 1937 sowie an Staatssekretär Jan Szembek vom 8. März 1937, AAN, Ambasada RP w Berlinie 2651, Bll. 24–26 sowie Bl. 27.

stattfinden sollten, da dort große Empfindlichkeiten zwischen den Nachbarn bestünden.[126] In der juristischen Kooperation wie auch generell in den seit 1934 lebhafteren deutsch-polnischen Beziehungen belasteten Grenz- und Minderheitenkonflikte auch weiterhin das Verhältnis zwischen den beiden Ländern, auch wenn von staatlicher Seite versucht wurde, die daraus resultierenden negativen Stellungnahmen etwa in der Sphäre der Publizistik zu unterdrücken.[127]

Als sich Ende 1938 eine Abkühlung der deutsch-polnischen Beziehungen ankündigte, registrierte man dies auch im Rahmen der juristischen Kooperation. Bei der Begutachtung der Themenvorschläge für eine gemeinsame Sitzung der deutsch-polnischen Juristengruppe im Mai 1939 monierte man im polnischen Außenministerium, daß die deutsche Sektion anscheinend vom wissenschaftlichen auf das politische Terrain wechseln wolle. Themen, die zu politischen Spannungen führen könnten, wollte man aber in Warschau ausklammern, da die juristische Kooperation ganz ausdrücklich der Annäherung zwischen den Partnern dienen sollte.[128] Betrachtet man das Bemühen, die juristische Kooperation aus der politischen Klimaverschlechterung herauszuhalten, so ist zu fragen, ob diese Kooperation vielleicht nicht doch mehr war, als ein „Reflex auf die Außenpolitik der *Sanacja*".[129] Die Gründe für die relativ intensive Zusammenarbeit waren vielschichtig und erschöpften sich nicht darin, daß Justizminister Grabowski ein Anhänger des „vollständigen Totalitarismus" im Rahmen des Regierungslagers war.[130] Während manche Vertreter der jüngeren Juristengeneration sich von den weltanschaulichen Aspekten im neuen deutschen Recht zumindest teilweise angezogen fühlten, spielten bei vielen älteren Juristen die traditionelle Verbundenheit zur deutschen Rechtswissenschaft, die noch aus der Teilungszeit herrührte, eine nicht zu unterschätzende Rolle. Sie kann vielleicht auch

126 Bericht über ein Gespräch zwischen Justizminister Grabowski und Reichsbildungsminister Rust vom 11. Mai 1937, AAN, Ambasada RP w Berlinie 2651, Bll. 75–76.

127 Dazu auch Fischer, P.: Die deutsche Publizistik als Faktor der deutsch-polnischen Beziehungen 1919–1939, Wiesbaden 1991, S. 186–189.

128 Kritik rief auf polnischer Seite der Themenvorschlag „Der Status von Handelsschiffen in internationalen Häfen" hervor, da man befürchtete, darüber in eine Konfrontation über Danzig zu geraten, s. das Schreiben Potulickis an Lipski vom 19. Dezember 1938, AAN, Ambasada RP w Berlinie 2651, Bll. 168–169.

129 So Górnicki, O wpływie prawa Trzeciej Rzeszy, S. 149.

130 Wojciechowski, M.: Die deutsch-polnischen Beziehungen 1933–1938, Leiden 1971, S. 339.

die Mitgliedschaft solcher Juristen in der deutsch-polnischen Juristengruppe erklären, die den totalitären Tendenzen im nationalsozialistischen Recht fernstanden, wie etwa Karol Lutostański oder Fryderyk Zoll, die beide in Deutschland studiert hatten.[131]

Bis auf Frankreich waren in allen anderen Partnerländern der neuen bilateralen Juristengruppen mehr oder weniger autoritäre Regime an der Macht. Vielleicht um dem Eindruck entgegenzuwirken, daß sich die rechtswissenschaftliche Zusammenarbeit nur noch nach der ideologischen Nähe der jeweiligen Regierungssysteme richtete, war das erste Heft der vom Außenministerium geförderten Publikationsreihe zur bilateralen Kooperation im Titel der französisch-polnischen Gruppe gewidmet. Im Heft selbst wurde jedoch auch ausführlich über die anderen Gruppen berichtet. Während in der französisch-polnischen Zusammenarbeit Sachthemen dominierten und politisch-weltanschauliche Stellungnahmen fehlten,[132] fallen bei den anderen Ländern die immer wiederkehrenden Verweise auf die ideologische Nähe auf, die als Grundlage für eine erfolgreiche juristische Zusammenarbeit reklamiert wurde. Im polnisch-rumänischen Fall blieben diese Hinweise allerdings zunächst eher allgemeiner Natur, wichtiger schien die Tatsache zu sein, daß beide Länder nach dem Ersten Weltkrieg vor der schwierigen Aufgabe der Rechtsvereinheitlichung gestanden hatten. Vor allem wurde auf den lebhaften Austausch bei der Strafrechtsunifizierung hingewiesen.[133] In der Tat war in diesem

[131] In seinen Memoiren schreibt Fryderyk Zoll, daß er regelmäßig zu den deutschen Juristentagen eingeladen wurde. Er pflegte jedoch an diesen Veranstaltungen nicht teilzunehmen. Im Jahr 1934 konnte er allerdings nicht umhin, zur ersten Jahrestagung der „Akademie für Deutsches Recht" nach München zu fahren, da er von Außenminister Beck ausdrücklich gebeten worden war, Polen bei diesem Ereignis zu vertreten. Zoll kam dieser Bitte äußerst unwillig nach. Beck begründete seinen Wunsch damit, daß Zoll den Nationalsozialisten auf diplomatische Weise klarmachen sollte, daß es in Polen kein Interesse an der nationalsozialistischen Ideologie gäbe. Eine solche Mission sei laut Beck notwendig geworden, nachdem im Jahr zuvor ein polnischer Jurist auf dem deutschen Juristentag das nationalsozialistische Regime als für Polen vorbildlich gepriesen hatte, s. Wspomnienia Fryderyka Zolla, S. 450–452. Die Abwehrhaltung, die Beck laut der Memoiren Zolls gegenüber den nationalsozialistischen Umarmungsversuchen einnahm, war in der Realität nicht immer so eindeutig. Immerhin wurde die deutsch-polnische juristische Kooperation von seiten der polnischen Regierung gefördert und entwickelte sich bis Ende des Jahres 1938 rege.

[132] Im Heft 1 ging es dabei u. a. um die Rechtsquellen des Völkerrechts sowie um das neue polnische Gesetz über Aktiengesellschaften von 1937, das sich an den Regelungen im französischen Handelsgesetzbuch orientierte.

[133] So der polnische Gesandte Mirosław Arciszewski in Bukarest bei seiner Ansprache anläßlich der Konstituierung der rumänischen Gruppe am 7. April 1936, AAN, MSZ 13462, Bll. 3–7.

Bereich die Zusammenarbeit zwischen Juristen der beiden Staaten besonders intensiv. Im Falle der italienisch-polnischen Gruppe konnte man nicht auf solche vergleichbaren Unifizierungsaufgaben hinweisen. Hier bediente man sich einer allgemeineren Argumentation, die auf die Bedeutung des Rechts als Schutz vor schädlichem Individualismus abzielte und eine Vergleichbarkeit des faschistischen Systems Italiens mit den neueren Verfassungsentwicklungen in Ostmitteleuropa postulierte.[134]

Außenpolitisches Kalkül spielte bei der bilateralen Zusammenarbeit immer eine Rolle. Die Kooperation mit den baltischen Staaten bezog auch Litauen mit ein. Zwar entstand keine litauisch-polnische Juristengruppe (wohl aber eine estnisch- und eine lettisch-polnische), doch in Heft 4 der Veröffentlichungen der bilateralen Juristengruppen, das den baltischen Staaten gewidmet war, kamen neben finnischen, estnischen und lettischen auch litauische Juristen zu Wort. Zwar hatte man bereits im Rahmen der PKWPM Versuche unternommen, Kontakte zu den baltischen Staaten aufzunehmen, doch blieben litauische Juristen aufgrund der konfliktträchtigen Beziehungen zwischen den beiden Staaten bislang ausgespart.[135] Die von polnischer Seite forcierte Annäherung im Jahr 1938 ließ es angebracht erscheinen, auch auf juristischem Gebiet „Beziehungspflege" zu betreiben. Im Gegensatz dazu unterblieb die Gründung einer polnisch-tschechoslowakischen Gruppe, obwohl es im regionalen Rahmen bereits viele Kontakte zwischen Juristen Polens und der Tschechoslowakei gegeben hatte. Auf der Tagung der „Akademie für Deutsches Recht" im Herbst 1937 schlugen italienische Juristen der polnischen Delegation die Gründung einer trilateralen deutsch-italienisch-polnischen Juristengruppe mit klar antikommunistischer Stoßrichtung vor. Polen lehnte diesen „Antikominternpakt auf juristischer Ebene" ab, da man ebensowenig wie in der allgemeinen Bündnispolitik auch bei der juristischen Zusammenarbeit in den Verdacht

[134] WGPPPzZ. Zeszyt 3: Grupa prawnicza polsko-włoska, Warszawa 1939, S. 3–4. Bezeichnend für die Abkehr von multilateralen Kooperationsformen war, daß das in Rom ansässige „Internationale Institut zur Vereinheitlichung des Privatrechts" vom faschistischen Italien als eigene Errungenschaft reklamiert wurde, obwohl es unter der Ägide des Völkerrechts gegründet worden war, ebenda, S. 29.

[135] Die Schaffung einer baltischen Gruppe unter polnischer Ägide innerhalb der AIDP, zu deren Organisation Rappaport von der Assoziation ins Baltikum entsandt wurde, scheiterte u. a. aufgrund des schwierigen Verhältnisses zu Litauen, AAN, MSZ 2037, Bll. 7–20.

geraten wollte, sich dezidiert gegen einen der beiden übermächtigen Nachbarn zu stellen.[136]

Im Grunde genommen entsprach die Neuordnung der juristischen Auslandskontakte der Umgestaltung der internationalen Beziehungen in den dreißiger Jahren. An die Stelle multilateraler internationaler Regelungen traten bilaterale Abmachungen. Allgemeinverbindliches Völkerrecht wurde aus den internationalen Beziehungen verdrängt.[137] Parallel dazu verstand man juristische Kooperation nicht mehr als ein Mittel der Verrechtlichung der zwischenstaatlichen Beziehungen. Dem Zeitgeist geschuldet war auch die Betonung der jeweiligen nationalen Charakteristika im Recht. Recht wurde damit zu einem weiteren Differenzmerkmal, man verstand es essentialistisch als Bestandteil einer bestimmten nationalen Eigenart. Damit verlor es zusehends seinen Eigenwert als abstrakt-allgemeines Regulierungsinstrument in den internationalen Beziehungen. Der Präsident des Reichsgerichts, Erwin Bumke, brachte diese Sichtweise auf den Punkt: „Die Zeiten, in denen man wähnte, die Länder der Welt mit den gleichen Rechtseinrichtungen beglücken zu können, sind überwunden. Überall erwacht allmählich das Verständnis dafür, daß wahres Recht nur da besteht, wo es aus der Eigenart und den Lebensbedürfnissen der Volksgemeinschaft erwächst."[138]

6.1.4. Regionale Kooperation

Während der gesamten Zwischenkriegszeit wurden immer wieder regionale Föderationspläne in Ostmittel- und Südosteuropa ventiliert, die jedoch wie im Falle der Baltikums- bzw. Donauföderation unverwirklicht blieben bzw. im Falle der „Kleinen Entente" kaum über das Stadium eines reinen Defensivbündnisses gegen den ungarischen Revisionismus hinausgingen. Politischer sowie ökonomischer Natio-

[136] S. den Bericht Potulickis über den 4. Kongreß der „Akademie für Deutsches Recht" Ende Oktober 1937, AAN, Ambasada RP w Berlinie 2651, Bll. 106–112. Die Polen bekräftigten hingegen, daß sie an einer bilateralen Kooperation mit Italien sehr interessiert seien, wobei besonders auf die faschistisch-korporativen Strukturen im italienischen Staatsaufbau hingewiesen wurde.

[137] So interpretiert etwa Martin Broszat den deutsch-polnischen Nichtangriffspakt als paradigmatisch für die internationalen Beziehungen in den dreißiger Jahren: Broszat, M.: Zweihundert Jahre deutsche Polenpolitik, Frankfurt/Main 1972 (revidierte und erweiterte Ausgabe, zuerst München 1963), S. 244.

[138] Bumke, E.: Die Jahrestagung der Arbeitsgemeinschaft für deutsch-polnische Rechtsbeziehungen in Warschau, in: Zeitschrift der Akademie für Deutsches Recht 6 (1939), Nr. 3, S. 73–78, hier S. 78.

nalismus verhinderten eine stärkere Integration der neu- bzw. wiederentstandenen Staaten dieser Region nach dem Ersten Weltkrieg.[139] In der zweiten Hälfte der dreißiger Jahre, als die Bedrohung durch die beiden totalitären Mächte Deutsches Reich und Sowjetunion immer offensichtlicher wurde, wuchs zwar das Interesse an regionalen Föderationen, doch die polnische Außenpolitik verstand darunter weniger ein Bündnissystem gleichberechtigter Partner als vielmehr ein Netz bilateraler Verträge Polens mit den anderen Staaten der Region, das dem polnischen Staat eine gesicherte Position als dritter europäischer Macht zwischen dem Deutschen Reich und der Sowjetunion verschaffen sollte.[140] Kern der seit 1932 unter Außenminister Józef Beck betriebenen Politik war es, sich durch bilaterale Bündnisverträge mit den zwischen Baltikum und Schwarzem Meer liegenden Staaten eine Position zwischen Deutschland und der UdSSR aufzubauen, die dem polnischen Staat ein gewisses Maß an Sicherheit gewährleistete, ohne sich dabei dezidiert gegen einen der beiden großen Nachbarn zu wenden. In dem vom Völkerbund und seinen Hilfsorganen angestrebten System der kollektiven Sicherheit sah man in Warschau keine wirkliche Option mehr für die polnischen Sicherheitsbedürfnisse.[141]

Bereits lange bevor sich in den polnischen außenpolitischen Konzeptionen die Idee eines „Dritten Europas" unter polnischer Führung durchzusetzen begann, kann man im Bereich der Wissenschaft Bemühungen erkennen, Polen zu einem regionalen Integrationszentrum zu machen. So entstand zum Beispiel 1926 während eines Aufenthaltes polnischer Juristen in Rumänien der Plan, in Polen ein „Internationales Institut für Verwaltungswissenschaften" *(Międzynarodowy Instytut Nauk Administracyjnych)* zu gründen. Das Institut sollte sich vor allem mit Problemen des Verwaltungsaufbaus in den neuen Staaten Ostmittel- und Südosteuropas befassen. Seinen Sitz sollte es vorläufig in Warschau erhalten. 1927 konstituierte sich ein Gründungskomitee, dem Polen, Rumänien und Österreich angehörten. Obwohl bereits Zusagen aus Österreich, der Tschechoslowakei, Jugoslawien, Ungarn und Estland vorlagen, dem Institut beizutreten,

139 Arter, D.: The Politics of European Integration in the Twentieth Century, Dartmouth 1993, S. 63–71.

140 Skrzypek, A.: W kręgu koncepcji międzymorza i taktyki balansowania (maj 1935-wrzesień 1938), in: Łossowski, Historia dyplomacji, S. 493–572, hier S. 499–504.

141 Skrzypek, A.: Zwiększenie samodzielności i stabilizującej roli polityki polskiej w Europie (listopad 1932 – kwiecień 1935), in: Łossowski, Historia dyplomacji, S. 446–492.

kam es nicht zu dessen Gründung.[142] Statt dessen wurde ein verwaltungswissenschaftliches Institut in Brüssel errichtet.[143] Immerhin gelang es der polnischen Sektion, den alle drei Jahre stattfindenden Kongreß des Instituts 1936 nach Warschau zu holen. Neben Belgien waren die polnische, rumänische und estnische Sektion die aktivsten Mitglieder des Instituts, was Konferenzbeiträge und Tätigkeitsberichte betraf.[144]

Gerade im Bereich der Rechtsvereinheitlichung gelang es Polen, eine gewisse Vorbildrolle für andere Nachfolgestaaten zu gewinnnen. In den Berichten der PKWPM findet man zahlreiche Hinweise darauf, daß die polnischen Kodifizierungsarbeiten im Ausland vorgestellt und dort mit großem Interesse verfolgt wurden. Umgekehrt informierte man sich in Polen aber auch über den Stand der Kodifizierungsarbeiten in anderen Ländern. Die PKWPM hatte sich seit Anfang der zwanziger Jahre darum bemüht, in Kontakt mit anderen Nachfolgestaaten zu treten, um sich über die Kodifizierungsarbeit auszutauschen.[145] Es verwundert daher auch nicht, daß Polen ein aktive Rolle bei der Organisation des slavischen Juristenkongresses einnahm, der 1933 in Brastislava stattfand. Entgegen der kritischen Haltung der offiziellen polnischen Außenpolitik gegenüber slavischen Gemeinschaftsunternehmungen, die im Verdacht standen, panslavistische Ziele zu verfolgen, betonten polnische Juristen vor allem die Ähnlichkeit der Kodifizierungsprobleme in diesen Staaten, die einen regelmäßigen Gedankenaustausch nahelegten.

Auf dem dritten tschechoslowakischen Juristentag hatte eine polnische Delegation vorgeschlagen, die slavische juristische Kooperation zu intensivieren. Daraufhin wurde ein aus Polen, Tschechen,

[142] Materiały do organizacji międzynarodowego Instytutu Nauk Administracyjnych. Zeszyt 1, Warszawa 1928.

[143] Róziewicz, Z dziejów, S. 347.

[144] Mit dem Warschauer Kongreß von 1936 tagte das Institut erstmals in einem der Nachfolgestaaten. Zuvor hatten die Kongresse in Brüssel, Paris, Madrid und Wien stattgefunden. Als Polen 1938 aufgrund rückständiger Beitragszahlungen für die Jahre 1937/38 der Ausschluß aus dem Institut drohte, wies das Präsidium des Ministerrats das Außenministerium zur unverzüglichen Zahlung an. Zum einen wurde auf den wissenschaftlichen Nutzen der Verwaltungswissenschaften hingewiesen, der gerade für die junge polnische Staatlichkeit von Bedeutung wäre. Zum anderen betonte man die Propagandawirkung der polnischen Mitgliedschaft vor allem nach dem 1936 erfolgreich in Warschau abgehaltenen Kongreß, AAN, Prezydium Rady Ministrów (im folgenden PRM) 74–7, Bll. 61–64.

[145] Sprawozdanie z działalności Polskiej Komisji Współpracy Prawniczej Międzynarodowej (1931–1934), Warszawa 1934, S. 8–15.

Slowaken, Bulgaren, Slowenen, Kroaten und Serben bestehendes Organisationskomitee gegründet, dem der Krakauer Universitätsprofessor Kazimierz Kumaniecki vorstand, das einen slavischen Juristentag organisieren sollte. Aus dem Rundschreiben des Komitees aus dem Herbst 1931 ging hervor, daß man die slavische juristische Kooperation nicht als ein regionsbezogenes, sich gegen andere Rechtsentwicklungen abgrenzendes Projekt, sondern als Beitrag zu einer auf Kooperation angelegten gesamteuropäischen Ordnung betrachtete.[146] Der Kongreß hatte sich vorgenommen, nicht nur über die jeweiligen Rechtsordnungen in den einzelnen Ländern zu informieren, sondern auch nach Möglichkeiten der Schaffung einheitlicher Rechtsnormen für die slavischen Staaten zu suchen. Dabei wurde als Ziel die Schaffung solcher Rechtsnormen angegeben, die sich an die aktuellsten Rechtsentwicklungen weltweit und vor allem in Europa anlehnen sollten. Daß in den meisten Staaten die Rechtsvereinheitlichung noch in vollem Gange war, wurde nicht als Hindernis betrachtet. Man sah es in gewisser Weise sogar als Vorteil an, da so das entstehende Recht um so besser an europäische bzw. weltweite Entwicklungen angepaßt werden konnte.[147]

Das Programm des im September 1933 in Bratislava abgehaltenen „Ersten Kongresses der Slavischen Juristen“ *(I Zjazd Prawników Słowiańskich)* war ausgesprochen umfangreich.[148] In zehn Sektionen wurden Themen aus den Bereichen Zivilrecht, Handelsrecht, Strafrecht, Staats- und Verwaltungsrecht sowie Rechtsgeschichte verhandelt. Zudem standen allgemeinere Themen wie die ökonomische Kooperation der slavischen Staaten auf dem Programm. Die Themen sowie die verabschiedeten Resolutionen waren zumeist sehr allgemein gehalten; der Kongreß verstand sich zunächst als Ausgangspunkt für eine anzustrebende slavische Rechtsvereinheitlichung. Bei den Rechtsgebieten, deren Vereinheitlichung als erstrebenswert erachtet wurde, hatte man nicht nur die Harmonisierung zwischen den slavischen Staaten im Blick, sondern strebte auch die mögliche Anschlußfähigkeit an andernorts existierende Normen an. So verwies man bei der aus ökonomischen Gründen für sehr erstrebenswert empfundenen Vereinheitlichung des Schuldrechts auf bereits bestehende euro-

146 AAN, PRM 74–5, Bll. 30–31.

147 Schreiben des Generalsekretärs des Organisationskomitees Cyril Bařinka vom 26. Januar 1932, AAN, PRM 74–5, Bll. 35–36.

148 Zu Themen und Ablauf des Kongresses s. Longchamps de Berier, I Zjazd, S. 335–348.

päische Unifizierungsbestrebungen (zur gleichen Zeit bemühten sich französische und italienische Juristen um ein einheitliches Schuldrecht). Im Falle des Wechselrechts wurde die Empfehlung ausgesprochen, der Genfer Konvention, der u. a. das polnische Wechselrecht nachgebildet war,[149] beizutreten. In der Strafrechtssektion sprach man sich für eine enge Zusammenarbeit mit dem in Brüssel ansässigen *Bureau International pour l'Unification de Droit Pénal* aus.

Eine solche, die Region der slavischen Staaten überschreitende, universale Ausrichtung der angestrebten Rechtsvereinheitlichung prägte über weite Strecken den Charakter des Kongresses. Nur an einigen Stellen der Beratungen fielen Formulierungen, die auf Versuche schließen ließen, einen genuin slavischen Rechtsraum zu postulieren.[150] In der Sektion zur slavischen Rechtsgeschichte, in der der polnische Rechtshistoriker Stanisław Kutrzeba das Hauptreferat hielt, wurde zwar die Einrichtung von Lehrstühlen für das Recht der slavischen Völker gefordert. Als Forschungspostulate erachtete man jedoch nicht nur die Sammlung des slavischen Gewohnheitsrechts, sondern auch die Geschichte der Rezeption fremder Rechtsnormen. Kutrzeba wies in seinem Referat auf die Bedeutung des römischen Rechts für die westslavischen sowie des byzantinischen Rechts für die ostslavischen Staaten hin. Ganz pragmatisch bezeichnete er slavisches Recht als das, was bleibt, wenn man von dem rezipierten Recht absieht.[151] Die Sektionsresolution verwies bei dem von ihr geforderten Studium des slavischen Gewohnheitsrechts darauf, daß es dabei vor allem um die Beschäftigung mit den gesellschaftlichen Grundlagen in den einzelnen Ländern gehen müsse. Damit schien schon methodologisch ausgeschlossen zu sein, daß am Ende der Forschungstätigkeit die Entdeckung eines gemeinslavischen Rechtsgefühls stehen sollte.[152]

149 S. Kap. 4.3.

150 So hieß es etwa in der Sektion zum Strafrecht, daß dessen Vereinheitlichung auch zum Ziel habe, dieses dem „allgemeinen slavischen Rechtsgefühl" anzupassen, Longchamps de Berier, I. Zjazd, S. 340.

151 Kutrzeba, S.: Wspólne podstawy historii praw słowiańskich, in: Czasopismo Prawnicze i Ekonomiczne 28 (1933), S. 264–276, hier S. 268.

152 Zur Problematik einer slavischen Rechtsgeschichte bzw. allgemeiner einer slavischen Geschichte s. auch Zernack, Osteuropa, S. 20–30. Zernack verweist darauf, daß es gerade polnische Historiker wie Oskar Halecki oder Marceli Handelsman waren, die nach dem Ersten Weltkrieg das sprachlich-ethnische Gliederungsprinzip der europäischen Geschichte kritisierten und für eine Geschichte Osteuropas als einer „Geschichte seiner kulturellen Europäisierung" plädierten.

Der Kongreß wurde von den Teilnehmern als sehr gelungen bewertet. Zum Abschluß regte man an, die Zusammenarbeit in einem zu gründenden „Verband Slavischer Juristen“ *(Związek Prawników Słowiańskich)* zu verstetigen. Dieser sollte auch einen weiteren Kongreß für das Jahr 1936 planen.[153] In Polen entstand auf Betreiben der „Ständigen Delegation der juristischen Vereinigungen und Institutionen der Republik Polen“ und der PKWPM im Dezember 1933 ein „Polnisches Komitee für die juristische Zusammenarbeit mit den Slavischen Ländern“ *(Polski Komitet Współpracy Prawniczej z Krajami Słowiańskimi)*, das sich um Kontakte zu Juristen in den anderen slavischen Ländern kümmern sollte.[154] Die polnischen Juristen waren darum bemüht, eine Führungsrolle innerhalb der slavischen Juristenkooperation einzunehmen und den Folgekongreß in Polen zu veranstalten.[155] Doch sollte der Kongreß von 1933 die einzige Manifestation der slavischen Juristenkooperation bleiben. Zunächst aufgrund organisatorischer Probleme auf das Jahr 1937 verschoben,[156] unterblieb ein weiteres Treffen slavischer Juristen bis zum Ausbruch des Zweiten Weltkriegs ganz. Die polnische Außenpolitik stellte sich kategorisch gegen weitere Projekte in dieser Richtung. Als 1936 ein Treffen von Juraprofessoren aus slavischen Ländern ebenfalls in Bratislava organisiert werden sollte, das sich ausdrücklich politischer Zielsetzungen enthielt und lediglich einen rechtswissenschaftlichen Austausch vorsah, verbot man den polnischen Juristen die Teilnahme.[157] Ein Jahr später betonte das Außenministerium diese Haltung nochmals dezidiert im Hinblick auf jegliche panslavische Zusammenarbeit. Da sich die Kontakte zu anderen Staaten auf Bilateralität stützen sollten, sei von der Teilnahme an slavischen Kongressen abzusehen. Nur solche Kongresse seien zulässig, deren

[153] LONGCHAMPS DE BERIER, I Zjazd, S. 346.

[154] Sprawozdanie z działalności Polskiej Komisji Współpracy Prawniczej Międzynarodowej (1931–1934), S. 10.

[155] Die Teilnahme einer polnischen Delegation am Kongreß der jugoslawischen Juristen im Jahr 1934 wurde v. a. damit begründet, daß dort u. a. über den Austragungsort des 2. Slavischen Juristenkongresses entschieden würde, s. das Schreiben Rappaports an die Presseabteilung des Außenministeriums vom 24. August 1934, AAN, MSZ 13411, Bll. 1–2.

[156] Drugi Zjazd Prawników Słowiańskich, in: Głos Sądownictwa 8 (1936), Nr. 5, S. 407.

[157] Schreiben des Außen- an das Justizministerium vom 8. April 1936, AAN, MSZ 2974, Bll. 5–6.

Gegenstand wissenschaftlich auf slavischer Grundlage fuße, wie es in den Fächern Geschichte, Philologie oder Geographie der Fall sei.[158]

Nicht nur im Bereich der slavischen Juristenzusammenarbeit verschenkte die polnische Außenpolitik zu großen Teilen das beträchtliche Potential, das ihr durch einen stärkeren Rückgriff auf die guten internationalen Kontakte polnischer Juristen und vor allem auf deren hohes fachliches Ansehen zur Verfügung gestanden hätte. Die PKWPM und vor allem ihr Vorsitzender Rappaport bemühten sich, die führende Rolle, die polnische Juristen gerade bei der internationalen Strafrechtsvereinheitlichung spielten,[159] auch für die Ausweitung des polnischen Einflusses in Ostmittel- und Südosteuropa zu nutzen. Als Vizevorsitzenden der AIDP übertrug ihm diese Organisation die Aufgabe, ihre Arbeit im Baltikum sowie in Südosteuropa – hier vor allem in Bulgarien – zu popularisieren und für die Gründung von nationalen Untergruppen der AIDP zu sorgen. Die AIDP sah Polen laut Rappaport als „das geeignetste Verbindungsterrain zwischen den skandinavischen und baltischen Staaten auf der einen sowie den Balkanstaaten auf der anderen Seite“[160] an. Das Außenministerium stellte jedoch für die dazu nötigen Reisen zunächst keine Mittel zur Verfügung, so daß Rappaport darüber klagte, daß Vertreter anderer Staaten, die – wie etwa Belgien – weit weniger Anlaß dazu hatten, diese internationale Organisation in der erwähnten Region zu repräsentieren, dort den polnischen Einfluß zurückdrängen konnten. In seiner Bewertung der polnischen juristischen Kompetenz im gesamteuropäischen Vergleich sah Rappaport die polnischen Juristen in

158 Schreiben des Außen- an das Innenministerium vom 9. Februar 1937, AAN, MSZ 2934, Bll. 1–4. In anderen Wissenschaftsbereichen versuchte man durch die Aufnahme von nichtslavischen Mitgliedern der Region wie Ungarn oder Rumänen, den Charakter der Vereinigungen zu ändern. So strebte man etwa die Umbenennung des „Allslavischen Ärzteverbandes“ (*Wszechsłowiański Związek Medyków*) in „Ärzteverband der Zentraleuropäischen Staaten“ (*Związek Medyków Państw Europy Centralnej*) an, nachdem vor allem auf polnisches Bestreben hin ungarische und rumänische Kollegen aufgenommen worden waren, s. Schreiben des Außenministeriums an die polnischen Gesandten in Budapest und Bukarest vom 25. Mai 1935, AAN, Poselstwo RP w Budapeszcie 55, Bll. 1–2.

159 S. dazu Kap. 6.2.

160 *„najwłaściwszy teren łącznikowy, między krajami skandynawskimi i bałtyckimi z jednej strony, a krajami bałkanskimi z drugiej“*, s. das streng vertrauliche ergänzende Memorandum zum Rechenschaftsbericht der PKWPM für die Jahre 1933/34, AAN, MSZ 13302, Bll. 65–68, hier Bl. 67; im gleichen Tenor ist das Schreiben Rappaports vom November 1933 an den Leiter der Rechtsabteilung des Außenministeriums, Władysław Kulski, gehalten, AAN, MSZ 13302, Bll. 25–27.

ihrer Einflußfähigkeit und Kompetenz etwa auf gleicher Höhe mit ihren belgischen oder italienischen Berufskollegen. Gegenüber den baltischen Staaten und den Ländern der „Kleinen Entente“ strich er die große fachliche Überlegenheit der Polen heraus.[161]

Erst langsam schien sich die polnische Außenpolitik des Wertes bewußt geworden zu sein, den die polnische Rechtswissenschaft im Hinblick auf Verwirklichung bestimmter bündnispolitischer Ziele besaß. Als das Außenministerium im Jahr 1935 Rappaport eine Reise ins Baltikum bewilligte, stand diese daher auch in erster Linie unter der Prämisse, bilaterale Kontakte zu estnischen und lettischen Juristen aufzubauen (obwohl auch litauische Juristen Interesse zeigten, blieben sie doch wegen der gespannten Beziehungen unberücksichtigt). Die AIDP, die gerade auf ein System der kollektiven Sicherheit und der universal gültigen Rechtsnormen hinarbeitete, war für die polnische Diplomatie, die auch in der juristischen Auslandsarbeit auf bilaterale Kontakte setzte, kein Wert an sich, sondern lediglich ein Vehikel zur Durchsetzung bündnispolitischer Interessen. Doch verstand man es nach anfänglichen Verständigungsproblemen in der zweiten Hälfte der dreißiger Jahre zunehmend, sich die Kontakte und das Renommee polnischer Juristen, das sich diese über viele Jahre in dieser Organisation erworben hatten, für die eigenen außenpolitischen Ziele zunutze zu machen.[162]

6.2. Internationale Rechtsvereinheitlichung im Bereich des Strafrechts

Bemühungen zur internationalen Rechtsvereinheitlichung, die auf eine umfassende Angleichung und Kooperation in bezug auf die einzelnen beteiligten Staaten angelegt waren, können durch die gesamte

161 AAN, MSZ 13302, Bl. 68. Für den Strafrechtler Rappaport war Frankreich das Zentrum der juristischen Welt, nicht zuletzt weil im Strafrecht die traditionelle Trennung in eine romanistische und germanistische Schule durch die Rechtsentwicklung im nationalsozialistischen Deutschland vertieft wurde und die in der AIDP engagierten Juristen eine Zusammenarbeit mit Deutschland sehr kritisch sahen.

162 In seinem Schreiben an Rappaport erklärt der polnische Gesandte in Estland, Wacław Przesmycki, daß ihm die engen Kontakte zwischen estnischen und polnischen Juristen wichtiger seien als die gemeinsame Mitgliedschaft der beiden Länder in einer internationalen Organisation. Rappaport antwortete darauf, daß seine Reise einen doppelten Charakter habe. Als Vizepräsident der AIDP trete er für diese Organisation in Erscheinung, als Chef der PKWPM bemühe er sich um bilaterale Kontakte, AAN, MSZ 2037, Bll. 19–20.

Zwischenkriegszeit hinweg beobachtet werden und hielten auch in den dreißiger Jahren an, als in anderen Bereichen der internationalen Beziehungen die in der Völkerbundsatzung angelegte Multilateralität eine immer geringere Rolle spielte. Die Versuche zur internationalen Strafrechtsunifizierung können sowohl in der Form als auch inhaltlich als beispielhaft dafür angesehen werden, die internationale Ordnung auf die Pfeiler von allgemein anerkannten Rechtsprinzipien und rechtlich gleichberechtigten Akteuren zu stellen.

6.2.1. Institutionelle Aspekte

Die zentrale Rolle, die die Zweite Republik bei der internationalen Strafrechtsvereinheitlichung während der Zwischenkriegszeit einnahm, verdankte sie unter anderem den zahlreichen Kontakten, die Strafrechtler wie Rappaport, Makarewicz oder Aleksander Mogilnicki (1875–1951) zu ausländischen Fachkollegen und wissenschaftlichen Organisationen schon während der Teilunsgzeit geknüpft hatten.[163] Bereits seit dem Ende des 19. Jahrhunderts hatten sich polnische Juristen darum bemüht, auf internationalen Strafrechtskongressen präsent zu sein und die Mitgliedschaft in mit der Strafrechtswissenschaft befaßten internationalen Vereinigungen zu erlangen.

Um die Jahrhundertwende entwickelte sich die Strafrechtswissenschaft sehr dynamisch. Von der rein dogmatischen Ausrichtung der „klassischen Schule“, die das Verbrechen als Verstoß gegen eine Norm definierte und den Vollzug, nicht aber die Wirkung der Strafe als entscheidend empfand, grenzte sich die „moderne Schule“ ab. Sie betrachtete das Verbrechen umfassender als eine soziologische Erscheinung, deren gesellschaftliche und anthropologische Bedingungen zu untersuchen seien. Hinter der Strafe stand nicht länger der reine Vergeltungsgedanke, sondern ein Zweckgedanke, der die Prävention und die Sicherung der Gesellschaft vor Verbrechen in den Mittelpunkt

163 In seinem Schreiben an den Delegierten des Justizministeriums in der Kodifikationskommission wies deren Vorsitzender Fierich 1928 darauf hin, daß es v. a. Rappaport zu verdanken sei, daß Polen hohes Ansehen in der rechtswissenschaftlichen Welt genieße, s. WAPŁ, Archiwum Profesora Emila Rappaporta V-25, Nr. 1, Dokumenty osobiste, ohne Paginierung. Tatsächlich war Rappaport so etwas wie der Dreh- und Angelpunkt der polnischen juristischen Auslandskontakte. Früchte tragen konnte sein von Fierich gerühmtes Organisationstalent jedoch nur, weil die polnische Rechtswissenschaft über viele vor 1918 im Ausland ausgebildete Juristen verfügte, die dort hohes Ansehen genossen.

rückte.[164] Polnische Rechtswissenschaftler wie Rappaport waren bestrebt, daß auch die polnischen Juristen aktiv an den Diskussionen um die Neuausrichtung der Strafrechtswissenschaft teilnehmen konnten. Aufgrund der stärker empirischen Arbeitsweise der modernen Schule plädierte er auch für eine engere Zusammenarbeit zwischen den Kriminalisten der einzelnen Teilungsgebiete, da sich die dortigen Lebensbedingungen immer stärker voneinander unterschieden und somit eine einheitliche polnische Strafrechtswissenschaft keine Selbstverständlichkeit war.[165]

Auch unter polnischen Strafrechtlern war die Auseinandersetzung zwischen den beiden Schulen voll entbrannt. Die ganz im Sinne der modernen Schule verfaßte Habilitationsschrift von Juliusz Makarewicz „Das Wesen des Verbrechens. Eine criminalsoziologische Abhandlung auf vergleichender und rechtsgeschichtlicher Grundlage" wurde 1896 von der Universität Krakau abgelehnt, da der Krakauer Juraprofessor und bedeutendste polnische Strafrechtler des 19. Jahrhunderts, Edward Krzymuski (1851–1928), ein Anhänger der klassischen Schule war. Die an seiner Heimatuniversität verschmähte Arbeit brachte Makarewicz indes europaweit Anerkennung und zeigte, daß polnische Kriminalisten in der Fachdiskussion auf der Höhe der Zeit waren.[166]

Die polnische Präsenz in internationalen Vereinigungen hielt Rappaport aber nicht nur aus wissenschaftlichen Gründen für unabdingbar. Er betonte, daß die Rechtswissenschaft ein Feld war, auf dem sich die polnische Nation – auch ohne eigenen Staat – der internationalen Öffentlichkeit gegenüber darstellen konnte: „Die außergewöhnlichen Umstände, unter denen das polnische Volk leben, arbeiten und sich entwickeln muß, verlangen, daß wir mehr als andere moderne Gemeinschaften darum bemüht sein müssen, daß wir auf internationaler Ebene nicht durch Abwesenheit glänzen, daß wir als eine Gesamtheit nach außen hin uns gemäße Standpunkte vertreten, daß wir aus den

164 Rüping, H.: Grundriß der Strafrechtsgeschichte, München ^{3}1998, S. 87–88 sowie Jeschek, H.-H./Weigend, T.: Lehrbuch des Strafrechts, Allgemeiner Teil, Berlin 1996 (5. vollständig neubearbeitete und erweiterte Auflage), S. 70–78.

165 Rappaport, E. S.: O potrzebie stałej organizacji prawników kryminalistów polskich i dotychczasowych o nią zabiegach, Lwów 1912, S. 2–3.

166 Zu Makarewicz s. Polski Słownik Biograficzny. Tom 19, Wrocław et al. 1974, S. 211–213.

Arbeitszentren anderer Kulturvölker direkten Nutzen ziehen und daß wir im Rahmen des Möglichen zum Erfolg dieser Arbeit beitragen.“[167]

Zwar nahmen polnische Juristen an internationalen Konferenzen teil, doch waren sie als eigenständige Ländergruppe nicht in den Institutionen internationaler juristischer Organisationen vertreten, von denen auf dem Gebiet des Strafrechts die 1889 gegründete „Internationale Kriminalistische Vereinigung“ (IKV) die bedeutendste war, nicht zuletzt weil einer ihrer Begründer, Franz v. Liszt (1851–1919), ein prominenter Vertreter der modernen soziologischen Strafrechtsschule war.[168] Juristen aus Galizien traten auf internationalen Kongressen als Mitglieder der österreichischen, ihre Kollegen aus dem russischen Teilungsgebiet als Mitglieder der russischen Delegation auf. Juristen aus dem preußischen Teilungsgebiet blieb die Teilnahme an den Veranstaltungen der IKV gänzlich verwehrt.[169]

Der vierte Kongreß der polnischen Ökonomen und Juristen, der 1906 in Krakau stattfand, stellte einen offiziellen Antrag auf Aufnahme einer polnischen Landesgruppe in die IKV. Dem Bemühen der Polen, innerhalb der IKV auch ohne eigenen Staat eine polnische Landesgruppe zu konstituieren, widersetzte sich vor allem das in Berlin ansässige Sekretariat der Organisation. Doch auch das Präsidium in Brüssel zeigte sich zurückhaltend, da man mit der Aufnahme einer polnischen Landesgruppe keinen Präzedenzfall für tschechische oder irische Aspirationen schaffen wollte.[170] Freundlicher stand man

[167] Rappaport, O potrzebie, S. 4. Der Autor berief sich in seiner Argumentation unter anderem auf den Beschluß eines exilpolnischen Kongresses, der im Jahr 1910 in Washington stattgefunden hatte. Dort wurde die Notwendigkeit der individuellen und kollektiven Teilhabe von Polen am internationalen Leben sowie die Gründung eigenständiger polnischer Institutionen gefordert.

[168] Zur IKV s. Bellmann, E.: Die Internationale Kriminalistische Vereinigung, 1889–1933, Frankfurt/Main 1994.

[169] Rappaport, E. S.: Sprawy adwokatury polskiej: Wniosek złożony komitetowi IV zjazdu prawników i ekonomistów w sprawie utworzenia polskiej grupy w obrębie „Międzynarodowego Zjednoczenia Kryminalistów“, in: Gazeta Sądowa Warszawska Nr. 42, 8. (21.)10.1905, S. 680–681. Versuche von polnischen Juristen aus dem österreichischen Teilungsgebiet, eine eigenständige „galizische“ Landesgruppe zu gründen, scheiterten.

[170] Als Präzedenzfall existierte allerdings schon die kroatische Landesgruppe innerhalb der IKV, ebenda, S. 681. Das Problem der Teilnahme von staatenlosen Nationen an internationalen Kongressen war vor dem Ersten Weltkrieg weit verbreitet. Es stellte sich zum Beispiel auch im Falle Finnlands und seiner Präsenz auf den seit 1872 veranstalteten Nordischen Juristentagen, s. dazu Gebhard, C.: Hundert Jahre Nordischer Juristentag, in: Zeitschrift für ausländisches und internationales Privatrecht 37 (1973), S. 80–100.

den polnischen Bemühungen in der in Paris ansässigen *Société Générale des Prisons* (SGP) gegenüber. Diese Vereinigung wollte sich neben der IKV als weitere internationale strafrechtswissenschaftliche Institution etablieren und bot polnischen Juristen die Möglichkeit zur Mitarbeit an, die diese durch die Gründung einer Landesgruppe seit 1910 wahrnahmen.[171]

Der Erste Weltkrieg bedeutete einen tiefen Einschnitt in die internationale Zusammenarbeit innerhalb der Strafrechtswissenschaft. Die IKV, deren Gründung einst von deutschen, belgischen und französischen Wissenschaftlern ausgegangen war und die Rechtswissenschaftler aus zahlreichen Ländern vereinte, die entgegen der alten dogmatischen Strafrechtsschule neue Ansätze propagierten, wurde aufgrund der Kriegsereignisse zu einer Organisation, die vor allem auf den deutschsprachigen Raum sowie Skandinavien beschränkt blieb. War die für die Zeit vor dem Ersten Weltkrieg oftmals postulierte Internationalität der Wissenschaft, die frei von nationalistischen Vorbehalten sei, bereits vor 1914 fraglich,[172] so bedeutete der Erste Weltkrieg einen endgültigen Einbruch nationalstaatlicher Interessenpolitik in das Feld der internationalen wissenschaftlichen Kooperation. Bereits während des Kriegs hatte sich angedeutet, daß die erbitterte Feindschaft der Kriegsgegner nicht ohne Auswirkungen auf die wissenschaftlichen Kontakte der Vorkriegszeit bleiben würde.[173]

Auf französischer Seite entwickelte sich die Initiative zur Gründung einer neuen strafrechtlichen Vereinigung. Der französische Vorsitzende der SGP, Emil Garçon, wandte sich im Jahr 1920 an Rappaport, den er während dessen Studienaufenthalt in Paris in den Jahren 1903/4 kennengelernt hatte, um diesem die Gründung einer nun eigenständigen polnischen Landesgruppe innerhalb der SGP vorzuschlagen. Mit dem Hinweis auf die durch die Ereignisse des Ersten Weltkriegs unmöglich gewordene Zusammenarbeit mit deut-

171 Rappaport, E.S.: Zagadnienia unifikacji międzynarodowego prawa karnego, Warszawa 1929, S. 3–6; Ders., O potrzebie, S. 14.

172 Diese Internationalität betonte etwa Franz von Liszt. Ähnlich sieht es Bellmann, Die IKV, S. 12 und S. 22. Polnische Juristen, denen die Konstituierung einer eigenen Landesgruppe in der IKV aus Gründen der Staatsräson der Teilungsmächte untersagt wurde, hätten dazu ein anderes Urteil gefällt.

173 Delaquis, E.: Internationale Zusammenarbeit auf dem Gebiete des Strafrechts, in: Mitteilungen der Internationalen Kriminalistischen Vereinigung 6 (1933), S. 127–144, hier S. 128–130.

schen Strafrechtlern schloß sich Garçon auf dem Gebiet der internationalen strafrechtlichen Kooperation nicht zuletzt der allgemeinen Bündnispolitik Frankreichs an.[174] In Polen entstand auf Garçons Initiative hin 1921 die „Polnische Gesellschaft für Strafgesetzgebung" *(Polskie Towarzystwo Ustawodawstwa Karnego)*, die die Arbeit der Strafrechtssektion der Kodifikationskommission unterstützte und als polnische Landesgruppe Mitglied in der SGP (nach dem Ersten Weltkrieg umbenannt in *Société Générale des Prisons et de Législation Criminelle*) wurde.[175] Die polnischen Strafrechtler in der Kodifikationskommission suchten neben dem Kontakt zur französischen Wissenschaft auch den Austausch mit italienischen und belgischen Kollegen. Sehr bald intensivierte man aber auch die Zusammenarbeit mit Juristen aus Staaten, die wie zum Beispiel Rumänien ebenfalls mit der Ausarbeitung eines neuen Strafgesetzbuches befaßt waren.[176]

Seit 1922 betrieben französische Juristen systematisch die Gründung einer internationalen Strafrechtsorganisation, die an die Stelle der IKV treten sollte. 1924 entstand die *Association Internationale de Droit Pénal* (AIDP) mit Sitz in Paris, die sich vor allem auch um die Mitgliedschaft von Juristen aus den Nachfolgestaaten bemühte. Allen französischen und ausländischen Mitgliedern der SGP wurde automatisch die Mitgliedschaft in der AIDP verliehen.[177] Die neue Vereinigung konnte auch viele ehemalige Mitglieder der IKV gewinnen. Deutsche sowie österreichische Juristen wurden jedoch vorläufig nicht zum Beitritt aufgefordert.[178] Einer der drei Vizepräsidenten der AIDP

[174] S. das Schreiben Garçons in Rappaport, Zagadnienia, S. 107–109. Umworben wurden die künftigen Nachfolgestaaten bereits während des Ersten Weltkriegs vom Vorsitzenden der IKV Franz v. Liszt, der sie in eine künftige „mitteleuropäische Rechtsgemeinschaft" einbeziehen wollte, zit. nach Bellmann, IKV, S. 143.

[175] Zur Konstituierung der polnischen Landesgruppe s. Rappaport, Zagadnienia, S. 94–103. Die Umbenennung der SGP trug u.a. der Tatsache Rechnung, daß zahlreiche neue Mitglieder der Vereinigung mit der Schaffung neuer Strafgesetzbücher befaßt waren.

[176] PKWPM, 1931, S. 8–9. Seit 1924 existierte eine gemischte polnisch-rumänische Gruppe zur Strafgesetzgebung, die die Arbeiten an den Strafgesetzbüchern der beiden Länder einander annähern und ihr Auftreten im Rahmen der AIDP harmonisieren sollte.

[177] Statuts de l'Association Internationale de Droit Pénal, Art. 3, Abs. 2, zitiert nach Bellmann, IKV, S. 251–255, hier S. 252.

[178] Die deutsche Landesgruppe der IKV strebte danach, dem „romanischen Block" der AIDP einen „germanischen Block" entgegenzustellen, der auch die „östlichen Randstaaten" umfassen sollte. Die so bezeichneten ostmitteleuropäischen Nachfolgestaaten verblieben jedoch in der AIDP, s. dazu Bellmann, IKV, S. 146.

wurde zunächst der Vorsitzende der Strafrechtssektion in der Kodifikationskommission, Franciszek Nowodworski (1859–1924). Nach dessen Tod nahm Rappaport diesen Platz ein.[179] Die AIDP entwickelte während der Zwischenkriegszeit die größte Aktivität in bezug auf die internationale Vereinheitlichung des Strafrechts. Im Programm ihrer ersten Konferenz, die 1926 in Brüssel stattfand, wurde deutlich, daß es der Vereinigung um die Einbeziehung eines möglichst großen Kreises von Wissenschaftlern ging. Ausdrücklich wurde die Anknüpfung an die Arbeiten der IKV vor dem Ersten Weltkrieg hervorgehoben, was auf eine Annäherung an die Strafrechtswissenschaft im deutschsprachigen und skandinavischen Raum hindeutete. Neben der Angleichung der einzelstaatlichen Strafgesetzbücher wurde auch die Schaffung einer internationalen Strafgerichtsbarkeit in Form eines internationalen Strafgerichtshofes diskutiert.[180]

Auf dem Kongreß in Brüssel deutete sich bereits an, daß neben den traditionell in der internationalen strafrechtswissenschaftlichen Zusammenarbeit stark engagierten Ländern Frankreich, Belgien und Italien auch Rumänien und Polen eine wichtige Rolle bei den Aktivitäten der Vereinigung spielen würden. Auch wenn es im Vorfeld der Konferenz auf polnischer Seite Probleme mit der finanziellen Ausstattung der Delegation gab, war man sich im Außenministerium in Warschau doch durchaus bewußt, daß die AIDP zu jener Zeit die einzige wichtige internationale wissenschaftliche Institution war, in der Polen eine führende Rolle – verkörpert durch den Vizepräsidenten Rappaport – einnahm.[181] Der rumänische Strafrechtler Vespasian Pella stellte den Antrag, die internationale Zusammenarbeit im Bereich des Strafrechts vor allem unter den Ländern zu verstetigen, die zur Zeit mit der Ausarbeitung neuer Strafgesetzbücher befaßt waren. Er regte an, eine internationale Konferenz zur Vereinheitlichung des Strafrechts im folgenden Jahr in Warschau einzuberufen.[182] In seinem Rückblick auf die Entwicklung der internationalen Zusammen-

179 KKRP, zeszyt 7, 1926, S. 195.

180 Auf den Zusammenhang zwischen der Neuschaffung von Strafgesetzbüchern in Ländern wie Rumänien, Polen, der Tschechoslowakischen Republik und Jugoslawien und der Begründung internationaler strafrechtlicher Normen, die bestimmte Delikte unabhängig vom Ort und der Nationalität des Täters ahndeten, wurde bereits auf der Gründungssitzung der AIDP hingewiesen, s. Rappaport, Zagadnienia, S. 19.

181 Schreiben des Außenministeriums an den Finanzminister vom 25. Juni 1926, AAN, MSZ 13354, Bl. 72.

182 Den Antrag Pellas s. Rappaport, Zagadnienia, S. 20.

arbeit im Bereich des Strafrechts betonte Rappaport die fruchtbare Wechselwirkung zwischen einzelstaatlicher Kodifizierung und internationaler Unifizierung. Der Zwang zur rechtsvergleichenden Arbeit, dem die polnischen Juristen aus den unterschiedlichen Teilungsgebieten in der Kodifikationskommission unterlagen, prädestiniere sie geradezu auch auf internationaler Ebene nach Möglichkeiten der Rechtsvereinheitlichung zu suchen. Demgegenüber wiesen Juristen aus Deutschland oder Österreich, wo sich das Strafrecht über lange Zeit eher evolutionär entwickelt habe, ein weniger kreatives Potential auf.[183]

Auf der *Première Conférence Internationale d' Unification de Droit Pénal*, die im November 1927 in Warschau stattfand,[184] wurde vom Plenum ein Katalog von Prinzipien verabschiedet, welche den Geltungsbereich der einzelstaatlichen Strafrechtsnormen in den bestehenden bzw. neu zu schaffenden Strafgesetzbüchern absteckten. Daneben wurde ein Liste von Verbrechen formuliert, die generell als völkerrechtswidrige Delikte verfolgt werden sollten. Neben älteren Delikten wie Piraterie, Sklaven-, Frauen- und Kinderhandel, Falschmünzerei oder Wertpapierfälschung, deren internationale Ahndung zum Teil bereits in internationalen Übereinkommen festgelegt war, interessierten auch neue Tatbestände wie der Aufruf zum Angriffskrieg oder der internationale Terrorismus. Es wurde darüber verhandelt, inwieweit diese Straftatbestände als *delicta iuris gentium* anerkannt werden sollten. Als solche Delikte gelten Verbrechen, die gegen Rechtsgüter gerichtet sind, an deren Unversehrtheit alle Staaten interessiert sind und die daher in ihrer strafrechtlichen Verfolgung dem Weltrechtsprinzip unterliegen.[185] Diese Fragen beschäftigten auch die sechs weiteren Unifizierungskonferenzen, die bis zum Ausbruch des Zweiten Weltkriegs stattfanden.[186]

[183] Ebenda, S. 10–14.

[184] Neben Polen nahmen an der Konferenz Belgien, Frankreich, Griechenland, Italien, Jugoslawien, Rumänien, Spanien und die Tschechoslowakische Republik teil.

[185] Das Weltrechtsprinzip tritt damit neben die Prinzipien, die die einzelstaatliche Strafgewalt im Normalfall regeln. Das Territorialitätsprinzip bezeichnet die Strafgewalt bei im Inland (auch von Ausländern) begangenen Straftaten, das Personalitätsprinzip verleiht dem Staat die Strafgewalt über Straftaten, die von seinen Staatsbürgern im Ausland begangen werden, s. dazu Verdross, A./Simma, B.: Universelles Völkerrecht. Theorie und Praxis, Berlin 1984 (3. völlig neubearbeitete Auflage), § 1184.

[186] 1928 in Rom, 1930 in Brüssel, 1931 in Paris, 1933 in Madrid, 1935 in Kopenhagen, 1939 in Kairo.

Zum Abschluß der Konferenz war es wiederum der Rumäne Pella, der sich für eine weitere Institutionalisierung der internationalen Zusammenarbeit auf dem Gebiet des Strafrechts einsetzte. Er stellte den Antrag auf Gründung eines Instituts, das ebenso wie das in Rom ansässige „Internationale Institut zur Vereinheitlichung des Privatrechts" als technische Hilfsorganisation dem Völkerbund angeschlossen sein sollte.[187] Sehr bald kristallisierte sich heraus, daß das Institut seinen Sitz in der polnischen Hauptstadt haben solle. Das dortige Außenministerium gab zunächst seine Zustimmung zur Gründung einer solchen Einrichtung. Sie sollte von einem polnischen Präsidenten geleitet werden und nicht so sehr eigenständige Unifizierungsprojekte im Bereich des Strafrechts entwerfen, als vielmehr die im Rahmen der AIDP und ihrer Konferenzen behandelten Themen, die sich zur internationalen Unifizierung eigneten, sammeln und auf ihre Integration in die einzelstaatlichen Gesetzbücher hinarbeiten.[188]

Die Zustimmung, die Außenminister Zaleski im Januar 1928 gegeben hatte, wurde bald jedoch von Bedenken vor allem finanzieller Natur überschattet. Mit ca. einer Million Francs jährlich stünden die Kosten für das Institut in keinem Verhältnis zu den sonstigen Aufwendungen für wissenschaftliche und kulturelle Auslandsarbeit.[189] Zudem war strittig, in welcher Weise das Institut dem Völkerbund verbunden sein sollte. Auf der anderen Seite wiesen Beamte des Außenministeriums jedoch darauf hin, daß es das Renommee Polens ungemein heben würde, wenn man durch die Schaffung eines solchen Instituts in Warschau die organisatorischen und intellektuellen Fähigkeiten Polens unter Beweis stelle.[190] Schließlich überwogen die Vorbehalte finanzieller Natur, so daß die Zweite Republik die Chance verpaßte, ihre Bedeutung für die internationale Strafrechtsunifizierung auch institutionell zu unterstreichen.

Anstatt des Instituts wurde auf der zweiten Unifizierungskonferenz 1928 in Rom ein *Bureau International des Conférences pour l' Unifica-*

[187] Première Conférence Internationale d' Unification du Droit Pénal, Varsovie 1.-5.11.1927. Actes de la conférence, Paris 1929, S. 135.

[188] Das Statut des Instituts, das von einem internationalen Expertenkomitee ausgearbeitet wurde, in: Deuxième Conférence Internationale d' Unification du Droit Pénal, Rome 21.-25.5.1928. Actes de la conférence, Rom 1931, S. 251–253.

[189] So der Leiter des Völkerbundreferates im Außenministerium Michał Sokolnicki, AAN, MSZ 61, Bll. 22–23.

[190] So die Meinung eines Rechtsrates im Außenministerium, ebenda, Bll. 24–25.

tion de Droit Pénal (im folgenden *Bureau*) ins Leben gerufen. Zunächst als Übergangsinstitution bis zur endgültigen Gründung eines Strafrechtsinstituts gedacht, wurde es zur zentralen Einrichtung, in der zahlreiche Bemühungen zur internationalen Strafrechtsunifizierung während der Zwischenkriegszeit zusammenliefen.[191] Die seit 1927 stattfindenden Unifizierungskonferenzen konnten eine immer größere Anzahl von Teilnehmern anziehen. Waren in Warschau 1927 neun und in Rom 1928 zehn Staaten (die Teilnehmer der ersten Konferenz sowie eine Delegation aus der Schweiz) anwesend, so stieg die Teilnehmerzahl bei den folgenden Treffen kontinuierlich an. Auf der fünften Konferenz 1933 in Madrid versammelten sich Delegierte aus 35 Ländern. Die institutionelle Spaltung der internationalen Strafrechtswissenschaft in die AIDP, die vor allem romanische Länder sowie die Nachfolgestaaten in Ostmittel- und Südosteuropa vereinte, und in die IKV, in der die deutschsprachigen und skandinavischen Länder dominierten, wurde zwar nicht aufgehoben, doch trafen in den dreißiger Jahren auf den Unifizierungskonferenzen des *Bureau* Vertreter der in den unterschiedlichen Vereinigungen organisierten Staaten aufeinander. Auch Juristen aus Deutschland und der Sowjetunion nahmen teil, wenngleich diese Länder nicht in den Gremien des *Bureau* vertreten waren.

Von großer Bedeutung für den Charakter der Konferenzen war, daß dort nicht nur einzelne Staaten durch ihre Delegierten vertreten waren, sondern daß sich auch internationale wissenschaftliche Vereinigungen in den Unifizierungsprozeß einschalteten. Auf diese Weise entwickelte sich eine Zusammenarbeit, die in ihrer Universalität und Multilateralität eigentlich generell für die im Rahmen des Völkerbundes organisierten internationalen Beziehungen angestrebt wurde. Das *Bureau* erhielt den offiziellen Status einer Hilfsorganisation des Völkerbundes und bildete eine wichtige Vermittlungsstelle zwischen der Weltorganisation und den internationalen juristischen Vereinigungen.[192] In Zeiten des „allgemeinen Vertrauensverlustes bezüglich

[191] Zu Aufgaben und Zusammensetzung des Büros s. Rappaport, Zagadnienia, S. 164–166.

[192] Auf der Konferenz in Madrid nahmen neben Vertretern der AIDP auch Mitglieder der IKV, der in Bern ansässigen *Commission Internationale Pénale et Pénitentiaire,* der *International Law Association* sowie der *Howard League for Penal Reform* teil, s. Rappaport, E. S.: Piąta Konferencja Międzynarodowa Unifikacji Prawa Karnego a jej poprzedniczki (garść wspomnień, wrażeń i myśli 1927–1933), Łódź 1934, S. 3.

der Nützlichkeit internationaler Kongresse“[193] zeichnete sich hier ein Bereich ab, in dem es dem Völkerbund gelang, auch noch in den dreißiger Jahren die von ihm propagierten Ziele der kollektiv hergestellten internationalen Sicherheit zu verfolgen. Die Neuartigkeit der Verhandlungen zwischen Staatenvertretern und Angehörigen internationaler Wissenschaftsorganisationen wurde von Rappaport bereits 1927 gegenüber seiner Regierung als zukunftsweisend gerühmt. Das in Warschau zu gründende Strafrechtsinstitut sollte die Institutionalisierung dieser neuartigen Kooperationsform verkörpern.[194] Auch wenn die Institutsgründung unterblieb,[195] so stellten doch die bis zum Ausbruch des Zweiten Weltkriegs abgehaltenen Unifizierungskonferenzen ein Beispiel für gelungene internationale Zusammenarbeit im Rahmen technischer Hilfsorganisationen des Völkerbundes dar.[196]

Dabei betrafen die auf den Unifizierungskonferenzen verhandelten Themen sehr häufig nicht etwa politikferne juristische Spezialfragen, sondern Fragestellungen, die Kernbereiche der „Völkerbundphilosophie“ berührten, wie etwa die Schaffung eines Systems der kollektiven Sicherheit. Einige der auf den Konferenzen beratenen Aspekte der Rechtsvereinheitlichung wiesen zum Teil weit über die Völkerbundsatzung hinaus, die ja im Grund die einzelstaatliche Souveränität nicht antastete. Hier ist zum Beispiel die Einrichtung eines internationalen Strafgerichtshofes oder die Definition von Völkerrechtsdelikten zu nennen, die unabhängig von der Nationalität des Täters oder vom Tatort von der internationalen Rechtsgemeinschaft verfolgt werden sollten. Auch wenn die Juristen häufig ihrer Zeit weit voraus waren und etwa die Einrichtung eines internationalen Strafgerichtshofs nicht nur in der Zwischenkriegszeit, sondern auch noch ein halbes Jahrhundert später nicht verwirklicht werden konnte,[197] waren ihre Erörterungen doch nicht ohne Einfluß auf die Entwicklung

193 So Rappaports treffende Bemerkung, ebenda, S. 4.

194 Memoriał złożony rządowi polskiemu o konferencji Warszawskiej, in: Rappaport, Zagadnienia, S. 117–122.

195 Neben dem finanziellen Argument mag vielleicht auch die neuartige Positionierung des Instituts als Vermittlungsstelle zwischen Staaten und Expertenorganisationen die stärker auf nationalstaatliches Prestige bedachten polnischen Außenpolitiker zur Ablehnung des Projekts bewogen haben.

196 Zur positiven Bewertung der Aktivitäten des Völkerbundes im Bereich der technischen Zusammenarbeit auch in der Phase seines Niedergangs s. Pfeil, A.: Der Völkerbund, Darmstadt 1976, S. 146–149.

197 Im Sommer 1998 verabschiedete eine Staatenkonferenz das Statut für einen Internationalen Strafgerichtshofs. Er sollte sich konstituieren, sobald 60 Staaten das Statut ratifiziert hatten. Bis zum Herbst 1998 hatten 115 Staaten das Statut

der internationalen Beziehungen, wie am Beispiel der internationalen Ächtung des Angriffskriegs und der damit verbundenen „moralischen Abrüstung“ gezeigt werden kann.

Vertreter der Rechtsabteilung des Völkerbundreferates zeigten sich bei ihrer Teilnahme an den Unifizierungskonferenzen bzw. während der Tagungen der AIDP höchst interessiert an den dort verhandelten Themen.[198] Seit 1930 setzten sich Vertreter des Völkerbundes für eine Vertiefung der Zusammenarbeit mit internationalen juristischen Expertengremien ein. 1932 fand auf Initiative Pellas in Genf ein Treffen mehrerer Strafrechtsorganisationen statt, das auf Aufforderung des Völkerbundes eine Resolution verabschiedete, in der festgehalten wurde, daß die anwesenden Vereinigungen sich gemeinsam für eine internationale Vereinheitlichung des Strafrechts vor allem im Bereich der Bekämpfung von Verbrechen engagieren sollten, die die Sicherheit der zwischenstaatlichen Beziehungen gefährdeten. Dabei stand weniger die Angleichung der einzelnen nationalen Strafrechtsordnungen zur Debatte als vielmehr die Sicherheit der internationalen Ordnung insgesamt.[199]

In Polen sah man sich als einen der Vorreiter bei der internationalen Strafrechtsunifizierung. Besonderes Gewicht legte man dabei auf die Bedeutung, die das Land als Forschungs- und Koordinationszentrum im Rahmen der Zusammenarbeit der nach dem Ersten Weltkrieg neuentstandenen Staaten hatte.[200] Gerade im Rahmen der schon seit den zwanziger Jahren intensiven Zusammenarbeit strebten polnische und rumänische Juristen danach, eine führende Rolle bei der Strafrechtskodifizierung in Ostmitteleuropa zu übernehmen. Rappaport trug sich mit dem Gedanken der Gründung eines Regionalbüros innerhalb des *Bureaus*, in dem Polen für die Koordination der Strafrechtsvereinheitlichung in Ostmitteleuropa zuständig sein sollte.

unterzeichnet, davon 22 bereits auch ratifiziert. Mit der Einrichtung des Gerichtshofs in Den Haag wird spätestens bis 2002 gerechnet, s. Frankfurter Allgemeine Zeitung, 28. Oktober 2000, S. 11.

198 Rappaport, E. S.: II międzynarodowy kongres prawa karnego, in: Głos Sądownictwa 1 (1929), Nr. 11, S. 541–543; s. auch den Kongreßbericht der PKWPM an das Außen- und das Justizministerium vom 17. Oktober 1929, AAN, MSZ 13355, Bll. 24–27.

199 Résolution adoptée par la réunion des représentantes des organisations internationales consultées par la Société des Nations, Genève, les 8, 9 et 10 mai 1932, in: Mitteilungen der Internationalen Kriminalistischen Vereinigung 6 (1933), S. 203–208, hier S. 203–204.

200 Rappaport, Piąta Konferencja, S. 16.

Ein Pendant dazu war in Bukarest geplant, das seine Tätigkeit besonders auf die baltischen Staaten ausrichten sollte.[201]

Daneben bemühten sich polnische Juristen aber auch zusammen mit ihren Kollegen aus Belgien, Frankreich, Italien und Rumänien, die Spaltung der internationalen Strafrechtswissenschaft in AIDP und IKV zu überwinden. Auf polnischer Seite sah man sich in diesen Verhandlungen in einer ebenso wichtigen Position wie die westeuropäischen Juristen.[202] Teilweise wurde sogar betont, daß man das Land als Bindeglied zwischen der „lateinisch-slavisch-balkanischen" auf der einen sowie der „germanischen" Gruppe auf der anderen Seite ansah.[203] Schien eine Annäherung zwischen den beiden Lagern zu Beginn der dreißiger Jahre nicht zuletzt durch das Interesse des Völkerbundes noch möglich, so markierten die Machtübernahme durch die Nationalsozialisten und ihre Pläne zu einer umfassenden Strafrechtsreform hier einen Bruch, der aufgrund der traditionell starken Ausrichtung der polnischen Strafrechtswissenschaft auf Frankreich eindeutiger ausfiel als in anderen Rechtsbereichen. Während auf der 1930 in Prag stattfindenden Konferenz der in Bern ansässigen *Commission Internationale Pénale et Pénitentiaire* (CIPiP), die viele deutsche Mitglieder hatte, noch eine große polnische Delegation anwesend war und ein Antrag zur internationalen Strafrechtsvereinheitlichung im Rahmen des Völkerbundes angenommen wurde,[204] war die Folgekonferenz der *Commission* 1935 in Berlin eine völlig von der neuen nationalsozialistischen Strafrechtsideologie dominierte Veranstaltung, auf der Polen mit einer unbedeutenden Delegation wenig namhafter Juristen (ähnlich wie zum Beispiel Frankreich) vertreten und von internationaler Strafrechtsunifizierung keine Rede mehr war.[205]

201 Vertrauliches Schreiben Rappaports an Pella vom 1. Oktober 1930, AAN, MSZ 13395, Bll. 14–16.

202 PKWPM an das Außen- und das Justizministerium vom 17. Oktober 1929, AAN, MSZ 13355, Bll. 24–27, hier Bl. 26.

203 Sumaryczne Sprawozdanie z prac Komisji Współpracy Prawniczej Międzynarodowej, dokonanych w II-em półroczu roku sprawozdawczego 1928/29, AAN, MSZ 13300, Bll. 6–13, hier Bl. 8.

204 Czałczyński, K.: X międzynarodowy kongres prawa karnego i penitencjarnego w Pradze, in: Głos Sądownictwa 2 (1930), Nr. 9, S. 539–545.

205 Glaser, S.: Aktualne zagadnienia na kongresie karnym w Berlinie, in: Głos Sądownictwa 7 (1935), Nr. 10, S. 689–696.

Den ehrgeizigen Plänen, die vor allem Rappaport für die polnische internationale Strafrechtswissenschaft hegte, standen die engen Begrenzungen des Budgets entgegen, das für diese Aktivitäten vorgesehen war. Besonders seit etwa Mitte der dreißiger Jahre mehrten sich die Klagen darüber, daß die mangelnde materielle Unterstützung die polnische Stellung gefährde, die man in jahrelanger Arbeit aufgebaut hatte. 1934 mußte Rappaport als Vizepräsident der AIDP aufgrund mangelnder Reisemittel zum ersten Mal ihrer Vorstandssitzung fernbleiben.[206] Dabei hatte die AIDP ihrem Vizepräsidenten die wichtige Aufgabe übertragen, die Gründung einer baltischen Gruppe für die AIDP zu organisieren.[207] In krassem Gegensatz zu der Rolle, die das Land in organisatorischer wie auch in inhaltlicher Hinsicht innerhalb der AIDP und dem speziell für die Unifizierungskonferenzen zuständigen *Bureau* spielte, standen die häufigen Klagen über ausbleibende Beitragszahlungen der Zweiten Republik für diese Institutionen.

Dabei gingen die Meinungen über die Bedeutung der polnischen Mitgliedschaft in der AIDP bei polnischen Regierungsbeamten auseinander. Während etwa von Mitarbeitern des Justizministeriums die Meinung vertreten wurde, daß das Wirken in der AIDP und vor allem im *Bureau*, das die strafrechtswissenschaftliche Elite aus mehr als 30 Staaten vereinte, große propagandistische Wirkung habe und daher die Beiträge pünktlich zu leisten seien, merkte zum Beispiel der Leiter der Rechtsabteilung des Außenministeriums, Szymon Rundstein, an, daß die tatsächliche Bedeutung dieser Einrichtung gering sei. Sie diene hauptsächlich als Reklame für den geltungssüchtigen Rappaport.[208] Betrachtet man die fruchtbare Wechselwirkung zwischen innerpolnischer Strafrechtskodifizierung und internationaler Unifizierung, wird deutlich, daß hier strukturelle Zusammenhänge bestanden, die weit über die durchaus imponierenden Errungenschaften des „Ein-Mann-Unternehmens“ Rappaport hinausgingen.

206 Streng vertrauliches Memorandum zum Rechenschaftsbericht der PKWPM für die Jahre 1933/34, AAN, MSZ 13302, Bll. 65–68, hier Bl. 66.

207 Vertrauliche Mitteilung Rappaports an das Außenministerium, AAN, MSZ 13302, Bll. 211–214, hier Bl. 212.

208 Schreiben des Justizministeriums an das Außenministerium, handschriftlicher Vermerk Rundsteins, AAN, MSZ 2037, Bll. 12.

6.2.2. Polnisches und internationales Strafrecht

Im Gegensatz zum Zivilrecht schritt die innerpolnische Kodifizierung des Strafrechts relativ rasch voran, obwohl im Rahmen der Kodifikationskommission die Meinungen der Anhänger der klassischen sowie der modernen Strafrechtsschule aufeinanderprallten. Die Hauptkonfliktlinie in der Strafrechtssektion verlief zwischen den aus Galizien stammenden Wissenschaftlern Edward Krzymuski, der ein Vertreter der klassischen Schule war, und Juljusz Makarewicz, der der modernen Schule anhing. Makarewicz warf seinem Kollegen vor, daß dessen 1918 veröffentlichter Strafrechtsentwurf sich zu stark auf das österreichische Projekt eines Strafgesetzbuches von 1913 stütze. Die Kontroverse zwischen den beiden Wissenschaftlern drehte sich aber wohl weniger um die Frage nach einem „österreichisch" inspirierten Kodex oder einer „eigenständigen" polnischen Kodifikation als vielmehr um die Berücksichtigung der Grundprinzipien der modernen bzw. klassischen Strafrechtsschule.[209] Obwohl in der Kodifikationskommission die Anhänger der modernen Schule dominierten, die nach den individualpsychologischen bzw. gesellschaftlichen Ursachen von Verbrechen suchten und die statt dem Vergeltungscharakter der Strafe deren Funktionen im Bereich der Prävention und Besserung betonten,[210] zeichnete sich das 1932 durch Präsidialverordnung verabschiedete Strafgesetzbuch dadurch aus, daß es Elemente beider Schulen vereinte und somit von manchen Wissenschaftlern als „eklektizistisches Werk"[211] bezeichnet wurde.

Während auf der einen Seite der Schutz der Gesellschaft vor Verbrechen als eine der wichtigsten Aufgaben des Strafrechts angesehen wurde, betonte man doch zugleich die Bedeutung der subjektiven Verantwortlichkeit und die Wichtigkeit einer individuell auf den Täter ausgerichteten Strafe, um so dem Schutz der individuellen Freiheitsrechte sowie einem humanitären Besserungsgedanken im

[209] So konnte Krzymuski Makarewicz entgegnen, daß sein Entwurf zum Umgang mit minderjährigen Straftätern sich auf das belgische Gesetz aus dem Jahr 1912 stütze, s. KRZYMUSKI, E.: Projekt austriacki kodeksu karnego z roku 1913 a mój projekt polski z r. 1918, in: Czasopismo Prawnicze i Ekonomiczne 19 (1921), Nr. 5–6, S. 13–29, hier S. 15.

[210] Dazu WĄSOWICZ, Nurt socjologiczny.

[211] So etwa der polnische Strafrechtler GLASER, S.: Das neue polnische Strafgesetzbuch und die deutsche Strafrechtsreform, in: Zeitschrift für Ostrecht 7 (1933), Nr. 3, S. 348–358, hier S. 355.

Strafrecht Raum zu verschaffen.[212] In den dreißiger Jahren wurde dem Schutz der Gesellschaft und vor allem des Staates eine immer größere Bedeutung zugemessen, was sich in Präsidialverordnungen in bezug auf die Sicherheit des Staates niederschlug.[213] Die Überordnung des kollektiven staatlichen Interesses über die individuellen Bürgerrechte, die auch in anderen Rechtsbereichen beobachtet werden konnten, machten sich ebenso im Strafrecht bemerkbar. Allerdings blieben grundsätzliche Prinzipien wie das Rückwirkungs- oder das Analogieverbot unangetastet.[214] Rappaport hielt den „Mittelweg des polnischen Strafrechts",[215] der eine vermittelnde Rolle zwischen dem Schutz des Individuums und der Gemeinschaft einnahm, für einen genuinen Beitrag Polens nicht nur für die Strafrechtsentwicklung, sondern auch für das verfassungsrechtliche Denken in Europa der dreißiger Jahre insgesamt. In seinen Augen bot eine solche Rechtsauffassung die Grundlage zur Etablierung eines „dritten Weges" zwischen Faschismus und Sozialismus.[216]

Neben der Schulenzugehörigkeit spielte auch die Herkunft der mit der Kodifizierung betrauten Juristen aus unterschiedlichen Teilungsgebieten eine Rolle. In der Konsequenz wurde dies jedoch von Zeitgenossen als durchaus nützlich empfunden, da durch die Verschmelzung unterschiedlicher Rechtsterminologien eine eigenständige polnische Strafrechtssprache neu entstand.[217] Im Ausland wurde das neue polnische Strafrecht durchgehend positiv aufgenommen, in anderen Nachfolgestaaten zum Teil als vorbildlich rezipiert.[218] Wäh-

212 Die Mitglieder der Kodifikationskommission selbst waren darum bemüht, weder dem Schutz des Individuums noch dem der Gemeinschaft eine eindeutige Vorrangstellung einzuräumen, s. Ze Stałej Delegacji Zrzeszeń i Instytucji Prawniczych. Konferencje Informacyjne. Projekty Kodeksu Karnego i Prawa Małżeńskiego, in: Palestra 8 (1931), Nr. 12, S. 568–572, hier S. 568–569.

213 1934 wurde eine Präsidialverordnung erlassen, die bestimmte staatsfeindliche Taten unter Strafe stellte, 1938 folgte ein Präsidialdekret über schützenswerte staatliche Interessen.

214 Liberale Wissenschaftler wie Glaser kritisierten aber bereits vor den Verordnungen von 1934 bzw. 1938 den Vorrang des Sicherungsgedankens vor der Achtung der individuellen Rechte des Täters, Glaser, Das neue polnische Strafgesetzbuch, S. 350.

215 Dazu Rappaport, E. S.: Media via prawa karnego polskiego, Warszawa 1935.

216 Rappaport, Polski neo-unitaryzm, S. 4.

217 Makowski, Dotychczasowe wyniki, S. 4–8.

218 Freund, H.: Fünfzehn Jahre polnische Rechtsentwicklung, S. 541. Lityński, Wydział karny, S. 121. Der Brite Wortley lobte das Gesetzbuch als „bold attempt to create a modern and comprehensive code of criminal law such as we do not possess in England and which we may well envy", Ders., Poland's New Codes, S. 7.

rend es in bezug auf die beiden Strafrechtsschulen eher eine vermittelnde Stellung einnahm, fallen die innovativen Aspekte hinsichtlich der Frage nach der internationalen Gültigkeit strafrechtlicher Normen auf. Hier wurden in der Kodifikation Bestrebungen deutlich, sich an der in der Völkerbundsatzung enthaltenen Theorie zu orientieren, daß die internationale Ordnung sowie der Weltfrieden als schützenswerte Güter zu betrachten seien, deren Erhaltung unter anderem auf dem Wege einer zunehmenden Verrechtlichung des internationalen Systems gewährleistet werden sollte.

Der enge Konnex, der zwischen der so in der Völkerbundsatzung angelegten Internationalisierung der Strafrechtspflege und einer Vereinheitlichung der existierenden einzelstaatlichen Strafgesetzbücher bestand, wurde prägend für die von der AIDP und dem *Bureau* veranstalteten strafrechtlichen Kongresse der Zwischenkriegszeit. Noch 1937 beriet der AIDP-Kongreß in Paris über den Einfluß, den innerstaatliches Strafrecht auf den Erhalt des internationalen Friedens haben könne. Obwohl das System des Völkerbundes bereits deutlich gegenüber der Neuregelung der internationalen Beziehungen auf der Grundlage von bilateralen Bündnisverträgen ins Hintertreffen geraten war, hielt die Mehrzahl der Kongreßteilnehmer weiterhin an dem Gedanken der Friedenssicherung durch multilaterale Strafrechtsangleichung fest.[219] Die Befürworter der strafrechtlichen Unifizierungskongresse begründeten deren Wichtigkeit jedoch nicht allein mit der in der Völkerbundsatzung postulierten internationalen Ordnung, deren Stabilität auf einem System der kollektiven Sicherheit und der schiedsrichterlichen Konfliktbeilegung beruhen sollte. Sie führten zudem an, daß die Verdichtung der allgemeinen internationalen Kontakte seit der zweiten Hälfte des 19. Jahrhunderts dazu geführt habe, daß sich generell die Lebensumstände in den einzelnen Staaten immer mehr anglichen hätten, so daß die „chinesischen Mauern" zwischen den einzelstaatlichen Strafgesetzbüchern verschwinden müßten.[220] Überhaupt habe diese Annäherung zwischen den einzelnen Staaten zur Folge, daß eine eng vernetzte internationale Gemeinschaft entstanden sei, die ein Interesse daran haben müsse, bestimmte Delikte, die das friedliche Funktionieren dieser

[219] Śliwowski, J. S.: Czwarty międzynarodowy kongres prawa karnego, Paryż 1937, in: Głos Sądownictwa 9 (1937), Nr. 9, S. 676–685.
[220] Rappaport, Zagadnienia, S. 36.

Gemeinschaft bedrohten, als *delicta iuris gentium* zu benennen und unter Strafe zu stellen.[221]

Die seit 1927 stattfindenden strafrechtlichen Unifizierungskongresse beschäftigten sich daher in erster Linie mit zwei Themenfeldern: zum einen mit der Festlegung und Angleichung der Prinzipien, unter welchen Umständen das jeweilige innerstaatliche Strafrecht auch in den internationalen Beziehungen Anwendung finden sollte, zum anderen mit der Zusammenstellung eines Katalogs von *delicta iuris gentium*. Gemäß dieser Prämissen brachte der polnische Delegierte Rappaport auf dem ersten Unifizierungskongreß 1927 in Warschau einen Antrag ein, der forderte, die Propaganda zum Angriffskrieg künftig als ein völkerrechtswidriges Verbrechen unter Strafe zu stellen. Interessant ist seine Argumentation, daß dieses Verbrechen sich ja nicht nur gegen die Sicherheit einzelner durch den Angriffskrieg bedrohten Staaten richte, sondern auch eine Bedrohung eines „neuen internationalen Gutes – der Sicherheit der weltweiten Kultur und Zivilisation“ darstelle.[222] Der entsprechende Paragraph, der nach Ansicht Rappaports in die einzelstaatlichen Gesetzbücher eingeführt werden sollte, lautete: „Quiconque dans un discours ou conférence publics ou par voie de propagation ou exposition publique d' une œuvre ou image aura tenté d' exciter l' opinion publique à la guerre d' agression, sera puni d' emprisonnement jusqu' à cinq ans.“[223] Im polnischen Strafgesetzbuch wurde dieses Delikt im Art. 113 benannt und dem Weltrechtsprinzip unterstellt. Dies bedeutete, daß es polnischen Gerichten erlaubt war, den Täter ohne Rücksicht auf seine Staatsangehörigkeit sowie auf den Tatort zu verurteilen.

Während der Zwischenkriegszeit nahmen lediglich Brasilien und Rumänien die auf einen Angriffskrieg zielende Propaganda als *delictum iuris gentium* in ihre Strafgesetzbücher auf. Dennoch blieb die polnische Initiative nicht ohne Auswirkungen auf die internationalen Beziehungen. Noch vor der Warschauer Unifizierungskonferenz hatte die Vollversammlung des Völkerbundes 1927 auf polnischen Antrag

221 Rappaport, E.S.: Prawo karne międzynarodowe, Warszawa 1936, S. 5.

222 Dieses „neue internationale Gut“ wurde bereits in der Präambel der Völkerbundsatzung benannt, in der es hieß, daß diese „zur Gewährleistung des internationalen Friedens und der internationalen Sicherheit“ dienen solle, s. die Satzung des Völkerbundes in Barandon, P.: Das Kriegsverhinderungsrecht des Völkerbundes, Berlin 1933, S. 380.

223 Motion présentée par M. le Professeur E. S. Rappaport au nom de la délégation polonaise, au sujet de la propaganda de la guerre d' agression, in: Première Conférence Internationale d' Unification du Droit Pénal, 1929, S. 39–41, hier S. 40.

hin eine Resolution verabschiedet, die das Führen eines Angriffskrieges als völkerrechtswidriges Verbrechen benannte.[224] Im folgenden Jahr wurde der Briand-Kellog-Pakt unterzeichnet, der als weiterer Beleg für ein im Rahmen des Völkerbundes angestrebtes „Friedensrecht" gelten kann, das durch Rappaports Initiative 1927 zum ersten Mal konkrete Gestalt auf einer internationalen Juristenkonferenz erhalten hatte.[225]

Am Beispiel der internationalen Strafrechtsvereinheitlichung wird deutlich, welche fruchtbare Wechselwirkung die Neuordnung der internationalen Beziehungen im Rahmen des Völkerbundsystems auf der einen Seite sowie die Neukodifizierung einzelstaatlicher Strafgesetzbücher auf der anderen Seite haben konnte. Ausländische Beobachter hoben hervor, daß der Art. 113 des polnischen Strafgesetzbuches ein Beispiel sei, wie die Völkerbundsatzung innerstaatliche Gesetzgebung beeinflußt habe.[226] Andererseits fällt auf, daß es gerade die Länder waren, die neue Gesetzeswerke schufen – wie etwa Polen und Rumänien – die besonders inspirierend auf neue Entwürfe für die Regelung der internationalen Beziehungen einwirkten.[227] Als auf der dritten Unifizierungskonferenz 1930 in Brüssel das Delikt der Angriffskriegspropaganda erneut erörtert wurde, mahnte der polnische Berichterstatter Waldemar Sokalski an, daß der Völkerbund, wolle er die in ihn gesetzten Erwartungen erfüllen, nicht bei theoretischen Überlegungen stehenbleiben dürfe, sondern zur Sicherung des Weltfriedens praktische Schritte einleiten müsse. Als einen sol-

224 Leczyk, M.: Lata polokarneńskie, S. 432–441 sowie Ślusarczyk, J.: Idea pokoju w europejskiej i polskiej myśli politycznej do 1939 roku, Warszawa 1995, S. 106–108.

225 Als einen ersten Schritt auf dem Weg zu einem modernen „Friedensrecht" bezeichnete Rappaport selbst seinen Antrag auf der Warschauer Konferenz, s. Ders., Piąta Konferencja, S. 15 dazu auch Lityński, Wydział karny, S. 127–128.

226 Wortley, Poland's New Codes, S. 6.

227 Der Pole Rappaport sowie der Rumäne Pella gehörten zu den kreativsten Juristen, wenn es im Rahmen der Unifizierungskonferenzen sowie innerhalb der AIDP darum ging, Möglichkeiten der internationalen Strafrechtsvereinheitlichung aufzuzeigen. Auf die besondere Rolle einzelner Persönlichkeiten innerhalb der internationalen strafrechtswissenschaftlichen Zusammenarbeit, die sich häufig bereits durch gemeinsame Studienaufenthalte vor allem in Paris während der Zeit vor dem Weltkrieg kannten, wies Rappaport hin, Ders., Piąta konferencja, S. 8. Dieses Netz persönlicher Kontakte überstand auch den Zweiten Weltkrieg und kam nach 1945 bei den Bemühungen, im Rahmen der Vereinten Nationen eine Völkermord-Konvention zu erarbeiten, erneut zum Tragen, s. Kraft, C.: Völkermorde im 20. Jahrhundert. Rafał Lemkin und die Ahndung des Genozids durch das internationale Strafrecht, in: Hösler, J./Kessler, W. (Hg.): Finis Mundi – Endzeiten und Weltenenden im östlichen Europa. Festschrift für Hans Lemberg zum 65. Geburtstag, Stuttgart 1998, S. 91–110.

chen Schritt sah Sokalski die Definition von völkerrechtswidrigen Delikten, die nach dem Weltrechtsprinzip geahndet werden sollten. Wolle sich der Völkerbund Respekt verschaffen, dürfe er nicht zögern, für die Schaffung materieller strafrechtlicher Normen sowie für die Einrichtung eines internationalen Strafgerichtshofes zu sorgen.[228]

Wie aber bereits für andere Bereiche der internationalen juristischen Kooperation festgestellt, trat auch bei den Bemühungen, im Rahmen der internationalen Strafrechtsangleichung zu einer stabilen, multilateralen Friedensordnung zu gelangen, ein Paradigmenwechsel ein. 1929 skizzierte Rappaport die künftigen Aufgaben der internationalen Strafrechtsvereinheitlichung. Während er die Schaffung von internationalem Strafrecht sowie die Einrichtung eines internationalen Strafgerichtshofs noch als Zukunftsmusik bezeichnete, hob er die Bedeutung der Angleichung der einzelstaatlichen Strafgesetzbücher hervor. Dabei ging es ihm vor allem um die Vereinheitlichung der Prinzipien des Geltungsbereichs des jeweiligen nationalen Strafrechts sowie um die Benennung von Delikten, die aufgrund ihrer Bedeutung für die internationale Gemeinschaft als Völkerrechtsdelikte definiert werden sollten. Hier hatte er vor allem Delikte im Blick, die der zunehmend vernetzten internationalen Wirtschaftsordnung Schaden zufügen könnten. Als einer internationalen Vereinheitlichung nicht zugänglich bezeichnete er hingegen Delikte, die eng mit den politischen, konfessionellen oder ethnischen Strukturen der einzelnen Staaten zusammenhingen.[229]

Auf dem Kongreß der CIPiP im Jahr 1930 in Prag wurde ein Antrag angenommen, der sich mit der Frage nach der Sinnhaftigkeit und dem Ausmaß der Angleichung der einzelstaatlichen Strafgesetzbücher beschäftigte. In ihm hieß es: „1. Die Vereinheitlichung der allgemeinen Grundsätze des Strafrechts ist wünschenswert. Die Vereinheitlichung ist wünschenswert, um den gemeinsamen Kampf der Staaten gegen Verbrechen zu erleichtern und um der Strafrechtswissenschaft auf der ganzen Welt eine gemeinsame Grundlage zu geben. 2. Diese Unifizierungsbestrebungen enden dort, wo die Gefahr besteht, daß dem in den einzelnen Ländern geltenden Strafrecht seine Wirkung genommen wird, die es dort durch die historische Entwicklung erlangt hat und

[228] Troisième Conférence Internationale d' Unification du Droit Pénal, Bruxelles 26.-30.6.1930. Actes de la conférence, Bruxelles 1931, S. 56–60.

[229] Rappaport, Zagadnienia, S. 37–43.

die ihre Wurzeln im Herzen des Volkes hat."[230] In diesen Formulierungen deutete sich bereits an, daß auch das Recht in den internationalen Beziehungen immer an die einzelstaatlichen Traditionen rückgebunden werden sollte und die Angleichung des Rechts dort an ihre Grenzen stieß, wo länderspezifischen Besonderheiten größeres Gewicht beigemessen wurde als Rechtsnormen, die bestimmte, als universal anerkannte Werte schützen sollten. Noch 1932 hatte Rappaport die strafrechtliche Verfolgung der Angriffskriegspropaganda nach dem Weltrechtsprinzip mit dem Argument gefordert, daß ein solches Verbrechen nicht nur im einzelstaatlichen Interesse, sondern auch im Interesse der gesamten Staatengemeinschaft zu verfolgen sei.[231] Der „Völkerfrieden" wurde von ihm als universaler Wert betrachtet, der ungeachtet einzelstaatlicher Souveränität zu schützen war, und die internationale Strafrechtsangleichung schien ihm dafür das geeignete Instrument zu sein.

In dem Moment aber, in dem eines oder mehrere der Mitglieder der Staatengemeinschaft sich entschlossen, den Weg der Konfliktregelung durch juristisch normierte Verfahren zu verlassen, wurde die durch den Völkerbundpakt geregelte Nachkriegsordnung in Frage gestellt. Wenn Recht nicht mehr als Verfahren zur Konfliktbeilegung, sondern als Ausdruck der individuellen politischen oder sozialen Verfaßtheit der Einzelstaaten verstanden wurde, verlor es die ihm zugedachte Aufgabe des neutralen Instruments für den Interessenausgleich. Am deutlichsten wurde dies am Beispiel des nationalsozialistischen Deutschlands. 1935 hielt Hans Frank als Präsident der „Akademie für Deutsches Recht" anläßlich des in Berlin stattfindenden Kongresses der CIPiP einen Vortrag mit dem programmatischen Titel „Zwischenstaatliche Strafrechtspolitik". Darin begründet er seine Ablehnung eines internationalen materiellen Strafrechts sowie eines internationalen Strafgerichtshofs damit, daß die „internationalen Organisationsversuche", die mit dem Versailler Vertrag ihren Anfang genommen hatten, vom nationalsozialistischen Deutschland nicht als „ideale Erscheinungsform zwischenstaatlicher Zusammenarbeit" anerkannt würden.[232] In seinen Ausführungen bemühte der Jurist

[230] zitiert nach: Czałczyński, X międzynarodowy kongres, S. 541.

[231] Rappaport, E.S.: Moralische Abrüstung (Strafrechtliche Sicherungen des Völkerfriedens), in: Internationales Anwaltsblatt 18 (1932), Nr. 5, S. 130–132.

[232] Frank, H.: Zwischenstaatliche Strafrechtspolitik. Vortrag gehalten von dem Präsidenten der Akademie für Deutsches Recht in der Festsitzung der Akademie für Deutsches Recht anläßlich des XI. Strafrechts- und Gefängniskongresses in Berlin am 21. August 1935, Berlin 1935, S. 17–18.

Frank jedoch weniger revisionistische Argumente als vielmehr eine spezifische Rechtsauffassung. Seine Ablehnung des Weltrechtsprinzips beruhte auf der Überzeugung, daß es keine universal zu schützenden Kulturwerte gebe. Solche Werte könnten nur aus dem „Volksleben und nationalen Traditionen“ erwachsen, so daß die Annahme universaler Rechtsgüter irrig sei.[233]

Der polnische Strafrechtler Bossowski, der sich schon in den zwanziger Jahren gegen eine internationale Strafrechtsangleichung ausgesprochen hatte,[234] sah sich durch die Entwicklungen im nationalsozialistischen Deutschland in seiner Auffassung bestätigt. Ohne die neueren Entwicklungen des nationalsozialistischen Strafrechts inhaltlich zu bewerten, nannte er sie doch als die Bestätigung seiner These, daß es vor allem die psychischen und sozialen Grundlagen eines Volkes seien, die auf die Strafrechtsentwicklung bestimmend wirken sollten, und daß das nationalsozialistische deutsche Strafrecht dieses Prinzip verfolge, selbst wenn dabei neben den psychischen und sozialen Eigenschaften des Volkes auch die weltanschaulichen Prämissen der herrschenden Partei eine bedeutende Rolle spielten.[235]

Die Kritik, die Rappaport 1934 an der nationalsozialistischen Strafrechtsreform in bezug auf die internationale strafrechtliche Zusammenarbeit übte, blieb verhalten – bedenkt man, daß er noch 1932 vehement für das Weltrechtsprinzip bei der Verfolgung bestimmter Delikte eingetreten war. Für ihn blieb eine Kooperation mit dem Dritten Reich weiterhin möglich, wenn auch auf bilaterale Regionalabkommen beschränkt.[236] Hier kündigte sich bereits sein Abrücken vom Glauben an das internationale Recht als einem universalen Regelungsmechanismus an. Einige Jahre später begründete er diesen Meinungswandel damit, daß er die zwanziger Jahre als Epoche der internationalen Unifizierung, die dreißiger Jahre hingegen als die der Unterscheidung betrachte. Diese Unterscheidung liege in der ideologischen Ausdifferenzierung begründet, die Rappaport aber nicht kritisierte, sondern lediglich konstatierte. Die „aktive Rolle Polens auf dem Gebiet des internationalen Rechts“ sah er in der Mittlerrolle

233 Ebenda, S. 19–20.

234 Bossowski, Unarodowienie.

235 Ders.: Nowe kierunki prawa karnego w Niemczech, in: RPEiS 16 (1936), Nr. 3, S. 177–188; s. dazu auch Górnicki, Prawo Trzeciej Rzeszy, S. 116–122.

236 Rappaport, E. S.: Przyszły kodeks karny Trzeciej Rzeszy Niemieckiej (wskazania podstawowe prawa karnego hitlerowskiego), Warszawa 1934, S. 23; s. dazu auch Górnicki, Prawo Trzeciej Rzeszy, S. 136–137.

Polens, die es zwischen kommunistischen und faschistischen Gesellschaftsentwürfen einnahm.[237]

Das „rassistische Völkerrecht" des Nationalsozialismus, das auf einer „Biologisierung des Sozialen"[238] beruhte, zerstörte letztlich die internationale Ordnung der Zwischenkriegszeit. Betrachtet man die sich wandelnde Auffassung in bezug auf die Möglichkeiten der friedlichen Konfliktbeilegung bzw. -verhinderung im polnischen juristischen Denken, so wird deutlich, daß hier ebenfalls ein Paradigmenwechsel eintrat. Auch auf polnischer Seite wurde die Rückbindung des Rechts an bestimmte soziale und politische Grundlagen immer wichtiger. Regionale Zusammenarbeit löste die multilaterale Kooperation im Rahmen des Völkerbundes ab. Recht war nicht mehr universaler Regelungsmechanismus, sondern wurde in den Dienst territorialer Ansprüche oder ethnischer und konfessioneller Auseinandersetzungen gestellt. Damit wurde es auch zunehmend unmöglich, universale Rechtsgüter zu benennen, deren Schutz der Völkerrechtsgemeinschaft angelegen war. Ein konkretes Beispiel für das Scheitern der nach dem Ersten Weltkrieg angestrebten Verrechtlichung der internationalen Beziehungen auf der Grundlage eines allgemeinen Wertekonsens ist das Schicksal der Terrorismuskonvention.

6.2.3. Fallbeispiel: Terrorismuskonvention

Die Liste der *delicta iuris gentium*, die mit einer Resolution von der ersten Unifizierungskonferenz in Warschau 1927 einstimmig verabschiedet wurde, enthielt neben älteren Straftatbeständen wie Piraterie, Frauen-, Kinder- und Sklavenhandel oder Falschmünzerei auch ein Vergehen, das zu diesem Zeitpunkt noch sehr vage als die „vorsätzliche Anwendung all der Mittel, die eine allgemeine Gefahr hervorrufen können",[239] beschrieben wurde. Diesen Straftatbestand präzisierte der belgische Berichterstatter Gunzburg auf der dritten Konferenz 1930 in Brüssel nun schon unter dem Titel *Les actes des terrorisme.*[240] Als solche terroristischen Akte benannte er etwa Brand-

[237] Rappaport, Polski neo-unitaryzm, S. 36.

[238] So Diner, D.: Rassistisches Völkerrecht. Elemente einer nationalsozialistischen Weltordnung, in: Vierteljahrshefte für Zeitgeschichte 37 (1989), Nr. 1, S. 23–56.

[239] „L'emploi intentionnel de tous moyens capables de faire courir un danger commun", zit. nach Première Conférence Internationale d' Unification du Droit Pénal, 1929, S. 133.

[240] Troisième Conférence Internationale d' Unification du Droit Pénal, 1931, S. 43–48.

stiftung, Bombenanschläge, Anschläge mit Giftgas, das Hervorrufen und Verbreiten von ansteckenden Krankheiten sowie die Zerstörung von Verkehrswegen und Kommunikationsmitteln. Bestraft werden sollten Vereinigungen, die sich zum Ziel gesetzt hatten, auf diese Weise die öffentliche Ordnung zu zerstören. Die Strafandrohung galt sowohl für die Anführer als auch die einfachen Mitglieder jener Organisationen. Schon der Versuch sowie die Beihilfe zu den genannten Taten sollten strafbar sein. In seinem Bericht machte Gunzburg deutlich, daß er bei dieser Definition vor allem an terroristische Anschläge kommunistischer Gruppierungen dachte.[241] Der Kommission, die in Brüssel mit der Formulierung dieses neuen völkerrechtlichen Straftatbestandes befaßt war, gehörte auch der polnische Strafrechtler Rafał Lemkin (1901–1959) an. Er wurde im Laufe der folgenden Jahre zum engagiertesten Befürworter einer möglichst umfassenden und präzisen Formulierung eines Deliktes, das unter dem Namen „Terrorismus" seinen Platz auf der Agenda der strafrechtlichen Unifizierungskonferenzen fand.

Der nur wenig veränderte Entwurf Gunzburgs wurde in Brüssel dem Plenum vorgelegt, das sich jedoch nicht zu seiner Verabschiedung entschließen konnte und das Projekt an die Kommission zurückverwies, die es bis zur nächsten Konferenz 1931 in Paris überarbeiten sollte. In Paris trat Lemkin zum ersten Mal als Berichterstatter neben dem Rumänen Radulesco in Erscheinung. Während letzterer erneut vor allem auf die Bedrohung der öffentlichen Ordnung und darüber hinaus der gesamten Menschheit durch von Kommunisten und Anarchisten verübte Terrorakte hinwies,[242] zeichnete sich Lemkins Bericht stärker durch das Ringen um begriffliche Klarheit aus. Er kritisierte, daß in Artikel 2 des vorliegenden Entwurfes statt einer konkreten Definition des Begriffes „Terrorismus" dieser nur als die schon erwähnte „vorsätzliche Anwendung von Mitteln, die eine allgemeine Gefahr hervorrufen können" beschrieben wurde.[243] Die kontroverse Diskussion im Plenum, die sich am Begriff „Terrorismus"

241 Auch andere Mitglieder der Kommission zielten auf diese Tätergruppe. So zum Beispiel der bulgarische Delegierte Popov, der auf Attentate bulgarischer Kommunisten in Sofia hinwies, ebenda, S. 115.

242 Quatrième Conférence Internationale d' Unification du Droit Pénal, Paris 27.-30.12.1931. Actes de la conférence, Paris 1933, S. 48–57, hier S. 49.

243 *„l'emploi intentionelle des moyens capables de produire un danger commun"*, ebenda, S. 58–68, hier S. 64.

entzündete, machte deutlich, daß auch andere Delegierte Lemkins Unbehagen an der begrifflichen Unschärfe teilten.[244] Der Entwurf wurde an die Kommission zurückverwiesen, die das Projekt erneut überarbeitete. Der neue Entwurf, der dem Plenum auf der Folgekonferenz im Jahr 1933 in Madrid vorgelegt werden sollte, zeichnete sich nun dadurch aus, daß er die strafwürdigen Delikte aufzählte, die eine „Terrorisierung der Bevölkerung" zum Ziel hatten, ohne näher nach den dahinterstehenden Intentionen zu fragen.[245] Für Lemkin waren diese Formulierungen, die weder näher auf die Intentionen der Täter noch auf die zu schützenden Rechtsgüter eingingen, nicht akzeptabel. In Madrid präsentierte er daher einen eigenen Entwurf, der sich in deutlicher Weise von den bislang diskutierten Projekten abhob.[246]

Lemkin resümierte in seinen Madrider Ausführungen die bisherigen Versuche der Unifizierungskonferenzen, den Tatbestand des „Terrorismus" zu einem allgemein anerkannten *delictum iuris gentium* zu machen. Er versuchte herauszustellen, warum es sich als so schwierig gestaltete, diesen Straftatbestand genau zu formulieren. Der Terminus „Terrorismus" wurde von ihm als wenig tauglich befunden, in präziser Weise einen juristischen Sachverhalt zu beschreiben. Da die Allgemeinheit gefährdende Akte auf sehr unterschiedliche Weise verübt werden könnten, sage der Sammelbegriff „Terrorismus" überhaupt nichts über die besondere Verwerflichkeit der jeweiligen Delikte aus. Daher sei es erforderlich, neben den entsprechenden Taten auch deren Intentionen anzuführen (zum Beispiel die Durchsetzung einer politischen Idee), um das Delikt von gewöhnlichen Straftaten abzugrenzen. Einer solchen Konzeption des „politischen Terrorismus" stand Lemkin jedoch ebenfalls kritisch gegenüber. Letztlich sollte nicht die Intention eines Verbrechens über dessen Einstufung als *delictum iuris gentium* entscheiden, sondern das von der internationalen Gemeinschaft zu schützende Gut, das durch dieses Verbrechen verletzt wurde. Trotz unterschiedlicher politischer Systeme existierten für Lemkin bestimmte Rechtsgüter, die für die internationale Gemeinschaft einen unbestreitbaren Wert dar-

[244] Ebenda, S. 133–152. s. etwa die Kritik des italienischen Delegierten Rocco, S. 142–143.

[245] Ebenda, S. 302–303.

[246] Quinzième Conférence Internationale d' Unification du Droit Pénal, Madrid 14.-20.10.1933. Actes de la conférence, Paris 1935, S. 48–56.

stellten.[247] Dazu zählten für ihn zum einen das reibungslose Funktionieren des internationalen Verkehrs und der Kommunikation, da er diese Faktoren als unerläßlich für das friedliche Funktionieren der internationalen Beziehungen betrachtete. Daneben nannte er Kulturgüter, deren Zerstörung nicht nur einen Verlust für den jeweiligen Besitzer, sondern für die gesamte Menschheit darstellte, die Lemkin durch kulturelle Gemeinsamkeiten verbunden sah. An dritter Stelle beschrieb er „Akte der Barbarei“ als Delikte, die unter das Völkerstrafrecht fallen sollten. Als solche definierte der Autor Ausschreitungen wie Massaker und Pogrome, die an wehrlosen Personen verübt wurden.[248] An anderer Stelle präzisierte er seine Ausführungen: „Es sind dies Verletzungen des Individuums in seiner Eigenschaft als Mitglied einer Gemeinschaft. [...] Hierher gehören vor allem die auf die Ausrottung ethnischer, nationaler, konfessioneller, sozialer Menschheitsgruppen gerichtete Vergewaltigungen, mögen dieselben politischen, religiösen oder sonstigen Beweggründen entspringen, wie Massacres, Pogrome, Zwangsinternierungen, wirtschaftliche Vernichtungsmaßnahmen u. dgl. barbarische Akte, die gegen das Leben und die körperliche Unversehrtheit, gegen die persönliche Freiheit und die wirtschaftliche Existenzmöglichkeit des Menschen gerichtet sind.“[249]

Neben seinem Auftritt auf der Konferenz in Madrid entfaltete Lemkin im Jahr 1933 auch eine rege publizistische Aktivität, die deutlich machte, welches Anliegen er verfolgte. Im Gegensatz zu den Bestrebungen, den Straftatbestand des Terrorismus vor allem im Hinblick auf die strafrechtliche Verfolgung bestimmter politischer (etwa kommunistischer) oder ethnischer (zum Beispiel ukrainisch-nationalistischer) Gruppierungen zu formulieren, erkennt man bei Lemkin das Bestreben, Rechtsgüter zu schützen, denen er universale, von den politischen oder sozialen Spezifika der Einzelstaaten unberührte Gültigkeit zusprach. Solche universalen Rechtsgüter sowie ein gemeinsames Rechtsbewußtsein aller „Kulturvölker“ voraussetzend, erklärte er, daß die *ratio legis* des geplanten Gesetzes die Humanität sein müsse.[250] Die eindeutige Definition des zu schützenden Rechtsgutes hatte bei Lemkin klaren Vorrang vor der Intention, die dem zu

[247] Ebenda, S. 52.
[248] Ebenda, S. 53–56.
[249] Lemkin, R.: Akte der Barbarei und des Vandalismus als delicta iuris gentium, in: Internationales Anwaltsblatt 19 (1933), Nr. 6, S. 117–119, hier S. 118.
[250] Ebenda.

ahndenden Verbrechen zugrundelag.[251] Auf diese Weise glaubte er, ungeachtet der politischen Differenzen zwischen den auf den Unifizierungskonferenzen vertretenen Staaten, zu einer allgemein akzeptablen Formulierung des Straftatbestandes zu gelangen.

Der Glaube an universal schützenswerte Rechtsgüter beeinflußte auch Lemkins überaus kritische Bewertung der nationalsozialistischen Strafrechtsentwicklung. Im Gegensatz zu vielen seiner polnischen Fachkollegen zog er sich nicht auf eine rein positivistische Position zurück, die die nationalsozialistische Rechtsentwicklung mit dem Zeitgeist zu erklären versuchte. Schon gar nicht teilte er die Zustimmung mancher Juristen, die in der starken Betonung des Rechts als eines Ausdrucks nationsspezifischer bzw. „völkischer" Besonderheit ein Vorbild sahen. Er prangerte den Verlust fundamentaler bürgerlicher Freiheitsrechte an und kritisierte den extremen deutschen Nationalismus, der sich im Strafrecht wie in allen anderen Rechtsgebieten niederschlug, da durch ihn jegliches Gefühl internationaler Solidarität verloren ging, die gerade im Feld der von ihm angestrebten internationalen Verbrechensbekämpfung wichtig war.[252]

Aufgrund seiner konsequenten Haltung in bezug auf die umfassende Formulierung des völkerrechtlichen Delikts des „Terrorismus", die so wenig zu der Entwicklung der internationalen Beziehungen während der dreißiger Jahre paßte, blieb Lemkins Entwurf in Madrid unberücksichtigt. Die Konferenz verabschiedete ein sehr viel weniger aussagekräftiges Projekt, das sich unter dem Titel „Terrorismus" darauf beschränkte, eine Strafandrohung gegenüber dem Täter auszusprechen, „der durch Mittel, die geeignet sind, die Bevölkerung zu terrorisieren, die gesamte gesellschaftliche Organisation zerstört".[253] Eine konkrete Benennung international schutzwürdiger Rechtsgüter unterblieb ebenso wie eine Präzisierung der Delikte.

251 Lemkin, R.: Faut-il créer un nouveau délit du droit des gens nommé terrorisme? in: Révue de droit pénal et de criminologie 13 (1933), Nr. 8–10, S. 899–907. Im gleichen Tenor Ders.: Przestępstwa polegające na wywołaniu niebezpieczeństwa międzypaństwowego jako delicta iuris gentium, in: Głos Prawa 10 (1933), Nr. 10, S. 598–604.

252 Allgemein zur Bewertung des nationalsozialistischen Strafrechts durch polnische Juristen Górnicki, Prawo Trzeciej Rzeszy, S. 110–143, zu Lemkins Kritik, ebenda, S. 139–140.

253 *„Celui qui, en vue de détruire toute organisation sociale aura employé un moyen quelconque de nature à terroriser la population,...* ", s. Quinzième Conférence Internationale d'Unification du Droit Pénal, 1935, S. 335.

1934 hatte der Rat des Völkerbundes auf Initiative Frankreichs eine Expertenkommission eingesetzt, die eine internationale Konvention zur Terrorismusbekämpfung ausarbeiten sollte.[254] In der Kommission saßen viele Juristen, die auch auf den Unifizierungskonferenzen des *Bureau* aktiv waren. Es ist daher kaum verwunderlich, daß auf der Unifizierungskonferenz in Kopenhagen 1935 auch immer wieder auf das Projekt der Völkerbundkommission Bezug genommen wurde. Einer der vier Berichterstatter in Kopenhagen war erneut Lemkin. Doch sein Entwurf aus dem Jahr 1933 war ohne großes Echo geblieben, so daß er in seinem neuen Bericht lediglich kleine Verbesserungsvorschläge an dem Projekt anbrachte. Im großen und ganzen konzentrierte sich dieses auf die Definition von Delikten mit politischem Hintergrund gegen den Staat bzw. die durch diesen vertretene politische Ordnung. Lemkin versuchte lediglich die Begriffe Staat und politische Ordnung durch den weiter gefaßten Begriff der öffentlichen Ordnung zu ersetzen.[255] Der schließlich vom Plenum angenommene Text hatte aber vor allem die terroristische Bedrohung von Staatsoberhäuptern und anderen öffentlichen Amtsträgern im Blick.[256]

Auch auf den seit 1934 unter der Ägide des Völkerbundes stattfindenden Staatenkonferenzen, die sich mit der Ausarbeitung einer gegen den Terrorismus gerichteten Konvention beschäftigten, dominierte ein Klima, das durch Furcht vor staatlicher Souveränitätsabgabe sowie Überbetonung partikularer Interessen gekennzeichnet war. Ende 1934 kritisierte der polnische Delegierte beim Völkerbund den französischen Konventionsentwurf als unvollständig, da terroristische Akte von Ukrainern in den polnischen Ostgebieten davon nicht erfaßt würden.[257] Den größten Widerstand löste die französische Initiative allerdings nicht nur auf polnischer Seite, sondern auch bei vielen anderen Staaten durch die Erwägung aus, einen interna-

[254] Anlaß zu dieser Initiative gab unter anderem der Terroranschlag mazedonischer und kroatischer Separatisten auf den jugoslawischen König Alexander in Marseille im Oktober des Jahres 1934, bei dem auch der französische Außenminiser Louis Barthou getötet wurde, s. auch FLEMMING, M.: Międzynarodowe sądownictwo karne, in: Wojskowy Przegląd Prawniczy 67 (1994), Nr. 2, S. 3–22, hier S. 5.

[255] Sixième Conférence Internationale d' Unification du Droit Pénal, Copenhague 31.8.-2.9.1935. Actes de la conférence, Paris 1938, S. 189–200, hier S. 191–192.

[256] Ebenda, S. 420–421.

[257] S. das Schreiben von Tytus Komarnicki an das Außenministerium vom 12.12.1934, AAN, MSZ 1526, Bl. 6.

tionalen Strafgerichtshof einzurichten. Verfolgt man den Meinungsaustausch zu diesem Thema im polnischen Außenministerium, wird deutlich, daß es vor allem das Projekt dieses Gerichtshofs und weniger die unpräzise Begrifflichkeit der Konvention war, die zu ihrer Ablehnung führte.[258] Dabei war die Forderung nach einem internationalen Strafgerichtshof keineswegs neu. Bereits 1891 war auf dem „Kongreß für den Weltfrieden" in Rom die Einrichtung eines solchen Gremiums gefordert worden.[259]

Die polnische Ablehnung begründete sich in erster Linie durch die Furcht, daß ein internationaler Strafgerichtshof die einzelstaatliche Souveränität gefährde. In einer Stellungnahme des Justizministeriums hieß es, daß es schwer vorstellbar sei, daß das Land, in dem das Verbrechen begangen sei, den Täter nicht selbst bestrafen dürfe.[260] Der Rechtsrat im Außenministerium, Leon Babiński, wies darauf hin, daß ein solcher Gerichtshof sicher versuchen würde, seine Kompetenzen zunehmend zu erweitern und damit in die einzelstaatliche Gerichtsbarkeit einzugreifen. Allerdings gab er zu bedenken, daß ein internationales Strafgericht die effektivere Form der Strafverfolgung darstelle.[261] Das Argument der Effektivität schien die polnische Diplomatie eher abzuschrecken. Das Außenministerium wies den polnischen Delegierten beim Völkerbund an, auf den im April 1935 beginnenden Beratungen zwar eine ostentativ positive Haltung gegenüber dem französischen Projekt zu demonstrieren, jedoch keinerlei international verbindliche Verpflichtungen einzugehen. Bei der Definition der Straftatbestände sollte darauf geachtet werden, daß diese sich mit den im polnischen Strafgesetzbuch genannten Delikten deckten. Prinzipiell ablehnend stand man einem internationalen Gerichtshof gegenüber. Lediglich ein Kompetenztribunal, das darüber entschied, in welchem Land die Gerichtsverhandlung stattfinden solle, wurde in Betracht gezogen.[262]

Gemäß dieser Ratio beschränkte sich die polnische Position bei den Beratungen der Konvention auf unverbindliche Beiträge und tak-

[258] Vgl. dazu Glaser, S.: Die Gesetzlichkeit im Völkerstrafrecht, in: Zeitschrift für die gesamte Strafrechtswissenschaft 76 (1964), S. 170–192, hier S. 180–181.

[259] Glaser, Das neue polnische Strafgesetzbuch, S. 350.

[260] Stellungnahme des Justizministeriums vom 22.1.1935, AAN, MSZ 1526, Bll. 40–44, hier Bl.42.

[261] Stellungnahme Babiński, ebenda, Bl. 53.

[262] Schreiben des Außenministeriums an Komarnicki vom 27.4.1935, ebenda, Bll. 75–78.

tische Manöver. Der Eindruck eines aktiven internationalen Engagements der Zweiten Republik sollte aufrechterhalten werden. Dabei bestand jedoch zu keiner Zeit ein Zweifel daran, daß die Zustimmung Polens zu weitergehenden Lösungen wie etwa der Einrichtung eines internationalen Gerichtshofs ausbleiben würde. Folglich unterblieb von polnischer Seite die Unterzeichnung der im November 1937 verabschiedeten Konvention.[263]

Lemkins zukunftsweisende Definition von Rechtsgütern, deren Schutz im Interesse der gesamten Menschheit lag, ohne daß dabei Unterschiede der politischen Systeme eine vorrangige Rolle spielten, wirkte fast schon anachronistisch in jener Zeit, als selbst in juristischen Expertengremien der AIDP und des *Bureau* sowie des Völkerbundes machtpolitisches Kalkül über sachliche Erwägungen dominierte. Auf der Tagesordnung der letzten Unifizierungskonferenz vor Ausbruch des Zweiten Weltkriegs im Januar 1939 in Kairo tauchte das Projekt „Terrorismus" nicht mehr auf. Polen schickte keine juristische Delegation nach Kairo, sondern ließ sich durch den dortigen polnischen Gesandten vertreten.[264]

[263] Bericht des polnischen Delegierten Lucjan Bekerman über die abschließende Konferenz, 1.-16.11.1937, ebenda, Bll. 106–111.

[264] Das Desinteresse der polnischen Diplomatie an multilateralen Kooperationsformen äußerte sich zum Beispiel auch in der Auflösung der ständigen polnischen Delegation beim Völkerbund im Jahr 1938.

7. Schlußbetrachtung: Polen nach 1918 und 1989

Bei der Analyse der Parlamentsdebatte um das polnische Gleichstellungsgesetz, das aufgrund der angestrebten Integration Polens in die Europäische Union notwendig geworden ist, konstatierte die polnische Literaturwissenschaftlerin Agnieszka Graff im Jahr 1999 ein grundlegendes Verständigungsproblem zwischen Gegnern und Befürwortern des Gesetzesvorhabens: „Tatsächlich kann schwerlich von einem konstruktiven Meinungsaustausch gesprochen werden, wenn die eine Seite die Situation auf dem Arbeitsmarkt beschreibt und sich auf Menschenrechte, internationale Konventionen sowie die Empfehlungen des Europarats beruft, während die andere Seite die „Mutter Polin“ (*Matka Polka*) und die göttliche Vorsehung bemüht und die umfassendste Garantie für gesellschaftliche Gerechtigkeit im Naturrecht sieht.“[1] Das Zitat umreißt mehrere Problemfelder, die auch in der vorliegenden Arbeit eine wichtige Rolle gespielt haben. Da sind zum einen die Anforderungen eines politischen und gesellschaftlichen Systemumbaus, die nicht allein aufgrund des inneren Reformbedarfs notwendig sind, sondern ebenso im Hinblick auf die Integration in eine internationale Rechtsgemeinschaft, auch wenn die Europäische Union natürlich im Vergleich zu den internationalen Integrationsbestrebungen der Zwischenkriegszeit viel umfassendere Anpassungsleistungen erfordert. Daneben wird deutlich, daß heute ebenso wie nach 1918 darum gerungen wird, welche Rolle das neue Rechtssystem im polnischen Staat haben soll. Betrachtet man es vordringlich als Verfahrensgrundlage zwecks Aushandlung widerstreitender Interessen oder soll es daneben auch bestimmte gesellschaftliche Leitbilder und Werte repräsentieren? Ist es vielleicht sogar so, daß dem Recht gar nicht so grundlegende Bedeutung als „härtester Sozialstruktur der Gesellschaft“[2] zukommt, da anderen gesellschaftlichen Ordnungskriterien, die aus bestimmten kulturellen, historischen oder religiösen Leitbildern resultieren, die Priorität eingeräumt wird?

[1] Graff, A.: Patriarchat po seksmisji, in: Gazeta Wyborcza 19./20. Juni 1999, S. 20–22, hier S. 20.

[2] So Dilcher, Zur Rolle der Rechtsgeschichte, S. 399.

Resümiert man die Ergebnisse der vorliegenden Untersuchung im Hinblick auf die Frage, inwieweit die Zweite Republik dem heutigen polnischen Staat als Vorbild dienen kann, so verwundert nicht, daß das Ergebnis uneindeutig ausfällt, nicht zuletzt deshalb, weil die beiden historischen Ausgangssituationen nur bedingt zu vergleichen sind. Neben dem anderen Charakter der erforderlichen äußeren Integrationsleistung sind hier auch die jeweils unterschiedlichen Konstellationen im Inneren zu nennen. Während das heutige Polen die doppelte Transformationsleistung eines wirtschaftlichen und politischen Systemumbaus leisten muß,[3] blieb in der Zweiten Republik die privatwirtschaftlich organisierte Gesellschaftsordnung bestehen. Allerdings waren die Anforderungen an die Aufbauleistungen in den Bereichen von Politik und Verwaltung aufgrund der lange fehlenden Eigenstaatlichkeit so umfassend, daß auch hier von einer gesamtgesellschaftlichen Umbauleistung gesprochen werden konnte.

Bei der Betrachtung des historischen Erbes der Teilungszeit ist deutlich geworden, daß gerade durch die Auseinandersetzung mit den rechtlichen Normen und Institutionen, die die polnische Gesellschaft in jener Zeit prägten, mit gerne gepflegten historischen Mythen aufgeräumt werden kann. Die Teilungszeit ist eben nicht nur durch den Widerstandskampf der freiheitsliebenden Polen bestimmt, sondern ebenso durch die Übernahme rechtlicher Normen und Institutionen. Es ist verfehlt, diese Übernahme als das Ergebnis eines „höherwertigen Kulturträgereinflusses“ zu sehen. Sie ist vielmehr Teil einer europäischen Transfergeschichte, wie die Adaption und die kreative Weiterentwicklung von übernommenen Rechtsnormen zeigen.

Die Bedeutung, die der Faktor einer gemeineuropäischen Rechtskultur für die Verortung Polens in Europa besaß, wird besonders bei der Betrachtung der Teilhabe von Polen an einer internationalen Gemeinschaft der Rechtswissenschaft vor dem Ersten Weltkrieg deut-

[3] Zu diesem „Dilemma der Gleichzeitigkeit“ s. zum Beispiel Offe, C.: Der Tunnel am Ende des Lichts: Erkundungen der politischen Transformation im Neuen Osten, Frankfurt/Main 1994. Die aktuelle Transformationsforschung kritisiert allerdings die Überbewertung der Reformen politischer und ökonomischer Institutionen und fordert eine stärkere Beschäftigung mit den kulturellen Codierungen bei der Ausbalancierung der institutionellen Ordnungen. Als eine solche Codierung wird zum Beispiel der Topos der „Rückkehr nach Europa“ angesehen, der spezifische Gesellschaftsbilder impliziert, s. dazu das Themenheft: „Zwischenbilanz Transformationsforschung" der Zeitschrift Berliner Debatte Initial 10 (1999), Nr. 1.

lich. Die Feststellung, daß Polen kulturell schon immer zu Europa gehört hat,[4] läßt sich anhand der Betrachtung personeller Kontakte, die durch ihre Kontinuität den Auf- und Ausbau der internationalen Beziehungen im Bereich der Rechtswissenschaft erleichterten, eindrucksvoll untermauern. Die rasche – auch institutionelle – Integration der polnischen Rechtswissenschaft in die *scientific community* nach 1918 war möglich, weil polnische Wissenschaftler im 19. Jahrhundert in kommunikative und institutionelle Zusammenhänge eingebunden waren. Als Angehörigen einer Nation ohne Staat kam ihnen einerseits zugute, daß sich diese Kontaktformen einer *international society* zu jener Zeit besonders lebhaft entwickelten. Andererseits konnten die Bemühungen um internationale Zusammenarbeit auf dem Gebiet der Rechtswissenschaft, deren Initiatoren auch schon in jener Zeit Rechtsangleichungen anstrebten, gerade bei den Polen auf engagierte Fürsprache rechnen. Die Folgen der nationalen Abschottung durch die einzelstaatlichen Zivilrechtskodifikationen standen den Polen, die unter unterschiedlichen Rechtssystemen lebten, immer vor Augen.

Als sich die Kodifikationskommission seit 1919 daran machte, einheitliche zivil- und strafrechtliche Regelwerke zu entwerfen, war sie von den Idealen einer dem gesellschaftlichen Gemeinwohl verpflichteten *Inteligenzja* durchdrungen. Sie wollte eine Rechtsordnung schaffen, die den Ansprüchen eines modernen, pluralistischen Staates entsprach. Nicht die Konstruktion einer Kontinuität zu altpolnischen Rechtsnormen war für sie das Zeichen besonders patriotischer Gesinnung, sondern die Erarbeitung moderner, funktionaler Gesetzeswerke, die zum Zusammenwachsen des Staates und zur Eingliederung in die europäische Staatenwelt beitrugen. Durch die unterschiedlichen Erfahrungen, die ihre Mitglieder in den Teilungsgebieten gemacht hatten, brachte die Kommission eine föderale Komponente in den auf das Warschauer Zentrum ausgerichteten Staat ein. Durch ihre Zusammenarbeit mit wissenschaftlichen Institutionen, die ihre Arbeit beratend unterstützten, stand sie in regem wissenschaftlichem Austausch mit dem Ausland. Die Auseinandersetzung mit ausländischen Rechtsnormen wurde im Hinblick

[4] So Ajnenkiel, A.: Europa – aus polnischer Perspektive, in: Mommsen, W. J. (Hg.): Der lange Weg nach Europa. Historische Betrachtungen aus gegenwärtiger Sicht, Berlin 1992, S. 231–265, hier S. 232.

vor allem auf den Ausbau ökonomischer Kontakte als unerläßlich betrachtet.

In bezug auf die als vordringlich erachteten innerpolnischen Regelungen wurde deutlich, daß dem Recht vor allem als allgemeingültiger Verfahrensgrundlage große Bedeutung zugemessen wurde. Das IPR und das ILPR sollten grundsätzlich den Rechtsverkehr im Inland und mit dem Ausland normieren. Erst danach machte man sich an die Erarbeitung des materiellen Rechts.[5] Aus Sicht der Kodifikationskommission war das Recht nicht im Hinblick auf seine Eigenschaft als spezifisch polnisches Identitätsmerkmal, sondern auf seine technische Anwendbarkeit hin zu bewerten. Bei den Bereichen der Zivilrechtsordnung, die bereits vor dem Ersten Weltkrieg zum Gegenstand internationaler Unifizierungsbemühungen geworden waren, zog man diese Entwicklungen mit in die Kodifizierungsarbeit ein, um von vornherein gute Ausgangsbedingungen für den polnischen Beitritt zu künftigen internationalen Abmachungen zu schaffen.

Bemühungen zur internationalen Rechtsvereinheitlichung im Bereich des Handels- und Wirtschaftsrechts, die in die Zeit vor dem Ersten Weltkrieg zurückreichten, wurden zu Beginn der Zwischenkriegszeit wieder aufgenommen. Die durch den Krieg stark in Mitleidenschaft gezogene europäische Wirtschaftsordnung, die protektionistische Neigungen in den Einzelstaaten zur Folge hatte, schuf schwierige Ausgangsbedingungen für die Integrationsbestrebungen. Dennoch kann man für diese relativ politikfernen Rechtsgebiete einen auf utilitaristischen Motiven beruhenden Integrationswillen konstatieren, der auch nach dem Zweiten Weltkrieg eine Haupttriebfeder für die europäische Einigung werden sollte. Verfolgt man den Ablauf der internationalen Unifizierungskonferenzen, wird deutlich, daß nationalstaatliche Interessen sowohl bei den alteingesessenen als auch bei den neuen Mitgliedern des internationalen Systems eine wichtige Rolle spielten. Fürchteten die neu- bzw. wiederentstandenen Staaten vor allem Einschnitte in die erlangte Souveränität, so war bei den etablierten Staaten ein deutliches Mißtrauen gegenüber den noch

[5] In dieser Hinsicht entsprach die Prioritätensetzung der Kommission dem klassischen bürgerlichen Sozialmodell, in dem das Recht die Aufgabe hat, „die Koexistenz autonomer Individuen zu ermöglichen“, ohne ein materiales Gerechtigkeitsideal durchsetzen zu wollen, s. dazu GRIMM, D.: Bürgerlichkeit im Recht, in: KOCKA, J. (Hg.): Bürger und Bürgerlichkeit im 19. Jahrhundert, Göttingen 1997, S. 149–188, hier S. 149.

wenig berechenbaren Neulingen zu erkennen. Diese internationalen Konferenzen waren sehr häufig weniger von fachjuristischen denn von taktischen Erwägungen bestimmt. Sie zeigen damit auch, daß Integration immer ein wechselseitiger Prozeß ist, der auch die etablierten Staaten vor neue Herausforderungen stellt.[6]

Den positiven Ansätzen auf dem Gebiet der internationalen Rechtsvereinheitlichung setzte nicht nur die Kürze der Zwischenkriegszeit enge Grenzen. Bedeutend war auch, daß sie ein Prinzip der Multilateralität implizierten, das schwierig in die traditionelle Politik der internationalen Beziehungen einzuführen war und seit den dreißiger Jahren gegenüber regional und weltanschaulich bestimmten Bündnissystemen an Bedeutung verlor. Generell wird man festhalten müssen, daß die Zeit für eine föderativ angelegte institutionelle Integration, wie man sie für die Zeit nach 1945 konstatieren kann, noch nicht reif war. Als gelungen wird man aber die „Konsolidierung der Einzelstaaten durch ihre Einbindung in den internationalen Kontext“[7] bezeichnen können. Dabei spielte im polnischen Fall die Wechselwirkung zwischen innerer Rechtsvereinheitlichung und äußerer Anpassung eine positive Rolle.

War also das neu zu schaffende Rechtssystem in bezug auf seine Hebelwirkung, die es für die Adaptionsfähigkeit Polens an internationale Entwicklungen ausübte, von Nutzen, so fällt die Antwort, inwieweit es als Verfahrensgrundlage für den Ausgleich unterschiedlicher gesellschaftlicher Interessen seinen Dienst tat, ambivalent aus. Um dieser Frage nachzugehen, ist in der Arbeit die juristische Profession näher in den Blick genommen worden. Dabei wurde deutlich, daß dieses gesellschaftliche Segment, das in der Regel als wichtiges Strukturmerkmal moderner, demokratischer Gesellschaften gehandelt wird, immer auch in seinem historischen Kontext zu sehen ist. Von dem hohen fachlichen Niveau der Kodifizierungsarbeiten, die nicht unbeträchtlich zur inneren und äußeren Integrationsfähigkeit der Zweiten Republik beitrugen, war bereits die Rede. Dennoch wird man die Profession auch in ihrer Positionierung innerhalb des demo-

6 So bedeutet auch die geplante Osterweiterung der Europäischen Union nicht nur Anpassungsleistungen für Polen, Tschechen, Ungarn etc., sondern auch institutionelle Reformen für die bestehende Gemeinschaft.

7 So Lemberg, H.: Europäische Einigungsbestrebungen in Ostmitteleuropa in der Zwischenkriegszeit und während des Zweiten Weltkriegs, in: Clemens, G. (Hg.): Die Integration der mittel- und osteuropäischen Staaten in die Europäische Union, Hamburg 1999, S. 1–20, hier S. 7.

kratischen Systems hinterfragen müssen. Für die Mitglieder der Kodifikationskommission wurde dabei herausgearbeitet, daß der Glaube an ihr exklusives Spezialistentum nicht selten zur Geringschätzung der politischen Verfahren einer Massendemokratie beitrug. Dabei ist für den polnischen Fall besonders zu bedenken, daß in der Profession der Juristen wie auch bei anderen gebildeten Berufen eine aus der Teilungszeit überkommene Sichtweise zu beobachten ist, die die Zuständigkeit und vor allem auch die Kompetenz zur Definition angeblich universaler Werte implizierte.[8]

Problematisch wurde dieses Selbstverständnis, als vor dem Hintergrund der krisenhaften Entwicklungen der dreißiger Jahre vor allem die junge Juristengeneration antrat, das Rechtssystem als ein Identitätsmerkmal einer ethnisch-polnisch verstandenen Nation zu deklarieren. Die Rückbindung dieses Diskurses an ökonomische und ethnisch-konfessionelle Konflikte, die die Gesellschaft belasteten, gab ihm eine große Wirkungskraft. Die Aushöhlung der professionellen Autonomie wurde einerseits von der zunehmend autoritär und pluralismusfeindlich agierenden Regierung vorangetrieben. Andererseits war von der Profession immer weniger Widerstand dagegen zu erwarten, da in ihren Reihen die Auffassung von Recht als einem Identitätsmerkmal zunehmend Raum griff. Viele Professionsangehörige waren nur allzu bereit, ihre Interessen mit denen der Regierung gleichzusetzen und die berufsverbandliche Autonomie zugunsten einer stärkeren materiellen Protegierung durch die Exekutive aufzugeben.

Dabei sahen sich auch diejenigen Vertreter der Profession einem immer stärkeren gesellschaftlichen Druck ausgesetzt, die an der Funktion des Rechtssystems als einer Verfahrensgrundlage für die Verteilung gesellschaftlicher Gerechtigkeit festhielten. Das Beispiel der Eherechtskodifizierung hat gezeigt, daß gerade im konfessionell so fragmentierten Staat diese Funktion von größter Wichtigkeit gewesen wäre. Die Übertragung des historisch-kulturellen Nationsverständnisses aus der Teilungszeit auf eine Staatsnation, die diesem Nationsverständnis nicht entsprach, hatte zur Folge, daß die Betrach-

[8] Im Gegensatz zum traditionellen Bürgertum sah sich die Intelligenz sehr viel stärker für die Definition universaler Werte zuständig, wobei ihr die Reflexion über die eigene soziale und gesellschaftliche Herkunft häufig aus dem Blick geriet, dazu Chałasiński, J.: Vergangenheit und Zukunft der polnischen Intelligenz, Marburg/Lahn 1965.

tung von Recht als Verfahrensgrundlage ins Leere laufen mußte. Die zunehmende Radikalisierung der polnischen Innenpolitik, die sich vor allem in einer immer repressiveren Minderheitenpolitik Bahn brach, kann nicht allein mit dem Orientierungsverlust innerhalb der *Sanacja* nach Piłsudskis Tod im Jahr 1935 erklärt werden.[9] Am Beispiel der Argumentationsstrategien im Rahmen der Auseinandersetzung um das Eherecht wird deutlich, daß auch in breiten Kreisen der Gesellschaft ein Wandel im Nations- und damit verbunden im Demokratieverständnis eingetreten war. Die juristische Profession konnte dem wenig entgegensetzen, da sie zum Teil zu sehr in diesen Identitätsdiskurs verstrickt war. Zudem spielten vor allem aufgrund ökonomischer Interessen fachliche Kriterien, die einst andere gesellschaftliche Segregationslinien überspannt hatten, in ihrer Argumentation eine zunehmend geringere Rolle.

Ein vergleichbarer Wandel in bezug auf die funktionale Rolle des Rechts sowie auf die institutionelle Eigenständigkeit und Pluralität der Profession ist auch für die Entwicklung der Rechtsbeziehungen mit dem Ausland zu konstatieren. Die vielfältigen internationalen Kontakte der unterschiedlichen juristischen Milieus konnten sich zunächst in ihrer Fachbezogenheit gegenüber einer rein machtpolitisch argumentierenden Staatsräson abgrenzen. Dadurch banden sie den polnischen Staat in ein multilaterales Netz internationaler Beziehungen ein und vermochten sogar, alte Ressentiments aufzulokkern und zusammen mit Juristen aus anderen Ländern neue Beziehungen zu fundieren. Ein gutes Beispiel dafür war etwa der Slavische Juristentag, der jenseits eines ethnisierenden Panslavismus neue Optionen regionaler Zusammenarbeit eröffnete.

Durch ihre zahlreichen Vorkriegskontakte bewegten sich die polnischen Rechtswissenschaftler mit größerer Sicherheit in den Expertengremien des Völkerbundes und internationalen wissenschaftlichen Organisationen als ihre in der Berufspolitik engagierten Landsleute. Für diese war das multilaterale System des Völkerbundes ebenso neu

[9] Sicherlich trug die zunehmende außenpolitische Bedrohung zu dem Bedürfnis bei, die angebliche nationale und konfessionelle Einheit sowohl gegen innere als auch äußere Feinde zu beschwören. Auf diese Weise erklärt etwa Werner Benecke die Brutalisierung der Minderheitenpolitik in den polnischen Ostgebieten sowie die faktische Annäherung der politischen Lager von *Endecja* und *Sanacja* in der zweiten Hälfte der dreißiger Jahre, s. Benecke, W.: Die Ostgebiete der Zweiten Polnischen Republik. Staatsmacht und öffentliche Ordnung in einer Minderheitenregion 1918–1939, Köln, Weimar, Wien 1999, S. 279–285.

wie für die Vertreter der Großmächte, die sich ebenfalls mit dem komplexer gewordenen internationalen System schwer taten. Doch anstatt diese rechtswissenschaftlichen Kontakte als eine Säule der polnischen Außenpolitik zu nutzen, ordnete die polnische Diplomatie sie einer eindimensional ausgerichteten bündnispolitischen Strategie unter. Dabei spielten einstige Leitlinien, wie die Ausrichtung der Rechtsvereinheitlichung an politikfernen Kriterien der Fachlichkeit bzw. der dabei angestrebte multilaterale Charakter eine zunehmend geringere Rolle.

Die Instrumentalisierung der Jurisprudenz für die polnische Bündnispolitik der dreißiger Jahre konnte allerdings auch deswegen gelingen, weil auch in bezug auf die internationalen Rechtsbeziehungen in der Profession ein neues Rechtsverständnis Raum griff. Waren die zwanziger Jahre die Jahre der „Vergleichung" gewesen, so betrachtete man das darauf folgende Jahrzehnt als das der „Unterscheidung". Somit wurde auch in den Außenbeziehungen das Recht mehr und mehr als Identitätsmerkmal betrachtet. Damit legitimierte man die Konzentration der juristischen Auslandszusammenarbeit auf die Staaten, zu denen man ein weltanschauliches Näheverhältnis gegeben sah. Recht wurde nicht mehr als Verfahrensgrundlage in einem theoretisch auf Universalität angelegten System, wie es der Völkerbund anstrebte, betrachtet, sondern zum ideologischen Begründungsmerkmal bilateraler Kooperation herabgestuft. Es verlor damit seine Funktion des Interessenausgleichs und der Konfliktregulierung, auf der das System der kollektiven Sicherheit im Völkerbund aufbauen sollte.

Mit der Reduzierung der internationalen Rechtsbeziehungen auf die Rolle einer abhängigen Variablen einer die Logik des Völkerbundsystems negierenden Bündnispolitik begab sich der polnische Staat einer bedeutenden Ressource. Die Verengung des Handlungskontextes innerhalb der internationalen Beziehungen auf rein machtpolitische Faktoren trug zur Aushöhlung der internationalen Ordnung während der Zwischenkriegszeit bei. Die westeuropäischen Einigungspläne nach dem Zweiten Weltkrieg waren nicht zuletzt deswegen erfolgreich, weil sie auf einem vielfältigen Geflecht interdependenter Interessen aufbauten. Macht spielt heute in diesem Beziehungsgeflecht unzweifelhaft weiterhin eine Rolle. Daneben existieren jedoch zahlreiche weitere Kriterien, an denen sich zwischenstaatliches Handeln ausrichtet. Sie beziehen zum Beispiel ökonomisch, rechtlich, sozialpolitisch oder kulturell begründete Argumente mit ein und geben dem System damit eine größere Komplexität, aber auch Stabilität.

Die Aussichten der Dritten Republik, bald Mitglied dieses Systems zu werden, sind gut. Die historischen Erfahrungen der Zweiten Republik bieten positive und negative Anknüpfungspunkte. Die Beschwörung einer kulturell-historisch legitimierten Europazugehörigkeit genügt nicht. Faktisch war sie in der Zwischenkriegszeit ebenso begründet wie heute. Daß sie sowohl integrationsfördernd als auch -hemmend wirken kann, zeigt sich an den aktuellen politischen Auseinandersetzungen über den EU-Beitritt.[10] Der Sieg der durch die „Solidarität" (*Solidarność*) verkörperten polnischen Zivilgesellschaft über den Sozialismus scheint das Land für die Zugehörigkeit zu einem demokratischen Europa zu prädestinieren. Man kann jedoch in der hohen Symbolkraft, die die Bürgerbewegung als Überwinderin des Sozialismus noch immer besitzt, auch „fundamentalistische Tendenzen einer moralischen Zivilgesellschaft und ihrer Identitätspolitik" ausmachen, die zur Unterdrückung politischer Pluralisierung (etwa im Parteiensystem) zugunsten einer übergeordneten Einheit führen.[11] Die Debatte, die der Verabschiedung der neuen Verfassung im Jahr 1997 vorausging, erinnerte zum Teil an den Identitätsdiskurs aus der Zwischenkriegszeit.[12] Im Hinblick auf den Beitritt zur Europäischen Union scheint jedoch ein breiter gesellschaftlicher Konsens darüber zu bestehen, daß die Mitgliedschaft in überwiegendem Maße Vorteile für das Land bringen wird. Polen ist das erste ostmitteleuropäische Land, das in seine Verfassung einen Passus aufgenommen hat, der eine Abgabe von Souveränität an Institutionen der EU vorsieht.[13] Hier tritt ein fundamentaler Unterschied zur Situation zwischen den beiden Weltkriegen zutage, als Polen – ebenso wie andere nach dem Ersten Weltkrieg neuentstandene Staaten – aus Furcht vor Souveränitätsverlust immer wieder die Verabschiedung internationaler Abmachungen blockierte.

[10] S. dazu Brusis, M.: Vergemeinschaftungsfreundlich oder auf Vetopunkte bedacht? in: Frankfurter Allgemeine Zeitung, Nr. 264 vom 13. November 2000, S. 12.

[11] Dazu Thaa, W.: Interesse und Identität in den Transformationsprozessen Ostmitteleuropas. Zum Stellenwert symbolischer Ressourcen der politischen Demokratie, in: Berliner Debatte Initial 10 (1999), Nr. 1, S. 14–29, hier S. 24.

[12] Winczorek, P.: Die neue Verfassung der Republik Polen – ein Streit um Werte, in: Recht und Kultur in Ostmitteleuropa. Red. K. Burchardi, Bremen 1999 (= Analysen zur Kultur und Gesellschaft im östlichen Europa, Bd. 9), S. 279–295.

[13] Küpper, Rechtskultur und Modernisierung, S. 350.

Abkürzungsverzeichnis

AAN	Archiwum Akt Nowych Archiv neuer Akten
ABGB	Allgemeines Bürgerliches Gesetzbuch
AIDP	Association Internationale de Droit Pénal
ALR	Allgemeines Landrecht für die Preußischen Staaten
AUW	Archiwum Uniwersytetu Warszawskiego Archiv der Universität Warschau
BGB	Bürgerliches Gesetzbuch
BBWR	Bezpartyjny Blok Współpracy z Rządem Parteiloser Block zur Zusammenarbeit mit der Regierung
CIE	Confédération Internationale des Étudiants
CIPiP	Commission Internationale Pénale et Pénitentiaire
Dz. U.	Dziennik Ustaw Gesetzblatt
EU	Europäische Union
HGB	Handelsgesetzbuch
IICI	Institut International de Coopération Intellectuelle
IKV	Internationale Kriminalistische Vereinigung
ILA	International Law Organization
ILO	International Labour Organization
ILPR	Interlokales Privatrecht
IPR	Internationales Privatrecht
KARP	Koło Adwokatów Rzeczypospolitej Polskiej Anwaltszirkel der Republik Polen
KEN	Komisja Edukacji Narodowej Kommission für Nationale Erziehung
KKRP	Komisja Kodyfikacyjna Rzeczypospolitej Polskiej Kodifikationskommission der Republik Polen
KPP	Komunistyczna Partia Polski Kommunistische Partei Polens
MSZ	Ministerstwo Spraw Zagranicznych Ministerium für Auswärtige Angelegenheiten
MWRiOP	Ministerstwo Wychowania Religijnego i Oświecenia Publicznego Ministerium für Religiöse Erziehung und Öffentliche Bildung
NRA	Naczelna Rada Adwokacka Oberster Anwaltsrat
ONR	Obóz Narodowo–Radykalny National-Radikales Lager
OZAKN	Ogólnopolski Związek Akademickich Kół Naukowych

	Gesamtpolnischer Verband der Akademischen Wissenschaftszirkel
OZN	Obóz Zjednoczenia Narodowego Lager der nationalen Vereinigung
PKMWI	Polska Komisja Międzynarodowej Współpracy Intelektualnej Polnische Kommission für Internationale Intellektuelle Zusammenarbeit
PKWPM	Polska Komisja Współpracy Prawniczej Międzynarodowej Polnische Kommission für Internationale Juristische Zusammenarbeit
Poz.	Pozycja Position
PPS	Polska Partia Socjalistyczna Polnische Sozialistische Partei
PRM	Prezydium Rady Ministrów Präsidium des Ministerrats
RP	Rzeczpospolita Polska Republik Polen
RPEiS	Ruch Polityczny, Ekonomiczny i Socjologiczny Politische, Ökonomische und Soziologische Bewegung
SD	Stała Delegacja Zrzeszeń i Instytucji Prawniczych Rzeczypospolitej Polskiej Ständige Delegation der Juristischen Vereinigungen und Institutionen der Republik Polen
SGP	Société Générale des Prisons
UW	Uniwersytet Warszawski Universität Warschau
WAPŁ	Wojewódzkie Archiwum Państwowe w Łodzi Staatliches Wojewodschaftsarchiv in Lodz
WGPPPzZ	Wydawnictwa Grup Polskich Porozumień Prawniczych z Zagranica Veröffentlichungen der Polnischen Gruppen für die Juristische Verständigung mit dem Ausland
WMP	Współczesna Myśl Prawnicza Modernes Rechtsdenken
ZAP	Związek Adwokatów Polskich Verband der Polnischen Anwälte
ZPO	Zivilprozeßordnung
ZZAZP	Związek Zrzeszeń Aplikantów Zawodowych Prawniczych Verband der Applikantenvereinigungen der Juristischen Berufe
ZZMP	Związek Zrzeszeń Młodych Prawników Verband der Vereinigungen Junger Juristen

Literaturverzeichnis

I. Quellen

1. *Archivbestände*

Archiv Neuer Akten in Warschau / Archiwum Akt Nowych w Warszawie (AAN)

Ambasada RP w Berlinie, 1920–1939
Ambasada RP w Bukareszcie, 1919–1939
Ambasada RP w Londynie, 1919–1945
Ministerstwo Spraw Zagranicznych (MSZ), 1917–1939
Ministerstwo Wychowania Religijnego i Oświecenia Publicznego (MWRiOP), 1917–1939
Ogólnopolski Związek Akademickich Kół Naukowych (OZAKN), 1929–1933
Prezydium Rady Ministrów (PRM), 1917–1939

Archiv der Universität Warschau / Archiwum Uniwersytetu Warszawskiego (AUW)

Spuścizna Witolda Bayera

Staatliches Wojewodschaftsarchiv in Lodz / Wojewódzkie Archiwum Państwowe w Łodzi (WAPŁ)

Archiwum prof. dra Emila Stanisława Rappaporta (1910–1965)

2. *Gesetzestexte und Statistiken*

Dziennik Praw Państwa Polskiego, Warszawa 1918–1919.
Dziennik Ustaw Rzeczypospolitej Polskiej, Warszawa 1918–1939.
Kołodziejczyk, T./Pomianowska, M. (Hg.): Konstytucje w Polsce 1791–1990, Warszawa 1990.
League of Nations: Records of the International Conference for the Unification of Laws on Bills of Exchange, Promissory Notes and Cheques. Records of the First Session, May 13th to June 7th, 1930, Bills of Exchange and Promissory Notes and Records of the Second Session, February 23rd to March 19th, 1931, Cheques.
Mały Rocznik Statystyczny. Główny Urząd Statystyczny R.P., Warszawa I.1930-X.1939.
Miesięcznik Statystyczny. Główny Urząd Statystyczny, Warszawa I. 1920-VI. 1923.

Rocznik Statystyki. Główny Urząd Statystyczny, Warszawa 1.1920/22–7.1929.

United Nations: Documents on the Development and Codification of International Law, in: The American Journal of International Law 41 (1947), Nr. 4, S. 29–116 (= Supplement of Official Documents).

Volumina Legum. Prawa, konstytucye i przywileie królestwa polskiego, wielkiego księstwa litewskiego y wszystkich prowincyi należących na walnych seymiech koronnych od sejmu wiślickiego roku pańskiego 1347 do ostatniego seymu uchwalone. Tom IX: 1782–1792, Kraków 1889.

3. *Zeitgenössische Darstellungen von Einzelautoren*

Abraham, W.: Zagadnienia kodyfikacji prawa małżeńskiego, Lwów 1927.

Adamus, J.: W sprawie stosunku prawa ludowego do kodyfikacji prawa prywatnego, in: Głos Prawa 2 (1925), Nr. 9–10, S. 210–215.

Ders., J.: W. A. Maciejowski und das Programm der slavischen Rechtsgeschichte, in: Przewodnik Historyczno-Prawny 3 (1933), Nr. 1–4, S. 92–125.

Allerhand, M.: Uwagi do projektu międzynarodowego prawa prywatnego Komisji Kodyfikacyjnej RP, Kraków 1921.

Augenblick, R.: Prawo karne antyliberalne, in: Archiwum Kriminologiczne 1 (1933), Nr. 1, S. 63–69.

Babiński, L.: Piąta konferencja prawa międzynarodowego prywatnego na tle dotychczasowej kodyfikacji haskiej, Warszawa 1926.

Bardach, M.: Wolność przesiedlenia się a pauperyzacja adwokatury, in: Palestra 6 (1929), Nr. 6–7, S. 292–302.

Batowski, H.: Studencka współpraca międzysłowiańska, in: Wycieczki zagraniczne Koła Prawników S.U.W, Warszawa 1929, S. 6–8.

Bauerreiss, C.: Kongreß der Notare aus den Nachfolgestaaten. Abgehalten zu Wien am 30. Oktober 1926, in: Notariatszeitung 68 (1926), Nr. 11, S. 87–89.

Bekerman, J.: Z powodu projektu prawa małżeńskiego, in: Gazeta Sądowa Warszawska 60 (1932), Nr. 41, 10.10.1932, S. 589–593 und 60 (1932), Nr. 42, 17.10.1932, S. 605–606.

Bielawski, B.: Polskość adwokatury a dobro Rzeczypospolitej, in: Czasopismo Adwokatów Polskich 21 (1937), Nr. 1–11, S. 11–19.

Bierzanek, R.: Z rozważań nad koncepcją prawa narodowego, in: WMP 3 (1937), Nr. 12, S. 1–9.

Blumenfeld, B.: Adwokatura małopolska, in: Palestra 4 (1927), Nr. 1, S. 20–26.

Bossowski, J. J.: Nowe kierunki prawa karnego w Niemczech, in: RPEiS 16 (1936), Nr. 3, S. 177–188.

Ders.: Unarodowienie czy unifikacja prawa karnego jako problem przyszłości, in: RPEiS, 5 (1925), Nr. 1, S. 5–10.

Bregmann, A.: Opinia Polski o sprawy zagraniczne. Uwagi o niemocarstwowości myślenia, Kraków 1931.

BUMKE, E.: Die Jahrestagung der Arbeitsgemeinschaft für deutsch-polnische Rechtsbeziehungen in Warschau, in: Zeitschrift der Akademie für Deutsches Recht 6 (1939), Nr. 3, S. 73–78.

CHMURSKI, A.: Historia statuty palestry, in: Palestra 8 (1931), Nr. 10–11, S. 518–523.

CYBICHOWSKI, Z.: Die nationale Methode im Staatsrecht und in der Staatslehre, in: Deutsche Juristenzeitung 39 (1934), Nr. 10, S. 643–645.

DERS.: Na szlakach nacjonalizmu, Warszawa 1939.

CZAŁCZYŃSKI, K.: X międzynarodowy kongres prawa karnego i penitencjarnego w Pradze, in: Głos Sądownictwa 2 (1930), Nr. 9, S. 539–545.

DĄBKOWSKI, P.: Charakterystyka prawa prywatnego polskiego. Nowe spostrzeżenia, Lublin 1923.

DERS.: Dawne prawo polskie a zadania Komisji Kodyfikacyjnej, Warszawa 1920.

DBAŁOWSKI, W.: Über den Entwurf der unifizierten Zivilprozeßordnung, in: Review of Polish Law and Economics (= Zeitschrift für polnisches Recht und Wirtschaftswesen) 2 (1930), S. 76–78.

Deklaracja polskiej młodzieży prawniczej, in: Prawo 14 (1937), Nr. 3–4, S. 55–57.

DELAQUIS, E.: Internationale Zusammenarbeit auf dem Gebiet des Strafrechts, in: Mitteilungen der Internationalen Kriminalistischen Vereinigung 6 (1933), S. 127–144.

DIETRICH, M.: O kryzysie prawa międzynarodowego, in: Prawo 11 (1934), Nr. 3, S. 68–72.

DOMAŃSKI, L.: Unifikacja adwokatury polskiej według projektu rządowego ustawy o ustroju adwokatury, in: Palestra 8 (1931), Nr. 10–11, S. 480–486.

Drugi Zjazd Prawników Słowiańskich, in: Głos Sądownictwa 8 (1936), Nr. 5, S. 407.

Dyskusja nad prawem narodowym, in: Prawo 16 (1939), Nr. 1–2, S. 39–41.

EHRENZWEIG, A.: Eine polnische Kodifikation des IPR, in: Juristische Blätter 50 (1921), Nr. 11–12, 5.6.1921, S. 80–81.

EHRLICH, L.: Ujednostajnienie norm o nabyciu i utracie obywatelstwa i przynależności w państwach słowiańskich, Lwów 1933.

Festschrift zur Jahrhundertfeier des ABGB, 1. Juni 1911, 2 Bde., Wien 1911.

FIERICH, F. K.: Komisja Kodyfikacyjna w Rzeczypospolitej Polskiej, in: RPEiS 5 (1925), Nr. 3, S. 655–665.

DERS.: Unifikacja ustawodawstwa, in: 10-lecie Polski Odrodzonej. Księga Pamiątkowa 1918–1928, Kraków, Warszawa 1928.

FRANK, H.: Zwischenstaatliche Strafrechtspolitik. Vortrag gehalten von dem Präsidenten der Akademie für Deutsches Recht in der Festsitzung der Akademie für Deutsches Recht anläßlich des XI. Strafrechts- und Gefängniskongresses in Berlin am 21. August 1935, Berlin 1935.

FRANKENSTEIN, E.: Die polnischen Gesetze über das internationale und das interterritoriale Privatrecht, in: Ostrecht 2 (1926), Nr. 7–8, S. 1086–1090.

DERS.: Internationales Privatrecht (Grenzrecht). 4 Bände, Berlin 1926–1935 (ND Frankfurt/Main 1974).

FREUND, H.: 15 Jahre polnischer Rechtsentwicklung, in: Osteuropa 8 (1932/33), S. 530–541.
GELB, Z.: Wolność przesiedlenia się a pauperyzacja adwokatury, in: Głos Prawa 6 (1929), Nr. 7–9, S. 294–300.
GLASER, S.: Aktualne zagadnienia na Kongresie Karnym w Berlinie, in: Głos Sądownictwa 7 (1935), Nr. 10, S. 689–696.
DERS.: Das neue polnische Strafgesetzbuch und die deutsche Strafrechtsreform (Vortrag im Osteuropa-Institut in Breslau, 11. Januar 1933), in: Zeitschrift für Ostrecht 7 (1933), Nr. 3, S. 348–358.
DERS.: Prawo karne na kongresach międzynarodowych (Paryż i Haga), in: Palestra 14 (1937), Nr. 10, S. 874–886.
GLASS, J.: Współpraca poszczególnych dzielnic w budowaniu Państwa Polskiego, in: Gazeta Sądowa Warszawska 48 (1920), Nr. 2, 10.1.1920, S. 11–12 und Nr. 3, 17.1.1920, S. 18–20.
GOŁĄB, S.: Krakowskie Towarzystwo Prawnicze w okresie lat 1934–1936, Kraków 1936.
DERS.: Polskie prawo małżeńskie w kodyfikacji, Warszawa 1932.
DERS.: Prądy w prawoznawstwie Trzeciej Rzeszy, Warszawa 1936.
DERS.: Teorja i technika kodyfikacji, in: Głos Prawa 6 (1929), Nr. 12, S. 461–465.
Ders.: Zasady prawa małżeńskiego. Z obrad sekcji prawa cywilnego Komisji Kodyfikacyjnej, in: Palestra 2 (1925), Nr. 2, S. 593–606.
GRABOWSKI, W.: Wpływ Marszałka Piłsudskiego na kształtowanie się prawa w Polsce. Odczyt wygłoszony przez Ministra Sprawiedliwości w dn. 10 maja 1937 na 12. plenarnym posiedzeniu Akademii Prawa Niemieckiego w Berlinie, Warszawa 1937.
GRODYŃSKI, T.: Międzynarodowe prawo prywatne na tle stosunków między dzielnicami Polski, Kraków 1914.
HALBAN, L.: Małżeństwo niemieckie, in: Przegląd Powszechny 221 (1939), Nr. 1, S. 37–52 und 221 (1939), Nr. 2, S. 195–209.
HENZEL, M.: Rozbrojenie moralne a międzynarodowa współpraca intelektualna, in: Przegląd Współczesny 12 (1933), Nr. 44, S. 119–128.
Hitlerizm w adwokaturze polskiej, in: Głos Prawa 11 (1934), Nr. 4–5, S. 342.
Informator Akademicki na rok 1925/26, Warszawa 1925.
JAGLARZ, J.: Problem kodyfikacji prawa małżeńskiego w Polsce, Poznań 1934.
JAWORSKI, W.L.: Najważniejsze zadanie, in: Czasopismo Prawnicze i Ekonomiczne 18 (1920), Nr. 1–4, S. 1–4.
DERS.: O prawie, państwie i konstytucji. Wstęp, wybór i opracowanie M. JASKÓLSKI, Warszawa 1996.
JUNGHANN, O.: Der Weltverband der Völkerbund-Gesellschaften, Berlin 1925.
KASPAREK, F.: Druga konferencja w Hadze celem kodyfikacji prawa międzynarodowego prywatnego od 25.6. do 13.7.1894 roku, Kraków 1895.
DERS.: Pokojowa Konferencja w Hadze z roku 1899 i jej znaczenie dla prawa międzynarodowego, in: Czasopismo Prawnicze i Ekonomiczne 1 (1900), S. 518–530.
DERS.: Prace instytutu dla prawa narodów w przedmocie prawa międznarodowego prywatnego, Kraków 1884.
DERS.: Udział Polaków w uprawie prawa międzynarodowego, Lwów 1885.

DERS.: Z dziedziny prawa międzynarodowego prywatnego. Konferencja w Hadze z września 1893 r., Kraków 1894.

Katalog Wystawy Ministerstwa Spraw Zagranicznych (na Powszechnej Wystawie Krajowej w Poznaniu w 1929 roku), Warszawa 1929.

KOMARNICKI, T. (Hg.): Diariusz i teki Jana Szembeka. Tom 1, London 1964.

Komisja Zagraniczna Koła Studentów Prawa Uniwersytetu Warszawskiego, in: Prawo 5 (1928), Nr. 5, S. 34 und 12 (1935), Nr. 7/8, S. 221–222.

Kongres dziecka, in: WMP 4 (1938), Nr. 9–10, S. 36–37.

Kongres Młodych Prawników w Wenecji, in: Prawo 10 (1933), Nr. 7–8, S. 257–259.

KONIC, H.: Prawo małżeńskie obowiązujące w byłym Królestwie Kongresowym, Warszawa 1924.

KOSCHEMBAHR-ŁYSKOWSKI, I.: W sprawie kodyfikacji naszego prawa cywilnego. (Referat na inauguracyjnym posiedzeniu Polskiego Towarzystwa Ustawodawstwa Cywilnego w dniu 28.9.1922), in: Themis Polska, 2 (1924/25), S. 1–112.

DERS.: Zur Stellung des römischen Rechts im Allgemeinen Bürgerlichen Gesetzbuche für das Kaisertum Österreich, in: Festschrift zur Jahrhundertfeier des ABGB, 1. Juni 1911. Wien 1911, Bd. 1, S. 209–294.

KOSZEWSKI, M.: Sprawozdanie ze zjazdu adwokatury francuskiej i międzynarodowej, in: Palestra 5 (1928), Nr. 7–8, S. 352–355.

DERS.: Współczesny stan adwokatury w zachodnich dzielnicach Polski, in: Palestra 4 (1927), Nr. 3, S. 106–113.

KRAUSHAAR, A.: Prace nad reformą ustroju adwokatury, in: Palestra 15 (1938), Nr. 2, S. 81–101 und Nr. 3, S. 174–195.

Kronika Akademicka, in: Trybuna Akademicka 19 (1939), Nr. 1–2, S. 8.

KRZYMUSKI, E.: Projekt austriacki kodeksu karnego z roku 1913 a mój projekt polski z r. 1918, in: Czasopismo Prawnicze i Ekonomiczne 19 (1921), Nr. 5–6, S. 13–29.

KURATÓW-KURATOWSKI, R.: O zdolności prawnej mężatek według kodeksu cywilnego polskiego, in: Gazeta Sądowa Warszawska 48 (1920), Nr. 1, 3.1.1920, S. 4–6.

KUTRZEBA, S.: Wspólne podstawy historii praw słowiańskich, in: Czasopismo Prawnicze i Ekonomiczne 28 (1933), S. 264–276.

KWIECIŃSKI, K.: „Młode“ i „stare“ pokolenie prawnicze, in: WMP 4 (1938), Nr. 2, S. 1–4.

LARYSSA, W.: Walka o reformę małżeństwa i rodziny w Polsce, London ²1947.

LEMKIN, R.: Akte der Barbarei und des Vandalismus als delicta iuris gentium, in: Internationales Anwaltsblatt 18 (1932), Nr. 5, S. 130–132.

DERS.: Drugi międzynarodowy kongres prawa porównawczego, Haga 1937, in: Głos Sądownictwa 9 (1937), Nr. 10, S. 757–761.

DERS.: Faut-il créer un nouveau délit du droit des gens, nommé terrorisme? in: Révue de droit pénal et de criminologie 13 (1933), Nr. 8–10, S. 899–907.

DERS.: Przestępstwa polegające na wywołaniu niebezpieczeństwa miêdzypańst-wowego jako delicta iuris gentium, in: Głos Prawa 10 (1933), Nr. 10, S. 598–604.

LISOWSKI, Z.: Prawo małżeńskie (projekt ustawy), Poznań 1934.

Litauer, J. J.: Na marginesie ustroju naszej kodyfikcaji, Lwów 1935.
Ders.: Rzut oka na polskie projekty ustawodawcze norm międzynarodowego i międzydzielnicowego prawa prywatnego, Warszawa 1925.
Litwin, J.: O potrzebie republikacji obowiązujących przepisów prawnych zaborczych w polskich tekstach autentycznych, Warszawa 1937.
Longchamps de Berier, R.: I Zjazd prawników słowiańskich w Bratysławie, in: Przegląd Prawa i Administracji 58 (1933), Nr. 4, S. 335–348.
Lutostański, K.: O metodach stosowanych w polemice z Projektem Prawa Małżeńskiego Komisji Kodyfikacyjnej, in: Gazeta Sądowa Warszawska 60 (1932), Nr. 21, 23.5.1932, S. 289–292.
Ders.: Uwagi z powodu pracy L. Domańskiego „O małżeństwie", in: Gazeta Sądowa Warszawska, 60 (1932), Nr. 37, 12.9.1937, S. 525–530, Nr. 38, 19.9.1932, S. 541–546, Nr. 39, 26.9.1932, S. 557–562.
Lutwak, A.: Fiat sacramentum – pereat matrimonium! in: Głos Prawa 9 (1932), Nr. 2–3, S. 72–94.
Ders.: O źródeł partyjnictwa dzielnicowego w państwie i w adwokaturze, in: Głos Prawa 6 (1929), Nr. 12, S. 490–498 und 7 (1930), Nr. 1–2, S. 35–60.
Ders.: Organ „nowej rzeczowości" wśród palestry lwowskiej, in: Głos Prawa 10 (1933), Nr. 2, S. 97–110.
Makarewicz, J.: USA – Kartki z podróży po Stanach Zjednoczonych, Lwów 1929.
Ders.: Prawo małżeńskie i polska rzeczywistość, in: Przegląd Prawa i Administracji 57 (1933), Nr. 2, S. 177–182.
Makowski, W.: Dotychczasowe wyniki unifikacji prawa karnego, Warszawa 1935.
Ders.: Kodyfikacja porządku międzynarodowego, in: Nowe Państwo 2 (1932), Nr. 2, S. 1–11.
Ders.: O koncepcji prawa społecznego, in: RPEiS 10 (1933), Nr. 1, S. 14–20.
Ders.: O państwie społecznym. Wstęp, wybór i opracowanie Władysław T. Kulesza, Warszawa 1998.
Ders.: W sprawie ujednostajenia ustawodawstwa, in: Gazeta Sądowa Warszawska 47 (1919), Nr. 2–3, 18.1.1919, S. 13–15.
Mańkowski, A.: Uprzywilejowane stanowisko wielkich mocarstw w XIX i XX wieku, Kraków 1934.
Meili, F.: Das Internationale Privatrecht und die Staatenkonferenzen von Haag, Zürich 1900.
Ders.: Der internationale Geist in der Jurisprudenz, Zürich 1897.
Meyer, E.: Polnische Rechtsprobleme, in: Zeitschrift für polnisches Recht 2 (1924), Nr. 1–2, S. 84–94.
Międzynarodowy Związek Adwokatów i pierwszy konstytujący zjazd jego delegatów w Brukseli 17 i 18 listopada 1928 r., in: Czasopismo Adwokatów Polskich 12 (1928), Nr. 8, S. 13–14.
Miscellanea, in: RPEiS 16 (1936), Nr. 2, S. 467–475, Nr. 3, S. 684–687, Nr. 4, S. 934–937, 18 (1938), Nr. 3, S. 743–746.
Młody Prawnik. Kronika Rady Naczelnej Związku Zrzeszeń Aplikantów Zawodów Prawniczych R.P., in: Głos Sądownictwa 7 (1935), Nr. 1, S. 75–76.

Muszalski, E.: O zasady przyszłej ordynacji wyborczej do Sejmu, in: WMP 5 (1939), Nr. 2, S. 13–18.
Ders.: Samowystarczalność polskiej nauki i studjów prawnych, in: Prawo 7 (1930), Nr. 3, S. 10–16.
Ders./Ogulewicz, Z./Wisłocki, J. S.: Stanowisko polskich prawników katolików wobec projektu prawa o stosunkach rodziców i dzieci, Warszawa 1939.
Narodowe Zrzeszenie Adwokatów: Uchwały walnego zgromadzenia, in: WMP 5 (1939), Nr. 5, S. 68–69.
Nowe Stowarzyszenia Adwokackie, in: Czasopismo Adwokatów Polskich 17 (1933), Nr. 7–9, S. 10.
Nowy Minister Sprawiedliwości, in: WMP 2 (1936), Nr. 6, S. 22.
Orlewicz, T.: Drogi rozwoju polskiego prawa narodowego, in: Prawo 14 (1937), Nr. 3–4, S. 62–71.
Ders.: Polskie prawo narodowe. Istota problemu, in: WMP 4 (1938), Nr. 2, S. 7–15.
Ders.: Problem unarodowienia prawa polskiego, in: WMP 3 (1937), Nr. 3, S. 11–16.
Piątkowski, J. S.: O polską myśl filozoficzno-prawną, in: Prawo 13 (1936), Nr. 1, S. 1–6.
Ders.: Polskie prawo narodowe, in: WMP 2 (1936), Nr. 12, S. 8–12.
Ders.: Zadania i cele polskiej młodzieży prawniczej, in: Prawo 13 (1936), Nr. 5/6, S. 161–167.
Pismo Rady Naczelnej Związku Zrzeszeń Młodych Prawników R. P. do Marszałka Polski, in: WMP 5 (1939), Nr. 4, S. 2.
Podoleński, Ks. S.: W kwestii nowego prawa małżeńskiego, in: Przegląd Powszechny, 147 (Nr. 521), 1927, S. 186–206.
Ders.: W sprawie kodyfikacji prawa małżeńskiego w Polsce, in: Przegląd Powszechny, 169 (Nr. 506), 1926, S. 148–163.
Polsko-węgierska współpraca młodych prawników, in: WMP 2 (1936), Nr. 12, S. 16–17.
Ponikowski, C.: Kilka uwag do celowości instytucji Naczelnej Rady Adwokackej, in: Palestra 8 (1931), Nr. 10–11, S. 472–474.
Popiel, J.: O Polski język w Polskim prawie, in: WMP 5 (1939), Nr. 4, S. 11–15.
Posner, S.: Nasza Komisja Kodyfikacyjna. (Z powodu sprawozdania za rok 1924 prezydenta K. K. prof. Fr. X. Fiericha), in: Palestra 2 (1925), Nr. 5, S. 780–794.
Prace Komisji Kodyfikacyjnej nad projektem ustawy o adwokatury, in: Palestra 8 (1931), Nr. 10–11, S. 524–527.
Prawo zagraniczne, in: WMP 4 (1938), Nr. 12, S. 55–62.
Przed zjazdem w Wilnie, in: WMP 2 (1936), Nr. 5, S. 2 f.
Przed XVI zjazdem, in: WMP 4 (1938), Nr. 5, S. 2–4.
Przemówienie przewodniczącego delegacji polskiej kol. Witolda Bayera na uroczystej inauguracji I Międzynarodowego Kongresu Studentów Prawa w dn. 16 sierpnia r. b. w Brukseli, in: Prawo 7 (1930), Nr. 8, S. 20–22.
Przeworski, J.: W obronie stanu adwokackiego, in: Głos Prawa 2 (1925), Nr. 15–16, S. 317–321.

DERS.: W wirze walki o prawo małżeńskie, in: Głos Prawa 3 (1926), Nr. 4, S. 154–158.

PRZYBYŁOWSKI, K.: Allgemeine Probleme des internationalen Privatrechts im Lichte der polnischen Rechtssprechung, in: Zeitschrift für osteuropäisches Recht 2 (1935/36), N.F., S. 587–602.

DERS.: Prawo prywatne międzynarodowe, Lwów 1935.

Psychoza reformacyjna w adwokaturze polskiej, in: Głos Prawa 12 (1935), Nr. 3–4, S. 255–256.

RAPPAPORT, E. S.: Bibliography of Works on Poland's New Codes of Law, in: WORTLEY, B. A.: Poland's New Codes of Law, Birmingham 1937, S. 13–19.

DERS.: Czy zalecić należy udział czynnika społecznego w ustroju sądownictwa karnego państw słowiańskich? Warszawa 1933.

DERS.: Der Juristentag in Warschau, in: Review of Polish Law and Economics (= Zeitschrift für polnisches Recht und Wirtschaftswesen), 2 (1930), S. 79–81.

DERS.: Karta z kroniki prawnictwa polskiego, Warszawa 1935.

DERS.: Media via prawa karnego. Odczyty i referaty 1930–1936, Warszawa 1936.

DERS.: Memorandum informacyjne sekretarza generalnego stałej delegacji zrzeszeń i instytucji prawniczych R. P. o nowych celach, zadaniach i wymogach organizacyjnych zjazdów prawników polskich, Warszawa 1929.

DERS.: Moralische Abrüstung (Strafrechtliche Sicherungen des Völkerfriedens), in: Internationales Anwaltsblatt 18 (1932), Nr. 5, S. 130–132.

DERS.: O obecnej organizacji i programie zjazdów prawników polskich, Warszawa 1936.

DERS.: O potrzebie stałej organizacji prawników kryminalistów polskich i dotychczasowych o nią zabiegach, Lwów 1912.

DERS.: Piąta Konferencja Międzynarodowa Unifikacji Prawa Karnego a jej poprzedniczki (garść wspomnień, wrażeń i myśli 1927–1933), Łódź 1934.

DERS.: Polski neo-unitaryzm prawny. W poszukiwaniu prawa polskiego samoistniego, Warszawa 1938.

DERS.: Prawo karne międzynarodowe, Warszawa 1936.

DERS.: Przyszły kodeks karny Trzeciej Rzeszy Niemieckiej (wskazania podstawowe prawa karnego hitlerowskiego), Warszawa 1934.

DERS.: Sprawy adwokatury polskiej: Wniosek złożony komitetowi IV zjazdu prawników i ekonomistów w sprawie utworzenia polskiej grupy w obrębie „Międzynarodowego Zjednoczenia Kryminalistów", in: Gazeta Sądowa Warszawska Nr. 42 (1905), 8. (21.)10.1905, S. 680–681.

DERS.: Zagadnienie unifikacji międzynarodowego prawa karnego, Warszawa 1929.

RAWSKI, CZ.: Akademia Prawa Niemieckiego, in: WMP 3 (1937), Nr. 1, S. 13–15.

Rewizyta Rady Naczelnej Związku Zrzeszeń Aplikantów Zawodów Prawniczych R.P. w Rzeszy Niemieckiej, in: WMP 1 (1935), Nr. 2, S. 33–34.

ROGOJSKI, W.: Nowela o prawach kobiet (Ustawa z dnia 1. lipca 1921), in: Gazeta Sądowa Warszawska 49 (1921), Nr. 43, S. 346–347.

Rok 1926. Trzy bilansy adwokackie, in: Czasopismo Adwokatów Polskich 11 (1927), Nr. 1, S. 1–3.

Rostworowski, M.: Organizacja związków międzynarodowych, Kraków 1930.
Ders.: Prawo spadkowe na warsztacie ostatnich konferencji haskich 1925–1928, in: Czasopismo Prawnicze i Ekonomiczne 25 (1929), Nr. 1–12, S. 132–150.
Roszkowski, G.: O kodyfikacji prawa międzynarodowego. Szkic naukowy, Kraków 1882.
Ders.: O organizacji międzynarodowego związku państw, Lwów 1880.
Ders.: O początkach kodyfikacji międzynarodowego prawa prywatnego w Europie, in: Ateneum Polskie 4 (1908), S. 237–265.
Ders.: O unii interparlamentarnej, Kraków 1911.
Rowiński, S.: Kongres Międzynarodowy Związek Adwokatów w Brukseli, in: Czasopismo Adwokatów Polskich 13 (1929), Nr. 5, S. 6–8 sowie ebenda, Nr. 10–12, S. 20–22.
Rühle, G.: Unsere Zusammenarbeit mit den polnischen Jungjuristen, in: Jugend und Recht 9 (1935), Nr. 9, S. 193–194.
Rzętkowska, M.: Kobieta w życiu narodu i państwa, in: Prawo 10 (1933), Nr. 5–6, S. 202–204.
Schöndorf, F.: Die polnischen Gesetzentwürfe über internationales und interterritoriales Privatrecht, in: Zeitschrift für polnisches Recht 1 (1923), Nr. 1–2, S. 26–41.
Sendlikowski, A.: Wstęp, in: Prawo 10 (1933), Nr. 5–6, S. 133–134.
Silnicki, Z.: Romantyzm a Komisja Kodyfikacyjna, in: Głos Sądownictwa 2 (1930), Nr. 1, S. 4–9.
Sokołowski, Z.: Reforma ustroju adwokatury, in: Palestra 8 (1931), Nr. 10–11, S. 433–449.
Sopoćko, Ks. M.: Rodzina w prawodawstwie na ziemiach polskich (Studjum etyczno-prawne), Wilno 1926.
Stelmachowski, B.: Das Problem des Interterritorialen Privat- und Prozeßrechts in Polen, in: Ostrecht 2 (1926), Nr. 7–8, S. 697–704.
Studium Kultury Prawniczej Polskiej, in: WMP 4 (1938), Nr. 5, S. 22.
Strzałecki, T.: Międzynarodowa izba handlowa w Paryżu, in: Prawo 6 (1929), Nr. 1, S. 9–19.
Suligowski, A.: Bibliografia prawnicza polska XIX i XX wieku poprzedzona słowem wstępnym i rzutem oka na twórczość piśmienniczą prawników polskich w ciągu XIX wieku i pierwszego dziesięciolecia XX wieku, Warszawa 1911.
Sułkowski, A.: Unifikacja prawa wekslowego w państwach słowiańskich, in: RPEiS 10 (1933), Nr. 3, S. 109–117.
Sumorok, L.: W obliczu germanizacji polskiej myśli prawniczej, in: Głos Sądownictwa 10 (1938), Nr. 1, S. 13–16.
Śliwowski, J. S.: Czwarty międzynarodowy kongres prawa karnego, Paryż 1937, in: Głos Sądownictwa 9 (1937), Nr. 9, S. 676–685.
Świątkowski, H.: Prawo małżeńskie i rozwodowe Rzeszy, in: Głos Sądownictwa 11 (1939), Nr. 5, S. 326–330.
Tennenbaum, H.: Polska w polityce świata, Warszawa 1923.
Trzeciak, Ks. S.: Talmud, bolszewizm i „projekt prawa małżenskiego w Polsce“, Warszawa 1932.

TÜRPITZ, H.: Polnische Jungjuristen in Deutschland, in: Jugend und Recht 9 (1935), Nr. 10, S. 232–234.
TYLBOR, S.: Z zagadnień prawa małżeńskiego, in: Palestra 6 (1929), Nr. 5, S. 226–229.
URBAN, Ks. J.: Przeciwko projektom rozwodowym, in: Przegląd Powszechny, (183), 1929, Nr. 547–548, S. 42–60.
DERS.: Sprawozdanie z ruchu religijnego, in: Przeglad Powszechny, (169), 1926, Nr. 505, S. 111–112.
URBANOWICZ, S.: Nowe prawo o ustroju adwokatury, in: Palestra 9 (1932), Nr. 3–10, S. 100–109.
W dziesiątą rocznicę, in: Prawo 5 (1928), Nr. 6, S. 1.
W obronie niezależności adwokatury. Komunikat Zrzeszenia Prawników Socjalistów w Polsce, in: Głos Prawa 12 (1935), Nr. 1–2, S. 123–124.
Walne zebranie „Koła Adwokatów Żydów“ we Lwowie, in: Palestra 14 (1937), Nr. 7, S. 602.
WASILKOWSKI, J.: Dotychczasowe wyniki unifikacji prawa cywilnego w Polsce, Warszawa 1935.
WISŁOCKI-SAS, J.: Adwokatura i lewirat, in: Prawo 15 (1938), Nr. 1–2, S. 1–3.
DERS.: Akademicki Kodeks Honorowy, Warszawa 1934.
DERS.: Międzynarodowy Komitet Studentów Prawa, in: Prawo 8 (1931), Nr. 7, S. 415–416.
DERS.: O polską młodą myśl prawniczą, in: Prawo 7 (1930), Nr. 9, S. 32–37.
DERS.: O polskie słownictwo prawnicze, in: Prawo 8 (1931), Nr. 2, S. 111–113.
DERS.: Wizja wielkiej Polski. Fragmenty ustrojowe, Warszawa 1934.
WISZNICKI, B.: W sprawie polskiego języka prawniczego, in: Głos Sądownictwa 1 (1929), Nr. 1, S. 17–18.
Wizyta prawników węgierskich w Polsce, in: WMP 2 (1936), Nr. 2, S. 29–30.
WOLTER, W.: Prawo karne pod znakiem swastyki, in: Przegląd Współczesny, 13 (1934), Nr. 149, S. 231–346.
WROTNOWSKI, L.: O potrzebie kodeksu międzynarodowego dla stosunków prywatnych, Warszawa 1868.
Wybory parlamentarne, in: WMP 4 (1938), Nr. 11, S. 78–80.
ZAŁĘSKI, W.: Zur Geschichte und Lehre der internationalen Gemeinschaft, Dorpat 1866.
ZAREMBA, S.: I-szy Międzynarodowy Kongres Studentów Prawa, in: Prawo 7 (1930), Nr. 8, S. 17–20.
ZAŚCIŃSKI, J.: Oblicze młodej Europy, in: Prawo 11 (1934), Nr. 4, S. 100–102.
Zjazd zespołów prawniczych OZN w Warszawie, in: WMP 5 (1939), Nr. 1, S. 53–54.
Zjazd Związku Adwokatów Polskich, in: WMP 3 (1937), Nr. 6–7, S. 39–40.
ZNAMIEROWSKI, Cz. (Hg.): O naprawie studjów prawniczych, Warszawa 1938.

Zoll, F.: Entwürfe über das polnische Internationale Privatrecht und Interlokale Privatrecht, in: Zeitschrift für polnisches Recht 1 (1923), Nr. 1–2, S. 2–25.

Związek Adwokatów Polskich, Oddział Krakowski, in: Czasopismo Adwokatów Polskich 22 (1939), Nr. 1–6, S. 10–12.

Żenczykowski, T.: Rozważania organizacyjne, in: WMP 2 (1936), Nr. 12, S. 1–4.

Ders.: Zasadniczy postulat, in: WMP 4 (1938), Nr. 5, S. 4–5.

4. *Zeitgenössische Berichte von Institutionen, Verbänden, Kongressen*

Académie de Droit International. Recueil des cours, Paris 1.1923–62.1938.

Association Internationale de Droit Pénal: Actes du Premier Congrès (Bruxelles 1926), publiés sous la direction du Comte Carton de Wiart par Jean-André Roux, Paris 1927.

Confédération Internationale des Étudiants: 1er Congrès des Étudiants en Droit, Bruxelles, 16.-21.8.1930.

Conférence Internationale pour l' Unification du Droit Pénal: Première Conférence Internationale d' Unification du Droit Pénal, Varsovie 1.-5.11.1927. Actes de la conférence, Paris 1929.

Conférence Internationale pour l' Unification du Droit Pénal: Deuxième Conférence Internationale d' Unification du Droit Pénal, Rome 21.-25.5.1928. Actes de la conférence, Rom 1931.

Conférence Internationale pour l' Unification du Droit Pénal: Troisième Conférence Internationale d' Unification du Droit Pénal, Bruxelles 26.-30.6.1930. Actes de la conférence, Bruxelles 1931.

Conférence Internationale pour l' Unification du Droit Pénal: Quatrième Conférence Internationale d' Unification du Droit Pénal, Paris 27.-30.12.3931. Actes de la conférence, Paris 1933.

Conférence Internationale pour l' Unification du Droit Pénal: Quinzième Conférence Internationale d' Unification du Droit Pénal, Madrid 14.-20.10.1933. Actes de la conférence, Paris 1935.

Conférence Internationale pour l' Unification du Droit Pénal: Sixième Conférence Internationale d' Unification du Droit Pénal, Copenhague 31.8.-2.9.1935. Actes de la conférence, Paris 1938.

Conférence Internationale pour l' Unification du Droit Pénal: Septième Conférence Internationale d' Unification du Droit Pénal, Le Caire 12.-18.1.1939. Actes de la conférence, Paris 1939.

Die Internationale Handelskammer (Ihre Aufgaben, Arbeitsmethode und Funktion), Paris 1935.

Komisja Kodyfikacyjna Rzeczypospolitej Polskiej. Dział ogólny. Tom 1, zeszyt 1, Warszawa 1920.

Komisja Kodyfikacyjna Rzeczypospolitej Polskiej. Dział ogólny. Tom 1, zeszyt 2: Sprawozdanie z działalności za czas od 3 czerwca 1919 do 31 maja 1920, Warszawa 1920.

Komisja Kodyfikacyjna Rzeczypospolitej Polskiej. Dział ogólny. Tom 1, zeszyt 3, Warszawa 1921.

Komisja Kodyfikacyjna Rzeczypospolitej Polskiej. Dział ogólny. Tom 1, zeszyt 4, Warszawa 1922.
Komisja Kodyfikacyjna Rzeczypospolitej Polskiej. Dział ogólny. Tom 1, zeszyt 5: Sprawozdanie z działalności Komisji Kodyfikacyjnej R.P. za czas od 1 stycznia 1922 do 1 września 1922, Warszawa 1922.
Komisja Kodyfikacyjna Rzeczypospolitej Polskiej. Dział ogólny. Tom 1, zeszyt 6: Sprawozdanie z działalności Komisji Kodyfikacyjnej R.P. za czas od 1 września 1922 do 31 grudnia 1923, Warszawa 1924.
Komisja Kodyfikacyjna Rzeczypospolitej Polskiej. Dział ogólny. Tom 1, zeszyt 7: Sprawozdanie z działalności Komisji Kodyfikacyjnej R.P. za czas od 1 stycznia 1924 do 31 grudnia 1924, Warszawa 1926.
Komisja Kodyfikacyjna Rzeczypospolitej Polskiej. Dział ogólny. Tom 1, zeszyt 8: Sprawozdanie z działalności Komisji Kodyfikacyjnej R.P. za czas od 1 stycznia 1925 do 31 grudnia 1925, Warszawa 1926.
Komisja Kodyfikacyjna Rzeczypospolitej Polskiej. Dział ogólny. Tom 1, zeszyt 9: Sprawozdanie z działalności Komisji Kodyfikacyjnej R.P. za czas od 1 stycznia 1926 do 31 grudnia 1926, Warszawa 1927.
Komisja Kodyfikacyjna Rzeczypospolitej Polskiej. Dział ogólny. Tom 1, zeszyt 10: Sprawozdanie z działalności Komisji Kodyfikacyjnej R.P. wygłoszone na posiedzeniu połączonych komisji prawniczych Sejmu i Senatu Rzeczypospolitej w dniu 21 marca 1927, Warszawa 1927.
Komisja Kodyfikacyjna Rzeczypospolitej Polskiej. Dział ogólny. Tom 1, zeszyt 11: Sprawozdanie z działalności Komisji Kodyfikacyjnej R.P. za czas od 1 stycznia 1927 do 31 grudnia 1928, Warszawa 1929.
Komisja Kodyfikacyjna Rzeczypospolitej Polskiej. Dział ogólny. Tom 1, zeszyt 12: Sprawozdanie z dziesięcioletniej działalności Komisji Kodyfikacyjnej R.P. od 3 czerwca 1919 do 3 czerwca 1929, Warszawa 1929.
Komisja Kodyfikacyjna Rzeczypospolitej Polskiej. Dział ogólny. Tom 1, zeszyt 13: Sprawozdanie z działalności Komisji Kodyfikacyjnej R.P. za czas od 3 czerwca 1929 do 1 kwietnia 1929, Warszawa 1930.
Komisja Kodyfikacyjna Rzeczypospolitej Polskiej. Dział ogólny. Tom 1, zeszyt 14: Sprawozdanie z działalności Komisji Kodyfikacyjnej R.P. za czas od 1 kwietnia 1930 do 1 czerwca 1931, Warszawa 1931.
Komisja Kodyfikacyjna Rzeczypospolitej Polskiej. Dział ogólny. Tom 1, zeszyt 15: Sprawozdanie z działalności Komisji Kodyfikacyjnej R.P. za czas od 1 czerwca 1931 do 1 czerwca 1932, Warszawa 1932.
Komisja Kodyfikacyjna Rzeczypospolitej Polskiej. Dział ogólny. Tom 1, zeszyt 16: Sprawozdanie z działalności Komisji Kodyfikacyjnej R.P. za czas od 1 czerwca 1932 do 31 maja 1934, Warszawa 1934.
Komisja Kodyfikacyjna Rzeczypospolitej Polskiej. Dział ogólny. Tom 1, zeszyt 17: Sprawozdanie z działalności Komisji Kodyfikacyjnej R.P. za czas od 1 czerwca 1934 do 31 marca 1937, Warszawa 1937.
Komisja Współpracy Międzynarodowej Profesorów i Docentów Prawa Administracyjnego i Nauk Politycznych, Warszawa 1930.
Materiały do organizacji Międzynarodowego Instytutu Nauk Administracyjnych. Zeszyt 1, Warszawa 1928.
Naczelna Rada Adwokacka: Sprawozdania Rady Adwokackiej w Warszawie za rok 1925/26, Warszawa 1926.

Naczelna Rada Adwokacka: Sprawozdania Rady Adwokackiej w Warszawie za rok 1926/27, Warszawa 1927.
Naczelna Rada Adwokacka: Sprawozdania Rady Adwokackiej w Warszawie za rok 1927/28, Warszawa 1928.
Naczelna Rada Adwokacka: Sprawozdania Rady Adwokackiej w Warszawie za rok 1928/29, Warszawa 1929.
Naczelna Rada Adwokacka: Sprawozdania Rady Adwokackiej w Warszawie za rok 1929/30, Warszawa 1930.
Naczelna Rada Adwokacka: Sprawozdania Rady Adwokackiej w Warszawie za rok 1930/31, Warszawa 1931.
Naczelna Rada Adwokacka: Sprawozdania Rady Adwokackiej w Warszawie za rok 1932/33, Warszawa 1933.
Naczelna Rada Adwokacka: Sprawozdania Rady Adwokackiej w Warszawie za rok 1936/37, Warszawa 1937.
Naczelna Rada Adwokacka: Sprawozdania Rady Adwokackiej w Warszawie za rok 1937/38, Warszawa 1938.
Narodowe Zrzeszenie Adwokatów: Sprawozdanie Zarządu Narodowego Zrzeszenia Adwokatów za rok 1933, Warszawa 1934.
Oddział Polski Towarzystwa Prawa Międzynarodowego. Sprawozdanie za czas od powstania do 12.5.1925 r., Warszawa 1925.
Ogólnopolski Kongres Młodych Prawników. Kraków 24.-26.4.1932, Warszawa 1932.
Pamiętnik III Zjazdu Prawników Polskich. Katowice-Kraków 1936, Warszawa 1938.
Polska Komisja Współpracy Prawniczej Międzynarodowej. Sprawozdanie z działalności 1920–1931, Warszawa 1931.
Polski Instytut Współpracy z Zagranicą. Statut, Warszawa 1931.
Polski Związek Prawników Kresowców: Sprawozdania z działalności zarządu za rok 1926, Warszawa 1927.
Polski Związek Prawników Kresowców: Sprawozdania z działalności zarządu za rok 1927, Warszawa 1928.
Polski Związek Prawników Kresowców: Sprawozdania z działalności zarządu za rok 1928/29, Warszawa 1929.
Polski Związek Prawników Kresowców: Sprawozdania z działalności zarządu za rok 1930/31, Warszawa 1931.
Polski Związek Prawników Kresowców: Dziesięć lat Polskiego Związku Prawników Kresowców (1926–1936), Warszawa 1936.
Polski Związek Prawników Kresowców: W dwunastolecie istnienia Związku, Warszawa 1938.
Polskie Stowarzyszenie Kobiet z wyższym wykształceniem w latach 1926–1936, Warszawa 1936.
Résolution adoptée par la Réunion des Représentantes des Organisations internationales consultées par la Société des Nations, Genève, les 8, 9 et 10 mai 1932, in: Mitteilungen der Internationalen Kriminalistischen Vereinigung 6 (1933), S. 203–208.
Sprawozdanie oddziału polskiego Towarzystwa Prawa Międzynarodowego za czas od powstania do 12 maja 1925 r., Warszawa 1925.

Sprawozdanie z działalności Polskiej Komisji Współpracy Prawniczej Międzynarodowej (1931–1934), Warszawa 1934.

Sprawozdanie z działalności sekcji prawa cywilnego Komisji Kodyfikacyjnej w r. 1925, in: Głos Prawa 2 (1925), Nr. 23–24, S. 490–491.

Stała Delegacja Zrzeszeń i Instytucji Prawniczych RP. Sprawozdania z działalności za czas od 1.1.1930–1.4.1931, Warszawa 1931.

Stała Delegacja Zrzeszeń i Instytucji Prawniczych RP. Sprawozdania z działalności za czas od 1.4.1931–1.4.1934, Warszawa 1934.

Stała Delegacja Zrzeszeń i Instytucji Prawniczych RP. Sprawozdania z działalności za czas od 1.4.1934–1.4.1937, Warszawa 1937.

Statut Międzynarodowego Stowarzyszenia Prawniczego, Warszawa 1934.

Stowarzyszenie Aplikantów Sądowych i Adwokackich. Sprawozdanie z działalności za rok 1927/28, Warszawa 1928.

The International Law Association: Ist Objects, Origins and Work, London 1920.

Towarzystwo Prawnicze w Warszawie: Sprawozdania za rok 1922, Warszawa 1923.

Towarzystwo Prawnicze w Warszawie: Sprawozdania za rok 1923, Warszawa 1924.

Towarzystwo Prawnicze w Warszawie: Sprawozdania za rok 1924, Warszawa 1925.

Towarzystwo Prawnicze w Warszawie: Sprawozdania za rok 1925, Warszawa 1926.

Towarzystwo Prawnicze w Warszawie: Sprawozdania za rok 1926, Warszawa 1927.

Towarzystwo Prawnicze w Warszawie: Sprawozdania za rok 1927, Warszawa 1928.

Towarzystwo Prawnicze w Warszawie: Sprawozdania za rok 1928, Warszawa 1929.

Towarzystwo Prawnicze w Warszawie: Sprawozdania za rok 1929, Warszawa 1930.

Towarzystwo Prawnicze w Warszawie: Sprawozdania za rok 1930, Warszawa 1931.

Towarzystwo Prawnicze w Warszawie: Sprawozdania za rok 1931, Warszawa 1932.

Towarzystwo Prawnicze w Warszawie: Sprawozdania za rok 1932, Warszawa 1933.

Towarzystwo Prawnicze w Warszawie: Sprawozdania za rok 1933, Warszawa 1934.

Towarzystwo Prawnicze w Warszawie: Sprawozdania za rok 1934, Warszawa 1935.

Towarzystwo Prawnicze w Warszawie: Sprawozdania za rok 1935, Warszawa 1936.

Towarzystwo Prawnicze w Warszawie: Sprawozdania za rok 1936, Warszawa 1937.

Towarzystwo Prawnicze w Warszawie: Sprawozdania za rok 1937, Warszawa 1938.

Towarzystwo Prawnicze w Warszawie: Sprawozdania za rok 1938, Warszawa 1939.

Wydawnictwa Grup Polskich Porozumień Prawniczych z Zagranicą (WGPPPzZ). Zeszyt 1: Grupa prawnicza polsko-francuska, Warszawa 1938.

Wydawnictwa Grup Polskich Porozumień Prawniczych z Zagranicą (WGPPPzZ). Zeszyt 2: Grupa prawnicza polsko-niemiecka, Warszawa 1938.

Wydawnictwa Grup Polskich Porozumień Prawniczych z Zagranicą (WGPPPzZ). Zeszyt 3: Grupa prawnicza polsko-włoska, Warszawa 1939.

Wydawnictwa Grup Polskich Porozumień Prawniczych z Zagranicą (WGPPPzZ). Zeszyt 4: Państwa bałtyckie, Warszawa 1939.

Wydział Prawa Uniwersytetu Warszawskiego: Sprawozdanie z działalności za rok akademicki 1924–1925, Warszawa 1926.

Wydział Prawa Uniwersytetu Warszawskiego: Sprawozdanie z działalności za rok akademicki 1925–1926, Warszawa 1927.

Wydział Prawa Uniwersytetu Warszawskiego: Sprawozdanie z działalności za rok akademicki 1926–1927, Warszawa 1928.

Wydział Prawa Uniwersytetu Warszawskiego: Sprawozdanie z działalności za rok akademicki 1930–31, Warszawa 1932.

Ze Stałej Delegacji Zrzeszeń i Instytucji Prawniczych. Konferencje Informacyjne. Projekty Kodeksu Karnego i Prawa Małżeńskiego, in: Palestra 8 (1931), Nr. 12, S. 568–572.

Zrzeszenie Aplikantów Zawodów Prawniczych w Warszawie: Statut, Warszawa 1933.

Zrzeszenie Asesorów i Aplikantów Sądowych w Warszawie: Statut, Warszawa 1934.

Związek Zrzeszeń Młodych Prawników RP: Sprawozdanie Prezesa Rady Naczelnej za rok 1935/36, Warszawa 1936.

Związek Zrzeszeń Młodych Prawników RP: Sprawozdanie Prezesa Rady Naczelnej za rok 1936/37, Warszawa 1937.

Związek Zrzeszeń Młodych Prawników RP: Sprawozdanie Rady Naczelnej za okres od XV do XVI Zjazdu Delegatów (21.3.1937–26.5.1938), Warszawa 1938.

Związek Zrzeszeń Młodych Prawników RP: Sprawozdanie Rady Naczelnej za okres od XVI do XVII Zjazdu Delegatów (29.5.1938–8.6.1939), Warszawa 1939.

Związek Zrzeszeń Młodych Prawników RP: Zagadnienie reformy uniwersyteckich studiów prawniczych, Warszawa 1936.

II. Literatur

ABRAMS, I.: The Emergence of the International Law Societies, in: The Review of Politics 19 (1957), Nr. 3, S. 361–380.

ADAMOWICZ, Z./WÓJCIK, A.: Ludność polska według wyznań, in: JACHYMEK, J. (Hg.): Religia i kościół w polskiej myśli politycznej, Lublin 1995, S. 15–30.

ADAMUS, J.: Lelewel jako historyk prawa, in: Czasopismo Prawno-Historyczne 14 (1962), Nr. 1, S. 9–33.

ADANIR, F./LÜBKE, C./MÜLLER, M. G./SCHULZE WESSEL, M.: Traditionen und Perspektiven vergleichender Forschung über die historischen Regionen Osteuropas, in: DIES. (Hg.): Osteuropäische Geschichte in vergleichender Sicht. Festschrift für Klaus Zernack zum 65. Geburtstag (= Berliner Jahrbuch für osteuropäische Geschichte 1/1996), S. 11–43.

ADLER, A.: Die Haager Friedenskonferenz des Jahres 1907 und die Fortbildung des Völkerrechts, Berlin 1909.

AJNENKIEL, A.: Europa – aus polnischer Perspektive, in: MOMMSEN, W. J. (Hg.): Der lange Weg nach Europa. Historische Betrachtungen aus gegenwärtiger Sicht, Berlin 1992, S. 231–265.

DERS.: Rządy prawa w Drugiej Rzeczypospolitej. Tradycja, Możliwości, Rzceczywistość, in: Czasopismo Prawno-Historyczne 40 (1988), Nr. 1, S. 91–112.

DERS.: Ustrój i prawo Drugiej Rzeczypospolitej, in: TOMICKI, J. (Hg.): Polska odrodzona 1918–1939. Państwo, społeczeństwo, kultura, Warszawa 1982, S. 55–127.

DERS.: Wpływ niemieckiego i austriackiego prawa w Polsce, in: Czasopismo Prawno-Historyczne 39 (1987), Nr. 1, S. 205–209.

ALEXANDROWICZ, K.: Marriage Law in Poland. A Problem of Comparative Law, in: Studies in Polish and Comparative Law, a Symposium. Issued by the Polish Lawyers in the UK, London 1945, S. 156–167.

ANDERSON, B.: Die Erfindung der Nation. Zur Karriere eines folgenreichen Konzeptes, Frankfurt/Main 1996 (erweiterte Neuausgabe, zuerst London 1983).

APPELT, E.: Geschlecht, Staatsbürgerschaft, Nation. Politische Konstruktionen des Geschlechterverhältnisses in Europa, Frankfurt/Main, New York 1999.

ARTER, D.: The Politics of European Integration in the Twentieth Century, Dartmouth 1993.

ASSMANN, A./FRIESE, H.: Einleitung, in: DIES. (Hg.): Identitäten. Erinnerung, Geschichte, Identität, Frankfurt/Main 1998, S. 11–23.

BABEROWSKI, J.: Autokratie und Justiz. Zum Verhältnis von Rechtsstaatlichkeit und Rückständigkeit im ausgehenden Zarenreich 1864–1914, Frankfurt/Main 1996.

BALDWIN, S. E.: The International Congresses and Conferences of the Last Century as Forces Working Toward the Solidarity of the World, in: The American Journal of International Law 1 (1907), Nr. 3, S. 565–578.

BAŁTRUSZAJTYS, G. (Hg.): Nauka prawa na odrodzonym Uniwersytecie Warszawskim. Materiały z sesji, maj 1988, Warszawa 1991.

DIES. (Hg.): Wydział prawa Uniwersytetu Warszawskiego w relacjach i wspomnieniach pracowników i studentów 1918–1950 (= Studia Iuridica 17/1989), Warszawa 1990.

BARDACH, J.: Recepcja w historii państwa i prawa, in: Czasopismo Prawno-Historyczne 29 (1977), Nr. 1, S. 1–62.

DERS./LEŚNODORSKI, B./PIETRZAK, M.: Historia ustroju i prawa polskiego, Warszawa [4]1999.

BARANDON, P.: Das Kriegsverhütungsrecht des Völkerbundes, Berlin 1933.

BARTEL, W. M.: Udział przedstawicieli środowisk akademickich w pracach Komisji Kodyfikacyjnej RP (1919–1939), in: Krakowskie Studia Prawnicze 23 (1990), S. 175–184.

BARTELS, H.-J.: Rechtsvereinheitlichung zwischen unterschiedlichen Gesellschaftsordnungen, in: Rechtseinheit für Europa. Festgabe für Konrad Zweigert, Hamburg 1981, S. 106–123.

BATOWSKI, H.: Dawne i nowe formy kontaktów i porozumienia się w stosunkach międzynarodowych (do roku 1939), in: Przegląd Humanistyczny 34 (1990), Nr. 10, S. 15–23.

DERS.: Die Studentenvereine für internationale Freundschaft nach dem Ersten Weltkrieg am Beispiel Polen und der Tschechoslowakei, in: PLASCHKA, R. G./MACK, K. (Hg.): Wegenetz europäischen Geistes. Bd. 2: Universitäten und Studenten. Die Bedeutung studentischer Migrationen in Mittel- und Südosteuropa vom 18. bis zum 20. Jahrhundert, Wien 1987, S. 49–56.

BELLMANN, E.: Die Internationale Kriminalistische Vereinigung, 1889–1933, Frankfurt/Main 1994.

BEN-DAVID, J.: Akademische Berufe und die Professionalisierung, in: Kölner Zeitschrift für Soziologie und Sozialpsychologie 12 (1961 = Sonderheft 5: Soziale Schichtung und soziale Mobilität), S. 104–121.

BENECKE, W.: Die Ostgebiete der Zweiten Polnischen Republik. Staatsmacht und öffentliche Ordnung in einer Minderheitenregion 1918–1939, Köln, Weimar, Wien 1999.

BERGMANN, O.: Narodowa Demokracja wobec problematyki żydowskiej w latach 1918–1929, Poznań 1998.

BERNEIKE, C.: Die Frauenfrage ist Rechtsfrage: die Juristinnen der deutschen Frauenbewegung und das BGB, Baden-Baden 1995.

BERNHARD, S.: Die Europaidee in der Zwischenkriegszeit, in: TIMMERMANN, H. (Hg.), Die Idee Europa in Geschichte, Politik und Wirtschaft, Berlin 1998, S. 57–68.

BLÄNKNER, R./JUSSEN, B.: Institutionen und Ereignis. Anfragen an zwei altgewordene geschichtswissenschaftliche Kategorien, in: DIES. (Hg.): Institutionen und Ereignis: über historische Praktiken und Vorstellungen gesellschaftlichen Ordnens. Göttingen 1998, S. 9–16.

BOBROWNICKA, M.: Słowiańskie spory o model narodowej kultury, in: Ruch Literacki 34 (1993), Nr. 3, S. 193–206.

BOREJSZA, J. W.: Schulen des Hasses: faschistische Systeme in Europa, Frankfurt/Main 1999.

BORKOWSKA-BAGIEŃSKA, E.: Polska w Europie. Refleksje nad europejską kulturą prawną, in: Prawo wczoraj i dziś. Studia dedykowane profesor KATARZYNIE SÓJCE-ZIELIŃSKIEJ, Warszawa 2000, S. 61–66.
BRACHER, K. D.: Politische Institutionen in Krisenzeiten, in: Vierteljahrshefte für Zeitgeschichte 33 (1985), Nr. 1, S. 1–27.
BRIERLY, J. L.: The Rule of Law in International Society, in: Acta Scandinavica Iuris Gentium (=Nordisk Tidsskrift for International Ret), 1936, S. 3–17.
BROOKMAN, H. F.: Nationality Versus Internationality in Science. A Theoretical Framework for Analysis, in: PFETSCH, F. R. (Hg.): Internationale Dimensionen in der Wissenschaft, Erlangen-Nürnberg 1979, S. 13–35.
BROSZAT, M.: Zweihundert Jahre deutsche Polenpolitik, Frankfurt/Main 1972 (revidierte und erweiterte Ausgabe, zuerst München 1963).
BROWN, P. M.: International Society. Its Nature and Interests, New York 1923.
BRUNNER, G.: Rechtskultur in Osteuropa. Das Problem der Kulturgrenzen, in: DERS. (Hg.): Politische und ökonomische Transformation, Berlin 1996, S. 91–112.
BRUSIS, M.: Vergemeinschaftungsfreundlich oder auf Vetopunkte bedacht? in: Frankfurter Allgemeine Zeitung, Nr. 264 vom 13. November 2000, S. 12.
BRZEZIŃSKI, A. M.: Dyplomacja polska wobec Międzynarodowego Instytutu Współpracy Intelektualnej w Paryżu 1925–1939, in: Studia Historyczne 37 (1995), Nr. 1, S. 73–88.
DERS.: Warszawa – Paryż – Genewa. Sojusz polsko-francuski a problem rozbrojenia w dwudziestoleciu międzywojennym 1919–1937, Łódź 1996.
DERS.: Z historii francuskiej „dyplomacji kulturalnej“ w Polsce w okresie międzywojennym, in: Przegląd Zachodni 51 (1995), Nr. 1, S. 117–131.
DERS.: Z historii instytutu francuskiego w Warszawie w okresie międzywojennym, in: Acta Universitatis Lodziensis, Folia Historica 59, 1997, S. 83–95.
BUDE, H.: Generationen im 20. Jahrhundert. Historische Einschnitte, ideologische Kehrtwendungen, innere Widersprüche, in: Merkur 54 (2000), Nr. 7, S. 567–579.
BULL, H.: „The Anarchial Society“. A Study of Order in World Politics, Southhampton 1977.
BULL, H./WATSON, A. (Hg.): The Expansion of International Society, Oxford 1984.
BURAKOWSKI, T.: Bibliografia adwokatury polskiej 1919–1932, Warszawa 1934.
DERS.: Trudna droga kobiet do adwokatury, in: ŁYCZYWEK, R. (Hg.): Szkice z dziejów adwokatury polskiej wydane staraniem Ośrodka Badawczego Adwokatury, Warszawa 1976, S. 31–37.
BURKERT, M.: Die Ostwissenschaften im Dritten Reich. Teil I: Zwischen Verbot und Duldung. Die schwierige Gratwanderung der Ostwissenschaften zwischen 1933–1939, Wiesbaden 2000.
BURRAGE, M./TORSTENDAHL, R. (Hg.): The Formation of Professions. Knowledge, State and Strategy. London 1990.
BURTON, J. W.: Conflict and Communication. The Use of Controlled Communication in International Relations, New York 1969.

BUSZKO, J.: Organisatorische und geistig-politische Umwandlungen der Universitäten auf polnischem Boden in der zweiten Hälfte des 19. Jahrhunderts, in: PLASCHKA, R. G./MACK, K. (Hg.): Wegenetz europäischen Geistes. Bd. 1: Wissenschaftszentren und geistige Wechselbeziehungen zwischen Mittel- und Südosteuropa vom Ende des 18. Jahrhunderts bis zum Ersten Weltkrieg, Wien 1983, S. 132–145.

BUSZKO, J.: Polacy w parlamencie wiedeńskim 1848–1918, Warszawa 1996.

CARR, E. H.: The Twenty Years' Crisis 1919–1939. An Introduction to the Study of International Relations, London 1939.

CHAJN, L.: Adwokatury lat trzydziestych, in: Miesięcznik Literacki 15 (1980), Nr. 5, S. 113–122.

CHAŁASIŃSKI, J.: Vergangenheit und Zukunft der polnischen Intelligenz, Marburg/Lahn 1965.

CHIMIAK, Ł.: Gubernatorzy rosyjscy w królestwie polskim 1863–1915. Szkic do portretu zbiorowego, Wrocław 1999.

CHOJNOWSKI, A.: Piłsudczycy u władzy. Dzieje Bezpartyjnego Bloku Wspó³pracy z Rządem, Wrocław 1986.

DERS.: Polish National Character, the Sanacja Camp, and the National Democracy, in: BANAC, I./VERDEREY, K. (Hg.): National Character and National Ideology in Interwar Eastern Europe, New Haven 1995, S. 23–38.

CHWALBA, A.: Polacy w służbie Moskali. Warszawa, Kraków 1999.

CIĄGWA, J.: Recepcja prawa węgierskiego na Spiszu i Orawie po roku 1920, in: Studia Historyczne 39 (1996), Nr. 2, S. 199-222.

DERS.: Środki unifikacji materialnej śląskiego systemu prawnego z systemem prawa ogólnopolskiego w latach 1922–1939, in: CHLEBOWCZYK, J. (Hg.): Z problemów integracji i unifikacji Drugiej Rzeczypospolitej (= Prace Naukowe Uniwersytetu Śląskiego w Katowicach Nr. 358), Katowice 1980, S. 96–115.

CLARK, I.: The Hierarchy of States. Reform and Resist in the International Order, Cambridge 1989.

COING, H.: Das Recht als Element der europäischen Kultur, in: Historische Zeitschrift 238/1 (1984), S. 1–15.

DERS.: Die ursprüngliche Einheit der europäischen Rechtswissenschaft, in: DERS.: Gesammelte Aufsätze zu Rechtsgeschichte, Rechtsphilosophie und Zivilrecht 1947–1975, Frankfurt/Main 1982, Bd. 2, S. 137–156.

COLLINS, R.: Changing Conceptions in the Sociology of Professions, in: BURRAGE, M./TORSTENDAHL, R. (Hg.): The Formation of Professions. Knowledge, State and Strategy, London 1990, S. 11–23.

CONZE, W.: Die Strukturkrise des östlichen Mitteleuropas vor und nach 1919, in: Vierteljahrshefte für Zeitgeschichte 1 (1953), Nr. 4, S. 319–338.

CREUZBERGER, S. et al. (Hg.): Wohin steuert die Osteuropaforschung? Eine Diskussion, Köln 2000.

CYBULSKI, B.: Stosunek Komisji Kodyfikacyjnej RP do laików w składach orzekających sądów powszechnych (sędziów pokoju, przysięgłych i ławników), in: Acta Universitatis Wratislaviensis, Prawo Nr. 213, Wrocław 1992, S. 85–118.

CYGLER, B.: Pokonstytucyjne próby reform Sejmu Czteroletniego, in: Konstytucja 3 Maja i jej tradycje, hg. v. Wszechnica Polskiej Akademii Nauk. Wrocław et al. 1992, S. 51–62.

CYWIŃSKI, B.: Rodowody niepokornych, Warszawa 1971.

CZACHÓRSKI, W./WASILKOWSKI, J.: Wspomnienie o profesorze Uniwersytetu Warszawskiego Karolu Lustostańskim, in: Państwo i Prawo 2 (1947), Nr. 12, S. 57–59.

CZEPITA, S.: Koncepcje teoretyczno-prawne w Polsce międzywojennej, in: Czasopismo Prawno-Historyczne 32 (1980), Nr. 2, S. 107–149.

CZUBIŃSKI, A.: Die Universität zu Poznań von der Gründung bis zum Ausbruch des Zweiten Weltkrieges (1918–1939), in: Die Universität Poznań 1919–1969, Poznań 1971, S. 53–196.

DERS.: Spory o II Rzeczypospolitej. Ewolucja poglądów publicystyki i historiografii polskiej na temat przyczyn odbudowy i znaczenia niepodległego państwa dla narodu polskiego, Poznań 1988.

DŁUGOBORSKI, W.: Die sozialgeschichtliche Forschung in Polen, in: Jahrbücher für Geschichte Osteuropas 27 (1989), Nr. 1, S. 81–115.

Das Justizrecht der Volksrepublik Polen, übersetzt und eingeleitet von S. LAMMICH, Berlin 1976.

DEMBIŃSKI, L.: Społeczność międzynarodowa w filozofii i w rzeczywistości, in: Znak 11 (1959), Nr. 6 (60), S. 757–766.

DILCHER, G.: Zur Rolle der Rechtsgeschichte in einer Sozialgeschichte des 20. Jahrhunderts (Überlegungen und Thesen), in: Zeitschrift für Neuere Rechtsgeschichte 21 (1999), Nr. 3–4, S. 389–407.

DINER, D.: Rassistisches Völkerrecht. Elemente einer nationalsozialistischen Weltordnung, in: Vierteljahrshefte für Zeitgeschichte 37 (1989), Nr. 1, S. 23–56.

DIPPER, C.: Sozialgeschichte und Verfassungsgeschichte. Zur europäischen Verfassungsgeschichte aus der Sicht der Geschichtswissenschaft, in: SCHULZE, R. (Hg.): Europäische Rechts- und Verfassungsgeschichte. Ergebnisse und Perspektiven der Forschung, Berlin 1991, S. 173–198.

DÖLEMEYER, B.: Frau und Familie im Privatrecht des 19. Jahrhunderts, in: GERHARD, U. (Hg.): Frauen in der Geschichte des Rechts. Von der Frühen Neuzeit bis zur Gegenwart, München 1997, S. 633–658.

DÜLFFER, J.: Regeln gegen den Krieg? Die Haager Friedenskonferenzen von 1899 und 1907 in der internationalen Politik, Berlin, Frankfurt/Main, Wien 1981.

DYBIEC, J.: Uniwersytet Jagielloński 1918–1939, Kraków 2000.

EHRLICH, L./LANGROD, J. S.: Zarys historii nauki prawa narodów, politycznego i administracyjnego w Polsce, Warszawa 1949.

ERDMENGER, K.: Neue Ansätze zur Organisation Europas nach dem Ersten Weltkrieg (1917–1933). Ein neues Verständnis von Europa? Sinzheim 1995.

ESSEN, A.: Polska a mała Ententa 1920–1934, Warszawa, Kraków 1992.

FALSKI, J. B.: Zasada równości w polskich konstytucjach (1791–1935), in: Państwo i Prawo 52 (1997), Nr. 1, S. 3–16.

FARYŚ, J.: Historia Polski od 1918 do 1939 roku, Poznań 1998.

Ders.: Piłsudski i Piłsudczycy. Z dziejów koncepcji polityczno-ustrojowej 1918–1939, Szczecin 1991.

Fedynskyj, J.: Prominent Polish Legal Scholars of the Last Hundred Years, in: Wagner, W. J. (Hg.): Polish Law Throughout the Ages, London 1970, S. 417–476.

Fiedor, K.: Francuskie koncepcje integracji Europy okresu międzywojennego, in: Acta Universitatis Wratislaviensis Nr. 1187, Nauki Polityczne Nr. 47, Wrocław 1991, S. 5–64.

Fischer, P.: Die deutsche Publizistik als Faktor der deutsch-polnischen Beziehungen 1919–1939, Wiesbaden 1991.

Flemming, M.: Międzynarodowe sądownictwo karne, in: Wojskowy Przegląd Prawniczy 67 (1994), Nr. 2, S. 3–22.

Friszke, A.: O kształt niepodległej, Warszawa 1989.

Garlicka, A.: Boya boje obyczajowe, in: Nałęcz, D. (Hg.): Nie szablą lecz piórem. Batalie publicystyczne II Rzeczypospolitej, Warszawa 1993, S. 163–217.

Garlicki, A. (Hg.): Dzieje Uniwersytetu Warszawskiego 1915–1939, Warszawa 1982.

Garsztecki, S.: Polnisches Rechtsbewußtsein und polnischer Rechtsdiskurs in Zeiten des Wandels, in: Recht und Kultur in Ostmitteleuropa. Red. K. Burchardi, Bremen 1999. (= Analysen zur Kultur und Gesellschaft im östlichen Europa, Bd. 9), S. 221–278.

Gebhard, C.: Hundert Jahre Nordischer Juristentag, in: Zeitschrift für ausländisches und internationales Privatrecht 37 (1973), S. 80–100.

Geilke, G.: Die Rechtsveränderungen in Ost- und Südosteuropa im XIX. und XX. Jahrhundert im Lichte der „Ostrechtsforschung“, in: WGO – Monatshefte für osteuropäisches Recht 25 (1983/85), Nr. 6, S. 321–351.

Ders.: Zur polnischen Rechtsgeographie, in: Jahrbuch für Ostrecht 4 (1963), S. 105–175.

Gella, A.: The Life and Death of the Old Polish Intelligentsia, in: Slavic Review 30 (1971), Nr. 1, S. 1–27.

Gerhard, U. (Hg.): Einleitung, in: Dies. (Hg.): Frauen in der Geschichte des Rechts. Von der Frühen Neuzeit bis zur Gegenwart, München 1997, S. 11–22.

Dies.: Grenzziehungen und Überschreitungen: Die Rechte der Frauen auf dem Weg in die politische Öffentlichkeit, in: Dies. (Hg.): Frauen in der Geschichte des Rechts. Von der Frühen Neuzeit bis zur Gegenwart, München 1997, S. 509–546.

Geyer, D.: Osteuropäische Geschichte und das Ende der kommunistischen Zeit (= Sitzungsberichte der Heidelberger Akademie der Wissenschaften, Philosophisch-Historische Klasse; 1996, 1), Heidelberg 1996.

Giesen, B./Junge, K.: Der Mythos des Universalismus, in: Berding, H. (Hg.): Mythos und Nation. Studien zur Entwicklung des kollektiven Bewußtseins in der Neuzeit, Frankfurt/Main 1996, S. 34–64.

Glaser, S. Die Gesetzlichkeit im Völkerstrafrecht, in: Zeitschrift für die gesamte Strafrechtswissenschaft 76 (1964), S. 170–192.

Ders.: Urywki wspomnień, London 1974.

Godlewski, J.: Problem laicyzacji osobowego prawa małżeńskiego w Polsce międzywojennej, in: Państwo i Prawo 22 (1967), Nr. 11, S. 750–761.
Göhler, G. (Hg.): Die Eigenart der Institutionen. Zum Profil politischer Institutionentheorie, Baden-Baden 1994.
Górnicki, L.: Koncepcja prawa Trzeciej Rzeszy w poglądach prawników polskich 1933–1939, in: Acta Universitatis Wratislaviensis – Studia nad faszyzmem i zbrodniami hitlerowskimi 16, Wrocław 1993, S. 83–121.
Ders.: O wpływie prawa Trzeciej Rzeszy na myśl prawniczą i ustawodawstwo międzywojennej Polski. Stanowisko i oceny prawników polskich 1933–1939, in: Acta Universitatis Wratislaviensis (1993), Nr. 1477, Prawo Nr. 222, S. 141–160.
Ders.: Prawo cywilne w pracach Komisji Kodyfikacyjnej Rzeczypospolitej Polskiej w latach 1919–1939, Wrocław 2000.
Ders.: Prawo Trzeciej Rzeszy w nauce i publicystyce prawniczej Polski Międzywojennej, Bielsko-Biała 1993.
Graff, A.: Patriarchat po seksmisji, in: Gazeta Wyborcza 19./20. Juni 1999, S. 20–22.
Grimm, D.: Bürgerlichkeit im Recht, in: Kocka, J. (Hg.): Bürger und Bürgerlichkeit im 19. Jahrhundert, Göttingen 1997, S. 149–188.
Grodziski, S.: Komisja Kodyfikacyjna Rzeczypospolitej, in: Czasopismo Prawno-Historyczne 33 (1981), Nr. 1, S. 47–81.
Ders.: O zadaniach i obowiązkach historii państwa i prawa polskiego wczoraj i dziś, in: Czasopismo Prawno-Historyczne 46 (1994), Nr. 1–2, S. 19–29.
Ders.: Prace nad kodyfikacją i unifikacją polskiego prawa prywatnego 1919–1947, in: Kwartalnik Prawa Prywatnego 1 (1992), Nr. 1–4, S. 9–29.
Ders.: Wykaz wydawnictw Komisji Kodyfikacyjnej, in: Kwartalnik Prawa Prywatnego 1 (1992), Nr. 1–4, S. 30–43.
Ders.: Źródła prawa w Galicji, in: Czasopismo Prawno-Historyczne 16 (1964), Nr. 2, S. 175–187.
Ders.: Z dziejów unifikacji polskiego prawa cywilnego, in: Czasopismo Prawno-Historyczne 37 (1985), Nr. 2, S. 291–300.
Ders./Partyka, A.: Die Polen in der österreichischen Rechtspflege (1772–1914), in: Studia Austro-Polonica (= Zeszyty Naukowe Uniwersytetu Jagiellońs-kiego), Nr. 482, Prace Historyczne Nr. 57, Warszawa, Kraków 1978, S. 85–105.
Grodzki, J.: Przegląd i charakterystyka ważniejszych pozycji piśmiennictwa o adwokaturze polskiej (1791–1919), in: Łyczywek, R. (Hg.): Szkice z dziejów adwokatury polskiej wydane staraniem Ośrodka Badawczego Adwokatury, Warszawa 1976, S. 46–54.
Grott, B.: Geneza i początki formowania się poglądów „młodych" obozu narodowego na zagadnienia ustrojowe. Okres działalności Obozu Wielkiej Polski, in: Dzieje Najnowsze 16 (1984), Nr. 1, S. 115–126.
Ders.: Nacjonalizm chrześcijański. Myśl społeczno-państwowa formacji narodowo-katolickiej w Drugiej Rzeczypospolitej, Kraków 1991.
Ders.: Polnische Parteien und nationalistische Gruppen in ihrem Verhältnis zur katholischen Kirche und deren Lehren vor dem Zweiten Weltkrieg, in: Zeitschrift für Ostmitteuropa-Forschung 45 (1996), Nr. 1, S. 72–88.

GRZYBOWSKI, K.: Rola prawa w likwidacji podziałów zaborczych oraz instytucji państwa polskiego, in: Droga przez półwiecze. O Polsce lat 1918–1968, Warszawa 1969, S. 61–78.

GRZYBOWSKI, S.: Władysław Leopold Jaworski (1865–1930), in: Kwartalnik Prawa Prywatnego 6 (1997), Nr. 1, S. 5–32.

DERS.: Zagadnienia kodyfikacji polskiego prawa cywilnego. Organizacja i wyniki pracy 1919–1992, in: Kwartalnik Prawa Prywatnego 1 (1992), Nr. 1–4, S. 91–112.

HAHN, H. H.: Die Gesellschaft im Verteidigungszustand. Zur Genese eines Grundmusters der politischen Mentalität in Polen, in: HAHN, H. H./ MÜLLER, M. G. (Hg.): Gesellschaft und Staat in Polen. Historische Aspekte der polnischen Krise, Berlin 1988, S. 15–48.

DERS.: Außenpolitik in der Emigration. Die Exildiplomatie Adam Jerzy Czartoryskis 1830–1840, München, Wien 1978.

HATTENHAUER, H.: Europäische Rechtsgeschichte, Heidelberg 1992.

HAUPT, H.-G./TACKE, C.: Die Kultur des Nationalen. Sozial- und kulturgeschichtliche Ansätze bei der Erforschung des europäischen Nationalismus im 19. und 20. Jahrhundert, in: HARDTWIG, W./WEHLER, H.-U. (Hg.): Kulturgeschichte Heute (= Sonderheft 16, Geschichte und Gesellschaft), Göttingen 1996, S. 255–283.

HAUSER, P./KOTŁOWSKI, T.: Uniwersystet Poznański w latach 1923–1939, in: Alma Mater Posnaniensis. W 80 rocznicę utworzeniu uniwersytetu w Poznaniu. Pod. red. P. HAUSERA, T. JASIŃSKIEGO, J. TOPOLSKIEGO, Poznań 1999, S. 135–148.

HEŁCZYŃSKI, B.: The Law in the Reborn State, in: WAGNER, W. J. (Hg.): Polish Law Throughout the Ages, London 1970, S. 139–176.

HEINRICH, H.-G.: Das Elend der Ostrechtsforschung, in: Österreichische Osthefte 21 (1979), Nr. 4, S. 340–341.

HERBERT, U.: „Generation der Sachlichkeit". Die völkische Studentenbewegung der frühen zwanziger Jahre, in: DERS.: Arbeit, Volkstum, Weltanschauung. Über Fremde und Deutsche im 20. Jahrhundert, Frankfurt/ Main 1995, S. 31–58.

HOBSBAWM, E.: Inventing Traditions, in: HOBSBAWM, E./RANGER, T. (Hg.): The Invention of Tradition, Cambridge 1983, S. 1–14.

HÖPKEN, W.: Professionalisierung an der Peripherie. Juristen und Beamte in Bulgarien, 1878–1930, in: MCCLELLAND, C./MERL, S./SIEGRIST, H. (Hg.): Professionen im modernen Osteuropa, Berlin 1995, S. 90–124.

HOHLS, R./JARAUSCH, K. H. (Hg.): Versäumte Fragen. Deutsche Historiker im Schatten des Nationalsozialismus, München 2000.

HORVATH, P.: Reflexions on Writing Modern Legal History in East-Central Europe, in: Acta Juridica Hungarica 33 (1991), Nr. 3–4, S. 143–153.

HUBERT, S.: Zarys rozwoju nowoczesnej społeczności międzynarodowej, Kraków 1947.

HUDSON, M. O.: The First Conference for Codification of International Law, in: American Journal of International Law 24 (1930), S. 447–466.

JACZEWSKI, B.: Życie naukowe w Polsce odrodzonej, in: DERS. (Hg.): Życie naukowe w Polsce w drugiej połowie XIX i w XX wieku. Organizacje i instytucje, Wrocław et al. 1987, S. 206–234.

DERS.: Nauka, in: TOMICKI, J. (Hg.): Polska odrodzona 1918–1939. Państwo, społeczeństwo, kultura, Warszawa 1982, S. 507–554.

JÄGER, H.: Generationen in der Geschichte. Überlegungen zu einer umstrittenen Konzeption, in: Geschichte und Gesellschaft 3 (1977), Nr. 4, S. 429–452.

JAMES, A.: System or Society, in: Review of International Studies 19 (1993), S. 269–288.

JANCZEWSKI, S.: Adwokatura międzywojenna, in: Palestra 12 (1968), Nr. 12, S. 25–34.

JANICKI, L.: Fragen der polnischen Verfassungsgeschichte, in: ROGGEMANN, H./ SUNDHAUSEN, H. (Hg.): Ost- und Südosteuropa zwischen Tradition und Aufbruch. Aspekte der Umgestaltungsprozesse in den postsozialistischen Ländern, Berlin 1996, S. 183–197.

JANOWSKI, M.: Polska myśl liberalna do 1918 roku, Kraków 1998.

JAWORSKI, R. (Hg.): Nationale und internationale Aspekte der polnischen Verfassung von 1791, Frankfurt/Main 1993.

DERS./LÜBKE, C./MÜLLER, M.G.: Eine kleine Geschichte Polens, Frankfurt/ Main 2000.

JEDLICKI, J.: Jakiej cywilizacji Polacy potrzebują. Studia z dziejów idei i wyobraźni XIX wieku, Warszawa 1988.

DERS.: Polish Concepts of Native Culture, in: BANAC, I./VERDEREY, K. (Hg.): National Character and National Ideology in Interwar Eastern Europe, New Haven 1995, S. 1–22.

JESCHEK, H.-H./WEIGEND, T.: Lehrbuch des Strafrechts, Allgemeiner Teil, Berlin 1996 (5. vollständig neubearbeitete und erweiterte Auflage).

JEZIERSKI, A./LESZCZYŃSKA, C.: Historia gospodarcza Polski, Warszawa 1997.

Justiz und Recht in Rußland, in: Jahrbücher für Geschichte Osteuropas 43 (1995), Nr. 4.

JUŻWENKO, A./WRZESIŃSKI, W.: Modernisierung und Neugestaltung des polnischen nationalen Lebens im russischen und preußischen Teilungsgebiet im 19. und zu Beginn des 20. Jahrhunderts, in: CONZE, W. et al. (Hg.): Modernisierung und nationale Gesellschaft im ausgehenden 18. und im 19. Jahrhundert, Berlin 1979, S. 125–146.

KAWALEC, K.: Wizje ustroju państwa w polskiej myśli politycznej lat 1918–1939. Ze studiów nad dziejami polskiej myśli politycznej, Wrocław 1995.

KEDOURIE, E.: An International Disorder, in: BULL, H./WATSON, A. (Hg.): The Expansion of International Society, Oxford 1984, S. 347–355.

KEOHANE, R. O./NYE, J. S.: Transnational Relations and World Politics, Cambridge 1970.

KIENIEWICZ, S.: Wpływ zaboru rosyjskiego na świadomość społeczeństwa polskiego, in: Dzieje Najnowsze 9 (1977), Nr. 4, S. 105–115.

KISZA, A./KRZEMIŃSKI, Z./ŁYCZYWEK, R.: Historia Adwokatury Polskiej, Warszawa 1995.

KNIPPING, F./v. MANGOLDT, H./RITTBERGER, V. (Hg.): Das System der Vereinten Nationen und seine Vorläufer. Bd. 2: KNIPPING, F. (Hg.): Vorläufer der Vereinten Nationen. 19. Jahrhundert und Völkerbundzeit, München 1996.

KOCOT, K.: Organizacje międzynarodowe. Systematyczny zarys zagadnień prawa międzynarodowego, Wrocław 1971.

KOESTLER, N.: Intelligenzschicht und höhere Bildung im geteilten Polen, in: CONZE, W./KOCKA, J. (Hg.): Bildungsbürgertum im 19. Jahrhundert. Bildungssystem und Professionalisierung im internationalen Vergleich, Stuttgart 1985, S. 186–206.

DIES.: Widerstand und Solidarität: Die Diskussion um den polnischen „Sonderweg", in: Geschichte und Gesellschaft 13 (1987), Nr. 1, S. 5–21.

KÖTZ, H.: Was erwartet die Rechtsvergleichung von der Rechtsgeschichte? in: Juristenzeitung 47 (1992), Nr. 1, S. 20–22.

KOHLBECK, T.: Juristenschwemme. Untersuchungen über den juristischen Arbeitsmarkt im 19. und 20. Jahrhundert, Frankfurt/Main 1978.

KOLASA, J.: International Intellectual Cooperation. The League Experience and the Beginning of the UNESCO, Wrocław 1962.

KOŁODZIEJ, E. (Bearb.): Inwentarz akt Ministerstwa Spraw Zagranicznych w Warszawie z lat [1915–1917] 1918–1939, Warszawa 2000.

KOPYŚCIAŃSKI, M.: Ujednolicanie prawa wekslowego na świecie do II wojny światowej, in: Acta Universitatis Wratislaviensis, Nr. 1900, Prawo 253, 1996, S. 155–162.

KORKISCH, F.: Das Privatrecht Ost-Mitteleuropas in rechtsvergleichender Sicht, in: Zeitschrift für ausländisches und internationales Privatrecht 23 (1958), Nr. 2, S. 201–230.

DERS.: Der Entwurf eines neuen polnischen Gesetzes über das internationale Privatrecht, in: DERS.: Fragen des osteuropäischen Rechts (= Studien des Instituts für Ostrecht München, Bd. 27), Tübingen 1979, S. 219–238.

DERS.: Staatsaufbau und Gesetzgebung der Volksrepublik Polen, in: MARKERT, W. (Hg.): Osteuropa-Handbuch. Bd. 2: Polen, Köln, Graz 1959, S. 327–355.

KOROBOWICZ, A.: Sądownictwa Królestwa Polskiego 1876–1915, Lublin 1995.

DERS./WITKOWSKI, W.: Ustrój i prawo na ziemiach polskich od rozbiorów do odzyskania niepodległości, Lublin 1994.

KOSIŃSKI, S.: Życie i działalność Fryderyka Zolla, in: Fryderyk Zoll 1865–1948. Prawnik – uczony – kodyfikator (= Polska Akademia Umiejętności, Wydział Historyczno-Filozoficzny, Prace Prawnicze Nr. 6), Kraków 1994, S. 11–30.

KOSTENCKI, J.: Pamiętnik adwokata ze Złotowa w latach 1935–1939, in: ŁYCZYWEK, R. (Hg.): Szkice z dziejów adwokatury polskiej wydane staraniem Ośrodka Badawczego Adwokatury, Warszawa 1976, S. 87–112.

KOTŁOWSKI, T.: Problemy integracji II Rzeczypospolitej, in: DERS. (Hg.): Siedemdziesiąta rocznica odzyskania niepodległości i wybuchu Powstania Wielkopolskiego, Poznań 1992, S. 91–99.

KOTSCHNIG, W. M.: Unemployment in the Learned Professions. An International Study of Occupation and Educational Planning, London 1937.

KOVÁCS, M. M.: Liberal Professions and Illiberal Politics. Hungary From the Habsburgs to the Holocaust, Washington D.C. 1994.

KRAFT, C.: Das galizische Bürgertum in der autonomen Ära (1866–1914). Ein Literaturüberblick, in: HEUMOS, P. (Hg.): Polen und die böhmischen Länder im 19. und 20. Jahrhundert. Politik und Gesellschaft im Vergleich, München 1997, S. 81–110.

DIES.: Völkermorde im 20. Jahrhundert. Rafał Lemkin und die Ahndung des Genozids durch das internationale Strafrecht, in: HÖSLER, J./KESSLER, W.

(Hg.): Finis Mundi – Endzeiten und Weltenenden im östlichen Europa. Festschrift für Hans Lemberg zum 65. Geburtstag, Stuttgart 1998, S. 91–110.

KRAJEWSKA, J.: Koło Prawników Studentów UW. Materiały Bibliograficzne, in: BALTRUSZAJTYS, G. (Hg.): Wydział Prawa UW w relacjach i wspomnieniach studentów 1918–1950 (= Studia Iuridica 17/1989), Warszawa 1990, S. 209–247.

DIES./WOJCIECHOWSKA, J. (Hg.): Uniwersytet Warszawski 1915–1939 * 1939–1944 * 1945–1965, Warszawa 1991.

KRASOWSKI, K.: Losy unifikacji ustwawodawstwa międzywyznaniowego w II Rzeczypospolitej, in: Czasopismo Prawno-Historyczne 39 (1987), Nr. 2, S. 134–156.

DERS.: Próby unifikacji osobowego prawa małżeńskiego w Drugiej Rzeczypospolitej. In: Kwartalnik Prawa Prywatnego 3 (1994), Nr. 3, S. 467–502.

KREN, J.: Polnisches Recht und preußisches Recht. Die Kodifikationsbestrebungen in Polen und die Weitergeltung polnischen Rechts in den von Preußen annektierten Gebieten, in: Zeitschrift für Neuere Rechtsgeschichte 5 (1983), S. 147–162.

KRIEDTE, P.: Katholizismus, Nationsbildung und verzögerte Säkularisierung in Polen, in: LEHMANN, H. (Hg.): Säkularisierung, Dechristianisierung, Rechristianisierung im neuzeitlichen Europa, Göttingen 1997, S. 249–274.

KRISSLER, D.: Verfahren und Stand der Völkerrechtskodifikation, in: WOLF, K. D. (Hg.): Internationale Verrechtlichung (= Jahresschrift für Rechtspolitologie Bd. 7/1993), S. 29–38.

KROPHOLLER, J.: Internationales Privatrecht, Tübingen [3]1997.

KRÜGER, P.: Wege und Widersprüche der europäischen Integration im 20. Jahrhundert, München 1995.

KRUKOWSKI, S.: Geneza konstytucji z 17 marca 1921 roku, Warszawa 1977.

DERS.: Polska odrodzona czy państwo nowe? in: Czasopismo Prawno-Historyczne 29 (1977), Nr. 1, S. 105–129.

KRZEMIŃSKI, Z.: Adwokatura polska w latach 1918–1939, in: Palestra 32 (1988), Nr. 11–12, S. 59–75.

DERS.: Sławni warszawscy adwokaci. Kraków 2000.

KÜBL, F.: Geschichte der österreichischen Advokatur. (Dritte, wesentlich erweiterte und ergänzte Auflage, hg. v. D. STRÖKER), Wien 1981.

KÜHNE, T.: Staatspolitik, Frauenpolitk, Männerpolitik. Politikgeschichte als Geschlechtergeschichte, in: MEDICK, H./TREPP, A.-C. (Hg.): Geschlechtergeschichte und Allgemeine Geschichte, Göttingen 1998, S. 171–231.

KÜPPER, H.: Rechtskultur(en) in Ostmitteleuropa. Hemmschuh oder Quelle der Hoffnung auf dem Weg ins 21. Jahrhundert? in: Berichte und Beiträge des GWZO 1999. Öffentliche Vorträge 1998/1999, Leipzig 1999, S. 331–377.

DERS.: Rechtskultur und Modernisierung in Ostmitteleuropa, in: Osteuropa 49 (1999), Nr. 4, S. 337–353.

KULCZYKOWSKI, M.: Modernizacja społeczeństwa galicyjskiego w warunkach autonomii politycznej, in: TRZECIAKOWSKI, L./MAKOWSKI, K. (Hg.): Samomodernizacja społeczeństw w XIX wieku. Irlandyczycy, Czesi, Polacy, Poznań 1999, S. 107–129.

KULESZA, W. T.: Koncepcje ideowo-polityczne obozu rządzącego w Polsce w latach 1926–1935, Wrocław et al. 1985.

KURATOWSKI, R. K.: A General Outline of Some Principles of Conflict of Laws in Poland, in: Studies in Polish and Comparative Law, a Symposium. Issued by the Polish Lawyers in the UK, London 1945, S. 110–123.

LANDAU, Z.: The Economic Integration of Poland 1918–1923, in: LATAWSKI, P. (Hg.): The Reconstruction of Poland 1914–1923, New York 1992, S. 144–157.

LANDAU-CZAJKA, A.: Naród i państwo w publicystyce polskiej skrajnej prawicy nacjonalistycznej lat 1926–1939. In: Dzieje Najnowsze 23 (1991), Nr. 2, S. 59–77.

DIES.: W jednym stali domu... Koncepcje rozwiązania kwestii żydowskiej w publicystyce polskiej lat 1933–1939, Warszawa 1998.

LANDHER, B.: On the Sociology of International Law and International Society, The Hague 1966.

LAWRENCE, T. J.: The Society of Nations, New York 1919.

LECZYK, M.: Lata polokarneńskie (maj 1926 – listopad 1932), in: ŁOSSOWSKI, P. (Hg.): Historia dyplomacji polskiej. Tom 4: 1918–1939, Warszawa 1995, S. 313–445.

LEHMKUHL, U.: Diplomatiegeschichte als internationale Kulturgeschichte: Theoretische Ansätze und empirische Forschung zwischen Historischer Kulturwissenschaft und Soziologischem Institutionalismus, in: Geschichte und Gesellschaft 27 (2001), Nr. 3, S. 394–423.

LEMBERG, H.: Europäische Einigungsbestrebungen in Ostmitteleuropa in der Zwischenkriegszeit und während des Zweiten Weltkriegs, in: CLEMENS, G. (Hg.): Die Integration der mittel- und osteuropäischen Staaten in die Europäische Union, Hamburg 1999, S. 1–20.

DERS.: Mitteleuropa und Osteuropa. Politische Konzeptionen im Spiegel der Historikerdiskussion der Zwischenkriegszeit, in: PLASCHKA, R. G. et al. (Hg.): Mitteleuropa-Konzeptionen in der ersten Hälfte des 20. Jahrhunderts, Wien 1995, S. 213–220.

DERS. (Hg.): Ostmitteleuropa zwischen den beiden Weltkriegen. Stärke und Schwäche der neuen Staaten, nationale Minderheiten, Marburg 1997.

LEPSIUS, M. R.: Institutionalisierung und Deinstitutionalisierung von Rationalitätskriterien, in: GÖHLER, G. (Hg.): Institutionenwandel, Opladen 1997 (= Leviathan Sonderheft 16/1996), S. 57–69.

LEWIS, P. S. C.: Comparison and Change in the Study of Legal Professions, in: ABEL, R. L./LEWIS, P. S. C. (Hg.): Lawyers in Society. Comparative Theories, vol. 3, Berkeley 1989, S. 27–79.

LIPS, J. E.: Die internationale Studentenbewegung nach dem Kriege („La Confédération Internationale des Étudiants"), Leipzig 1921.

LIPSKI, J. J.: Katolickie państwo narodu polskiego, London 1994.

LISTER, R.: Citizenship: Feminist Perspectives, London 1997.

LITYŃSKI, A.: Die Geschichte des Code Napoléon in Polen, in: SCHULZE, R. (Hg.): Französisches Zivilrecht in Europa während des 19. Jahrhunderts, Berlin 1994, S. 253–269.

DERS.: Die Kodifikationskommission und ihre Arbeit am Strafgesetzbuch der Zweiten Polnischen Republik, in: Zeitschrift der Savigny-Stiftung für Rechtsgeschichte. Germanistische Abteilung Bd. 112 (1995), S. 382–395.

DERS.: Długa droga kodyfikowania prawa cywilnego w Polsce, in: Czasopismo Prawno-Historyczne 53 (2001), Nr. 1, S. 343–359.

DERS.: Wydział karny Komisji Kodyfikacyjnej w II Rzeczypospolitej. Dzieje prac nad częścią ogólną kodeksu karnego (= Prace Naukowe Uniwersytetu Śląskiego w Katowicach Nr. 1172), Katowice 1991.

LOOS, F./SCHREIBER, H.-L.: Recht, Gerechtigkeit, in: BRUNNER, O./CONZE, W./ KOSELLECK R. (Hg.): Geschichtliche Grundbegriffe. Historisches Lexikon zur politisch-sozialen Sprache in Deutschland. Bd. 5, Stuttgart 1984, S. 231–311.

LOTH, W.: Der Weg nach Europa. Geschichte der europäischen Integration 1939–1957, Göttingen 1996.

LUCHTERHANDT, O.: Gegenstand, Ziele und Methoden der Ostrechtswissenschaft. Kritische Zusammenfassung einer Fachdiskussion, in: Osteuropa-Recht 22 (1976), Nr. 2–3, S. 85–107.

DERS.: Künftige Aufgaben der Ostrechtsforschung, in: WGO – Monatshefte für osteuropäisches Recht 38 (1996), Nr. 3, S. 159–175.

LÜDERITZ, A.: Internationales Privatrecht, Neuwied, Kriftel, Berlin 1992.

LYON, P.: New States and International Order, in: JAMES, A. (Hg.): The Base of International Order. Essays in Honour of C.A.W. Manning, London, New York, Toronto 1980, S. 24–55.

ŁOSSOWSKI, P.: Dyplomacja II Rzeczypospolitej. Z dziejów polskiej służby zagranicznej, Warszawa 1992.

DERS.: Polska w Europie i w świecie. Szkice z dziejów polityki zagranicznej i położenia międzynarodowego II Rzeczypospolitej, Warszawa 1990.

DERS.: The Idea of an United Europe, in: Acta Poloniae Historica 54/1986, S. 67–97.

DERS.: Z problemów współpracy naukowo-kulturalnej z zagranicą w okresie II Rzeczypospolitej, in: Dzieje Najnowsze 20 (1988), Nr. 1, S. 143–152.

ŁYCZYWEK, R.: Adwokaci polscy w b. cesarstwie rosyjskim na przełomie XIX i XX wieku, in: DERS. (Hg.): Szkice z dziejów adwokatury polskiej wydane staraniem Ośrodka Badawczego Adwokatury, Warszawa 1976, S. 8–31.

DERS.: Polskie pamiętniki adwokackie, in: DERS. (Hg.): Szkice z dziejów adwokatury polskiej wydane staraniem Ośrodka Badawczego Adwokatury, Warszawa 1976, S. 75–87.

DERS. (Hg.): Szkice z dziejów adwokatury polskiej wydane staraniem Ośrodka Badawczego Adwokatury, Warszawa 1976.

MACIEJWOSKI, W. A.: Slavische Rechtsgeschichte. Mit einer Einleitung von Juliusz Bardach, Vaduz 1978 (unveränderter Neudruck der Ausgabe Stuttgart und Leipzig 1835–1839).

MADAJCZYK, Cz.: Mitteleuropa und die europäische Kulturkrise 1918–1939. Ein Entwurf, in: BYLINA, S. (Hg.): La Pologne au XV Congrès International des Sciences Historiques à Bucarest, Wrocław et al. 1980, S. 279–302.

MAGOWSKA, A.: Polska prasa studencka w II Rzeczypospolitej, Poznań 1994.

MAJCHEREK, J.: W poszukiwaniu nowej tożsamości, Warszawa 2000.

MAKAROV, A. N.: Die Resolution des „Institut de Droit International" über das internationale Obligationenrecht von 1908 und deren Einfluß auf die nationalen Kodifikationen des Kollisionsrechts, in: Festschrift für Hans Lewald, Basel 1953, S. 299–308.

MANGOLDT, H. v.: Verrechtlichung? Vom Haager System zum Völkerbund, in: Die Friedenswarte. Blätter für internationale Verständigung und zwischenstaatliche Organisation 69 (1993), Nr. 1–2, S. 7–38.

MANNHEIM, K.: Das Problem der Generationen, in: Kölner Vierteljahreshefte für Soziologie 7 (1928), Teil I, S. 157–185, Teil II, S. 309–330.

MANTEUFFEL, T.: Uniwersytet Warszawski w latach 1915/1916–1934/1935. Kronika, Warszawa 1936.

MARKS VON WÜRRTEMBERG, E. Frhr. v.: Die gemeinsame nordische Gesetzgebung, in: Zeitschrift für ausländisches und internationales Privatrecht 10 (1936), S. 705–723.

MARSCHALL VON BIEBERSTEIN, C.: Freiheit in der Unfreiheit. Die nationale Autonomie der Polen in Galizien nach dem österreichisch-ungarischen Ausgleich von 1867. Ein konservativer Aufbruch im mitteleuropäischen Vergleich, Wiesbaden 1993.

MARSHALL, T. H.: The Recent History of Professionalization, in: Canadian Journal of Politics and Political Science 5 (1939), S. 325–340.

MARSZAŁEK, A.: Z historii europejskiej idei integracji międzynarodowej, Łódź 1996.

MARX, C.: Fundamentalismus und Nationalstaat, in: Geschichte und Gesellschaft 27 (2001), Nr. 1, S. 87–117.

MAURACH, R.: Aus der Frühzeit deutscher Ostrechtsforschung, in: Jahrbuch für Ostrecht 8/2 (1967), S. 7–24.

MAYALL, J.: Nationalism and International Society, Cambridge 1990.

MĄCZYŃSKI, A.: Znaczenie Fryderyka Zolla w dziedzinie prawa prywatnego międzynarodowego, in: Fryderyk Zoll 1865–1948. Prawnik – uczony – kodyfikator (= Polska Akademia Umiejętności, Wydział Historyczno-Filozoficzny, Prace Prawnicze Nr. 6), Kraków 1994, S. 63–77.

MCCLELLAND, C./MERL, S./SIEGRIST, H.: Introduction, in: DIES. (Hg.), Professionen im modernen Osteuropa, Berlin 1995, S. 11–26.

MEISSNER, B. et al. (Hg.): Grundsatzfragen der Ostrechtsforschung (= Studien des Instituts für Ostrecht München, Bd. 28), Tübingen 1980.

MICHALSKI, J.: Geneza Konstytucji 3 Maja, in: Konstytucja 3 Maja i jej tradycje, hg. v. Wszechnica Polskiej Akademii Nauk. Wrocław et al. 1992, S. 7–18.

MICHOWICZ, W.: Genewska konferencja rozbrojeniowa (1932–1937), a dyplomacja polska, Łódź 1989.

DERS.: Organizacja polskiego aparatu dyplomatycznego w latach 1918–1939, in: ŁOSSOWSKI, P. (Hg.): Historia dyplomacji polskiej. Tom 4: 1918–1939, Warszawa 1995, S. 5–78.

DERS.: Polskie plany rozbrojenia moralnego w okresie międzywojennym, in: Kwartalnik Historyczny 82 (1975), Nr. 2, S. 321–346.

MIDDELL, M.: Kulturtransfer und Historische Komparatistik – Thesen zu ihrem Verhältnis, in: Comparativ 10 (2000), Nr. 1 (= Kulturtransfer und Vergleich), S. 7–41.

MIŁOSZ, Cz.: Wyprawa w dwudziestolecie. Kraków 1999.
MOHYLUK, M.: Porządkowanie prawa w II Rzeczypospolitej. Komisja Kodyfikacyjna i Rada Prawnicza, in: Czasopismo Prawno-Historyczne 51 (1999), Nr. 1–2, S. 285–300.
MOLIK, W.: Entwicklungsbedingungen und -mechanismen der polnischen Nationalbewegung im Großherzogtum Posen, in: MÜLLER, M. G. (Hg.): Elitenwandel und Modernisierung in Osteuropa (= Berliner Jahrbuch für osteuropäische Geschichte 1995/2), S. 17–34.
MOORE, W. E.: The Professions: Roles and Rules, New York 1970.
MORAWITZ, G.: Das internationale Wechselrecht, eine systematische Untersuchung der auf dem Gebiet des Wechselrechts auftretenden kollisionsrechtlichen Fragen, Tübingen 1991.
MOTYKA, K.: Wpływ Leona Petrażyckiego na polską teorię i socjologię prawa, Lublin 1993.
MÜLLER, M. G.: Die Teilungen Polens 1772, 1793, 1795, München 1984.
DERS.: Polen zwischen Preußen und Rußland. Souveränitätskrise und Reformpolitik 1736–1752, Berlin 1983.
MURPHY, R.: Social Closure. The Theory of Monopolization and Exclusion, Oxford 1988.
MUSIELAK, M.: Nazizm w interpretacjach polskiej myśli politycznej okresu międzywojennego, Poznań 1997.
NAGÓRSKI, Z.: Codification of Civil Law in Poland 1918–1939, in: Studies in Polish and Comparative law. A Symposium of Twelve Articles, London 1945, S. 44–69.
NAJDUS, W.: Zygmunt Marek. Prawnik i polityk 1872–1931, Warszawa 1992.
NAŁĘCZ, D.: Sen o władzy. Inteligencja wobec niepodległości, Warszawa 1994.
NAŁĘCZ, T.: Spór o kształt demokracji i parlamentaryzmu w Polsce w latach 1921–1926, Warszawa 1994.
NATKOWSKA, M.: Numerus clausus, getto ławkowe, numerus nullus, „paragraf aryjski". Antysemityzm na Uniwersytecie Warszawskim 1931–1939, Warszawa 1999.
NELKEN, J.: Z dziejów kriminologii w okresie międzywojennym (Polskie Towarzystwo Kryminologiczne 1921–1938), in: Państwo i Prawo 38 (1983), Nr. 4, S. 86–92.
NEUMANN, I. B.: Poland as a Regional Great Power. The Inter-War Heritage, in: DERS. (Hg.): Regional Great Powers in International Politics, New York 1992, S. 121–150.
DERS./WELSH, J. M.: The Other in European Self-Definition: an Addendum to the Literature on International Society, in: Review of International Studies 17 (1991), S. 327–348.
OBERLÄNDER, E. (Hg.): Autoritäre Regime in Ostmitteleuropa 1919–1944, Paderborn et al. 2001.
DERS.: Historische Osteuropaforschung im Dritten Reich, in: DERS. (Hrsg): Geschichte Osteuropas. Zur Entwicklung einer historischen Disziplin in Deutschland, Österreich und der Schweiz 1945–1990, Stuttgart 1992, S. 12–30.
OEHLER, D.: Internationales Strafrecht, Limburg 1973.

OFFE, C.: Der Tunnel am Ende des Lichts: Erkundungen der politischen Transformation im Neuen Osten, Frankfurt/Main 1994.

OGRIS, W.: Zur Geschichte und Bedeutung des österreichischen Allgemeinen Bürgerlichen Gesetzbuches, in: LITYŃSKI, A. (Hg.): Państwo, Prawo, Sprawiedliwość – dawniej i dziś, Katowice 1993, S. 18–37.

OKONIEWSKA, B.: Europejskość Polski Zachodniej w świadomości jej mieszkańców w okresie międzywojennym. In: Kwartalnik Historyczny 101 (1994), Nr. 4, S. 51–72.

OLSZEWSKI, H.: Rezension von: Geilke, G.: Die Rechtsveränderungen in Ost- und Südosteuropa im XIX. und XX. Jahrhundert im Lichte der „Ostrechts-forschung", in: WGO – Monatshefte für osteuropäisches Recht 25 (1983/1985), Nr. 6, S. 312–357, in: Czasopismo Prawno-Historyczne 38 (1986), Nr. 1, S. 239–240.

OPAŁEK, K.: Początek teorii prawa w Polsce odrodzonej, in: Czasopismo Prawno-Historyczne 44 (1992/93), Nr. 1–2, S. 107–121.

DERS./WOLTER, W.: Nauka filozofii prawa i prawa karnego w Polsce, Warszawa 1948.

OSTERHAMMEL, J.: Transnationale Gesellschaftsgeschichte: Erweiterung oder Alternative?, in: Geschichte und Gesellschaft 27 (2001), Nr. 3, S. 464–479.

PAJEWSKI, J.: Budowa Drugiej Rzeczypospolitej 1918–1926, Kraków 1995.

PARSONS, T.: The Professions and Social Structure, in: Social Forces 17 (May, 1939), S. 457–467.

PARUCH, W.: Od konsolidacji państwowej do konsolidacji narodowej. Mniejszości narodowe w myśli politycznej obozu piłsudczykowskiego (1926–1939), Lublin 1997.

PAULI, Cz.: Polen, in: COING, H. (Hg.): Handbuch der Quellen und Literatur der neueren europäischen Privatrechtsgeschichte. Bd. 3: Das 19. Jahrhundert. Allgemeines Privatrecht, Teilband 2, Abschnitt 13, München 1982, S. 2099–2140.

PFEIL, A.: Der Völkerbund, Darmstadt 1976.

PICHINOT, H. R.: Die Akademie für Deutsches Recht. Aufbau und Entwicklung einer öffentlich-rechtlichen Körperschaft im Dritten Reich, Kiel 1981.

PIETROW-ENNKER, B.: Women in Polish Society. A Historical Introduction, in: JAWORSKI, R./PIETROW-ENNKER, B. (Hg.): Women in Polish Society, New York 1992, S. 1–29.

PIETRZAK, M.: Państwo prawne w Konstytucji z 17 marca 1921 roku, in: Czasopismo Prawno-Historyczne 39 (1987), Nr. 2, S. 103–134.

DERS.: Sytuacja prawna kobiet w Drugiej Rzeczypospolitej, in: Żarnowska, A./SZWARC, A. (Hg.): Kobieta i świat polityki. Tom 2: Kobiety w II Rzeczypospolitej, Warszawa 1996, S. 33–52.

DERS.: Wkład prawników do budowy niepodległego państwa polskiego, in: SZAFLIK, J. (Hg.): 60 lat niepodległości państwa polskiego, Warszawa 1982, S. 69–75.

PILCH, A.: Rzeczpospolita Akademicka. Studenci i polityka 1918–1933, Kraków 1997.

DERS.: Studencki ruch polityczny w Polsce w latach 1932–1939, Warszawa, Kraków 1972.

PISKOZUB, A.: Polska w cywilizacji zachodniej, Gdańsk 1995.

PŁAZA, S.: Historia prawa w Polsce na tle porównawczym. Tom 2: Polska pod zaborami, Kraków 1998.

POLLARD, S.: The Integration of the European Economic System Since 1815, London 1981.

POLONSKY, A.: The Little Dictators. The History of Eastern Europe Since 1918, London, Boston 1972.

Polski Słownik Biograficzny, Wrocław et al. 1935 ff.

PRZYBYŁOWSKI, K.: Rozwój polskiej nauki międzynarodowego prawa prywatnego, in: Rocznik Prawa Międzynarodowego 1 (1949), S. 160–176.

RADWAŃSKI, Z.: Die Enwicklung des Zivilrechts in Polen (1918–1965), in: CSIZMADIA, A./KOVÁCS, K. (Hg.): Die Entwicklung des Zivilrechts in Mitteleuropa 1848–1947, Budapest 1970, S. 121–138.

DERS.: Kształtowanie się polskiego systemu prawnego w pierwszych latach II Rzeczypospolitej, in: Czasopismo Prawno-Historyczne 21 (1969), Nr. 1, S. 31–48.

RAMING, I.: Stellung und Wertung der Frau im kanonischen Recht, in: GERHARD, U. (Hg.): Frauen in der Geschichte des Rechts. Von der Frühen Neuzeit bis zur Gegenwart, München 1997, S. 698–712.

RANIERI, F.: Vom Stand zum Beruf. Die Professionalisierung des Juristenstandes als Forschungsaufgabe der europäischen Rechtsgeschichte der Neuzeit, in: Ius Commune (= Veröffentlichungen des Max-Planck-Institutes für Europäische Rechtsgeschichte Bd. 13), 1985, S. 83–106.

REHBERG, K.-S.: Die stabilisierende „Fiktionalität" von Präsenz und Dauer. Institutionelle Analyse und historische Forschung. In: BLÄNKNER, R./JUSSEN, B. (Hg.): Institution und Ereignis: über historische Praktiken und Vorstellungen gesellschaftlichen Ordnens, Göttingen 1998, S. 381–407.

REICHEL, H.-C.: Über Aufgaben und Ziele der Ostrechtsforschung, in: Osteuropa 23 (1973), Nr. 8, S. 624–629.

REITZHAMMER, W.: Die 1. Haager Friedenskonferenz 1899. Ein Fallbeispiel der internationalen Politik im Zeitalter des Imperialismus, in: Geschichte in Wissenschaft und Unterricht 50 (1999), Nr. 4, S. 462–472.

RITTBERGER, V./HUMMEL, H.: Die Disziplin „Internationale Beziehungen" im deutschsprachigen Raum auf der Suche nach ihrer Identität: Entwicklung und Perspektiven, in: RITTBERGER, V. (Hg.): Theorien der internationalen Beziehungen. Bestandsaufnahme und Forschungsperspektive (= Politische Vierteljahresschrift Sonderheft 21/1990), Opladen 1990, S. 17–47.

RODINGEN, H.: Der Rückstand der Ostrechtsforschung in der Bundesrepublik Deutschland, in: Osteuropa 23 (1973), Nr. 6, S. 459–464.

ROGALA, M.: Józef Piłsudski i jego kontakty z prawem, in: Palestra 42 (1998), Nr. 11–12, S. 15–22.

ROOS, H.: Die polnische Demokratie der Zwischenkriegszeit. Historischer Hintergrund und politische Handhabung, in: VOLKMANN, H.-E. (Hg.): Die Krise des Parlamentarismus in Ostmitteleuropa, Marburg/Lahn 1967, S. 15–34.

DERS.: Die polnische Nationalgesellschaft und die Staatsgewalt der Teilungsmächte in der europäischen Geschichte, 1795–1863, in: Jahrbücher für Geschichte Osteuropas 14 (1966), Nr. 3, S. 388–399.

ROTHBARTH, M.: Geistige Zusammenarbeit im Rahmen des Völkerbundes, Münster 1931.

ROSCHKE, C.: Der umworbene „Urfeind“. Polen in der nationalsozialistischen Propaganda 1934–1939, Marburg 2000.

ROSZKOWSKI, W.: The Reconstruction of the Government and State Apparatus in the Second Polish Republic, in: LATAWSKI, P. (Hg.): The Reconstruction of Poland 1914–1923, New York 1992, S. 158–177.

ROTTLEUTHNER, H.: Die gebrochene Bürgerlichkeit einer Scheinprofession. Zur Situation der deutschen Richter zu Beginn des 20. Jahrhunderts, in: SIEGRIST, H. (Hg.): Bürgerliche Berufe. Zur Sozialgeschichte der freien und akademischen Berufe, Göttingen 1988, S. 145–166.

RÓZIEWICZ, J. u. H.: Z dziejów międzynarodowych kontaktów naukowych Polski w latach 1919–1939, in: Problemy Polonii Zagranicznej 9 (1974), S. 339–378.

RUDNICKI, Sz.: Obóz Narodowo Radykalny. Geneza i działalność, Warszawa 1985.

DERS.: Stanowisko Sanacji wobec Żydów w parlamencie lat 1935–1939, in: Parlament, prawo, ludzie. Studia ofiarowane prof. Juliuszowi Bardachowi w 60 lecie pracy twórczej, Warszawa 1996, S. 223–229.

RÜPING, H.: Grundriß der Strafrechtsgeschichte. München [3]1998.

RÜSCHEMEYER, D.: Professionalisierung. Theoretische Probleme für die vergleichende Geschichtsforschung, in: Geschichte und Gesellschaft 6 (1980), Nr. 3, S. 311–325.

RUKSER, U.: Heinrich Freund und das Ostrecht. Ein Rückblick auf die Ostrechtsforschung 1918–1948, in: Osteuropa-Recht 6 (1960), Nr. 1, S. 2–5.

RUNGE, M.: Friedrich Meili (1848–1914). Lebensbild eines vielseitigen Züricher Juristen, Basel 1978.

SCHETTLER, W./BÜELER, H. (Bearb.): Das Wechsel- und Scheckrecht aller Länder, Köln 1957.

SCHMITT, C.: Die Auflösung der europäischen Ordnung im „International Law“ (1890–1939), in: Deutsche Rechtswissenschaft. Vierteljahresschrift der Akademie für Deutsches Recht 5 (1940), Nr. 4, S. 267–278.

SCHNUR, R.: Beziehungen zwischen deutschen und polnischen Juristen in den Jahren 1934–1939, in: Die Verwaltung 15 (1982), S. 240–248.

DERS.: Einflüsse des deutschen und österreichischen Rechts in Polen, Vortrag gehalten vor der juristischen Gesellschaft in Berlin am 13. Februar 1985 (= Schriftenreihe der juristischen Gesellschaft zu Berlin: Heft 95), Berlin, New York 1985.

SCHOLZ, W.: Frankreichs Rolle bei der Völkerbundkommission für internationale intellektuelle Zusammenarbeit 1919–1922, in: Francia 21 (1994), Nr. 3, S. 145–158.

SCHOT, B.: Staat, Nation und territoriale Frage im östlichen Mitteleuropa. Innere Konsolidierung und internationale Konstellation. Zur Entwicklung Polens zwischen den beiden Weltkriegen, in: HECKER, H./SPIELER, S. (Hg.): Nationales Selbstverständnis und politische Ordnung. Abgrenzung und Zusammenleben in Ost-Mitteleuropa bis zum Zweiten Weltkrieg, Bonn 1991, S. 51–67.

SCHRÖDER, C.: Karol Marcinkowski und das „Towarzystwo Naukowej Pomocy“ in der polnischen Nationalbewegung im Posener Vormärz, in: KRZOSKA, M./ TOKARSKI, P. (Hg.): Die Geschichte Polens und Deutschlands im 19. und 20. Jahrhundert. Ausgewählte Beiträge, Osnabrück 1998, S. 8–36.

SCHROEDER-GUDEHUS, B.: International Cooperation and International Organization: Tendencies Toward Centralisation in the First Half of the 20th Century, in: PFETSCH, F. R. (Hg.): Internationale Dimensionen der Wissenschaft, Erlangen-Nürnberg 1979, S. 61–86.

SCHUBERT, W.: Der tschechoslowakische Entwurf zu einem bürgerlichen Gesetzbuch und das ABGB, in: Zeitschrift der Savigny-Stiftung für Rechtsgeschichte. Germanistische Abteilung Bd. 112 (1995), S. 271–315.

SCHULZE, R.: Die europäische Rechts- und Verfassungsgeschichte. Zu den gemeinsamen Grundlagen europäischer Rechtskultur, in: LITYŃSKI, A. (Hg.): Państwo, Prawo, Sprawiedliwość – dawniej i dziś, Katowice 1993, S. 38–61.

SCHWARZENBERGER, G.: The Rule of Law and the Disintegration of International Society, in: American Journal of International Law 33 (1939), Nr. 1, S. 56–77.

SIEGRIST, H.: Advokat, Bürger und Staat. Sozialgeschichte der Rechtsanwälte in Deutschland, Italien und der Schweiz (18.-20. Jahrhundert), 2 Bde., Frankfurt/Main 1996.

DERS.: Berufe im Gesellschaftsvergleich. Rechtsanwälte in Deutschland, Italien und der Schweiz im 19. Jahrhundert, in: HAUPT, H.-G./KOCKA, J. (Hg.): Geschichte und Vergleich. Ansätze und Ergebnisse international vergleichender Geschichtsschreibung, Frankfurt/Main, New York 1996, S. 207–238.

DERS.: Bürgerliche Berufe. Die Professionen und das Bürgertum, in: DERS. (Hg.): Bürgerliche Berufe. Zur Sozialgeschichte der freien und akademischen Berufe im internationalen Vergleich, Göttingen 1988, S. 11–48.

SKRZYPEK, A.: W kręgu koncepcji międzymorza i taktyki balansowania (maj 1935-wrzesień 1938), in: ŁOSSOWSKI, P. (Hg.): Historia dyplomacji polskiej. Tom 4: 1918–1939, Warszawa 1995, S. 493–572.

DERS.: Zwiększenie samodzielności i stabilizującej roli polityki polskiej w Europie (listopad 1932-kwiecień 1935), in: ŁOSSOWSKI, P. (Hg.): Historia dyplomacji polskiej. Tom 4: 1918–1939, Warszawa 1995, S. 446–492.

SLAPNICKA, H.: Eine österreichische Rechtszeitschrift für Galizien. Der Versuch einer Popularisierung der österreichischen Rechtsordnung, in: Studia Austro-Polonica (= Zeszyty Naukowe Uniwersytetu Jagiellońskiego), Prace Historyczne Nr. 57, Warszawa, Kraków 1978, S. 247–257.

DERS.: Österreichs Recht außerhalb Österreichs. Der Untergang des österreichischen Rechtsraumes, Wien 1973.

SOBCZAK, M.: Stosunek Narodowej Demokracji wobec kwestii żydowskiej w Polsce w latach 1918–1939, Wrocław 1998.

SOMMER, I.: Zivile Rechte für Antigone: zu den rechtstheoretischen Implikationen der Theorie von Luce Irigaray, Baden-Baden 1998.

SÓJKA-ZIELIŃSKA, K.: Organizacja nad kodyfikacją prawa cywilnego w Polsce międzywojennej, in: Czasopismo Prawno-Historyczne 27 (1975), Nr. 2, S. 271–280.

DIES.: Polnische rechtshistorische Literatur. Eine Übersicht der letzten zehn Jahre, in: Zeitschrift für Neuere Rechtsgeschichte 5 (1983), S. 74–83.

DIES.: Profesorowie francuscy na odrodzonym Uniwersytecie Warszawskim, in: Studia Juridica 29 (1995), S. 75–83.

DIES.: Udział cywilistów francuskich w nauczaniu prawa na Uniwersytecie Warszawskim w okresie międzywojennym, in: BORKOWSKA-BAGIEŃSKA, E./ OLSZEWSKI, H. (Hg.): Historia prawa – historia kultury. Liber memoralis Vitoldo Maisel dedicatus, Poznań 1994, S. 317–324.

SOROKA, W. W.: The Law in the Polish Lands During the Partition Period, in: WAGNER, W. J. (Hg.): Polish Law Throughout the Ages, Stanford 1970, S. 119–137.

STARCK, C.: Die Flexibilität rechtlicher Institutionen, in: NEDELMANN, B. (Hg.): Politische Institutionen im Wandel, Opladen 1995, S. 41–53.

STEGMANN, N.: „Je mehr Bildung, desto polnischer“ – Die Nationalisierung polnischer Frauen in der Provinz Posen (1870–1914), in: KÖHLE-HEZINGER, C. (Hg.): Frauen und Nation (= Frauenstudien Baden-Württemberg Bd. 10), Tübingen 1996, S. 165–177.

DIES.: Von „Müttern der Nation“ und anderen Frauen. Zum Stand der historischen Frauenforschung in Polen, in: Jahrbücher für Geschichte Osteuropas 46 (1998), Nr. 2, S. 269–275.

STEIN, P. G.: Römisches Recht und Europa. Die Geschichte einer Rechtskultur, Frankfurt/Main 1996.

STIRK, P. M. R.: A History of European Integration Since 1914, London 1996.

STOLLEIS, M.: Der lange Abschied vom 19. Jahrhundert. Die Zäsur von 1914 aus rechtshistorischer Perspektive. Berlin, New York 1997.

SUCHODOLSKI, B.: Nauka, in: KIENIEWICZ, S. (Hg.): Polska XIX wieku. (Konfrontacje historyczne), Warszawa 1977, S. 404–465.

SUTER, A.: Nationalstaat und die Tradition von Erfindung, in: Geschichte und Gesellschaft 25 (1999), Nr. 3, S. 480–503.

SZLAJFER, H. (Hg.): Economic Nationalism in East Central Europe and South America: 1918–1939, Genève 1990.

SZPUNAR, A./PRZYBYŁOWSKI, K./SIEDLECKI, W.: Nauka prawa prywatnego i procesowego w Polsce, Warszawa 1948.

SZYMAŃSKA-PĘTALA, J.: Materiały archiwalne do historii wydziału prawa (1808–1957), in: BAŁTRUSZAJTYS, G. (Hg.): Wydział Prawa UW w relacjach i wspomnieniach pracowników i studentów 1918–1950 (= Studia Iuridica 17/1989), Warszawa 1990, S. 221–227.

ŚLIWA, M.: Kobiety w parlamencie Drugiej Rzeczypospolitej, in: ŻARNOWSKA, A./ SZWARC, A. (Hg.): Kobieta i świat polityki. Tom 2: Kobiety w II Rzeczypospolitej, Warszawa 1996, S. 53–69.

DERS.: Polska myśl polityczna w pierwszej połowie XX wieku, Wrocław et al. 1993.

ŚLUSARCZYK, J.: Idea pokoju w europejskiej i polskiej myśli politycznej do 1939 roku, Warszawa 1995.

ŚWIĘCICKI, A.: Wydział prawa i nauk społecznych uniwersytetu Stefana Batorego i jego spuścizna, in: Z dziejów Almae Matris Vilnensis. Księga pamiątkowa ku czci 400-lecia założenia i 75-lecia wskrzeszenia Uniwersytetu Wileńskiego, Kraków 1996, S. 94–103.

Tacke, C.: Geschlecht und Nation, in: Kemlein, S. (Hg.): Geschlecht und Nationalismus in Mittel- und Osteuropa 1848–1918, Osnabrück 2000, S. 15–32.

Tazbir, J.: Polska na zakrętach dziejów, Warszawa 1997.

Tenzer, E.: Nation – Kunst – Zensur. Nationalstaatsbildung und Kunstzensur in Polen (1918–1939), Frankfurt/Main, New York 1998.

Tettenborn, A.: Das Haager Schiedsgericht. Eine völkerrechtliche Studie, Bonn 1911.

Teubner, G.: Rechtsirritationen. Der Transfer von Rechtsnormen in rechtssoziologischer Sicht, in: Brand, J./Strempel, D. (Hg.): Soziologie des Rechts. Festschrift für Erhard Blankenburg zum 60. Geburtstag, Baden-Baden 1998, S. 233–244.

Thaa, W.: Interesse und Identität in den Transformationsprozessen Ostmitteleuropas. Zum Stellenwert symbolischer Ressourcen der politischen Demokratie, in: Berliner Debatte Initial 10 (1999), Nr. 1, S. 14–29.

Titkow, A.: Frauen unter Druck? in: Koschmal, W. (Hg.): Die Frau in der polnischen Gegenwartsliteratur, Köln, Wien, Weimar 1996, S. 31–67.

Titze, H.: Der Akademikerzyklus. Historische Untersuchungen über die Wiederkehr von Überfüllung und Mangel in akademischen Karrieren, Göttigen 1990.

Topolski, J.: Polska dwudziestego wieku 1914–1994, Poznań 1994.

Trzeciakowski, L.: Wielkopolski program samomodernizacji – kształtowanie się nowoczesnego społeczeństwa, in: Trzeciakowski, L./Makowski, K. (Hg.): Samomodernizacja społeczeństw w XIX wieku. Irlandyczycy, Czesi, Polacy, Poznań 1999, S. 65–106.

Ders.: Wpływ zaboru pruskiego na świadomość społeczeństwa polskiego, in: Dzieje Najnowsze 9 (1977), Nr. 4, S. 117–127.

Uschakow, A.: Ein Blick in den Rückspiegel der Ostrechtsforschung, in: WGO – Monatshefte für osteuropäisches Recht 34 (1992), Nr. 3, S. 177–185.

Ders.: Ostrechtsforschung oder Ostrechtswissenschaft? in: Osteuropa 22 (1972), Nr. 4, S. 249–265.

Vandenbosch, A.: Small States in International Politics and Organization, in: Journal of Politics 26 (1964), Nr. 2, S. 293–312.

Verdross, A./Simma, B.: Universelles Völkerrecht. Theorie und Praxis, Berlin 1984 (3. völlig neubearbeitete Auflage).

Vetulani, A.: Dzieje historii prawa w Polsce, Kraków 1948.

Vosberg, F.: Die polnische Frauenbewegung, Lissa 1912.

Wagner, W.: Annäherungen an eine europäische Rechtsgeschichte, in: Aspekte europäischer Rechtsgeschichte. Festgabe für Helmut Coing zum 70. Geburtstag, Frankfurt/Main 1982, S. 387–419.

Walczewska, S.: Damy, rycerzy, feministki. Kobieccy dyskurs emancypacyjny w Polsce, Kraków 1999.

Wandycz, P.: Historiography of the Countries of Eastern Europe: Poland, in: The American Historical Review 97 (1992), Nr. 4, S. 1011–1025.

Ders.: Polska międzywojenna, in: Kłoczowski, J. (Hg.): Uniwersalizm i swoistość kultury polskiej. Tom 2, Lublin 1990, S. 261–291.

Ders.: The Lands of Partitioned Poland, 1795–1918 (= A History of East Central Europe, vol. 7), Seattle, London 1974.

WAPIŃSKI, R.: Historia polskiej myśli politycznej XIX i XX wieku, Gdańsk 1997.

DERS.: Kwestia związków z cywilizacją zachodnioeuropejską w wyobrażeniach Polaków u schyłku XIX i w pierwszych dziesięcioleciach XX w. In: Zapiski Historyczne 57 (1992), Nr. 2–3, S. 73–92.

DERS.: Pokolenia II Rzeczypospolitej, Wrocław 1991.

DERS.: The Problem of Generations in the 19th and 20th Century, in: Acta Poloniae Historica, 78/1998, S. 35–60.

WATSON, A.: The Evolution of International Society. A Comparative Historical Analysis, Routledge 1992.

WĄSOWICZ, M.: Nurt socjologiczny w polskiej myśli prawno-karnej, Warszawa 1989.

WEBER, M.: Wirtschaft und Gesellschaft. Grundriß der verstehenden Soziologie. Studienausgabe, Tübingen 1980.

WEHLER, H.-U.: Historische Sozialwissenschaft. Eine Zwischenbilanz nach dreißig Jahren, in: DERS.: Die Herausforderung der Kulturgeschichte, München 1998, S. 142–153.

WEISS, Y.: Deutsche und polnische Juden vor dem Holocaust. Jüdische Identität zwischen Staatsbürgerschaft und Ethnizität 1933–1940, München 2000.

WERESZYCKI, H.: Wpływ zaboru austriackiego na świadomość społeczeństwa polskiego, in: Dzieje Najnowsze 9 (1977), Nr. 1, S. 87–101.

WESEL, U.: Geschichte des Rechts. Von den Frühformen bis zum Vertrag von Maastricht, München 1997.

WESTEN, K.: Funktion und Aufgaben der Ostrechtsforschung in Gegenwart und Zukunft, in: WGO – Monatshefte für osteuropäisches Recht 33 (1991), Nr. 1, S. 11–22.

WIERZBICKI, A.: Naród – państwo w polskiej myśli historycznej dwudziestolecia międzywojennego, Wrocław 1978.

WINCZOREK, P.: Die neue Verfassung der Republik Polen – ein Streit um Werte. In: Recht und Kultur in Ostmitteleuropa. Red. K. BURCHARDI, Bremen 1999 (= Analysen zur Kultur und Gesellschaft im östlichen Europa, Bd. 9), S. 279–295.

WINKLER, M.: Der Fluch der Rückständigkeit: Vergleichende Ansätze in der Rechtsgeschichte. In: Comparativ 10 (2000), Nr. 4, S. 103–117.

WISŁOCKI, J.: Konkordat polski z 1925 roku. Zagadnienia prawno-polityczne, Poznań 1977 (= Uniwersytet im. Adama Mickiewicza w Poznaniu, Seria Prawo Nr. 87).

WOJCIECHOWSKI, M.: Die deutsch-polnischen Beziehungen 1933–1939, Leiden 1971.

WOLF, K. D./ZÜRN, M.: Macht Recht einen Unterschied? Implikationen und Bedingungen internationaler Verrechtlichung im Gegensatz zu weniger bindenden Formen internationaler Verregelung, in: WOLF, K. D. (Hg.): Internationale Verrechtlichung (= Jahresschrift für Rechtspolitolgie Bd. 7/1993), Baden-Baden 1993, S. 11–28.

WOLFKE, K.: Great and Small Powers in International Law From 1814 to 1920 (From the Pre-History of the United Nations), Wrocław 1961.

WOŁODKIEWICZ, W.: Nauczanie prawa – między wymaganiami teorii i praktyki, in: BAŁTRUSZAJTYS, G. (Hrsg.): Nauka prawa na odrodzonym Uniwersytecie Warszawskim. Materiały z sesji, maj 1988, Warszawa 1991, S. 9–24.
WORTLEY, B. A.: Poland's New Codes of Law, Birmingham 1937.
Wspomnienia Fryderyka Zolla (1865–1948), opracowała I. HOMOLA-SKĄPSKA, Kraków 2000.
WYKA, K.: Pokolenia literackie, Kraków 1977.
Wyższe uczelnie polskie na ziemiach wschodnich Rzeczypospolitej, London 1989.
YUVAL-DAVIES, N.: Gender and Nation, London 1997.
ZAWADA, K.: Inicjatywa wznowienia działalności Komisji Konstytucyjnej, in: Kwartalnik Prawa Prywatnego 1 (1992), Nr. 1–4, S. 179–187.
ZERNACK, K.: Osteuropa. Eine Einführung in seine Geschichte, München 1977.
DERS.: Polen und Rußland. Zwei Wege in der europäischen Geschichte, Berlin 1994.
ZIPPELIUS, R.: Staat und Kirche. Eine Geschichte von der Antike bis zur Gegenwart, München 1997.
Zwischenbilanz Transformationsforschung, in: Berliner Debatte Initial 10 (1999), Nr. 1.
ŻARNOWSKI, J.: Bourgeoisie, Kleinbürgertum und Intelligenz in der sozialen Struktur und im politischen Leben Polens 1918–1939, in: Jahrbücher für Geschichte Osteuropas 38 (1990), Nr. 3, S. 417–426.
DERS.: Epoka dwóch wojen, in: IHNATOWICZ, I./ZIENTARA, B./ŻARNOWSKI, J. (Hg.): Społeczeństwo polskie od X do XX wieku, Warszawa 1996, S. 593–670.
DERS.: Historia społeczna. Nadzieje, rozczarowania, perspektywy, in: DERS. (Hg.): Metamorfozy społeczne. Badania nad dziejami społeczeństwa polskiego XIX i XX wieku, Warszawa 1997, S. 9–34.
DERS.: Learned Professions in Poland, 1918–1939, in: MCCLELLAND, C./MERL, S./SIEGRIST, H. (Hg.): Professionen im modernen Osteuropa, Berlin 1995, S. 407–426.
DERS.: Przekształcenie się cech charakteru Polaków w latach międzywojennych, 1918–1939, in: Komunikaty Mazursko-Warmińskie (1984), Nr. 1–2 (163–164), S. 172–190.
DERS.: Społeczeństwo i klasy, in: TOMICKI, J. (Hg.): Polska odrodzona 1918–1939. Państwo, społeczeństwo, kultura, Warszawa 1982, S. 244–307.
DERS.: The Social Structure of Poland 1918–1939, in: Archiv für Sozialgeschichte 25 (1985), S. 601–610.
ŻYNDUL, J.: Zajścia antyżydowskie w Polsce w latach 1935–1937, Warszawa 1994.

Personenregister